Zur Situation der Volkskunde 1945–1970

Waxmann Verlag GmbH
Steinfurter Straße 555, 48159 Münster
info@waxmann.com

Münchner Beiträge zur Volkskunde

herausgegeben vom
Institut für Volkskunde/Europäische Ethnologie
der Universität München

Band 43

Zur Situation der Volkskunde 1945–1970

Orientierungen einer Wissenschaft
zur Zeit des Kalten Krieges

herausgegeben von Johannes Moser,
Irene Götz und Moritz Ege

 Waxmann 2015
Münster • New York

Bibliografische Informationen der Deutschen Nationalbibliothek
Die Deutsche Nationalbibliothek verzeichnet diese Publikation in der
Deutschen Nationalbibliografie; detaillierte bibliografische Daten sind
im Internet über http://dnb.d-nb.de abrufbar.

Münchner Beiträge zur Volkskunde, Band 43

ISSN 0177-3429
Print-ISBN 978-3-8309-3258-1
E-Book-ISBN 978-3-8309-8258-6

© Waxmann Verlag GmbH, 2015

www.waxmann.com
info@waxmann.com

Umschlaggestaltung: Natalie Bayer
Umschlagabbildung: Jenny Brouard
Satz: Tomislav Helebrant, München

Gedruckt auf alterungsbeständigem Papier, säurefrei gemäß ISO 9706

Inhalt

—

Vorwort

Johannes Moser, Irene Götz und Moritz Ege

„Zur Situation der Volkskunde 1945–1970. Orientierungen einer Wissenschaft in Zeiten des ‚Kalten Krieges'" lautete der Titel jener Tagung, die vom 9. bis 11. Mai 2013 zum 50-jährigen Jubiläum der Deutschen Gesellschaft für Volkskunde (dgv) und zum 50-jährigen Jubiläum des Münchner Instituts für Volkskunde/Europäische Ethnologie an der Ludwig-Maximilians-Universität in München stattgefunden hat.*

Auf dem 14. Volkskundetag vom 16. bis 20. April 1963 in Münstereifel war der *Verband volkskundlicher Vereine* in die *Deutsche Gesellschaft für Volkskunde* überführt worden. Diese Erneuerung der Volkskunde als Gesellschaft mit strikt wissenschaftlicher Organisationsform kann als Einschnitt betrachtet werden, der zur Konsolidierung des Faches nachhaltig beigetragen hat. Inwiefern es sich dabei auch inhaltlich und personell um einen Einschnitt handelte und wie die Kontinuitäten zu bewerten sind, die an vielen Lehrstühlen bestanden, wurde in den Folgejahren immer wieder kontrovers diskutiert, vor allem um „1968", in Zeiten der Hochschulreform und Studentenbewegung, schließlich auch im Rahmen der Tagung über „Volkskunde und Nationalsozialismus", die 1986 ebenfalls in München stattfand.

So war die jüngste Tagung in München zwar durchaus dazu gedacht, die genannten Jubiläen als Ausdruck einer 50-jährigen erfolgreichen Geschichte zu feiern, jedoch sollte der Anlass noch wesentlich mehr als Moment des Innehaltens und der Reflexion des paradigmatischen Wechsels im Fach genützt werden. Als Ausgangspunkt für dieses Nachdenken ergab sich ein Bündel von Fragen:

Wie überwand das Fach die Krise, die durch seine Willfährigkeit gegenüber dem NS-Regime bedingt war? Welche Rolle spielten dabei der „Kalte Krieg" und die Frontstellung der beiden deutschen Staaten mit ihren jeweils sich ganz unterschiedlich ausbildenden und doch als Einheit gedachten Volkskunden? Wie gestaltete sich das Verhältnis der beiden deutschen Volkskunden zu den Insti-

---

* Die Ausführungen auf den ersten eineinhalb Seiten dieses Vorworts bauen auf dem Call for Papers auf, der in Abstimmung zwischen der Deutschen Gesellschaft für Volkskunde und dem Münchner Institut entworfen wurde (vgl. http://www.volkskunde.uni-muenchen.de/aktuelles/nachrichten_archiv/cfpdgv2013/index.html, 5.3.2015).

tutionen und den politischen Interessen ihres jeweiligen Staates? Welche konzeptionellen Neusetzungen zeitigte die Ausrichtung der DDR-Volkskunde (Zentrierung auf die demokratischen Traditionen, die kulturelle Produktivkraft der Werktätigen)? Welche Rolle spielten Konzepte der DDR-Volkskunde für die beginnende Umgestaltung in der Volkskunde der BRD und derjenigen in Österreich und der Schweiz? Welche durch den Nationalsozialismus verdrängten Denklinien und Ansätze innerhalb der Volkskunde des ersten Drittels des 20. Jahrhunderts wurden aufgenommen und neu bedacht? Welche internationalen Einflüsse (US-Soziologie, Cultural Anthropology, Mentalitätengeschichte) kamen zum Tragen und auf welche Weise beeinflussten sie innerfachliche Tendenzen (zum Beispiel in der Fastnachts- und Festforschung)? Wie hingen Tendenzen des „Kalten Krieges" und des Aufbruchs von „1968" mit dem Paradigmenwechsel zu einer sozialwissenschaftlich-empirischen Kulturanalyse zusammen, wie er auf der Falkensteiner Tagung 1970 vom Fach als solchem (allerdings ohne direkte Beteiligung der DDR-Volkskunde) vollzogen wurde?

Die genannten Jubiläen boten einen guten Anlass, die Zeit zwischen 1945 und 1970 – zwischen Kriegsende, den beiden deutschen Staatsgründungen und der Tagung in Falkenstein als fachlich klar markiertem Einschnitt – zum Ausgangspunkt einer fachgeschichtlichen Tagung zu machen. Denn welche Wege die Ablösung aus dem volkskundlichen Paradigma der Ursprungszentrierung hin zu neuen Perspektiven in den 1950ern und frühen 1960ern letztlich ging, ist – wirft man einen Blick in die Fachgeschichten – weitgehend ungeklärt.

Eröffnet wird der Band vom ehemaligen Münchner Lehrstuhlinhaber *Helge Gerndt* mit allgemeinen Überlegungen zu einer volkskundlichen Fachgeschichte, indem er unter anderem darauf verweist, dass die Bedingungen reflektiert werden müssen, unter denen eine Fachgeschichtsschreibung stattfindet, und der ausgehend von der Frage nach einem volkskundlichen Blick der Identität des Faches nachspürt. An einige grundlegende Aspekte zur Wissenschaftsgeschichte – wie etwa die Tatsache, dass eine Disziplinengeschichte der Volkskunde im Gegensatz zu anderen Fachgebieten fast ausnahmslos von Volkskundlerinnen und Volkskundlern geschrieben wird oder dass es in der Fachgeschichte immer um die deutsche/deutschsprachige Fachgeschichte geht – knüpft *Friedemann Schmoll* an und zeichnet die Internationalisierungsbemühungen einer Europäischen Ethnologie (hier als Kurzform für die Namensvielfalt, die es quer durch Europa gab) und die Rolle und Intentionen der deutschen Fachvertreter/innen dabei nach. *Jens Wietschorke* nimmt anschließend das Verhältnis der Volkskunde zu den übrigen kultur- und sozialwissenschaftlichen Disziplinen in den Blick; er erörtert, ob Aspekte von Inter- oder Transdisziplinarität in der volkskundlichen Arbeit nach

1945 zu beobachten sind und begibt sich damit – im Anschluss an Rolf Lindner – auf die Suche nach der „kognitiven Identität" des Faches.

Die folgenden Beiträge sind konkreter einzelnen Orten und/oder Personen der volkskundlichen Fachgeschichte zwischen 1945 und 1970 gewidmet. *Johannes Moser* zeichnet die Entwicklung des Münchner Instituts für deutsche und vergleichende Volkskunde bis 1963 nach, indem er zunächst auch einen Rückblick auf die Geschichte vor 1945 wirft, weil einige der später relevanten Personen bereits früher tätig waren und inhaltliche Positionen aus dieser Zeit davor durchaus bedeutsam blieben und manchmal nur leicht modifiziert wurden. *Elisabeth Timm* hielt im Rahmen der Münchner Tagung die sogenannte Schroubek Lecture 2013, in deren Rahmen sie eine umfangreiche Auseinandersetzung mit Bruno Schier vorstellte. Der daraus entstandene Beitrag zum vorliegenden Tagungsband sprengt zwar den üblichen Rahmen, gewährt aber am Einzelbeispiel weitreichende Einblicke in die bundesrepublikanische Wissenschaftslandschaft nach 1945, wobei sowohl die regionalen Spezifika in Münster als auch generelle wissenschaftstheoretische und gesellschaftspolitische Positionen herausgearbeitet werden. *Karl Braun* veranschaulicht in seinem Beitrag nicht nur die Vorgänge um den für 1957 geplanten Volkskunde-Kongress und dessen Absage, sondern er widmet sich auch insbesondere Gerhard Heilfurths strategischer Auseinandersetzung mit der DDR-Volkskunde für das Bundesministerium für Gesamtdeutsche Fragen. Schon in Karl Brauns Beitrag wird die Bedeutung der Vertriebenenforschung für die Nachkriegsvolkskunde deutlich, *Elisabeth Fendl* schärft deren Rolle noch einmal deutlich nach. Sie verweist sowohl auf die Kontinuitäten der Vertriebenenvolkskunde mit Forschungen aus der NS-Zeit als auch auf die Neuansätze etwa aus dem Tübinger Umfeld.

Den jeweiligen nationalen Ausformungen der Nachkriegsvolkskunde in der Schweiz, in Österreich und der DDR sind – mit unterschiedlichen Schwerpunktsetzungen – die folgenden Beiträge gewidmet. *Konrad Kuhn* belegt in seinen Ausführungen den eigenständigen und wichtigen Beitrag, den die Schweizer Fachvertreter zu einer Konsolidierung des Faches in der Nachkriegszeit leisteten. Besonders wichtig ist hier, dass eine Fokussierung auf die deutschsprachige Volkskunde durchbrochen und eine internationale Perspektive in Bezug auf eine Europäische Ethnologie eingenommen wurde. *Birgit Johler* und *Magdalena Puchberger* thematisieren das österreichische volkskundliche Feld am Beispiel von Leopold Schmidt und den Auseinandersetzungen um seine Person nach 1945. Dabei wird deutlich, wie sehr mit unterschiedlichen Fachverständnissen um Deutungshoheit innerhalb der österreichischen Volkskunde gerungen wurde. Stehen im eben genannten Beitrag Leopold Schmidt und das Österreichische Museum für Volkskunde im Mittelpunkt des Interesses, so fokussiert *Herbert Nikitsch* in seinem Aufsatz das Wiener Universitätsinstitut mit dem Hauptprota-

gonisten der Nachkriegszeit Richard Wolfram. Nikitsch bettet seine Darstellung
der universitären Wiener Nachkriegsvolkskunde in grundsätzliche Überlegungen einer Wissenschaftsforschung ein und belegt damit auch die Fragwürdigkeit
einer Rede von einer Scientific Community.

Die folgenden Beiträge befassen sich mit drei zentralen Aspekten der DDR-
Volkskunde. *Cornelia Kühn* stellt die Frage, inwieweit die marxistische Volkskunstforschung, wie sie am Leipziger Zentralhaus für Volkskunst betrieben wurde, als eine angewandte Wissenschaft verstanden werden kann. Dafür zeichnet
sie die Entwicklung dieses Instituts und seiner maßgeblichen Protagonisten
nach. *Ines Keller* wiederum widmet sich der Entwicklung einer sorbischen Volkskunde nach 1945, wobei die bedeutende Rolle von Paul Nedo herausgearbeitet
wird, aufgrund dessen Engagement und der Implementierung von für die Volkskunde neuen Methoden und Konzepten die sorbische Forschung mehr als nur
eine Randnotiz der DDR-Volkskunde wurde. *Hans Heilmann* befasst sich anschließend mit dem wohl umfangreichsten Projekt der DDR-Volkskunde: dem
Börde-Projekt. Unter der Leitung von Wolfgang Jacobeit erforschte ein interdis-
ziplinäres Team von Wissenschaftler/innen gemeinsam mit Laienforscher/innen
die Lebensweise und Kultur der werktätigen Dorfbevölkerung der Magdeburger Börde, wobei Heilmann dieses Projekt mit einer Wissenschaftsgeschichte der
DDR-Volkskunde der 1950er und 1960er Jahre verknüpft.

Die anschließenden Aufsätze sind Einzelthemen einer Nachkriegsvolkskunde gewidmet. *Petra Garberding* etwa geht den Beziehungen zwischen schwedischen und deutschen Fachkollegen nach 1945 nach, sie skizziert sowohl die
politischen Rahmenbedingungen als auch die wissenschaftlichen Entwicklungen jener Zeit. *Dani Schrire* verfolgt ein besonders interessantes Kapitel volkskundlicher Wissenschaftsgeschichte nach 1945, indem er die Beziehungen des
durchaus NS-belasteten Erzählforschers Kurt Ranke zu israelischen Folkloristen
analysiert und auf die unausgesprochenen Aspekte in diesen Beziehungen verweist. *Karin Bürkert* betrachtet am Beispiel der Tübinger Fastnachtsforschung
in den 1960er Jahren das volkskundliche Wissensmilieu jener Zeit, die Koope-
rationsprozesse in der Forschung, die Wissensproduktion als soziale Praxis und
die Formatierungsprozesse, die als Aushandlung von alten und neuen Methoden und Konzepten gelesen werden können. *Arthur Depner* nimmt ebenfalls ein
fachhistorisches Beispiel unter die Lupe, indem er Ingeborg Weber-Kellermanns
Neuauswertung der Mannhardt-Befragung aus dem Jahr 1865 einer diskursanalytischen Betrachtung unterzieht und damit zu grundsätzlichen Überlegungen
einer Wissenschaftsgeschichte gelangt. Im letzten Beitrag des Bandes widmet
sich *Daniel Habit* der rechtlichen Volkskunde; er legt dar, dass dieses Fachgebiet bis in die 1970er Jahre hinein eine wahre Blüte erreichte, danach allerdings
trotz der Verrechtlichung vieler Lebensbereiche an Bedeutung verloren hat und

heute mehr von anderen Disziplinen abgedeckt wird als von den volkskundlich-
kulturwissenschaftlichen Fächern.

Der vorliegende Tagungsband zur Fachgeschichtsforschung bietet – so wagen wir
zu behaupten – einen umfassenden Blick in die volkskundliche Wissenschaftsgeschichte von 1945 bis 1970, wenngleich es, wie bei solchen Kongressen üblich, auch Desiderata und Leerstellen gibt, die durch Absagen oder auch durch
fehlende Forschungen in manchen Bereichen zu begründen sind. Dennoch hoffen wir, mit diesem Band Einblicke in die Formierung der Disziplin Volkskunde nach dem Zweiten Weltkrieg vorlegen und zu weiterer Forschung Anregung
geben zu können.

München, im Februar 2015

Vom Nutzen der Fachgeschichte

Gesellschaftliche Blickwechsel und volkskundliche Identität

Helge Gerndt

> „Denn Geschichte ist die Welt des Menschen. Ihr Studium hält die Amplitu-
> de des Menschseins offen. Dank ihrer sind wir nicht auf das beschränkt, was
> wir als unser Eigenes wissen oder meinen. Sie beschreibt alle unsere Möglich-
> keiten.“
> Hans-Georg Gadamer (1995: 323)

Die Substanz der Volkskunde, wie jeder kulturwissenschaftlichen Disziplin, offenbart sich am deutlichsten in ihren Sachmonografien.

Im Jahr 1954 erschien in Ostberlin der erste Band *Deutsche Volkslieder demokratischen Charakters aus sechs Jahrhunderten* von Wolfgang Steinitz, in dem
programmatisch die historisch-materialistische Betrachtungsweise der DDR-
Volkskunde vor Augen geführt wurde. Im Westen, in der Bundesrepublik, veröffentlichten fünf Jahre später die jungen Tübinger Volkskundler Hermann
Bausinger, Markus Braun und Herbert Schwedt (1959) betont gegenwartsbezogene und – was man ebenfalls programmatisch verstehen darf – speziell volks-
kundlich-*soziologische* Untersuchungen über die *Neuen Siedlungen* der nach
dem Zweiten Weltkrieg in Baden-Württemberg aufgenommenen ostdeutschen
Flüchtlinge. Von beiden Untersuchungen, die die volkskundliche Fachdiskussion damals inspiriert haben, gelangte ein Exemplar, jeweils als Geschenk der Autoren, in die Privatbibliothek Leopold Kretzenbachers, der in den 1950er Jahren
in Graz und ab 1961 in Kiel eine europäisch vergleichende Volkskunde zu profilieren begann (Kretzenbacher 1986).

Die genannten Werke und Personen sowie die unterschiedlichen Betrach-
tungsansätze (historisch-materialistisch, volkskundlich-soziologisch, europäisch-
vergleichend) akzentuieren grob die Situation der sich erneuernden deutschen
Volkskunde nach dem Zweiten Weltkrieg. In der politisch eisigen, gut vierzigjäh-
rigen Zeitspanne des Kalten Krieges hat es fachlich-persönliche Kontakte über
den Eisernen Vorhang hinweg häufiger gegeben. In Ost und West haben sich
jedoch unterschiedliche wissenschaftliche Methoden und Zielsetzungen herausgebildet. Nach der Mitte der 1960er Jahre verstärkten sich die institutionellen

Trennungsbewegungen, wofür nicht zuletzt politische Gründe eine treibende Kraft bildeten.

Was bedeuten, wenn wir aus wissenschaftshistorischer Sicht Bilanz zu ziehen versuchen, die Jahre von 1945 bis 1970 für die Fachgeschichte der Volkskunde in Deutschland? Wie wichtig erscheint die Nachkriegszeit, sodass wir heute, 50 Jahre später, über diese relativ kurze historische Phase (mit einer anderen gesellschaftlichen Problemlage und inzwischen obsolet gewordenen politischen Implikationen) fachgeschichtlich diskutieren wollen?

Im Vorfeld genauerer wissenschaftsgeschichtlicher Analysen seien in knappen Strichen einige grundsätzliche Sachverhalte vergegenwärtigt. Fachgeschichte ist in Gesellschaftsgeschichte eingewoben. Wissenschaftliche Disziplinen sind von den herrschenden Interessen ihrer Zeit mitgeprägt. Wenn sich ein aktuelles Thema (wie nach dem Zweiten Weltkrieg zum Beispiel die Integration der ostdeutschen Flüchtlinge) erschöpft hat, wendet sich die Aufmerksamkeit anderen Fragen zu. Auch die Alltagswissenschaft wechselt dann ihren Blick. Im Bereich der disziplinären Forschergemeinschaft vollzieht sich ein *Blickwechsel*, unter dem wir im Folgenden eine Verschiebung des Blickfokus verstehen wollen: das Ins-Auge-Fassen eines anderen Interessenfeldes, die Veränderung der Blickperspektive (als generelle Erscheinung [Gerndt/Moosmüller 2003: 7–10], nicht allein und speziell den Wechsel vom Blick zum Gegenblick, den zum Beispiel Hans Belting 2008 in seiner Blickgeschichte *Florenz und Bagdad* thematisiert).

Einführend möchte ich der Volkskunde-Geschichte in wenigen Strichen ein paar Volkskunde-Geschichten in der Mehrzahl vorausschicken und an einige Ergebnisse der volkskundlichen Fachgeschichtsschreibung erinnern. Danach wird es (ebenfalls kurz) um die Reflexion der Bedingungen gehen, denen jede Fachgeschichtsschreibung unterliegt. Schließlich soll die Geschichte des volkskundlichen Blicks in den Mittelpunkt rücken. Wir fragen, inwiefern die volkskundliche, auf das alltägliche Leben gerichtete wissenschaftliche Beobachtung, wie sie sich seit der Zeit des Humanismus herausgebildet hat, mit allgemeinen gesellschaftlichen Denkströmungen korreliert. Welchen Gesichtspunkten und welchen Leitgedanken ist ein volkskundlicher Blick besonders verpflichtet? – Solche Überlegungen führen am Ende zur Frage nach der volkskundlichen Identität: Was ist Volkskunde? Wo liegt der Kern unseres Faches? Wie können wir Volkskunde in der Vielfalt ihrer Erscheinungen überhaupt als Einheit wahrnehmen? Und was nützt dabei die Fachgeschichte?

Wer über die Geschichte der Volkskunde reden will, muss vorher wissen, was Volkskunde ist. Er muss zumindest knapp umreißen, was er unter Volkskunde verstehen will. Bedeuten Europäische Ethnologie, Kulturanthropologie, Empirische Kulturwissenschaft (EKW) oder Kulturwissenschaft (allgemein verstanden)

dasselbe wie Volkskunde? Dann wären auch die Fachgeschichten jeweils identisch, also Volkskunde nicht älter als EKW (nämlich keine 50 Jahre) beziehungsweise so alt wie die Kulturwissenschaft (deren Beginn man als Fachentwurf zum
Beispiel mit dem Erscheinen von Vicos *Neuer Wissenschaft* auf 1725 datieren
könnte). Freilich: ein Etikett sagt wenig. Hermann Bausinger, zum Beispiel, hat
als Volkskundler vor 1970 nicht wesentlich anders gearbeitet als nach der Tübinger Namensprägung EKW, und auch nicht alle Kulturwissenschaftler sehen sich
strikt in der Tradition Giambattista Vicos.

Jede Disziplin braucht für seine angemessene Positionierung und Entfaltung
im Konzert der Wissenschaftsfächer einen hinreichenden Spielraum. Braucht ein
Fach auch klar definierte Grenzen? Diese braucht es, wie ich meine, nicht unbedingt, aber es braucht einen unverwechselbaren, charakteristischen Kern (Gerndt
1997: 196–199).

Geschichten der Volkskunde

Gehen wir pragmatisch vor, und sehen wir uns einige Darstellungen der volkskundlichen Fachgeschichte an! Schon Wilhelm Heinrich Riehl hat 1858 in der
ältesten volkskundlichen Programmschrift die Volkskunde aus der Antike, mit
Herodot als „Vater", hergeleitet. Von Richard Meyers Vortrag „Die Anfänge der
deutschen Volkskunde" 1895 führt dann die Reihe der historischen Disziplinent-
würfe über Adolf Hauffen (1910), Karl Reuschel (1920), Adolf Spamer (1928)
und Gustav Jungbauer (1931) zu den volkskundlichen Handbuch-Beiträgen von
Wilhelm Schmitz (1934) und Georg Fischer (1934).

Jede Fachgeschichte folgt einer spezielleren Themenstellung. Arthur Haberlandt (1935: 1–73) skizzierte die *Ideen* der Volkskunde in ihrer geschichtlichen
Entfaltung, und Adolf Bach (1937 und 1960) verfolgte die Frage nach *Weltbild
und Wesensart* des deutschen Volkes. Richard Weiss (1946: 53–58), für den ein
spezifisch volkskundliches Interesse aus Kulturkrisen erwuchs, betonte bei deren Bewältigung die verschiedenen *nationalen* Besonderheiten, während Leopold
Schmidt (1951) die volkskundlichen Aktivitäten bestimmten *geistesgeschichtli-
chen* Epochen zugeordnet hat. Ingeborg Weber-Kellermann rückte die volkskundlichen Forschungen 1969 (und in Weber-Kellermann/Bimmer 1985 noch
verstärkt) in ihren *sozialhistorischen Kontext:* Inwiefern wurde die zeitgenössische
Realität angemessen, schief oder gar nicht erfasst? Hermann Bausinger (1971: 12–
73) erkannte im humanistischen Nationalbewusstsein den Nährboden sowie in
Spätaufklärung und Vorromantik die Wurzeln einer konservativen Volkskunde,
die in Deutschland über „organische" Vorstellungen bei W. H. Riehl für Bausinger schließlich „konsequent" zu einer völkischen Wissenschaft führte. Günter
Wiegelmann (1977) sah im 19. Jahrhundert zwei getrennte *Leitstränge* volkskundlicher Arbeit: eine kameralistisch-staatswissenschaftliche und eine germa-

nistisch-altertumskundliche. Für Wolfgang Brückner (1987) schließlich besitzt Volkskunde als Sozialgeschichte regionaler Kultur drei verschiedene *Wurzeln:* die aufklärerische Statistik von Land und Leuten, die romantische Literaturdoktrin der naturwüchsigen Volksseele und drittens die ästhetischen Kreativitätshoffnungen der künstlerischen Moderne für die hausgewerbliche Güterproduktion.

Jede dieser Fachgeschichten – und es gibt, speziell auch für andere Länder, viele weitere (vgl. Cocchiara 1952; Jacobeit 1965; Bringéus 1990: 15–22; Brednich 1994: 9–72) – ist und bleibt ein Konstrukt, das vom Blickwinkel seines Verfassers nicht gelöst werden kann. Kein Historiker vermag seine individuellen Auswahlprinzipien und sein zeitgeschichtlich mitgeprägtes Urteil völlig aus der Darstellung zu verbannen. Das bedeutet zweierlei:

(1) Wissenschaftsgeschichte hat viele Gesichter und unterschiedliche Schwerpunkte. Sie kann primär eine *Bezeichnungsgeschichte* sein, die sich an dem sich leicht verändernden Interessenfeld – Volksüberlieferung, Volksleben, Alltagskultur – orientiert oder dem Wechsel der Fachbenennung – von „Volks-Kunde" um 1800 etwa zu „Volkslebensforschung", „regionaler Ethnologie" oder „Kulturanthropologie" im 20. Jahrhundert – ihre spezielle Aufmerksamkeit zuwendet (Gerndt 2002: 191–194).

Wissenschaftsgeschichte tritt häufig als eine *Bewusstseins- oder Ideengeschichte* auf, die dem Wandel von Fragestellungen und Deutungskonzepten folgt (mythologisch, funktionalistisch, strukturalistisch), oder als eine *Sachgeschichte*, die die Entwicklung neuer Erkenntnisse (über die Entstehung, Einführung und Bedeutung zum Beispiel bestimmter Haushaltsgeräte, von Speisen, Liedern oder Bräuchen) nachzeichnet. Mit dem Blick auf ihre Akteure (vgl. Gerndt 2013) oder die hervorstechenden Aktionszentren kann Fachgeschichte ferner als eine Generationenfolge bestimmter Forscherpersönlichkeiten oder als Gründungsgeschichte verschiedener Fachinstitutionen erscheinen, aber ebenso – funktional betrachtet – nicht nur als eine *Forschungsgeschichte*, sondern auch (was durchaus nicht das Gleiche ist) als *Wirkungs- oder Rezeptionsgeschichte*. Außerordentliche Forscher, deren Wirken zum Vorbild wurde oder zum Widerspruch herausgefordert hat, bilden oft für eine gewisse Zeit das Kraftzentrum einer Disziplin.

(2) Fachgeschichte besteht als Gesamterzählung aus vielen Teilgeschichten. Sie präsentiert sich strukturell als eine Komposition, ist Patchwork oder Bricolage und wird in der Regel jeweils vom Gegenwartsstandpunkt her konstruiert. Seit Thomas S. Kuhns Untersuchung *The Structure of Scientific Revolutions* von 1962 (in deutscher Übersetzung *Die Struktur wissenschaftlicher Revolutionen* 1967) gilt die Wissenschaftsgeschichte, selbst in den Naturwissenschaften, nicht mehr als eine Abfolge je neuer Erkenntnisse, die sich kraft überlegener Rationalität durchsetzen. Wissenschaftsgeschichtsschreibung unterliegt vielmehr durchaus nicht-

rationalen Einflüssen sowie sozialen Prozessen und ist nicht zuletzt auch den Eigenwilligkeiten bestimmter Forscherpersönlichkeiten unterworfen.

Aspekte der Geschichtsschreibung

Generell gilt: (1) Fachgeschichte wird aus der Rückschau geschrieben. Der Ausgangspunkt historischer Betrachtung liegt – genauso wie ihr Fluchtpunkt – regelmäßig in der Gegenwart. Geschichtsschreibung ist oft von Legitimationsbedürfnissen motiviert, von pragmatischen Fragen, zum Beispiel von aktuellen Begründungsversuchen dafür, warum eine Gesellschaft bestimmte Fachinstitutionen fördern und finanzieren soll. Man sucht dann in der Vergangenheit nach *Keimen*, *Wurzeln* und *Vorstufen* des heute erreichten Wissensstandes, um den Erkenntnisfortschritt deutlich zu machen und die Erwartung weiterer Erkenntnisse, die Nutzen bringen könnten, plausibel zu begründen. Höchst komplexe historische Entwicklungsprozesse, wie sie prinzipiell fast überall zu vermuten sind, erscheinen unter solchen Prämissen meist geradliniger und folgerichtiger, als sie es in Wirklichkeit waren.

(2) Fachgeschichte besitzt zudem einen selektiven Blick. Denn die historische Faktensuche wird sowohl von den gesamtgesellschaftlich herrschenden Erkenntnisinteressen als auch von den ihnen entsprechenden individuellen Abtönungen geleitet. Und als wesentliche fachgeschichtliche Anstöße, Hypothesen und Konsequenzen werden unvermeidlich immer nur solche angesehen und ausgewählt, die im aktuellen Fragehorizont erkennbar sind.

(3) Fachgeschichte kann als eine mehrstufige *Entdeckungsgeschichte* beachtenswerter Alltagserscheinungen erzählt werden (Gerndt 1981: 20–23) und erfasst dann in der überwiegenden Zahl der Fälle den Entwicklungsgang neuer Erkenntnisse als eine Fortschritts- und Erfolgsgeschichte. Sie konzentriert sich vor allem auf die (aus heutiger Sicht) gelungenen und weiterführenden Gedanken, sie betont die fruchtbar erscheinenden Ideen, die positiven Erkenntnisverläufe, das als gesichert geltende neue Wissen. Holzwege und Umwege werden wenig gewürdigt und meist ausgeblendet. Es gibt aber – häufig unter gesellschaftlichem Druck – auch Ausnahmen, etwa die Aufarbeitung von unter politischem oder ideologischem Einfluss vollzogenen, sachlich einseitigen Entwicklungen, die in Sackgassen geführt haben, wie zum Beispiel die nationalsozialistische Volkskunde (vgl. Gerndt 1987, 2002: 173–190; Jacobeit et al.: 1994).

(4) Fachgeschichte generell ist sowohl Fund als auch Erfindung. Genauer gesagt, Fachgeschichtsschreibung enthält immer beides zugleich: Fakten und Fiktionen, Tatsachen und Vermutungen. Wenn es also (erstens) mehrere Geschichten eines Faches geben kann und wenn (zweitens) alle Fachgeschichten Konstruktionen der Wissenschaftshistoriker sind, dann kann die Geschichte der Volkskunde nicht als eine stringente Entwicklungsgeschichte verstanden werden, in der je-

des Element aus einem anderen folgerichtig hervorgeht. Für die Fachgeschichte fruchtbarer erscheint daher der Blick auf die tatsächlich realisierten Folgerungen, auf die wirksam gewordenen Impulse, das heißt auf die konkrete Wirkungsgeschichte.

Inwieweit darf man davon ausgehen, dass sich die Entwicklung einzelner Disziplinen in nur eine einzige Richtung bewegt? Bei genauerer Betrachtung drängt sich der Gedanke auf, dass es adäquater sein könnte, Fachgeschichte als eine *Blickwechselgeschichte* aufzufassen. Wer nämlich Blickwechsel ins Auge fasst, der rückt die in einer Gesellschaft jeweils herrschenden Interessen und die je wirksam gewordenen Fokussierungen in den Mittelpunkt der Betrachtung. Die fachlichen Erkenntnisse nehmen im Allgemeinen schneller in quantitativer als in qualitativer Hinsicht zu, und die Entfaltung eines Faches drückt sich meist deutlicher in einer größeren Kenntnisvielfalt als in einer Erkenntnisvertiefung aus. Der Fortschritt einer Disziplin wird zuerst durch neue Beobachtungen und neue Fragen vorangetrieben, viel seltener durch hartnäckiges Nachfragen und Verifizieren bereits erreichter Einsichten. Mit logischen Argumenten allein jedenfalls lassen sich die einzelnen Schritte der tatsächlich erfolgten Fachentwicklung kaum erklären.

(5) Fachgeschichte ist nicht zuletzt eine *Erzählung* und damit den Gesetzen des Erzählens unterworfen. Beim Geschichtenerzählen muss ein Autor unter anderem auf die Handlungsführung und die Motivation der Protagonisten, auf Spannungsbögen und Beglaubigungssignale, auf Sprachniveau und Metaphernwahl achten. Das bedeutet, um nur den letzten Gesichtspunkt auf unser Thema anzuwenden: Wer sich Fachgeschichte zum Beispiel metaphorisch wie einen *Fluss* vorstellt, der von einem schmalen Bachlauf mit der Zeit zu einem breiten Strom heranwächst, der sucht nach dessen Quellgebiet, achtet auf den Hauptfluss (den *Mainstream*), weiß von Nebenarmen und ist unter anderem auf ein divergierendes Mündungsdelta gefasst. Er versucht also mit solchen Vorstellungsbildern die Fachgeschichte differenzierter zu erkennen und darzustellen.

Wer Fachgeschichte wie eine *Reise* zu neuen Erkenntnissen versteht, fragt nach dem Ausgangspunkt und dem Reiseziel und den Transportmitteln (Methoden) und er vermag auch Umwege und Pausen, vielleicht sogar Schein- und Irrwege zu entdecken. Die Reisemetapher passt besonders gut zur Volkskunde; denn Reisen gleicht einem Erkenntnisprozess, es öffnet den Blick für das Fremde, es fördert die Begegnung mit Menschen und die Aufgeschlossenheit für unverhoffte Erfahrungen, es verlangt ein Gefühl für die Rahmenbedingungen von Raum und Zeit.

Wer Fachgeschichte mit einem dramatischen Handlungsvorgang vergleicht, zum Beispiel einem *Film*, der erkennt dort bestimmte Episoden und Sequenzen, achtet auf Kameraeinstellungen, also den Blickwinkel der Betrachter, auf Szenen- und Beleuchtungswechsel. Fluss, Reise oder Film sind hier nur Beispiele für metaphorische Felder, die die wissenschaftsgeschichtliche Arbeit inspirieren; es gibt viele weitere: das aus Fundament, Zimmerfluchten und Dachgeschoss gefügte *Haus* (Bausinger 1971: 7), das aus Einzelsteinchen komponierte *Mosaik* et cetera. Nach dem je gewählten Gedankenbild formt sich die Struktur der Geschichten. Der Verlauf jeder Fachgeschichtserzählung wird durch die Bildsprache, die ihr bewusst oder unbewusst zugrunde liegt, wesentlich mitbestimmt, wenn nicht sogar gesteuert.

Historische Blickwechsel

Die volkskundliche Fachgeschichte zeigt, wenn man einer mikroanalytischen Betrachtung folgt, keinen klaren, kontinuierlichen Erkenntnisfortschritt. Sie erscheint vielmehr wie ein Prisma, in dem sich die Wirklichkeit immer wieder anders bricht. Der Blick der gesellschaftlichen Eliten, der Intellektuellen, der Gelehrten auf das alltägliche Leben – speziell die Lebenswelt der „kleinen Leute", das meint die Bevölkerung der unteren und mittleren Sozialschichten – veränderte sich deutlich durch die Jahrhunderte. Es haben sich, wenn man die Blickrichtungen unterschiedlicher Betrachtergruppen generalisierend zusammensieht, viele Blickwechsel vollzogen – in, wie es scheint, anfangs größeren und später immer kürzeren Abständen.

(1) In der Zeit des ausgehenden Mittelalters wurde den Gelehrten das Leben des „gemeinen Mannes" als ein beachtenswertes Phänomen bewusst. Als um 1450 mit der Renaissance die Völkerbeschreibung *Germania* des Römers Publius Cornelius Tacitus (geschrieben um 118 n. Chr.) wiederentdeckt worden war, erkannte der *literarisch-vergleichende Blick* der Humanisten schon bald, durch heimatliche Empfindungen und patriotische Impulse befördert, mancherlei ähnliche Lebensformen bei den deutschen Volksstämmen der eigenen Zeit. Werner Rolevinck schrieb um 1475 eine Lobschrift auf seine Heimat Westfalen oder Johannes Boehm aus Aub schilderte im „völkerkundlichen" *Repertorium de omnium gentium leges et ritus* […] (Boemus 1520) – ebenso wie Sebastian Franck in seinem *Weltbuch* (1534) – auch zeitgenössische Wohnweisen, Kleidung, Nahrung und Bräuche seiner Heimatregion. In Sprichwörtersammlungen, Trachtenbüchern oder Ständebeschreibungen zeigte sich die Freude der Gelehrten am Blick auf Exotisches wie auf Heimisches und an dem Vergleich zwischen unterschiedlichen, verstreuten, vielfach literarisch vermittelten ethnografischen Wissenselementen, die das alltägliche Leben breiter Bevölkerungsschichten punktuell ins Licht hoben.

(2) Im „langen" 17. Jahrhundert von etwa 1560 bis 1720, dem Barock, wechselte das Interesse der Forscher von den menschlichen Verhaltensweisen stärker zu einzelnen „curiösen" Dingen. Der *neugierige Blick* richtete sich auf vielfach materialisierte Merk- und Denkwürdigkeiten der Lebenswelt, auf sogenannte

Kuriositäten (ein Begriff, der erst später seinen abfälligen Klang gewann): Es
wurden riesige Textkompendien mit Anekdoten oder sagenhaften Berichten angelegt und man begann zu den seltsamsten Naturerscheinungen auch viele artifi-
zielle Handwerksobjekte und Kunstwerke zu sammeln, die zur Aufbewahrung in
die Kunst- und Wunderkammern der Fürsten gelangten. Nur vereinzelt wurden
auch schon gewöhnliche Gewährsleute zu auffälligen Lebensweisen (etwa magi-
schen Verrichtungen oder Hochzeitsriten) gezielt befragt, wie zum Beispiel durch
den Luzerner Stadtschreiber Renward Cysat (um 1600; Weiss 1946: 61 f.) oder
den Altenburger Konrektor Friedrich Friese (Frisius 1703).

(3) Im späteren 17. und im 18. Jahrhundert wandte sich die politische Praxis
der aufgeklärten Nationalökonomen verstärkt dem Leben der Bevölkerung ihrer
Verwaltungsgebilde zu. Jetzt wollte der *staatspolitische Blick* der Aufklärer Land
und Leute genauer erkunden. Sie entwarfen zum Beispiel Fragebögen und erhoben Antworten dazu, um bessere Handhaben für eine „klügliche" Regierung ihrer Staatsgebilde zu gewinnen. So wurden viele Aspekte der realen Lebensweise
festgehalten und diese zu erneuern versucht. Die Bewertung der Beobachtungen
konnte sich natürlich auch ändern. Im Spätwerk des Osnabrücker Staatsmannes
und Geschichtsschreibers Justus Möser, der 1774–86 *Patriotische Phantasien* publizierte, oder des bayerischen Historikers Lorenz Westenrieder, der 1782/83 die
Residenzstadt München beschrieb, traten statt fortschrittlicher Gedanken stärker beharrende Momente in den Vordergrund, wenn kulturelle Erscheinungs-
formen, die es seit Langem gab, nunmehr als das Bewährte und zu Bewahrende
eingeschätzt wurden.

(4) In der zweiten Hälfte des 18. Jahrhunderts richtete sich das Interesse der
Kulturphilosophen, die durch Giambattista Vicos *Scienza nuova* (1725) wichtige Impulse gewonnen hatten, von der Bevölkerung einzelner Staaten auf die gesamte Menschheit. Johann Gottfried Herder antwortete 1763 auf eine Preisfrage,
„wie die Wahrheiten der Philosophie zum Besten des Volkes nützlicher werden"
könnten: dass „unsere ganze Philosophie Anthropologie" werden müsse. Sein
kulturphilosophischer Blick postulierte, von Vico angeregt, einen Nationalgeist,
den er besonders in den sogenannten Nationalliedern wirken sah. Er prägte für
diese den Begriff *Volkslieder* (Herder 1778/79). Die Romantiker nannten das hier
angesprochene kollektive Bewusstsein „Volksgeist" und suchten diesen auch in
den mündlich überlieferten Sagen und Märchen aufzuspüren.

(5) Um das Jahr 1800, in dem der Halberstädter Geschichtslehrer Johann
C. C. Nachtigal unter dem Pseudonym Otmar den beispielhaften Band *Volcks-*
Sagen publizierte, trat die Wortverbindung Volks-Kunde häufiger mit unter-
schiedlichen Bedeutungen sowohl im populären als auch im wissenschaftlichen
Gebrauch auf. Von der Abstraktion „Mensch" (Herder 1794) schwenkte nun
der aufkommende *nationalromantische Blick* wieder zu konkreten Objektivatio-

nen. Jetzt wurden die geistigen „Volksüberlieferungen" als solche entdeckt und gesammelt. Nach *Des Knaben Wunderhorn* (1805/08) von Arnim und Brentano erschienen die weithin als Vorbild wirkenden Sammlungen *Kinder- und Hausmärchen* (1812/15) und *Deutsche Sagen* (1816/18) der Brüder Grimm und später Jacob Grimms Werke *Deutsche Rechtsalterthümer* (1828) und *Weisthümer* (1840–78). Solcher Nationalromantik sind auch Jacob Grimms *Deutsche Mythologie* (1835) und die Ideen und Objektsammlungen des Hans von und zu Aufsess für das 1852 gegründete Germanische Nationalmuseum in Nürnberg (Deneke/Kahsnitz 1978) verpflichtet.

(6) In der Mitte des 19. Jahrhunderts lässt sich erneut ein Blickwechsel konstatieren. Der Journalist und Kulturhistoriker Wilhelm Heinrich Riehl griff auf die alte staatswissenschaftliche Formel „Land und Leute" zurück. Er entwickelte unter einem *sozialkonservativen Blick* – in (nicht ausdrücklich erklärter) Opposition zu evolutionistischen Strömungen seiner Zeit, etwa bei Karl Marx – eine vierbändige *Naturgeschichte des Volkes* (1851–69), eine Gesellschaftslehre, in der er den „Mächten des Beharrens" – nämlich Aristokratie und Bauerntum – eine herausgehobene Rolle zuschrieb. Statt Volkswirtschaft allein forderte Riehl eine breit angelegte ethnografische Volkswissenschaft, eine Volkskunde, für die er als „bewegenden Mittelpunkt" die Idee der Nation propagierte (Riehl 1858).

(7) In der zweiten Hälfte des 19. Jahrhunderts etablierte sich in ethnografischen Studien ein *völkervergleichender Blick*. Zum einen versuchte etwa Wilhelm Mannhardt, die Grimm'schen Überlegungen dynamisierend, eine (indoeuropäische) „Urmythologie" (1875/77) zu erschließen, Gedanken, die James Frazer (1891) in eine weltweite Betrachtung überführte. Zum anderen haben vergleichende Sprach- und Ethnopsychologen, wie Moritz Lazarus und Heymann Steinthal oder Lucien Lévy-Bruhl, „Gesetze geistigen Völkerlebens" konstruiert (Weber-Kellermann/Bimmer 1985: 55–65). Trotz einer verbreiteten Tendenz zu Kulturvergleichen, die im Prinzip die ganze Welt einbeziehen, sorgte das nationale Element in den herrschenden politischen Bestrebungen Deutschlands hier für eine fachliche Trennung von Volks- und Völkerkunde.

(8) In den Jahrzehnten um die Wende vom 19. zum 20. Jahrhundert führten die ausufernden mythologischen und psychologischen Spekulationen zu einer positivistischen Gegenreaktion. Mit präzisen philologischen Methoden (Meier 1906) und unter dem von Rudolf Meringer kreierten Schlagwort *Wörter und Sachen* (1909) etablierte sich ein überwiegend kulturhistorisch ausgerichteter, *gegenstandsorientierter Blick*, dem im Bereich der Volkserzählungen die geografisch-historische Methode der sogenannten Finnischen Schule entsprach. Der – neben der raumgeschichtlichen Einordnung (etwa der Bonner Kulturraumforschung) – auf die Kulturgüter selbst gelenkte Blick führte durch Hans Naumann (1921) zu

der theoretischen Unterscheidung zwischen primitivem Gemeinschaftsgut und gesunkenem Kulturgut.

(9) Im mittleren Drittel des 20. Jahrhunderts erweiterte sich der gegenstandsbezogene Blick zur kontextuell-funktionellen Einbindung der Objekte. Nach der isolierenden Betrachtung der Dinge fragte man nun unter einem *funktionalistischen Blick* zum Beispiel in der schwedischen „Volkslebensforschung" nach sozialen und ökonomischen Funktionen der verwendeten Gegenstände. In Deutschland studierte Martha Bringemeier (1931) die Funktion von Liedern oder Mathilde Hain (1936) den Gebrauch von Kleidungstrachten im dörflichen Lebenszusammenhang, und vereinzelt rückte auch der städtische Kontext in den Blick. In seiner alle Lebensbereiche umfassenden Gesamtdarstellung *Volkskunde der Schweiz* untersuchte Richard Weiss (1946) – wie auch Adolf Spamer oder Sigurd Erixon in einzelnen Werken – betont das Zusammenspiel von Tradition und Gemeinschaft.

(10) Diese ganzheitliche Betrachtungsweise verwandelte sich seit den 1960er Jahren, im letzten Drittel des 20. Jahrhunderts, in kulturanalytische Empirie. Insbesondere Hermann Bausinger (1961) in Tübingen demonstrierte einen *erfahrungsgeleiteten Blick* auf alltägliche Lebenswelten, der sich rasch auch andernorts und mit anderen – etwa historischen oder kulturanthropologischen – Akzenten weithin durchgesetzt hat. Statt nach volkskulturellen Elementen vorwiegend historischer Perioden zu fahnden (dies freilich auch, zum Beispiel Kramer 1987), wurden nun vermehrt die alltäglichen Lebensweisen der modernen Massengesellschaft thematisiert. Dies erforderte neue, unter anderem aus der Empirischen Sozialforschung adaptierte methodische Wege (Heilfurth 1974). Zudem verstärkten sich gesellschafts- und kulturtheoretische Gesichtspunkte, unter denen seit der DGV-Tagung in Falkenstein der Kulturvermittlung eine hervorstechende Bedeutung zukam (Gerndt 1971).

(11) Schon vor 2000 hatte sich in der Volkskunde sporadisch ein *kulturanthropologischer Blick* auszubilden begonnen, der nun zu Beginn des dritten Jahrtausends größeres Gewicht erhielt. Von einem eher objektbasierten Fokus schwenkte der Akzent verstärkt auf die Akteure, auf Motive und Einstellungen der handelnden Personen. Als ein vorauseilendes Paradigma kann *Der territoriale Mensch* von Ina-Maria Greverus (1972) angesehen werden. Freilich ist es in der Gegenwart, wie es mindestens schon seit Anfang des 20. Jahrhunderts zunehmend zu beachten gilt, schwierig bis unzulässig, nur einen einzigen, zeitweilig mehr oder weniger vorherrschenden, Forschungsblick herauszuheben. Es kann hier immer nur um Gewichtungen gehen, und insbesondere für die Postmoderne scheint ohnehin gerade auch hinsichtlich der Betrachtungsweisen ein ausgeprägter Pluralismus kennzeichnend zu sein.

Unser Geschwindgang durch die Fachgeschichte der Volkskunde erhebt nicht mehr als einen gewissen didaktisch-exemplarischen Anspruch. In der Zusammenschau wird aber doch so viel deutlich, dass der Blick der Intellektuellen auf das Volk sich im Laufe der Zeit immer wieder entschieden verändert hat. Wurden in der einen Phase die Kulturträger fokussiert, waren es in einer anderen die Kulturobjekte und dann wieder spekulative Entitäten. Insgesamt wurden das Zusammenleben und die Alltagsbewältigung der einfachen Leute, wurden auch die Beziehungen zwischen Menschen und Dingen zunehmend breiter und intensiver ausgeleuchtet. Der „normale" Alltag erschien schrittweise vielfältiger und wurde in immer zahlreicheren und farbigeren Facetten wissenschaftlich erfasst.

Aus den verschiedenen Blickwechseln ergibt sich aber, zusammengenommen, *kein* Entwicklungsprozess, und es wird erst recht kein Bild einer einsträngig und klar auf ein Ziel hin fortschreitenden Bewegung vermittelt. Der wissenschaftliche Fortschritt, eine fachwissenschaftliche Weiter- oder gar Höherentwicklung kann nicht allein von den jeweilig herrschenden Blickpunkten her bewertet, sondern muss bevorzugt an anderen Kriterien gemessen werden. Nicht die Vielfältigkeit der Betrachtungsmöglichkeiten ist für das Niveau einer Disziplin entscheidend, sondern die gedankliche Schärfe ihrer (theoretischen) Systematisierungen sowie die Tiefe und die Folgerichtigkeit ihrer Argumentation.

Unter didaktischen Gesichtspunkten kann man grob vier große Entwicklungsstufen der Volkskunde pointieren: die Vor-, die Früh-, die Etablierungs- und die eigentliche Fachgeschichte. Anfangs (im 16. und 17. Jahrhundert) wurde der Alltag des „gemeinen Mannes" – das Alltagsleben der „kleinen Leute", der „breiten Masse" oder der „Normalbevölkerung" – nur punktuell wahrgenommen, ohne den Alltag zielstrebiger zu erkunden; das kann man als volkskundliche Vorgeschichte bezeichnen. Später (im 18. Jahrhundert) wurden einzelne Fragen, etwa bezüglich der Traditionsprozesse, bereits intensiver weiterverfolgt, aber insgesamt noch wenig stringent und zusammenhängend; das erscheint als eine Frühgeschichte der Volkskunde. In verschiedenen weiteren Schritten (im 19. Jahrhundert) tauchten dann immer häufiger programmatische und theoretische Überlegungen auf, die sich allmählich zu größeren Konzepten verbanden; hier etablierte sich umrisshaft ein näherer Fachzusammenhang. Die volkskundliche Fachgeschichte im engeren Sinne jedoch begann schließlich erst (seit dem letzten Jahrzehnt des 19. Jahrhunderts) mit der Bildung von wissenschaftlichen Institutionen: (akademischen) Vereinigungen, Universitätsabteilungen, Spezialmuseen, auch fachthematischen Periodika (*Zeitschrift des Vereins für Volkskunde* 1891) und Jahrbüchern (vgl. Bagus 2005); damit wurde eine kontinuierliche und systematische Volkskunde-Forschung möglich.

Ein interessanter Punkt der Fachentwicklung ist die Beobachtung, dass die Volkskunde durch längere Zeitphasen genau jene Betrachtungsdimensionen be-

vorzugt hat, die jeweils auch im intellektuellen Leben der höheren Schichten vor-
herrschten und durch epochale „Leitwissenschaften" repräsentiert wurden: Von
der frühen Neuzeit bis weit in die Epoche der Aufklärung hinein bildete die
auf den Raum bezogene Orientierung der *Geografie* das vorherrschende Betrach-
tungsprinzip; im „langen" 19. Jahrhundert übernahm die chronologische Einordnung der *Geschichte* eine geisteswissenschaftliche Leitfunktion; und seit etwa
dem Beginn des 20. Jahrhunderts rückten – nach einer kurzen Phase dominanter
Aspekte der *Psychologie* – die Gesellschaftsfragen der *Soziologie* allgemein stärker
in den Vordergrund. Solchen Phasen tief greifenden und umfassenden Bewusst-
seinswandels in den gesellschaftlichen Eliten Europas unterlagen auch die spezielleren fachgeschichtlichen Blickwechsel in der sich schrittweise etablierenden
Volkskundewissenschaft.

Ich betone nachdrücklich: Fachgeschichte ist ein Konstrukt. Sie besitzt, zumal
auf dem Abstraktionsniveau dieser Zusammenschau, Modellcharakter. Modelle
zeigen nie die konkrete Wirklichkeit, sondern reduzieren sie auf Orientierungs-
schemata. (Man denke an das Atommodell oder die Doppelhelix der DNS oder
das Sender-Empfänger-Schema der Kommunikation.) Modelle sind nur Orien-
tierungs- und Hilfsmittel für die Erkenntnis: Sie evozieren Fragen und dienen
der Hypothesenbildung (Gerndt 1981: 193–206).

Volkskundliche Identität

Dem Modelldenken gegenüber weniger abstrakt gesehen, ist Fachgeschichte eine
Geschichtserzählung, die als solche – nicht zuletzt unter emotionalen Aspekten –
das Fachbewusstsein konstituiert und stabilisiert. Diese Grundfunktion lässt sich
differenzierend auseinanderfalten:

(1) Wissenschaftsgeschichte dient zuvorderst einer kritischen *Selbstvergewisserung*. Um zu erkennen, was ein Fach ausmacht und wo es mit seinen Chancen
und Risiken heute steht, reicht ein Blick auf seinen aktuellen Zustand und die
zerklüftete Fachlandschaft der Gegenwart bei Weitem nicht aus. Denn:

(2) Es ist allein die Fachgeschichte, die die *Forschungsgrundlage* einer Disziplin
umfassend repräsentiert. In ihr wurde der disziplinäre Erfahrungsschatz (Fragen,
Methoden, Vorbilder, Ansätze, Exempel; Theorien) entwickelt, und sie stellt das
im Laufe der Zeit erworbene Know-how auch für die heutigen Herausforderun-
gen bereit.

(3) Allein die Fachgeschichte kann die *Forschungskontinuität* sichern. Sie zeigt,
wo ein Fach herkommt. Sie macht zugleich den gesamten Fragezusammenhang
sichtbar, der der volkskundlichen Lehre an der Universität genauso wie den Forschungsaufgaben der Gegenwart Orientierung zu geben vermag.

(4) Die Fachgeschichte bietet ferner eine angemessene *Reflexionsgrundlage*, um
die Forschungsbedingungen am Beispiel vergangener Studien für die zukünftige

Arbeit zu klären und die eigenen Ziele präziser zu entwickeln. Vor dem Spiegel früherer Zeiten können wir die Probleme, die uns heute bedrängen, deutlicher erfassen.

(5) Die Fachgeschichte öffnet auch das breite Arbeitsfeld unabgeschlossener Fragen und Forschungswege, um bisher verpasste oder gescheiterte *Möglichkeiten der Erkenntnis* neu ins Auge zu fassen.

Als der eigentliche Kraftquell einer Disziplin erweist sich ihre Geschichte. Sie sichert einen Identifikationsraum und birgt integratives Potenzial. Nur sie erzeugt und vermittelt ein tragfähiges Identifikationsangebot. Nur hier gewinnen wir volkskundliche Identität. Die Fachgeschichte schafft ein *disziplinäres Selbstbewusstsein*, das als Motivation und Basis erfolgreicher Wissenschaft zu dienen vermag und die konkrete Arbeit fördert.

Wer sich in interdisziplinärer Unübersichtlichkeit nicht verlieren will, braucht zum nötigen Selbstbewusstsein auch einen stabilen Orientierungspunkt. Den bietet in der Regel der kontinuierlich verwendete Fachname. Da aber der Volk-Begriff durch die NS-Ideologie diskreditiert worden war, wurden – als diese Fehlentwicklung Mitte der 1960er Jahre deutlicher ins allgemeine Fachbewusstsein trat – für *Volkskunde* passende Ersatznamen gesucht. Vorher hatten sich die europäischen Ethnologen schon 1955 in Arnheim auf die Bezeichnung *Europäische Ethnologie* geeinigt, was aber in den deutschsprachigen Ländern folgenlos geblieben war (Actes du Congrès 1956). Doch 1969 brach dann mit der Diskussion um eine Neuorientierung der deutschen Volkskunde auch die Namendebatte in Deutschland nachhaltig los (Gerndt 1988) und führte zu vielen unterschiedlichen Vorschlägen, von denen Europäische Ethnologie, Empirische Kulturwissenschaft und Kulturanthropologie die bis heute verbreitetsten sind.

Nun ist seit der politischen „Wende" 1989, als der Kalte Krieg zwischen West und Ost unerwartet zu Ende ging, auch für die Volkskunde eine neue Situation eingetreten, ohne dass dies im Fach bisher hinreichend registriert worden wäre. Die friedliche Revolution der ostdeutschen Bevölkerung kreierte Parolen wie „Wir sind das Volk" oder auch „Wir sind *ein* Volk". Diese Aussagen sind bei Demonstranten und im täglichen Sprachgebrauch lebendig geblieben. Unverkennbar ist für jüngere Generationen der Volk-Begriff heute eher positiv besetzt. Das Wort „Volk" kann, wie jetzt vielfach zu beobachten ist, sowohl in politisch-öffentlichen als auch speziell in wissenschaftlichen Diskussionen wieder unbefangen (von NS-zeitlichen Belastungen) verwendet werden.

Ich plädiere dafür, dass wir die Fachbezeichnung *Volkskunde* rehabilitieren. Der Wortbestandteil „Volk", der alle Bedeutungsnuancen von *ethnos, demos, laos, gens, populus, natio, vulgus* in sich vereint, repräsentiert nämlich das volkskundliche Erkenntnisziel – anders als der Kulturbegriff (der freilich nicht aufzugeben

Abbildung: „Wir sind das Volk" 2004. Quelle: dpa picture alliance/AP Images. Foto: Jens
Meyer

ist) – unverkennbar spezifisch, hinreichend präzis und offen zugleich. „Volk" bietet darüber hinaus auch formal einen nützlichen Verständigungsbegriff mittlerer
Größenordnung (zwischen dem „Individuum" hier und der „Menschheit" dort),
auf den die volkskundliche Sachdebatte nur schwer verzichten kann.

Und der Wortbestandteil „Kunde" (der seit dem 17. Jahrhundert lange ganz
selbstverständlich im Sinne von „wissenschaftliche Kenntnis, Lehre" in Gebrauch war – man vergleiche *Altertumskunde, Erdkunde, Heilkunde*) trifft im tie-
fen Grunde die Methodik und Zielsetzung des Faches *Volkskunde* sehr viel besser,
als es der Begriff „Wissenschaft" vermag. Denn „Wissen", das ursprünglich „gesehen haben" bedeutet, rekurriert wesentlich nur auf den Sehsinn, so wie eine „Logie" (in Ethnologie oder Anthropologie) ganz im aufklärerischen Sinne auf den
Logos, den Verstand, abhebt. „Kunde" (als Erkundetes) aber bezieht auch unser
Empfinden ein, beansprucht alle unsere Sinne, ja die Leiblichkeit des Menschen
überhaupt – eine Notwendigkeit, die Martin Scharfe 2002 in seinem *Menschenwerk* überzeugend vorgeführt hat. „Kunde" hängt etymologisch mit „können",
„kennen" und „erkennen" zusammen; eine Erkundung verschafft jene Kenntnisse, die schließlich zu tieferer Erkenntnis führen können. Klingt es nicht auch –

genau hingehört – viel sympathischer und kraftvoller, ein aufmerksamer „Kundschafter" zu sein statt eines emsigen „Wissenschaftlers"? Nicht zuletzt vermag das Wort „Kunde" – anders als „Wissen", das eine nie ganz erreichbare Objektivität vortäuscht – an eine erkenntnistheoretische Grundwahrheit zu erinnern: dass nämlich alle menschliche Erkenntnis sich ausschließlich erkennenden Subjekten verdankt und letztlich immer an diese gebunden bleibt.

In meinen Augen wäre es ein historisches Versäumnis, wenn wir uns solchen Argumenten verschlössen und die Bezeichnung *Volkskunde,* für die es keinen sie adäquat ersetzenden Begriff gibt, unter den gegenwärtigen historischen Bedingungen nicht zurückzugewinnen versuchen würden – zu einem Zeitpunkt, wo zum einen die volkskundlichen Forschungsunternehmungen in beliebigste Zuordnungen abzudriften drohen und zum anderen der Fachzusammenhalt durch traditionsreiche Fachinstitutionen, deren Namen bisher klugerweise nicht aufgegeben worden sind (*Zeitschrift für Volkskunde,* Deutsche Gesellschaft für Volkskunde etc.), noch einigermaßen erhalten ist. Jene Fachgeschichte, die am Namen *Volkskunde* hängt (vgl. Gerndt 1995), ist der (vermutlich einzig wirksame) Leim, der auch in den modularisierten Bachelor- und Masterstudiengängen die unverzichtbare Einheit der Volkskunde bewahren kann.

Ein ganzheitliches Verständnis des auseinanderstrebenden, speziell die Alltagskultur erfassenden Fachwissens wird vom Namen *Volkskunde* offenkundig am besten repräsentiert. Wer aber den herrschenden universitären Sprachgebrauch nicht überfordern möchte, mag dafür durchaus angemessen auch *Volkskundliche Kulturwissenschaft* sagen – wie es ein Tübinger Sammelband, von Kaspar Maase und Bernd Jürgen Warneken herausgegeben, im Jahr 2003 expliziert hat. Einer solchen als volkskundlich charakterisierten Kulturwissenschaft vermitteln die verschiedenen, heute ersatzweise gebräuchlichen Fachnamen differenzierende Akzente: *Europäische Ethnologie* umschreibt den sachlich-räumlichen Rahmen (Wie sehen die alltäglichen Lebensformen in den verschiedenen Regionen Europas aus?), *Empirische Kulturwissenschaft* betont den methodischen Ansatz (Welcher spezifischen Art von Kulturanalyse bedarf die Erkenntnis des Alltagslebens?) und *Kulturanthropologie* benennt die theoretische Zielrichtung (Was kann die Alltagskultur über den Menschen und sein Verhalten allgemein aussagen?). Unter dem Dach von *Volkskunde* oder *Volkskundliche Kulturwissenschaft* haben all diese Fachbetonungen ihren Platz. Sie widersprechen sich nicht, sondern ergänzen einander und veranschaulichen die Fachdisziplin *Volkskunde* gemeinsam als eine komplexe Ganzheit.

Es ist die Fachgeschichte, die den Brennpunkt der volkskundlichen Fachidentität markiert. Das bedeutet: Wissenschaftsgeschichte ist nicht nur nützlich, sondern auch notwendig. Ohne Fachgeschichte würden sich die spezifischen, in langen Zeiträumen gewachsenen Fragezusammenhänge und Problemfelder der

Volkskunde zerfasern und die disziplinäre Erinnerung ginge verloren. Ingeborg Weber-Kellermann hat dies schon 1969 auf den Punkt gebracht, als sie nicht von ungefähr ihrer volkskundlichen Wissenschaftsgeschichte ein Zitat aus Goethes Farbenlehre als Motto vorangestellt hat: „[S]o lässt sich hier auch wohl behaupten, dass die Geschichte der Wissenschaft die Wissenschaft selbst sei."

Diesen Satz sollte man freilich nicht verabsolutieren. Es genügt, die verfügbare Arbeitsenergie angemessen auch auf die Fachgeschichte mit zu verteilen. In der konkreten Beobachtung, Beschreibung und Analyse kultureller Probleme des Alltagslebens liegt das Zentrum der volkskundlichen Forschung, das nicht vernachlässigt werden darf; denn – wir erinnern uns an den Ausgangspunkt – die Substanz einer kulturwissenschaftlichen Disziplin, nicht zuletzt der Volkskunde, ist am deutlichsten in ihren beispielhaften Sachmonografien repräsentiert.

Literatur

(in chronologischer Folge)

1475   Rolevinck, Werner: De laude vetris Saxoniae nunc Westfalia dictae.

1520   Boemus, Joannis: Repertorium de omnium gentium leges et ritus […]. Augsburg.

1534   Franck, Sebastian: Weltbuch: Spiegel und Bildnis des ganzen Erdbodens […].

1703   Frisius, Fridericus: Historische Nachricht von denen merkwürdigen Ceremonien derer Altenburgischen Bauern […]. Leipzig.

1725   Vico, Giambattista: Principi di una scienzia nuova […] [Grundzüge einer neuen Wissenschaft über die gemeinschaftliche Natur der Völker]. Neapel. [3. Auflage 1744; dt. Erstausgabe Leipzig 1822].

1774–86 Möser, Justus: Patriotische Phantasien. 4 Bde. Berlin.

1782/83 Westenrieder, Lorenz: Beschreibung der Haupt- und Residenzstadt München (im gegenwärtigen Zustande). 3 Teile. München.

1778/79 Herder, Johann Gottfried: Volkslieder. 2 Bde. Leipzig.

1794   Herder, Johann Gottfried: Ideen zur Philosophie der Geschichte der Menschheit. Karlsruhe.

1800   Otmar [Johann C. C. Nachtigal]: Volcks-Sagen. Bremen.

1805/08 Arnim, Achim von/Brentano, Clemens: Das Knaben Wunderhorn. Alte deutsche Lieder. 3 Bde. Heidelberg.

1812/15 Grimm, Brüder: Kinder- und Hausmärchen. 2 Bde. Berlin.

1816/18 Grimm, Brüder: Deutsche Sagen. 2 Bde. Berlin.

1828   Grimm, Jacob: Deutsche Rechtsalterthümer. Göttingen.

1835   Grimm, Jacob: Deutsche Mythologie. Göttingen.

1840–78 Grimm, Jacob (Hg.): Weisthümer. 7 Bde. Göttingen.

1851–69 Riehl, Wilhelm Heinrich: Die Naturgeschichte des Volkes als Grundlage einer deutschen Social-Politik. 4 Bde. Stuttgart.

1858/59   Riehl, Wilhelm Heinrich: Die Volkskunde als Wissenschaft. 1958. Ein Vortrag. In:
          ders. (1859): Culturstudien aus drei Jahrhunderten. Stuttgart, S. 205–229. Nach-
          druck in: Lutz, Gerhard (Hg.) (1958): Volkskunde. Ein Handbuch zur Geschichte
          ihrer Probleme. Berlin, S. 23–36.

1875/77   Mannhardt, Wilhelm: Wald- und Feldkulte. 2 Teile. Berlin.

1891   Frazer, James George: The Golden Bough. A Study of Comparative Religion. Lon-
          don.

1895   Meyer, Richard M.: Die Anfänge der deutschen Volkskunde. In: Zeitschrift für Kul-
          turgeschichte N. F. 2, S. 135–165.

1906   Meier, John: Kunstlieder im Volksmunde. Materialien und Untersuchungen. Halle.

1909   Meringer, Rudolf: Wörter und Sachen. In: Germanisch-Romanische Monats-
          schrift 1, S. 593–598.

1910   Hauffen, Adolf: Geschichte der deutschen Volkskunde. In: Zeitschrift für Volks-
          kunde 20, S. 1–17, 129–141, 290–306.

1920   Reuschel, Karl: Deutsche Volkskunde. Berlin.

1921   Naumann, Hans: Primitive Gemeinschaftskultur. Jena.

1928   Spamer, Adolf: Wesen, Wege und Ziele der Volkskunde. Leipzig.

1931   Bringemeier, Martha: Gemeinschaft und Volkslied. Ein Beitrag zur Dorfkultur des
          Münsterlandes. Münster.

1931   Jungbauer, Gustav: Geschichte der deutschen Volkskunde. Prag.

1934   Fischer, Georg: Geschichte der deutschen Volkskunde. In: Spamer, Adolf (Hg.): Die
          deutsche Volkskunde (2 Bde.). Bd. 1. Leipzig, S. 17–41.

1934   Schmitz, Wilhelm: Geschichte der deutschen Volkskunde. In: Peßler, Wilhelm
          (Hg.): Handbuch der deutschen Volkskunde (3 Bde.). Bd. 1. Potsdam, S. 7–16.

1935   Haberlandt, Arthur: Die deutsche Volkskunde. Grundlegung nach Geschichte und
          Methode im Rahmen der Geisteswissenschaften. Halle.

1936   Hain, Mathilde: Das Lebensbild eines oberhessischen Trachtendorfes. Von bäuerli-
          cher Tracht und Gemeinschaft. Jena.

1937   Bach, Adolf: Deutsche Volkskunde. Wege und Organisation, Probleme, System,
          Methoden, Ergebnisse und Aufgaben, Schrifttum. Heidelberg [3. Auflage 1960].

1946   Weiss, Richard: Volkskunde der Schweiz. Grundriss. Erlenbach-Zürich.

1951   Schmidt, Leopold: Geschichte der österreichischen Volkskunde. Wien.

1952   Cocchiara, Giuseppe: Storia del folklore in Europa. Turin.

1954/62   Steinitz, Wolfgang: Deutsche Volkslieder demokratischen Charakters aus sechs Jahr-
          hunderten. 2 Bde. Berlin.

1956   Actes du Congrès International d'Ethnologie Régionale, Arnhem 1955. Arnhem.

1959   Bausinger, Hermann/Braun, Markus/Schwedt, Herbert: Neue Siedlungen. Volks-
          kundlich-soziologische Untersuchungen des Ludwig-Uhland-Instituts Tübingen.
          Stuttgart.

1961   Bausinger, Hermann: Volkskultur in der technischen Welt. Stuttgart.

1962   Kuhn, Thomas S.: The Structure of Scientific Revolutions. Chicago, IL (dt. Erstausgabe Frankfurt am Main 1967].

1965   Jacobeit, Wolfgang: Bäuerliche Arbeit und Wirtschaft. Ein Beitrag zur Wissenschaftsgeschichte der deutschen Volkskunde. Berlin.

1969   Weber-Kellermann, Ingeborg: Deutsche Volkskunde zwischen Germanistik und Sozialwissenschaften. Stuttgart.

1971   Bausinger, Hermann: Volkskunde. Von der Altertumsforschung zur Kulturanalyse. Darmstadt.

1971   Gerndt, Helge: Volkskundliche Arbeitstagung in Falkenstein. In: Zeitschrift für Volkskunde 67, S. 161–168.

1972   Greverus, Ina-Maria: Der territoriale Mensch. Ein literaturanthropologischer Versuch zum Heimatphänomen. Frankfurt am Main.

1974   Heilfurth, Gerhard: Volkskunde. In: König, René (Hg.): Handbuch der empirischen Sozialforschung. Bd. 4: Komplexe Forschungsansätze. 3. Auflage. Stuttgart, S. 162–225.

1977   Wiegelmann, Günter: Geschichte der Forschung. In: ders./Zender, Matthias/Heilfurth, Gerhard: Volkskunde. Eine Einführung. Berlin, S. 9–38.

1978   Deneke, Bernward/Kahsnitz, Rainer (Hg.): Das Germanische Nationalmuseum 1852–1977. Beiträge zu seiner Geschichte. München/Berlin.

1981   Gerndt, Helge: Kultur als Forschungsfeld. Über volkskundliches Denken und Arbeiten. München.

1985   Weber-Kellermann, Ingeborg/Bimmer, Andreas: Einführung in die Volkskunde / Europäische Ethnologie. 2. Auflage. Stuttgart.

1986   Kretzenbacher, Leopold: Ethnologia Europaea. Studienwanderungen und Erlebnisse auf volkskundlicher Feldforschung im Alleingang. München.

1987   Brückner, Wolfgang: Geschichte der Volkskunde. Versuch einer Annäherung für Franzosen. In: Chiva, Isac/Jeggle, Utz (Hg.): Deutsche Volkskunde – Französische Ethnologie. Zwei Standortbestimmungen. Frankfurt am Main/New York, S. 105–125.

1987   Gerndt, Helge (Hg.): Volkskunde und Nationalsozialismus. Referate und Diskussionen einer Tagung. München.

1987   Kramer, Karl-Sigismund: Volksleben in Holstein (1550–1800). Eine Volkskunde aufgrund archivalischer Quellen. Kiel.

1988   Gerndt, Helge (Hg.): Fach und Begriff „Volkskunde" in der Diskussion. Darmstadt.

1990   Bringéus, Nils-Arvid: Der Mensch als Kulturwesen. Eine Einführung in die europäische Ethnologie. Würzburg.

1994   Brednich, Rolf W. (Hg.): Grundriss der Volkskunde. Einführung in die Forschungsfelder der Europäischen Ethnologie. 2. Auflage. Berlin.
        Daraus folgende Beiträge:
        Hartmann, Andreas: Die Anfänge der Volkskunde, S. 9–30.

Sievers, Kai Detlev: Volkskundliche Fragestellungen im 19. Jahrhundert, S. 31–52.
Jeggle, Utz: Volkskunde im 20. Jahrhundert, S. 53–72.

1994   Jacobeit, Wolfgang/Lixfeld, Hannjost/Bockhorn, Olaf/Dow, James R.: Völkische Wissenschaft. Gestalten und Tendenzen der deutschen und österreichischen Volkskunde in der ersten Hälfte des 20. Jahrhunderts. Wien/Köln/Weimar.

1995   Gadamer, Hans-Georg: Gesammelte Werke (10 Bde.). Bd. 10: Hermeneutik im Rückblick. Tübingen.

1995   Gerndt, Helge: Einleitung. In: ders./Roth, Klaus (Hg.), unter Mitarbeit von Götz, Irene/Helebrant, Tomislav/Mutschelknaus, Katja: Gesamtregister der Zeitschrift für Volkskunde. Jahrgang 1–90 (1891–1994). Göttingen, S. 5–16.

1997   Gerndt, Helge: Studienskript Volkskunde. Eine Handreichung für Studierende. 3. Auflage. Münster et al.

2002   Gerndt, Helge: Kulturwissenschaft im Zeitalter der Globalisierung. Volkskundliche Markierungen. Münster et al.

2002   Scharfe, Martin: Menschenwerk. Erkundungen über Kultur. Köln/Weimar/Wien.

2003   Maase, Kaspar/Warneken, Bernd Jürgen (Hg.): Unterwelten der Kultur. Themen und Theorien der volkskundlichen Kulturwissenschaft. Köln.

2003   Gerndt, Helge/Moosmüller, Alois: Kulturvermittlung in Theorie und Praxis. Zum Geleit. In: Roth, Juliana: Blickwechsel. Beiträge zur Kommunikation zwischen den Kulturen. Münster et al., S. 7–14.

2005   Bagus, Anita: Volkskultur in der bürgerlichen Welt. Zum Institutionalisierungsprozess wissenschaftlicher Volkskunde im wilhelminischen Kaiserreich am Beispiel der Hessischen Vereinigung für Volkskunde. Gießen.

2008   Belting, Hans: Florenz und Bagdad. Eine westöstliche Geschichte des Blicks. München.

2013   Gerndt, Helge: Wissenschaft entsteht im Gespräch. Dreizehn volkskundliche Porträts. Münster et al.

Stimulanz Europa?

Zur Neuformierung der deutschen Volkskunde nach 1945

Friedemann Schmoll

Bevor das eigentliche Thema dieses Beitrages – die Stimulanzien europäischer Horizonte und eines internationalen Wissenschaftsbetriebs für die „Normalisierung" der deutschen Volkskunde nach ihrem Involvement in den nationalsozialistischen Herrschaftsapparat und ihrer Schreckstarre 1945 – Konkretisierung erfährt, sollen einige allgemeine Bemerkungen zu Eigenheiten und Charakteristika volkskundlicher Fachgeschichtsschreibung vorausgeschickt werden. Wobei schon diese Wendung „Fachgeschichte" erste Fragen aufwirft: Warum ist nicht die Rede von der Wissenschaftsgeschichte der Volkskunde oder Disziplingeschichte? Wer widmet sich eigentlich der Geschichte der Volkskunde in welcher Absicht? Von welchen Antriebskräften werden die Erkenntnisinteressen getragen, wenn diese Geschichte immer wieder aufs Neue überdacht und neu geschrieben wird? Wo liegen möglicherweise blinde Flecken oder Schieflagen? Und: Was hätte womöglich künftig stärkere Akzentuierung verdient, das bislang den Aufmerksamkeiten und Neugierden entgangen ist?

Drei Prämissen sind zu vergegenwärtigen, die in den letzten Jahrzehnten die Auseinandersetzung mit der Geschichte der Volkskunde prägten:

1. Volkskundliche Fachgeschichte wird fast immer von Volkskundlern und Volkskundlerinnen selbst betrieben. Die Geschichte der theoretischen Physik, der Landwirtschaftswissenschaften, der biologischen Anthropologie oder der Verwissenschaftlichung medizinischen Wissens wird nicht nur, aber oft auch von Forschenden dargestellt, die diese Disziplinen nie als solche gelernt haben. Es sind keine in dieser Disziplin sozialisierten Wissenschaftler, sondern sie nähern sich in verstehender Auseinandersetzung von außen, weniger vertraut und deshalb vielleicht mitunter „fremdelnd" sowohl bestimmten Wissensbeständen, Disziplinen und Theorien als auch Kontinuitäten und Brüchen in wissenschaftlichen Lebenswegen oder Institutionen – Vertreter etwa der Wissenschaftsgeschichte, die darüber hinaus ein spezifisches Verständnis der historischen Gewordenheit wissenschaftlichen Wissens im Allgemeinen mitbringen. In der Volkskunde ist dies eher selten der Fall. Unsere Geschichte

schreiben wir schon selbst – Volkskundler sind ja ohnehin gerne „Heimwerker" und bevorzugen Selbstgemachtes. Welche Folgen zeitigt dies? Wir betreiben dabei Teilnehmende Beobachtung im eigenen vertrauten Feld, und genau dieselben Dynamiken wie in Feldforschungsprozessen beeinflussen auch hier das Beschreiben und Verstehen. Die Historiografen der Volkskunde agieren in einer Doppelrolle – als analytische Beobachter, die hierfür Distanz benötigen einerseits; andererseits sind sie mittenmang involviert als Angehörige dieses Faches. Wenn sich Wissenschaftshistoriker mit der Geschichte von Humanexperimenten auseinandersetzen, mit ethischen Grenzen ärztlichen Handelns und medizinischen Menschenbildern, dann werden dadurch nicht zwangsläufig substanzielle Fragen bezüglich ihrer eigenen Fachidentität aufgeworfen – sie sind ja Wissenschaftshistoriker und keine Mediziner. Wenn Volkskundler sich mit der Geschichte der Volkskunde beschäftigen, dann ist dies anders. Dann schwingt da eigene Herkunfts- und Familiengeschichte mit, es geht mitunter um Legitimation und Apologie, vielleicht ja auch mal um Vatermorde oder Ehrabschneidungen. Damit soll nicht gesagt werden, dass das Ringen um eigene volkskundliche Identität ein schlechter Ratgeber sei, erst recht kein illegitimer Impuls für die Auseinandersetzung mit der Geschichte der Volkskunde. Aber, wie im Prozess der Teilnehmenden Beobachtung auch: Die doppelte Beteiligung – zum einen in historiografischer Absicht, zum anderen die gesamte disziplinäre Identität umfassend – muss eben mitreflektiert werden.

2. Volkskundliche Fachgeschichte wurde und wird fast immer als nationale Geschichte geschrieben. Hierfür gibt es zunächst naheliegende Gründe, denn schließlich beschränkte sich volkskundliches Interesse lange weitgehend auf die eigene Kultur, galt ihre Absicht doch, wie es noch 1981 im *Wörterbuch der deutschen Volkskunde* hieß, der „wissenschaftlichen Erforschung des dt. Volkes in seiner geistigen Artung, wie sie Abstammung und Landschaft, allgem. menschlich-seelische Grundlage und Gemeinschaftskultur in Auseinandersetzung mit dem gesch. Schicksal gebildet haben" (1981: 877). In dieser Logik eigenkulturellen Verhaftetseins unterscheidet sich die Fachgeschichtsschreibung denn auch im Übrigen nicht nennenswert von Frankreich mit der Ethnologie française, der portugiesischen Ethnologie oder von ethnologischen und folkloristischen Aktivitäten in Skandinavien. Bemühungen um eine internationale volkskundliche Wissenschaftsgeschichte, wie etwa jene Bjarne Rogans (z. B. 2004, 2007, 2008a, 2008b, 2008c), bleiben vorläufig Ausnahmen. Und im Falle der deutschen Volkskunde erscheint dieses Erzählen in nationalen Zusammenhängen aufgrund ihrer spezifischen Geschichte ja auch besonders plausibel. Nach ihrem nationalsozialistischen Kapitel, das eben kein Betriebsunfall war und erst recht keine Bemächtigung von außen, gab es hin-

länglich Gründe, ihre Genese an die Bedingungen und Entwicklungen eines spezifisch deutschen Nation-building zu koppeln und sie deshalb als „merkwürdige deutsche Sonderwissenschaft" (Nipperdey 1976: 42) zu begreifen, deren Entwicklungspfade wesentlich durch die deutsche Geschichte im 19. und 20. Jahrhundert bedingt waren.

Diese nationale Fokussierung zeitigte allerdings Akzentuierungen, die zumindest bedacht werden sollten. Die Konzentration auf das Besondere der deutschen Volkskunde führte zur Vernachlässigung der Frage, inwiefern sie denn eigentlich Bestandteil allgemeiner internationaler Wissenschaftsentwicklungen auf dem Gebiet volkskundlicher, ethnologischer und kulturanthropologischer Interessen war. Natürlich, schon der international besehen einmalige Name „Volkskunde" und seine Unübersetzbarkeit scheint die Auffassung solitärer Entwicklung zu stützen. Gleichwohl: Jenseits dieser deutschen Geschichte, in der volkskundliche Akademisierung unmittelbar an ihre Funktionalisierung als Deutungsagentur des nationalkulturellen Selbst und als Ressource gesellschaftlicher Krisenbewältigung gekoppelt schien, vollzog sich in internationalen, zumindest in europäischen Horizonten, über die Brüche und Zäsuren des 20. Jahrhunderts hinweg eine ebenso kontinuierliche Ausbildung ethnografischer Disziplinen, die mehr Gemeinsames als Trennendes aufweisen. Was mit diesen Hinweisen ganz einfach gesagt werden soll: Wir wissen heute sehr viel über nationale Besonderheiten, völkische Verwicklungen und personelle Kontinuitäten vor, während und nach dem Nationalsozialismus (vgl. Jacobeit/Lixfeld/Bockhorn 1994). Aber wir wissen sehr wenig über Versuche, in unserer Disziplin eine internationale oder zumindest europäische Scientific Community auszubilden, und wir wissen wenig über den internationalen Transfer von Ideen und Methoden, Denkstilen und Begriffen – über all das, worauf Georg Schreiber schon 1930 in seinem Festschrift-Beitrag für den damaligen DFG-Präsidenten Friedrich Schmidt-Ott verwies: „Seitdem sich in unserem Lande Wissenschaft von eigentümlich deutschem Gepräge entwickelte, ist sie gleichzeitig auf das stärkste in den internationalen Fernverkehr des Geistes einbezogen" (1930: 9).

Dieser „internationale Fernverkehr des Geistes" leitet über zu Punkt 3:

3. An den meisten deutschsprachigen Universitäten trägt die Disziplin mittlerweile den Namen „Europäische Ethnologie" – entweder nur oder als Zusatz zu den allfällig vertrauten Bezeichnungen (vgl. Bendix/Eggeling 2004). Wer sich aber als Student oder Studentin der „Europäischen Ethnologie" in den einschlägigen Hand- und Einführungsbüchern vertraut machen möchte mit der historischen Genese dieser „*Europäischen* Ethnologie", erfährt dort fast nur etwas über Werden und Wirkung der *deutschen* Volkskunde – ihre durch Auf-

klärung und Romantik stimulierten Aufmerksamkeiten, disziplinäre Nachbarschaftsverhältnisse, die Institutionalisierung als akademische Disziplin nach 1900 und in der Zwischenkriegszeit, ihre ideologische Aufladung vor und während des Nationalsozialismus, Brüche und Kontinuitäten nach 1945 und ihre Reformierung zu einer aufgeklärten, empirisch fundierten Wissenschaft moderner Alltags- und Gegenwartskultur. Das hat etwas von einer Wendung vom Bösen zum Guten, die Geschichte einer Läuterung. Das ist verständlich, wenn man Punkt 2 einbezieht. Aber das erzeugt de facto fast so etwas wie einen Etikettenschwindel. Europäische Ethnologie? Woher kommt dieser Terminus? Was will er sagen? Was bedeutet „europäisch" und was „Ethnologie"? Bedeuten diese überhaupt etwas? Welche disziplinären Traditionen und Bezugspunkte verbergen sich dahinter? Von ungarischer Geräte- oder schottischer Erzählforschung, von griechischer Nahrungsethnologie oder portugiesischen Dorfstudien erfahren Studierende nichts. Woher auch? Das Gros der Lehrenden der Europäischen Ethnologie weiß ziemlich wenig darüber, meist so gut wie gar nichts. Das ist, was spezielle Wissensbestände betrifft, auch nicht gravierend. Gravierender aber ist der Mangel an Bewusstsein, dass diese Wissensbestände volkskundlicher Kulturwissenschaft auch in internationalen Zusammenhängen erarbeitet wurden. Wissenschaften mögen national organisiert und über weite Strecken in nationale Problemlagen und Aufgabenstellungen eingebunden sein. Tatsächlich freilich folgen sie auch einer internationalen Entwicklungslogik (vgl. Schröder-Gudehus 1990).

Damit zur engeren Fragestellung: Was bedeuteten nach 1945 europäische oder internationale Orientierungen für die Reformierung der deutschen Volkskunde? Eines ganz gewiss – nach der Episode eines Tausendjährigen Reiches mit den Folgen weitgehender Isolation die Rückkehr in einen internationalen wissenschaftlichen Kommunikationsraum. Die gleichermaßen befreienden wie belebenden Wirkungen dessen schilderte Will-Erich Peuckert um 1950 in seiner fünfseitigen Antwort auf eine Umfrage, die Sigurd Erixon über den Zustand der volkskundlich-ethnologischen Fächer Europas in ihren jeweiligen Ländern lancierte, eine Inventur volkskundlich-ethnologischer Disziplinen in Europa, wie sie der Begriffsschöpfer der „Europäischen Ethnologie" seit 1931 immer mal wieder initiiert hatte, um die Volkskunden und Ethnologien Europas stärker zueinander in Beziehung zu setzen und ihre Arbeit international zu organisieren (vgl. Nachlass Erixon). Peuckerts Antwort – sie liegt im Erixon-Nachlass im Nordiska museet in Stockholm – ist das seltene Dokument einer ernsthaften Auseinandersetzung mit der vorangegangenen Geschichte der Volkskunde im Nationalsozialismus. Wir kennen seinen Interpretationsvorschlag der „zwei Volkskunden" im Nationalsozialismus aus seiner Replik auf die Infragestellung volkskundlicher Disziplinari-

tät durch Heinz Maus (Maus 1946; Peuckert 1948). Auch in seiner Antwort an
Sigurd Erixon bemüht Peuckert die entgiftende Scheidung in eine wissenschaft-
lich-anständige einerseits und in eine politisierte, angewandte und korrumpierte
Volkskunde in Diensten der braunen Diktatur andererseits, in eine vordergrün-
dig lärmende und in eine, die in der Stille normale, des Dilettantismus unver-
dächtige Wissenschaft betrieben habe. Dabei zeichnet Peuckert das Bild eines
„nationalen Käfigs" (vgl. Wengenroth 2002), in den sich die Volkskunde bege-
ben habe und der nun verlassen werden könne:

„Im Grunde sind die zwölf Jahre keine toten gewesen, nur daß die entscheidenden Dinge im
Hintergrunde, im Verborgenen gediehen. Trotzdem erschien uns 1945 unser Arbeitsfeld als ein
Trümmerfeld. Das lag einmal daran, daß vieles von dem, was an Wichtigem geschehen war,
noch im Verborgenen steckte, und es lag andererseits daran, daß unser Kontakt mit der außer-
deutschen Forschung seit mindestens sechs Jahren abgerissen war. Ich war als einer der ersten
1948 draußen, und in der Schweiz, aber noch mehr in Schweden kam ich mir wie ein Student
im ersten Semester vor, so vieles war getan worden, von dem wir alles nichts wußten, und wir
haben in Göttingen etwa zwei Jahre gebraucht, ehe wir den Anschluß gewannen. Im allgemeinen aber begriff man noch nicht, wie weit wir zurückgeblieben waren; Freudenthal hielt auf
der Niederdeutschen Volkskundetagung 1950 in Wolfenbüttel einen Vortrag der damit schloß:
es sei seit 1933 nichts Wichtiges geschehen und wir dürften mit unserer Arbeit getrost dort
fortfahren, wo wir 1933 aufgehört hatten" (Peuckert: Bericht o. J., Nachlass Erixon).

Damit deutet Peuckert auch zwei mögliche Wege in eine volkskundliche Zukunft an: die vom Volkskundler Herbert Freudenthal vorgeschlagene Wieder-
anknüpfung an die höchst produktive Phase der Weimarer Republik, bei der
die zwölfjährige Episode des „Tausendjährigen Reiches" negiert und historisch
sozusagen übersprungen wird einerseits; andererseits die von ihm selbst favori-
sierte Erneuerung durch Orientierung an internationalen Standards. In Selbstbe-
schreibungen deutscher Volkskundler nach 1945 liefern gemeinhin die üblichen
Schlüsselvokabeln wie „Zusammenbruch" eine plausible Legitimation, gleich
einen vielfachen Opferstatus reklamieren zu können. Nachdem man Opfer illegitimer nationalsozialistischer Indienstnahme volkskundlicher Wissenschaft geworden sei – von „Missbrauch" ist die Rede, Instrumentalisierung von außen,
nicht etwa von Selbstmobilisierung und der Bereitschaft, dem System zuzuarbei-
ten und damit zu profitieren –, setze sich nun die Opfergeschichte fort: Opfer
von Kriegsfolgen, Opfer der Besatzungsmächte und Opfer einer Infragestellung
der Volkskunde als wissenschaftliche Disziplin. Das Fach erschien nach 1945 zunächst „tot geglaubt", wie Wolfgang Steinitz Anfang der 1950er Jahre befinden
sollte (1955: 6). Walter Wiora sprach 1951 auf der Tagung in Jugenheim von
einer Lähmung nach dem „Mißbrauch": „Die Mode hat sich von ihr abgewen-

det, und mancher törichter Zeitgenosse hat sie, trotz ihrer Blüte und Schätzung in allen Ländern des Westens und Ostens, mit dem Nationalsozialismus in einen Topf verworfen" (1952: 9). Ganz anders dagegen klingt da Will-Erich Peuckert. Bei ihm tönt tatsächlich etwas von Befreiung an – Zugewinn an Teilhabe, Öffnung, Heraustreten nach dem Ende des Nationalsozialismus. Was bei Peuckert aufgrund seiner persönlichen Geschichte im Nationalsozialismus in mehrfacher Hinsicht persönliche und intellektuelle Befreiung bedeutete, eröffnete sich bald freilich für die gesamte Volkskunde als ein Königsweg zur Rückkehr in so etwas wie eine wissenschaftliche Normalität: Überwindung der Selbstisolation durch Wiederanschluss an die internationale Scientific Community. Auch Hans Moser sah 1954 in seinen „Gedanken zur heutigen Volkskunde" diese vor der Frage, wie sie auf einem materiellen und geistigen Trümmerfeld neu aufbauen, „wie sie aus der entstandenen Isolierung wieder Anschluss an die internationale Wissenschaft finden" könne (1954: 208).

Natürlich lässt sich die Erneuerung der deutschen Volkskunde nach ihrer Schreckstarre nicht durch einzelne Einflussgrößen wie Internationalisierung plausibilisieren, sondern nur durch ein ganzes Bündel von Faktoren, das bewirkte, dass sie Anfang der 1950er Jahre zeitgleich in beiden deutschen Staaten wieder zu einer gefragten Disziplin wurde. Die Konjunkturimpulse waren sehr unterschiedlich: In der Bundesrepublik trug die Problemlage der Heimatvertriebenen neuen gesellschaftlichen Bedarf an die Volkskunde heran; in der DDR erfuhr sie Wiederbelebung durch die Mobilisierung eines progressiven Volksbegriffes in kulturpolitischer Absicht. Bemerkenswert in jedem Fall: Wiewohl die Disziplin nun in unterschiedliche gesellschaftliche Verhältnisse eingepasst war, erfuhr sie hüben wie drüben fast zeitgleich neue Aufmerksamkeit und damit auch Gewicht. Es waren die Bedingungen des Kalten Krieges, die dies- und jenseits des Eisernen Vorhangs belebend wirkten. In dieser Situation versuchte der Verband deutscher Vereine für Volkskunde den Spagat zu leisten, sich als gesamtnationale Organisation zu verstehen, was ihn bemerkenswerterweise im Laufe der 1950er Jahre bei diversen BRD-Ministerien in den Verdacht der „sowjetzonalen Durchdringung" brachte (vgl. die Korrespondenzen zwischen Verband und Ministerien, Deutsches Volksliedarchiv, Ordner 218, DGV; teilweise abgedruckt bei Müns 1999).

Indes verdichtete sich längst in der deutsch-deutschen Systemkonkurrenz die globale Blockkonstellation der politischen Nachkriegsordnung und manifestierte sich in Zeiten des Kalten Krieges (vgl. allgemein Greiner/Müller/Weber 2011) als dynamisierender Wissenschaftswettbewerb. Wenn es um die Über- oder Unterlegenheit der jeweiligen politischen Systeme ging, dann wurde dies nicht nur als Frage nach den höchsten Fernsehtürmen ausgetragen – dann ging es auch um die Frage, wer innovativere, besser bestallte und personell großzügiger ausgestattete Volkskunde betreiben konnte. Die Verweise, die gut ausgebaute Volkskunde

„drüben", unter dem Dach der Akademie der Wissenschaften und unter Regie von Wolfgang Steinitz, grabe der bundesdeutschen Volkskunde aufgrund ihrer materiellen Ressourcen, notorischen Abwerbungsversuche et cetera das Wasser ab, und die DDR-Versuche, über internationale Wissenschaftspolitik staatliche Anerkennung zu erzwingen, erzeugten für die deutsche Volkskunde insgesamt die Dynamik einer wissenschaftspolitischen Auf- und Nachrüstungsspirale, die dem Fach nach 1950 erst die nötigen materiellen Ressourcen zur Neuformierung bereitstellen sollte (vgl. Schmoll 2009: 241–271).

Und bei dieser Wiederbeatmung spielten eben auch internationale Orientierungen eine maßgebliche Rolle. Wenn im Falle Peuckerts von den vitalisierenden und befreienden intellektuellen Wirkungen des Wiederanschlusses an internationale Forschungszusammenhänge gesprochen wurde, dann ist das sicher ein Einzelfall. Der Drang nach internationaler Kulisse und Reputation entsprang gemeinhin eher strategischem Kalkül. Wenn ein Richard Wolfram, in Österreich zunächst mit Lehrverbot belegt, 1951 beim „International Congress for Western and Regional Ethnology" in Stockholm über seine in Diensten des SS-Ahnenerbes durchgeführten Brauchtumsaufnahmen in Südtirol referierte (mit denen er im selben Jahr auch beim „Allgemeinen volkskundlichen Kongreß" in Jugenheim reüssierte), dann ging es ihm zweifellos vor allem um internationale Anerkennung und Bestätigung seiner „zu Hause" infrage gestellten wissenschaftlichen Existenz. Bei solchen Personen änderte ein internationaler Rahmen rein gar nichts. Sie dachten und taten nach 1945 im Wesentlichen dasselbe wie zuvor. Oder Volkskundler wie Wilhelm Peßler oder Bruno Schier, gleichfalls in Stockholm mit dabei und volkskundlich sozialisiert im „Volkstumskampf" der Grenz- und Auslandsvolkskunde – bei ihnen erfolgte höchstens im Rahmen ihrer Verwandlungspolitik (vgl. Loth/Rusinek 1998) eine semantische Ein- und Anpassung in und an die Wissenschaftsrhetorik der Nachkriegszeit, die sprachkosmetische Transformation vertrauter Fachbestände und Leitbegriffe (vgl. Bollenbeck/Knobloch 2001); der Rest blieb wie gehabt.

Es ist ohne allzu große Empathie nachzuvollziehen, dass innerhalb der deutschen Volkskunde nach 1945 kein allzu großes Interesse danach drängte, die Verwicklungen von Wissenschaft und Weltanschauung im Nationalsozialismus, geschweige denn die Rollen und Verantwortlichkeiten einzelner Personen eingehender auszuleuchten. Einvernehmliches Schweigen schien die Voraussetzung für Zukunftsfähigkeit. Was allerdings schon eher Kopfzerbrechen bereitet, ist die Tatsache, dass auf internationalen Tagungen und Treffen auch aus der internationalen Community offenkundig kaum jemand an Fragen und an Aufklärung über Zusammenhänge zwischen Politik und Wissenschaft, an der Rolle der Volkskunde für die ideologische Herrschaftssicherung oder einzelner Personen interessiert gewesen wäre. Auch ohne das große Wort der „Schweigekartelle" zu bemühen: Offenkundig gab es nicht nur einen nationalen, sondern auch einen internationalen Konsens darüber, lieber nichts ganz Genaues wissen zu wollen, um den internationalen fachlichen Familienfrieden nicht zu gefährden. Harmonie schien mehr gefragt als Aufklärung. Warum war das so? Offenbar war der Bedarf an Gemeinsamkeiten, an Homogenität und Geschlossenheit größer als die Gefahr unüberbrückbarer Differenz. Das Gemeinsame schien schwerer zu wiegen als das Trennende. Aber was war dann dieses Gemeinsame? Waren es die Bewusstseinslandschaften des abendländischen Europas? Antikommunismus? In jedem Fall: Vor allem den Mitläufern der deutschen NS-Volkskunde brachten nach der Selbstisolierung internationale Kontakte und Auftritte Entlastung und Wiedergewinnung verlorener Reputation. Ent-Ideologisierung und Normalisierung durch Internationalisierung!

Was gab es da überhaupt an Aktivitäten und an Versuchen, die Volkskunden Europas international zu organisieren? Welchen Stellenwert hatte das? Schon aufgrund der gebotenen Kürze muss sich die Skizze in Andeutungen erschöpfen. Einige Aktivitäten seien dennoch aufgelistet, um zu unterstreichen, was da jenseits der nationalen Sonderlage der deutschen Volkskunde sonst noch ausgebrütet, gewerkelt und getüftelt wurde. Wobei darauf hingewiesen sei, dass die meisten ehrgeizigen Vorhaben und hehren Ideen im Reich der schönen Träume gefangen blieben – wie das halt so ist, wenn Wissenschaft betrieben wird: Man könnte, man sollte, man müsste endlich einmal … Die ernüchternde Realität: Vieles blieb Plan und Idee und fand kaum Eingang in die Forschungspraxis der je national organisierten Volkskunden.

Die internationalen Umtriebigkeiten waren nach 1945 natürlich nicht neu, sondern setzten Bemühungen fort, welche die volkskundlich-ethnologischen Disziplinen Europas durch das 20. Jahrhundert begleitet hatten. Nach 1945 knüpfte die UNESCO, die Organisation der Vereinten Nationen für Wissenschaft, Erziehung und Kultur, unmittelbar an die Bemühungen des Völkerbundes aus der Zwischenkriegszeit an. Seit 1927 war dort im Büro für geistige Zusammenarbeit aus kulturpolitischer Absicht und weil man völkerfreundschaftlich gestimmt in der Volkskunde großes Humanisierungspotenzial wähnte, ein praktisches Instrument der Völkerverständigung in Form der „Commission Internationale des Arts et Traditions Populaires" (CIAP) entstanden – zunächst unter Otto Lehmanns Präsidentschaft; er musste sie widerwillig niederlegen nach dem Austritt Deutschlands aus dem Völkerbund. Die UNESCO setzte nach 1945 dieses weltbürgerschaftliche Engagement zunächst fort – teils mit prominenter Unterstützung, gigantischen Plänen und Projekten. Im Juli 1948 proklamierte Arnold van Gennep (1948) im Informationsblatt Nr. 2 der CIAP „The need for an international terminology in the ethnological sciences". Hier ging es also um den Versuch einer internationalen Standardisierung von Theorien, Methoden und Begriffen der zahlreichen nationalen und disziplinären Spielarten. Tatsächlich zeitigte die Initiative nach langen Bemühungen und recht wenig beachtet handfeste Ergebnisse mit dem *International Dictionary of Regional European Ethnology and Folklore*, dessen erster Band 1960 erschien (Hultkrantz 1960). Immerhin: Hier wurde systematisch sondiert, wo es in den Terminologien, den Theoriebeständen oder in der Methodik nationale Sondertraditionen und wo es Übereinstimmungen, Eigenheiten und Gemeinsames gab!

Diese Inventuren und Standardisierungsbemühungen erzeugten Namensdebatten – Name und Identität. Die auch heute virulenten deutschsprachigen Probleme mit dem Vielnamenfach nehmen sich geradezu harmlos aus gegenüber den internationalen Potenzierungen, die sich im babylonischen Sprachgewirr der internationalen Bühne ergaben: Volkskunde, Folklore, European oder Regional Ethnology, Folkminne, Ethnografie, follivsforskning, Nordische Ethnologie, Kulturologie, Kultur- oder Sozialanthropologie, Ethnologie française, Anthropologie culturelle régionale, Laographie …

Arnold van Gennep hatte übrigens einen uneingeschränkten Favoriten, als er sein Anliegen einer internationalen Standardisierung vortrug:

„As the main current of international scientific and political life is joined by an increasing flow of peoples and nations, each with its own language and anxious to analyse more closely what makes up its collective personality, it becomes necessary to find a speedy and universally accepted solution to the various problems of terminology. In the first place we have to unify the definition of our science itself, which is indifferently referred to as ethnography, (ethnology), folklore, popular or collective traditions, and by many other names too, among which one of the best seems to me to be the term invented by Politis for Greece – Laography" (Gennep 1948).

Auf diese Fachbezeichnung bezog sich auch die Zeitschrift *Laos* als internationales Periodikum, das von der UNESCO finanziert wurde und in dem in mehreren Sprachen publiziert werden konnte. Die Existenz internationaler Periodika erschien erneut zentral, weil damit erst wissenschaftliche Kommunikation und damit der Transfer von Ideen, Wissens- und Theoriebeständen über nationale Grenzen hinweg überhaupt erst möglich werden konnte. Allerdings reichten der Atem internationaler Euphorie und die Geldbörsen der UNESCO nur für drei Jahrgänge in den 1950er Jahren, bevor *Laos* dasselbe Schicksal ereilte wie die meisten Vorläuferinnen der *Ethnologia Europaea*. Aber immerhin: Schon die Existenz der Zeitschrift unterstreicht, dass der Notwendigkeit internationaler Kommunikation über Fragen der theoretischen Selbstverständigung, des Austausches forschungspraktischer Informationen und Berichte und anderen Anliegen einer internationalen Wissenschaftsgemeinde hoher Stellenwert eingeräumt wurde.

Hinter dem Namensproblem (vgl. auch Dias 1956) verbarg sich ein handfestes Problem disziplinärer Identität – wenn sich dies für die deutsche Volkskunde auch nicht in dieser Dringlichkeit stellte. Während andere Wissenschaftstraditionen wie die skandinavischen das Kulturwesen Mensch mit Blick auf seine Geistigkeit einerseits und die materielle Kultur andererseits in zwei je zuständige Disziplinen – Ethnologie und Folkloristik – auseinanderdividiert hatten, verhielt sich dies in der deutschsprachigen Volkskunde anders. Dies hatte John Meier schon 1931 in seiner Antwort auf die Umfrage Erixons unterstrichen. Hier fasse man „sachliche und geistige Volkskunde als Einheit" auf. „Man hat mit Recht hervorgehoben, daß auch die Gegenstände ‚geformte Gedanken' sind und darauf hingewiesen, daß die Dinge sehr sehr vielfach neben der eigentlichen Gebrauchsbedeutung noch eine symbolische geistige Bedeutung haben, die durch die Realienforschung nicht zu ermitteln und zu deuten ist" (Brief J. Meier an S. Erixon, 21. 4. 1931, Deutsches Volksliedarchiv).

Von Schweden aus unternahm Sigurd Erixon seine nimmermüden Anläufe, die volkskundlichen Szenen Europas zu organisieren und zu stimulieren. Er initiierte immer wieder Umfragen über die Lage der Volkskunde in den Ländern Europas, ihren Stellenwert an den Universitäten, ihre inhaltlichen Orientierungen und Akzentuierungen et cetera (z. B. Erixon 1955). Sigurd Erixon hatte bereits 1937/38 in der zunächst international konzipierten, aber durch den Ausbruch des Zweiten Weltkrieges bald auf den skandinavischen Raum beschränkten Zeitschrift *Folk-Liv* mit seiner „Regional European Ethnology" den programmatisch sicherlich ambitioniertesten Versuch einer international und interdisziplinär orientierten Fachbegründung vorgelegt (Erixon 1937, 1938). Um internationale Kommunikation ging es Erixon auch, als er 1951 mit dem „International Congress of European and Western Ethnology" in Stockholm den ersten internationalen Volkskunde-Kongress der Nachkriegszeit auf die Beine stellte – mit 228 Teilnehmern aus 19 Staaten, wobei sich bereits hier abzeichnete, dass sich die Scientific Community dieser Europäischen Ethnologie der 1950er Jahre auf den Kreis von Wissenschaftlern und Wissenschaftlerinnen westlicher Nationen mit Ausnahme Jugoslawiens beschränken sollte (vgl. Papers 1956). Deutschland stellte übrigens nach Schweden die meisten Teilnehmer und Teilnehmerinnen. Die florierenden Ethnografien der Ostblockstaaten kamen dagegen auf dieser volkskundlichen Landkarte Europas nicht vor. Die Horizonte des hier gemeinten Europas endeten am Eisernen Vorhang.

Diese Bemühungen um Bündelung und Organisation durch Kongresse wurden durch internationale Tagungen (1953 Namur; vgl. Actes [Namur] 1956) fortgesetzt und fanden ihren vorläufigen Höhepunkt in Arnhem 1955, wo nicht nur die Europäisierung der Volkskunden, sondern auch eine Ethnologisierung, in jedem Fall eine Angleichung der zahlreichen Varianten und Spielarten nationaler Disziplinen forciert werden sollte (vgl. Actes [Arnhem] 1956). Wenn Arnhem immer wieder als gescheiterter Versuch einer Zusammenführung von Ethnologie und Volkskunde bewertet wird, so sind hier sicherlich Korrekturen nötig. Wenn von „Ethnologie" die Rede war, dann war da nur bedingt die klassische Völkerkunde deutschsprachiger Wissenschaftstradition gemeint. Dann zielte das auch auf die „Ethnologie" der schwedischen Sprachtradition, wie sie sich nach den Vorstellungen Sigurd Erixons aus der dortigen „Folklivsforskning" entwickelt hatte und die dort von der außereuropäisch orientierten Cultural Anthropology abgegrenzt wurde. Die Versuche von Erixon, Jorge Dias, Branimir Bratanić und anderen zielten also vor allem auf die Überwindung des disziplinären Auseinanderdriftens von Folkloristen und Ethnologen, von geistiger und materieller Kultur.

All das wurde meist unter dem Dach der müden Diva CIAP organisiert. Aber freilich nicht alles. Je nach fachlichen Interessen (beispielsweise Geräteforschung) orientierten sich einzelne Akteure auch in anderen Zusammenhängen, zum Beispiel 1952 beim Internationalen Anthropologenkongress in Wien unter dem Dach der „Union Internationales des Sciences Anthropologiques et Ethnologiques" (vgl. Actes [Wien] 1954). Die CIAP organisierte indes wesentlich das, was als Folkloristik und Volkskunde betrieben wurde. Auf den Landkarten des CIAP-Kosmos waren im Übrigen die Horizonte der Internationalität in den drei Jahrzehnten zwischen ihrer Gründung Ende der 1920er Jahre und den 1950er Jahren nach und nach zusammengeschrumpft. Wir müssen nur auf die Tagungslisten und die Herkunftsländer der Teilnehmer schauen. Zu dem Volkskunstkongress 1928 in Prag waren noch außereuropäische Vertreter aus Chile, Ägypten, Ecuador, Kanada, Japan oder den USA angereist. Jetzt, zu den Tagungen der 1950er Jahre, kamen fast nur noch Europäer und Europäerinnen und nur noch solche mit einem Arbeitsort westlich des Eisernen Vorhangs. Diese Verlagerungen sind erläuterungsbedürftig; in jedem Fall handelt es sich um eine Zentrierung vom Internationalen zum Europäischen.

Wir haben es also hinlänglich mit Absichtserklärungen zu tun, mit Plänen und Träumen, mit einem durchaus florierenden Tagungstourismus und im Hintergrund mit Ränkeschmieden und Drahtziehern. Zu fragen ist: Welche Folgen oder Auswirkungen für die jeweils national organisierten Volkskunden hatten diese Internationalisierungsbemühungen tatsächlich? Kam all das auch auf der Ebene praktischer Forschung an? Existierten internationale Initiativen und nationale Forschung nebeneinander oder miteinander, zeitigte das Effekte oder ließ das die nationalen Orientierungen unberührt?

Auf forschungspraktischer Ebene waren es sicherlich die Bemühungen um einen Europäischen Volkskundeatlas, der auch als institutionelles Gehäuse den Prozess – wenn nicht der Internationalisierung, so doch der Europäisierung – als Motor und Nukleus vorantrieb (vgl. Schmoll 2009: 264–285). Gerade nach dem Zweiten Weltkrieg, nachdem eine neue politische Landkarte entstanden war, besaß die Kulturraumforschung national wie international die größte gesellschaftliche Resonanz, was volkskundlichen Forschungsbedarf betraf. Die Sitzungen der „Internationalen Atlaskommission" fungierten als Kristallisationspunkte internationaler Aktivitäten – hier agierten die wichtigsten Personen, bildeten tragfähige Netzwerke, wurden Forschungsideen zur Forschungspraxis. Dabei spielte die Bonner Arbeitsstelle des *Atlas der deutschen Volkskunde* unter Matthias Zender, die auch als eine der beiden Koordinationsstellen des Europäischen Volkskundeatlas fungierte, um 1960 eine maßgebliche Rolle. Vor allem die Bonner Atlastagung 1964 wurde intensiv zur Reorganisation der CIAP und Erneuerung als „Société Internationale d'Ethnologie et de Folklore" (SIEF) genutzt. Mittlerweile war die Diva CIAP längst müde geworden, die materiellen Ressourcen knapp. Was die inhaltlichen Stimulanzien betraf, da hatten die Grabenkämpfe zwischen Folkloristen und Ethnologen die Energien zum Erlahmen gebracht. Analog zur nationalen (Re-)Organisation der Volkskunde in Deutschland durch die Überführung des alten Volkskunde-Verbandes in die akademisch professionalisierte Deutsche Gesellschaft für Volkskunde wurde die internationale Erneuerung durch die Auflösung der CIAP und die Neugründung der SIEF vollzogen.

Zweierlei Aspekte sind hier von Belang: Nach 1960 kulminierten mit den Reformbemühungen innerhalb der CIAP die Auseinandersetzungen zwischen Folkloristen traditioneller Provenienz und den Europäischen Ethnologen. Hier spielte auch Kurt Ranke als „Reformer" eine wichtige Rolle – sehr zum Leidwesen allerdings der älteren Generation der in der CIAP organisierten und im Europäischen Volkskundeatlas engagierten „Ethnologen" um Erixon, Jorge Dias, Branimir Bratanić und anderen. Leider kann auf all dieses durchaus erhellende Gezänk und die Kleinkriege hinter den Kulissen nicht näher eingegangen werden. In jedem Fall werteten die alten Ethnologen die Gründung der SIEF vor allem auch als einen Triumph der Folkloristen über die Ethnologen. In einem Brief an Sigurd Erixon 1964 beschwor Bratanić ein ihn beängstigendes Szenario: „Ich fürchte, es besteht eine wirkliche Folkloristen- und Feuilletonistengefahr …" (Brief B. Bratanić an S. Erixon, 16. 4. 1964, Nachlass Erixon). Gerhard Heilfurth und Ingeborg Weber-Kellermann votierten übrigens in einer Stellungnahme 1963 dagegen, dass Folklore überhaupt im Namen der neuen Organisation auftauchen sollte, und bevorzugten die Kombination „Kultur- und Sozialanthropologie", wonach die reformierte Organisation nach ihrer Vorstellung „SIA" heißen sollte – „Société internationale anthropologie culturelle et sociale" (Stellungnahme zum Memorandum 1963, Nachlass Erixon).

Eine andere Differenz indes konnte mit der Überführung in die SIEF nach 1964 überwunden werden – nämlich die Demarkationslinie des Eisernen Vorhangs als unüberwindbare Begrenzung wissenschaftlicher Kommunikationsräume: „Es ist zu bemerken, dass in Athen an einer Versammlung der CIAP auch die neuen Länder von Osteuropa (Ostdeutschland, Polen, Rumänien, Tschechoslowakei und Ungarn) zum ersten Mal nach dem Kriege vertreten waren." So registrierte Branimir Bratanić in einem Brief an einige Kollegen über die Sitzung des CIAP-Büros und der Reformkommission im September 1964 sehr nüchtern und lapidar einen im Grunde ungeheuerlichen Vorgang (Brief B. Bratanić an J. Dias und andere, 25. 9. 1964, Nachlass Erixon). Wenige Jahre nach der Errichtung der Berliner Mauer konnte in der internationalen volkskundlichen Zusammenarbeit die Grenze des Eisernen Vorhangs unterlaufen werden. Das war tatsächlich eine neue Qualität: War die alte CIAP in den 1950er Jahren weitgehend ein Reservat, in dem deutlich antikommunistische Affekte walteten und das von europäischabendländischen Wertorientierungen geprägt war, vollzog sich sozusagen unter wissenschaftspolitischem Nachrüstungsdruck nun unversehens eine historische Öffnung: Nachdem Anfang der 1960er Jahre in Konkurrenz zum Europäischen Volkskundeatlas plötzlich Pläne zu einem so titulierten „Slawenatlas" der östlichen Ethnografien kursierten, kam es 1964 auf dem Anthropologenkongress in Moskau zu einer Vereinigung des lange Zeit verfolgten CIAP-Projektes mit den neueren Sowjetplänen, wie Reinhard Peesch in seinem Kongressbericht festhielt: „In der am Schluß des Symposiums einstimmig angenommenen Resolution wurde zusammenfassend zum Ausdruck gebracht, daß ein ethnographischer Atlas von Europa eine vordringliche wissenschaftliche Aufgabe ist, zu deren Verwirklichung alle Länder aufgerufen sind" (Peesch Teilbericht 1964, Wossidlo-Archiv; ausführlicher vgl. Schmoll 2009: 277–285).

Das muss nach einem starken Jahrzehnt Kalter Krieg tatsächlich als spektakulär verzeichnet werden. Auch wenn immer noch die Sprache des Kalten Krieges der Wissenschaftsrhetorik den entsprechenden Zungenschlag verlieh, wie ein Bericht von Solomon Bruk und Sergej Tokarev 1966 in der *Sovetskaja Etnografija* verrät:

„Sehr erfreulich ist die Tatsache, daß die sowjetischen Ethnographen, die lange Zeit der Arbeit ihrer ausländischen Kollegen in den Fragen der gesamteuropäischen Ethnographie fernstanden, jetzt die aktivste Rolle spielen. Das festigt die Autorität der sowjetischen Wissenschaft vor der wissenschaftlichen Weltöffentlichkeit, eine Autorität, die besonders auf dem Gebiet der Wissenschaft vom Menschen seit dem 7. Internationalen Kongreß für anthropologische und ethnologische Wissenschaften gewachsen ist" (Bruk/Tokarev 1966, Wossidlo-Archiv).

Natürlich, das war auch in Zeiten der beginnenden Kooperation die trennende Sprache des Kalten Krieges. Aber die regelmäßigen Tagungen der Internationalen Atlaskommission seit 1966 zeigten nun, wie die Forschungspraxis durch internationale Öffnung beflügelt worden war.

Damit war auch die deutsche Volkskunde wieder zurück in der internationalen Wissenschaftsgemeinschaft und mitten in einer umtriebigen Gegenwart, in der sie gebraucht zu werden schien. In diese Jahre fallen denn auch die ersten, wenn auch zaghaften Impulse zur zunächst ideologiekritischen Auseinandersetzung mit der nationalsozialistischen Volkskunde (vgl. Bausinger 1965; Emmerich 1968). Immerhin: Früher als in anderen Disziplinen setzte langsam in der Volkskunde die schwierige Bearbeitung der disziplinären NS-Vergangenheit ein. Wenn die Frage nach der Ausbalancierung zwischen fachlicher Kontinuität, Selbstkritik und Neubeginn in der deutschen Volkskunde nach 1945 zur Disposition steht, vermittelt sich kein geschlossenes Bild. Sehr wohl aber lassen sich Grundtendenzen erkennen. Als Legitimation zur Fortsetzung der fachlichen Arbeit fungierte zunächst die Abspaltung einer im Nationalsozialismus betriebenen politisierten und nun als „unwissenschaftlich" degradierten NS-Volkskunde von einer seriösen wissenschaftlichen Volkskunde. Zumindest den radikalsten Exponenten der „Parteivolkskunde" wurde der Weg zurück in die wissenschaftliche Arbeit versperrt, sodass hier eine gewisse personelle Zäsur zu konstatieren ist. Auf ideologischer Ebene erfolgte eine Abgrenzung von Theoriebeständen wie dem Rassismus. Diese Absetzung ermöglichte umgekehrt die Kontinuität von Deutungsmustern und Denkstilen insbesondere in der Vertriebenenvolkskunde, die vor allem von solchen Fachvertretern betrieben wurde, die ihre akademische Sozialisation in der nach 1918 virulenten und vom „Volkstumskampf" beflügelten Grenz-, Auslands- und Sprachinselvolkskunde erlebt hatten. Ihr Weiterarbeiten wurde durch die semantische Anpassung von Leitbegriffen und Orientierungsmustern an die Nachkriegszeit möglich.

Die zentralen Impulse der Wiederbelebung der Disziplin kamen sowohl in der BRD wie auch in der DDR durch den gesellschaftlichen Bedarf, der an die Volkskunde als kulturelle Deutungsagentur und kulturpolitisches Instrument herangetragen wurde. So setzte sich zwar nicht unmittelbar nach 1945, aber spätestens seit Anfang der 1950er Jahre auch die Anwendungsorientierung der kleinen Disziplin ungebrochen fort. Und schließlich waren es die politischen Konstellationen des Kalten Krieges, die dem Fach während der 1950er Jahre neuen Auftrieb gaben – östlich des Eisernen Vorhangs durch die Aufwertung ethnografischer Fächer und westlich davon durch eine kulturelle Beglaubigung eines abendländischen Europas. Jenseits und unabhängig von diesen nationalen Bindungen und Blockzugehörigkeiten allerdings vollzog sich eine bemerkenswert eigenständige internationale Entwicklung, welche die je national eingebundenen volkskundlich-ethnologischen Disziplinen verband und die sicher künftig mehr wissenschaftsgeschichtliche Aufmerksamkeit verdient hätte.

Quellen

Nachlass Sigurd Erixon, Nordiska Museet Stockholm

Peuckert, Will-Erich: Bericht über die ethnologische Forschung in Deutschland (5 Seiten getippt, o. J., um 1950), Ordner + 8: 77.

Stellungnahme zum Memorandum Kurt Rankes zur Neuorganisation der CIAP von Gerhard Heilfurth und Ingeborg Weber-Kellermann, 2. 9. 1963, Ordner + 8: 31.

Brief von Branimir Bratanić an Sigurd Erixon, 16. 4. 1964, Ordner + 8: 27.

Brief von B. Bratanić an J. Dias, S. Erixon, M. S. Filipović, M. Gavazzi, A. Hultkranz, B. Rusić, H. Stigum und K. Vilkunia vom 25. 9. 1964, Ordner + 8: 27.

Deutsches Volksliedarchiv, Freiburg

Brief von John Meier an Sigurd Erixon, 21. 4. 1931, Ordner 28, allg. Korr. 1930-31, A-F.

Ordner 218: Deutsche Gesellschaft für Volkskunde.

Institut für Volkskunde (Wossidlo-Archiv), Rostock

Auszügliche Übersetzung und maschinenschriftliche Abschrift: Bruk, S. I./Tokarev, S. A. (1966): Probleme und Zustandekommen eines historisch-ethnographischen Atlas. In: Sovetskaja Etnografija 5, S. 91–101, Ordner Atlas Europa.

Reinhard Peesch: Teilbericht zum Moskauer Kongreß 1964, Ordner Atlas Europa.

Literatur

Actes (1954) du IVe Congrès international des sciences anthropologiques et ethnologiques, Vienne, 1–8 septembre 1952. 3 Bde. Wien.

Actes (1956) de la conférence de Namur de la Commission internationale des artes et traditions populaires (CIAP), tenue à Namur du 7 au 12 septembre 1953. Bruxelles.

Actes (1956) du Congrès International d'Ethnologie Régionale. Arnhem 1955. Arnhem.

Bagus, Anita (2008): „Mitteldeutsche Volkskunde" zwischen Region, Nation und Europa – ein Erbe für die Europäische Ethnologie. In: Pöge-Alder, Kathrin/Köhle-Hezinger, Christel (Hg.): Europas Mitte – Mitte Europas. Europa als kulturelle Konstruktion. Jena, S. 201–220.

Bausinger, Hermann (1965): Volksideologie und Volksforschung. Zur nationalsozialistischen Volkskunde. In: Zeitschrift für Volkskunde 61, S. 177–204.

Bendix, Regina/Eggeling, Tatjana (Hg.) (2004): Namen und was sie bedeuten. Zur Namensdebatte im Fach Volkskunde. Göttingen.

Bollenbeck, Georg/Knobloch, Clemens (Hg.) (2001): Semantischer Umbau der Geisteswissenschaften nach 1933 und 1945. Heidelberg.

Dias, Jorge (1956): The Quintessence of the Problem. Nomenclature and Subject-matter of Folklore. In: Actes du Congrès International d'Ethnologie Régionale. Arnhem 1955. Arnhem, S. 1–14.

Emmerich, Wolfgang (1968): Germanistische Volkstumsideologie. Genese und Kritik der Volksforschung im Dritten Reich. Tübingen.

Erixon, Sigurd (1937): Regional European Ethnology. I. Main Principles and Aims with Special Reference to Nordic Ethnology. In: Folk-Liv 2/3, S. 89–108.

— (1938): Regional European Ethnology. II. Functional Analysis – Time Studies. In: Folk-Liv 3, S. 263–294.

— (1955) The Position of Regional European Ethnology and Folklore at the European Universities. In: Laos 3, S. 108–159.

Gennep, Arnold van (1948): The Need for an International Terminology in the Ethnological Sciences. In: CIAP Information 2, Juli.

— (1949): La CIAP et les sciences humaines. In: CIAP Information 13/14, September.

Greiner, Bernd/Müller, Tim B./Weber, Claudia (Hg.) (2011): Macht und Geist im Kalten Krieg. Hamburg.

Hultkrantz, Åke (1960): International Dictionary of Regional European Ethnology and Folklore. Vol. 1. General Ethnological Concepts. Copenhagen.

Jacobeit, Wolfgang/Lixfeld, Hannjost/Bockhorn, Olaf (Hg.) (1994): Völkische Wissenschaft. Gestalten und Tendenzen der deutschen und österreichischen Volkskunde in der ersten Hälfte des 20. Jahrhunderts. Wien/Köln/Weimar.

Loth, Wilfried/Rusinek, Bernd-A. (Hg.) (1998): Verwandlungspolitik. NS-Eliten in der westdeutschen Nachkriegsgesellschaft. Frankfurt am Main.

Maus, Heinz (1946): Zur Situation der deutschen Volkskunde. In: Die Umschau. Internationale Revue 1, S. 349–359.

Moser, Hans (1954): Gedanken zur heutigen Volkskunde. Ihre Situation, ihre Problematik, ihre Aufgaben. In: Bayerisches Jahrbuch für Volkskunde, S. 208–234.

Müns, Heike (Hg.) (1999): „Das Problem der inneren Wiedervereinigung wird immer größer …" Briefe, Dokumente und Referate zur volkskundlichen „Ostforschung" 1951–1962. Bd. 1. Marburg.

Nipperdey, Thomas (1976): Die anthropologische Dimension der Geschichtswissenschaft. In: ders.: Gesellschaft, Kultur, Theorie. Gesammelte Aufsätze zur neueren Geschichte. Göttingen, S. 33–58.

Papers (1956) of the International Congress of European and Western Ethnology, Stockholm 1951. Published under the auspices of the International Council for Philosophy and Humanistic Studies (CIPSH) and with the support of UNESCO by the International Commission on Folk Arts and Folklore (CIAP) and the Swedish Organizing Committee of the Congress. Ed. Sigurd Erixon. Stockholm.

Peuckert, Will-Erich (1948): Zur Situation der Volkskunde. In: Die Nachbarn. Jahrbuch für vergleichende Volkskunde 1, S. 130–135.

Rogan, Bjarne (2004): The Prague Congress (1928), CIAP and the League of Nations. A Short History of La Commission Internationale des Arts Populaires (CIAP) from Its Inception until World War II. In: Kõresaar, Ene/Leete, Art (eds.): Everyday Life and Cultural Patterns. International Festschrift for Elle Vunder. (Studies in Folk Culture, 3). Tartu, S. 273–283.

— (2007): Folk Art and Politics in Inter-War-Europe. An Early Debate on Applied Ethnology. In: Folk Life 45, S. 7–23.

— (2008a): From Rivals to Partners on the Inter-War European Scene. Sigurd Erixon, Georges Henri Rivière and the International Debate on Europe Ethnology in the 1930s. In: Arv. Nordic Yearbook of Folklore 64, S. 275–324.

— (2008b): From CIAP to SIEF. Visions for a Dicipline or Power Struggle? In: Craith, Máréad Nic/Kockel, Ulrich/Johler, Reinhard (eds.): Everyday Culture in Europe. Case Studies and Methodologies. Aldershot, S. 19–64.

— (2008c): The Troubled Past of European Ethnology. SIEF and International Coperation from Prag to Derry. In: Ethnologia Europaea 38 (1), S. 66–78.

Schmoll, Friedemann (2009): Die Vermessung der Kultur. Der „Atlas der deutschen Volkskunde" und die Deutsche Forschungsgemeinschaft 1928–1980. Stuttgart.

Schreiber, Georg (1930): Auslandsbeziehungen in der deutschen Wissenschaft. In: Abb, Gustav (Hg.): Aus fünfzig Jahren deutscher Wissenschaft. Seiner Excellenz Herrn Staatsminister Friedrich Schmidt-Ott zur Feier seines siebzigsten Geburtstages im Namen der Deutschen Wissenschaft überreicht von Walter van Dyck, Adolf von Harnack, Friedrich von Miller, Fritz Tillmann. Berlin, S. 9–21.

Schröder-Gudehus, Brigitte (1990): Nationalism and Internationalism. In: Olby, Robert C. et al. (eds.): Companion to the History of Modern Science. London et al., S. 909–919.

Steinitz, Wolfgang (1955): Die volkskundliche Arbeit in der Deutschen Demokratischen Republik. 2., durchges. Auflage. Leipzig.

Wengenroth, Ulrich (2002): Die Flucht in den Käfig. Wissenschafts- und Innovationskultur in Deutschland 1900–1960. In: Vom Bruch, Rüdiger/Kaderas, Brigitte (Hg.): Wissenschaften und Wissenschaftspolitik. Bestandsaufnahmen zu Formationen, Brüchen und Kontinuitäten im Deutschland des 20. Jahrhunderts. Stuttgart, S. 52–59.

Wiora, Walter (1952): Die Stellung der Volkskunde im Kreise der Geisteswissenschaften. In: Bericht über den Allgemeinen volkskundlichen Kongreß (7. Deutscher Volkskundetag) des Verbandes deutscher Vereine für Volkskunde in Jugenheim an der Bergstraße, 28. bis 31. März 1951. Stuttgart, S. 8–21.

Wörterbuch der deutschen Volkskunde (1981). Begr. von Oswald A. Erich u. Richard Beitl, Stuttgart [3. Auflage 1974. Neu bearb. von Richard Beitl unter Mitarb. von Klaus Beitl].

Inter-/Trans-/Disziplinär?

Die Volkskunde im Spannungsfeld der Wissenschaften 1945–1970

Jens Wietschorke

„Volkskunde, das ist ja schrecklich!", rief der Literatursoziologe Leo Löwenthal aus, als man ihn 1990 um seine Mitwirkung an einem interdisziplinär konzipierten Band zum Themenkomplex „Literaturwissenschaft – Kulturwissenschaft" bat, an dem unter anderem auch Konrad Köstlin mit einem Beitrag beteiligt war (Luserke 1996: 209). Anscheinend hielt Löwenthal, der in den 1920er und 1930er Jahren wesentlich zur Entwicklung der Kritischen Theorie und der Frankfurter Schule beigetragen hatte, das Fach Volkskunde noch in den 1990er Jahren für eine deutschtümelnde und sowohl disziplinär wie auch thematisch aufs Eigene beschränkte Mauerblümchenwissenschaft, die nur schlecht in einen kulturwissenschaftlichen Sammelband passen wollte. Köstlins Aufsatz für besagten Band jedenfalls bietet vor allem eine aus Sicht der historischen Volkskulturforschung geschriebene, aber weit über eine disziplinäre Perspektive hinausreichende Auseinandersetzung mit der Zivilisationsgeschichtsschreibung des Soziologen Norbert Elias (vgl. Köstlin 1996), mit dem Leo Löwenthal übrigens bereits seit der gemeinsamen Zeit in der zionistischen Jugendbewegung in den frühen 1920er Jahren persönlich bekannt war (vgl. Hackeschmidt 1997). Der Text, der nebenbei auch eine Reihe anderer Autoren verschiedenster Fachrichtungen von Philippe Ariès über Michel Foucault bis Richard Sennett und Hans Peter Duerr diskutiert, wäre daher nicht schlecht geeignet gewesen, um die – biografisch gesehen durchaus verständlichen – Vorurteile Löwenthals gegen eine disziplinär borniert Volkskunde auszuräumen. Dazu ist es dann nicht mehr gekommen: Löwenthal verstarb im Januar 1993 und konnte weder zu dem genannten, „Interferenzen" und „Berührungspunkte" zwischen Volkskunde, Literatur- und Kulturwissenschaften auslotenden Band beitragen noch das Endergebnis in Händen halten.

Im vorliegenden Beitrag möchte ich die Fachgeschichte der Volkskunde zwischen 1945 und 1970 im Hinblick auf ihre Disziplinarität betrachten. Dabei soll es um das Verhältnis der Volkskunde zu den benachbarten Kultur- und Gesellschaftswissenschaften gehen sowie um die Frage, inwieweit für diesen Zeitraum von einem inter- oder sogar transdisziplinären Zuschnitt der volkskundlichen

Arbeit die Rede sein kann. Wie bestimmten FachvertreterInnen in den 1950er und 1960er Jahren ihren wissenschaftlichen Standort zwischen Sprach- und Literaturwissenschaften, Altertumskunde, Geschichts- und Kunstwissenschaften, Rechtsgeschichte, Psychologie, Soziologie und Ethnologie beziehungsweise Kulturanthropologie? Und welche Rückschlüsse auf spezifisch volkskundliche Weisen der Wissensgenerierung können wir daraus möglicherweise ziehen? Bei alledem beziehe ich mich in erster Linie auf die westdeutsche Entwicklung inklusive Österreich und der Schweiz – auch deshalb, weil die Frage nach der Interdisziplinarität der DDR-Volkskunde bereits im Beitrag von Hans Heilmann in diesem Band behandelt wird.

Wolf Lepenies (1981) hat in der Einleitung zu seiner *Geschichte der Soziologie* eine sehr nützliche Unterscheidung eingeführt, und zwar zwischen der kognitiven, der sozialen und der historischen Identität einer wissenschaftlichen Disziplin. Die historische Identität entsteht nach Lepenies retrospektiv, durch „Bemühungen, eine disziplinäre Vergangenheit zu rekonstruieren" – und das geschieht unter anderem durch fachgeschichtliche Tagungen wie die hier dokumentierte Münchner Veranstaltung des Jahres 2013. Die soziale Identität geht auf „Institutionalisierungsprozesse" zurück, durch die Disziplinen versuchen, „sich organisatorisch zu stabilisieren" – auch dafür ist die Münchner Fachgeschichte-Tagung ein Beispiel, bei der wir nicht nur das 50. Jubiläum eines universitären Volkskundeinstituts, sondern auch des entsprechenden Dachverbands feierten und so die Scientific Community bestätigten. Die kognitive Identität schließlich betrifft die Frage nach der „Einzigartigkeit und Kohärenz" der „Orientierungen, Paradigmen, Problemstellungen und Forschungswerkzeuge" eines Faches (ebd.: I). Rolf Lindner (1987) beleuchtete in einem vielzitierten Text aus dem Jahre 1987 die kognitive Identität der damaligen Volkskunde und Empirischen Kulturwissenschaft, und die Fragen, die er im Hinblick auf die erneuerte Volkskunde nach 1970 aufwirft, möchte ich hier – zumindest ansatzweise – für die Zeit vor 1970 zu beantworten versuchen: Was machte zwischen 1945 und 1970 die „kognitive Identität" des Faches aus? Wie stellen sich die Problemstellungen und Forschungsmethoden der Volkskunde im Vergleich und Austausch mit den Nachbardisziplinen dar?

Geht man die vorliegende programmatische Literatur der Nachkriegszeit durch, so stößt man durchweg auf starke Bekenntnisse zum inter- und transdisziplinären Zuschnitt volkskundlicher Forschung. Das beginnt keineswegs erst 1945, sondern schon bei den einschlägigen Texten der Jahrhundertwende – etwa bei dem Altphilologen Albrecht Dieterich, der 1902 seinen später berühmt gewordenen Satz schrieb: „Vor Leuten, die nur Volkskunde als ihre Wissenschaft betreiben, mag uns der Himmel in Gnaden bewahren" (1902: 191). Auch Julius Schwietering – seinerseits Germanist – vertrat die Ansicht, dass das Fach „lediglich ein Ferment anderer Disziplinen sei, die sich der volkskundlichen Sicht zum Erweitern und Vertiefen des eigenen Arbeitsbereichs bedienen", so Herbert Freudenthal (1955: 198) über Schwietering. Otto Lauffer meinte 1929, die Volkskunde habe „überhaupt keinen eigenen und in sich abgeschlossenen" Charakter; es würde unter diesem Dach „eine ganze Reihe von Teildisziplinen" zusammengehalten (zitiert nach Freudenthal 1955: 199). Und Martin Wähler sah 1930 in der Volkskunde – ganz epistemologisch argumentierend – keine „Einzelwissenschaft im Sinne der anderen Geisteswissenschaften", sondern „eine unter einem bestimmten Blickpunkt gewonnene Verknüpfung mehrerer Gebiete" (1930: 224). Diese Positionsbestimmungen entsprechen dem Befund, den Franziska Schürch in ihrer Abhandlung über die Sektion Basel der Schweizerischen Gesellschaft für Volkskunde formuliert hat, nämlich dass „sich das volkskundliche Paradigma gerade aus dem gesellschaftlichen und wissenschaftlichen Dazwischen herausbilden sollte. Der volkskundliche Forschungsgegenstand wurde explizit interdisziplinär ausgehandelt" (2010: 62). Im Nationalsozialismus erfuhr die Volkskunde dann zwar über die Gründung von Lehrstühlen und Forschungseinrichtungen ihren entscheidenden Disziplinierungsschub, hinsichtlich ihrer Position im Wissenschaftsgefüge lässt sich aber ohne Weiteres auch von einer „völkischen Transdisziplinarität" sprechen, in der Ansätze aus Geschichte und Altertumskunde, Germanischer Philologie und Sinnbildforschung, Kulturgeografie und Geopolitik, Anthropologie und Rassenkunde zu einer anwendungsorientierten politischen Wissenschaft zusammengebunden wurden. Gleichzeitig aber gab es auch starke Formen einer „völkischen Interdisziplinarität", also einer fächerübergreifenden Zusammenarbeit, wie sie in vielen neu gegründeten Wissenschaftsorganisationen und Forschungseinrichtungen praktiziert wurde – etwa in der Prager Reinhard-Heydrich-Stiftung oder auch dem SS-Ahnenerbe (vgl. Gerndt 1987; Jacobeit/Lixfeld/Bockhorn 1994: insbesondere 139–331 und 529–575; Kater 2006; zur Reinhard-Heydrich-Stiftung vgl. Wiedemann 2000).

Nach 1945 setzte dann eine systematische Reflexion der inter- oder transdisziplinären Arbeitsweise des Faches ein – und zwar beginnend mit der programmatischen Positionsbestimmung von Richard Weiss in dessen 1946 publizierter *Volkskunde der Schweiz*. In der Einleitung zu seinem „Grundriss" fragt Weiss:

„Gibt es ein […] geistiges Band, welches die Volkskunde zur *einheitlichen Wissenschaft* macht? Oder ist Volkskunde ein Additionsprodukt aus Siedlungsforschung, Hausforschung, Trachtenforschung, Brauchforschung, Volksliederforschung, Märchen- und Sagenforschung, rechtlicher Volkskunde, religiöser Volkskunde und wie die bewährten Teildisziplinen der Volkskunde sich alle nennen? Sind diese Disziplinen einfach Randgebiete anderer Wissenschaften, der Geographie, der Kulturgeschichte, der Literatur, der Rechts- und der Religionswissenschaft?

Oder vermag die Volkskunde sie alle zum fruchtbaren und notwendigen Zusammenwirken zu bringen?" (1946: VII, Hervorhebung im Original).

Weiss skizziert die Möglichkeiten eines solchen Zusammenwirkens der Fächer, indem er „vier Forschungsrichtungen" unterscheidet, „die geographische, die soziologische, die historische und die psychologische" (ebd.: 49). Erst alle vier zusammen bilden nach Weiss die eigentliche volkskundliche Methode – ein Befund, aus dem er den Schluss zieht: „Nicht nur stofflich, sondern auch methodisch ist die Volkskunde eine Beziehungswissenschaft" (ebd.: 53). Die Frankfurter Volkskundlerin Mathilde Hain leitet die Methodik des Faches in ihrem Beitrag für die *Deutsche Philologie im Aufriß* von 1957 ebenfalls aus diesen vier Bausteinen her, wenngleich sie statt von einer historischen von einer historisch-philologischen Methode spricht (vgl. Hain 1957), und aus einer Randnotiz des Hain-Schülers Wolfgang Brückner geht hervor, dass die „vier Methoden" – durch Aufspaltung der historisch-philologischen in eine historische und eine philologische in fünf verwandelt – in den Proseminaren der 1950er Jahre tatsächlich im Sinne eines methodischen Kanons vermittelt wurden (Brückner 2010 [2004]: 66). Adolf Bach schließlich hat das genannte Schema in der dritten Auflage seines Handbuchs 1960 übernommen; hier wird ebenfalls zwischen historischen, geografischen, soziologischen und psychologischen Fragestellungen der Volkskunde differenziert (1960: 450).[1] Nicht ohne Grund also spricht Martin Scharfe in den *Grundzügen der Volkskunde* von 1978 von der „Schulweisheit" der vier Methoden.[2] Sie gibt einen wichtigen Hinweis auf die ganz selbstverständliche interdisziplinäre Konzeption der Nachkriegsvolkskunde bis in die 1970er Jahre hinein.

Gleichzeitig mit Richard Weiss, nämlich im Jahr 1946, hat auch der Soziologe Heinz Maus seine berühmte Expertise zum Stand der Volkskunde publiziert – darin findet sich eine so vehemente Forderung nach interdisziplinärer Zusammenarbeit, dass Maus aus ihr sogar die Option ableitet,

---

1 Eine zweite Auflage dieses Handbuchs, die zwischen 1937 (erste Auflage) und 1960 (dritte Auflage) erschienen wäre, ist übrigens – auch nach längerer Suche in verschiedenen Bibliografien und Bibliothekskatalogen – nicht aufzufinden. Mir ist für diese Unstimmigkeit keine Erklärung bekannt; möglicherweise musste die zweite Auflage zeitnah nach Erscheinen zurückgezogen werden, weil sie einschlägige Texte und Passagen der Erstfassung von 1937 übernommen hatte? Für weiterführende Hinweise zu diesem kleinen fachgeschichtlichen Rätsel wäre ich dankbar.

2 Interessant ist nebenbei auch, dass die Ethnologie hier ausdrücklich noch nicht zu den Referenzdisziplinen gezählt wird. Darin bestätigt sich, was Elisabeth Timm zusammenfassend über die Volkskunde nach 1945 schreibt: „Dem Erixonschen Projekt einer ‚Europäischen Ethnologie' erteilten die deutschen Volkskundler [...] auf dem Arnhemer Kongress 1955 eine deutliche Abfuhr. [...] Nach dem Arnhemer Nein von 1955 befasste sich die Volkskunde erst nach 1970 wieder explizit mit der Völkerkunde" (1999: 74). Vgl. dazu auch die Arbeiten von Gerhard Lutz (1969, 1970, 1971).

„[…] daß sich die tradierte Volkskunde damit auflöst als selbständiger Wissenschaftszweig, wie denn ihr Arbeitsfeld leicht von den Anrainern übernommen werden kann, von Siedlungsgeschichte, Literatur-, Musik-, Religionsgeschichte, der Sozialforschung überhaupt. Denn auch die Beschränkung auf Folklore, wie in den nordischen Ländern, ist heute nicht mehr angebracht. Die Umstellung auf die neuen Aufgaben bedingt einen Umbau ihrer Organisation. In stärkerem Maße noch als das bisher bereits geschah, ist mit sämtlichen kultur- bzw. sozialwissenschaftlichen Nachbardisziplinen zusammenzuarbeiten. […] Auch wird manches im engeren Sinne volkskundliche Material, der genaueren Analyse unterzogen, unter neuem Aspekt auf eine besondere Weise zu funkeln beginnen oder auch verblassen" (1988 [1946]: 37).

Hier wird nun die Idee der „vier Methoden" zuungunsten des Faches Volkskunde umgestülpt: Die unterschiedlichen sozial- und kulturwissenschaftlichen „Anrainer"-Disziplinen können demnach das Arbeitsfeld der Volkskunde mühelos unter sich aufteilen und sich deren Materialien produktiv aneignen. Geht man indessen nicht so weit, schlechterdings die Auflösung des Faches zu fordern, so bleibt ein Befund stehen, der sich in den folgenden Jahrzehnten bestens bewahrheitet hat: Die Zusammenarbeit mit den Nachbarwissenschaften und die Übernahme soziologischer, sozial- und kulturgeschichtlicher und auch „ethnowissenschaftlicher" Herangehensweisen und Akzentuierungen hat dazu beigetragen, dass dieses kleine Fach zu so etwas wie einer „heimlichen Schlüsseldisziplin" (Lindner 1987: 6) geworden ist. Durch den fortgesetzten Kurs, inter- und transdisziplinär zu denken, konnte sich die Volkskunde neu aufstellen und ihr besonderes Profil zwischen den Disziplinen ausbauen.

So stellt sich die volkskundliche Wissenschaftsgeschichte in der Folge auch weiterhin als Geschichte einer Schnittstellendisziplin dar. Herbert Freudenthal bestimmt das Fach in seiner 1955 erschienenen *Wissenschaftstheorie der deutschen Volkskunde* dezidiert als integrative Wissenschaft – mit Formulierungen, in denen organizistische Vorstellungen des nationalsozialistischen Fachverständnisses deutlich nachklingen: So ist hier die Rede von einer „*wechselseitigen Durchdringung der Betrachtungsweisen*" im Sinne einer „forschenden Besinnung […], die Natur- und Geisteswissenschaft in einer Lebenswissenschaft verklammert" (Freudenthal 1955: 28 f., Hervorhebungen im Original). Deshalb – so Freudenthals Resümee – „verkörpert die Volkskunde unserer Tage zu ihrem Teil besonders eindrucksvoll die allgemeine Lockerung der fachlichen Grenzen zugunsten einer allseitigen wie mittelpunktlichen Lebensdeutung" (ebd.).[3] Mit anderer Akzentu-

---

3 Der Pädagoge, Geschichtsdidaktiker und Volkskundler Herbert Freudenthal war sicherlich einer der ausgeprägtesten nationalsozialistischen Ideologen des Faches gewesen – berüchtigt ist in dieser Hinsicht seine haarsträubende Interpretation von Hitlers *Mein Kampf* als volkskundliches Grundlagenwerk (Freudenthal 1935). Zu Freudenthals Haltung zum Nationalsozialismus vgl. Michler (2005).

ierung begegnet Hermann Bausinger in seiner *Volkskultur in der technischen Welt* von 1961 dem Problem der Interdisziplinarität des Faches:

„[V]ielmehr ist es für die Volkskunde dringlicher denn je, nach verbindenden Gesichtspunkten für die Erscheinungen der Teilgebiete zu fragen, die so verschiedenartig sind, daß sie sich mit mehreren anderen wissenschaftlichen Disziplinen überschneiden: die Märchenforschung ragt zweifellos in die Literaturwissenschaft, die Volksschauspielforschung in die Theaterwissenschaft, das volkskundliche Teilgebiet ‚Haus und Hof‘ in Architekturgeschichte und Siedlungsgeographie hinein" (1986: 9).

1968 schließlich kam es im Anschluss an Karl-Sigismund Kramers Kieler Antrittsvorlesung „Volkskunde jenseits der Philologie" zu einer kleinen Debatte in der *Zeitschrift für Volkskunde*, in der es ganz besonders um die Position des Faches im Spannungsfeld der Nachbarwissenschaften ging. Offensichtlich wurden nur die damaligen Ordinarien um Stellungnahmen gebeten – es beteiligten sich Hermann Bausinger, Gerhard Lutz, Günter Wiegelmann, Ingeborg Weber-Kellermann, Walter Hävernick, Gerhard Heilfurth und Karl-Sigismund Kramer selbst mit kurzen Statements, als Vorzeige-Studierender fungierte Richard Mautz aus Tübingen (Diskussion 1968). In seiner Antrittsvorlesung spricht Kramer von der Notwendigkeit „kombinierter Betrachtungsweisen" und knüpft damit an die Methodendiskussion seit der Jahrhundertwende an, in der immer wieder betont wurde, das Fach könne sich nur als „Ferment anderer Disziplinen" sinnvoll positionieren. Zugleich macht Kramer klar, dass sein Programm einer historisch-archivalischen Volkskulturforschung nur eine Option darstelle, nur eine von mehreren möglichen Richtungen, in die sich volkskundliches Forschen entwickeln könne. In der Diskussion wurden dann die Karten auf den Tisch gelegt; einige der Diskutanten bekannten sich klar zu ihrer bevorzugten Leitdisziplin. Gerhard Heilfurth wünschte sich einen „kultur- und sozialanthropologischen Gesichtspunkt" im Zentrum des Faches (ebd.: 28); Hermann Bausinger wollte „den Sozialwissenschaften" noch ein Stück" näher rücken (ebd.: 13), Ingeborg Weber-Kellermann schloss sich Bausinger an und plädierte für eine Orientierung an den „Sozialwissenschaften und den historischen Sozial- und Wirtschaftswissenschaften" (ebd.: 22). Günter Wiegelmann dagegen stellte mit „räumlichen Einheiten […], sozialen Gruppen und historischen Epochen" drei „Ordnungskategorien des Lebens" vor, an denen sich die volkskundliche Methodik zu orientieren habe (ebd.: 17). Ganz ähnlich sprach Gerhard Lutz von „[d]rei mögliche[n] Weisen von Volkskunde", wobei – im Vergleich zu den bei Weiss und Bach genannten „vier Methoden" – nun die Psychologie und die Geografie aussortiert wurden und endlich die Ethnologie hinzukam. Volkskunde konnte demnach unter historischen, soziologischen oder ethnologischen Prämissen betrieben werden, wobei für Lutz die drei Ansätze prinzipiell gleichberechtigt nebeneinanderstanden: „Je nachdem ob man das geschichtliche, das soziale oder das ethnische Moment als das die Erscheinungen bestimmende versteht, wird einem die Volkskunde eine historische, eine soziologische oder eine ethnologische Disziplin sein, wobei die beiden anderen Aspekte [...] natürlich jeweils untergeordnet einbezogen wären" (ebd.: 14).

Auf diese Weise wurden wesentliche methodologische Fachdiskussionen im Kern als Diskussionen darüber geführt, an welcher Leitdisziplin man sich orientieren sollte – eine Frage, die ganz besonders die Situation Ende der 1960er Jahre bestimmte. Helge Gerndt schreibt in der Einleitung zu seiner Fachanthologie:

„Die Diskussion, die sich an [Karl-Sigismund] Kramers Vortrag in der ‚Zeitschrift für Volkskunde' anschloß, hat das Problem der methodologischen Konsolidierung einer eigenständigen Volkskunde nicht aufgenommen oder gar fortgeführt. Sie lenkte zurück auf die Ziele und die Arbeitsweisen der Volkskunde im Sinne von Blickrichtungen, und das landete schließlich erneut bei der Suche nach ihrem theoretischen Ort im System der Wissenschaften" (1988: 11).

Und Gerndt fügt – generell mit Blick auf die späten 1960er Jahre – hinzu: „Das hatte letztlich zur Folge, daß sich die programmatische Diskussion im Fach wieder von der Erörterung wissenschaftlicher Qualitätsmaßstäbe zur Suche nach dem wissenschaftlichen Standort verlagerte" (ebd.: 12). Ich meine, dass das notwendigerweise so war. Denn die 1960er Jahre sind die Zeit, in der das ideologisch fundierte Gerüst des volkskundlichen Gegenstandsbereiches seine ersten Risse bekam. Die Volkskunde hatte im Kanon zwar noch ein einigermaßen festes Standbein, stabilisiert durch die vielen außerakademischen Institutionen wie Museen, Sammlungen und Landesstellen. Das schon relativ freie Spielbein der Methoden und Theorien aber sorgte für Bewegung. Je mehr sich Soziologen und Historiker mit dem Alltag der „kleinen Leute" befassten, desto höher wurde der Druck, dieses Thema auch innerhalb der Volkskunde auf dem Reflexionsniveau der Nachbarwissenschaften zu behandeln. Plötzlich hatte man nicht mehr nur Tradition im Blick, sondern Tradition als Teil der Moderne, nicht mehr nur Kontinuität, sondern auch Wandel, nicht mehr nur angebliche Formen von „Gemeinschaft", sondern Gesellschaft. Mit dieser Perspektivenverschiebung aber hat sich die Volkskunde ein kaum überschaubares disziplinäres Problem eingehandelt: Schon bald – und das heißt: im Lauf der 1970er und 1980er Jahre – konnte sich das Fach nicht mehr so einfach durch den Verweis auf seine angestammten Themen rechtfertigen. Eine ehemalige Spezialistendisziplin mit ihren Zuständigkeiten für Hausforschung, Brauch und Glaube, Sage und Märchen und andere Kernbereiche sah sich relativ plötzlich mit der ganzen Komplexität der Gegenwartsgesellschaft konfrontiert, mit dem gesamten Möglichkeitshorizont einer modernen Alltagskulturwissenschaft. Hier galt es nun einen *konzeptionellen* Standort zu finden, der den erweiterten Forschungsfeldern gerecht wurde. Gelungen ist diese Standortfindung nur in Teilen. De facto nämlich trennten sich an dieser Stelle viele Wege; die schon immer stark fragmentierte disziplinäre Landschaft der Volkskunde fiel weiter auseinander. Man kann die sich damals formierende Fachlandschaft durchaus nach dem Schema der „vier Methoden" gliedern: Erstens gab es die Fachvertreter, die sich an den historisch-archivalischen Methoden orientierten, allen voran natürlich Hans Moser und Karl-Sigismund Kramer mit ihren Schülerinnen und Schülern in München und Kiel. Zweitens gab es die sozialwissenschaftlich orientierten Fachvertreter, allen voran die Pioniere aus dem Tübinger Ludwig-Uhland-Institut – Hermann Bausinger, Martin Scharfe, Herbert Schwedt, Rudolf Schenda –, dann mit Einschränkungen Ingeborg Weber-Kellermann, aber auch Arnold Niederer und Paul Hugger in der Schweiz sowie Helmut Fielhauer in Österreich.[4] Drittens gab es die kulturanthropologisch orientierten Fachvertreter: Gerhard Lutz, Gerhard Heilfurth, dann etwas später Ina-Maria Greverus und andere. Viertens gab es die philologisch orientierten Fachvertreter aus dem erweiterten Kreis um die *Enzyklopädie des Märchens:* etwa Kurt Ranke, Max Lüthi oder Lutz Röhrich. Fünftens schließlich sind die kulturgeografisch orientierten Fachvertreter zu nennen, mit Schwerpunkt im Rheinland rund um die Arbeiten am *Atlas der deutschen Volkskunde:* Matthias Zender, Günter Wiegelmann, Gerda Grober-Glück. Eine gewisse Sonderentwicklung ist sicher mit dem Feld der religiösen Volkskultur verbunden – einem Thema, das in sich so transdisziplinär angelegt ist, dass man hier kaum von einer Orientierung an einer bestimmten Leitdisziplin sprechen kann. Eine solche Arbeit im Schnittfeld von Sozialgeschichte, Philologie, Bild- und Religionswissenschaft hatte vielleicht in Würzburg ihren exemplarischen Ort, wo Josef Dünninger und dann ab 1973 Wolfgang Brückner gelehrt haben. In Österreich waren es Leopold Kretzenbacher und Leopold Schmidt, die diese Richtung am klarsten vertraten – auch wenn sowohl Brückner als auch Kretzenbacher und Schmidt in der Breite ihrer Forschungen weit über das Thema religiöse Volkskultur oder populare Religiosität hinausgegangen sind. Und schließlich gab es – sozusagen als Relikte – einige wenige „altertumskundlich" orientierte Fachvertreter mit einer gewissen Nähe zur Museologie, etwa den Numismatiker Walter Hävernick. Auf diese Weise waren um 1970 die Ungleichzeitigkeiten und Schieflagen im Fach erheblich: Was die Arbeiten von Wissenschaftlerinnen und Wissenschaftlern wie

---

4   Erinnert sei hier auch an die breite Rezeption der schwedischen *folkslivsforskning* um Albert Eskeröd, Sigurd Erixon und Sigfrid Svensson mit ihrer sozialwissenschaftlichen Grundierung. Zum transdisziplinären Charakter dieser Forschungsrichtung vgl. in aller Kürze die Bemerkungen bei Schmoll (2009: 277 f.).

Greverus und Freudenthal, Cox und Schenda, Bringemeier und Jacobeit, Niederer und Wolfram, Weber-Kellermann und Kriss-Rettenbeck, Brepohl und Kretzenbacher, Ranke und Zender, Röhrich und Fielhauer damals zusammenhielt, war teilweise nicht viel mehr als die nominelle Zugehörigkeit zu volkskundlichen Institutionen und Verbänden. In ihrer konkreten Forschungsarbeit folgten die genannten Fachvertreter sehr unterschiedlichen Ansätzen und unterschiedlichen Leitwissenschaften. So steckt eine gewisse Wahrheit darin, wenn Gerhard Lutz in seinem Diskussionsbeitrag zu Kramers Antrittsvorlesung von 1968 über die „Fragen unseres ‚Faches'" schreibt und dabei das Wort „Fach" in relativierende Anführungszeichen setzt (Diskussion 1968: 13). Konsequenterweise öffneten sich die volkskundlichen Universitätsinstitute etwas später auch für Vertreter anderer Disziplinen und überhaupt das weite Feld der Kultur- und Sozialwissenschaften – eine Entwicklung, wie sie dann Mitte der 1990er Jahre in der herzhaft polemischen kleinen Diskussion um Wolfgang Brückners Artikel „Volkskunde im Abwind?" in den Bayerischen Blättern für Volkskunde thematisiert wurde (vgl. Brückner 1992, 1993a, 1993b, 1993c; Bausinger 1993).

An den genannten Beispielen und programmatischen Texten wird deutlich: Man könnte die Wissenschaftsgeschichte der Volkskunde wie die kaum einer anderen Disziplin von den externen Leitwissenschaften her erzählen, an deren methodisch-theoretischen Bezugsrahmen man sich orientiert hat. In kaum einer anderen Disziplin begegnet uns ein derartiger Methodenpluralismus, der dezidiert mit der Orientierung an Nachbarfächern verknüpft ist. Hören wir nochmals in Kramers Antrittsvorlesung von 1968 hinein: „Jener weite und eigenständig geartete Bereich der Volkskultur und die ihr zugrundeliegende kulturelle Potenz verlangt eine wissenschaftliche Einstellung, die *zwischen* den traditionellen und modernen Wissenschaften gelagert ist" (1968: 11, Hervorhebung im Original). In den volkskundlichen Fachdefinitionen und Programmentwürfen der Zeit zwischen 1945 und 1970 findet man diese Forderung – wenn auch in verschiedenen Schattierungen – durchgehend wieder. Durchgehend geht es um eine disziplinäre Bestimmung zwischen den Disziplinen, um ein Austarieren der Bezüge zwischen historisch-philologischen, kulturgeografischen, soziologischen und ethnologischen Orientierungen. Gerade darin spiegelt sich ein grundlegendes Charakteristikum der volkskundlich-kulturwissenschaftlichen Epistemologie: Denn es existiert nahezu keine Wissenschaftsdefinition der Volkskunde, welche die Disziplinarität des Faches aus „eigenen" Theorien oder eigenen Methoden herleiten würde. Weder im theoretischen noch im methodologischen Bereich gab es nennenswerte Zugangsweisen, welche die Volkskunde mehr oder weniger exklusiv für sich reklamieren konnte. Vielmehr gilt nahezu von Beginn an, dass das Fach vor allem spezifische Verfahren entwickelt hat, Theorien und Methoden produktiv zu kombinieren und dabei – nicht selten im erweiterten Fahrwasser des alten Kanons – scheinbar unbedeutende Gegenstände anzupacken, die durch die Raster der Nachbardisziplinen hindurchfielen. Hermann Bausinger hat einmal von der „komplementären Arbeit" gesprochen, welche die Volkskunde – hier konkret: die Tübinger Empirische Kulturwissenschaft – für andere Wissenschaftsdisziplinen leistet (vgl. 1993: 131). Man könnte an dieser Stelle sagen: Die Volkskunde zog ihren wesentlichen Erkenntnisgewinn daraus, mit den Theorien und Methoden angrenzender Wissenschaften die Gegenstände in den Blick zu nehmen, die diese Wissenschaften bislang vernachlässigt hatten: Spezial- und Randgebiete, aber auch das, was die Tübinger einmal als die „Unterwelten der Kultur" (Maase/Warneken 2003) bezeichnet haben. In gewisser Weise war die Volkskunde damals eine Ergänzungswissenschaft, die sich mit all dem auseinandersetzte, was die größeren Disziplinen eigentlich auch hätten machen müssen: mit den popularen und populären Aspekten von Kultur und Gesellschaft. Doch die Volkskunde fegte keineswegs nur die Schnipsel zusammen, die vom Schneidetisch der Hochkulturwissenschaften abfielen. Sie entwickelte auch wissenschaftliche Techniken, um die Bagatellen und Banalitäten des Alltags bedeutend zu machen und als gesellschaftlich relevant auszuweisen – vielfach gerade dadurch, dass *high culture* und *low culture* im Zusammenhang gesehen und die großen Strukturen und Prozesse im Kleinen abgebildet, hinterfragt und gebrochen wurden. Gottfried Korff hat in einem Diskussionsbeitrag von 1996 dem Fach einen „Anschluß an seine in den 50er und 60er Jahren entwickelten Analysemodelle" empfohlen und daran erinnert, dass eine besondere Kompetenz der Volkskunde in einer Verknüpfung aus Mikro- und Makroperspektive, aus Detailblick und Totalblick liege (1997: 50). Denn gerade „wenn der Detailblick mit dem Totalblick kombiniert wird, ergibt sich jene Konstellation des ‚methodologischen Schielens', die für Marc Augé Stärke und Spezifikum ethnographisch-anthropologischer Arbeit ausmacht" (ebd.).

Damit abschließend noch einmal zur „Epochenschwelle" um 1970, in der sich tatsächlich ein relativ klarer Bruch abzeichnet. Die „Kritik des Kanons" und der „Abschied vom Volksleben" begannen damals dem Fach seinen bis dahin noch intakten Gegenstandskomplex zu nehmen (vgl. Scharfe 1970; Geiger et al. 1970), zugleich verschärfte sich die Diskussion um die inter- und transdisziplinäre Methodik beziehungsweise die Anlehnung an Nachbarwissenschaften. Was Laurent Garros in seiner Monografie zur Geschichte der deutschen Volkskunde zwischen 1945 und 1975 als „Öffnung zum soziokulturellen Kontext" apostrophiert hat (2010: 186–192), kam ohne massive Übernahme von Zugangsweisen anderer Fächer nicht aus. Diese doppelte Attacke auf die damalige kognitive Identität der Volkskunde führte in eine Situation hinein, in der die Spezifik der Volkskunde weder aus einem exklusiven Gegenstandsbereich noch aus exklusiven Methoden und Theorien hergeleitet werden konnte. So hat Hermann

Bausinger (1980) in seinen programmatischen Ausführungen von 1980 im Grunde einen *Denkstil* beschrieben – und er hat dabei wohl ganz bewusst nicht von der „Spezifik der Volkskunde", sondern von der „Spezifik volkskundlicher Arbeit" gesprochen. Bausinger nennt als Kennzeichen der Volkskunde die durchgehende sozialwissenschaftliche Grundierung, die ebenfalls durchgehende Orientierung am Kulturkonzept, den ausgeprägten Kontextualismus bei gleichzeitiger Nähe zu den Sachen, das Spiel mit Nähe und Distanz, das Zusammendenken ästhetischer Aktivitäten und sozialer Kommunikationsformen, die Anwendung „weicher" Forschungsinstrumentarien, die intensive Reflexion des Forschungsprozesses (vgl. ebd.). Auch Rolf Lindner hat in seinen eingangs erwähnten Überlegungen zur „kognitiven Identität der Volkskunde" einen bestimmten Stil des Zusammendenkens von sozialen und kulturellen Phänomenen skizziert und damit – ganz im Sinne der Lepenies'schen „Orientierungen, Paradigmen, Problemstellungen und Forschungswerkzeuge" (1981: I) – eine epistemologische Definition empirischer Kulturanalyse geliefert. Hier wäre nicht zuletzt eine Geschichte weiterzuerzählen, in der viele Parallelen zu den britischen Cultural Studies auftauchen – Parallelen, die seit den 1980er Jahren sporadisch von Lindner und neuerdings systematisch von Moritz Ege beleuchtet worden sind (vgl. Lindner 1980, 1987; Ege 2014).

An dieser Stelle möchte ich dagegen abbrechen und nochmals an den zitierten Satz von Heinz Maus erinnern, der geschrieben hatte, dass „manches im engeren Sinne volkskundliche Material, der genaueren Analyse unterzogen, unter neuem Aspekt auf eine besondere Weise zu funkeln beginnen" (1988 [1946]: 37) könne. Vor dem Hintergrund der Fachentwicklung seit 1945, die Maus damals natürlich noch nicht absehen konnte, kann man diesen Befund nur bestätigen: Tatsächlich haben viele der alten volkskundlichen Gegenstände in ihrer neuen Beleuchtung durch inter- und transdisziplinär eingesetzte Zugangsweisen neu zu funkeln begonnen. Gleichzeitig ist aus diesem Spiel der Gegenstände und Zugangsweisen so etwas wie eine Heuristik des Kleinen hervorgegangen, die sich im Hinblick auf eine Analyse der modernen Alltagskultur in ihrer ganzen Breite als gewinnbringend erwiesen hat. Und eben das kann man – der Maus'schen Fachskepsis zum Trotz – in gewisser Weise als eine genuine Leistung der Volkskunde verstehen: Es gibt kaum ein Fach, in das Transdisziplinarität so sehr – auch lange bevor es dieses Wort überhaupt gab – eingeschrieben war und ist. Es gibt kaum ein Fach, das die Gegenstände so sehr im komplexen Licht unterschiedlicher, aber spezifisch zusammengeführter Perspektiven zum Funkeln bringt oder das zumindest von seiner epistemologischen Entwicklung her könnte. Und so würde ich das Fach auch gerne verstehen: als eine synthetische und synkretistische Schnittstellendisziplin, deren Denkstil mit einer flexiblen Kombinatorik der Theorien und Methoden verbunden ist und die in ihren Techniken der Wissensgenerierung von den Kontaktzonen und Querverbindungen lebt. Als eine Beziehungswissenschaft, die nicht nur die Dinge und Kontexte zueinander in Beziehung setzt, sondern auch die Zugangsweisen verschiedener Disziplinen (vgl. dazu Wietschorke 2012).

Kaspar Maase hat ganz nebenbei – nämlich im Vorwort zur vierten Auflage der *Grundzüge der Volkskunde* – einen sehr schönen und sicher auch mehrheitsfähigen Vorschlag gemacht, wie der Stellenwert der Volkskunde der 1960er und 1970er Jahre im Spannungsfeld ihrer Nachbardisziplinen gedacht werden könnte: nämlich als *eine* „intellektuelle Kapitaleinlage" von mehreren, die in das Unternehmen einer „moderne[n] empirische[n] und historische[n] Kulturforschung" eingegangen sind, die aber „einen distinkten Denkstil und eine disziplinäre Tradition" bezeichnet, „ohne die die heutige Kulturforschung ärmer wäre" (1999: XX–XXI). Ich glaube, dass wir in der Wissenschaftsgeschichte mehr in Stilbegriffen denken müssen, um die feinen Bewegungen zu registrieren, die sich zwischen den reinen Methoden, Theorien und Forschungsfeldern abspielen. Die Volkskunde jedenfalls hat sich meines Erachtens bis heute vor allem als ein Denk- und Forschungsstil etabliert und weiterentwickelt, der ihre besondere Kompetenz wesentlich ausmacht. Und dass ihre disziplinäre Tradition in sich schon immer transdisziplinär gewesen ist, verträgt sich gut mit der geläufigen Einschätzung, dass die produktivsten intellektuellen Unternehmen immer an den Rändern und in den Grenzzonen der Disziplinen agieren.

Literatur

Bach, Adolf (1960): Deutsche Volkskunde. Wege und Organisation, Probleme, System, Methoden, Ergebnisse und Aufgaben, Schrifttum. 3. Auflage. Heidelberg.

Bausinger, Hermann (1980): Zur Spezifik volkskundlicher Arbeit. In: Zeitschrift für Volkskunde 76, S. 1–21.

— (1986): Volkskultur in der technischen Welt. Frankfurt am Main/New York [Originalausgabe 1961].

— (1993): Übersehen beim Überfliegen. Nachträge aus der Froschperspektive zu Wolfgang Brückners „Baisse der Volkskunde". In: Bayerische Blätter für Volkskunde 20, S. 131–138.

Brückner, Wolfgang (1992): Volkskunde im Abwind? In: Bayerische Blätter für Volkskunde 19, S. 193–196.

— (1993a): Warum eine Baisse der Volkskunde? In: Bayerische Blätter für Volkskunde 20, S. 84–98.

— (1993b): Streit um den Abwind in der Volkskunde. In: Bayerische Blätter für Volkskunde 20, S. 129 f.

— (1993c): Windhosen. Wo bläst es in der Volkskunde? In: Bayerische Blätter für Volkskunde 20, S. 193–204.

— (2010): Volkskunde als historische Kulturwissenschaft. Anthropologische Fragestellungen und die Geschichtlichkeit aller Lebenspraxis. In: ders.: Volkskunde als historische Kulturwissenschaft. Gesammelte Schriften von Wolfgang Brückner. Band XIV: Nachträge II. Würzburg, S. 63–70 [Originalausgabe 2004].

Dieterich, Albrecht (1902): Über Wesen und Ziele der Volkskunde. In: Hessische Blätter für Volkskunde 1, S. 169–194.

Diskussion (1968). In: Zeitschrift für Volkskunde 64, S. 11–29.

Ege, Moritz (2014): Tübingen/Birmingham. Empirische Kulturwissenschaft und Cultural Studies in den 1970-er Jahren. In: Historische Anthropologie 22 (2), S. 149–181.

Freudenthal, Herbert (1935): *Mein Kampf* als politische Volkskunde der deutschen Gegenwart auf rassischer Grundlage. In: Zeitschrift für Volkskunde NF 6, S. 122–135.

— (1955): Die Wissenschaftstheorie der deutschen Volkskunde. Hannover.

Garros, Laurent (2010): La Volkskunde après le Nazisme. La refonte de l'ethnologie allemande entre 1945 et 1975. Saarbrücken.

Geiger, Klaus et al. (Red.) (1970): Abschied vom Volksleben. Tübingen.

Gerndt, Helge (Hg.) (1987): Volkskunde und Nationalsozialismus. Referate und Diskussionen einer Tagung. (Münchner Beiträge zur Volkskunde, 7). München.

— (1988): Einleitung. In: ders. (Hg.): Fach und Begriff „Volkskunde" in der Diskussion. Darmstadt, S. 1–21.

Hackeschmidt, Jörg (1997): „Die Kulturkraft des Kreises". Norbert Elias als Vordenker der zionistischen Jugendbewegung: Zwei unbekannte Briefe aus den Jahren 1920 und 1921. In: Berliner Journal für Soziologie 7 (2), S. 147–168.

Hain, Mathilde (1957): Die Volkskunde und ihre Methoden. In: Stammler, Wolfgang (Hg.): Deutsche Philologie im Aufriß. Bd. 3. Berlin, Sp. 1723–1740.

Jacobeit, Wolfgang/Lixfeld, Hannjost/Bockhorn, Olaf (Hg.) (1994): Völkische Wissenschaft. Gestalten und Tendenzen der deutschen und österreichischen Volkskunde in der ersten Hälfte des 20. Jahrhunderts. Wien/Köln/Weimar.

Kater, Michael H. (2006): Das „Ahnenerbe" der SS 1935–1945. Ein Beitrag zur Kulturpolitik des Dritten Reiches. (Studien zur Zeitgeschichte, 6). München.

Köstlin, Konrad (1996): Die „Historische Methode" der Volkskunde und der „Prozeß der Zivilisation" des Norbert Elias. In: Glaser, Renate/Luserke, Matthias (Hg.): Literaturwissenschaft – Kulturwissenschaft. Positionen, Themen, Perspektiven. Opladen, S. 93–115.

Korff, Gottfried (1997): Das Profil des Faches und die Möglichkeiten und Grenzen der Interdisziplinarität. In: Burckhardt-Seebass, Christine (Hg.): Zwischen den Stühlen fest im Sattel? Eine Diskussion um Zentrum, Perspektiven und Verbindungen des Faches Volkskunde. Hochschultagung der Deutschen Gesellschaft für Volkskunde, Basel, 31. Oktober – 2. November 1996. Göttingen, S. 43–51.

Kramer, Karl-Sigismund (1968): Volkskunde jenseits der Philologie. In: Zeitschrift für Volkskunde 64, S. 1–11.

Lepenies, Wolf (1981): Einleitung. Studien zur kognitiven, sozialen und historischen Identität einer Disziplin. In: ders. (Hg.): Geschichte der Soziologie. Studien zur kognitiven, sozialen und historischen Identität einer Disziplin. Bd. 1. Frankfurt am Main, S. I–XXXV.

Lindner, Rolf (1980): Die unbekannte Sozialwissenschaft. Von der Gesellschaftsanalyse zur Lebensweltanalyse. In: Ästhetik und Kommunikation 11 (42), S. 97–98.

— (1987): Zur kognitiven Identität der Volkskunde. In: Österreichische Zeitschrift für Volkskunde 90, S. 1–19.

Luserke, Matthias (1996): Zum Abschluß des Bandes. Eine Miszelle. In: Glaser, Renate/Luserke, Matthias (Hg.): Literaturwissenschaft – Kulturwissenschaft. Positionen, Themen, Perspektiven. Opladen, S. 209.

Lutz, Gerhard (1969): Volkskunde und Ethnologie. In: Zeitschrift für Volkskunde 65, S. 65–80.

— (1970): Deutsche Volkskunde und Europäische Ethnologie. In: Ethnologia Europaea 4, S. 26–32.

— (1971): Volkskunde und Kulturanthropologie. In: Zeitschrift für Volkskunde 67, S. 1–13.

Maase, Kaspar (1999): Vorwort zur vierten Auflage. In: Bausinger, Hermann/Jeggle, Utz/Korff, Gottfried/Scharfe, Martin: Grundzüge der Volkskunde. 4. Auflage. Darmstadt, S. VII–XXI.

Maase, Kaspar/Warneken, Bernd Jürgen (Hg.) (2003): Unterwelten der Kultur. Themen und Theorien der volkskundlichen Kulturwissenschaft. Köln/Weimar/Wien.

Maus, Heinz (1988): Zur Situation der deutschen Volkskunde. In: Gerndt, Helge (Hg.): Fach und Begriff „Volkskunde" in der Diskussion. Darmstadt, S. 25–40 [Originalausgabe 1946].

Michler, Andreas (2005): Von der Geschichtsmethodik zur Volkskunde – ein probater Weg akademischen Überlebens? In: Hasberg, Wolfgang/Seidenfuß, Manfred (Hg.): Geschichtsdidaktik(er) im Griff des Nationalsozialismus? (Geschichtsdidaktik in Vergangenheit und Gegenwart, 2). Münster, S. 169–186.

Scharfe, Martin (1970): Kritik des Kanons. In: Geiger, Klaus et al. (Red.): Abschied vom Volksleben. Tübingen, S. 74–84.

Schmoll, Friedemann (2009): Die Vermessung der Kultur. Der „Atlas der deutschen Volkskunde" und die Deutsche Forschungsgemeinschaft 1928–1980. (Studien zur Geschichte der Deutschen Forschungsgemeinschaft, 5). Stuttgart.

Schürch, Franziska (2010): In guter Gesellschaft. Die Sektion Basel der SGV und der Aufbruch in die akademische Disziplin Volkskunde. In: dies./Eggmann, Sabine/Risi, Marius (Hg.): Vereintes Wissen. Die Volkskunde und ihre gesellschaftliche Verankerung. Münster, S. 49–65.

Timm, Elisabeth (1999): Nicht Freund, nicht Feind: Überlegungen zum Verhältnis von Volkskunde und Völkerkunde. In: Schweizerisches Archiv für Volkskunde 95 (1), S. 73–86.

Wähler, Martin (1930): Heimatkunde und Volkskunde. In: Die neue deutsche Schule 4, S. 221–227.

Weiss, Richard (1946): Volkskunde der Schweiz. Grundriss. Erlenbach-Zürich.

Wiedemann, Andreas (2000): Die Reinhard-Heydrich-Stiftung in Prag (1942–1945). (Berichte und Studien, hg. vom Hannah-Arendt-Institut für Totalitarismusforschung e. V. an der Technischen Universität Dresden, 28). Dresden.

Wietschorke, Jens (2012): Beziehungswissenschaft. Ein Versuch zur volkskundlich-kulturwissenschaftlichen Epistemologie. In: Österreichische Zeitschrift für Volkskunde LXVI/115, S. 325–359.

Die Gründung des Münchner Instituts für deutsche und vergleichende Volkskunde

Ein wissenschaftsgeschichtlicher Blick in die 1950er und 1960er Jahre

Johannes Moser

Im Jahr 1963 unterzeichneten Konrad Adenauer und Charles de Gaulles den Élysée-Vertrag, der die deutsch-französischen Beziehungen nachhaltig veränderte. Papst Johannes XXIII., der mit dem Zweiten Vatikanischen Konzil maßgebliche Veränderungen in der katholischen Kirche bewegt hatte, verstarb. John F. Kennedy kam nach Deutschland und besuchte als erstes westliches Staatsoberhaupt Berlin, wo er seine berühmte Rede mit dem Satz „Ich bin ein Berliner" hielt. Im selben Jahr geht auch eine Nachkriegsära zu Ende, weil Konrad Adenauer zurücktritt. Dieser Rücktritt ist allerdings auch nur ein Resultat eines massiven gesellschaftlichen Wandels, der die 1960er Jahre erfasste und dann im Jahr 1968 kulminierte. Ende 1962 hatte die Spiegelaffäre die Republik erschüttert und viele kritische Intellektuelle, Hochschullehrer, Studierende und ein liberales Bürgertum zu Protesten animiert, in deren Folge Franz Joseph Strauß zurücktreten musste. Zeichen dieser Transformationsprozesse war auch Rolf Hochhuths heftig diskutiertes Theaterstück „Der Stellvertreter", in dem er Papst Pius XII. eine Mitschuld an der Judenvernichtung gibt. Für Aufregung sorgten auch eine Koitusszene in Ingmar Bergmanns Film „Das Schweigen" oder Georg Baselitz' sogenanntes Masturbations-Gemälde „Große Nacht im Eimer", die heute, 50 Jahre später, was das Erregungspotenzial betrifft und nicht den künstlerischen Wert, allenfalls ein müdes Lächeln hervorrufen würden. Populärkulturell ist zu erwähnen, dass die Beatles Ende März 1963 ihr erstes Album „Please, please me" veröffentlichten und Cliff Richard & the Shadows mit „Summer Holiday" auf Platz 1 in den britischen Charts erschienen. Schließlich nahmen am 1. April 1963 zwei Institutionen ihre Tätigkeit auf: Das Zweite Deutsche Fernsehen beginnt an diesem Tag mit der Ausstrahlung von Sendungen und das Institut für deutsche und vergleichende Volkskunde der Ludwig-Maximilians-Universität München wird zu einer selbstständigen Einrichtung.

Die Gründung des Münchner Instituts fällt also in eine Umbruchphase und es wäre sicherlich eine wunderbare Möglichkeit einer Institutionengeschichtsschreibung, wenn wir die Institutsgründung als Resultat dieses rapiden gesellschaftlichen Wandels charakterisieren könnten. Aber so wie Bayern insgesamt anders „tickte" als der Rest der Republik, was etwa an den Wahlergebnissen um 1963 abzulesen ist, wo die Union in allen Ländern Stimmen und Prozente verlor außer in Bayern, so kann auch die Volkskunde jener Zeit nicht zur Gänze als Hort der Progression beschrieben werden. Dies wird etwa am ersten Institutsleiter Josef Hanika deutlich, der unter anderem mit seinen Vertriebenenforschungen ein deutschnationales, gewissermaßen auch völkisches, Forschungsprofil über die NS-Zeit bis in die Nachkriegszeit transportierte (vgl. Mroß 1995; Zückert 2001; Weger 2006). Dennoch ist die Entwicklung der Volkskunde in München zwar durchaus von konservativen Kräften und Milieus bestimmt, allerdings sehr viel ambivalenter, als dies ein verkürzter Blick auf ein nationalsozialistisches Erbe vermuten ließe. Letzteres ist für München von Helge Gerndt und Mitarbeiterinnen in den 1980er und 1990er Jahren schon relativ umfassend aufgearbeitet worden (vgl. Gerndt 1987; Gilch/Schramka 1986; Gajek 1986; Mroß 1995).

Mit diesem Beitrag sollen einige Stränge nachvollzogen werden, die zur Gründung des Instituts für deutsche und vergleichende Volkskunde geführt haben. Wie schwierig dieses Unterfangen ist, hat sich erst im Verlauf der Archiv- und Literaturrecherchen herausgestellt, denn Fachgeschichte wird stets retrospektiv und selektiv geschrieben und unterliegt noch der Gefahr, als eine Art Fortschrittsgeschichte geschrieben zu werden.[1] Daher handelt es sich hier lediglich um einige vorläufige Versuche, die Geschichte der Münchner Volkskunde mit einigen ausgewählten Entwicklungen bis zur Institutsgründung im Jahr 1963 nachzuzeichnen. Dafür bedarf es zunächst einer knappen Rückschau in die Geschichte des Faches in München insgesamt, ehe dann die Entwicklungen nach 1945 noch einmal etwas genauer in den Blick genommen werden. Basis meiner Ausführungen sind Recherchen im Universitätsarchiv der LMU München und im Bayerischen Hauptstaatsarchiv.[2] Zusätzlich habe ich noch drei Zeitzeugengespräche mit Helge Gerndt, Konrad Köstlin und Kurt Schier geführt, die eher implizit als explizit in diese Ausführungen einfließen.

Wenn wir an die Frühphase der Volkskunde in München denken, fällt einem unweigerlich Wilhelm Heinrich Riehl ein, der 1858 in München seinen viel genannten Vortrag „Die Volkskunde als Wissenschaft" gehalten hat. Riehl war an der Universität München zunächst Honorarprofessor für Volkswirtschaftslehre, dann Professor für Kulturgeschichte und Statistik, zudem zweimal Rektor der

---

1   Darauf haben im Laufe der Tagung unter anderem auch Helge Gerndt und Herbert Nikitsch hingewiesen.

2   Bei diesen Recherchen haben mich Daniel Kunzelmann und Eva-Maria Richter unterstützt, wofür ich mich herzlich bedanken möchte.

Universität und Generaldirektor des Bayerischen Nationalmuseums. Seine Ausführungen wurden im Fach später durchaus kritisch aufgenommen (vgl. Gerndt 1979; Bausinger 1979 [1971]: 52–61), an der Universität selbst hat er nie Volkskunde gelehrt.

Die erste wirkliche Etablierung der Volkskunde in München fand zu Beginn des 20. Jahrhunderts innerhalb und außerhalb der Universität statt und einzelne Protagonisten dieser Phase spielten auch noch nach 1945 eine Rolle. Der wahrscheinlich erste maßgebliche Vertreter der Volkskunde an der Münchner Universität war Friedrich von der Leyen (vgl. Glier 1985; Schier 1996), der unter anderem in Berlin bei Karl Weinhold studiert hatte. Von der Leyen habilitierte sich 1899 für germanistische Philologie und hielt „Vorlesungen über germanische Volkskunde, insbesondere deren Mythologie, Sagen- und Märchenforschung". 1913/14 ging von der Leyen für ein Jahr nach Yale, wo er eine ordentliche Professur angeboten erhielt, weshalb es Bemühungen gab, ihn an der Münchner Universität zu halten. Dem Antrag der Universität wurde aber nicht stattgegeben, weil die entsprechenden Mittel nicht dafür vorhanden seien, wie das Ministerium mitteilte (vgl. UAM-E-II-2272).

Parallel zu dieser ersten Etablierung der Volkskunde an der Universität ist die Gründung des Vereins für Volkskunst und Volkskunde im Jahr 1902 von besonderer Bedeutung für die Verankerung der Volkskunde in München. Zu den Gründungsmitgliedern zählten maßgebliche Persönlichkeiten der Münchner Gesellschaft wie Gabriel von Seidl, August Thiersch oder Gustav Kahr, der von 1920 bis 1921 bayerischer Ministerpräsident und später Generalstaatskommissar von Bayern war und beim Hitlerputsch 1923 eine wichtige Rolle spielte. Der Verein für Volkskunst und Volkskunde verfolgte das für diese Zeit nicht unübliche Ziel,

„[…] die Ueberlieferungen zu sammeln, welche in der Dorfkirche, im Hausbau, in der Errichtung und Ausschmückung des Hauses und in den Hausgeräten unseres Volkes noch erhalten sind. Der Verein beteiligt sich aber auch an der Mundartenforschung und an der Aufzeichnung der Sitten, Gebräuche und geschichtlichen Erinnerungen, welche in einzelnen Sagen und in Orts- und Familiennamen weiterleben. Wir wollen unseren Nachkommen ein Bild von dem früheren Leben unseres Volkes erhalten und die Ueberreste aus den denkwürdigen Zeiten sammeln, ehe sie vor unseren Augen in der Alles gleichmachenden Gegenwart untergehen. Wir wollen Allem, was noch von schöner alter Volkskunst erhalten ist, nachgehen, es dem Volke vor Auge führen und es über den Wert dieses seines Besitzes belehren, damit es ihn nicht mehr verachten, sondern ihn schätzen und lieben lerne" (Thiersch et al. 1903: o. S.).

Der Verein griff also den damals populären Heimatschutzgedanken auf und hatte nach zwei Jahren bereits 1 800 Mitglieder (Zull 1998: 129). Die Tätigkeit des

Vereins ist für die wissenschaftliche Volkskunde so bedeutsam, weil es 1906 zur Gründung einer volkskundlichen Abteilung innerhalb des Landesvereins kam. Diese Abteilung wurde von Friedrich von der Leyen und seinem Schüler Adolf Spamer geleitet, die mit dem Aufbau einer Bibliothek und eines Archivs begannen. 1908/09 führten sie eine Fragebogenerhebung zu volkstümlichen Überlieferungen und Volksbräuchen durch und von 1914 an gaben sie die *Bayerischen Hefte für Volkskunde* heraus, bei denen es sich um „das erste rein volkskundliche Periodikum in München" handelte (ebd.). In diesen Blättern skizzierte von der Leyen auch seine Vorstellung vom Fach:

„Die Volkskunde führt in die ersten Schichten des Fühlens, des Denkens und des Glaubens zurück und geht dem Volke auch auf seinen höheren Wegen nach; so beschreibt sie die Entwicklung des Volkes, die auch die Entwicklung des Einzelnen ist, und der Unterricht in ihr ist nichts anderes, als die Sichtbarmachung unseres natürlichen Wachstums. Ausserdem verkündet die Volkskunde wie kaum ein anderes Gebiet Spiel und Ernst und schöpft ihre Kraft aus dem natürlichen und gewordenen Leben um uns" (zitiert nach BayHStA MK 69720).

Es kann hier nicht nachvollzogen werden, ob Adolf Spamer, der eng mit von der Leyen kooperierte, an diesen Formulierungen beteiligt war. Allerdings bringen sie bereits ganz deutlich zum Ausdruck, was Spamer als „der große Theoretiker der psychologischen Richtung", wie ihn Utz Jeggle (1994: 56) bezeichnet hat, später in die Debatten um eine Volksseele einbrachte.

Von der Leyen wurde 1920 nach Köln berufen, wo er 1937 vorzeitig emeritiert wurde, weil er mit einer nichtarischen Frau verheiratet war. Auch Spamer verließ um 1920 München und wurde zunächst Privatdozent an der Universität Frankfurt am Main, wo der Germanist und Volkskundler Hans Naumann lehrte und wo eine lebhafte intellektuelle Debatte zwischen Soziologen und Georgianern[3] stattfand (vgl. Schivelbusch 1982: 14–26). Schließlich wurde Spamer 1926 als außerordentlicher Professor für deutsche Philologie und Volkskunde nach Dresden berufen.

Von der Leyen und Spamer hatten also die Abteilung bis 1920 geleitet, ehe sie München verließen. Der erste Schwung einer wissenschaftlichen Volkskunde war damit für einige Jahre verloren, 1924 wurden gar die *Bayerischen Hefte für Volkskunde* eingestellt. Ab 1926 leitete dann Joseph Maria Ritz, der die Münch-

---

3   Während die Frankfurter Soziologen den Gesellschaftsbegriff in den Mittelpunkt rückten und sich auf Ideologiekritik konzentrierten, interessierten sich die Anhänger Stefan Georges für den Mythos, die gebildete Elite und die „innere Schau". Zu den Georgianern zählten in Frankfurt der Germanist Max Kommerell und der Historiker Ernst Kantorowicz, zum Umfeld gehörte unter anderen der Germanist Hans Naumann, und – so darf vermutet werden – auch Adolf Spamer wurde davon beeinflusst (vgl. Schivelbusch 1982: 15 ff.).

ner Volkskunde noch nach 1945 maßgeblich beeinflussen sollte, die volkskundliche Abteilung, und 1928 gelang es, die Bayerische Landesstelle des *Atlas für Volkskunde* an den Bayerischen Landesverein für Heimatschutz zu holen (vgl. Zull 1998: 130).

Einen Aufschwung erlebte die Volkskunde in den 1920er Jahren auch durch die Tatsache, dass sie in den Schulunterricht und die Lehrerausbildung Eingang fand. Dementsprechend wurde sie 1928 auch „als Zusatzfach bei der wissenschaftlichen Prüfung für das Lehramt an höheren Schulen zugelassen" (BayHStA MK 41647[4]).

An der Münchner Universität hielt nach dem Weggang von der Leyens insbesondere Otto Mausser, ein Schüler von der Leyens, als nicht beamteter außerordentlicher Professor für Germanistik volkskundliche Vorlesungen wie etwa zum Thema „Fest- und Arbeitsbräuche der Sommerzeit in Bayern" (Alzheimer 1991: 173). Seit Mitte der 1920er Jahre hat sich eines der – zumindest aus heutiger Perspektive – bekanntesten Mitglieder der Münchner Universität einem Teilgebiet der Volkskunde verschrieben, nämlich Prof. Dr. Kurt Huber. Er muss ein erstaunlich vielseitiges Talent gewesen sein, hatte er doch Musikwissenschaft, Philosophie, Psychologie und Physik studiert und 1917 mit summa cum laude promoviert. 1921 habilitierte er sich für Philosophie und Psychologie, ehe er 1925 im Auftrag der Deutschen Akademie mit der Sammlung altbayerischer Volkslieder begann. Diese Forschungen rückten immer stärker in das Zentrum seines Interesses. Huber verwendete in der NS-Zeit zunächst durchaus Teile der damals gängigen Terminologien, war zudem etwa Mitglied im Ausschuss für das Volkstum im Ausland und wurde 1940 Mitglied der NSDAP und im selben Jahr zum apl. Professor verbeamtet.[5] Wie Hermann Bausinger in seinem heute noch lesenswerten Aufsatz „Volksideologie und Volksforschung" aus dem Jahr 1965 gezeigt hat, gehörte Huber aber nie zu den „bornierten und extremen Verfechtern des Völkischen", sondern passte mit seiner „immer wiederkehrenden Betonung des Geschichtlichen" und mit seiner Ablehnung der „kurzschlüssigen Versuche rassischer Zuordnung" nicht in das damals übliche Schema; vielmehr sei „sein Schicksal auch als Zeugnis für die Widersprüchlichkeit und Komplexität

---

4   BayHStA MK 41647: Auszug aus dem Zentralblatt für die gesamte Unterrichtsverwaltung in
     Preußen, Heft 8 vom 20. April 1928, S. 131, Nr. 186.

5   Über Hubers Rolle für die Volksliedsammlung und -pflege in Bayern und seine diesbezüglichen
     Verstrickungen mit dem NS-Regime gibt die Monografie von Maria Bruckbauer (1991) Auskunft.

der damaligen geistigen Situation zu werten" (Bausinger 1965: 200 ff.).[6] Huber
kam 1942 in Kontakt mit den Geschwistern Scholl und der Widerstandsgruppe
„Weiße Rose" und verfasste das sechste und letzte Flugblatt, das am 18. Februar
1943 verteilt und in den Lichthof der Universität gestreut wurde, woraufhin
er zum Tode verurteilt und am 13. Juli 1943 hingerichtet wurde (vgl. Alzheimer
1991: 124 f.).

Huber hatte mit seinen Forschungen zum Umfeld des Landesvereins gehört,
wo auch andere jüngere Volkskundler aktiv waren wie zum Beispiel Hans Moser
oder Rudolf Kriss, der ebenfalls in Konflikt mit dem Regime geriet und im Oktober 1944 zum Tode verurteilt, dann aber durch den Einsatz der Kammersän-
gerin Felicie Hüni-Mihacsek zu lebenslangem Zuchthaus begnadigt wurde (vgl.
Berchtesgaden: Bedeutender Wissenschaftler und herzenswarmer Mensch 2003).

NS-Biografien unter den Volkskundlern verliefen meist anders, auch an der
Universität München. Seit 1935 gab es hier Bemühungen, den Germanisten und
Volkskundler Otto Höfler nach München zu berufen. Höfler war, nachdem er
zuvor einige Jahre in Schweden gearbeitet hatte, 1934 als Professor für Germanistik und Neuere Deutsche Literaturgeschichte nach Kiel berufen worden, wo
seine Professur Anfang 1937 um das Fachgebiet Volkskunde erweitert wurde
(UAM-E-II-1753, schmaler Ordner). Ebenfalls 1937 erhielt Höfler einen Ruf
nach München, wo er 1938 zum ordentlichen Professor für Germanische Philologie und Volkskunde ernannt wurde (UAM-E-II-1753, breiter Ordner). In
den Unterlagen zu seinem Berufungsverfahren findet sich auch ein Lebenslauf
Höflers, aus dem seine frühe Verbundenheit mit der nationalsozialistischen Bewegung deutlich wird. „Im Frühjahr 1922 […] hatte ich Adolf Hitler in Wien
sprechen hören. Ich schloss mich der Bewegung an und trat nach den Sommer-
ferien 1922 in Wien der Ordnertruppe der Partei bei. Aus der Ordnertruppe
wurde einige Monate später die S.A. geschaffen" (ebd.). Der NSDAP habe er zunächst nicht beitreten können, weil er von 1928 bis 1934 Angestellter des schwedischen Staates gewesen sei (ebd.). Für seine Berufung nach München hatten sich
die Fakultät und weitere Akteure wie die Dozentenschaft stark gemacht. In den
Akten des Bayerischen Hauptstaatsarchivs liegt bezüglich Höflers Zeit in Wien
eine Abschrift eines Schreibens eines Hans Suchenwirth, in dem es um die Mitgliedschaft Höflers in der Ordnertruppe, in der Akademischen Legion und im
Akademischen Wiener Germanistenverein ging, dem Höfler von 1926 bis 1927

---

6   Maria Bruckbauer verweist allerdings darauf, dass Herman Bausinger nicht auf die Originalschrif-
    ten zurückgegriffen habe, sondern auf nach dem Krieg erschienene, redaktionell bearbeitete Fas-
    sungen, in denen verfängliche Passagen gestrichen oder verändert wurden (vgl. 1991: 16 ff. und
    173 ff.). Dies schränkt vor allem Bausingers Einschätzung der Ablehnung der „kurzschlüssigen
    Versuche rassischer Zuordnung" ein, Bausingers Schlussfolgerungen die Person Huber betreffend
    bleiben davon nach meiner Meinung allerdings unberührt.

vorstand. „Der Germanistenverein", so Suchenwirth, „war in Österreich bekannt durch seine scharf antisemitische Stellung und leistete gegen die Verjudung der Wiener Universität nicht allein durch Propaganda und Kampf, sondern auch durch das praktische Bemühen, durch die Leistungen seiner Mitglieder die Leistungen der jüdischen Studenten zu übertreffen, wirkungsvolle Abwehrarbeit." Höflers völkische Einstellung unterliege keinem Zweifel (BayHStA MK 69694). Höflers Rolle im Nationalsozialismus und seine inhaltlichen Positionen sind umfassend aufgearbeitet worden (vgl. u. a. Schramka 1986; Jacobeit/Lixfeld/Bockhorn 1994; Zimmermann 1994; Hausmann 2002).

Ebenfalls 1939 gab es Bemühungen, den Germanisten und Volkskundler Otto Basler, damals Leiter der Armeebibliothek in München, auf eine apl. Professur für Bibliothekswissenschaft zu setzen, woraus allerdings nichts geworden ist. Zur selben Zeit (Ende 1937) beklagten der Dekan und der Rektor der Münchner Universität die schlechte Ausstattung einiger Disziplinen. So sei „seit mindestens 30 Jahren *nicht eine einzige* Vorlesung oder Übung über germanische Altertumskunde, Mythologie, Volkskunde oder Nordistik gehalten worden" (BayHStA MK 69694, Hervorhebung im Original). Im selben Schreiben werden auch die schlechten Bestände der Seminarbibliotheken, insbesondere des Germanistischen Seminars, beklagt, mit der Ausstattung anderer Institute und anderer Universitäten verglichen und ein völliger Neuaufbau gefordert. „Dass ein solcher in der Hauptstadt der Bewegung eine Ehrenpflicht und überdies eine dringende Lebensnotwendigkeit der Universität ist, liegt auf der Hand" (ebd.).

1943 wird dann abermals der Versuch unternommen, Otto Basler an die Universität München zu binden. Das Seminar für deutsche Philologie schlägt vor, Basler mit einer Honorarprofessur für deutsche Wortforschung und neuhochdeutsche Sprachgeschichte zu betrauen. Darin wird betont, dass er auch auf dem Gebiet der Volkskunde ausgewiesen ist (UAM-XIV-359 und UAM-E-II-789). Dieser Antrag wird von der Fakultät befürwortet und am 25. November 1943 an den Reichsminister für Wissenschaft, Erziehung und Volksbildung weitergereicht (UAM-E-II-789). Am 7. November 1944 hakt die Fakultät noch einmal im Ministerium nach, diese Honorarprofessur zu bewilligen, was allerdings vor Kriegsende nicht mehr passiert. Sehr wohl hat Basler allerdings in Vertretung von Ernst Gierach seit 1943 an der Münchner Universität gelehrt (UAM-XIV-359).

Nach dem Zweiten Weltkrieg und dem Untergang des NS-Regimes setzten fast unmittelbar Bemühungen ein, die Volkskunde wieder an der Universität zu etablieren. Insbesondere Joseph Maria Ritz, Hauptkonservator am Landesamt für Denkmalpflege, von 1945 bis zu seinem Tod 1960 Vorsitzender des Bayerischen Heimatbundes respektive Bayerischen Landesvereins für Heimatpflege und in den 1950er Jahren zweiter Vorsitzender des Verbandes deutscher Vereine für Volkskunde, bemühte sich sehr darum. Auch die Landesstelle für Volks-

kunde, die 1938 aus der früheren volkskundlichen Abteilung geschaffen worden
war, spielte dabei eine wichtige Rolle. Ritz hatte schon vor 1938 den Bayerischen
Landesverein für Heimatschutz geleitet, musste aber zurücktreten, weil er kein
NSDAP-Mitglied war (vgl. Zull 1998: 130). Jetzt wirkten vorerst jene Personen, die während des NS-Regimes zurücktreten mussten oder gar verfolgt wurden, während die stärker belasteten Personen ihre Positionen zumindest vorüber-
gehend aufgeben mussten. In einer Denkschrift mit dem Titel „Vertretung der
Volkskunde an der Universität München" an das Bayerische Staatsministerium
für Unterricht und Kunst, die Ritz in Absprache mit Rudolf Kriss verfasst hat,
führt er aus:

„Die Volkskunde als Wissenschaft und als museales Sammelobjekt hat eigenartiger Weise in
München offiziell die Pflegestätte nicht gefunden, die man hier wohl hätte vermuten können
und die sie verdient hätte. Berlin besitzt seit langem das Volkskundemuseum, über dessen end-
gültiger Gestaltung freilich auch eine gewisse Tragik liegt und hat sich an der Universität ein
Ordinariat für Volkskunde geschaffen, dessen erster Inhaber Adolf Spamer war und ist. Vielleicht war aber der Grund zu diesem offiziellen Mangel in München auch eine positive Tatsache, nämlich das Gefühl ungebrochener Volkskraft und des noch lebendigen Besitzes. Immerhin ist es zweifellos an der Zeit, daß auch offiziell der Volkskunde mehr Aufmerksamkeit
geschenkt wird, zumal nach dem furchtbaren inneren und äußeren Zusammenbruch Heimat
und Volkstum zum wertvollsten uns verbliebenen Besitz gehört" (UAM-O-XIV-423).

Die Verstrickungen von Fachvertretern in der NS-Zeit, die ich vorhin nur angedeutet habe, die aber unter anderem in den Münchner Publikationen von Helge
Gerndt (1987), Esther Gajek (1986), Eva Gilch und Carmen Schramka (1986)
ausführlich behandelt werden, sind in dieser Denkschrift weitgehend ausgeblendet oder freundlich umgedeutet. Stattdessen argumentiert Ritz geschickt mit
einer Ahnenlinie, die vom Verein für Volkskunst und Volkskunde über die Namen Friedrich von der Leyen, Adolf Spamer, Hans Karlinger, Max Höfler und
Franz Zell bis ins Jahr 1945 reicht. Es wird auf Riehl und Marie Andree Eysn
verwiesen und auch Otto Höflers Tätigkeit an der Universität sei „für die Volkskunde nicht unfruchtbar gewesen". Auch dem Andenken „unseres Volksliedfor-
schers Kurt Huber" widmet er einen Satz und betont die Rolle der Landesstelle
für Volkskunde, deren wissenschaftlicher Leiter Hans Moser, der allerdings erst
1950 aus der Kriegsgefangenschaft zurückkehren sollte, „eine vorzügliche Kraft"
sei, „die auch für die Universität nutzbar gemacht werden könnte". In diesem
Schreiben nennt Ritz auch andere zeitgenössische Gelehrte wie Torsten Gebhard
und Rudolf Kriss, dessen Sammlung religiöser Volkskunst von Wien nach München geholt werden könnte und für den er eine Honorarprofessur vorschlägt
(UAM-O-XIV-423). In einem Begleitschreiben vom 11. September 1945 ver-

weist Ritz auf eine Absprache mit einem Ministerialdirektor Dr. Decker und ein Einverständnis mit Dr. Kriss (ebd.).

Parallel zu diesen Bemühungen erfolgt am 22. November 1945 die Amtsenthebung von Otto Höfler, die mit seinen eigenen Angaben im Lebenslauf begründet wird (BayHStA MK 43770). Höfler wehrt sich gegen diese Dienstenthebung, weil er kein Nazi-Altmitglied sei. Seine Zugehörigkeit zum SA-Vorläufer habe ihm die Partei ja selbst nicht als Mitgliedschaft angerechnet, weshalb es juristisch unerheblich sei, dass er sie in seinem Lebenslauf erwähnt habe (UAM-E-II-1753). Mit seinem Einspruch hat er allerdings keinen Erfolg. Der Lehrstuhl von Höfler ging übrigens an die Philosophie zurück und wurde mit Aloys Wenzl besetzt, auf dessen Nachfolge Mitte der 1950er Jahre Carl Friedrich von Weizsäcker berufen werden sollte, zu dem Gutachten etwa von Martin Heidegger, Hans-Georg Gadamer, Helmuth Plessner und Otto-Friedrich Bollnow eingeholt wurden, wobei Weizsäcker letztendlich doch absagte. Relativ bald setzten aber auch die Bemühungen um eine Wiedereinstellung von Otto Höfler ein, nachdem er von der Spruchkammer München im Oktober 1948 als Mitläufer eingestuft worden war. Nach seiner Entlassung hatten sich mehrere Wissenschaftler für Höfler verwendet, darunter Friedrich Panzer aus Heidelberg, Erik Rooth aus Lund, Karl Meuli aus Basel, Dietrich Kralik aus Wien oder Siegfried Gutenbrunner aus Kiel. Die Interventionen erinnern an das von Karsten Jedlitschka so bezeichnete Old Boys Network, mit dem die amtsverdrängten Hochschullehrer ihre Lobbypolitik in Bayern betrieben (vgl. Jedlitschka 2008). An der Münchner Universität sind der ehemalige Dekan Alexander Scharff – im Gegensatz zu seiner Fakultät – und Friedrich von der Leyen gegen eine Rehabilitierung (BayHStA MK 43770). Der Rektor lehnt einen Wiedereinstellungsantrag ab, überlässt die Entscheidung aber dem Senat, der die Verantwortung wiederum an das Kultusministerium weiterreicht. Letztendlich erhält Höfler am 4. November 1950 wieder eine Lehrbefugnis für Skandinavistik (UAM-E-II-1753, breiter Ordner). Im Januar 1953 wird er dann zum Privatdozenten und außerplanmäßigen Professor für Germanische Philologie und Volkskunde ernannt (BayHStA MK 43770). 1957 erhält Höfler einen Ruf auf ein Ordinariat in Wien, den er annimmt, weil er sich in München ohnehin nicht entsprechend gewürdigt sieht (BayHStA MK 69726). Im Bereich der Volkskunde selbst scheint er in München nicht mehr so stark gewirkt zu haben. Aus seiner ersten Phase in München sind allerdings zwei Schüler von Höfler zu erwähnen: zum einen Mohammed Rassem, der auch in der Abteilung Volkskunde lehrte und später als Soziologe nach Salzburg berufen wurde und gemeinsam mit Friedrich Tenbruck die Abteilung Kultursoziologie in der Deutschen Gesellschaft für Soziologie begründet hat. Rassem und sein Schüler Justin Stagl sind auch für die anthropologischen Disziplinen bedeutsam geworden. Der andere zu erwähnende Schüler war Karl-Sigismund Kramer, der Höfler seinerzeit nach München gefolgt war und von dem später noch die Rede sein wird.

Im Ministerium selbst scheint der Wunsch nach einem Lehrstuhl für Volkskunde auf fruchtbaren Boden gefallen zu sein. Es existiert ein Aktenvermerk vom 15. Januar 1946 mit unleserlicher Unterschrift, in dem das Referat 8 gebeten wird, die Einrichtung eines solchen Lehrstuhls an der hiesigen Universität zu betreiben. Darin heißt es unter anderem: „Adolf Spamer, der früher schon lange hier war, würde nach Mitteilung des Hauptkonservators Dr. Ritz […] gerne hierherkommen. Das Bedürfnis für die Errichtung eines solchen Lehrstuhls an einer der größten Universitäten Deutschlands braucht ja kaum bewiesen zu werden; es handelt sich um die Einholung einer alten Versäumnis" (BayHStA MK 60730). Im gleichen Aktenvermerk wird noch argumentiert, dass die Kandidatur von Rudolf Kriss voraussichtlich nicht mehr in Betracht komme, „weil er durch seine örtlichen Bindungen an der regelmäßigen Wahrnehmung seiner Lehrpflichten verhindert wäre" (ebd.). Auf diese Ausführungen folgt eine weitere Stellungnahme der Fakultät vom 26. Juli 1946, in der eine Neuerrichtung eines Lehrstuhls für Volkskunde begrüßt und Folgendes formuliert wird:

„Als einzige in vollem Umfang geeignete Persönlichkeit für diesen neuen Lehrstuhl scheint der Fakultät der o. Prof. Dr. Adolf Spamer, zuletzt an der Universität Berlin, in Frage zu kommen. Ein ausführliches wissenschaftliches Gutachten über ihn liegt bei. Deutsche Volkskunde, und zwar in ausgesprochen nicht nazistischem Sinn, ist ein äusserst seltenes Fach, für das es ausser Prof. Spamer in Deutschland, soviel bekannt ist, überhaupt keinen beamteten Vertreter gibt. Daher war es auch nicht möglich einen üblichen Dreiervorschlag einzureichen. Aus demselben Grund bittet die Fakultät, das Alter des zu Berufenden nicht zu beanstanden. Sein Geburtsjahr ist 1883, er ist also schon über 60 Jahre alt. Jüngere, ihm gegenüber auch nur annähernd als gleichwertig zu bezeichnende Kräfte sind nicht vorhanden. Die Fakultät würde es daher sehr begrüßen, wenn Prof. Spamer auf diesen Lehrstuhl berufen würde" (BayHStA MK 69720).

Wie aus den von Andreas Martin veröffentlichten Nachlassmaterialien hervorgeht, hatte sich Spamer aktiv um diese Professur in München bemüht und Joseph Maria Ritz kontaktiert, der seinerseits das Ministerium und den Dekan Alexander Scharff überzeugte, der in Kontakt mit Spamer trat und diesen auch über Verzögerungen informierte, weil keine Planstelle für den angestrebten Lehrstuhl vorhanden sei (vgl. Martin 1997: 14 f.).

Immerhin ist das Fach auf anderen Ebenen erfolgreich. Anfang 1946 werden die Bemühungen wieder aufgenommen, Otto Basler eine Honorarprofessur für Geschichte der neuhochdeutschen Schriftsprache und Volkskunde zuzuerkennen. Diese Honorarprofessur wird ihm zwar verliehen, allerdings wird er aufgrund seiner Ernennung zum Oberstleutnant während seiner Tätigkeit in der

Armeebibliothek auf Weisung der Militärregierung am 13. November 1946 seines Dienstes enthoben. Nachdem er vor Gericht freigesprochen wird, wird er am 9. Mai 1947 wieder zum Honorarprofessor ernannt (UAM-XIV-359). Am 28. November 1947 wird Basler dann auf eine außerordentliche Professur für „Deutsche Philologie und Volkskunde" berufen, aus der am 9. April 1952 eine ordentliche Professur wird (ebd.). Trotz der Zusatzdenomination Volkskunde bleibt sein Wirken im Fach allerdings marginal.

Ebenfalls im Frühjahr 1946 beantragte die Philosophische Fakultät, Friedrich von der Leyen zum Honorarprofessor zu ernennen, was noch im Herbst 1946 genehmigt wurde. Zusätzlich wurde ihm ein bezahlter Lehrauftrag für Volkssage und Volksdichtung über vier Semesterwochenstunden (in den darauffolgenden Semestern über acht Semesterwochenstunden) bewilligt. 1947 wurde zudem Rudolf Kriss zum Honorarprofessor für Volkskunde an der Universität München ernannt, der seine Lehrtätigkeit in den 1950er Jahren aber nach und nach einschränkte.

Die Debatte über einen Lehrstuhl für Volkskunde zog sich dann durch die gesamte zweite Hälfte der 1940er Jahre. Das Ministerium hatte die Einrichtung eines solchen Lehrstuhls gewünscht, aber er sollte aus dem Stellenpool der Fakultät oder Universität kommen. Diese wiederum gingen von einer Neueinrichtung aus, wie der Dekan Scharff unmissverständlich zum Ausdruck brachte. Wenn die Universität nicht noch rückständiger werden wolle, als sie ohnehin schon in manchen Belangen sei, müssten neue Lehrstühle für Fachgebiete geschaffen werden, „die nicht seit Alters her vertreten sind, und die, wenn wir nicht gänzlich rückständig erklärt werden wollen, auch gepflegt werden müssen. Zu diesen gehört in erster Linie das Fach der deutschen Volkskunde, und es wird ausdrücklich darauf hingewiesen, daß die erste Anregung zur Errichtung eines Lehrstuhls für Volkskunde und für die Berufung des besten Vertreters in Deutschland für dieses Fach, Professor Dr. Spamer, zuletzt Ordinarius in Berlin [...], vom hiesigen Ministerium ausgegangen ist" (BayHStA MK 69720).

Am 20. März 1947 gelangt dann ein Schreiben aus dem Ministerium an den Rektor der Universität, in dem es um die Umwandlung von Professuren geht. Dort heißt es unter anderem: „Die durch die Entlassung des Prof. Dr. Prinz von Isenburg", der sich übrigens in der Nähe einer völkisch ausgerichteten Volkskunde befand (vgl. Gilch 1986: 22 f.), „frei gewordene ao. Professur für historische Genealogie wird in eine ao. Professur für Volkskunde umgewandelt." Zunächst würde diese Professur aber, „da ohnedies noch kein geeigneter Fachvertreter zur Verfügung" stünde, an den Slawisten Paul Diehls gehen und nach dessen Ausscheiden für das Fach Volkskunde zurückgewonnen werden. Diesem Vorschlag folgte die Fakultät und bat den Rektor, Paul Diels zu ernennen, „nach dessen Ausscheiden aber die Professur in eine solche für Volkskunde umzuwandeln"

(BayHStA MK 69720). Paul Diels bleibt dann bis 1952 im Amt, woraufhin aber die Professur nicht an die Volkskunde geht, wie eigentlich festgelegt worden war. Stattdessen wird sie zunächst zu einer Professur für Byzantinische Kunstgeschichte, allerdings stirbt der vorgesehene Stelleninhaber vor der Rufannahme auf einer Forschungsreise in Aleppo. Danach geht die Professur an die Slawistik und wird mit Alois Schmaus besetzt, sodass das Fach Volkskunde weiterhin ohne Professur bleibt.

Parallel zu diesen inneruniversitären Vorgängen verfolgte Joseph Maria Ritz von außen weiterhin beharrlich sein Ziel, die Volkskunde an der Universität zu etablieren. Daher wandte er sich im Januar 1947 an den Regierungsdirektor im Kultusministerium Dr. Dr. Walter Keim mit dem Vorschlag, „ob es nicht unmittelbar nach Beginn des Sommersemesters eine öffentliche Demonstration an der Universität zugunsten der Volkskunde mit den beiden Rednern v. Geramb und Baumann anzustreben wäre" (BayHStA MK 51174). Viktor von Geramb war ein bedeutender österreichischer Volkskundler, Ernst Baumann war Präsident der Schweizerischen Gesellschaft für Volkskunde. Mit diesen beiden Vertretern sollte dem Anliegen des Faches noch größeres Gewicht verliehen werden. Im Juli 1947 folgte dann eine weitere Denkschrift von Ritz als Vorstand und Josef Hanika als Geschäftsführer des Bayerischen Landesvereins für Heimatpflege und der Landesstelle für Volkskunde an den Dekan der Philosophischen Fakultät (ebd.). Im Begleitschreiben wird eine Besprechung der Professoren von der Leyen, Basler und Kriss mit der Bayerischen Landesstelle für Volkskunde erwähnt, die über die künftige Vertretung der Volkskunde an der Universität stattgefunden habe und bei der sich die Landesstelle bereit erklärt habe, ihre Vortragsreihe in der Universität abzuhalten (UAM-O-VII-7 Bd. 13). In der Denkschrift selbst wird die Volkskunde als „eine wichtige Grundlage für echte Heimatbildung wie für Völkerverständigung" skizziert, sie sei „ein Fundament der Erziehung zu echter Humanität". Deshalb müssten Heimatpflege und Volkskunde auch in die Lehrerausbildung und den Unterricht Eingang finden (BayHStA MK 51174).

Die besagte Vortragsreihe fand dann im Wintersemester 1948/49 statt und wurde von Joseph Maria Ritz (3 Vorträge), Torsten Gebhard (3 Vorträge), Josef Hanika (3 Vorträge) und Karl-Sigismund Kramer (1 Vortrag) bestritten. Im Zentrum standen Fragen der materiellen Kultur, insbesondere Haus- und Wohnforschung sowie Kleidungsforschung. Auch in Sachen Lehrerbildung und Schulunterricht bewegte sich etwas, denn das Staatsministerium für Unterricht und Kultus hatte im Frühjahr 1949 beschlossen, Lehrgänge für Heimatpflege und Volkskunde an den pädagogischen Seminaren probeweise einzuführen. Darauf nimmt Dr. Georg Lill vom Bayerischen Landesamt für Denkmalpflege Bezug, wenn er schreibt, dass die Lehrgangsteilnehmer aber von den Universitäten selbst zu wenige Voraussetzungen mitgebracht hätten. Es sei daher – wie in den Denkschriften gefordert – nötig, „die Volkskunde an den Universitäten als selbständiges Fach mit Promotionsrecht einzuführen und von beamteten Professoren vertreten zu lassen, ferner die Volkskunde als Pflichtfach in die Prüfungsordnung für das Höhere Lehramt zumindest für Deutschlehrer aufzunehmen" (ebd.).

Neben Joseph Maria Ritz spielte nach dem Ende des Zweiten Weltkrieges Josef Hanika eine bedeutende Rolle in der Münchner und in Teilen der westdeutschen Volkskunde. Der aus Böhmen stammende Hanika hatte bei Adolf Hauffen und Gustav Jungbauer studiert und promovierte 1927 über „Hochzeitsbräuche in der Kremnitzer Sprachinsel". Hanikas Interesse galt „einerseits einer Form des Sammelns und Bewahrens von kulturellen Phänomenen, die durch das Fortschreiten der Industrialisierung als bedroht erachtet wurden. Andererseits ging es auch um die Bedrohung der Entnationalisierung der deutschen Minderheit, die verhindert werden sollte" (Zückert 2001: 206). Erkannte er in seinen frühen Forschungen noch die wechselseitigen Beeinflussungen der verschiedenen ethnischen Gruppierungen auf tschechischem Gebiet, so geriet er in den 1930er Jahren immer stärker in völkisches Fahrwasser. Er war jahrelang Gymnasiallehrer und wurde 1937 in Prag mit der Schrift *Sudetendeutsche Volkstrachten. Grundlagen der weiblichen Tracht. Kopftracht und Artung* habilitiert (Mroß 1995: 38 ff.). In dieser Schrift setzt er die Kopftracht unter anderem in Beziehung mit rassischen Vorstellungen, die wiederum in Verhaltenszuschreibungen münden. Beim slawischen Typ entfalte „sich die Kopftracht bezogen auf die Achse des menschlichen Körpers als breite Querfläche", was Hanika „zu den slawischen Traufenstellungen der Häuser in Beziehung setzt". Sowohl diese „en-face-Stellung in der Kopftracht" als auch die Traufenstellungen drückten „die slawische Indirektheit und Falschheit" aus. Beim nordischen Gestaltungstyp „entfaltet sich die Kopftracht von vorn nach hinten" und würde damit das Schönheitsideal von „Längsschädeligkeit und Schmalgesichtigkeit" betonen. „Dieses nordische Gestaltungsprinzip würde Klarheit und Direktheit anzeigen" (ebd.: 42).

Nach seiner Habilitation wechselte Hanika von Prag über Mies nach Eger/Cheb, wo er „den Aufbau eines volkskundlichen Museums übernahm" (Zückert 2001: 209). Martin Zückert zeigte, dass Hanika seit jener Zeit auch verstärkt versuchte, „deutsche Einflüsse im tschechischen und slowakischen Gebiet nachzuweisen" (ebd.: 211).

Im Jahr 1942 wurde Hanika dann – zunächst in Vertretung – Nachfolger von Gustav Jungbauer auf der Professur für deutsche Altertums- und Volkskunde, 1943 ereilte ihn der Ruf auf ein Extraordinariat für Volkskunde und Stammesgeschichte. Im Mai 1944 wurde ihm der Lehrstuhl für deutsche Altertums- und Volkskunde übertragen, aber eine wirkliche Bestellung zum Ordinarius fand in den Kriegswirren nicht mehr statt. Am Ende des Krieges wurde Hanika in Prag interniert und musste bis Januar 1946 Zwangsarbeit leisten. Nach seiner Ausweisung kam er nach München, wo seine Familie bereits lebte (ebd.: 216). Von 1946 bis Februar 1948 war Hanika Angestellter bei der Landesstelle für Volkskunde, danach avancierte er zum Geschäftsführer des Bayerischen Landesvereins für Heimatpflege (vgl. Mroß 1995: 35). Seit Wintersemester 1951/52 hatte Hanika einen Lehrauftrag für Volkskunde, den er 1952 in einer Anfrage an den Dekan der Philosophischen Fakultät auszubauen wünschte. Im selben Schreiben weist Hanika darauf hin, dass die Kultusministerkonferenz vom 18. Januar 1952 beschlossen habe, „an den Universitäten Lehrstühle für die Ostforschung neu einzurichten, bzw. Lehraufträge zu erteilen oder bereits bestehende Lehrstühle verstärkt mit finanziellen Mitteln auszustatten".[7]

Im Juli 1953 schreibt dann der Dekan der Philosophischen Fakultät Erwin Koschmieder über den Rektor an das Kultusministerium und bittet „auf Grund eines einstimmigen Beschlusses vom 15. Mai 1953 für Herrn Prof. Dr. Josef Hanika um eine planm. ao. Professur für Volkskunde Osteuropas ad personam". Hanika sei „ein ausgezeichneter Gelehrter. Er muss seine Kräfte zur Fristung seines Lebens und Erhaltung seiner Familie ausserhalb der wissenschaftlichen Forschung vergeuden, während die Universität München dringend einen Wissenschaftler seines Faches braucht" (UAM-XIV-398). In einem Entwurf für den Haushalt 1954 wird die Schaffung eines Extraordinariats für Hanika noch genauer begründet:

„Die volkskundliche Forschung hat in den letzten Jahrzehnten ausserordentlich zugenommen und besonders die slawischen Völker haben auf diesem Gebiete viel neues Material und Forschungsergebnisse vorgelegt. Die Berücksichtigung dieser wissenschaftlichen Arbeiten in Lehre und Forschung ist ein unabweisbares Gebot der Wissenschaftlichkeit. Für die so wichtigen slawischen Länder ist dabei Voraussetzung, dass der betr. Wissenschaftler eine slavistische Vorbildung hat. Bei der Grösse dieses Gebietes aber ist die Heranziehung von Spezialisten unvermeidlich. Es ist daher erforderlich eine planm. ao. Professur für ‚Volkskunde mit besonderer Berücksichtigung des Ostens' zu schaffen" (ebd.).

Am 1. Juli 1953 wird dem Ministerium dann ein umfangreiches Konvolut mit dem Anliegen der Fakultät geschickt, dem ein Gutachten von Otto Basler über Josef Hanika beiliegt, ein Lebenslauf von Hanika und ein Verzeichnis der wichtigsten Schriften. Basler argumentiert, Hanika sei „unter den Volkskundeforschern der beste Kenner der deutsch-slawischen Beziehungen" (UAM-E-II-1596). Er betreibe eine gegenwartsnahe Volkskunde, und auch die Rolle der Vertriebenenforschung wird hervorgehoben (ebd.). Am 1. Dezember 1954 wird Hanika dann aufgrund eines Bundesgesetzes zur Unterbringung von Wiederver-

---

7   UAM – Institutsakten – noch ohne Signatur.

wendungsbeamten „mit der Wahrnehmung einer im Haushaltsplan 1954 neu geschaffenen außerordentlichen kw-Professur[8]" für das Fach Volkskunde beauftragt. Mit einem Erlass vom 25. Mai 1955 wird die kommissarische Beauftragung aufgehoben und Hanika „unter Berufung in das Beamtenverhältnis auf Lebenszeit zum ao. Professor für Volkskunde ernannt" (UAM-XIV-398).

Ab diesem Zeitpunkt begannen auch die Bemühungen, der Volkskunde innerhalb des Seminars für deutsche Philologie mehr Selbstständigkeit zu verschaffen. Ein Ausdruck dieser Selbstständigkeit war, dass die Volkskunde mittlerweile ein Promotionsfach geworden war und außerdem ein wahlweises Fachgebiet in der Prüfungsordnung für das Staatsexamen aus Deutsch (BayHStA MK 43704). Im Juni 1959 stellt die Fakultät daher den Antrag, Josef Hanika die Amtsbezeichnung und die akademischen Rechte und Pflichten eines ordentlichen Professors zu verleihen. Neben der Würdigung Hanikas wird auf die Bedeutung des Faches hingewiesen. Darin wird auch jener Topos aufgegriffen, der seit Beginn der 1950er Jahre in ganz Westdeutschland zur Stärkung der Volkskunde eingesetzt worden ist (vgl. u. a. Müns 1999):

„Es dürfte weiter der Hinweis nicht unangebracht sein, dass die Volkskunde jenseits des ‚Eisernen Vorhangs' eine ausserordentliche Förderung geniesst. In Ostberlin wurde von der Akademie der Wissenschaften ein sehr reich dotiertes ‚Institut für deutsche Volkskunde' geschaffen, an das volkskundliche Stellen in anderen Städten angeschlossen sind. Dieses Institut hat mit ausgezeichneten hauptamtlichen Mitarbeitern bereits eine quantitativ und qualitativ hervorragende Leistung aufzuweisen. In Westdeutschland besitzen wir keine vergleichbare Einrichtung. Es muss Vorsorge getroffen werden, dass die Volkskunde in Westdeutschland im wissenschaftlichen Wettbewerb bestehen kann" (BayHStA MK 43704).

Dem Antrag selbst wird vom Ministerium schon am 24. Juli 1959 stattgegeben und Hanika zum ordentlichen Professor ernannt.

Josef Hanika beeinflusste die westdeutsche Nachkriegsvolkskunde gemeinsam mit Alfred Karasek und anderen nachdrücklich, weil er die Vertriebenenvolkskunde etablierte, die, wie etwa Karl Braun argumentiert, eine der beiden tragenden Säulen der bundesrepublikanischen Nachkriegsvolkskunde darstellte (vgl. Braun 2012: 30).[9] 1949 publizierte Hanika in den Mitteilungen des Verbandes der deutschen Vereine für Volkskunde seinen Beitrag „Volkskunde und Heimatverwiesene" und auf dem Volkskundekongress 1951 in Jugenheim tauchte erstmals eine Sektion „Volkskunde der Heimatvertriebenen" auf. Über diese

---

8   „kw" steht für „künftig wegfallend", da die Professur aufgrund des genannten Gesetzes an Hanika ad personam vergeben wurde. Es handelte sich demgemäß um keine Planstelle.

9   Siehe dazu auch die Beiträge von Karl Braun und Elisabeth Fendl in diesem Band.

Vertriebenenforschung gab es heftige Konflikte mit ostdeutschen Volkskundlern, die beim Volkskundekongress 1952 in Passau zu einem harten Schlagabtausch zwischen Wolfgang Steinitz und Alfred Karasek führten. Die daraus resultierenden Konflikte reichten bis ins Innenministerium, wo man eine zu große Nachsichtigkeit gegenüber den ostdeutschen Wissenschaftlern befürchtete (vgl. Müns 1999: 132 ff.). Im Laufe der 1950er Jahre wurden die ideologischen Spannungen dabei immer größer, während die persönlichen Beziehungen zwischen ostdeutschen und westdeutschen Forschern von gegenseitiger Wertschätzung getragen waren. In der Frühphase der Debatte um die Vertriebenenforschung gab es auch westdeutsche Kollegen, denen die Position und das Auftreten etwa eines Alfred Karasek nicht geheuer waren. So schrieb Will-Erich Peuckert an den Verbandsvorsitzenden Helmut Dölker, er habe „an der Scheinheiligkeit des ehemaligen SS-Häuptlings Karasek einen schlechten Geschmack". Er sehe ihm zwar nach, dass er in dem „Verein" gewesen sei, „aber wenn er später ‚demokratische Fahne' schwingt und der Pferdefuß scheint noch durch, dann macht's einen bösen Eindruck" (ebd.: 131). Überhaupt folgte die Vertriebenenvolkskunde zunächst den althergebrachten Techniken des Sammelns, Dokumentierens und Bewahrens des Verlorenen. Friedemann Schmoll hat am Beispiel von Josef Hanika gezeigt, wie dieser sich auch nach 1945 der „angestammten Leitbegriffe und Deutungsmuster einer eben noch dem Volkstumskampf verpflichteten Grenzlandvolkskunde und Sprachinselforschung" bediente:

> „Die Volkskunde beteiligt sich an der Herausarbeitung der Kulturmorphologie des östlichen Mitteleuropa. So entfaltet sich aus der Grundfrage nach der völkischen Herkunft der Kulturgüter die große Aufgabe der Erforschung der deutschen Kulturleistung im Osten. Und diese Fragen nach der völkischen Herkunft der Kulturgüter erlangen schließlich politische Bedeutung wie überhaupt alles in den Grenzgebieten und Sprachinseln seit dem nationalen Erwachen eine scharfe nationalpolitische Note bekommt. Die deutschen Kolonisten leiteten aus ihrer Kulturleistung ihre Daseinsberechtigung auf dem durch Arbeit errungenen Boden ab. Das Wissen darum stärkt ihr Selbstwertgefühl und ihren Behauptungswillen dem fremden Volkstum gegenüber; die Verbreitung solcher Kenntnisse spielte eine wichtige Rolle in der Volksbildung und Volkserziehung im Osten" (Schmoll 2009: 223).

Trotz dieser erkenntnistheoretischen Defizite, die kaum zu neuen Erkenntnissen führten, war die Vertriebenenforschung durchaus erfolgreich und politisch erwünscht. Erst spätere Forschungen wie die Studie *Neue Siedlungen* von Hermann Bausinger, Markus Braun und Herbert Schwedt (1959) brachen mit dieser Tradition und modernisierten die Vertriebenenforschung (vgl. auch Bausinger 1987). In der deutschen Nachkriegsgesellschaft konnten Hanika & Co. mit ihren Positionen allerdings eine Sprecherposition einnehmen, die anerkannt wurde, waren doch mehr als sechs Millionen Menschen allein in der Bundesrepublik Deutschland von diesem Schicksal betroffen, auch wenn nur ein Teil davon an diesen Forschungen interessiert war. Zugleich verwiesen diese Aktivitäten auch auf das eigene Schicksal der vertriebenen Hochschullehrer, was deren Bestrebungen nach Wiedereinstellung nützte. Einem entsprechenden Gesetz verdankte schließlich auch Hanika seine Professur.

Das Fach Volkskunde steuerte an der Münchner Universität also nach und nach einer größeren Eigenständigkeit zu, wobei für die Disziplin aber auch gewisse Rückschläge zu verzeichnen sind. Dies liegt darin, dass die Professuren von Otto Höfler, nach seinem Wechsel nach Wien, und Otto Basler, nach seiner Emeritierung, die immerhin zur Hälfte volkskundliche Professuren waren, nur mehr als rein philologische Professuren besetzt wurden. Auch für Hanika selbst begann 1957 eine lange Leidenszeit. Was zunächst mit einer Grippe begonnen hatte, wuchs sich zu einer schweren Lungenentzündung aus und führte in der Folge auch zu jenen Herzproblemen, derentwegen er immer wieder in den Krankenstand gehen musste. Hanika beantragte sogar die Aufstellung einer Couch in seinem Dienstzimmer, um sich zwischen den Lehrveranstaltungen ausruhen zu können, was allerdings nicht genehmigt wurde.[10] Eine gewisse Entlastung erfuhr Hanika dadurch, dass Hans Josef Biehler als Lehrbeauftragter tätig war und dabei Lehrveranstaltungen wie das bäuerliche Naturverständnis einst und jetzt, Riehls Naturgeschichte des Volkes oder den Wandel der bäuerlichen Verhältnisse anbot. Zudem wurden im Jahr 1960 zunächst Felix Karlinger und im Jahr darauf Karl-Sigismund Kramer habilitiert und zu Privatdozenten der Volkskunde ernannt (UAM-E-II-2102). Mit diesen beiden Forschern veränderte sich das Profil des Faches an der LMU nachhaltig. Bislang scheint mir dabei die Rolle von Felix Karlinger etwas unterbeleuchtet, aber er war der erste Privatdozent der Volkskunde nach 1945. Zwar habilitierte er sich 1954 als 34-Jähriger in romanischer Philologie, fand aber später seine Heimat in der Volkskunde, ehe er 1967 auf eine Professur für romanische Philologie in Salzburg berufen wurde. Karlinger hielt hauptsächlich Lehrveranstaltungen zur Volksliteratur und Erzählforschung sowie zu volksmusikalischen Themen, wobei er stets eine größere europäische Perspektive im Blick hatte. So hat er über die volkskundliche Forschung in Italien, Frankreich und Spanien gelesen, das europäische Volkslied behandelt, eine Einführung in die romanische Volksliteratur geboten oder Übungen zur spanischen Volkskunde durchgeführt.[11] Mit Karlinger, so meine These, kehrte in die

---

10   Es wurde ihm alternativ vorgeschlagen, sich selbst eine zusammenklappbare sogenannte „Traumliege" um 50 bis 60,– DM anzuschaffen (UAM – Institutsakten – noch ohne Signatur).

11   UAM – Institutsakten – noch ohne Signatur.

Münchner Volkskunde erstmals eine stärker vergleichende Perspektive ein, als
dies in der Form der Ostforschung eines Josef Hanika der Fall war.

Der zweite bedeutende Strang volkskundlicher Forschung und Theoriebildung nach 1945 entstand an der Landesstelle für Volkskunde, verband sich aber
durchaus mit der universitären Volkskunde. Es ist unschwer zu erraten, dass es
sich dabei um die viel gerühmte Münchner Schule einer historischen Volkskunde
handelte, die einen Ausweg aus den spekulativen und ideologiegetränkten Kons-
trukten der NS-Zeit und ihrer Vorläufer suchte. Ihre Hauptprotagonisten waren
Hans Moser und Karl-Sigismund Kramer. Während Hans Moser, der die Landesstelle seit 1938 leitete, aber 1942 zum Kriegsdienst eingezogen wurde und erst
1950 aus der Kriegsgefangenschaft nach München zurückkehrte, gelangte Kramer, der 1938 seinem Lehrer Otto Höfler nach München gefolgt war (UAM-E-
II-2102), nach seiner Flucht aus der sowjetischen Besatzungszone zunächst als
Volontär und später als wissenschaftlicher Mitarbeiter an die Landesstelle für
Volkskunde. Die beiden Wissenschaftler setzten auf eine archivalisch-empiri-
sche Forschung mit strenger Quellenkritik, welche die Vorstellungen von uralten
Kontinuitäten infrage stellte.

Hans Moser hat 1954 mit seinen *Gedanken zur heutigen Volkskunde* betont,
das Ziel der Forschung müsse eine „exakte Geschichtsschreibung der Volkskultur" sein (1954: 218), und hat das Fach damit aus dem Korsett ahistorischen
Kontinuitätsdenkens – etwa in der NS-Zeit – befreit. Sein Schwerpunkt in der
Brauchforschung führte auch zu weiteren wichtigen Fachdebatten. Seine Folklo-
rismus-Kritik aus dem Jahr 1962 eröffnete eine lange Diskussion über die Rolle einer Volkskultur aus zweiter Hand (vgl. Moser 1962), die auch ökonomische
Interessen bedient, sie führte aber ebenso zu grundsätzlichen Überlegungen, welche Rolle das Fach Volkskunde dabei spiele. Hans Moser stand auch mit den wesentlichen Fachvertretern in regem Kontakt, so lud er Hermann Bausinger 1957
zu einem Vortrag an die Landesstelle ein, wobei dieser über Volkskunde und Soziologie referierte und sich für die gewinnbringenden und anregenden Gespräche beim inoffiziellen Teil des Aufenthalts bedankte (BayHStA MK51175). Mit
Ingeborg Weber-Kellermann korrespondiert Moser über einen Büchertausch mit
dem Berliner Institut und entschuldigt sich für die Nichtteilnahme an einer Tagung im Jahr 1955 in Berlin. Mit Richard Weiss tauscht er sich über inhaltliche
Fragen etwa zum Zusammenhang von historischer Volkskunde und Gegenwartsvolkskunde aus und plädiert für eine Überwindung der romantischen Anfänge
des Faches, wofür eine möglichst vollständige Erfassung des Quellenmaterials
nötig sei (ebd.). Mit Robert Wildhaber vereinbart er unter anderem eine Mitarbeit an der volkskundlichen Bibliografie, diskutiert aber auch eine Rezension
Arnold Niederers (ebd.). Während Moser dezidiert mit Fachvertretern Kontakt
pflegte, die nicht in unmittelbarer Nähe zu nationalsozialistischem Gedankengut

standen, hatte er aber auch sehr engen Umgang beispielsweise mit weniger gut beleumdeten Kollegen wie Richard Wolfram, dessen Rolle in der NS-Zeit in verschiedenen Publikationen aufgearbeitet wurde (vgl. u. a. Jacobeit/Lixfeld/Bockhorn 1994; Bockhorn/Eberhart 1996).[12]

Von zentraler Bedeutung für die Gründungsphase des Münchner Instituts und bis zur Berufung von Leopold Kretzenbacher war der zweite Vertreter der Münchner Schule, Karl-Sigismund Kramer. Kramer war Otto Höfler nach München gefolgt und hatte bei ihm mit einer Studie über die Dingbeseelung in der germanischen Überlieferung promoviert. Er versuchte mit einem ganzheitlichen Zugriff, die Symbolik der Dingwelt im Leben der Menschen zu begreifen (vgl. Gerndt 2013: 21), und hat diesen Zugang 1962 mit dem Begriff der „Dingbedeutsamkeit" noch einmal geschärft (vgl. Kramer 1962a), der in den jüngeren Debatten zu materieller Kultur – etwa bei Gudrun König (vgl. König/Papierz 2013: 288 f.) – wieder aufgegriffen wird. Kramers Rolle als kongenialer Partner von Hans Moser bei der Etablierung einer kritischen historisch-archivalischen Forschung wurde bereits angeführt,[13] erwähnt werden müssen aber ebenso seine Arbeiten zur rechtlichen Volkskunde (vgl. Kramer 1962b, 1974).[14] In der Lehre deckte Kramer, zumindest nach den Titeln in den Vorlesungsverzeichnissen, die Grundlagen der Disziplin viel eher ab, als Hanika das tat. Während Hanika oftmals zu Trachten, Erzählforschung und spezifischen Brauchtumsfragen unterrichtete, ging es bei Kramer häufig um grundsätzliche Fragestellungen wie die Einführung in das Fach, Gegenwartsprobleme der Volkskunde und Lebensstile, die um Veranstaltungen zur rechtlichen Volkskunde oder zu Kirche und Volksleben ergänzt wurden.[15] Wie wichtig Kramer für die Studierenden war, zeigt auch eine Petition von Studierenden, ihn als Nachfolger von Hanika zu berufen. Diese Form der Petition sei damals ein völlig neues Format gewesen, erzählte mir Konrad Köstlin, und auf der Unterschriftenliste fanden sich namhafte Vertreter der

---

12   Der ebenfalls mit den Nationalsozialisten sympathisierende Karl von Spieß (vgl. Jacobeit/Lixfeld/ Bockhorn 1994) korrespondierte mit Hans Moser, weil er sich von einer Anmerkung von Lenz Kriss-Rettenbeck in dessen Beitrag „Lebensbaum und Ährenkleid" (vgl. Kriss-Rettenbeck 1956) verunglimpft sah. Hans Moser versuchte zu besänftigen, hatte aber nur mäßigen Erfolg, denn eine Kritik, so Spieß, an seinem Werk könne nur von jemandem geübt werden, der sich auf ebenso profunde Weise wie er selbst mit diesen Fragen beschäftigt habe (BayHSTA MK51175).

13   Dazu sei hier nur eine seiner auf umfangreichen Quellenstudien beruhenden Monografien erwähnt (vgl. Kramer 1961) und ein Beitrag zum Verhältnis von historischer Methode und Gegenwartsforschung (vgl. Kramer 1966).

14   Siehe dazu auch den Beitrag von Daniel Habit in diesem Band.

15   UAM – Institutsakten – noch ohne Signatur.

Disziplin.[16] Seit 1962 lehrte auch Torsten Gebhard, Generalkonservator am Landesamt für Denkmalpflege und ausgewiesener Haus- und Sachkulturforscher, als Honorarprofessor für Volkskunde.

Am 8. Februar 1961 wird der Antrag gestellt, die Abteilung Volkskunde des Seminars für deutsche Philologie in ein selbstständiges Seminar für deutsche und vergleichende Volkskunde umzuwandeln.[17] Ende des Jahres 1961 wird dieser Antrag dann noch einmal gestellt und mit ergänzenden Angaben versehen. Es wird darum gebeten, das Extraordinariat von Prof. Hanika (die ordentliche Professur war ad personam ausgestellt) durch Streichung des kw-Vermerks auf ein Ordinariat anzuheben, wofür auf einen Fakultätsbeschluss vom 11. Dezember 1958 hingewiesen wird. Als weiteres Lehrpersonal werden der Honorarprofessor Dr. Rudolf Kriss und die beiden Privatdozenten Karlinger und Kramer genannt. Im Haushaltsplan müssten eine Assistentenstelle, eine wissenschaftliche Hilfskraft, eine Sekretärin, 7 000,– DM Sachetat sowie Mittel für einige einmalige Sonderausgaben eingestellt werden. Dazu wird ein Raumbedarf von 225 m² angemeldet, der sich auf drei Büroräume sowie einen Bibliotheks- und einen Übungsraum aufteilt.

Eine überaus glückliche Hand bewies Hanika, als er 1962 den bereits 40 Jahre alten Georg Schroubek als Verwalter einer wissenschaftlichen Assistentenstelle einstellte. Schroubek war, ich wage das zu behaupten, ein gewisser Gegenentwurf zu Hanika. Er entstammte dem Prager Bürgertum, hatte Hanika sogar als Gymnasiallehrer gehabt, war aber vor allem so etwas wie ein k. u. k-Intellektueller *après la lettre*, der das multiethnische Gemisch, das Prag in den 1920er und 1930er Jahren noch auszeichnete, in sich aufsog und gerade deswegen den nationalen Vorurteilen gegenüber äußerst skeptisch blieb, was sich in all seinen späteren Forschungen zur religiösen Volkskunde, zum Volksschauspiel, zur Stereotypenforschung oder über seine böhmische Heimat zeigte. Zudem war er ein überaus belesener, kunstinteressierter und feinfühliger Mensch, was jeder bestätigen wird, der einen seiner Texte gelesen hat, die sich durch großes Sprachgefühl auszeichnen.[18]

Am 11. Februar 1963 teilt das Kultusministerium dem Rektor dann mit, dass das Seminar für deutsche Philologie geteilt werde. Ab 1. April 1963 gibt es ein

---

16 Da es sich bei den mir bekannten Personen auf dieser Liste – mit einer Ausnahme – um noch lebende Personen handelt, sehe ich von einer Namensnennung ab (UAM – Institutsakten – noch ohne Signatur).

17 UAM – Institutsakten – noch ohne Signatur.

18 Georg Schroubek und seine Ehefrau Barbara Schroubek haben den am Institut für Volkskunde/Europäische Ethnologie angesiedelten „Schroubek Fonds östliches Europa" gestiftet, auf dessen Homepage auch Informationen zum Stifter zu finden sind: http://www.schroubek-fonds.volkskunde.uni-muenchen.de/ueber_uns/schroubek/index.html (12.8.2014).

Seminar I und ein Seminar II für deutsche Philologie sowie ein Seminar für deutsche und vergleichende Volkskunde. An Stellen erhält die Volkskunde einen wissenschaftlichen Assistenten und eine Stelle für eine wissenschaftliche Hilfskraft, zudem 1 700,– DM an Sachmitteln.[19] Anfang des Jahres 1963 war Hanika abermals erkrankt, schreibt aber nach Rückkehr in den Dienst dem Dekan und dringt auf die Streichung des kw-Vermerks und die Anhebung der Professur auf ein Ordinariat (UAM-XIV-398). Diese Anhebung geschieht vorerst nicht. Hanika stellt Ende April noch einen Antrag auf ein Forschungssemester im Wintersemester 1963/64, das ihm auch gewährt wird. Dieses Forschungssemester kann er allerdings nicht mehr antreten. Stattdessen erreicht die Hochschulleitung am 2. Juli 1963 die Mitteilung des Direktors der Universitätsklinik, dass Josef Hanika in einem sehr schlechten Zustand in die Universitätsklinik aufgenommen worden sei. Am 28. Juli 1963 verstirbt Hanika nur wenige Monate nach der Gründung des Instituts. Die kommissarische Leitung des Instituts übernimmt der Slawist Alois Schmaus, organisatorisch und inhaltlich sind allerdings Georg Schroubek und Karl-Sigismund Kramer, der ab 1. Juli 1964 auch als Universitätsdozent beschäftigt ist (UAM-O-XIV-421), für das Funktionieren des Instituts verantwortlich, das im Raum 111 im Lichthof des Hauptgebäudes untergebracht ist.

Am 19. Januar 1965 schickt der Dekan der Philosophischen Fakultät einen Dreiervorschlag für die Nachfolge Hanikas an das Bayerische Staatsministerium für Unterricht und Kultus, auf der mit Leopold Kretzenbacher an erster, Lutz Röhrich an zweiter und Karl-Sigismund Kramer an dritter Stelle drei Volkskundler stehen, die alle noch wichtige volkskundliche Lehrstühle einnehmen werden. In München gibt es jedoch den starken Wunsch, den erstplatzierten Leopold Kretzenbacher von Kiel nach München zu berufen, was nach längeren, aber harmonisch geführten Berufungsverhandlungen zwischen Ministerialdirigent Johannes von Elmenau, der eine eigene Studie wert wäre, und Kretzenbacher auch gelingt.

In der Person Kretzenbacher, aber auch seiner Mitarbeiter Schroubek und Gerndt (Letzterer seit 1966), bündelten sich gewissermaßen die Stränge einer vergleichenden volkskundlichen Forschung und legten die Basis dafür, dass aus dem Münchner Institut immer wieder entscheidende Impulse für theoretische und fachhistorische Debatten kamen und dass sich eine überaus erfolgreiche „modernisierte" Form der Ost- und Südosteuropaforschung entwickelte. Die Entwicklung nach 1963 bleibt allerdings weiteren Forschungen vorbehalten.

---

19   UAM – Institutsakten – noch ohne Signatur.

Quellen

BayHSTA = Akten aus dem Bayerischen Hauptstaatsarchiv in München mit jeweils entsprechender Signatur.

UAM = Universitätsarchiv München mit jeweils entsprechender Signatur. Viele Akten des Instituts für Volkskunde/Europäische Ethnologie, die in den letzten Jahren an das Archiv übergeben wurden, konnten allerdings noch nicht aufgenommen werden und werden daher ohne Signatur zitiert.

Literatur

Alzheimer, Heidrun (1991): Volkskunde in Bayern. Ein biobibliographisches Lexikon der Vorläufer, Förderer und einstigen Fachvertreter. (Veröffentlichungen zur Volkskunde und Kulturgeschichte, 50). Würzburg.

Bausinger, Hermann (1965): Volksideologie und Volksforschung. Zur nationalsozialistischen Volkskunde. In: Zeitschrift für Volkskunde 61, S. 177–204.

— (1979): Volkskunde. Von der Altertumsforschung zur Kulturanalyse. Tübingen [Originalausgabe Darmstadt 1971].

— (1987): Das Problem der Flüchtlinge und Vertriebenen in den Forschungen zur Kultur der unteren Schichten. In: Schulze, Rainer/Brelie-Lewien, Doris von der/Grebing, Helga (Hg.): Flüchtlinge und Vertriebene in der westdeutschen Nachkriegsgeschichte. Bilanzierung der Forschung und Perspektiven für die künftige Forschungsarbeit. (Veröffentlichungen der Historischen Kommission für Niedersachsen und Bremen, XXXVIII). Hildesheim, S. 180–195.

Bausinger, Hermann/Braun, Markus/Schwedt, Herbert (1959): Neue Siedlungen. Volkskundlich-soziologische Untersuchungen des Ludwig-Uhland-Instituts. Stuttgart.

Berchtesgaden: Bedeutender Wissenschaftler und herzenswarmer Mensch (2003). In: Chiemgau Online, 1. März. Verfügbar unter: http://archive.today/0l31Y#selection-567.4707-567.4711 (8.8.2014).

Bockhorn, Olaf/Eberhart, Helmut (1996): Volkskunde im Reichsgau Salzburg. Institutionen – Personen – Tendenzen. In: Haas, Walburga (Hg.): Volkskunde und Brauchtumspflege im Nationalsozialismus in Salzburg. (Salzburger Beiträge zur Volkskunde, 8). Salzburg, S. 57–80.

Braun, Karl (2012): Gerhard Heilfurth und das Marburger „Institut für mitteleuropäische Volksforschung". Dichte Beschreibung der Neugründung eines volkskundlichen Instituts. In: ders./Dieterich, Claus-Marco/Schönholz, Christian (Hg.): Umbruchszeiten. Epistemologie & Methodologie in Selbstreflexion. Marburg, S. 19–43.

Bruckbauer, Maria (1991): „… und sei es gegen eine Welt von Feinden!" Kurt Hubers Volksliedsammlung und -pflege in Bayern. (Bayerische Schriften zur Volkskunde, 2). München.

Gajek, Esther (Hg.) (1986): Volkskunde an den Hochschulen im Dritten Reich. Eine vorläufige Datensammlung. München.

Gerndt, Helge (1979): Abschied von Riehl – in allen Ehren. In: Jahrbuch für Volkskunde 2, S. 1–18.

— (2013): Wissenschaft entsteht im Gespräch. Dreizehn volkskundliche Porträts. Münster.

— (Hg.) (1987): Volkskunde und Nationalsozialismus. (Münchner Beiträge zur Volkskunde, 7). München.

Gilch, Eva (1986): „Volkskunde" an der Ludwig-Maximilians-Universität in den Jahren 1933–1945. In: dies./Schramka, Carmen: Volkskunde an der Münchner Universität 1933–1945. (Münchner Beiträge zur Volkskunde, 6). München, S. 12–39.

Gilch, Eva/Schramka, Carmen (1986): Volkskunde an der Münchner Universität 1933–1945. (Münchner Beiträge zur Volkskunde, 6). München.

Glier, Ingeborg (1985): von der Leyen, Friedrich von der. In: Neue Deutsche Biographie 14, S. 433 f. Verfügbar unter: http://www.deutsche-biographie.de/pnd118728024.html (7. 8. 2014).

Hausmann, Frank-Rutger (2002): „Auch im Krieg schweigen die Musen nicht". Die Deutschen Wissenschaftlichen Institute im zweiten Weltkrieg. (Veröffentlichungen des Max-Planck-Instituts für Geschichte, 169). Göttingen, S. 183–210.

Jacobeit, Wolfgang/Lixfeld, Hannjost/Bockhorn, Olaf (Hg.) (1994): Völkische Wissenschaft. Gestalten und Tendenzen der deutschen und österreichischen Volkskunde in der ersten Hälfte des 20. Jahrhunderts. Wien/Köln/Weimar.

Jedlitschka, Karsten (2008): Old Boys Network. Der „Verband der nicht-amtierenden (amts-verdrängten) Hochschullehrer" und seine Lobbypolitik in Bayern am Beispiel der Universität München. In: Kraus, Elisabeth (Hg.): Die Universität München im Dritten Reich. Teil II. (Beiträge zur Geschichte der Ludwig-Maximilians-Universität München, 4). München, S. 571–613.

Jeggle, Utz (1994): Volkskunde im 20. Jahrhundert. In: Brednich, Rolf W. (Hg.): Grundriß der Volkskunde. Einführung in die Forschungsfelder der Europäischen Ethnologie. 2. Auflage. Berlin, S. 51–72.

König, Gudrun M./Papierz, Zuzanna (2013): Plädoyer für eine qualitative Dinganalyse. In: Hess, Sabine/Moser, Johannes/Schwertl, Maria (Hg.): Europäisch-ethnologisches Forschen: neue Methoden und Konzepte. Berlin, S. 283–307.

Kramer, Karl-Sigismund (1961): Volksleben im Fürstentum Ansbach und seinen Nachbargebieten (1500–1800). Eine Volkskunde auf Grund archivalischer Quellen. Würzburg.

— (1962a): Zum Verhältnis zwischen Mensch und Ding. In: Schweizerisches Archiv für Volkskunde 58, S. 91–101.

— (1962b): Problematik der rechtlichen Volkskunde. In: Bayerisches Jahrbuch für Volkskunde, S. 50–66.

— (1966): Historische Methode und Gegenwartsforschung in der Volkskunde. In: Populus revisus. Beiträge zur Erforschung der Gegenwart. (Volksleben, 14). Tübingen, S. 7–14.

— (1974): Grundriß einer rechtlichen Volkskunde. Göttingen.

Kriss-Rettenbeck, Lenz (1956): Lebensbaum und Ährenkleid. Probleme der volkskundlichen Ikonographie. In: Bayerisches Jahrbuch für Volkskunde, S. 42–56.

Martin, Andreas (1997): Adolf Spamers Wirken in Sachsen (1945–1953). Neue Erkenntnisse aus den Materialien seines Nachlasses. In: Volkskunde in Sachsen 3, S. 9–52.

Moser, Hans (1954): Gedanken zur heutigen Volkskunde. In: Bayerisches Jahrbuch für Volkskunde, S. 208–234.

— (1962): Vom Folklorismus in unserer Zeit. In: Zeitschrift für Volkskunde 58, S. 177–209.

Mroß, Anja (1995): Josef Hanika (1900–1963). Ein Beitrag zur Wissenschaftsgeschichte der Volkskunde. Magisterhausarbeit, Universität München.

Müns, Heike (1999): „Das Problem der inneren Wiedervereinigung wird immer größer …" Briefe, Dokumente und Referate zur volkskundlichen „Ostforschung" 1951–1962. Bd. 1. Marburg.

Schier, Kurt (1996): Leyen, Friedrich von der. In: Enzyklopädie des Märchens. Bd. 8. Berlin/New York, Sp. 1005–1011.

Schivelbusch, Wolfgang (1982): Intellektuellendämmerung. Zur Lage der Frankfurter Intelligenz in den 1920er Jahren. Frankfurt am Main.

Schmoll, Friedemann (2009): Die Vermessung der Kultur. Der „Atlas der deutschen Volkskunde" und die Deutsche Forschungsgemeinschaft 1928–1980. (Studien zur Geschichte der Deutschen Forschungsgemeinschaft, 5). Stuttgart.

Schramka, Carmen (1986): Mundartkunde und Germanische Religionsgeschichte. Zur Tätigkeit von Otto Maußer und Otto Höfler. In: Gilch, Eva/dies.: Volkskunde an der Münchner Universität 1933–1945. (Münchner Beiträge zur Volkskunde, 6). München, S. 41–64.

Thiersch, August et al. (1903): Der Verein für Volkskunst und Volkskunde e. V. In: Volkskunst und Volkskunde. Monatsschrift des Vereins für Volkskunst und Volkskunde 1 (7), o. S.

Weger, Tobias (2006): „Völkische" Wissenschaft zwischen Prag, Eger und München. Das Beispiel Josef Hanika. In: Brenner, Christiane/Franzen, Erik K./Haslinger, Peter/Luft, Robert (Hg.): Geschichtsschreibung zu den böhmischen Ländern im 20. Jahrhundert. Wissenschaftstraditionen – Institutionen – Diskurse. (Bad Wiesseer Tagungen des Collegium Carolinum, 28). München, S. 177–208.

Zimmermann, Harm-Peer (1994): Männerbund und Totenkult. Methodologische und ideologische Grundlinien der Volks- und Altertumskunde Otto Höflers 1933–1945. In: Kieler Blätter zur Volkskunde 26, S. 5–27.

Zückert, Martin (2001): Josef Hanika (1900–1963) Volkskundler. Zwischen wissenschaftlicher Forschung und „Volkstumskampf". In: Glettler, Monika/Míšková, Alena (Hg.): Prager Professoren 1938–1948. Zwischen Wissenschaft und Politik. (Veröffentlichungen zur Kultur und Geschichte im östlichen Europa, 17). Essen, S. 205–220.

Zull, Gertrud (1998): Das Institut für Volkskunde der Kommission für bayerische Landesgeschichte. In: Volkert, Wilhelm/Ziegler, Walter (Hg.): Im Dienst der bayerischen Geschichte. 70 Jahre Kommission für bayerische Landesgeschichte – 50 Jahre Institut für Bayerische Geschichte. München, S. 127–143.

Münster 1952: von der „Volks- und Kulturboden-forschung" über den „Volkstumskampf" zur „Deutschen und vergleichenden Volkskunde" in der Bundesrepublik[1]

Elisabeth Timm

Für die Wissenschaftsgeschichte ist die Einrichtung eines Lehrstuhls eine exquisi-te Materie: Ökonomische Ressourcen (meist diejenigen des Staates) werden lang-fristig mobilisiert, und das bedarf konfliktfähiger und plausibler Begründungen. Kräfteverhältnisse und Beziehungen, die sonst auch da sein mögen, treten in ho-her Dichte zutage. Die beteiligten Akteure und Institutionen reagieren mit ihren Legitimationsstrategien auf eine vergangene und bestehende Wissensordnung, und sie schaffen Fakten und Denkhorizonte für die Zukunft.

Am 5. Oktober 1952 übertrug die Kultusministerin von Nordrhein-Westfa-len, Christine Teusch, Bruno Schier den „Lehrstuhl für Volkstumskunde" an der Philosophischen Fakultät der Universität Münster mit Wirkung vom 1. Oktober des Jahres.[2] Bereits am 11. September 1952 hatte sie gemeinsam mit Ministerprä-sident Karl Arnold die Ernennungsurkunde für Bruno Schier mit der Berufung als außerordentlicher Professor in das Beamtenverhältnis auf Lebenszeit unter-zeichnet.[3] Seine öffentliche Antrittsvorlesung hielt Bruno Schier am 16. Dezem-ber 1952 zum Thema „Die Völkerschichtung Ostdeutschlands im Lichte der Ortsnamensforschung".[4] Am 3. Mai 1953 erklärte die Ministerin sich einver-standen mit der Umbenennung dieses Extraordinariats für „Volkstumskunde" in

---

1   Ich danke Johannes Moser für die Einladung zur Georg Schroubek Lecture 2013. Dieser Text ist die um Quellen- und Literaturnachweise ergänzte, überarbeitete und erweiterte Fassung der Lec-ture.

2   Universitätsarchiv Münster (UAM), Bestand 8 Nr. 9067, Kultusministerin NRW an den Rektor der Universität Münster, 5. 10. 1952 (Abschrift). Christine Teusch, eine in Köln geborene katholi-sche Lehrerin, war Mitglied der Zentrumspartei beziehungsweise der CDU, die katholische Sozi-allehre war ihre Maxime (vgl. Küppers 1997).

3   UAM, Bestand 8 Nr. 9067, Ernennungsurkunde Bruno Schier, 11. 9. 1952 (Abschrift).

4   Ebd., Einladungskarte zur Antrittsvorlesung, 9. 12. 1952.

„Deutsche und vergleichende Volkskunde".⁵ 1954 erreichte Schier die Einrichtung des von ihm mit diesem Namen vorgeschlagenen „Volkskundlichen Seminars", und zum 1. Januar 1964 wurde Schier schließlich zum ordentlichen Professor ernannt.⁶
   Die Forschungslage zum Volkskundler Bruno Schier ist gut. Insbesondere die
Arbeiten von Ota Konrád (2005, 2008), Petr Lozoviuk (2004, 2008), Martin
Bemmann (2006, 2007), Elisabeth Fendl und Heinke M. Kalinke (2002) sowie
Karl Brauns Forschungen zur sudetendeutschen Volkskunde (2010, 2012) haben einzelne Stationen seiner wissenschaftlichen Tätigkeit bis 1945 dokumentiert. Dabei gelangen sie zu unterschiedlichen Einschätzungen von (politischem)
Leben und (wissenschaftlichem) Werk. Die Berufung von Bruno Schier nach
Münster im Jahr 1952 wurde bisher nicht untersucht. In der Volkskunde war
das eine der ersten Berufungen nach dem Ende des Zweiten Weltkriegs in der
Bundesrepublik, und es war zugleich die erste Einrichtung eines volkskundlichen Lehrstuhls an einer Universität, an der das Fach bis dahin weder durch ge-
widmete Professuren noch durch ein eigenes Institut etabliert war. Bruno Schiers
Ordinariat (1952) und das von ihm begründete Volkskundliche Seminar (1954)
waren neu und ad personam geschaffen worden, es gab keine Kandidatenliste.⁷

---

5   Die Bezeichnung „Volkstumskunde" für die neue Professur findet sich mehrfach in den ministe-
    riellen Akten zum Vorgang: z. B. Landesarchiv Nordrhein-Westfalen (LA NRW) Abt. Rheinland,
    NW 179 Nr. 134, mschr. Aktennotiz, 25. 3. 1952, Finanzminister NRW an Ministerpräsiden-
    ten NRW, 30. 1. 1952, Ministerpräsident NRW an Landeshauptmann Salzmann, 8. 2. 1952; LA
    NRW Abt. Rheinland, NW 292 Nr. 386, Ministerpräsident NRW an Kultusministerin Teusch,
    19. 2. 1952. Für den Wechsel von „Volkstumskunde" in „Deutsche und vergleichende Volkskun-
    de" hatten sich die Philosophische Fakultät und Bruno Schier selbst ausgesprochen; im entspre-
    chenden Antrag verweist der Dekan darauf, „daß die Bezeichnung ‚Volkstumskunde' […] in dem
    Schriftwechsel angewandt worden war, der zwischen dem Herrn Ministerpräsidenten Arnold und
    Herrn Landeshauptmann Salzmann geführt wurde" (UAM, Bestand 8 Nr. 9067, Dekanat der Phi-
    losophischen Fakultät an das Kultusministerium NRW, 28. 3. 1953). Angesichts von Salzmanns
    langjährigem Engagement für eine volkstumspolitische Heimatbewegung in Westfalen, das noch
    dargelegt werden wird, verwundert es nicht, dass diese Fachbezeichnung aus der Korrespondenz
    mit ihm stammte.

6   UAM, Bestand 8 Nr. 9067, Kultusministerium NRW an den Dekan der Philosophischen Fakultät
    der Universität Münster, 3. 5. 1953, Kultusminister NRW an Bruno Schier, 4. 3. 1964, und Ernen-
    nungsurkunde Bruno Schier zum ordentlichen Professor, 4. 3. 1964; UAM, Bestand 9 Nr. 1841,
    Bruno Schier an die Philosophische Fakultät der Universität Münster, 16. 4. 1954, und Kultus-
    minister NRW an Dekan der Philosophischen Fakultät der Universität Münster, 18. 12. 1954.
    Die Bezeichnung „Seminar" (nicht: Institut) war von Schier selbst vorgeschlagen worden. Wis-
    senschaftshistorisch verweist diese Bezeichnung auf die semantische Dichotomie der Institutiona-
    lisierung von Geistes- und Naturwissenschaften, die sich in Deutschland im 19. Jahrhundert als
    „Seminare" versus „Institute" oder „Laboratorien" vollzog und die bei der disziplinären Ausdiffe-
    renzierung der Geisteswissenschaften relevant war (vom Brocke 1988: 194–201).

7   Eine „Vorschlagsliste" mit drei Positionen und deren jeweiliger schriftlicher Begründung, die von
    der Fakultät erarbeitet und über den Rektor (der der Reihung nicht folgen musste) an das Kul-

Dietmar Sauermann (1986) dokumentierte einige Daten zur universitären Etablierung des Faches in seiner Geschichte der Volkskunde in Westfalen, aber die
Personal- und Sachakten der Universität waren aufgrund der Sperrfristen noch
nicht zugänglich[8] und der zeit- und wissenschaftshistorische Kontext stand ihm
nicht aufgearbeitet zur Verfügung.

In diesem Beitrag soll eine doppelte Perspektive eingenommen werden: Eine
Nahaufnahme erhellt die Platzierung Schiers an der Münsteraner Universität im
lokalen Gefüge von Wissenschaft und Politik. So betrachtet, erweist sich diese
Lehrstuhlgründung einerseits als der Triumph einer Region: Die westfälische Hei-
matbewegung und die Kulturpflege des Provinzialverbandes Westfalen-Lippe trie-
ben die Universität Münster, aber auch das nordrhein-westfälische Kultusministerium finanziell und politisch vor sich her. Damit wurde mit der Münsteraner
Volkskunde nach dem Zweiten Weltkrieg die Volks- und Kulturbodenforschung
(vgl. Fahlbusch 1994; Haar 2004) beziehungsweise Kulturraumforschung (vgl.
Aubin/Frings/Müller 1926 [1966]; Aubin et al. 1931–1966; dazu Haar 2002 und
Mühle 2005) instituiert, deren Geschichte bis in die 1920er Jahre zurückreicht
und die maßgeblich in und mit Westfalen entwickelt worden war (vgl. Ditt 2001a;
Oberkrome 2004). Andererseits war die Wissensordnung, die mit Schiers Berufung eingesetzt wurde, überhaupt nicht provinziell: die Etablierung von „Kultur"
als *episteme* für Identität und Differenz in Verbindung mit raumbezogenem Er-
kenntnisinteresse. Nicht in einem Archiv, sondern in den bereits geschriebenen
Kapiteln einer Wissenschaftsgeschichte des Kalten Krieges wird man dazu fündig
(vgl. Chomsky et al. 1997), und zwar auf einer der höchsten Ebenen: der Wissenschaftspolitik der US-Regierung und der Wissenschaftsförderung US-amerikani-
scher Stiftungen, die noch während des Krieges die Kulturalisierung und Regio-
nalisierung anthropologischer Forschung in Gang gesetzt hatten.

---

tusministerium mit der Bitte um Berufung geleitet wurde, war das zu dieser Zeit und an diesem
Ort übliche Verfahren (vgl. z. B. den Vorgang zur Besetzung des Lehrstuhls für Klassische Philo-
logie 1951/52, UAM, Bestand 9 Nr. 1793, Dekanat der Philosophischen Fakultät der Universität
Münster an das Kultusministerium NRW, 27. 12. 1951).

8   Diese Bestände im Universitätsarchiv Münster sowie Akten der Staatskanzlei im Landesarchiv
     Nordrhein-Westfalen und aus dem Bundesarchiv Berlin sind die Grundlage für den folgenden
     Beitrag; ich danke insbesondere Robert Giesler vom Universitätsarchiv Münster für die Unter-
     stützung der Recherchen. Mein Dank für instruktive und einschlägige Hinweise auf Literatur
     und Quellen zur sudetendeutschen Volkskunde geht an Karl Braun, Petr Lozoviuk und Elisabeth
     Fendl (die von ihr veranlassten Erschließungs- und Übersichtsarbeiten zu Bruno Schiers Nachlass
     im Institut für Volkskunde der Deutschen des östlichen Europa, Freiburg im Breisgau [vgl. Bem-
     mann 2007] waren für mich außerordentlich hilfreich). Albrecht Seufert hat Quellen und Litera-
     tur recherchiert und einige Dokumente transkribiert. Ohne Armin Nolzens Beratung hätte ich die
     NSDAP-Unterlagen nicht zum Sprechen bringen können. Mitchell Ash und Eduard Mühle danke
     ich für kollegiale Lektüre und Kritik insbesondere der Ausführungen zur Ostforschung und zur
     Psychologie an der Universität Münster.

Ein Sudetendeutscher zieht in den wissenschaftlichen „Volkstumskampf"

Zunächst aber zur Person: Wer war Bruno Schier? Bruno Schier lebte von 1902 bis 1984.[9] Er ist in Hohenelbe/Vrchlabí in Böhmen geboren und studierte Germanistik, Geschichte und Slawistik in München (1922/23) und an der Deutschen Universität Prag (1923–1926) (Heilfurth/Siuts 1967: VII f.). Im Juni 1926 wurde er an der Deutschen Universität Prag promoviert, im November 1927 legte er dort die Lehramtsprüfungen für Deutsch, Geschichte und Geografie ab. 1929 lernte er bei einem Studienaufenthalt an der Universität Leipzig die als Volks- und Kulturbodenforschung profilierte Kulturgeografie und Kulturmorphologie rheinischer Provenienz kennen (ebd.). Im Dezember 1931 habilitierte er sich dort für ältere deutsche Sprache und deutsche Volks- und Altertumskunde (Schier 1932, 1966). Seine erste wissenschaftliche Anstellung hatte er von August 1926 bis November 1927 als Assistent an der Anstalt für sudetendeutsche Heimatforschung in Reichenberg/Liberec (zu dieser und zu anderen sudetendeutschen Forschungsstätten in Reichenberg/Liberec vgl. Konrád 2008; Lozoviuk 2008: 250–256), anschließend war er Assistent beziehungsweise Privatdozent an der Deutschen Universität in Prag (Seminar für deutsche Philologie). Im August 1934 heiratete er die aus Eger stammende promovierte Studienrätin Hilde Kirschnek. Anschließend hatte er ab 1934 Professuren unterschiedlichen Zuschnitts an den Universitäten Leipzig (Lehrstuhl für deutsche Volkskunde, Vertretung ab Mai 1934, ao. Prof. mit Verbeamtung November 1934, o. Prof. September 1942 sowie nach Rückkehr aus Bratislava ab Oktober 1944 bis September 1945; vgl. Bemmann 2006; Konrád 2005), Bratislava (Dezember 1940 bis September 1944; vgl. Lozoviuk 2004, 2008: 322–339), Halle/Saale (April 1947 bis September 1949, Lehrstuhl für westslawische Philologie) und Marburg/Lahn (Gastprofessur, Oktober 1949, dann ein persönliches Ordinariat) inne.[10] Zudem leitete er ab 1940 die Kommission für Volkskunde in der Sude-

---

9 UAM, Bestand 8 Nr. 9067 (Personalakte Bruno Schier), und UAM, Bestand 207 Nr. 382, Personalbogen Bruno Schier (eigene Angaben), o. D.; BA Berlin, R 601/2077, Reichsminister für Wissenschaft, Erziehung und Volksbildung an die Präsidialkanzlei, 12. 9. 1942. Soweit nicht anders angegeben hieraus alle folgenden Daten zur persönlichen, politischen und wissenschaftlichen Biografie.

10 Nach eigener Aussage hatte er mehrere weitere Rufe abgelehnt: zur Zeit seiner Berufung an die Universität Leipzig im Mai 1934 nach Breslau und nach Wien, im Dezember 1938 an die Universität Königsberg, im Oktober 1943 an die Deutsche Universität Prag (UAM, Bestand 207 Nr. 382, Bruno Schier: Stationen meines Lebenslaufes, o. D., um Januar 1973). Laut Bockhorn (1994: 560) stand Bruno Schier im Sommer 1938 an erster und gleicher Stelle für die neue volkskundliche Lehrkanzel an der Universität Wien mit dem dann dorthin berufenen Richard Wolfram. Nach dem Tod Gustav Jungbauers war der Lehrstuhl für deutsche Volkskunde an der Deutschen Universität Prag 1942 vakant gewesen. Für die Besetzung dieses Lehrstuhls mit Bruno Schier (pri-

tendeutschen Anstalt für Landes- und Volksforschung in Reichenberg/Liberec. Deren Aufgabe war die wissenschaftliche Begründung der NS-Kultur- und Rassenpolitik insbesondere gegen die tschechische Bevölkerung zugunsten der Sudetendeutschen (Konrád 2008: 78 ff.), zudem beteiligte sich das wissenschaftliche Personal der Einrichtung an der Umsetzung der NS-Rassenpolitik, etwa durch gutachterliche Tätigkeit zur „Eindeutschung" von Orts- und Familiennamen (ebd.: 81, 88 u. 95). Schier war Mitglied der Nord- und Ostdeutschen Forschungsgemeinschaft und beteiligte sich an deren Stärkung und Südost-Erweiterung ab Mitte der 1930er Jahre (Haar 2002: 266; Konrád 2005: 343), indem er beispielsweise in einem Gutachten zur Besetzung eines Lehrstuhls für Volkskunde am Deutschen Institut der Friedrich-Wilhelms-Universität 1936 positiv für die Berufung des Sprachinselforschers Walter Kuhn gutachtete und eine für diesen zu schaffende Spezialisierung dieses Lehrstuhls auf „Kunde des ostdeutschen Grenz- und Sprachinseldeutschtums/oder Grenz- und Auslandsdeutschtums" vorschlug (Haar 2002: 274 f.). Neben den Museumsfachleuten Arthur Haberlandt (Wien) und Josef Hanika (Cheb/Eger) war Bruno Schier nicht nur

---

mo et unico loco) hatte sich Karl Hermann Frank (Staatssekretär beziehungsweise Staatsminister im Protektorat Böhmen und Mähren) 1942/43 persönlich beim Reichsministerium für Wissenschaft, Erziehung und Volksbildung in Berlin verwendet. Er war dazu von der Reinhard-Heydrich-Stiftung angeregt worden, weil „zu befürchten ist, dass der zuständige Sachbearbeiter im Reichswissenschaftsministerium, Professor Harmjanz, der zu einer anderen volkskundlichen Gruppe als Schier gehört, die Versetzung [sic!] verschleppen wird" (BA Berlin, R 601/2077, Reinhard Heydrich Stiftung, Aktenvermerk, März 1943). Frank hatte sich nach der Niederlage bei Stalingrad und nach dem Attentat auf Reinhard Heydrich für einen Wandel der Besatzungspolitik, die nun „Sozial- und Völkerpsychologie" berücksichtigen sollte, volkstumspolitisch beraten lassen, insbesondere von Wissenschaftlern der Reinhard-Heydrich-Stiftung (Küpper 2010: 299; zu ähnlichen Aktivitäten der von Schier geleiteten Kommission für Volkskunde in der Sudetendeutschen Anstalt für Landes- und Volksforschung nun Josefovičová 2014: 408; die hier genannten Hans-Joachim Beyer und Robert Gies führten den zitierten Schriftwechsel zur Erreichung eines Rufes von Bruno Schier nach Prag). Die Empfehlungen für Schier an das Berliner Ministerium zeugen von der genauen Kenntnis seiner Position und deren Passung für die beabsichtigte volkstumspolitische Information der Besatzungspolitik sowohl als Universitätsprofessor wie als Experte der Stiftung: „Schier ist Sudetendeutscher, hat sich in Prag habilitiert und im Laufe der Zeit eine ganze Reihe von Arbeiten zur deutsch-tschechischen und deutsch-slowakischen Auseinandersetzung auf dem Gebiete der Volkskultur veröffentlicht. Er verbindet eine besondere Kenntnis des R[aumes] Böhmen und Mähren mit einer guten Übersicht über die [...] Kultur des Gesamtvolkes. [...] Ich lege den größten Wert darauf, dass Schier [...] zum Nachfolger von Jungbauer möglichst bald ernannt wird. Da Schier auch im Rahmen der Reinhard Heydrich Stiftung gewisse Aufgaben übernehmen soll, bitte ich dafür Sorge zu tragen, dass seine Versetzung von Leipzig nach Prag so erfolgt, dass er bereits im Sommersemester in Prag lesen kann" (BA Berlin, R 601/2077, Entwurf Schreiben an Ministerialdirektor Mentzel im Reichsministerium für Wissenschaft, Erziehung und Volksbildung, o. D., März 1943). Zu den hier aufscheinenden Differenzen nationalsozialistischer Volkskunde im SS-Ahnenerbe und im Amt Rosenberg und zur Position Heinrich Harmjanz' vgl. Schmoll (2009: 165–175); Schmoll (ebd.: 211) hat erarbeitet, dass Schier sich in den unterschiedlichen Lagern der NS-Volkskunde gut zu bewegen wusste. Nach 1945 verwendete Schier diese Fraktionskämp-

einer der drei volkskundlichen Beiträger, sondern auch Mitherausgeber der NS-
Kampfschrift *Wissenschaft im Volkstumskampf* (Oberdorffer et al. 1941).
Die Kehrseite des Aufstiegs der Volks- und Kulturbodenforschung in der
Volkskunde war die Abdrängung der kulturanthropologisch vergleichenden, uni-
versalistisch orientierten Volkskunde des frühen 20. Jahrhunderts. So begrüßte
Schier (1935: 556) den „geistigen Umbruch der letzten Jahre", der „die deutsche
Volkskunde aus ihrem Aschenputteldasein befreit" und ihr eine neue wichtige
Rolle in Bildung und Erziehung verschafft habe: „Die deutsche Volkskunde muß
dem Nationalsozialismus vor allem dafür dankbar sein, daß er ihr den Weg von
der früher vielfach bevorzugten Primitivenforschung zu der Erfassung der wert-
vollen bluthaften und arteigenen Äußerungen der Volksseele wies" (ebd.). Das
bestätigt den seit vielen Jahren vorliegenden Befund, dass in diesem Fach bis Anfang der 1920er Jahre „eine universalistische Linie" „vorherrschend" war, wobei
die sie interessierenden elementaren kulturellen Formen „primitiv" im positiven
Sinne genannt und komparativ, nicht hierarchisch, angeordnet wurden (Warneken 2011: 312, so auch bereits 1999).
     Bruno Schiers wissenschaftliche Karriere innerhalb und außerhalb der Uni-
versitäten von der Zwischenkriegszeit bis 1945 zeigt, dass er in der NS-Zeit
ein ebenso wissenschaftlich wie politisch geschätzter Gelehrter war. Bemmann
(2006: 26 f. u. 29 f.) ordnet seine Schriften als Beiträge zur Germanisierungspolitik des Rasse- und Siedlungshauptamtes der SS ein; Lozoviuk (2004, 2008) hin-

---

fe zu seiner Entlastung (eine viel beschriebene Strategie in Entnazifizierungsverfahren), vgl. seine
Argumentation nach seiner Entlassung als ordentlicher Professor der Universität Leipzig im November 1945 bei Bemmann (2006: 15–17); zu diesem Thema auch Konrád (2005: 344 u. 356 f.).
Bruno Schier verhandelte nach Erhalt des Rufes auf die Vermittlung eines Zweifamilienhauses in
Prag als Tausch für seine Villa in Leipzig, und er verwies auf sein politisches Engagement und eine
dabei entstandene persönliche Bekanntschaft mit Frank bei der „wiederholten Zusammenarbeit
im Wandervogel, Böhmerland, bei den Freischaren und in der Partei während der Jahre 1919–
1938" und auf von ihm und Frank gehaltene Ansprachen bei der Eröffnung der Sudetendeutschen
Kunstausstellung in Dresden (BA Berlin, R 601/2077, Bruno Schier an Ministerialrat Gies, Prag,
24. 4. 1943; vgl. auch ebd., Reichsminister für Wissenschaft, Erziehung und Volksbildung an den
Reichsprotektor in Böhmen und Mähren, Prag, 25. 6. 1943, zu Schiers Problemen bei der Woh-
nungssuche in Prag). Schier sagte mangels Wohnung nicht zu und empfahl, den Prager Lehrstuhl
an seinen Freund Josef Hanika zu vergeben (den er zunächst als Vertretung empfohlen hatte und
der ebendort ein Extra-Ordinariat für „Volkskunde und Stammesgeschichte Mährens" innehatte)
(ebd., SS-Sicherheitsdienst SD-Leitabschnitt Prag an Staatsminister Frank, Dezember 1943). Der
SD verwies auf die Bedeutung der vakanten Professur für deutsche Volkskunde und der Hanika-
Professur, „dass Lehrkanzeln, die für die Erkenntnis der Volkstumsprobleme wesentlich sind, für
die Dauer des Krieges und auch fernhin keinen k. w.-Vermerk haben dürfen, da ja die volkstumspolitische Gebiete wissenschaftlich noch in den Anfängen stecken" (ebd.). Auch Schiers Freund
Josef Hanika hatte persönlichen Zugang zum Staatsminister K. H. Frank, und er trieb damit die
völkische Ethnografie an der Deutschen Universität in Prag voran (Konrád 2011: 36 f.; zu Hanika
vgl. Weger 2006b sowie Lozoviuk 2008: passim).

gegen akzentuiert die auch auf der Kenntnis slawischer Sprachen basierende Perspektive Bruno Schiers als eine komparative. Wie unten noch dargelegt werden wird, behaupteten Bruno Schier selbst, Weggefährten und Kollegen sowie mehrere alliierte beziehungsweise deutsche Behörden aufgrund von Dokumenten aus Konflikten um Lehrstuhlbesetzungen in der NS-Zeit und um seine NSDAP-Mitgliedschaft eine Distanz oder Reserviertheit zum NS-Regime – informiert durch den vorliegenden Forschungsstand zur NS-Wissenschaftsgeschichte aber lassen sich solche Auseinandersetzungen vielmehr als untrüglicher Beleg dafür deuten, dass Bruno Schier einer der bekannten, beweglichen und politisch wie wissenschaftlich geforderten und geförderten Volkskundler in der NS-Zeit war.

Das nationalsozialistische Engagement eines sudetendeutschen Wissenschaftlers: „von den Tschechen das rechte Auge herausgeschossen"

Bruno Schiers politische Biografie entwickelte sich parallel zu seinem wissenschaftlichen Leben:[11] Am 4. März 1919 beteiligte er sich an den Demonstrationen und Kämpfen gegen die tschechische Republik und für den Verbleib der sudetendeutschen Gebiete bei Deutschösterreich, dabei „wurde mir von den Tschechen das rechte Auge herausgeschossen".[12] Ebenfalls seit 1919 war er Mitglied des Deutsch-Völkischen Turnverbandes (Ortsgruppen Hohenelbe, Reichenberg, Prag), des Kampfbundes „Böhmerland" und seit 1923 der Freischar „Fichte", von 1920 bis 1922 Führer im Bund sudetendeutscher Wandervögel, 1923 bis 1926 Mitglied und Scharmeister im Bund böhmerländischer Freischaren, 1918 bis 1934 im Deutschen Turnerbund der Sudetenländer, im Bund der Deutschen in Böhmen, im Deutschen Kulturbund, an der Deutschen Universität Prag war er im Wintersemester 1926/27 Mitbegründer des NS-Studentenbundes; von 1932 bis 1934 sei er als „bezahlter Hitler-Agent" „unter die Postaufsicht der Prager Polizeidirektion gestellt" worden.[13] Er war Mitglied im Heimatwerk Sachsen,

---

11 BA Berlin, R 601/2077, Reichsminister für Wissenschaft, Erziehung und Volksbildung an die Präsidialkanzlei, 12. 9. 1942, Personalbogen Bruno Schier zur Prüfung des REM-Antrags auf Ernennung zum ordentlichen Professor, o. D., September 1942; BA Berlin, R 4901/13275, Hochschullehrerkartei. Soweit nicht anders angegeben, hier alle folgenden Daten.

12 BA Berlin, PK, Bruno Schier, Personalbogen Bruno Schier zum Antrag auf Aufnahme in die NSDAP, 21. 11. 1939. Differenziert zur deutschen Perspektive (die später als „sudetendeutsche" markiert wurde) wie zur tschechischen Position und zum Ablauf der Ereignisse am 4. März 1919 vgl. Braun (1996), zur Erinnerungskultur vgl. Weger (2006a).

13 BA Berlin, PK, Bruno Schier an den Reichsschatzmeister der NSDAP, 9. 9. 1939 (dort auch die folgenden Informationen). Quellenkritisch ist zu berücksichtigen, dass Schier mit diesen Angaben die bevorzugte Aufnahme in die NSDAP zu erreichen suchte. In einigen Fällen stützen allerdings ältere Belege diese Daten (z. B. Vereinsbuch der Deutsch-böhmerländischen Freischar „Fichte", Archiv hlavního města Prahy, Vereinsbuch, Eintrag Nr. 215, unpaginiert, o. D., hier ist Schiers

der 1936 gegründeten kulturellen Vorfeldorganisation der NSDAP (vgl. Schaarschmidt 1998). Nach eigenen Angaben war Bruno Schier vielfältig und fachein-
schlägig in Parteistellungen auf Landes- und Reichsebene aktiv: als Mitarbeiter
der „Arbeitsgemeinschaft für deutsche Volkskunde" und als Lektor für deutsche
Volkskunde in der „Reichsstelle zur Förderung des deutschen Schrifttums" (beide
im Amt Rosenberg), als Sachbearbeiter für Bauernhofforschung in der Mittelstel-
le Deutscher Bauernhof (Stabsamt des Reichsbauernführers), als wissenschaftlicher Referent für Sächsische Volkskunde im Heimatwerk Sachsen (Landesleiter
des Sächsischen Wörterbuchs und des Sächsischen Ortsnamenbuchs, Sachbearbeiter in der Gauarbeitsgemeinschaft für deutsche Volkskunde), als Landesleiter Westsachsen des Archivs für Volksforschung und Volkstumspflege und als
Schriftleiter der *Mitteldeutschen Blätter für Volkskunde* (Gauwaltung Sachsen des
Nationalsozialistischen Lehrerbundes, NSLB) sowie Obmann der Zelle Germanistik im NS-Dozentenbund der Kreisleitung Leipzig der NSDAP; schließlich
publizierte er unter anderem in den Parteiblättern *Völkischer Beobachter* und in
den *Nationalsozialistischen Monatsheften* (vgl. Schier 1937). Auch in der Schulungsarbeit und in Schulungslagern der Partei war er als Redner und Gruppen-
führer aktiv: „Schließlich habe ich während meiner Leipziger Tätigkeit weit über
100 Vorträge auf Reichs- und Gautagungen der Partei und ihrer Gliederungen
gehalten und bin auf mehreren Schulungslagern als Redner und Gruppenfüh-
rer tätig gewesen. Von maßgeblicher Seite wurde wiederholt anerkannt, daß ich

Mitgliedschaft seit 1925 dokumentiert; mein Dank für diesen Fund geht an Kateřina Jíšová, Ar-
chiv der Hauptstadt Prag). Im Deutschen Turnverband hatte sich ab Ende der 1920er Jahre ein
Wandel der völkischen Konzeption „deutschösterreichischer Prägung" zu einer „volkspolitischen
Bewegung" manifestiert, aus diesem Feld rekrutierte sich die personelle Spitze der Sudetendeut-
schen Heimatfront (Luh 1989: 8 u. 25). Luh (1993: 142 f.) hat die völkische Neuorientierung des
Wandervogels zur bündischen Jugend seit dem Ersten Weltkrieg herausgearbeitet; die Freischar
„Fichte", in der Bruno Schier Mitglied war, war eine der „neugegründeten bündischen Studenten-
schaften" mit antidemokratischer Orientierung (ebd.: 144 u. 160; zur Bezugnahme auf Fichte im
Kontext der sudetendeutschen Volkskunde Braun 2010: 270 f., 274 u. 281 f.). Es greift wissen-
schaftshistorisch zu kurz, die Wanderungen und Fotoserien der bündischen Jugend dem romantischen Wandervogel zu subsumieren – dass die Intention der visuellen Landnahme durch den
sudetendeutschen Wandervogel in den betroffenen Ländern wohl verstanden wurde, belegen die
Verweigerung von Einreisegenehmigungen oder die Beschlagnahme von Fotoapparaten durch die
tschechoslowakischen Behörden (Kalinke 2011: 410). Das Material und die völkische Programm
des Lichtbildvortrags „Wanderungen am Ostrand der abendländischen Welt", den Schier von den
1930er bis in die 1960er Jahre unter verschiedenen Titeln zu vielen Gelegenheiten präsentierte (Institut für Volkskunde der Deutschen des östlichen Europa, Freiburg im Breisgau, Nachlass Bruno
Schier, Martin Bemmann: Liste der Vorträge von Bruno Schier, unpubl. MS, o. J.), ist wohl in diesem Kontext entstanden.

durch meine Arbeit der nationalsozialistischen Weltanschauung in der deutschen Volkskunde zum Durchbruch verholfen habe."[14]

Von 1926 bis 1930 war Schier Mitglied der Deutschen Nationalpartei,[15] nach deren behördlicher Auflösung beziehungsweise seit 1927 war er Mitglied der DNSAP (NSDAP der Sudetenländer) bis zu deren Auflösung im Oktober 1933,[16] dem folgte ab 15. September 1934 die Mitgliedschaft in der Sudetendeutschen Partei (SdP) und seit 1. Mai 1937 in der NSDAP.[17]

14 So nannte das Bruno Schier selbst in der Auseinandersetzung um seine NSDAP-Mitgliedschaft (BA Berlin, PK, Personalakte Bruno Schier, Bruno Schier an den Reichsschatzmeister der NSDAP, 9.9.1939). Auch hier belegen andere Quellen, etwa zu seiner Schulungsarbeit, dass das nicht lediglich eine Behauptung zugunsten einer vergünstigten Parteiaufnahme war (vgl. Schier 1938, 1939a, 1939b, 1939c – den Hinweis auf diese Publikationen verdanke ich der von Elisabeth Fendl organisierten Erschließungsarbeit des Nachlasses Bruno Schier im Institut für Volkskunde der Deutschen im östlichen Europa, Freiburg im Breisgau durch Martin Bemmann).

15 BA Berlin, R 4901/13275, Hochschullehrerkartei. Hier wurde Bruno Schier als Auslandsdeutscher geführt.

16 Ebd., Bruno Schier an die Ortsgruppe Zentrum E der NSDAP, 26.5.1938. Die DNSAP (gegründet 1918) hatte sich von einer völkischen Arbeiterpartei zu einer faschistischen Bewegung entwickelt, dieser Prozess war ab Mitte der 1920er Jahre bestimmt durch eine Verjüngung der Mitglieder und deren soziale Erweiterung aus der bürgerlichen Mitte (Luh 1991: 26 u. 38); der 25-jährige Akademiker Bruno Schier war somit eines der typischen neuen Mitglieder der zweiten Hälfte der 1920er Jahre.

17 BA Berlin, PK, Personalakte Bruno Schier, Mitgliedschaftsamt an den Gauschatzmeister des Gaues Sachsen der NSDAP, 31.5.1940. Ob Schier NSDAP-Mitglied war, galt lange als nicht geklärt (Konrád 2005: 355 Anm. 80; Bemmann 2006: 30), dazu aber bereits kurz Lozoviuk (2004: 145, 2008: 334), Schmoll (2009: 211) und Bemmann (2006: 15–17 u. 28 f.). Nicht berücksichtigt in den bisherigen Darstellungen zur Person sind Schiers Engagement beziehungsweise Mitgliedschaft in anderen völkischen Organisationen (DNSAP, SdP, Freischar in der sudetendeutschen Turnbewegung). Schier hatte als „altes Mitglied der Sudetendeutschen Partei" am 25.8.1936 um „Übernahme in die NSDAP" in die Ortsgruppe Leipzig gebeten und dieses Gesuch im Februar und April 1937, im März 1938 und im Mai 1939 wiederholt. Man habe ihm beschieden, dass er nicht umgehend aufgenommen werden könne, „weil ich sofort in den älteren Mitgliederstand eingereiht werden dürfte", „[d]a dies bei meinen sudetendeutschen Kameraden aus der Kampfzeit längst geschehen ist, ich aber bis zum heutigen Tage nichts erfahren habe, möchte ich meine früheren Gesuche hiermit in Erinnerung bringen" (BA Berlin, PK, Personalakte Bruno Schier, Bruno Schier an den Reichsschatzmeister der NSDAP, 9.9.1939). Um die Aufnahme der SdP-Mitglieder in die NSDAP gab es innerparteiliche Auseinandersetzungen, unter anderem zur Frage, ob eine SdP-Mitgliedschaft derjenigen in der „Kampfzeit" der NSDAP gleichzusetzen sei. Praktiziert wurde eine differenzierte Übernahme nach Beitrittsdatum zur SdP, wobei Mitglieder beziehungsweise Führer des Deutschen Turnverbandes sowie der DNSAP und der Freikorps privilegiert wurden (Zimmermann 1999: 131–137). Bruno Schier berief sich in seinem Aufnahmeantrag auf solche Mitgliedschaften beziehungsweise solche Aktivitäten und wurde in der Ortsgruppe Leipzig-Markkleeberg-West ab 15. Mai 1937 als Mitglied geführt (BA Berlin, PK, Personalakte Bruno Schier, Gauleitung Sachsen der NSDAP an den Reichsschatzmeister der NSDAP, 16.12.1940). „Der Pg. Dr. Bruno Schier erkundigt sich unter anderem wegen der Einstufung in die Beitragsordnung der NSDAP, da er seines Erachtens auf Grund seiner früheren Zugehörigkeit zur SDP die Beitragseinstufung

Als sozialer Aufsteiger (Bruno Schiers Vater war Wagnermeister), aufgrund seines frühen Engagements bereits als Student (NS-Studentenbund) und mit seiner antiwestlichen, völkischen, antirepublikanischen Position (z. B. Schier 1935: 561) war Bruno Schier einer der typischen, jungen, nationalsozialistischen Wissenschaftler der Zeit (vgl. das Kollektivportrait mit diesen Befunden zum Sozialprofil bei Grüttner 2010: 155 u. 161). Anders ausgedrückt: Schier war während der NS-Zeit ein nationalsozialistischer Multifunktionär in Wissenschaft und Politik.

Vom „Ostrand der abendländischen Welt" über Marburg nach Westfalen

Bruno Schiers Versuche, nach der Entlassung im November 1945 an der Universität Leipzig wieder eingestellt zu werden, blieben ohne Erfolg, weil der dortigen Slawistik explizit seine „„sudetendeutsche [...] Haltung den Tschechen gegenüber"' missfiel (zitiert nach Konrád 2005: 352). Dafür erhielt er 1948/49 Lehraufträge an der Universität Halle; von dort aus gelang ihm dann der Wechsel in den Westen an die Universität Marburg (ebd.: 353). 1950 zählte er dort zu den Gründungsmitgliedern des Johann-Gottfried-Herder-Instituts, in dem sich die Ostforschung aller Disziplinen reetablierte, er war Gründungsmitglied der Historischen Kommission der Sudetenländer und ab 1961 Mitglied des Collegium Carolinum in München.[18] Im Herder-Forschungsrat war Schier (neben Hermann Aubin) einer derjenigen, der sich noch Mitte der 1960er Jahre gegen die Transformation der Ostforschung in eine „geschichtswissenschaftliche Ostmitteleuro-

---

als Altparteigenosse genießen soll" (BA Berlin, PK, Personalakte Bruno Schier, Mitgliedschaftsamt der NSDAP an den Gauschatzmeister des Gaues Sachsen der NSDAP, 28. 10. 1940). Schier versuchte also, über sein nationalsozialistisches beziehungsweise völkisches Engagement (NS-Studentenbund, Sudetendeutsche Partei, Freischar) den Status eines Mitglieds zu erlangen, das vor dem 1. April 1933 in die Partei aufgenommen wurde. Er hätte dann den reduzierten Mitgliedsbeitrag von 1,50 Reichsmark monatlich zahlen müssen und nicht einen nach der Höhe seiner Einkünfte gestaffelten, der zwischen zwei und acht Reichsmark lag (Reichsverwaltungsordnung der NSDAP. Reichskassenordnung. 1. Januar 1938, hg. v. Franz Xaver Schwarz, München 1938, 82 f.). Dieses Verfahren führte unter anderem zu mehreren Fehlanzeige-Meldungen einzelner Ortsgruppen beziehungsweise der Zentralkartei der NSDAP. Es ist zu vermuten, dass die so entstandenen Dokumente dazu beitrugen, dass die Spruchkammer Marburg-Stadt, die Bruno Schier 1949 als „Mitläufer" entnazifizierte, und die Düsseldorfer Staatskanzlei, die diese Unterlagen 1975 vom Berlin Document Center anlässlich der Überprüfung Schiers zur Verleihung des Bundesverdienstkreuzes angefordert hatte, Schiers wissenschaftliches und politisches Engagement in der NS-Zeit nicht angemessen einschätzen konnten, wie in diesem Beitrag noch dargelegt werden wird.

18   Zu der mit Herder als Namensgeber markierten Position im Gefüge der anthropologischen Disziplinen im Allgemeinen und der Volkskunde im Besonderen immer noch Schlesier (1999: 219 f. u. 225 f.), zu Herders Kulturbegriff und dessen Relevanz für die Volks- und Kulturbodenforschung und die Volkskunde ab den 1920er Jahren Fahlbusch (1994: 5–16); zur Mobilisierung dieser Forschung als Reaktion auf den Versailler Vertrag vgl. Haar (2004).

paforschung'" aussprach und der zudem eine revisionistische politische Position
vertrat, indem er sich für die „Legitimität des deutschen Rechtsanspruchs auf
unsere in 700jähriger Arbeit erworbenen Ostgebiete mit rein deutscher Bevölkerung'" wissenschaftlich stark machte (zitiert nach Mühle 2005: 619; kritisch
zur personellen Kontinuität gerade auch in der *Zeitschrift für Ostforschung*, in der
Bruno Schier einer der ersten Autoren des Gründungsjahrgangs 1952 war, bereits
Oberkrome 1993: 221).

Bruno Schiers Berufung auf das persönliche, außerordentliche Ordinariat an
der Universität Münster im Oktober 1952 markiert den Beginn der institutionellen Reetablierung beziehungsweise neuen Institutionalisierung der Volkskunde an westdeutschen Universitäten, die sich wesentlich der Frontstellung im
Kalten Krieg und der durch forcierten Revanchismus geprägten bundesrepublikanischen Innenpolitik zugunsten der Vertriebenen(verbände) und dem daraus resultierenden Aufschwung der „Ostforschung in Westdeutschland" (Unger
2007) in mehreren Disziplinen verdankte. Bei genauerem Hinsehen zeigt sich
aber, dass das kein vorgezeichneter Weg war. Was bei der Zusammenschau der
Quellen retrospektiv als abgekartetes Spiel alter Herren, Partei- und SS-Mitglie-
der, Studienkollegen, Freunde, Lehrer und Schüler erscheint, war nach 1945 zunächst eher ein oft einsames Winken sowohl mit herkömmlichen als auch mit
neuen Trümpfen oder die gleichzeitige Suche nach alten und nach neuen Mit-
spielern bei eingeschränkten Kommunikations- und Reisemöglichkeiten. Bruno Schier jedenfalls befand sich nach der Streichung der Stelle für Volkskunde
an der Universität Leipzig durch die sowjetische Militäradministration im September 1945 mit seiner Familie in einer finanziell und wissenschaftlich ungesi-
cherten Position (vgl. Konrád 2005); mit kleinen Auftragswerken zur Kulturgeschichte der Kürschnerei, des Flechtens und der Pelze für einen Fachverlag (vgl.
Schier 1949, 1950, 1951a, 1951b, 1951c) und mit „Aufsätzen über Kleidung
und Schmuck in Modezeitschriften" (Heilfurth/Siuts 1967: IX) verdiente er etwas Geld und würdigte über die Widmungen seine volkstumsforschenden Lehrer und Kollegen Hermann Aubin, Rudolf Kötzschke, John Meier, Adolf Spamer,
Emil Lehmann und Josef Hanika. In dieser Situation mobilisierte er durch zahlreiche Briefe Freunde und Kollegen der sudetendeutschen Volks- und Kulturbodenforschung. Sowohl in diesem Zusammenhang wie auch zur Festigung seiner
Position in Münster nach der Berufung 1952 produzierte Schier einen Schriftverkehr, der lediglich behauptete Rufe an die Universitäten Heidelberg, Halle
und Leipzig in die Welt setzte. Einige konkrete Belege für diese Strategie: Anfang des Jahres 1950 wandte sich Schier an den ebenfalls aus Böhmen stammenden Germanisten Friedrich Panzer (1870–1956). Panzer war an der Universität

Heidelberg Professor gewesen[19] und hatte von 1941 bis 1947 als Präsident der Heidelberger Akademie der Wissenschaften amtiert. Er verwendete sich für eine Wiederbesetzung des Heidelberger Volkskundeordinariats mit Bruno Schier und brachte zudem seine Beziehungen zur Ostberliner Akademie der Wissenschaften zugunsten Schiers ins Spiel.[20]

Die für diesen Beitrag ausgewerteten Quellen belegen, dass Bruno Schier 1951 an der Philosophischen Fakultät der Universität Münster bereits als der einzige für die neue Volkskunde-Professur infrage kommende Fachvertreter gehandelt wurde. Gleichwohl war er bei mehreren Universitäten vorstellig geworden. So wandte er sich im Mai 1951 mit einer „volkskundliche[n] Frage" an den Rektor und an den Dekan der Philosophischen Fakultät der Universität Heidelberg.[21] Schier rechnete in diesem Schreiben vor, dass er unter die Begünstigung nach Artikel 131 des Grundgesetzes falle, „[so] daß dieser Wunsch auch stellenmäßig und finanziell realisierbar sein müßte", und er behauptete überdies, dass seine Berufung an die Universität Halle kurz bevorstehe, „für den Fall meiner endgültigen Rückkehr in die DDR hat man mir noch zu Ostern 1950 die sofortige Ernennung zum Ordinarius in Aussicht gestellt". Mit dieser Strategie konnte Bruno Schier seine persönlichen und wissenschaftlichen Interessen mehrfach sehr erfolgreich realisieren: Da die Ausstattung des 1954 gegründeten Münsteraner Volkskundlichen Seminars zu wünschen übrig ließ, winkte er 1957 mit einem

---

19 Der nationalkonservative Friedrich Panzer gilt als Spiritus Rector der Ersetzung des Mottos „Dem Lebendigen Geiste" durch „Dem Deutschen Geiste" am Hauptgebäude der Universität Heidelberg (Jansen 1992: passim; Lurz 1996). Er hatte als Altgermanist seinem Fach an der Universität Köln 1920 den volkskundlichen Akzent gegeben, und zwar mit einer Ausrichtung auf den kulturellen „Abwehrkampf" im Rheinland (vgl. Löffelsender 2003).

20 Universitätsbibliothek Heidelberg, Heid. Hs 3824 G 1.146, Friedrich Panzer an Bruno Schier, 14. 2. und 19. 6. 1950. Das Heidelberger Volkskundeordinariat war 1934 neu geschaffen und mit Eugen Fehrle besetzt worden (vgl. Assion 1994). Planungen zur Wiederbesetzung des Ordinariats nach 1945 sind bisher nicht dokumentiert. Es könnte sein, dass Panzers Unterstützungsschreiben Teil der oft verwendeten Strategie des Vorantreibens der Vergabe von Ordinariaten an Westuniversitäten in den ersten Nachkriegsjahrzehnt war – auf diese Weise wurden Rufe buchstäblich herbeizitiert (z. B. Etzemüller 2001: 134, zur Strategie um Werner Conzes Berufung nach Münster). Zur Zeit dieser Unterstützungsschreiben, im Juli 1950, musste Bruno Schier von der für die Volkskunde günstigen Situation an der Universität Münster gewusst haben: Hatte diese doch seinem Schüler Gerhard Heilfurth einen Lehrauftrag für Volkskunde erteilt, den der allerdings nicht annahm. Es könnte aber auch sein, dass nach der zeittypischen Abmilderung der Urteile beziehungsweise Sprüche auch im Entnazifizierungsverfahren Eugen Fehrles, der vom Hauptbeschuldigten am Beginn des Verfahrens 1948 zum „Mitläufer" an dessen Ende 1950 wurde (Remy 2002: 181–185), eine Fortsetzung der Volkskunde an der Universität Heidelberg möglich schien.

21 Bruno Schier an den Rektor und den Dekan der Philosophischen Fakultät der Universität Heidelberg, 10. 5. 1951 (abgedruckt in Müns 1999: 15 f.).

angeblichen Ruf nach Leipzig und konnte dadurch immerhin ein Drittel seiner Forderung von 6 000 DM für Sachmittel durchsetzen:[22] Schier erklärte,

„[...] daß ich mich im Sinne unserer mündlichen Vereinbarung vom 13. März 1957 der Philosophischen Fakultät der Universität Leipzig gegenüber in einem Schreiben vom 14. März 1957 bereit erklärt habe, bei einer offiziellen Berufung eine etwaige Übersiedlung nach Leipzig in Erwägung zu ziehen. Darauf wurde mir von Herrn Prof. Friedrich Behn am 22. April 1957 mitgeteilt, daß meine ‚Bereitschaft zur Annahme eines Rufes bei den maßgebenden Leuten der Fakultät große Freude ausgelöst hat' und daß ‚in der allernächsten Zeit die entscheidende Sitzung der Berufungskommission' zusammentreten wird. Wie ich bereits in unserer Aussprache am 13. März zum Ausdruck brachte, habe ich diese positive Beantwortung der Leipziger Anfragen vor allem deshalb unternommen, um die Aussichten des Volkskundlichen Seminars zur Fixierung unserer sächlichen Wünsche gegenüber dem Ministerium zu verbessern."

Diese unverblümte Argumentationsstrategie zeigt zum einen Bruno Schiers Geschick darin, die Universität gegen das Kultusministerium zu mobilisieren und die Frontstellung der bundesdeutschen Wissenschaftspolitik zur DDR für seine Zwecke zu nutzen; zum anderen werden hier seine weiterhin bestehenden Kontakte zur Leipziger Volks- und Kulturbodenforschung (hier: der Vor- und Frühgeschichtler Friedrich Behn) und sein Durchkreuzen der Abgrenzungspolitik des westdeutschen Volkskunde-Gesamtverbands (vgl. Müns 1999) deutlich.[23] Nachdem er an der Universität Münster zunächst lediglich ein Extraordinariat erhalten hatte, erreichte er seine Ernennung zum ordentlichen Professor im Jahr 1962 mit dem Verweis auf seinen Anspruch auf die „rechtsgleiche Wiederverwendung gemäß Art. 131 GG" und mit der Drohung, von der Möglichkeit einer Emeritierung mit vollen Bezügen nach Vollendung des 58. Lebensjahres entsprechend der letzten Novelle des Art. 131 GG Gebrauch zu machen. Der Aufstieg der Volkskunde seit 1945 werde zu Personalengpässen führen:

„[F]ür die Fakultät (würde sich daraus) die Schwierigkeiten der Nachfolge ergeben, welche bei dem Mangel an Nachwuchs und bei der Ausstattung anderer Universitäten mit volkskundlichen Ordinariaten nicht ganz einfach zu lösen wären. [...] Dabei wäre zu bedenken, daß an vier Universitäten der Bundesrepublik (Hamburg, Göttingen, Heidelberg, Tübingen) von Haus aus Ordinariate für Volkskunde vorhanden sind, und daß an vier weiteren Universitäten

---

22 UAM, Bestand 9 Nr. 1842, Bruno Schier an den Kurator der Universität Münster, 3. 5. 1957.

23 Vgl. dazu auch die Publikation seines Büchleins über die Kunstblume in der Reihe des Instituts für deutsche Volkskunde der Deutschen Akademie der Wissenschaften (Schier 1957).

(München, Bonn, Marburg, Kiel) die Umwandlung der vorhandenen Extraordinariate in Ordinariate nach den jüngsten Nachrichten beantragt oder geplant ist."[24]

Auch bei der Beantragung von Forschungssemestern bezog er sich auf den Kalten Krieg und argumentierte mit seiner Lebensgeschichte als Expertise für die Situation:

„Bei der zunehmenden Bedeutung, welche die west-östliche Auseinandersetzung für alle Bereiche unseres kulturellen, wirtschaftlichen und politischen Lebens gewinnt, liegt die Durchführung dieser wissenschaftlichen Arbeit gleichzeitig im Interesse des Landes Nordrhein-Westfalen und des deutschen Volkes überhaupt. Durch meine Herkunft aus Böhmen und einem fast 35jährigen Aufenthalt am Rande und inmitten westslawischer Völker gehört die Erforschung der deutsch-slawischen Wechselbeziehungen zu den Hauptaufgaben meiner Lebensarbeit. Da ich zu den leider immer seltener werdenden Vertretern einer Generation gehöre, welche das ehedem so förderliche Neben- und Miteinander von Deutschen, Slawen und Magyaren im östlichen Mitteleuropa noch durch eigenes Erleben gründlich kennen gelernt haben, ginge ein Stück abendländischer Kulturgeschichte verloren, wenn man diesen letzten Beobachtern der natürlichen Berührungen, Durchdringungen und Überschichtungen zwischen den Volkskulturen des Westens und des Ostens nicht die Gelegenheit böte, über ihre wissenschaftlichen Erkenntnisse ausführlich zu berichten."[25]

Abgesehen von wenigen semantischen Verschiebungen – die evolutionistischen „Überschichtungen zwischen den Volkskulturen" haben ihren früheren Vektor (von West nach Ost) verloren und werden nun als „Neben- und Miteinander" enthierarchisiert, der germanische Kulturboden wurde zu „Mitteleuropa" – war keine Veränderung von Schiers wissenschaftlicher Position notwendig. Informiert durch die mittlerweile vorliegenden ideengeschichtlichen und diskursanalytischen Aufarbeitungen des „Mitteleuropa"- und des „Europa"-Diskurses seit der Zwischenkriegszeit und dessen Mobilisierung in Verbindung mit regionalistischen Bestrebungen nach dem Ende des Zweiten Weltkriegs (vgl. Greiner 2012; Ruge 2003), lassen sich Schiers Kulturraumforschungen als Vehikel einer positivistischen „Europa"-Volkskunde bewerten. Die neuere wissenschaftsgeschichtliche Analyse von „Europa" als Untersuchungsgegenstand und Argumentationshorizont der Volkskunde hat aufgezeigt, dass dieser Begriff als „integrative Leitvokabel [fungierte], die sich semantisch immer wieder um- und überschreiben ließ – von einem nordisch-germanischen Kulturraum hin zu einem abend-

---

24   UAM, Bestand 8 Nr. 9067, Bruno Schier an den Dekan der Philosophischen Fakultät der Universität Münster, 18. 5. 1962.

25   UAM, Bestand 207 Nr. 382, Bruno Schier an das Kultusministerium NRW, 22. 1. 1966.

ländischen Europa der 50er Jahre" (Schmoll 2011: 434, vgl. passim sowie 430 zu Bruno Schier).[26] Nicht nur die Worte blieben nahezu dieselben, auch die Grundlage blieb unverändert: Im Unterschied zu anderen völkisch-sudetendeutschen Volkskundlern, die unter den deutschen Vertriebenen materielle Überlieferung sammelten und Daten aufnahmen, widmete sich Bruno Schier seinem Lebensthema nun als Lehnstuhlethnograf: Er erweiterte seine empirische Arbeitsgrundlage nur noch durch den Ankauf von Diabeständen, die Literaturlisten seiner Münsteraner Lehrveranstaltungen waren eher bibliografisch-historische Dokumente als Forschungsresonanzen, und so ausgerüstet folgte er seiner alten Fragestellung nach „den wissenschaftlichen Planungen, welche das Lebensrecht der Deutschen in den Sudetenländern verteidigen sollten" (Schier 1989: 275).

Die Kritik am Rassismus der NS-Volkskunde im Allgemeinen und der Volks- und Kulturbodenforschung im Besonderen kannte er wohl, aber sie focht ihn so wenig an, dass er die Beiträger (vor allem Bausinger 1965) nicht einmal namentlich nannte, er ignorierte die nichtvölkischen Positionen auf seinem Forschungsgebiet (vgl. Schroubek 1968) ebenso wie den historisch-kritischen Aufbruch durch die Münchner Schule der Volkskunde oder historisch-kritische Positionen in seinem unmittelbaren Umfeld (in der katholischen Variante: Meisen 1954a: 18, 1954b: 219 f.); bis zuletzt postulierte er seine kulturevolutionistische Position:

> „Selbst wenn man zugibt, daß in politischen Propagandaschriften der Vergangenheit vereinzelt von einem kulturellen Vorsprung West- und Mitteleuropas gegenüber dem Osten unseres Erdteils die Rede war, so wird man keinen ernsthaften Wissenschaftler finden, der jemals von der ‚kulturellen Minderwertigkeit der Slawen' gesprochen hat. Kein Ethnograph wird leugnen, daß man Völker Europas und der Erde überhaupt verschiedenen Reifestadien der menschlichen Kulturentwicklung zuordnen muß" (Schier 1989: 281).

Diese auf dem Kulturevolutionismus beharrende Haltung war in Münster universitär auch deshalb möglich, weil Schiers Ethnoregionalismus in Nordrhein-Westfalen mit dem Wiedererstarken der Kulturraumforschung sehr willkommen war: Das regionalistische Interesse von Landeshauptmann Salzmann, übrigens eine Konstante in dessen Politik vor und während der NS-Zeit, ermöglichte es,

---

26   Das funktioniert nicht nur aus einer westlichen Perspektive: Der 1991 (!) publizierte Ethnographische Atlas der Slowakei basierte auf Erhebungen der Zwischenkriegszeit und auf einer Konzeption, die Bruno Schier in der ersten Hälfte der 1940er Jahre als Professor der Universität Bratislava erarbeitet hatte (vgl. Kovačevičová 1991; Lozoviuk 2004: 147 f., 2008: 337); die aktuelle Diskussion in der (Europäischen) Ethnologie in Tschechien (vgl. Lozoviuk 2012) und in der Slowakei (vgl. Kiliánová et al. 2005) ist, wie überall, zugleich Betrachterin und Produzentin der Europa-Semantik.

den universitären Widerstand der in der Zwischenkriegszeit zur Volkskunde mu-
tierten Münsteraner Germanistik zu umgehen.

Revieransprüche der Münsteraner Germanistik: „das Volkskundliche stets im Zusammenhang mit dem Philologischen [...] zu behandeln"[27]

Der Impuls zur Schaffung eines ausschließlich der Volkskunde gewidmeten
Lehrstuhls kam aus dem in der Nachkriegszeit intensiv mobilisierten Kontext
der Heimatpflege und Landespolitik. In einer Sitzung anlässlich des „Tages der
Westfälischen Geschichte" in Brilon 1950 hatte die Volkskundliche Kommission
für Westfalen moniert, „daß die Volkskunde an den Universitäten unzureichend
und an den Pädagogischen Akademien so gut wie gar nicht durch hauptamtliche,
fachlich vorgebildete Dozenten vertreten ist. Eine Pflege grundlegender Werte
deutschen Volksgutes ist nur möglich, wenn die Volkskunde als hauptamtliches
Lehrfach anerkannt wird."[28] Diese Position wurde als „Entschließung" an das
Kultusministerium gesandt und von diesem zur Stellungnahme an die Philosophische Fakultät der Universität Münster geleitet. Dekan Benno von Wiese holte
zwei Stellungnahmen volkskundlich engagierter Germanisten ein: von William
Foerste (Professur für Niederdeutsche Philologie und Volkskunde) und von Jost
Trier (Professur für Deutsche Sprachgeschichte, ältere Literaturgeschichte und
Deutsche Volkskunde).

Ein Blick zurück auf die Entwicklung volkskundlicher Lehre und Forschung
in der Philosophischen Fakultät offenbart ein Kräftefeld, das zunächst nicht für
Bruno Schier ausschlug, weil die volkskundlich aktiven Germanisten ihn als
Konkurrenten sahen. Volkskundliche Perspektiven waren in der Fakultät gut bekannt; sie waren von den germanistischen und theologischen Ordinariaten gelehrt worden (vgl. Siuts 2011). In der Germanistik geht das auf den Mediävisten
Arthur Hübner (1885–1937) zurück, der von 1924 bis 1927 den altgermanisti-
schen Lehrstuhl innehatte (vgl. Höppner 2003; Honemann 2012). Karl Schul-
te-Kemminghaus, der 1926 bei Hübner habilitiert hatte und am Germanistischen Seminar bis zu seiner Entlassung 1950 lehren und forschen sollte, schlug

---

27   UAM, Bestand 9 Nr. 1387, Stellungnahme von Prof. Trier, o. D.

28   Ebd., Volkskundliche Kommission an das Kultusministerium NRW, 4.7.1950 (Abschrift, mit
     Vermerk der Weiterleitung durch das Kultusministerium und Bitte um Stellungnahme an die Phi-
     losophische Fakultät der Universität Münster, 27.8.1950). Die Geschichtstage waren zentrale
     Instrumente einer Kulturpolitik, mit der das neu geschaffene Bundesland Nordrhein-Westfalen
     historisch plausibilisiert werden sollte (vgl. Cornelißen 2003). Hinter der „Entschließung" steht
     vermutlich die Denkschrift des Verbandes deutscher Vereine für Volkskunde vom Herbst 1949, die
     wiederum auf eine Initiative der (dem Bayerischen Landesverein für Heimatpflege angegliederten)
     Bayerischen Landesstelle für Volkskunde zurückgeht und vom Verband an alle Kultusministerien
     der Länder sowie an alle Universitäten der Bundesrepublik versendet worden war (Fenn 2008: 63).

eine volkskundlich-regionale Richtung ein und rückte zunehmend die „Volkskultur als sprachprägenden Kontext" in den Mittelpunkt (Pilger 2004: 188; Tiedau 2003). Aus einem Bericht Hübners aus dem Jahr 1927 geht hervor, dass die Etablierung der Volkskunde an den Universitäten in der Zwischenkriegszeit sowohl bildungspolitische Vorgabe als auch formuliertes Interesse der Studierenden war. Nach einem Beschluss des Preußischen Landtags vom 30. März 1927, „daß an den Universitäten Vorlesungen und Übungen in der deutschen Volkskunde abgehalten und Lehraufträge dafür gegeben werden" sollten, erhob das Preußische Ministerium für Wissenschaft, Kunst und Volksbildung, „inwieweit bisher schon Vorlesungen und Übungen über dieses Gebiet gehalten werden und in welchem Maße in Zukunft eine umfangreichere Pflege möglich ist".[29] Hübner berichtete zu diesem Zweck aus Münster. Er verwies auf seine Vorlesungen „über deutsche Mundartenkunde, das deutsche Volkslied und das deutsche Volksmärchen, sowie Übungen zum älteren deutschen Volksliede" sowie auf Schulte-Kemminghausens kommende Vorlesung „über ‚Sitte und Brauch in Westfalen'".[30] Markant ist, dass diese Entwicklung der Volkskunde aus der Germanistik in Münster bereits von Arthur Hübner mit einem regionalen Akzent und mit der Heimatpflege verbunden worden war, wobei er sich auf das Interesse der Studierenden berief und das Fach mit der Region als *episteme* verknüpfte:

„Der starke Besuch, den die wenigen bisher gehaltenen volkskundlichen Vorlesungen gefunden haben, läßt erkennen, wie groß auch unter den Studenten das Bedürfnis nach einer umfangreicheren Pflege der Volkskunde an der Universität ist. Sie müßte als Leitgedanken nehmen, daß die Beschäftigung mit der Volkskunde am fruchtbarsten ist, wenn sie sich mit dem Heimatgedanken verbindet und ihr Feld in entsprechender Weise geographisch begrenzt."

Hübner verwies auf das von ihm begründete und von Schulte-Kemminghausen als Geschäftsführer am Provinzialverband betreute *Westfälische Provinzialwörterbuch* und schlug „[e]ine Professur für niederdeutsche Literatur, Sprache und Volkskunde" vor. Im Sommersemester 1928 trat Julius Schwietering (1884–1962) die Nachfolge Hübners an und verstärkte den volkskundlichen Akzent in der Germanistik (Honemann 2012: 693; Harms 2003). Er war bis zu seiner Berufung in Frankfurt am Main 1932 ordentlicher Professor für Deutsche Sprache und Literatur in Münster, sein Nachfolger wurde in diesem Jahr Jost Trier (1894–1970), der bis 1963 lehrte (Honemann 2012: 694; Meineke 2003). Jost

---

29   UAM, Bestand 9 Nr. 1387, Preußischer Minister für Wissenschaft, Kunst und Volksbildung an den Universitätskurator in Münster, 19. 5. 1927.

30   Ebd., Bericht von Arthur Hübner über die Pflege der deutschen Volkskunde an der Universität Münster i. W., 24. 7. 1927 (dort auch die folgenden Zitate im Text).

Triers germanistische Hauskunde war der volkskundlichen von Bruno Schier sehr ähnlich: Trier kam vom Wort zum Haus (genauer: zum bäuerlichen Haus). Das Haus war kein eigener Gegenstand der Erkenntnis, sondern sollte den „Kern" des Wortes enthüllen; Schier interessierte sich für das Haus ebenfalls als Indikator für „geistiges Schaffen".[31]

Der zweite germanistische Gutachter war William Foerste, Inhaber der Professur für Niederdeutsche Philologie und Volkskunde und seit 1946 Vorsitzender der Volkskundlichen Kommission für Westfalen. Er war 1949/50 als Gastprofessor an der Universität Lund gewesen.[32] Foerste regte nach seiner Rückkehr eine Studienreise von Martha Bringemeier nach Schweden an und diese besuchte Museen und Archive in Lund, Skansen, Stockholm und Uppsala (Sauermann 1986: 115); das Archiv für Westfälische Volkskunde richtete Bringemeier daraufhin ab 1951 in der Volkskundlichen Kommission nach den dort besuchten Vorbildern ein (ebd.: 114 f.). Foerstes Ziel war die Verwissenschaftlichung der volkskundlichen Arbeit in der Kommission; Bringemeiers volkstumspflegerische Vorträge in Kooperation mit dem Westfälischen Heimatbund (Weihnachtsbräuche gegen „Proletarisierung") wollte er zurückdrängen.

In der Philosophischen Fakultät würde Bruno Schier also als einer erkannt werden, der dem bereits seit Längerem in Münster praktizierten Verständnis von Volkskunde entsprach. Das zeigte sich in den vom Dekan angeforderten Stellungnahmen zunächst daran, dass die volkskundlich arbeitenden Germanisten Jost Trier und William Foerste eine eigene Volkskunde-Professur ablehnten. Beide versuchten, die Volkskunde im Revier der Germanistik zu behalten. William

---

31   Vgl. die Darstellung der Münsteraner Hausforschung, insbesondere derjenigen von Jost Trier und Bruno Schier bei Timm (2014).

32   Dieser Aufenthalt geht zurück auf eine humanitäre Mission der schwedischen Studierendenschaft (vgl. Korlén 2000, dort auch das Folgende); zudem hatte Foerste 1939 ein Lektorat für Deutsch an der Universität Helsinki (Cordes 1967: 368). Die Zentralorganisation der schwedischen Studierendenschaft Sverige Förenade Studentkårer (eines der Vorstandsmitglieder der Zeit war Olof Palme) sandte eine Delegation in die westlichen Besatzungszonen, die von Juni bis August 1948 alle Universitäten und zahlreiche Fachhochschulen besuchte. Dort hielt sie Vorträge über „schwedische Volksbildungsarbeit und studentische Selbstverwaltung, auch über die Germanistik in Schweden" (Korlén 2000: 2). Die Delegation berichtete nach Schweden von der schlechten Versorgung mit Kleidung, Lebensmitteln und Büchern, und sie sorgte sich darum, dass „die geistige Isolierung vom Ausland" die Gefahr des Nationalismus in sich berge. Neben Spenden (Lebensmittel, Geld, Kleidung und Bücher) wurde ein Programm begonnen, bei dem als für schwedische Universitäten Paten einer deutschen Universität wurden, im Lund fiel die Wahl auf Münster. Diese Patenschaften beinhalteten Einladungen zu Gastvorlesungen, zudem gab es Gastprofessuren. Die erste Einladung aus Lund ging an William Foerste, Spezialist für niederdeutsche Literatur; als Dank richtete die Universität Münster ein Schwedisches Lektorat ein. In diesem Zusammenhang hatte Foerste die Arbeit der schwedischen volkskundlichen Archive kennengelernt und Sigfrid Svensson aus Lund nach Münster eingeladen (Sauermann 1986: 116).

Foerste spielte hierbei ein doppeltes Spiel: In seinem Gutachten zur Anfrage des Dekans lehnte er als Universitätsprofessor die Einrichtung der Volkskunde-Professur ab, die er in der „Entschließung" vom 4. Juli 1950 als Vorsitzender der Volkskundlichen Kommission selbst als Forderung unterschrieben und auf den Weg gebracht hatte. Er verwies auf die volkskundliche Lehre in der katholischen Theologie (Georg Schreiber)[33] sowie auf seine und Jost Triers volkskundliche Lehrveranstaltungen. Einer autonomen Volkskunde erteilte er eine prinzipielle Absage:

> „Da die Volkskunde ein komplexes Fach ist, vielfachend [sic!] verfliessend mit Ethnologie, Soziologie und Sozialpsychologie, Literatur- und Sprachgeschichte, Kunst- und Architekturgeschichte, Altertumskunde, Rechts-, Wirtschafts- und Siedlungsgeschichte, ist es schlechterdings unmöglich, daß ein Einzelner alle Gebiete der Volkskunde übersehe, geschweige denn in eigener wissenschaftlicher Arbeit durchdringen kann. Insofern scheint mir eine selbständige Professur für Volkskunde in jedem Fall problematisch. Andererseits kann diese Wissenschaft nicht zu ihrem gebührenden Recht und Rang kommen, wenn jeder Wissenschaftler nur von seinem Fach aus volkskundliche Fragen aufrollt. Die befriedigendste Lösung wäre m. E. die Errichtung eines Lehrstuhls für Ethnologie und vergleichende Volkskunde, wie er an einigen skandinavischen Universitäten besteht, weil die Erforschung von Volksüberlieferungen, besonders des Brauchtums, ohne Kenntnis der Methoden und Ergebnisse der Völkerkunde in Gefahr ist, dilettantisch zu werden."[34]

Hier wird deutlich, welchen unmittelbaren Einfluss seine Erfahrungen als Lektor an den Universitäten Helsinki (1939) und Lund (1949/50) auf seine Positionierung der erstarkenden Volkskunde hatten. Jost Trier verwies in seiner Stellungnahme auf die volkskundlich-hauskundliche Lehre von ihm und William Foerste.[35] Zudem sei ab Sommersemester ein „Lehrauftrag für Volkskunde mit besonderer Berücksichtigung der Volkskunde des Bergbaus" an Gerhard Heilfurth erteilt worden, den dieser aber noch nicht habe aufnehmen können. „Die Schaffung eines besonderen Lehrstuhls für Volkskunde, wie Göttingen und Hamburg ihn besitzen, ist grundsätzlich erwünscht. Jedoch wird die Wahl eines geeigneten Inhabers nicht leicht sein." Auch hinsichtlich der Lehrerbildung sprach sich Trier gegen eine autonome Volkskunde an der Universität Münster aus:

---

33 Zu Georg Schreibers katholischer Variante der Auslandsdeutschtumsforschung vor 1945 in der Historischen Reichskommission vgl. Haar (2002: 123, 213 u. 226) und Morsey (2005).

34 UAM, Bestand 9 Nr. 1387, Stellungnahme William Foerstes zur Frage der Vertretung der Volkskunde, 22. 10. 1950 (Hervorhebung im Original).

35 Ebd., Stellungnahme von Herrn Prof. Trier, o. D. (dort auch das Folgende).

„Bei der Prüfung im Fache Deutsch (Staatsexamen) werden einige volkskundliche Kenntnisse erwartet (Volkslied, Märchen, Sage, Mundart, Bauernhaus, Siedlung, sprachlich-sachliche Zusammenhänge). […] Es scheint angemessen, das Volkskundliche hier stets im Zusammenhang mit dem Philologischen, das Mittelzone bleiben muß, zu behandeln."

Der Dekan Benno von Wiese (Germanist) leitete Foerstes und Triers Stellungnahmen zwar an das Ministerium weiter. Im Begleitschreiben vom 6. November 1950 formulierte er aber seine eigene Version der Positionen der befragten Germanisten Foerste und Trier, und hierbei nannte er überdies Bruno Schier als möglichen Kandidaten:

„Die Fakultät ist im übrigen der Meinung, daß ein planmäßiger Lehrstuhl für Ethnologie den volkskundlichen Bedürfnissen sehr viel mehr entgegenkommen würde als ein ausdrücklicher Lehrstuhl für Volkskunde. Bei diesem dürften besondere Schwierigkeiten in der Besetzung bestehen. Allerdings sieht die Fakultät eine Ausnahme in Prof. Bruno Schier, der z. Zt. in Marburg lebt. Er ist zwar nicht Ethnologe und auch in seinem Fachgebiet für Volkskunde begrenzt; er vertritt im wesentlichen die Hauskunde. In diesem Fall wäre aber die Gewähr gegeben, daß das Fach der Volkskunde zusätzlich noch in hervorragender Weise vertreten wäre."[36]

Eine Ausschreibung oder ein Verfahren mit mehreren möglichen Kandidaten wurde nicht in Erwägung gezogen. Das resultierte daraus, dass die treibende Kraft dieser Lehrstuhlgründung der Provinzialverband war.

Seitwärts der Universität: Der Landeshauptmann beruft einen Raumforscher für Westfalen

Die ausschlaggebende Kraft bei der Einrichtung der Münsteraner Volkskunde-Professur 1952 ist nicht innerhalb, sondern außerhalb der Universität zu finden: Die 1875 geschaffenen Provinzialverbände hatten neben den drei Aufgabenbereichen Verkehr, Wirtschaft und Fürsorge/Soziales auch die „Kulturpflege" zum Auftrag. Aus der „Kulturpflege" entstanden in einer ersten Gründungswelle in den 1890er Jahren wissenschaftliche Kommissionen, welche der Provinzialverband finanzierte. Das waren zunächst die zwei Kommissionen für Altertümer

---

36   Ebd., Dekan Benno von Wiese an das Kultusministerium NRW, 6. 11. 1950. Dies ist die bislang früheste dokumentierte Lancierung des Namens Schier an der Universität Münster. Benno von Wiese war 1943 an die Universität Münster berufen und trotz seiner langjährigen Mitgliedschaft in der NSDAP, seiner Funktion als Blockleiter und anderer Aktivitäten zugunsten des NS-Regimes 1946 als „unbelastet" entnazifiziert worden (Pilger 2004: 425–428; vgl. Rossade 2007). Für die in der Literatur vertretene Position, dass sich die Germanisten Jost Trier und William Foerste um Schier „bemüht" hätten (Siuts 2011: 563), fand sich in den Berufungsunterlagen kein Beleg. Wie oben zitiert dokumentieren die Quellen allerdings, dass William Foerste ein doppeltes Spiel gegen und für Schier spielte.

und für Geschichte, typische Interessenformierungen in der Gründungszeit der Geschichtsvereine im Kaiserreich (vgl. Kunz 2000). In der Zwischenkriegszeit entstanden zwei weitere solche Kommissionen, nämlich 1928 die Volkskundliche und 1936 die Geographische Kommission – beide arbeiteten und dachten raumbezogen, was typisch war für „die nervösen Raumdiskurse nach den territorialen Veränderungen des Ersten Weltkriegs" (Schmoll 2005: 249). Die wissenschaftlichen Kommissionen fungierten als Scharnier zwischen Universität und Region; die Personalunion von Kommissionsvorsitz und Professur an der Universität Münster war und ist strukturell typisch für alle Kommissionen.

Diese regional-administrative und regionalistisch-politische Verankerung von Wissenschaft hatte eine umso größere Bedeutung, als die Universität Münster kein intellektuelles Zentrum mit einer langen Geschichte war. Sie war vielmehr seit ihrer ersten Gründung in den 1770er Jahren Spielball landesherrlicher Interessen gewesen und war nach nur wenigen Jahrzehnten Anfang des 19. Jahrhunderts zur Akademie für die Ausbildung von Pfarrern und Lehrern herabgestuft worden.[37] Erst 1902 hatte Kaiser Wilhelm II. in Münster wieder eine Volluniversität gegründet, wobei nach dem Kulturkampf deutliche Zugeständnisse zugunsten „katholischer Wissenschaft" gemacht wurden, etwa mit der Einrichtung eines Konkordatslehrstuhls am Historischen Seminar (Fausser 2012: 649 f.). Die schwache Universität Münster hatte als Gegenüber eine Provinzialverwaltung, die ihren westfälischen Regionalismus mit beträchtlichem Aufwand kulturpflegerisch-wissenschaftlich aufstellte (Oberkrome 2007: 367).[38] Der Provinzialverband Westfalen-Lippe hatte stammeskundliche beziehungsweise kultur- und volkstumspolitische Orientierungen zu seiner Raison gemacht, was in einen „westfälischen Tribalismus" mündete, mit dem die Spitze des Provinzialverbandes etwa die Geschichte seit der Antike als Bedrohung Westfalens durch Fremde deutete (gemeint sind: Römer, Franken, französische Truppen, aber auch der Nationalismus des Deutschen Reichs ab 1871) (vgl. Oberkrome 2004).

Dieser Regionalismus war nach dem Zweiten Weltkrieg erneut erstarkt, und zwar aus unterschiedlichen Gründen: Für die junge Bundesrepublik war die Referenz auf föderalistische Konzepte ein Mittel zur Herstellung einer historischen Linie zur Weimarer Republik; diskursanalytische Untersuchungen dieser Politik haben aufgewiesen, inwiefern dabei „‚Regionen' noch in ethnisch-völkischen Konzepten gedacht" wurden (Ruge 2001: 73; vgl. dazu auch Oberkrome 2004,

---

37   Oder, aus der im katholischen Westfalen relevanten Perspektive des Kulturkampfes: gegen moderne Wissenschaft verteidigt worden.

38   Diese Institutionalisierung der Kulturraumforschung war beispielgebend für entsprechende Bestrebungen deutscher Expansion im Osten, Hermann Aubin nannte die westfälischen landeskundlichen Einrichtungen 1939 als Vorbild für die Etablierung einer Landeskunde im besetzten Polen (vgl. Mühle 2005: 310).

2007). Hinsichtlich Westfalens kam das Kalkül der britischen Besatzungsmacht und der Alliierten Kontrollkommission hinzu: Die Ruhrfrage („Internationalisierung" oder „Sozialisierung" der Waffenschmiede des Deutschen Reiches) wurde mit der sogenannten „großen Lösung" beantwortet, die auf die bestehenden Provinzialstrukturen (Rheinland und Westfalen) sowohl administrativ als auch politisch zurückgriff. Die preußische Verwaltungsstruktur sollte ebenso genutzt werden, wie man sich von bestehenden Identifikationen mit den Provinzen demokratische Entwicklung versprach; damit verhinderte man ein in der zu schaffenden föderalen Struktur politisch, militärisch, historisch und wirtschaftlich isoliertes Ruhrgebiet (vgl. Steininger 2005: 32 f.). Deshalb wurde der Provinzialverband nicht aufgelöst; somit sind das Rheinland und Westfalen heute die beiden einzigen Regionen, die noch diese von Preußen geschaffene spezifische Verwaltungsebene haben. Zu dieser Struktur – Beibehaltung der beiden Provinzialverbände und zugleich Bindestrich-Bundesland NRW – hatte auch Bernhard Salzmann maßgeblich beigetragen, der 1945 zunächst Stellvertreter des Landeshauptmanns gewesen und danach von der britischen Militärregierung als erster Nachkriegs-Landeshauptmann bestellt worden war (vgl. Haunfelder 2006: 398 f.) Der Jurist Salzmann war geisteswissenschaftlich sehr gut informiert, er bemühte bei seinen Auseinandersetzungen unter anderem stammeskundlich-landesgeschichtliche Literatur (namentlich Hermann Aubin, vgl. Oberkrome 2007: 367).

Die Universitätsakten belegen, dass der Landeshauptmann die Personalia der Philosophischen Fakultät gut im Griff hatte. Ganz direkt dokumentiert die undatierte Aktennotiz eines Anrufs des Kurators der Universität, Karl Michaelis, im Dekanat der Philosophischen Fakultät am 13. November 1951 dessen Intervention zur Münsteraner Berufung von Bruno Schier:

„Die Bindung an Herrn Schier ergibt sich daraus, dass unabhängig von der Fakultät und der Universität Landeshauptmann Salzmann sich mit dem Ministerium in Angelegenheit Schier in Verbindung gesetzt hat und auf das Interesse der Provinz an einer endgültigen Gewinnung von Herrn Schier verwiesen hat."[39]

Der Landeshauptmann nun installierte nicht nur seinen Wunschkandidaten, sondern schlug dem Ministerpräsidenten überdies vor, welche bestehende Professur Platz machen sollte für das neue „Extra-Ordinariat für Volkskunde".[40] Minis-

---

39   UAM, Bestand 63 Nr. 107, mschr. Aktennotiz „Anruf des Kurators 13. 11. [1951]".

40   LA NRW Abt. Rheinland, NW 179 Nr. 134, Landeshauptmann Salzmann an Ministerpräsident Arnold, 4. 1. 1952 (siehe unten zur Umwandlung der Professur für experimentelle Psychologie in die Volkskunde-Professur für Bruno Schier). In diesem Schreiben machte der Landeshauptmann

terpräsident Karl Arnold wiederum wies umgehend das Finanzministerium sowie
seine Parteikollegin Teusch im Kultusministerium um „besondere Aufmerksamkeit" für diese „Personalangelegenheit" an und forderte sie auf, sich „im angeregten Sinne für Herrn Professor Schier einzusetzen".[41] Karl Arnold und Bruno
Schier trafen sich in ihrer Überzeugung, Volkskunde als Wissenschaft in heimat-
politischer Absicht zu betreiben.[42] Ob hier lediglich ein ähnliches Verständnis
von „Heimat" und „Volkstum" der Berufung Schiers förderlich war oder ob es
persönliche Kontakte gab, ist nicht nachgewiesen – sicher belegt ist aber, dass der
Ministerpräsident sich in diesem Fall vom Landeshauptmann Salzmann etwas sagen ließ. Während der Finanzminister Ende Januar 1952 dem Ministerpräsidenten mitteilte, dass er die Professur für Schier bereits in den Entwurf des Haus-
haltsplanes aufgenommen habe,[43] reagierte die Kultusministerin ungehalten und
verwies auf die Zuständigkeit der Fakultät:

„Ob das k. w. Extraordinariat Goldschmidt, das durch dessen demnächst zu erwartende Emeritierung frei wird, Herrn Professor Schier angetragen werden soll oder Herrn Professor Conze,
der vom Boden der neuesten Geschichte aus die Politischen Wissenschaften in Münster vertritt und jetzt in der Gefahr ist, nach Frankfurt abberufen zu werden, ist eine Ermessensfrage,

---

auch die Fama, dass Schier mehrere Rufe erhalten habe, zur Realität: Schier „gilt wohl als die
stärkste Begabung unter den deutschen Vertretern dieses Fachgebietes. […] Die Universität Münster und das Provinzialinstitut für westf. Landes- und Volkskunde traten im vergangenen Jahr mit
Professor Schier in Verbindung mit dem Ziel, ihn für Münster zu gewinnen. Diese Bemühungen
hatten auch Erfolg, obwohl noch mehrere andere Universitäten des Bundesgebietes ihm Angebote
gemacht hatten."

41   Ebd., Ministerpräsident Arnold an Kultusministerin Teusch und Finanzminister Dr. Flecken,
     9. 1. 1952.

42   Der in Württemberg (bei Biberach an der Riß) geborene Karl Arnold kam aus der christlichen Ge-
     werkschaftsbewegung, war Mitglied des Zentrums beziehungsweise der CDU und amtierte von
     1947 bis 1956 als Ministerpräsident von Nordrhein-Westfalen (vgl. Felsberg 2012). Als Präsident
     der „Arbeitsgemeinschaft Deutscher Heimat-, Wander- und Naturschutzbünde" war Arnold (bis
     1960) bundesdeutscher Spitzenfunktionär der „westdeutsche[n] Großorganisationen des Natur-
     schutzes und der kulturellen Heimat- und ‚Volkstumspflege'" und in dieser Position Wortfüh-
     rer derjenigen, die die Kategorien „Volkstum" und „Heimat" explizit zu entnazifizieren suchten
     (Oberkrome 2004: 427 u. 440 f.). Arnold war nur einer der Akteure, die die engen Verflech-
     tungen von Wissenschaft, Heimatbewegung und Landespolitik in Westfalen stehen (vgl. Ober-
     krome 1997). Bruno Schier machte sich im Verband der Vereine für Volkskunde für eine personel-
     le Vernetzung mit der Heimatschutzbewegung stark: „Wir müssen unseren Einfluß auch auf die
     Heimatbünde ausüben" (Protokoll der Vorstandssitzung des Verbandes der Vereine für Volkskun-
     de, 20. 4. 1954, abgedruckt in Müns 1999: 90–96).

43   LA NRW Abt. Rheinland, NW 179 Nr. 134, Finanzminister NRW an Ministerpräsidenten NRW,
     30. 1. 1952: „Bei dem für die Person von Professor Dr. Goldschmidt vorgesehenen Extraordinariat
     für experimentelle Psychologie ist der Vermerk angebracht worden, daß diese Stelle bei Freiwerden
     in ein Extraordinariat für Volkstumskunde umgewandelt wird."

die nach Verabredung mit dem Herrn Dekan Professor Ritter vom 2.1.52 zunächst einmal im Schosse der Philosophischen Fakultät Münster eine gründliche Erörterung finden soll. Das diesbezügliche Gutachten der Fakultät liegt mir bisher noch nicht vor. So ist es mir nicht recht verständlich, wie sich inzwischen Herr Dekan Professor Ritter in dieser Angelegenheit an den Herrn Landeshauptmann Dr. h. c. Salzmann wenden konnte, um noch <u>vor</u> dem zu erwartenden Gutachten der Fakultät für die Zuteilung des Extraordinariats Goldschmidt an Herrn Professor Schier zu plädieren."[44]

Diese „Erwiderung" (so Kultusministerin Teusch in ihrem Schreiben) war jedoch schon Geschichte, bevor sie ihren Adressaten (laut Eingangsstempel am 11. Februar) erreicht hatte: Hatte der Ministerpräsident doch den Landeshauptmann bereits mit einem Schreiben vom 8. Februar 1952 informiert, dass das „Extraordinariat für Volkstumskunde" im Haushaltsplan für 1953 vorgesehen sei: „Ich darf hoffen, dass damit Ihr Wunsch eine zufriedenstellende Erledigung gefunden hat."[45] Weitere Widerworte der Kultusministerin gab es nicht,[46] eine mit

---

44   Ebd., Kultusministerin NRW an Ministerpräsident NRW, 7.2.1952 (Hervorhebung im Original), laut Eingangsstempel lag das Schreiben dort am 11. Februar vor, also nachdem Landeshauptmann Salzmann, Dekan Ritter und Ministerpräsident Arnold bereits Fakten – hier: die Umwidmung des frei werdenden Ordinariats in Volkskunde – geschaffen hatten. Die wissenschaftspolitische Strategie, „Anfragen" nach Professoren in „Absichten" einer Berufung (hier: nach Frankfurt am Main) umzudeuten, ist für November 1951 zu Werner Conzes Etablierung in Münster als gezielte Strategie dokumentiert und interpretiert (Etzemüller 2001: 134).

45   LA NRW Abt. Rheinland, NW 179 Nr. 134, Ministerpräsident NRW an Landeshauptmann Salzmann, 8.2.1952.

46   Möglicherweise spielte hier eine Rolle, dass die volkskundlichen Aktivitäten vom Bundesinnenministerium über die Kultushoheit der Länder hinweg gefördert und gestaltet wurden. Die entsprechenden Unterlagen sind bisher nicht ausgewertet worden. Vorliegende publizierte Dokumente relativieren eine internalistische Wissenschaftsgeschichte des Faches. So setzte der zuständige Fachbeamte des Bundesinnenministeriums, Paul Egon Hübinger, dem Vorsitzenden des Verbandes der Vereine für Volkskunde e. V., Helmut Dölker, im Kontext der Ministeriumsförderung für den Verband unter Druck, den Fachvertretern aus der DDR keine Bühne mehr zu bieten. Nach Dölkers eigenem Bericht wurde er in dieser Besprechung regelrecht vorgeführt: „Dann geht H. ziemlich rasch zu der Frage über, wie es wohl komme, daß die Volkskunde so gerne politisch ausgenützt werde, z. B. im 3. Reich und jetzt in der DDR. / Ich sage, das liege vielleicht in ihrem Wesen begründet und verweise auf W. H. Riehls Formulierung von der ‚Vorhalle des Staatswesens'. / Gegenfrage: Wie das gemeint sei? / Ich weise auf das Ziel der Volkskunde hin: Erkenntnis der Gesetzmäßigkeiten des volkstümlichen Lebens, […]. / Gesetzmäßigkeiten?? / Das sei also vielleicht der Verbindungspunkt mit dem Denken der Kommunisten. Beim Bremer Historikertag sei von den Leuten der DDR den Referenten immer wieder der Vorwurf gemacht worden, sie gehen nicht auf die Gesetze der Geschichte ein. / ‚Gesetzmäßigkeit', wie ich das Wort benützen wolle, meine aber etwas anderes. Das seien keine Gesetze der Geschichte, sondern da gehe es um das Erkennen der Eigenart eines Volkes, die geschichtlich gegeben sei. / Wieso Eigenart? / Meine Antwort: es reagiere doch jedes Volk auf die Gegebenheit des Lebens ein wenig anders; da zeige sich am deutlichsten seine Eigenart" (Bericht von Helmut Dölker über die Besprechung am 15. Oktober 1954 beim

25. März 1952 datierte Telefonnotiz fixiert die Entscheidung: „Nach fernmündl. Auskunft von Herrn Zaum, Kult.Min., wird nach Emeritierung von Herrn Prof. Goldschmidt am 1.7.1952 Herr Prof. Schier das Extraordinariat für Volkstumskunde erhalten."[47]

Von der Universität kam im Mai 1952 – drei Monate nachdem die Volkskunde-Professur schon Fait accompli geworden war – das Bekenntnis, die „in Aussicht gestellte Umwandlung energisch zu betreiben".[48] In seinem Schreiben an das Kultusministerium vom 30. Mai 1952 folgt der Rektor wörtlich den vom Dekan Ritter vorgeschlagenen Formulierungen und bittet unter Verweis auf einen Fakultätsbeschluss vom 18. Februar 1952 und auf einen entsprechenden älteren Antrag der Fakultät vom 6. November 1950 sowie auf eine Senatssitzung vom 28. Mai 1952 um die Besetzung der frei werdenden „Professur für das Fach Volkskunde durch einen Vorschlag der Fakultät".[49] Ritter schreibt zu seinem Vorschlag für den Antrag der Philosophischen Fakultät an den Senat von einer „etwas heiklen Situation" und bittet den Rektor „zu prüfen, ob [...] die von mir gewählte Formulierung des Anliegens zweckentsprechend und sinnvoll ist" – anders gesagt: Ob die Formulierung dazu tauge, das Gremium mit einer Angelegenheit zu befassen, die schon Anfang des Jahres auf höchster landes- und wissenschaftspolitischer Ebene, nach Initiative von Ritters Vorgänger Benno von Wiese gerade unter Umgehung sowohl des Senats als auch des Kultusministeriums die für den Landeshauptmann „zufriedenstellende Erledigung" gefunden hatte. Als formalen Anlass nannte Ritter beziehungsweise der Rektor die durch Erlass des

---

Bundesinnenministerium in Bonn mit Ministerialdirektor Professor Dr. Hübinger und Ministerialrat Dr. Gussone, 21.10.1954, abgedruckt in Müns 1999: 99–102). Der katholische Mediävist und Romanist Hübinger war in der NS-Zeit an der Berufsausübung gehindert worden (vgl. Pfeil 2007). Seine Fragen an Dölker zeigen sowohl die Position eines verfolgten Gegners des NS-Regimes und antikommunistischen Katholiken als auch seinen exzellenten Informationsstand zum Fach. Im weiteren Verlauf des Gesprächs sollte er sich bei Dölker noch nach der Sektion Volkskunde der Görres-Gesellschaft und nach dem Münsteraner Volkskundler und Theologen Georg Schreiber erkundigen. Hübinger war erst 1954 von seiner Professur an der Universität Münster, dem Konkordatslehrstuhl am Historischen Seminar (vgl. Fausser 2012), in das Bundesinnenministerium gewechselt.

47   LA NRW Abt. Rheinland, NW 179 Nr. 134, Aktennotiz 25.3.[1952].

48   UAM, Bestand 4 Nr. 1620, Rektor Strugger an das Kultusministerium NRW, 30.5.1952.

49   Ebd., Dekan Ritter an Rektor Strugger, 6.5.1952, Dekan Ritter an den Senat der Universität Münster, 6.5.1952, und Rektor Strugger an das Kultusministerium, 30.5.1952. Ritter verweist auf eine „Entscheidung" der „Fakultät", die frei werdende Professur „in eine a.o. Professur für Volkskunde umzuwandeln", „nachdem für die neueste Geschichte (Prof. Conze) eine Diätendozentur im Haushaltsplan 1952 eingesetzt worden und der Unterricht in der neuesten Geschichte zunächst gesichert ist"; zugleich verweist er auf die Notwendigkeit einer noch zu schaffenden planmäßigen a.o. Professur für die neueste Geschichte (ebd., Dekan Ritter an das Kultusministerium, 18.2.1952).

Kultusministeriums vom 10. April 1952 ausgesprochene Emeritierung von Richard Goldschmidt zum 30. Juni 1952.

Bereits zwei Tage nachdem Goldschmidt zum 30. Juni 1952 emeritiert worden war, informierte die Kultusministerin, dass sie „beabsichtige, Herrn Professor Dr. phil. Bruno Schier als ausserordentlichen Professor auf das Extraordinariat für Volkstumskunde [...] zu berufen".[50] Im August fanden die Berufungsverhandlungen statt. In diesem Schreiben benannte die Kultusministerin explizit das regionale und das nationale Kräftefeld dieser Berufung. Diese Passagen dokumentieren einen Moment der Institutionalisierung der Volkskunde, in dem die von Bruno Schier vertretene evolutionistische Kulturanalyse neu positioniert wurde: Aus Überlegenheit wurde Unterschiedlichkeit und aus Hierarchie ein Nebeneinander. Diese Worte bringen eine *episteme* „kultureller Differenz" und statisch verstandener „kultureller Identität" im Gefüge des Kalten Krieges auf den Weg; gleichzeitig wird die Volkskunde an ihre Expertise zum Retten und Sammeln untergehender Lebensformen erinnert, die sie seit dem 19. Jahrhundert herausgebildet hatte:

„Das Hauptarbeitsgebiet des Herrn Prof. Dr. Schier ist Ost-Mitteleuropa mit seiner eigentümlichen Kulturüberschichtung und engen Symbiose der in ihm lebenden Völker. [...] Als voll ausgebildeter Slawist ist Herr Prof. Dr. Schier auch in der Lage, das nichtdeutsche Schrifttum ganz zu übersehen. Dabei ist ihm jene Weitherzigkeit der wissenschaftlichen Urteilsbildung eigen, die für einen Volkskundler in Ost-Mitteleuropa unbedingt erforderlich ist. [...] Darüber hinaus ist es ein besonders glücklicher Umstand, dass Herr Prof. Dr. Schier in besonderer Weise mit den volkskundlichen Problemen des Deutschtums im Osten vertraut ist. Die volkskundliche Bestandsaufnahme in diesem Bereich ist ein dringendes Anliegen. Die Arbeit muss getan werden, ehe die ältere Generation der Vertriebenen ausscheidet oder die Vertriebenen mehr und mehr den Lebens- und Sprachformen ihrer Aufnahmeländer assimiliert werden."

Der Provinzialverband nun hatte nicht nur die Berufung Schiers betrieben, sondern bereits Fakten geschaffen: Der Landeshauptmann hatte Schier mit einem Werkvertrag in Höhe von 8 400 DM ausgestattet und ihm ein Darlehen von 10 000 DM für die Beschaffung einer Wohnung gegeben, damit dieser mit sei-

---

50   LA NRW Abt. Rheinland, NW 292 Nr. 386, Kultusministerin NRW an Innenminister NRW,
      3.7.1952 (dort auch die folgenden Zitate im Text). Die politische Vergangenheit Schiers wurde
      verfahrensgemäß geprüft; das Innenministerium machte sich dabei die (falsche) Einschätzung der
      Spruchkammer Marburg-Stadt von 1949 zu eigen und erklärte, dass Bruno Schier nicht nur kein
      Mitglied der NSDAP gewesen, sondern „aus pol.[itischen] Gründen nicht aufgenommen" worden
      sei (ebd., Aktenvermerk des Innenministers NRW, 14.7.1952).

ner Familie von Marburg nach Münster komme.[51] Der Rektor der Universität reagierte in der intendierten Weise. So bat er im September 1951 die Kultusministerin um Eile bei der Erteilung des Lehrauftrages für Schier, wobei er auf den entsprechenden Antrag der Fakultät vom August 1951 verwies:

„Inzwischen hat mir der Herr Landeshauptmann der Provinz Westfalen mitgeteilt, daß er gewillt ist, mit Herrn Prof. Dr. Schier mit Wirkung vom 1. 10. 1951, vorläufig auf ein Jahr, einen Werkvertrag abzuschließen, um ihn als Leiter der volkskundlichen Forschungen im Rahmen des Provinzialinstituts für westfälische Landes- und Volkskunde zu gewinnen. Prof. Dr. Schier ist bereit, den Vertrag mit der Provinzialverwaltung einzugehen, wenn ihm die Gelegenheit gegeben wird, gleichzeitig an der Universität wieder eine Lehrtätigkeit ausüben zu können. Ich bitte daher, Herrn Prof. Dr. Schier mit Wirkung vom 1. 10. 51 den erbetenen Lehrauftrag mit einer Monatsvergütung von 400,-- DM zu erteilen, damit dieser hervorragende Gelehrte für die Universität Münster gewonnen wird und dadurch 1.) die deutsche Volkskunde eine wirksame Vertretung und 2.) die Pflege des ostdeutschen Volkstums an der Universität Münster in besonderer Weise gefördert wird."[52]

Salzmann hatte somit der Universität nicht nur die volkskundliche Richtung gewiesen, sondern er überholte die willige Alma Mater mehrfach auf dem Weg zur Ruferteilung.[53] Seine Rechnung, mit dem bereits per Werkvertrag und Darlehen in Münster platzierten Bruno Schier sowohl die Universität als auch die Landesministerien in Bewegung zu setzen, ging auf: Die Kultusministerin kam der Bitte des Landeshauptmanns umgehend nach, ihr Schreiben an den Dekan der Philosophischen Fakultät vom 17. Oktober 1951 erteilt Schier einen besoldeten „Lehrauftrag für deutsche Volkskunde unter besonderer Berücksichtigung des ostdeutschen Volkstums" mit rückwirkendem Beginn ab 1. Oktober 1951.[54]

---

51 UAM, Bestand 207 Nr. 382, Landeshauptmann an Kultusministerium, 8.10.1951 (Abschrift) und Kultusministerium an Landeshauptmann Dr. Salzmann, Münster, 2.11.1951 (Abschrift).

52 UAM, Bestand 8 Nr. 9067, Rektor der Universität Münster an die Kultusministerin NRW, 5.9.1951 (Hervorhebung im Original).

53 Einige seiner Eingaben: UAM, Bestand 207 Nr. 382, Landeshauptmann Salzmann an Rektor Strugger, 8. und 27.10. sowie 6.11.1951, Finanzminister NRW an Landeshauptmann Salzmann, 24.10.1951 (Abschrift o. D.).

54 UAM, Bestand 207 Nr. 382, Kultusministerium (Dr. Busch) an den Dekan der Philosophischen Fakultät der Universität Münster, 17.10.1951 (Abschrift o. D.). Dieser Lehrauftrag hat eine Vorgeschichte: Als Reaktion auf die Resolution der Volkskundlichen Kommission hatte die Kultusministerin im Juli 1950 Gerhard Heilfurth einen besoldeten Lehrauftrag „für deutsche Volkskunde, insbesondere Bergmannsvolkskunde" erteilt, wobei Heilfurth von der Fakultät genannt worden war. Da Heilfurth den Lehrauftrag nicht annahm, stellte die Fakultät im August 1951 denselben Antrag für Bruno Schier, „der als hervorragender Gelehrter anerkannt ist": „Die Fakultät legt Wert darauf, daß der Lehrauftrag Herrn Schier erteilt wird, weil er als Sudetendeutscher nicht nur das

Die oben zitierten, ablehnenden bis skeptischen Gutachten von Jost Trier und William Foerste drehte der Landeshauptmann wie schon vor ihm der Dekan kurzerhand um, indem er behauptete, die Germanisten „begrüssen diese Möglichkeit, wie sie in besonderen Gutachten zum Ausdruck gebracht haben, aufs wärmste". Die Professur mit dem Schwerpunkt „Pflege der ostdeutschen Volkskunde" sei ferner notwendig für die „geistige Betreuung der Heimatvertriebenen", und wissenschaftlich vertrete Schier eine „grosszügig vergleichende Betrachtungsweise".[55] Die Formel „geistige Betreuung der Heimatvertriebenen" als Kur gegen deren drohende „Proletarisierung" wurde nahezu wörtlich übernommen aus den Mitteilungen des Verbandes der Vereine für Volkskunde 1949. Das Kräfteverhältnis zwischen Universität und Provinzialverband zeigt sich markant daran, dass der Landeshauptmann sich gegenüber dem Kultusministerium ganz offen wie ein zweiter Rektor der Münsteraner Universität gerierte: „Wir müssen nun sehen, wie wir doch noch ein Extraordinariat für Herrn Professor Dr. Schier für das nächste Haushaltsjahr erreichen."[56] Dem entsprach die Beflissenheit des Rektors: „Unter allen Umständen setze ich mich für den Fall Professor Schier ein, sodaß er in spätestens einem Jahr einen Lehrstuhl bekommt."[57] Auch sonst bereitete der Landeshauptmann das Bett für Bruno Schier: Nach einer Satzungsänderung der Volkskundlichen Kommission wurde der noch nicht berufene Bruno Schier im November 1951 gleichberechtigt neben William Foerste

---

ostdeutsche Volkstum, sondern auch Sprache und Volksüberlieferungen der Westslawen aus eigener Anschauung bis in die Einzelheiten kennt. Deshalb ist Herr Schier wie kein anderer befähigt, auch die ostdeutsche und osteuropäische Volkskunde in ihren stetigen Wechselbeziehungen zur gesamtdeutschen in Forschung und Lehre an unserer Universität zu vertreten" (UAM, Bestand 8 Nr. 9067, Dekan von Wiese an das Kultusministerium NRW, 7. 8. 1951). Heilfurth war 1935 von Bruno Schier in Leipzig promoviert worden, hatte sich ebenda 1943 habilitiert und wurde schließlich mehrere Jahre später, im Dezember 1959, an die Universität Marburg berufen und dort Gründungsdirektor des „Instituts für mitteleuropäische Volksforschung" (vgl. Braun 2012, 29–34).

55   UAM, Bestand 207 Nr. 382, Landeshauptmann Salzmann an das Kultusministerium NRW, 8. 10. 1951 (Abschrift), und Landeshauptmann Salzmann an den Finanzminister NRW, 8. 10. 1951 (Abschrift).

56   Ebd., Landeshauptmann Salzmann an Rektor Strugger der Universität Münster, 6. 11. 1951.

57   Ebd., Rektor Strugger an Landeshauptmann Salzmann, 14. 11. 1951; ähnlich der Tonfall ebd., Strugger an Landeshauptmann Salzmann, 31. 10. 1951. Dieser Schulterschluss des Rektors mit dem Landeshauptmann resultierte vermutlich auch aus der wissenschaftspolitischen Haltung des Botanikers Strugger: Der hatte seit seiner Berufung nach Münster 1948 den Ausbau seines Faches dadurch sehr erfolgreich vorangetrieben, dass das Institut nicht nur international, sondern auch regional intensiv vernetzte und die lokalen Medien wie die öffentliche Kulturarbeit (Vorträge an Volkshochschulen) mobilisierte (vgl. Droste 2012: 836–848); als er schließlich Rektor wurde, beherrschte er diese kommunikative Klaviatur perfekt. Ob auch politisch-inhaltliche Orientierungen eine Rolle spielten, kann aufgrund mangelnder Informationen nicht sicher gesagt werden. Zur Biografie Struggers liegen nur wenige Informationen vor (unter anderem eine SA-Mitgliedschaft 1934–1938) (ebd.: 837).

zum Vorsitzenden gewählt. Von nun an gab es eine Doppelspitze – zu diesem Zeitpunkt war Schier noch nicht berufen worden.

Aber der Landeshauptmann hatte ja die Professur zum Ziel, und deshalb urgierte er wenige Monate später, am 4. Januar 1952, erneut, und zwar diesmal beim Ministerpräsidenten persönlich. Salzmann drängte, indem er die volkskundliche Raumforschung als grundlegende wissenschaftliche Expertise seiner hoheitlich-westfälischen Interessen positionierte:

> „Die niedersächsischen Bestrebungen auf Eingliederung westfälischen Gebietes sind bekannt. Insbesondere wissen wir, dass seit Jahrzehnten planmässig daran gearbeitet wird, den ‚niedersächsischen Raum' in jeder Beziehung als eine wissenschaftlich fundierte Einheit hinzustellen. So enthält der kürzlich veröffentlichte Atlas ‚Niedersachsen' auch volkskundliche Karten, die die erwähnten niedersächsischen Ansprüche auf gewisse Kreise im Osten Westfalens begründen sollen. Diesen Bestrebungen kann unsererseits nur mit Hilfe einer von wissenschaftlicher Autorität getragenen westfälischen Volkskunde entgegengetreten werden. […] Angesichts des grossen Interesses und der starken Unterstützung, die der westfälische Landesteil in der Abwehr niedersächsischer Ansprüche auf westf. Gebiet bisher bei Ihnen gefunden hat, glaube ich, keine Fehlbitte zu tun."[58]

Dabei verwies Salzmann auch auf das 1938 in Göttingen eingerichtete und noch bestehende Ordinariat (vgl. Brednich 1998; Bozsa 2014), welches er als das wissenschaftliche Fundament der Landespolitik betrachtete. Die Geschichte dieser Argumentation geht zurück bis in die Diskussionen um die Reichsreform und in die 1930er Jahre, als die Provinz Hannover stammeshistorisch als „westfälisch" geltende Gebiete forderte, sie hatte durch die Ansprüche Niedersachsens auf „westfälische Gebiete" eine Neuauflage erfahren (Ditt 2001b: 30–32; Oberkrome 2007: 364 f.). „Westfälischer Tribalismus" (Oberkrome 2004) ist keine Übertreibung: Der studierte Jurist einer bundesdeutschen Verwaltungsbehörde unterlegte seine Politik mit volkundlichen Karten der Kulturraumforschung, er sah sich durch solche Karten herausgefordert und wollte mit wissenschaftlichen Karten antworten.

Die erfolgreiche Eile, mit der Landeshauptmann Salzmann Bruno Schier an die Universität Münster gebracht hatte, zeigt die Bedeutung regionaler Dynamiken bei der Etablierung der Ostforschung in Westdeutschland: Als im Oktober 1953 der im Auftrag der Westdeutschen Rektoren- und Kultusministerkonferenz gegründete Ausschuss für Ostforschung mit der Koordinierung der Forschungsförderung auf diesem Gebiet begann und in den ersten Leitlinien forderte, „Lehr-

---

58 LA NRW Abt. Rheinland, NW 179 Nr. 134, Landeshauptmann Salzmann an Ministerpräsident Arnold, 4. 1. 1952.

stühle und Lektorate für die bislang vernachlässigten Disziplinen einzurichten", und als sich Hermann Aubin in diesem Ausschuss Anfang 1954 für Bruno Schier und Josef Hanika stark machte (vgl. Unger 2007: 121–123)[59], war Schier schon drei Jahre lang Extraordinarius für Volkskunde in Münster. Landeshauptmann Salzmann hatte in Münster also nicht nur die Universität und zwei Landesministerien vor sich her getrieben, sondern dabei auch noch die bundesministerielle Förderung der Ostforschung überholt. Das bedeutet, dass bei der Etablierung der früheren Ostforschung in der Münsteraner Volkskunde nicht allein die Situation des Kalten Krieges die treibende Kraft war. Erfolgreich durchsetzen konnte sich vielmehr ein stammesgeschichtlich motivierter Regionalismus, dessen wissenschaftlicher und finanzieller Förderung durch den Provinzialverband beziehungsweise Landschaftsverband die Universität nichts entgegensetzen konnte und auch nichts entgegensetzen wollte.

Grundstein der Münsteraner Volkskunde: die „Emiritation" eines jüdischen Wissenschaftlers

Die Mittel für den neuen Volkskunde-Lehrstuhl wurden aus der Umwandlung eines bestehenden außerordentlichen Ordinariats generiert: das Extraordinariat für Philosophie und Experimentelle Psychologie. Dessen Inhaber Richard Goldschmidt hatten die Nationalsozialisten 1933 die Venia entzogen (das bereits bei Ash 1985: 72 f.). Nach seiner Rückkehr aus der Emigration hatte der damals 68 Jahre alte Gelehrte 1952 für nur wenige Monate sein Extraordinariat für Experimentelle Psychologie zurückerhalten, was bedeutete, dass er mit Bezügen ordentlich emeritiert werden konnte – diese Praxis firmierte als „Wiedergutmachung". Die Universität war von der britischen Militärregierung und von einigen Professoren mehrfach aufgefordert worden, Goldschmidt zurückzubitten; selbst diese sogenannte Wiedergutmachung verdankte er einem von ihm angestrengten Verwaltungsgerichtsverfahren (Respondek 1995: 196–198). Die Fakultätsakten belegen, dass die Leistung für den vertriebenen Psychologen nicht das von diesem vertretene (und im Ausland weiterentwickelte) Fachgebiet reetablieren sollte. Vielmehr handelte es sich bei der wenige Monate umfassenden Wiederbesetzung der Professur Goldschmidts von vornherein um einen Platzhalter für

---

59 Anders als Unger schreibt, waren weder Schier noch Hanika zu diesem Zeitpunkt arbeitslos. Eine interdisziplinäre Arbeitsgemeinschaft für Osteuropaforschung „zur Förderung ostdeutscher und osteuropäischer Studien" war bereits im Juli 1951 an der Universität Münster gegründet worden, die Initiative dazu kam vom Kultusministerium NRW und von Münsteraner Professoren, „welche sich wissenschaftlich, aber auch persönlich für den osteuropäischen Raum interessierten", eines der Ziele dieser AG war es, „die Stellung des Deutschtums innerhalb der geschichtlichen Entwicklung des osteuropäischen Raumes" zu bestimmen (Förster 2012: 1140); in diesem Zusammenhang ist die Etablierung der Osteuropäischen Geschichte als Abteilung und Studienschwerpunkt beziehungsweise Studienfach an der Universität Münster ab 1953 zu sehen (vgl. Fausser 2012: 677 f.).

die von der Heimatpflege und Regionalpolitik gewünschte „Volkstumskunde": „Im Haushaltsplan f. d. R. J. 1952 *wurde ein Extraordinariat f. Exp. Psychologie geschaffen*, für die Person des Stelleninhabers (Prof. Dr. Goldschmidt – Wiedergutmachung) *mit dem Bemerken*, dass das Extraordinariat bei Freiwerden in ein Extraordinariat f. Volkstumskunde umgewandelt wird. Prof. Goldschmidt wurde am 30.6.1952 emeritiert. Damit war die Voraussetzung f. die Umwandlung gegeben."[60] Es verwundert nicht, dass dem Autor einer Aktennotiz zum Vorgang die Rechtschreibung sinnfällig abhanden kam: „Es ist erwogen worden, bei Emiritation [sic!] Goldschmidt die jetzt k.w. a.o. Professur der Fakultät für Herrn Schier zu erhalten."[61]

Welches Terrain war hier betreten und der Volkskunde zugeschlagen worden? Richard Goldschmidt (1883–1968) hatte einen Doktorgrad sowohl in Philosophie (Universität Leipzig) als auch in Medizin (Universität München) und war über die Militärpsychologie zur experimentellen Forschung gekommen; an der Universität Münster hatte er im Philosophischen Seminar 1919 die Abteilung für experimentelle Psychologie gegründet und geleitet, allerdings hatte er lediglich die Position eines nicht besoldeten außerordentlichen Professors inne (vgl. Geuter 1986: 167 f.; Möllenhoff/Schlautmann-Overmeyer 2001: 141 f., 1998: 230 u. 234 f., dort auch das Folgende). Nach dem Entzug der Venia 1933 war er in die Niederlande und 1939 nach Großbritannien emigriert, wo er als Gastprofessor am Queen's College in Oxford und am University College in London sowie in Edinburgh lehrte. Ab 1949 lebte er wieder in Münster, wo er als Honorarprofessor Psychologie für Mediziner lehrte; im November 1951 wurde ihm zum Zweck der „Wiedergutmachung" die außerordentliche Professur für experimentelle Psychologie und die Direktion des Instituts für experimentelle Psychologie übertragen, bis er am 30. Juni 1952 als ordentlicher Professor emeritiert wurde. Die Volkskunde hatte hier also nicht nur vom Antisemitismus der deutschen Universitäten profitiert,[62] sondern auch von der universitären Politik nach

---

60 UAM, Bestand 8 Nr. 9067, Kultusministerium NRW an den Kurator der Universität Münster, 8.6.1954 (Hervorhebungen der Verfasserin), mit hschr. Vermerk o.D. (um Juni 1954). Noch deutlicher formulierte das der Universitätskurator: „Die a.o. Professur für Psychologie ist erstmalig in den Haushaltsplan für das Rechnungsjahr 1952 aufgenommen worden. In dem Entwurf des Haushaltsplans für das Rechnungsjahr 1953 werde ich die Umwandlung der a.o. Professur für Psychologie in eine solche für Volkskunde beantragen" (UAM, Bestand 9 Nr. 1387, Aktenvermerk des Universitätskurators, 4.6.1952).

61 UAM, Bestand 63 Nr. 107, mschr. Aktennotiz über einen Anruf des Kurators am 13.11.1951, o.D. Dieser Zusammenhang ist in der Forschung zum Wiederaufbau der Universität Münster (Respondek 1995: 196–198) und in der eng institutionengeschichtlich orientierten Dokumentation der Geschichte der Münsteraner Psychologie (Drüding 2012: 592 u. 598) nicht benannt.

62 1942 war Wolfgang Metzger, ein Schüler des Gestaltpsychologen Max Wertheimer, auf den Lehrstuhl für Psychologie berufen worden; er verstand sein Fach als experimentelle Wissenschaft (Drü-

1945, die durch die Umwidmung des außerordentlichen Ordinariats endgültig
Fakten schuf.[63]

Ein ausgezeichneter Wissenschaftler: „durchgängig volkskundlich"

Der Münsteraner Coup des Landeshauptmanns wurde schließlich gekrönt durch
die Vergabe des Bundesverdienstkreuzes an Bruno Schier im Jahr 1976. Dietmar
Sauermann, damals wissenschaftlicher Referent in der Volkskundlichen Kommission des zum Landschaftsverband Westfalen-Lippe gewandelten Provinzialverbandes, beantragte im Februar 1975 die Auszeichnung von Bruno Schier mit
dem Bundesverdienstkreuz. Als dadurch zu würdigende Leistungen nannte er
den Aufbau des Münsteraner Universitätsseminars, die Mitbegründung des Her-
der-Instituts in Marburg und die Gründung des westfälischen Freilichtmuseums
in Detmold. Die hieraus hervorgegangene Dokumentenschicht[64] gibt Einblick in
den hilflosen Umgang bundesrepublikanischer Behörden mit einer solchen wissenschaftlichen und politischen Biografie, und sie zeigt, dass für einen angemes-
senen politischen Umgang mit der Wissenschaft der NS-Zeit deren detaillierte, historisch-kritische Erforschung unerlässlich ist. Schier, so Sauermann, habe
„sich vor allem der vorurteilslosen Analyse der kulturellen Austauschprozesse im
Bereich der deutsch-slawischen Kontaktzone" gewidmet:

> „Es ging ihm nicht um den Gegensatz ‚hier deutsch – hier slawisch', sondern um die Gemein-
> samkeiten und das Zusammenleben der beiden ethnischen Gruppen, wobei er die Verzahnung
> der Volkskulturen im böhmischen und pannonischen Raum herausarbeitete."

Wie die nun zur Verfügung stehende Aufarbeitung der Ostforschung vor und
nach 1945 zeigt, bleibt diese Einschätzung bei der Wahrheit und verfehlt dennoch den wissenschaftlich und politisch entscheidenden Sachverhalt: Sauermann
schreibt „slawisch", Schier hingegen thematisierte „slowakische Kultur", und da-

---

ding 2012: 587; Ash 1995: 346–354 u. 385–394). Die Entnazifizierung beeinträchtigte seine Position nicht; er kehrte auch mit Unterstützung der britischen Besatzungsmacht (beziehungsweise
durch die von dieser herangezogene, ihn empfehlende Expertise zur Psychologie) nach Kriegsende
wieder an die Universität Münster zurück, wo er bis zu seiner Emeritierung im Jahr 1967 lehrte
(Ash 1995: 386; Drüding 2012: 587). Ob und wie Metzger sich zur Umwandlung der Professur
des zurückgekehrten Richard Goldschmidt, die seinem Institut zur Seite gestellt worden war, äußerte, ist bisher nicht dokumentiert.

63   Weil diese Fallstudie auf dem Lehrstuhl geschrieben wurde, von dem sie handelt, ist mir das Wis-
      sen von diesen Zusammenhängen nicht nur ein fachliches, sondern auch ein persönliches Anlie-
      gen.

64   LA NRW Abt. Rheinland, NW O Nr. 10048, Dietmar Sauermann an den Regierungspräsidenten
      in Münster, 22. 2. 1975 (dort auch das Folgende); ebd., Vorschlagsbegründung für die Auszeich-
      nung von Bruno Schier mit dem Verdienstkreuz am Bande, o. D.

mit arbeitete er der sogenannten „Tschechenforschung" (Konrád 2008) der Germanisierungspolitik zu, die sich gerade nicht pauschal gegen das „Slawische" gerichtet hatte. Während Bruno Schiers Forschungen zur Zeit des Kalten Krieges in revisionistischer Absicht für deutsche Gebietsansprüche plausibel gewesen waren, fungierten sie nun, im Jahr 1975, als Evidenzen des „Zusammenlebens" in einer „Kontaktzone" – die neue Ostpolitik von Egon Bahr und Willy Brandt und die Ostverträge hatten das Ende des Kalten Krieges manifestiert. Zugleich aber hatte sich die Haltung zur NS-Vergangenheit verändert. Der Regierungspräsident in Münster befürwortete den Antrag auf die Auszeichnung Schiers mit dem Bundesverdienstkreuz, stellte aber zugleich eine Anfrage an die Abteilung VII des Innenministeriums NRW mit dem ausdrücklichen Vermerk, die „Dokumentenzentrale" anzufragen.[65] Damit war das Berlin Document Center gemeint, das am 24. Juni 1975 Kopien der Unterlagen aus der NSDAP-Zentralkartei, Parteiaufnahmeanträge, Parteikorrespondenz, NS-Lehrerbund-Dokumente und anderes an die Abteilung VII sandte.[66] Der Chef der Düsseldorfer Staatskanzlei veranlasste aus diesem Grund weitere Recherchen: Er fragte das Münchner Institut für Zeitgeschichte an, ob Bruno Schier „sich in der Zeit vor 1945 an der Verbreitung nationalsozialistischen Gedankenguts beteiligt hat", dazu verwies er auf die Informationen, die er zu Schiers Tätigkeit in Gliederungen und angeschlossenen Verbänden der NSDAP vom Berlin Document Center erhalten hatte, außerdem bat er um die Übersendung von Veröffentlichungen Schiers vor 1945.[67] Aus der vom Hessischen Hauptstaatsarchiv übermittelten Entnazifizierungsakte Bruno Schiers folgerte die Staatskanzlei,

---

65 LA NRW Abt. Rheinland, NW O Nr. 24240, Regierungspräsident in Münster an den Kultusminister NRW, 29. 4. 1975.

66 Ebd., Berlin Document Center an Abt. VII des Innenministeriums NRW, 24. 6. 1975. Diese Dokumente sind heute in den Beständen im BA Berlin verwahrt, die für diesen Beitrag zu Bruno Schiers politischer Biografie ausgewertet wurden. Zur Geschichte des Document Center und zu dessen Informations- und Zugangsrichtlinien vgl. jetzt Herwig (2013: 59–121).

67 LA NRW Abt. Rheinland, NW O Nr. 24240, Chef der Staatskanzlei an das Institut für Zeitgeschichte, München, 11. 12. 1975, und Chef der Staatskanzlei an das Regierungspräsidium Münster, 30. 12. 1975, und Chef der Staatskanzlei an das Institut für Zeitungsforschung, Dortmund, 6. 2. 1976. Die Hilflosigkeit und/oder die Unkenntnis der wissenschaftlichen Entwicklung zeigt sich an dieser Anfrage – alle Publikationen Schiers hätten die politischen Beamten auch in der Bibliothek des Münsteraner Seminars (und vermutlich auch in mehreren Düsseldorfer Bibliotheken) erhalten können. Möglicherweise hatten hier die Epoche machenden strafrechtlichen Verfolgungen der NS-Verbrechen im Eichmann-Prozess in Jerusalem (1961) und im Frankfurter Auschwitz-Prozess (1963–1965) den paradoxen Effekt, dass die Auseinandersetzung mit der NS-Vergangenheit als kriminalistische, strafrechtliche Ermittlung und nicht als ideengeschichtliche – mithin: politische – Aufarbeitung betrieben wurde, sodass nach gedruckten Publikationen eines verbeamteten Universitätsprofessors wie nach geheimen Dokumenten recherchiert wurde, anstatt schlicht einen Bibliotheksleihschein auszufüllen.

„[...] daß Prof. Dr. Schier im Laufe des Entnazifizierungsverfahrens von verschiedenen Seiten sehr entlastet worden ist. Er galt als ein ganz seinem Fach hingegebener Wissenschaftler, der durch die Art seiner Forschung wie auch durch deren Ergebnisse nichts zur Stützung des Nationalsozialismus beigetragen hat. Nach der E[ntnazifizierungs].-Akte ist das Verfahren eingestellt worden, da Prof. Schier zwar einen Antrag auf Aufnahme in die NSDAP gestellt habe aber nicht aufgenommen worden sei. Dieses Ergebnis entspricht nicht den vom Dokumentenzentrum übermittelten Unterlagen, wonach der Betroffene auf seinen Aufnahmeantrag vom 15. 7. 1937 im Mai 1940 mit Wirkung ab 1. 5. 1937 in die Partei aufgenommen worden ist. Es ergibt sich jedoch aus allen vorhandenen Unterlagen, daß Prof. Schier Schwierigkeiten hatte, in die NSDAP aufgenommen zu werden; er galt offenbar als politisch unsicher und hatte sich auch nur auf Aufforderung um die Aufnahme in die NSDAP bemüht. Nach alldem bestehen aus politischer Sicht keine Bedenken gegen eine Auszeichnung."[68]

Hier wird offensichtlich, dass die politischen Beamten den historischen Vorgang nicht angemessen einschätzen konnten, weil sie Schiers Einlassungen Glauben schenkten und die Parteidokumente auf deren Hintergrund interpretierten. Dementsprechend resümierte die Abteilung VII der Staatskanzlei, dass nichts gegen die Verleihung des Ordens spräche, und am 29. Juni 1976 wurde Schier vom Oberbürgermeister der Stadt Münster das Bundesverdienstkreuz verliehen.[69] Gemessen am Forschungsstand zur Geschichte der NSDAP stand Mitte der 1970er Jahre aber auch kein besseres Wissen zur Beurteilung von Schiers politischem Engagement in der NS-Zeit zur Verfügung. Etwas anderes lag hingegen durchaus vor: Das Dortmunder Institut für Zeitungsforschung beziehungsweise dessen Leiter Kurt Koszyk antwortete auf die Bitte um Nennung von Veröffentlichungen Schiers am 11. Februar 1976 mit einer unkommentierten Publikationsliste Schiers, die sein *Hauslandschaften*-Buch (1932), die Arbeit zum *Bienenstand in Mitteleuropa* (1939), das Gemeinschaftswerk *Wissenschaft im Volkstumskampf* (1941) und die *Hirtenspiele des Karpatenraums* (1943) nannte. Der handschriftli-

---

68   Ebd., Vermerk, 18. 3. 1976, mit hschr. Vermerk der Rücksendung der Entnazifizierungsakte am
      18. 3. 1975 und „zur weiteren Bearb[eitun]g.: V[erdienstkreuz] a[m]B[an]d[e]. Die damals be-
      reits im Hessischen Hauptstaatsarchiv Wiesbaden archivierte Entnazifizierungsakte Bruno Schiers
      (Spruchkammer Marburg-Stadt) ist seither verschwunden; entsprechende Anfragen an das Hessi-
      sche Staatsarchiv blieben ohne Ergebnis. Deshalb konnte nicht rekonstruiert werden, wer Schier
      im Marburger Entnazifizierungsverfahren entlastet hatte; da die Gastprofessur an der Universität
      Marburg 1949 Schiers erste Position in Westdeutschland war, gab es nach der Entlassung durch
      die sowjetische Militäradministration an der Universität Leipzig (vgl. Konrád 2005) ein Entnazifi-
      zierungsverfahren in Marburg.

69   LA NRW Abt. Rheinland, NW O Nr. 24240, Innenminister NRW, Abt. VII, an Staatskanz-
      lei NRW, 18. 7. 1975, und Regierungspräsident Münster an Innenministerium NRW, Abt. VII,
      28. 4. 1975, und Regierungspräsident in Münster an den Ministerpräsidenten NRW, 17. 7. 1976.

che Vermerk der Staatskanzlei neben dieser Liste ordnet das Thema mit lediglich zwei Worten sprechend ein, er lautet: „durchgängig volkskundlich".[70]

Kultur ohne Gesellschaft: westfälische und US-amerikanische Weichenstellungen für einen holistischen und identitären Kulturbegriff

Bei der Berufung Schiers war schließlich noch eine weitere Entscheidung markant: die Separierung von Kulturforschung und Gesellschaftsanalyse. Wie oben dargestellt hatte sich die Kultusministerin dem Vorgriff des Landeshauptmanns und der Umgehung der Universität zwar gefügt; ihre Bedingungen für die Einrichtung der „Volkstumskunde-Professur" jedoch war die Institutionalisierung zweier weiterer Bereiche auf der Ebene von Professuren: nämlich die Kulturanalyse der industriellen Welt der Gegenwart und die Sozialgeschichte. Die Fakultät setzte diese Bedingung um durch die Bestellung eines fein austarierten wissenschaftlichen Quartetts in der ersten Hälfte der 1950er Jahre, das Kultur und Gesellschaft ebenso sorgfältig auseinanderhielt wie Vergangenheit und Gegenwart. Alle vier Protagonisten hatten in der NS-Zeit wissenschaftlich Karriere gemacht, drei von ihnen sind dem sogenannten Königsberger Netzwerk zuzurechnen (vgl. Etzemüller 2001: 21–35; Haar 2004): Die Kulturanalyse der industriellen Welt wurde an Wilhelm Brepohl delegiert, der von der Sozialforschungsstelle Dortmund aus an der Universität Münster lehrte und das stammesgeschichtliche Paradigma mit der Industrialisierung unter dem Titel „Ruhrvolk" versöhnt hatte (vgl. Roth 1993: 54 f. u. 201 f.; Etzemüller 2001: 206 f.; Oberkrome 1993: 223–229), eine weitere Professur für „neueste Geschichte mit besonderer Berücksichtigung der Sozial- und Wirtschaftsgeschichte" ging 1953 als Diätendozentur und 1955 als Lehrstuhl an Werner Conze, der in Münster seit 1951 einen vakanten Lehrstuhl am historischen Seminar vertrat (vgl. Etzemüller 2001; Fausser 2012: 672 f.), und in der Soziologie war Helmut Schelsky, der Gesellschaft untersuchte, ohne über Interessen zu sprechen, seit 1960 der passende Lehrstuhlinhaber für die von der katholischen Soziallehre geprägte Münsteraner Universität (vgl. Klingemann 1986). Damit war der Untersuchungsgegenstand ‚Kultur' für die Münsteraner Volkskunde im Sinne Schiers zwar als evolutiv wandelbar, im historisch-kritischen Sinne aber als ahistorisch, nicht-industriell und nicht-gesellschaftlich attribuiert worden.

Eine solche institutionelle wie epistemologische Separierung von Kulturforschung und Gesellschaftsanalyse war einschlägig für die regionalistische Politik vor Ort, aber sie war keineswegs provinziell: Sie speiste sich auch aus gleich ge-

---

70 Ebd., Institut für Zeitungsforschung der Stadt Dortmund an den Chef der Staatskanzlei NRW Düsseldorf, 11. 2. 1976, mit hschr. Vermerk.

richteten, weltweit gespannten Veränderungen in den anthropologischen Disziplinen (zur vergleichbaren 1958 von Alfred Kroeber und Talcott Parsons entwickelten Aufgabenteilung zwischen Soziologie und Anthropologie vgl. Beck
2009). Diese wiederum war unmittelbar mit der Geschichte des Kalten Krieges
verbunden (vgl. Nader 1997; Wallerstein 1997 – dort auch das Folgende): Bereits ab Ende der 1940er Jahre konnte die *anthropology* in den USA, gemessen
an der Gründung von Lehrstühlen und *departments*, expandieren (Nader 1997:
131). Das resultierte aus den Finanzierungen durch die US-Regierung und durch
große Forschungsförderer wie die Rockefeller-, Carnegie- und Ford-Foundation.
Diese quantitative Expansion zeichnete sich inhaltlich durch zwei Akzente aus:
Erstens durch das *area studies*-Prinzip, dessen wissenschaftspolitische Planung auf
das Jahr 1943 zurückgeht – *cultural areas* statt *villages* oder *tribes* waren nun die
von der US-Forschungsförderung präferierten kulturanthropologischen Untersu-
chungseinheiten (Nader 1997: 131; Wallerstein 1997: 208 f.). Wallerstein (1997;
ebenso Kuper 2005: 58) erläutert, dass die *anthropology* in den USA dem *area
studies*-Prinzip willig folgte, weil es Ethnologen zu gefragten Spezialisten machte. Die *anthropology*, so Wallerstein (1997: 218 f.), betonte und verstärkte dabei
eine Definition von „Kultur", welche die Forschung im Lokalen, die Suche nach
der Besonderheit jeder ‚Kultur' zum Ziel hat. Die zweite neu gesetzte inhaltliche Marke in der *anthropology* im Kalten Krieg war die Abkehr von universalis-
tischen Analysekonzepten und eine Hinwendung zu interpretativen Verfahren,
die vor allem nach der inneren Logik von Denksystemen und Handlungsweisen
fragten (Nader 1997: 131 f.; Kuper 2005: 59). Das später in Wissenschaft (und
Feuilleton) so plausibel gewordene holistische, semiotische Konzept von „Kultur
als selbst gesponnenem Bedeutungsgewebe" von Clifford Geertz (1983: 9) ist –
ungeachtet der Referenz des Autors auf Max Weber (ebd.) – ein direkter Ertrag
dieser US-Wissenschaftspolitik im Kalten Krieg: Clifford und Hildred Geertz'
Forschungen in Indonesien waren Teil eines der großen *area studies*-Projekte in
Harvard, das unter den genannten Prämissen von der Ford Foundation finanziert
worden war – Indonesien galt wissens- und machtpolitisch als eine der Regionen, die anfällig schien für kommunistische Ideen, und da musste es die US-Regierung interessieren, nach welchen „kulturellen Mustern" die Menschen dort
leben (Nader 1997: 114; Kuper 2005: 59). In seiner wissenschaftshistorischen
Kritik der „culturalist anthropology" nennt Kuper (2005: 58) Clifford Geertz
als einen der „American Parsonians", „[who] came to the conclusion that an-
thropologists should treat cultural systems, and systems of values in particular, as
independent realities, without taking social processes into account". Wallerstein
und Nader weisen auf die durch den Kalten Krieg und staatliche Forschungsförderung hervorgebrachte kulturalistische Melange der *anthropology* hin, die aus
raumbezogenen Untersuchungsgegenständen holistisch verstandene „kulturelle

Muster" extrahierte. Deren Komplement sollte ab den 1960er Jahren die von unten kommende, identitätspolitisch argumentierende *area studies*-Bewegung werden, in deren Kontext unter Berufung auf identitätspolitische Ziele unter anderem „multiple variants of ‚ethnic' studies" curricularisiert wurden (Wallerstein 1997: 227; Kuper 2005: 59; als Überblick und Analyse des Ethnos-Paradigmas vgl. Welz 1994).

Die kulturräumliche Ausrichtung der Volkskunde bei der Schaffung und Besetzung der Münsteraner Professur im Jahr 1952 war also nicht nur Effekt einer romantischen oder völkischen Erbschaft, nicht nur einer der Erfolge des Netzwerkes sudetendeutscher Ethnografen der Zwischenkriegszeit, nicht nur wissenschaftspolitisches Ziel der Institutionalisierung der Ostforschung in Westdeutschland, nicht nur ein Triumph der Region. „Raum" und „Region" (bei Schier: „Landschaften") und „Kultur" statt „Gesellschaft" hatten das breite Feld der anthropologischen Disziplinen schon seit Mitte der 1940er Jahre markieren können, weil das politisch plausible Konzepte waren: ebenso, wie „geistige Betreuung der Ostflüchtlinge" mit „Heimatliedern" und „Heimatbüchern" deren „Proletarisierung" (Meier 1949) in Westdeutschland verhindern und zugleich Kenntnisse über den „Ostrand der abendländischen Welt" (B. Schier) in revisionistischer Absicht verfügbar halten sollte, taugte die „culturalist anthropology" (A. Kuper) insbesondere den USA dazu, Aufklärung im wissenschaftlichen wie im militärischen Sinne zu betreiben und Unterschiede seitwärts der sozialen Frage als „Kultur" zu artikulieren.

Die Fachgeschichte der deutschen Volkskunde war in diesem Jahr der Münsteraner Lehrstuhlgründung, 1952, also viel weniger deutsch oder gar sudetendeutsch, als man vorschnell-kritisch annehmen könnte. Mit Bruno Schiers Beiträgen zu Kultur als Identitäts- und Differenzkategorie war das Fach im Kalten Krieg vielmehr ganz auf der anthropologisch-wissenschaftlichen Höhe der Zeit.

Literatur

Ash, Mitchell G. (1985): Die experimentelle Psychologie an den deutschsprachigen Universitäten von der Wilhelminischen Zeit bis zum Nationalsozialismus. In: ders./Geuter, Ulfried (Hg.): Geschichte der deutschen Psychologie im 20. Jahrhundert. Ein Überblick. Opladen, S. 45–82.

— (1995): Gestalt Psychology in German Culture, 1867–1967: Holism and the Quest for Objectivity. Cambridge.

Assion, Peter (1994): Eugen Fehrle and the „Mythos of Our Folk". In: Dow, James/Lixfeld, Hannjost (eds.): The Nazification of an Academic Discipline: Folklore in the Third Reich. Bloomington, IN, S. 112–134.

Aubin, Hermann/Frings, Theodor/Müller, Josef (1926): Kulturströmungen und Kulturprovinzen in den Rheinlanden. Geschichte. Sprache. Volkskunde. Bonn [Nachdruck 1966, Darmstadt].

Aubin, Hermann et al. (Hg.) (1931–1966): Der Raum Westfalen. Bd. I–VI in 13 Teilbänden. Berlin/Münster.

Bausinger, Hermann (1965): Volksideologie und Volksforschung. Zur nationalsozialistischen Volkskunde. In: Zeitschrift für Volkskunde 61, S. 177–204.

Beck, Stefan (2009): Vergesst Kultur – wenigstens für einen Augenblick! Oder: Zur Vermeidbarkeit der kulturtheoretischen Engführung ethnologischen Forschens. In: Windmüller, Sonja/Binder, Beate/Hengartner, Thomas (Hg.): Kultur – Forschung. Zum Profil einer volkskundlichen Kulturwissenschaft. (Studien zur Alltagskulturforschung, 6). Münster, S. 48–68.

Bemmann, Martin (2006): Zu Bruno Schiers Wirken in der ersten Hälfte der 1940er Jahre. In: Volkskunde in Sachsen 18, S. 9–33.

— (2007): Der wissenschaftliche Teilnachlass Bruno Schiers im Johannes-Künzig-Institut, Freiburg im Breisgau. In: Jahrbuch für deutsche und osteuropäische Volkskunde 49, S. 189–193.

Bockhorn, Olaf (1994): „Mit all seinen völkischen Kräften Deutsch". Germanisch-Deutsche Volkskunde in Wien. In: Jacobeit, Wolfgang/Lixfeld, Hannjost/Bockhorn, Olaf (Hg.): Völkische Wissenschaft. Gestalten und Tendenzen der deutschen und österreichischen Volkskunde in der ersten Hälfte des 20. Jahrhunderts. Wien/Köln/Weimar, S. 559–575.

Bozsa, Isabella (2014): Eugen Mattiat (1901–1976): Vom „Deutschen Christen" zum Volkskundeprofessor und wieder zurück ins Pastorat. Fallstudie einer Karriere im Nationalsozialismus. Mit einem Geleitwort von Carola Lipp. (Göttinger kulturwissenschaftliche Studien, 10). Göttingen.

Braun, Karl (1996): Der 4. März 1919. Zur Herausbildung sudetendeutscher Identität. In: Bohemia. Zeitschrift für Geschichte und Kultur der böhmischen Länder 37 (2) , S. 353–380.

— (2010): „Der Waffenmeister neben den Kämpfenden". Zur politischen sudetendeutschen Volkskunde. In: Höhne, Steffen/Udolph, Ludger (Hg.): Deutsche – Tschechen – Böhmen. Kulturelle Integration und Desintegration im 20. Jahrhundert. (Intellektuelle in Prag. Personen, Konzepte, Diskurse, 1). Köln et al., S. 265–285.

— (2012): Gerhard Heilfurth und das Marburger „Institut für mitteleuropäische Volksforschung". Dichte Beschreibung der Neugründung eines volkskundlichen Instituts im Jahr 1960. In: ders./Dieterich, Claus M./Schönholz, Christian (Hg.): Umbruchszeiten. Epistemologie & Methodologie in Selbstreflexion. Marburg, S. 19–43.

Brednich, Rolf-W. (1998): Volkskunde – die völkische Wissenschaft von Blut und Boden. In: Becker, Heinrich/Dahms, Hans-Joachim/Wegeler, Cornelia (Hg.): Die Universität Göttingen unter dem Nationalsozialismus. 2., erw. Auflage. München, S. 491–498.

Chomsky, Noam et al. (eds.) (1997): The Cold War & the University: Toward an Intellectual History of the Postwar Years. New York.

Cordes, Gerhard (1967): William Foerste in memoriam. In: Zeitschrift für Mundartfor-schung 34 (3/4), S. 367–371.

Cornelißen, Christoph (2003): Der lange Weg zur historischen Identität. Geschichtspolitik in Nordrhein-Westfalen seit 1946. In: Schlemmer, Thomas/Woller, Hans (Hg.): Bayern im Bund. Bd. 3: Politik und Kultur im föderativen Staat 1949 bis 1973. München, S. 411–484.

Ditt, Karl (2001a): Wissenschaft als politisches und soziales System. Der Volkstumsansatz in der Westfalenhistoriographie des 20. Jahrhunderts. In: Büschenfeld, Jürgen/Franz, Hei-ke/Kuhlemann, Frank-Michael (Hg.): Wissenschaftsgeschichte heute. Festschrift für Peter Lundgreen. Bielefeld, S. 11–37.

— (2001b): Eine „Symbiose von Erde und Menschentum". Zur kulturpolitischen Konstruk-tion von Raumbewußtsein in Westfalen im 20. Jahrhundert. In: Knoch, Habbo (Hg.): Das Erbe der Provinz. Heimatkultur und Geschichtspolitik nach 1945. (Veröffentlichungen des Arbeitskreises Geschichte des Landes Niedersachsen (nach 1945), 18). Göttingen, S. 29–49.

Droste, Daniel (2012): Das Botanische Institut der Westfälischen Wilhelms-Universität Müns-ter im 20. Jahrhundert. In: Thamer, Hans-Ulrich/Droste, Daniel/Happ, Sabine (Hg.): Die Universität Münster im Nationalsozialismus. Kontinuitäten und Brüche zwischen 1920 und 1960. (Veröffentlichungen des Universitätsarchivs Münster, 5). Münster, S. 819–845.

Drüding, Markus (2012): Das Philosophische Seminar in Münster. In: Thamer, Hans-Ul-rich/Droste, Daniel/Happ, Sabine (Hg.): Die Universität Münster im Nationalsozialismus. Kontinuitäten und Brüche zwischen 1920 und 1960. (Veröffentlichungen des Universitäts-archivs Münster, 5). Münster, S. 569–602.

Etzemüller, Thomas (2001): Sozialgeschichte als politische Geschichte. Werner Conze und die Neuorientierung der westdeutschen Geschichtswissenschaft nach 1945. (Ordnungssyste-me. Studien zur Ideengeschichte der Neuzeit, 9). München.

Fahlbusch, Michael (1994): „Wo der deutsche … ist, ist Deutschland!" Die Stiftung für Deut-sche Volks- und Kulturbodenforschung in Leipzig 1920–1933. (Abhandlungen zur Ge-schichte der Geowissenschaften und Religion/Umwelt-Forschung, Beiheft 6). Bochum.

Fausser, Katja (2012): „Das Institut zu neuem Leben erweckt"? Entwicklungen am Histori-schen Seminar von 1920 bis 1960. In: Thamer, Hans-Ulrich/Droste, Daniel/Happ, Sabine (Hg.): Die Universität Münster im Nationalsozialismus. Kontinuitäten und Brüche zwi-schen 1920 und 1960. (Veröffentlichungen des Universitätsarchivs Münster, 5). Münster, S. 647–688.

Felsberg, Hartmut (2012): Arnold, Karl. In: Biographisch-Bibliographisches Kirchenlexikon. Bd. 33. Nordhausen, Sp. 74–83.

Fendl, Elisabeth/Kalinke, Heinke M. (2002): Fragen an Experten. Die nordwestböhmischen Antworten auf eine Umfrage zum „Bauernhaus der Sudeten- und Karpathenländer" aus dem Jahr 1930. In: Bayerisches Jahrbuch für Volkskunde, S. 103–114.

Fenn, Monika (2008): Zwischen Gesinnungs- und Sachbildung: Die Relevanz der Kategorie Heimat in Volksschulunterricht und Lehrerbildung in Bayern seit 1945. (Schriften zur Geschichtsdidaktik, 23). Idstein.

Förster, Nadine (2012): Der Nationalökonom Hans-Jürgen Seraphim zwischen Demokratie und Diktatur (1927 bis 1962). In: Thamer, Hans-Ulrich/Droste, Daniel/Happ, Sabine (Hg.): Die Universität Münster im Nationalsozialismus. Kontinuitäten und Brüche zwischen 1920 und 1960. (Veröffentlichungen des Universitätsarchivs Münster, 5). Münster, S. 1113–1152.

Geertz, Clifford (1983): Dichte Beschreibung. Bemerkungen zu einer deutenden Theorie von Kultur. In: ders.: Dichte Beschreibung. Beiträge zum Verstehen kultureller Systeme. Frankfurt am Main, S. 7–43.

Geuter, Ulfried (Hg.) (1986): Daten zur Geschichte der deutschen Psychologie. Bd. 1: Psychologische Institute, Fachgesellschaften, Fachzeitschriften und Serien, Biographien, Emigranten 1879–1945. Göttingen et al.

Greiner, Florian (2012): Der „Mitteleuropa"-Plan und das „Neue Europa" der Nationalsozialisten in der englischen und amerikanischen Tagespresse. In: Zeithistorische Forschungen/ Studies in Contemporary History [Online-Ausgabe] 9 (3). Verfügbar unter: http://www. zeithistorische-forschungen.de/16126041-Greiner-3-2012 (1.1.2014).

Grüttner, Michael (2010). Nationalsozialistische Wissenschaftler: ein Kollektivportrait. In: ders. et al. (Hg.): Gebrochene Wissenschaftskulturen. Universität und Politik im 20. Jahrhundert. Göttingen, S. 149–165.

Haar, Ingo (2002): Historiker im Nationalsozialismus. Deutsche Geschichtswissenschaft und der „Volkstumskampf" im Osten. (Kritische Studien zur Geschichtswissenschaft, 143). 2., durchges. u. verbess. Auflage. Göttingen.

— (2004): „Volksgeschichte" und Königsberger Milieu. Forschungsprogramme zwischen Weimarer Revisionspolitik und nationalsozialistischer Vernichtungsplanung. In: Lehmann, Hartmut/Oexle, Otto Gerhard (Hg.): Nationalsozialismus in den Kulturwissenschaften. Bd. 1: Fächer – Milieus – Karrieren. (Veröffentlichungen des Max-Planck-Instituts für Geschichte, 200). Göttingen, S. 169–209.

Harms, Wolfgang (2003): Schwietering, Julius. In: König, Christoph (Hg.): Internationales Germanistenlexikon 1800–1950 (3 Bde.). Bd. 2: H–Q. Berlin, S. 1694–1696.

Haunfelder, Bernd (2006): Nordrhein-Westfalen. Land und Leute 1946–2006. Ein biographisches Handbuch. Münster.

Heilfurth, Gerhard/Siuts, Hinrich (1967): Zum Geleit. In: dies. (Hg.): Europäische Kulturverflechtungen im Bereich der volkstümlichen Überlieferung. Festschrift zum 65. Geburtstag Bruno Schiers. (Veröffentlichungen des Instituts für mitteleuropäische Volksforschung an der Philipps-Universität Marburg/Lahn, 5). Göttingen, S. VII–XI.

Herwig, Malte (2013): Die Flakhelfer. Wie aus Hitlers jüngsten Parteimitgliedern Deutschlands führende Demokraten wurden. München.

Höppner, Wolfgang (2003): Hübner, Arthur Willibald. In: König, Christoph (Hg.): Internationales Germanistenlexikon 1800–1950 (3 Bde.). Bd. 2: H–Q. Berlin, S. 814–815.

Honemann, Volker (2012): Die Germanistik der Westfälischen Wilhelms-Universität vom Ende des Ersten Weltkrieges bis 1960. In: Thamer, Hans-Ulrich/Droste, Daniel/Happ, Sabine (Hg.): Die Universität Münster im Nationalsozialismus. Kontinuitäten und Brüche zwischen 1920 und 1960. (Veröffentlichungen des Universitätsarchivs Münster, 5). Münster, S. 689–749.

Jansen, Christian (1992): Professoren und Politik. Politisches Denken und Handeln der Heidelberger Hochschullehrer 1914–1935. (Kritische Studien zur Geschichtswissenschaft, 99). Göttingen.

Josefovičová, Milena (2014): Die Sudetendeutsche Anstalt für Landes- und Volksforschung. In: Kaiserová, Kristina/Kunštát, Miroslav (Hg.): Die Suche nach dem Zentrum. Wissenschaftliche Institute und Bildungseinrichtungen der Deutschen in Böhmen (1800–1945). (Schriftenreihe der Kommission für deutsche und osteuropäische Volkskunde in der Deutschen Gesellschaft für Volkskunde e. V., 96). Münster, S. 393–421.

Kalinke, Heinke M. (2011): Wandervogel und Volkskunde. „Bewegtes" aus der Fachgeschichte der Zwischenkriegszeit. In: Johler, Reinhard et al. (Hg.): Kultur_Kultur. Denken, Forschen, Darstellen. 38. Kongress der Deutschen Gesellschaft für Volkskunde in Tübingen 21.–24. September 2011. Münster, S. 408–417.

Kiliánová, Gabriela et al. (eds.) (2005): Ethnology in Slovakia at the Beginning of the 21st Century. Reflections and Trends. (Veröffentlichungen des Instituts für Europäische Ethnologie der Universität Wien, 27). Bratislava/Wien.

Klingemann, Carsten (1986): Vergangenheitsbewältigung oder Geschichtsschreibung? Unerwünschte Traditionsbestände deutscher Soziologie zwischen 1933 und 1945. In: Papcke, Sven (Hg.): Ordnung und Theorie. Beiträge zur Geschichte der Soziologie in Deutschland. Darmstadt, S. 223–279.

Konrád, Ota (2005): „… nicht mehr schuldig." Das Fach- und Wissenschaftsverständnis des Volkskundlers Bruno Schier vor und nach 1945. In: Acta Universitatis Carolinae – Studia Territorialia 7, S. 333–364.

— (2008): Die Sudetendeutsche Anstalt für Landes- und Volksforschung 1940–1945. „Wissenschaftliche Gründlichkeit und völkische Verpflichtung." In: Albrecht, Stefan/Malíř, Jiří/Melville, Ralph (Hg.): Die „sudetendeutsche Geschichtsschreibung" 1918–1960. Zur Vorgeschichte und Gründung der Historischen Kommission der Sudetenländer. (Veröffentlichungen des Collegium Carolinum, 114). München, S. 71–95.

— (2011): An Inveterate Enemy within the Heart of the State? History, Germanic Studies and Slavic Studies at the German University in Prague in the Years 1918–1945. In: Kosmas. Czechoslovak and Central European Journal 25 (1), S. 22–44.

Korlén, Gustav (2000): Zur Geschichte des Schwedischen Lektorats. In: Pettersson, Rikke (Hg.): Damals, als Schweden eine Großmacht war … : Land und Leute zur Zeit des Westfälischen Friedens. Münster et al., S. 2–4.

Kovačevičová, Soňa (Red.) (1991): Ethnographischer Atlas der Slowakei. Übersetzungen der Texte und Erläuterungen. Übersetzung: Máriá Horáriková, Frank Förster. Bratislava.

Küpper, René (2010): Karl Hermann Frank (1898–1946). Politische Biographie eines sudetendeutschen Nationalsozialisten. (Veröffentlichungen des Collegium Carolinum, 119). München.

Küppers, Heinrich (1997): Christine Teusch (1888–1968). In: Rheinische Lebensbilder, 16. Hg. von Franz-Josef Heyen. Köln, S. 197–216.

Kunz, Georg (2000): Verortete Geschichte. Regionales Geschichtsbewußtsein in den deutschen Historischen Vereinen des 19. Jahrhunderts. (Kritische Studien zur Geschichtswissenschaft, 138). Göttingen.

Kuper, Adam (2005): Alternative Histories of British Social Anthropology. In: Social Anthropology 13 (1), S. 47–64.

Löffelsender, Michael (2003): Volkskunde an der Universität Köln 1920–1945. Unveröff. Magisterarbeit, Historisches Seminar der Universität Köln. Verfügbar unter: http://koelschakademie.finbot.com/index.php3?seite=938 (11.3.2014).

Lozoviuk, Petr (2004): Bruno Schier in der Slowakei. Ein vergessenes Kapitel der Wissenschaftsgeschichte. In: Volkskunde in Sachsen 16, S. 129–154.

— (Hg.) (2008): Interethnik im Wissenschaftsprozess. Deutschsprachige Volkskunde in Böhmen und ihre gesellschaftlichen Auswirkungen. (Schriften zur Sächsischen Geschichte und Volkskunde, 26). Leipzig.

— (2012): Ethnizität und Interethnik in der tschechischen Ethnologie. (Kleine Schriften zur sächsischen Geschichte und Volkskunde, 25). Dresden.

Luh, Andreas (1989): Der Deutsche Turnverband und die völkische Einigungsbewegung der Sudetendeutschen in der Tschechoslowakischen Republik. In: Sozial- und Zeitgeschichte des Sports 3 (2), S. 7–26.

— (1991): Die Deutsche Nationalsozialistische Arbeiterpartei im Sudetenland: völkische Arbeiterpartei und faschistische Bewegung. In: Bohemia. Zeitschrift für Geschichte und Kultur der böhmischen Länder 32 (1), S. 23–38.

— (1993): Sudetendeutsche Jugendbünde und ihr Einfluß auf Politik und Verbände in der Ersten Tschechoslowakischen Republik. In: Becher, Peter (Hg.): Deutsche Jugend in Böhmen 1918–1938. Beiträge des Waldkraiburger Kolloquiums. Benediktbeuern, S. 141–165.

Lurz, Meinhold (1996): Öffentliches Gedächtnis in den Jahren 1945 und 1946. In: Hess, Jürgen et al. (Hg.): Heidelberg 1945. Stuttgart, S. 231–254.

Meier, John (1949): Volkskunde und Ostflüchtlinge. In: Mitteilungen des Verbandes deutscher Vereine für Volkskunde 57 (Oktober), S. 9 f.

Meineke, Eckhard (2003): Jost Trier. In: König, Christoph (Hg.): Internationales Germanistenlexikon 1800–1950. (3 Bde). Bd. 3: R–Z. Berlin, S. 1901–1904.

Meisen, Karl (1954a): Der gegenwärtige Stand der wissenschaftlichen Volkskunde. In: Rheinisch-Westfälische Zeitschrift für Volkskunde 1, S. 1–19.

— (1954b): Probleme der religiösen Volkskunde im Rheinlande. In: Rheinisch-Westfälische Zeitschrift für Volkskunde 1, S. 193–220.

Möllenhoff, Gisela/Schlautmann-Overmeyer, Rita (1998): Jüdische Familien in Münster 1918 bis 1945. Teil 2,1: Abhandlungen und Dokumente 1918–1935. Münster.

— (2001): Jüdische Familien in Münster 1918 bis 1945. Teil 1: Biographisches Lexikon. 2. Auflage. Münster.

Morsey, Rudolf (2005): Machtkampf um eine Bibliothek in Münster 1939–1943. Himmlers und Rosenbergs Interesse an den beschlagnahmten Instituten von Georg Schreiber. In: Kirchliche Zeitgeschichte 18 (1), S. 68–120.

Mühle, Eduard (2005): Für Volk und deutschen Osten. Der Historiker Hermann Aubin und die deutsche Ostforschung. (Schriften des Bundesarchivs, 65). Düsseldorf.

Müns, Heike (Hg.) (1999): „Das Problem der inneren Wiedervereinigung wird immer größer …". Briefe, Dokumente und Referate zur volkskundlichen „Ostforschung" 1951–1962. Bd. 1. (Schriftenreihe der Kommission für deutsche und osteuropäische Volkskunde in der Deutschen Gesellschaft für Volkskunde e. V., 80). Marburg.

Nader, Laura (1997): The Phantom Factor: Impact of the Cold War on Anthropology. In: Chomsky, Noam et al. (eds.): The Cold War & The University. Toward an Intellectual History of the Postwar Years. New York, S. 107–146.

Oberdorffer, Kurt et al. (Hg.) (1941): Wissenschaft im Volkstumskampf. Festschrift für Erich Gierach zu seinem 60. Geburtstage überreicht von Freunden, Schülern und Fachgenossen. Reichenberg.

Oberkrome, Willi (1993): Volksgeschichte. Methodische Innovation und völkische Ideologisierung in der deutschen Geschichtswissenschaft 1918–1945. (Kritische Studien zur Geschichtswissenschaft, 101). Göttingen.

— (1997): Heimat in der Nachkriegszeit. Strukturen, institutionelle Vernetzung und kulturpolitische Funktionen des Westfälischen Heimatbundes in den 1940er und 1950er Jahren. In: Westfälische Forschungen 47, S. 153–200.

— (2004): „Deutsche Heimat": nationale Konzeption und regionale Praxis von Naturschutz, Landschaftsgestaltung und Kulturpolitik in Westfalen-Lippe und Thüringen (1900–1960). (Forschungen zur Regionalgeschichte, 47). Paderborn.

— (2007): Der Raum und seine Regionen. Anspruch und Grenzen westfälischer Kulturraumkonzeptionen 1920–1950. In: Ditt, Karl/Tenfelde, Klaus (Hg.): Das Ruhrgebiet in Rheinland und Westfalen. Koexistenz und Konkurrenz des Raumbewusstseins im 19. und 20. Jahrhundert. (Forschungen zur Regionalgeschichte, 57). Paderborn et al., S. 363–376.

Pfeil, Ulrich (2007): Paul Egon Hübinger. Vom Umgang mit dem Anpassungsdruck. In: ders. (Hg.): Das Deutsche Historische Institut Paris und seine Gründungsväter. Ein personengeschichtlicher Ansatz. München, S. 235–271.

Pilger, Andreas (2004): Germanistik an der Universität Münster. Von den Anfängen um 1800 bis in die Zeit der frühen Bundesrepublik. Heidelberg.

Remy, Steven P. (2002): The Heidelberg Myth. The Nazification and Denazification of a German University. Cambridge, MA/London.

Respondek, Peter (1995): Besatzung – Entnazifizierung – Wiederaufbau. Die Universität Münster 1945–1952. Ein Beitrag zur Geschichte der deutsch-britischen Beziehungen nach dem Zweiten Weltkrieg auf dem Bildungssektor. Münster.

Rossade, Klaus-Dieter (2007): Dem Zeitgeist erlegen? Benno von Wiese und der Nationalsozialismus. (Studien zur Wissenschafts- und Universitätsgeschichte, 9). Heidelberg.

Roth, Karl Heinz (1993): Intelligenz und Sozialpolitik im „Dritten Reich". Eine methodisch-historische Studie am Beispiel des Arbeitswissenschaftlichen Instituts der Deutschen Arbeitsfront. München et al.

Ruge, Undine (2001): Regionen als organische Gemeinschaften. Der integralföderalistische Diskurs in Deutschland nach 1945. In: Knoch, Habbo (Hg.): Das Erbe der Provinz. Heimatkultur und Geschichtspolitik nach 1945. (Veröffentlichungen des Arbeitskreises Geschichte des Landes Niedersachsen (nach 1945), 18). Göttingen, S. 72–96.

— (2003): Die Erfindung des „Europa der Regionen". Kritische Ideengeschichte eines konservativen Konzepts, Frankfurt am Main/New York.

Sauermann, Dietmar (1986): Volkskundliche Forschung in Westfalen 1770–1970. Geschichte der Volkskundlichen Kommission und ihrer Vorläufer. Bd. 1: Historische Entwicklung. (Beiträge zur Volkskultur in Nordwestdeutschland, 16/I). Münster.

Schaarschmidt, Thomas (1998): Vom völkischen Mythos zum „sozialistischen Patriotismus". Sächsische Regionalkultur im Dritten Reich und in der SBZ/DDR. In: Heydemann, Günther/Jesse, Eckhard (Hg.): Diktaturvergleich als Herausforderung. Theorie und Praxis. Berlin, S. 235–257.

Schier, Bruno (1932): Hauslandschaften und Kulturbewegungen im östlichen Mitteleuropa. (Beiträge zur sudetendeutschen Volkskunde, XXI). Reichenberg.

— (1935): Deutsche Volkskunde. In: Neue Jahrbücher für Wissenschaft und Jugendbildung 11, S. 556–563.

— (1937): Vorgeschichtliche Elemente in den europäischen Volkstrachten. In: Nationalsozialistische Monatshefte 8, S. 985–995.

— (1938): Die Auseinandersetzung zwischen Germanen und Slawen in volkskundlicher Sicht. In: Hagemeyer, Hans (Hg.): Europas Schicksalskampf im Osten Europas. (Bücherkunde, 4). Breslau, S. 132–150.

— (1939a): Herbert Weinelt, Die Flurnamen des Bezirkes Freudenthal. Reichenberg 1937. [Rezension]. In: Zeitschrift für Mundartforschung 15 (1), S. 60 f.

— (1939b): Vom Aufbau der deutschen Volkskultur. In: Zeitschrift für Deutsche Geisteswissenschaft 2, S. 332–348.

— (1939c): Der Kulturaufbau der Sudetenländer im Lichte der Hausforschung. In: Grosch, Friedrich: 3. Sächsischer Schulgeographentag. Raum und Volk im Vogtland. Leipzig, S. 40–45.

— (1949): Die Namen des Kürschners. (Technologisches Pelzfach-Wörterbuch, 4). Leipzig/
Berlin.
— (1950): Zur Geschichte des Wortes „Rauchware". (Technologisches Pelzfach-Wörterbuch, 6). Leipzig/Berlin.
— (1951a): Wege und Formen des ältesten Pelzhandels in Europa. (Archiv für Pelzkunde, 1).
Frankfurt am Main.
— (1951b): Pelze in altertumskundlicher Sicht. (Archiv für Pelzkunde, 2). Frankfurt am Main.
— (1951c): Das Flechten im Lichte der historischen Volkskunde. Frankfurt am Main.
— (1957): Die Kunstblume von der Antike bis zur Gegenwart. Geschichte und Eigenart eines
volkstümlichen Kunstgewerbes. (Veröffentlichungen des Instituts für deutsche Volkskunde
der Deutschen Akademie der Wissenschaften, 11). Berlin.
— (1966): Hauslandschaften und Kulturbewegungen im östlichen Mitteleuropa. 2., erw. Auflage. Göttingen.
— (1989): West und Ost in den Volkskulturen Mitteleuropas. Landes- und volkskundliche
Studien zur Kulturmorphologie der deutsch-slawischen Kontaktzone für die Zeit vor und
zwischen den Weltkriegen. Marburg.
Schlesier, Renate (1999): Anthropologie und Kulturwissenschaft in Deutschland vor dem Ersten Weltkrieg. In: König, Christoph/Lämmert, Eberhard (Hg.): Konkurrenten in der Fakultät. Kultur, Wissen und Universität um 1900. Frankfurt am Main, S. 219–231.
Schmoll, Friedemann (2005): Wie kommt das Volk in die Karte? Zur Visualisierung volkskundlichen Wissens im „Atlas der deutschen Volkskunde". In: Gerndt, Helge/Haibl,
Michaela (Hg.): Der Bilderalltag. Perspektiven einer volkskundlichen Bildwissenschaft.
(Münchner Beiträge zur Volkskunde, 33), S. 233–250.
— (2009): Die Vermessung der Kultur. Der „Atlas der deutschen Volkskunde" und die Deutsche Forschungsgemeinschaft 1928–1980. (Studien zur Geschichte der Deutschen Forschungsgemeinschaft, 5). Stuttgart.
— (2011): Das Europa der deutschen Volkskunde. Skizzen zu Internationalisierungsprozessen in der Europäischen Ethnologie des 20. Jahrhunderts. In: Johler, Reinhard et al. (Hg.):
Mobilitäten. Europa in Bewegung als Herausforderung kulturanalytischer Forschung.
37. Kongress der Deutschen Gesellschaft für Volkskunde in Freiburg im Breisgau vom
27. bis 30. September 2009. Münster et al., S. 425–434.
Schroubek, Georg R. (1968): Wallfahrt und Heimatverlust. Ein Beitrag zur religiösen Volkskunde der Gegenwart. Marburg.
Siuts, Hinrich (2011): Volkskunde an der Universität Münster im 20. Jahrhundert. Volkskunde und volkskundliche Thematik anhand der Vorlesungsverzeichnisse. In: Hartmann, Andreas et al. (Hg.): Die Macht der Dinge. Symbolische Kommunikation und kulturelles Handeln. Festschrift für Ruth-E. Mohrmann. Münster et al., S. 555–568.
Steininger, Rolf (2005): Operation „Marriage": Wie Nordrhein-Westfalen entstand. In: Ten-
felde, Klaus (Hg.): Befreites Land. Vom ‚Ruhrkessel' zur Gründung des Landes Nordrhein-
Westfalen. Bochum, S. 20–42.

Tiedau, Ulrich (2003): Schulte Kemminghausen, Karl August. In: König, Christoph (Hg.): Internationales Germanistenlexikon 1800–1950 (3 Bde). Bd. 3: R–Z. Berlin, S. 1675–1678.

Timm, Elisabeth (2014): Bruno Schier: volkskundliche Hausforschung wider besseres Wissen. In: Heuter, Christoph/Schimek, Michael/Vorwig, Carsten (Hg.): Bauern-, Herren-, Fertighäuser. Hausforschung als Sozialgeschichte. Eine Freundesgabe für Thomas Spohn zum 65. Geburtstag. Münster, S. 321–337.

Unger, Corinna R. (2007): Ostforschung in Westdeutschland. Die Erforschung des europäischen Ostens und die Deutsche Forschungsgemeinschaft, 1945–1975. (Studien zur Geschichte der Deutschen Forschungsgemeinschaft, 1). Göttingen.

Vom Brocke, Bernhard (1988): Wege aus der Krise: Universitätsseminar, Akademiekommission oder Forschungsinstitut. Formen der Institutionalisierung in den Geistes- und Naturwissenschaften 1810 – 1900 – 1995. In: König, Christoph/Lämmert, Eberhard (Hg.): Konkurrenten in der Fakultät. Kultur, Wissen und Universität um 1900. Frankfurt am Main, S. 191–215.

Wallerstein, Immanuel (1997): The Unintended Consequences of Cold War Area Studies. In: Chomsky, Noam et al. (eds.): The Cold War & The University. Toward an Intellectual History of the Postwar Years. New York, S. 195–231.

Warneken, Bernd Jürgen (1999): „Völkisch nicht beschränkte Volkskunde". Eine Erinnerung an die Gründungsphase des Fachs vor 100 Jahren. In: Zeitschrift für Volkskunde 95, S. 169–196.

— (2011): Der zähe Mythos von der Nationalborniertheit der frühen Volkskunde (1890–1914). In: Johler, Reinhard et al. (Hg.): Mobilitäten. Europa in Bewegung als Herausforderung kulturanalytischer Forschung. 37. Kongress der Deutschen Gesellschaft für Volkskunde in Freiburg im Breisgau vom 27. bis 30. September 2009. Münster et al., S. 310–316.

Weger, Tobias (2006a): Die Konstruktion einer Gruppe. Der 4. März 1919 als zentraler sudetendeutscher Erinnerungsort der Zwischenkriegsjahre. In: brücken. Germanistisches Jahrbuch Tschechien – Slowakei N. F. 14, S. 63–75.

— (2006b): „Völkische Wissenschaft" zwischen Prag, Eger und München. Das Beispiel Josef Hanika. In: Brenner, Christiane et al. (Hg.): Geschichtsschreibung zu den böhmischen Ländern im 20. Jahrhundert. Wissenschaftstraditionen – Institutionen – Diskurse. (Bad Wiesseer Tagungen des Collegium Carolinum, 28). München, S. 177–208.

Welz, Gisela (1994): Die soziale Organisation kultureller Differenz. Zur Kritik des Ethnosbegriffs in der anglo-amerikanischen Kulturanthropologie. In: Berding, Helmut (Hg.): Nationales Bewußtsein und kollektive Identität. Studien zur Entwicklung des kollektiven Bewußtseins in der Neuzeit. Bd. 2. Frankfurt am Main, S. 66–81.

Zimmermann, Volker (1999): Die Sudetendeutschen im NS-Staat. Politik und Stimmung der Bevölkerung im Reichsgau Sudetenland (1938–1945). Essen.

„Stand und politische Aufgabe der Volkskunde in der sowjetischen Besatzungszone"

Gerhard Heilfurths Expertise zur DDR-Volkskunde für das Bundesministerium für Gesamtdeutsche Fragen 1957

Karl Braun

Ein Bericht wird behördenintern weitergereicht

Am 13. März 1957 schreibt Friedrich von Zahn, Bundesministerium für Gesamtdeutsche Fragen, an die Deutsche Forschungsgemeinschaft:

„Betr.: Wissenschaftliche Volkskundearbeit

Sehr geehrter Herr Treue,
zum Stand und zur politischen Aufgabe der Volkskunde in der sowjetischen Besatzungszone hat Prof. Dr. Heilfurth eine umfangreiche Aufzeichnung mir überlassen, die ich Ihnen in einem Stück mit der Bitte übersende, sie freundlicherweise einer Durchsicht zu unterziehen. Die Aufzeichnung faßt knapp den gegenwärtigen Stand der wissenschaftlichen Volkskunde in der sowjetischen Besatzungszone zusammen und zeigt, welche Aufgaben der Volkskunde in der Bundesrepublik gestellt sind, wenn sie der neuesten Entwicklung auf diesem Gebiete Rechnung tragen und entsprechende Positionen aufbauen will, die in der Lage sind, diese Arbeit kritisch zu würdigen und anhand besserer Erkenntnisse richtig zu stellen."[1]

Da es sich bei der an die Forschungsgemeinschaft weitergereichten Fassung um eine undatierte Abschrift des Berichts handelt, bleibt unklar, wann Gerhard Heilfurth (1909–2006) den Bericht an das Ministerium für Gesamtdeutsche Fragen

---

1   Bundesarchiv Koblenz, Bestand B 227 (Deutsche Forschungsgemeinschaft) FC 1796 K. Az.: 026 49,5 Heft 1 (Bundesministerium für Gesamtdeutsche Fragen 1953–1958). Mein Dank gilt Frau Annegret Neupert vom Bundesarchiv; vor allem aber gilt er Friedemann Schmoll, der den Heilfurth-Bericht als Erster archivalisch erschlossen und mir seine Exzerpte und Aufzeichnungen dazu großzügigerweise zur Verfügung gestellt hat (Schmoll 2009: 245 f.). [Seit der Veröffentlichung von Schmoll hat sich die Signatur des Bestands geändert: Gültig ist B 227; 1796 K und nicht mehr, wie bei Schmoll noch angegeben, B 227; FC 7498 N.]

abgefasst und wann er ihn dort eingereicht hat.[2] Wahrscheinlich ist der Bericht
nach den Ereignissen in Ungarn am 23. Oktober 1956 entstanden. Denn die ge-
waltsame Beendigung des Reformkurses im Bruderland Ungarn durch die Sowjetunion hat für die sich noch gesamtdeutsch verstehende Volkskunde nachhaltige Folgen: Die von vorneherein umstrittene Entscheidung, den gemeinsamen
11. Deutschen Volkskundetag in Dresden vom 9. bis 13. April 1957 stattfinden
zu lassen, ist zum offenen Politikum geworden, Vorbereitung und Organisation
belastet beide Seiten. Dresden als Tagungsort war auf dem 10. Deutschen Volkskundetag, der vom 3. bis 6. August 1955 in Schleswig stattgefunden hatte, auf
der dortigen Abgeordnetenversammlung mehrheitlich beschlossen worden (Protokoll siehe Müns 1999: 122–125; Weckel 2001: 303–307)[3]; seine organisatorische Durchführung und Struktur war auf der Sitzung vom Hauptausschuss des
Verbandes der Vereine für Volkskunde am 6. Oktober 1956 in Gießen beraten
und weitgehend festgelegt worden (Protokoll siehe Müns 1999: 150, 151–158;
Weckel 2001: 312–324). Ein zähes Ringen um diese Beschlüsse und ihre Ausführung beginnt. Schließlich wird am 5. Februar 1957 der Dresdner Kongress
abgesagt. Damit ist klar, dass es keinen gesamtdeutschen Volkskundetag auf dem
Boden der DDR geben würde. Eine Eiszeit der gegenseitigen Beziehungen zeichnet sich ab.

Ob Gerhard Heilfurth diese Absage – die genaueren Umstände sind noch zu
erläutern – als Anlass zur Niederschrift genommen oder ob er daran bereits unter dem Eindruck der Gießener Hauptausschuss-Sitzung und unter der Vorgabe eines in der DDR stattfindenden Kongresses gearbeitet hat, muss Vermutung
bleiben. Zeitlich wäre, wenn auch sehr knapp, die erste Variante durchaus möglich: Der 22-seitige Bericht könnte durchaus nach dem 5. Februar 1957 verfasst,
Anfang März beim Sachbearbeiter von Zahn im Bundesministerium für Gesamtdeutsche Fragen eingegangen und von dort am 13. März an die Forschungsgemeinschaft überstellt worden sein.

In jedem Fall scheint es sich um eine Einzelaktion Gerhard Heilfurths gehandelt zu haben, über die weder die Leitungsgremien des Fachverbandes – Heilfurth war selbst Mitglied im Hauptausschuss – noch engere Freunde im Fach
Bescheid gewusst haben dürften. Heilfurths Einschätzung der DDR-Volkskunde

---

2   Gerhard Heilfurth hat für seinen Nachlass beim Universitätsarchiv der Philipps-Universität (Hes-
    sisches Staatsarchiv Marburg) eine Sperrung für 30 Jahre testamentarisch festgelegt.

3   Die in Müns (1999) abgedruckte Korrespondenz entstammt dem Bestand des Verbandes der Ver-
    eine für Volkskunde (dgv-Archiv) beim Deutschen Volkslied-Archiv (seit April 2014: Zentrum
    für populäre Kultur und Musik) in Freiburg. Der angekündigte Band 2, der die Texte von Band 1
    kommentieren sollte, ist nicht erschienen. Weckel (2001) hat neben dem dgv-Bestand in Freiburg
    vor allem das Archiv der Deutschen Akademie der Wissenschaften und den Nachlass von Wilhelm
    Fraenger eingesehen.

hätte den Vorsitzenden des Verbandes der Vereine für Volkskunde, Helmut Dölker (1904–1992), wohl kaum gefreut: Denn im Vergleich schneidet die Volkskunde an der Akademie und ihre Außenstellen besser ab als die volkskundliche Arbeit in der BRD, besser im Sinn von besser ausgestattet, in effizienter Weise wissenschaftlich und politisch erfolgreich arbeitend und international sichtbar. Das Fazit, das Heilfurth zieht, hätte Dölker wohl schon besser gefallen: Die BRD-Volkskunde brauche ein Pendant zur Akademie, ein wissenschaftliches Zentrum, das die Ost-Berliner Herausforderung annehmen und wissenschaftlich adäquat beantworten könne, jedoch ohne die dortigen ideologischen Einschränkungen. Heilfurth hat wohl nicht ganz uneigennützig gehandelt, deshalb die Geheimhaltung: Sollte ein solches volkskundliches Zentrum entstehen, dann unter seiner Federführung und vor allem ohne große fachinterne oder gar öffentliche Debatte über Standort und Ausrichtung.

Am 9. März 1957, also vier Tage bevor vom Ministerium Heilfurths Expertise an die Forschungsgemeinschaft überstellt wird, schreibt Heilfurth an Bruno Schier (1902–1984) und zur Kenntnis an Helmut Dölker:

„Die Dresdner Tagung fällt ja nun aus. Ich halte es für unglücklich, denn gerade im Augenblick wäre eine Stärkung der gutwilligen Intellektuellen durch eine solche Möglichkeit von großer Bedeutung gewesen.

Aber in all diesen Dingen herrscht ja eine geradezu erschreckende Instinkt- und Verantwortungslosigkeit. Das Problem der ‚inneren Wiedervereinigung' wird immer größer und komplizierter. Es geht nicht an, die Wiedervereinigung immer nur von hoher Warte aus nach außen hin mit großen Worten zu propagieren. Unentwegt müssen Mittel und Wege gesucht werden, sie innerlich zu vollziehen" (Müns 1999: 195).

Heilfurths Mittel und Wege hierzu waren wohl: nicht Ausgrenzung, sondern Wettstreit auf Augenhöhe. Sein Plan scheint aufgegangen zu sein: Ende 1959 wird Heilfurth nach Marburg berufen, bereits 1960 erfolgt die Gründung des *Instituts für mitteleuropäische Volksforschung* als mit eigener Rechnungshoheit ausgestattetes An-Institut der Philipps-Universität Marburg. 1961 löst Heilfurth Dölker ab und übernimmt den Vorsitz des *Verbandes der Vereine für Volkskunde*, überführt diesen 1963 in die *Deutsche Gesellschaft für Volkskunde*. Der erste Kongress mit dgv-Struktur, Thema „Arbeit und Volksleben", findet 1965 in Marburg statt, der zugleich – trotz Mauerbau 1961 – der letzte mit fast kompletter DDR-Präsenz sein wird (vgl. Braun 2012).

Zwei deutsche Volkskunden im Kalten Krieg: das Beispiel Dresden

Die Umstände der Absage des Dresdner Kongresses mit der als unpolitisch deklarierten Themensetzung „Volkskunst" können Mitte der 1950er Jahre als bezeichnend für den Zustand der beiden deutschen Volkskunden, für ihren Kampf um Deutungshoheit und für ihre jeweilige Instrumentalisierung an den Frontlinien des „Kalten Krieges" stehen. Thematisch konzentriert sich das Zerwürfnis auf die Volkskunde der Heimatvertriebenen – für die Volkskunde in der BRD Motor der Erneuerung des Faches, für die DDR Ausdruck der „revanchistischen" Ausrichtung des westdeutschen Staates (vgl. Braun 2012: 28 und ders. 2015). Auch das Thema Volkskunst steht an einer Bruchlinie des Faches: Für die DDR-Ethnologie im Gefolge der Sowjet-Ethnologie verweist der Begriff *Volkskunst* auf die soziokulturelle Produktivität und Innovativität unterer Volksschichten (vgl. Mohrmann 2006)[4], während ein Großteil der westlichen Volkskundler noch Hans Naumanns Konzept vom *gesunkenen Kulturgut* anhängt: Das Volk produziere kulturell nicht und nichts, sondern nehme hochkulturelle Phänomene nur auf, sei aber gleichzeitig der „primitiv-kollektive Mutterboden" der Kulturausprägung, an dem sich der Ursprung von Stamm, Sitte, Sprache, Siedlung erforschen ließe. So hatte Richard Weiß (1907–1962)[5], Verfasser der viel beachteten *Die Volkskunde der Schweiz. Grundriss* (1946) und durch dieses Werk Kronzeuge einer nichtnationalistischen Volkskunde, in der Gießener Diskussion um den Eröffnungsvortrag, den er beim Dresdner Kongress halten sollte, recht schroff geäußert: „Volkskunst existiert für mich als Volkskundler nicht" (Müns 1999: 152). Richard Weiss war derjenige, der wegen der Vorgänge in Ungarn am 27. November 1956 seinen zugesagten Beitrag – „[w]egleitend war für mich der menschliche Grund, dass es nicht angehe, Kollegen und Freunde in der DDR dauernd zu isolieren" – mit klaren Argumenten zurückgezogen hatte:

„Die menschlichen Gründe, die Freunde drüben nicht im Stich zu lassen, haben zwar durch den offenen Freiheitskampf vermehrtes Gewicht gewonnen; aber ebensosehr und noch mehr verbietet die Achtung vor den Blutopfern in Ungarn jede Annäherung an ein Regierungssystem, dessen Vertreter sich mit den Unterdrückern der ungarischen Freiheit solidarisch erklären, entschiedener sogar als andere kommunistische Regierungen" (Müns 1999: 166; Weckel 2001: 316 f.).

Dölker fragt bei Weiss an, ob er dessen „Brief in wörtlicher Abschrift an alle Beiratsmitglieder geben" dürfe, „alle sollen von Ihrer Entscheidung wissen, nicht nur die Herren Fraenger und Schewe", und merkt an:

„Wie beneide ich Sie, daß Sie Schweizer sind und Ihre Entschlüsse in diesem Fall frei fassen können" (Müns 1999: 173).

---

4   Siehe in diesem Band den Beitrag von Cornelia Kühn.

5   Zu Richard Weiss siehe den Beitrag von Konrad Kuhn in diesem Band.

Nach dem Rückzug von Weiss kommt die in Gießen mühsam ausgehandelte Vortragsarchitektur durch weitere Absagen durcheinander; Dölker will die von DDR-Seite vorgeschlagenen Ersatzpersonen, da ohne Beschluss ausgewählt, nicht akzeptieren; für Weiss war zum Beispiel aus Ungarn „Prof. Bela Gunda-Debrecen [...], der uns das schöne Thema: ‚Die Wohnstube als kultischer Raum' angeboten hat" (Müns 1999: 177; vgl. Weckel 2001: 318), ins Spiel gebracht worden. Auch die administrativen Probleme häufen sich; es scheint, als seien sie von Dölker bewusst eingesetzt worden, um über zeitliche Verzögerung in der gemeinsamen Organisation den Dresdner Kongress „platzen" zu lassen. Am 5. Februar, zwei Monate vor dem angedachten Beginn, ist es so weit: Von beiden Seiten wird der Kongress zeitgleich abgesagt.

Bei dieser doppelt erfolgten Absage hat Dölker allen Grund zur Freude: Der von ihm ungewollte und ungeliebte Kongressort ist gestrichen; zudem kann er den DDR-Verantwortlichen mit der Absage belasten. Denn Dölker gelingt es, die beiden bereits aufgegebenen Einschreibebriefe an die DDR-Mitglieder des Hauptausschusses, Wilhelm Fraenger (1890–1964) und Harry Schewe (1885–1963), abzufangen. Somit sind für das Nicht-Stattfinden des Kongresses in Dresden allein die Kongress-Ausrichter in der DDR selbst verantwortlich. Wilhelm Fraengers Absage-Telegramm vom 5. Februar hatte gelautet:

„Ernste Erkrankung von Professor Steinitz und eigener schwer angegriffener Gesundheitszustand machen für uns die Durchführung der Dresdner Tagung unmöglich. Brief folgt. Gruss Fraenger Volkskundeinstitut" (Müns 1999: 188).

In dem Brief, den Dölker an die beiden Berliner Hauptausschuss-Mitglieder abgeschickt und dann von der Post hatte zurückholen können, wird von seiner Seite *Dresden* nicht direkt und klar abgesagt, sondern es wird eine Reihe aufkommender Schwierigkeiten benannt:

„[...] daß sich kaum mit großer Teilnahme der Verbandsmitglieder an einer Tagung in Dresden rechnen lässt. Unter solchen Umständen müsse man [...] dem Vorstand für den Augenblick von der Durchführung der Tagung in Dresden abraten. [...] Ich danke Ihnen recht herzlich für Ihre Bemühung und bitte Sie – sicherlich auch in Ihrem eigenen Sinn –, daß wir uns von Mensch zu Mensch nicht böse sein wollen wegen dieser Entwicklung der Dinge und wegen der Arbeit und Sorge, die Sie sich zusammen mit anderen Kollegen umsonst gemacht haben" (ebd.: 186).

Dölker schickt diesen Brief ebenfalls am 5. Februar zur Kenntnis an die westdeutschen Mitglieder des Hauptausschusses, die er intern befragt hatte, wie sie zum Tagungsort Dresden stünden:

„Für bedingungslose Durchführung der Tagung ist niemand; dagegen liegen verschiedene Stimmen für die klare Absage vor; die anderen sprechen sich entweder für unbestimmte Verschiebung aus oder halten, eine Tagung in der DDR grundsätzlich weiterhin bejahend, eine zeitlich verschränkte Verschiebung im gegenwärtigen Augenblick für möglich oder für angebracht.

Ich handle also Ihren Meinungen nicht entgegen, wenn ich gleichzeitig den beiliegenden Brief mit der Absage der Dresdner Tagung in je einer Originalausfertigung an die Herren Schewe und Fraenger schicke (eingeschrieben). Ich sehe keinen anderen Weg, der unter den gegebenen Umständen gangbar wäre" (ebd.: 187).

Einen Tag später, am 6. Februar, nach Empfang des Telegramms von Fraenger und der geglückten Rückholung der Briefe nach Berlin-Ost, telegrafiert Dölker bezüglich des gerade zitierten Briefes an die westdeutschen Mitglieder des Hauptausschusses:

„Rundbrief mit Durchschlag vom 5. 2. überholt. Bitte sofort beides vernichten und nicht darüber sprechen" (Müns 1999: 189; Weckel 2001: 320).

Dölkers in diesem Licht etwas heuchlerisches Hand-Ausstrecken des „deswegen gegenseitig von Mensch zu Mensch Nicht-böse-sein-Wollens" wird von Fraenger volkstümlich derb beantwortet. Er schickt an die Mitglieder des Hauptausschusses eine Todesanzeige folgenden Inhalts:

„Tieferschüttert geben die Hinterbliebenen bekannt, dass am 5. Februar 1957 spätnachmittags der teuergewordene Dresdener Kongress nach langem schweren, mit großer Geduld getragenen Leiden endgültig verschieden ist. Schon seine Geburt wurde nur von den allernächsten Verwandten freudig begrüßt. Jedoch die Vernachlässigung seitens der Familienältesten und schließlich die Erkrankung seiner lieben Eltern, die als einzige noch für seine künstliche Ernährung sorgten, führten seinen allzu frühen Tod herbei. Die Leidtragenden, die jedoch auf einen bloßen Scheintod und auf fröhliche Urständ im Jahr 1958 hoffen!!!" (Weckel 2001: 324).

Es muss für Dölker, der Fraengers realistischen Sarkasmus als „sehr gezwungenwitzig" (ebd.) charakterisiert, eine große Genugtuung gewesen sein, dass die Dinge sich so entwickelt hatten: War er schon in Schleswig 1955 nicht für den Kongressort Dresden gewesen und hatte das dortige Ergebnis der Wahl als Niederlage erlebt, so war von seiner Seite alles unternommen worden, das auf der Hauptausschuss-Sitzung am 6. Oktober 1956 in Gießen Ausgehandelte hinsichtlich der Durchführung des Kongresses möglichst zu hintertreiben. So hatte Fraenger heftigen Protest gegen das Gießener Protokoll und dort enthaltene, jedoch seiner Meinung nach nicht besprochene Passagen eingelegt, zum Beispiel die Behauptung, es sei festgelegt worden, im Vorfeld des Dresdner Kongresses eine Delegiertenversammlung des Verbandes auf bundesrepublikanischem Boden stattfinden zu lassen (vgl. Müns 1999: 169; Weckel 2001: 316)[6].

Es gibt jedoch einen weiteren Grund für Dölkers Zufriedenheit; und der ist politisch motiviert und politisch brisant: Durch den Wegfall *Dresdens* muss er sich gegenüber Regierungsinstitutionen nicht mehr rechtfertigen, im Gegenteil, er kann Oberregierungsrat Dr. Chyla im *Ministerium für Gesamtdeutsche Fragen* am 12. Februar 1957 erleichtert mitteilen: „Soviel ist sicher, daß wir zunächst die Frage losgeworden sind" (Müns 1999: 190). Denn die *Frage*, das Problem des Kongressortes Dresden, hatte zu Nachfragen und Beanstandungen sowohl seitens des *Ministeriums für Gesamtdeutsche Fragen* als auch des *Ministeriums für Vertriebene, Flüchtlinge und Kriegsgeschädigte* geführt. Ein zentraler Vorwurf hatte in einem Schreiben vom 23. März 1956 an Alfons Perlick (1895–1978), den Leiter der *Kommission für Volkskunde der Heimatvertriebenen*, über den die ministeriale Anfrage abgewickelt wurde und mit dem sie vorbesprochen war, gelautet: „ungeschickte Versammlungsleitung".

„Dagegen ist auf dem Volkskundekongress in Schleswig 1955 es den Vertretern der sowjetzonalen Volkskunde dank der ungeschickten Versammlungsleitung geglückt, bei einer Abstimmung über den nächsten Tagungsort Dresden durchzusetzen. Ein Teil der Volkskundler der Bundesrepublik wird sich aus naheliegenden politischen Gründen an diesem Kongress voraussichtlich nicht beteiligen können" (Müns 1999: 132; vgl. Weckel 2001: 311).

Am 4. August 1955 war Dresden als Kongressort gewählt worden; bereits am 13. August versucht Dölker, einer etwaigen Kritik an dieser Entscheidung vorzubauen. An Ministerial Dr. Kipp im *Ministerium des Innern* schreibt er:

„Die Abgeordnetenversammlung brachte die einzige mir wenig angenehme Überraschung. (Ich berichte Ihnen jetzt sofort darüber, damit Sie nicht etwa von anderer Seite die Mitteilung, vielleicht gar in entstellter Form, zuerst erhalten möchten.) Nach der Satzung hat die Abge-

---

6 Es scheint zwei Protokoll-Varianten der Gießener Sitzung zu geben; die Monita von Fraenger finden sich nicht in dem bei Müns abgedruckten Protokoll, dort heißt es, dass „Mittwoch, den 10. April: Beginn mit der Abgeordnetenversammlung ½ 9–10 Uhr" sein solle (1999: 157), bei zu geringer Beteiligung in Dresden jedoch keine Abgeordnetenversammlung stattfinden würde (ebd.); von einer *Vor*versammlung in der BRD ist nicht die Rede. Fraenger spricht diese aber ausdrücklich an und zitiert: „Heute erhielt ich es [das Protokoll, Anm. KB] und finde darin tatsächlich den in Giessen gar nicht eingebrachten Vorschlag als Beschluß fixiert, die Abgeordnetenversammlung solle ‚zeitlich unmittelbar vor der Dresdner Tagung an einem günstig am Reiseweg nach Dresden gelegenen Ort der Bundesrepublik stattfinden'"(ebd.: 169). Weckel zitiert einen Brief des Mitglieds im Hauptausschuss, Kurt Ranke, und nimmt ihn als Beleg, dass „diesbezüglich […] das Protokoll bewußt fingiert" gewesen sei (2001: 316).

ordneten-Versammlung Ort und Zeit der nächsten Tagung zu beschließen. Seit dem Kongress in Passau (1952) liegen vom Osten her Anträge vor zur Wahl einer Stadt jenseits der Zonengrenze als Tagungsort. Bisher ist es gelungen, diese nicht zur Abstimmung zu bringen. Diesmal ließ sich kein plausibler Grund finden, die Abgeordneten der Entscheidung zu entheben, als Dresden in durchaus einwandfreier Weise zum Tagungsort vorgeschlagen wurde. Wider allgemeines Erwarten – es waren nur 5 östliche Stimmen unter 53 – zersplitterten sich die Stimmen für Tagungsorte im Bundesgebiet so sehr, daß Dresden mit 17 Stimmen an der Spitze stand und als Tagungsort für das Frühjahr 1957 vorgesehen werden mußte" (Müns 1999: 126 f.).

Neben Dresden als Tagungsort, den Fraenger laut Dölker „nicht ungeschickt und nicht unsympathisch" (ebd.: 127) begründet hatte, waren Trier (14 Stimmen), Nürnberg (13), Dortmund (9) und Mainz (1) als weitere mögliche Veranstaltungsorte angetreten. Dölker hatte die Möglichkeit der Zersplitterung bei 5 zur Wahl stehenden Orten unterschätzt. Das Protokoll der Vorstandssitzung des *Verbandes der Vereine für Volkskunde* vom 3. August 1955, also einen Tag vor der Wahl in der Abgeordnetenversammlung, vermerkt hinsichtlich dieser Frage:

„DÖLKER: Frage der nächsten Tagung. Zeit: Frühjahr 1957. […] An Tagungsorten kommen in Frage: Dresden (Vorschlag der Ostzone); vorbereitet ist Dortmund; eine Zusage liegt allerdings noch nicht vor; die finanziellen Aussichten sind gut. Grund dieses Vorschlags: Industriegebiet.
RITZ: Es liegt eine Einladung von Nürnberg (Germanisches Museum) vor.
MEISEN schlägt das Moseltal vor.
DÖLKER: eine Einladung ist auch von Mainz ergangen. […]
MEISEN: wir legen alle Vorschläge der Abgeordnetenversammlung vor.
SEEMANN frägt, über wieviel Stimmen die Abgeordneten des Ostens verfügen, um einen Überblick zu gewinnen, wie groß die Chancen des Ostens für dessen Vorschlag bei einer Zersplitterung der Vorschläge des Westens sind.
Da nach Auskunft DÖLKERS die Stimmzahl des Ostens sehr gering ist, wird beschlossen, als Vorschlag des Westens vier Orte zu nennen: Nürnberg, Mainz, Trier und Dortmund" (ebd.: 121).

Dass neben den 5 DDR-Stimmen (falls die DDR-Abgeordneten geschlossen abgestimmt hatten) sich immerhin 12 westdeutsche Kollegen für Dresden entscheiden würden, das hatte Dölker – bei dem Überangebot an BRD-Standorten – nicht ins Kalkül gezogen: So kann die Zersplitterung der abgegebenen Stimmen durchaus Dölker als Vorsitzendem und Versammlungsleiter zugerechnet werden.
    Es erstaunt, dass Dölker im Vorstand den Vorschlag Dortmund sehr unpräzise präsentiert, obwohl er im Vorfeld Fraenger gegenüber, der ihn in Stuttgart besucht hatte, „erklärte, dass die Mitgliederversammlung in Schleswig die Abstim-

mung zwischen Dortmund (...) und Dresden zu treffen habe" (Weckel 2001: 305, Auslassung im Original), da beide Orte seit dem 9. Volkskundetag in Celle 1954 zur Disposition stünden. Wesentlich präziser als Dölker erläutert der potenzielle Mitausrichter, Perlick, die Dortmunder Ausrichtung vor der Abstimmung in der Mitgliederversammlung:

> „Ich überbringe die Einladung des Westfälischen Heimatbundes, den Kongreß im Raum des Ruhrgebietes abzuhalten. Hier kann man Volkskunde als Sozialwissenschaft studieren: Arbeitervolkskunde, Großstadtvolkskunde, bergmännische Forschung, Brepohls Institut[7], Bergwerkmuseum. Landschaftlich schön sind die Randgebiete" (Müns 1999: 124).

Dölker dürfte um die inhaltliche Seite des Dortmund-Vorschlags detailliert gewusst haben: Warum hat er *Dortmund* nicht direkt gegen *Dresden* gesetzt, sondern die Entscheidung dem freien Spiel der Kräfte in der Konkurrenz mit Nürnberg („[d]ie einzigartigen Sammlungen der Sachvolkskunde haben ihre Pforten wieder geöffnet", ebd.) und Trier („Trier ist sehr alt, [...] ist das Zentrum der Mosel und des Moselweins", ebd.) überlassen? Hat ihn eine innere Ablehnung, eine Distanz zum Vorschlag *Ruhrgebiet – Dortmund*, aus welchen Gründen auch immer, sowohl eine strategisch angebrachte Vorabklärung innerhalb der westdeutschen Mitglieder des Hauptausschusses vernachlässigen als auch das Gewicht des Dresden-Vorschlags unterschätzen lassen? Wir wissen es nicht.

Wurde Dölker die „Indifferenz" gegenüber Dortmund als Benachteiligung der Heimatvertriebenen-Volkskunde angerechnet? Dölker war schon einmal – nachdem für den Celler Kongress 1954 der Begriff *Heimatvertriebenen-Volkskunde* aus dem Programm genommen worden war, um den DDR-Mitgliedern die Teilnahme zu ermöglichen, und zudem Fraenger in Celle referiert hatte – im Bundesministerium des Innern „inquisitorisch" befragt und zugleich beauftragt worden, keine Redner aus der DDR mehr zuzulassen; in einer Gesprächsnotiz hat Dölker das ihm Gesagte so festgehalten:

> „[...] die Rednerliste sei dann eben voll, und weitere Meldungen können nicht angenommen werden. Der Minister könne einfach seine Hand nicht dazu geben, daß Leute herüberkommen und vor uns ihre Propagandareden halten; dazu könne er sein Geld nicht hergeben" (Weckel 2001: 302).

---

7   Wilhelm Brepohl (1893–1975), Leiter der Sozialforschungsstelle Dortmund, Schwerpunkt „industrielle Volkskunde" und der gesellschaftliche Wandel von der agrarischen zur industriellen Lebensform.

Der ministeriale Rüffel wegen Unterlassung „intensiver Aufklärung bzw. Bearbeitung der Mitglieder des Verbandes" (Müns 1999: 135) sowie wegen Führungsschwäche, den Dölker infolge der Entscheidung für Dresden hatte einstecken müssen, war über Perlick, der in Schleswig den Vorschlag Dortmund eingebracht hatte, gelaufen. Perlick, Gründer der *Ostdeutschen Forschungsstelle im Lande Nordrhein-Westfalen* und Vorsitzender der *Kommission der Volkskunde für Heimatvertriebene*, wusste, dass beim Veranstaltungsort Dresden alle Bezüge zur Vertriebenen-Volkskunde ausgeblendet bleiben müssten. Und wie es scheint, hatte Perlick die drei beteiligten Ministerien – Inneres, Gesamtdeutsche Fragen und Vertriebene – gut zu nutzen gewusst: Dölker war zur Verteidigung gezwungen.

Der Rüffel aus dem *Ministerium für Vertriebene* hatte dazu geführt, dass Dölker nun im engen Kontakt mit Chyla vom *Ministerium für Gesamtdeutsche Fragen* handelte. Sowohl vor der Gießener Sitzung des Hauptausschusses als auch vor der absehbaren Absage des Dresdner Kongresses seinerseits hatte Dölker Chyla informiert und die entsprechenden Interna berichtet, für die Absage bittet er nun um Zustimmung (vgl. Weckel 2001: 319). In einer Notiz über ein Gespräch mit Chyla, das Dölker auf der Rückfahrt von Bonn im Zug an den Geschäftsführer der Verbandes, Heinz Schmidt-Ebbinghaus, verfasst, schreibt er am 7. September 1956, also vor der Gießener Versammlung und vor der Ungarnkrise:

„Gespräch freundlich, offen, sympathisch. Es handle sich bei dem Schreiben damals[8] um den interministeriellen Austausch von Nachrichten. Er sei erstaunt, dass man mir das dort so einfach vorgelegt habe. Von wem die Mitteilungen? Das blieb dunkel.

Unsere Situation genau durchgesprochen; ihm war das meiste unbekannt; was etwa die Geschichte unseres Verbandes und dessen Beziehungen zum Osten betrifft.

Ihm klar, dass der fachliche ‚Wettbewerb' aufgenommen werden müsse, aber dazu der ‚zweizonige' Verband nicht recht geeignet am meisten wegen der Störung der Intimität des Hauptausschusses durch die 2 Ostmitgl. und ihrer Abhängigkeit von St. [Wolfgang Steinitz, Anm. KB] [...]

---

8   Es handelt sich hier um den Brief des Bundesministeriums für Vertriebene vom 23. März 1956 an den Verband der Vereine für Volkskunde über den Vorsitzenden der Kommission für Volkskunde der Heimatvertriebenen, Alfons Perlick. Das Schreiben nimmt Vorwürfe des Ministeriums für Gesamtdeutsche Fragen auf, unter anderem den Tagungsort Dresden durch „ungeschickte Verhandlungsleitung"; daneben wird erwähnt: Versuch allgemeiner Einflussnahme „von sowjetzonaler Seite [...] auf die Verbandsführung", vor allem hinsichtlich der Vertriebenen-Volkskunde, die Steinitz beim 1954er-Kongress abgesetzt sehen wollte, und der Abwerbeversuche junger Wissenschaftler (Müns 1999: 132 f.).

Das auf weite Sicht. Nun zur Nähe – Dresden. Wenn es ‚demokrat.' Grund zur Aufgabe gibt, dann aufgeben. [...] Wenn nicht, dann so harmlos wie möglich ablaufen lassen; er spricht mit Staatssekretär darüber, u. wir sollen Verbindung halten" (Müns 1999: 144).

„Wenn es ‚demokrat.' Grund zur Aufgabe gibt, dann" ..., aber offenbar fand sich kein einleuchtender demokratischer Grund, wobei zu fragen bleibt, ob eine entschiedene Stellungnahme, wie die von Richard Weiss wegen der Ereignisse in Ungarn, nicht zu einer Absage hätte führen können.

Das politisch motivierte Geplänkel bis zum 5. Februar 1957 geht weiter, der angesprochene „fachliche ‚Wettbewerb'" fällt dabei unter den Tisch. Gerhard Heilfurth hat das als Herrschaft „erschreckender Instinkt- und Verantwortungslosigkeit" bezeichnet und im „fachlichen Wettbewerb" die Führung mit seiner Expertise über die DDR-Volkskunde übernommen.

Dölker erwähnt in seinem Brief an Schmidt, dass ihm „Heilfurth [...] bei Ankunft Hbf Bonn in die Hand" (ebd.) gelaufen sei, dass sie gemeinsam Mittag gegessen und sich nach Dölkers Gespräch mit Chyla nochmals getroffen hätten. Es wäre allerdings interessant zu wissen, was Heilfurth an diesem 7. September 1956 in die Bundeshauptstadt geführt und was so nebenbei diesen volkskundlichen Zufall, sicher voller Information für Heilfurth, herbeigeführt hatte.

DDR-Volkskunde nach Gerhard Heilfurth

Heilfurths Expertise über „Stand und politische Aufgabe der Volkskunde in der sowjetischen Besatzungszone"[9] lässt sich folgendermaßen umreißen:

Er konstatiert die hohe Wissenschaftlichkeit der DDR-Volkskunde,
– die gut gesteuert vom Institut für Volkskunde an der Akademie – „Charakter einer Zentrale" (Heilfurth: 8) – arbeitet und zudem über ausreichend Mittel und Personalstellen verfügt
– und die durch eine Neuausrichtung der Aufgabenstellung für die Volkskunde – sie setzt vor allem auf eine Kultur „von unten" –
– „systemunterstützende Volksbildungsarbeit" (ebd.: 13) leistet, durch welche „die seelischen Bereiche, die durch die ideologischen Schulungs- und Propagandakurse nicht erreicht werden, [...] zum Teil aufgefüllt werden" (ebd.: 14).
– Sowohl durch die wissenschaftliche als auch durch die Massenwirksamkeit genießt die Volkskunde der DDR internationale Sichtbarkeit und hohe Reputation auch außerhalb der sowjetischen Einflusszone,

---

9   In der Folge im Text als „Heilfurth" zitiert.

– was bei der „trostlosen Lage der Volkskunde in Westdeutschland" (ebd.: 13)
dazu führt, dass die DDR-Volkskunde durchaus nachvollziehbare Attraktivität
für Nachwuchswissenschaftler aus der BRD besitzt.
– Trotz aller ideologischen Beschränkungen – „ganze Primitivität des Ansatzes"
(ebd.: 6) – entwickele sich die Volkskunde in der DDR in einer Weise dyna-
misch und zukunftsweisend,
– dass die Volkskunde in der BRD dieser Dynamik nichts Gleichwertiges entgegenzusetzen habe und
– folglich ein „entsprechendes Gegengewicht" (ebd.: 21) brauche, „einen
Schwerpunkt [...], von dem aus wirksam und repräsentativ gearbeitet werden
kann, um die Zersplitterung und Resignation der Kräfte durch positive und
konstruktive Zusammenfassung zu beheben" (ebd.: 21 f.).

Zweifellos handelt es sich bei Heilfurths Schrift um einen äußerst geschickt kom-
ponierten Text, der mit allen Sentiments und Ressentiments des Kalten Krieges
zu spielen versteht: Wettbewerbs-Werbung par excellence. Die Volkskunde kann
auf Abwege gelangen, und sie ist auf Abwege gelangt; Heilfurth legt die mögliche
Verstrickung der Volkskunde kontrapunktisch an:

„Und so wird die Wissenschaft, die das Volksleben in all seiner Vielfalt erforschen will, von vielen Seiten befragt und behelligt, und nur gar zu leicht ist dabei dem Missbrauch dieser jungen
und ungefestigten Disziplin Tür und Tor geöffnet – dieser Disziplin, die ja [...] eine komplexe
Wissenschaft ist und als solche, oft obendrein ‚verführt vom Umfang des funkelnden und, ach,
so viel missbrauchten Wortes *Volk*', leicht ihr Maß verliert" (ebd.: 1 f.).

Woher das Zitat im Heilfurth-Text stammt, ist unklar, aber die hervorgehobene
Interjektion des klagenden „ach" für „das so viel missbrauchte Wort ‚Volk'", das
trotzdem „funkelnd" zu fungieren weiß, ist mehrdeutig angelegt: Diese 1956/57
geleistete Charakterisierung des Begriffes *Volk* mag sowohl die vergangene nationalsozialistische Verstrickung als auch die gegenwärtig vor sich gehende „Bol-
schewisierung der Wissenschaft und der gesamten kulturellen Praxis" (ebd.: 2)
bezeichnen – der unterschwellig angelegte gemeinsame Nenner heißt Diktatur.
Doch Heilfurth spricht den Nationalsozialismus direkt an, allerdings in den
Worten des *Deutschen Jahrbuchs für Volkskunde*, das für die Akademie von Wilhelm Fraenger und Ingeborg Weber-Kellermann herausgegeben wird und das
Heilfurth so charakterisiert: „[...] ein eindrucksvolles Organ, das die westdeutsche Zeitschrift für Volkskunde an Eindruckskraft durchaus überflügelt" und das
„überall, auch in der westlichen Welt, zustimmende Aufnahme gefunden hat"
(ebd.: 20).

„So hatte sie [die Volkskunde, Anm. KB] auch in der Zeit des Nationalsozialismus so tiefrei-
chende Verfälschungen und missbräuchliche Interpretationen über sich ergehen lassen, dass
nach dem Zusammenbruch eine allgemeingültige Rehabilitierung zunächst kaum möglich erschien und nur ein wissenschaftlich so integrer und international bewährter Gelehrter wie
Adolf Spamer den Neuaufbau eines volkskundlichen Wissenschaftsgebäudes im Rahmen eines
Akademieforums wagen konnte. […] Wir konnten […] durch unsere abgeschlossenen und
unsere laufenden Arbeiten zur Rechtfertigung der Volkskunde als Wissenschaft beitragen und
uns gleichberechtigt einreihen in den Kreis der europäischen Forschung, der wir nach allen Seiten hin freundschaftlich verbunden sind'" (zitiert nach ebd.)[10].

Und Heilfurth suggeriert, dass die Erfolge der DDR-Volkskunde gerade aus der
Nutzung von Bedürfnissen hinter den „tiefreichenden Verfälschungen und miss-
bräuchlichen Interpretationen" bestehen könnten:

„Es läßt sich keineswegs leugnen, dass es hier durch zähe Arbeit, die finanziell großzügig gefördert wird, gelungen ist, Kräfte ins Spiel zu bringen, die ihre Wirkung haben. Diese Aktion
[Volkskunstbewegung, Anm. KB] hat vor allem deshalb ganz bestimmte Erfolge, weil sie sich
mit nationalistischen Tendenzen, mit dem vielzitierten Patriotismus und mit der Heimatbewe-
gung verbindet und so geschickt an emotionale Bestände anknüpft, an Sentiments und Ressentiments, die aus dem Faktum der unbewältigten Vergangenheit in unserem zerstörten und
zerrissenen Volk resultieren. Es sei noch mal auf das geistig-seelische Vakuum […] aufmerksam
gemacht, das durch die verschiedensten Faktoren, wie den Zusammenbruch unserer Volksordnung, den Abbruch unserer Geschichte, die Reduktion unseres kirchlichen Lebens, das missbrauchte und enttäuschte Vertrauen usw. entstanden ist" (ebd.: 17).

Heilfurth spricht hier ein Thema an, das in den zuständigen Ministerien auf offene Ohren gestoßen sein und Unbehagen hervorgerufen haben dürfte: Die DDR
hat einen Hebel gefunden, mit dem sie das Volk, trotz diktatorischen Regierens,
dennoch gewinnen kann. Der wissenschaftlich sauber und effektiv arbeitenden
Volkskunde an der Akademie gelingt es, über eine breit angelegte Institutionalisierung von „Volkskunst" die Bedürfnislage der Menschen nach der Nieder-
ringung des Nationalsozialismus zu treffen und sie so in den neuen sozialistischen Staat einzubinden. Wann und wo die – auf ganz verschiedenen Ebenen
des „Volkslebens" geschehenen und geschehenden – Vorgänge, wie „Zusammenbruch unserer Volksordnung", „Abbruch unserer Geschichte", „das missbrauchte
und enttäuschte Vertrauen", anzusiedeln wären, bleibt in der Schwebe, aber herausgestellt wird: Die DDR weiß diese Ereignisse über die Instrumentalisierung

---

10   Heilfurth gibt an, die Fahnen des 2. Bandes des Deutschen Jahrbuchs für Volkskunde eingesehen
     zu haben, der 1956 erschienen ist. Ich konnte den Textauszug im DJfV 2 (1956) nicht auffinden.

der Volkskunde zu einer „intensiven politischen Klassenerziehung und Massenformierung unter dem Signum ‚Aufbau der Volkskultur'" (ebd.: 17) zu nutzen. Eine perfide Strategie: Denn die Gewinnung des Volkes – „bei der stammescharakterlichen Agilität der Mitteldeutschen eine sehr lebendige Bewegung" (ebd.: 12) – geht in einer Weise vor sich, dass trotz ideologischer Einflussnahme „die Objektivität weitgehend gewahrt ist" (ebd.: 17).

Diesen gelingenden „Spagat" führt Heilfurth auf die Führungskompetenz von Wolfgang Steinitz (1905–1978), Leiter des Volkskundeinstituts an der Akademie, und auf die daraus resultierende Struktur des volkskundlichen Arbeitens zurück, die er als Zusammenspiel von Mitarbeitern „aus der alten Schule" und marxistisch überzeugten Führungskräften beschreibt:

„Den wissenschaftlichen Hintergrund [...] bildet die große Reihe tüchtiger Mitarbeiter, durchweg noch aus der alten Schule, die glücklich sind unter den in der Zone gegebenen Verhältnissen wieder unbehelligt forschend tätig sein zu können, zumal ihnen die trostlose Arbeitssituation der Volkskunde in der Bundesrepublik einschließlich Westberlin ihre Lage in einem günstigen Licht erscheinen lässt. Sie können unter dem Schutz von Steinitz[11] unbehelligt und unter günstigen, wirtschaftlichen Bedingungen wissenschaftlich arbeiten, zumal ja auf der obersten Ebene des Berliner Instituts mit seinen Zweigstellen die Objektivität weitgehend gewahrt ist.

Auf dieser Ebene wird eine sehr repräsentative, publizistische Tätigkeit entfaltet, unter der Beteiligung westdeutscher, österreichischer und schweizer Volkskundler, so dass die Repräsentation der Disziplin dem Ausland gegenüber in einer einseitigen Weise auf das Berliner Institut konzentriert erscheint" (ebd.).

Mit diesen Sätzen endet – gefolgt von einer Präsentation der Schriftenreihe – die Strukturbeschreibung des Instituts für Volkskunde an der Akademie; begonnen hatte sie, dieselbe Thematik behandelnd, so:

„Dieser Zusammenhang ist streng nach bolschewistischem Vorbild unter taktischen Zugeständnissen an die deutsche Situation ideologisiert worden. [...] Die Indienststellung zahlreicher Kräfte für diesen Aufbau geschah unter Ausnutzung wirtschaftlicher Not, aber auch unter Ausnutzung der inneren Arglosigkeit, der Machtfremdheit gerade geistiger Menschen. Die Führung liegt dabei durchweg bei linientreuen Kommunisten" (ebd.: 2).

---

11   Wie recht Heilfurth mit dieser Einschätzung hat, mag der Einsatz für die „bürgerlichen Mitarbeiter" an der Akademie und die Verteidigung ihrer Position in den Reden, die Steinitz im ZK der SED gehalten hat (vgl. Steinitz/Kaschuba 2006: 323–373), belegen.

Dazwischen entfaltet Heilfurth gemäß seinem Titel über „Stand" und „politische Aufgabe" ein plastisches Bild der DDR-Volkskunde; es handelt sich um ein Crescendo, das mit harter ideologischer Keule einsetzt und mit neidloser, aber kompetenter wissenschaftlicher Anerkennung endet.

Dieser Spannungsbogen beginnt mit dem ideologischen, von der sowjetischen Ethnografie geprägten Hintergrund. Auf diesem entfaltet sich der politisch motivierte, jedoch im emotionalen Bereich angesiedelte Zugriff auf das „Volk" durch den „Aufbau der Volkskultur" in positiver Weise, kurz: die Bewegung für Volks- und Laienkunst als „weite Ausmünzung der Volkskunde ins Politische" (ebd.: 16).

„Ein solcher Einbau der Volkskunde in die politische Theorie, in das Schema des auf die politischen Erfordernisse abgewandelten Marxismus, hat natürlich für alle Interessierten eine außerordentlich einleuchtende Wirkung, und so hat die Volkskunde in der sowjetischen Besatzungszone allmählich eine angesehene Stellung errungen, die überdies – und das ergab sich als angenehmer Zusatz – mit einigem Geschick für die Kontaktnahme mit der westlichen Wissenschaft auszunutzen war" (ebd.: 4).

Der Architekt dieser erstaunlichen sowohl politischen wie wissenschaftlichen Leistung ist Wolfgang Steinitz,

„[...] nicht nur Kommunist, sondern auch Gelehrter mit der notwendigen Laufbahn. [...] Er ist Mitglied des Zentralkomitees der SED und führender Mann in der Deutschen Akademie der Wissenschaften zu Berlin. [...] Beide Funktionen statten ihn mit großer politischer Macht aus. Er war schon vor 1933 Kommunist, ist dann emigriert. [...] Steinitz berief sich für die Neuformierung der Volkskunde auf die Bedeutung der Ethnographie in der Sowjetunion" (ebd.).

Bevor Heilfurth zur detaillierten Vorstellung des Volkskundeinstituts an der Akademie durch die Auflistung der Kapazität und der assoziierten Außenstellen (Forschungsstelle Dresden, Wossidlo-Archiv Rostock und enge Zusammenarbeit mit dem Bautzener *Institut für sorbische Volksforschung*) sowie zu Kurzcharakteristiken der dort beschäftigten Personen (ebd. 10 ff.) übergeht, skizziert er zusammenfassend die „Aufgabenstellung" der wissenschaftlichen Volkskunde in der DDR: Es geht um die Erforschung

a) des nationalen Kulturerbes, insbesondere der „Elemente einer demokratischen und sozialistischen Kultur" (Lenins Zwei-Kulturen-Konzept),
b) der Lebensweise der Werktätigen (Arbeiter und Bauern),
c) der Ethnogenese des deutschen Volkes und

d) der historisch-kulturellen Wechselbeziehungen zu den Nachbarvölkern, „etwa zu den Slawen und Romanen" (vgl. ebd.: 7 f.).

Heilfurth sagt es nicht, aber es liegt offen auf der Hand: Die westdeutsche Volkskunde, noch dem Begriff *Volkstum* verhaftet und in der als neu verkauften Heimatvertriebenen-Volkskunde nur rückwärts gerichtet modernisiert (das heißt Beibehaltung stammheitlicher Orientierung und der Prämissen von Sprachinsel- und Grenzlandvolkskunde), sieht neben der DDR-Programmatik – im wörtlichen Sinn – „alt" aus. Zwar ist diese „alt gebliebene" Modernisierung in der BRD durchaus politisch erwünscht, aber es fehlt dennoch die Dynamik, die zu einer entsprechenden staatlichen Förderung jenseits der Vertriebenen-Volkskunde beitragen würde; zu spärlich fließen die Gelder, die ein Gegengewicht zur internationalen Reputation der DDR-Volkskunde hätten begründen können.

Heilfurths Kernaussage – neben dem hohen Lied auf die Wissenschaftlichkeit der Akademie-Volkskunde, mit welchem das Crescendo zu einem Ende mit Aufforderungscharakter findet – lautet also: Die Volkskunde der BRD hat der nach außen scheinbaren Objektivität wie auch der „flüssigen Grenze zwischen Volkskunde und Volksbildung bzw. Kulturpolitik" (ebd.: 2) kaum etwas entgegenzusetzen. Denn sie muss wegen mangelnder politischer Einsicht und damit auch mangelnder Unterstützung ihre Existenz an der akademischen Peripherie fristen. Heilfurth mag dabei übertreiben, aber dennoch trifft er den Kern des Problems. In der DDR ist die Volkskunde unter den neuen wissenschaftlichen Fragestellungen und dem neuen Paradigma *Volkskunst*, das heißt der schöpferischen Kraft unterer Volksschichten, auf gesellschaftlichem Vormarsch, während sie im geistigen Leben der BRD – auch wegen der veralteten Innovativität der Vertriebenen-Volkskunde – gesellschaftlich weitgehend ungehört und somit isoliert bleibt.

Heilfurths Text wirkt für die Leser in den Ministerien und in den Institutionen für Forschungsförderung wie eine Art „Strudel": Die Leser werden zuerst in eine durchaus ideologisierte Wissenschaftspraxis hineingezogen, aber dann in eine wissenschaftlich dennoch sehr sauber arbeitende Disziplin entlassen, und dies immer unter der Vorgabe und dem Wissen, dass die eigenen politischen Institutionen zwar über eine Antwort auf ideologischem Gebiet verfügen, aber keinerlei wissenschaftlichen Gegenpart aufzustellen wissen: dass sie zwar recht haben, aber dennoch auf der Verliererseite stehen.

Heilfurth malt in Schwarz-Weiß; wahrscheinlich sieht er die BRD-Volkskunde nicht so hilflos und marginalisiert, wie er sie schildert; wahrscheinlich glaubt er selbst nicht ganz an die dargebotene Erfolgsgeschichte des gelingenden „Aufbaus der Volkskultur" durch Volks- und Laienkunst der DDR. Für seinen machiavellistischen Zweck aber muss er alle Schattierungen weglassen, muss die Volkskunde in der DDR höher und die in der BRD niedriger hängen, als er diese vielleicht gesehen hat. Und dennoch hat er – trotz aller inhaltlich-rhetorischen Raffinesse – mit seinem Gemälde tendenziell recht, denn wissenschaftliche Leistung lässt sich nicht mit ideologischem Gegenwind ausheben. Bei all dem Kleinkrieg um den Dresdner Kongress findet sich auf der westdeutschen Seite keinerlei wissenschaftliche Offensive; Austricksen im Protokoll und inhaltsleeres Ausgrenzen sind zu wenig.

Dölkers Coup des Zurückholens der westdeutschen Absage-Briefe verschleiert diese Schwäche nach außen; aber Heilfurths Entwurf geht über solche gemeisterten Kalamitäten weit hinaus. Er zeigt: Die volkskundliche Politik der BRD geht an der eigentlichen Herausforderung vorbei, verfehlt sie und verliert sich in ermüdendem und zudem unproduktivem Geplänkel auf Nebenschauplätzen. Heilfurth spürt, dass auch die westdeutsche Volkskunde eines paradigmatischen Wechsels bedürfte, weiß aber noch nicht genau anzugeben, wohin die Reise gehen soll; aber er stößt mit seiner Expertise diese Reise dennoch an:

„Dieser gefährlichen Entwicklung (Erfolge der DDR-Volkskunde, Anm. KB) müßte rasch, energisch, und zielbewusst begegnet werden dadurch, dass die volkskundliche Wissenschaft in der Bundesrepublik endlich einen Schwerpunkt bekommt, von dem aus wirksam und repräsentativ gearbeitet werden kann […].

Von einem solchen Schwerpunkt aus gelte es, die volkskundliche Forschung aus einer weithin hilflosen Begrenztheit zu wissenschaftlichen Leistungen auf der Höhe unserer Zeit und zur Gewinnung des entsprechenden Nachwuchses – hier ist bereits bedrohlich viel versäumt worden – herauszuführen […].

Es wird vorgeschlagen, zu dem Zweck ein Institut für europäische Volkskunde ins Leben zu rufen und zwar im Rahmen einer westdeutschen Universität, denn der lebendige Zusammenhang von Forschung und Lehre muss von vornherein gewährleistet sein" (ebd.: 21 f.).

Gerhard Heilfurths Expertise „Stand und politische Aufgabe der Volkskunde in der sowjetischen Besatzungszone" stellt neben der Überwindung der „geradezu erschreckenden Instinkt- und Verantwortungslosigkeit" in volkskundlich deutsch-deutschen Dingen ein Glanzstück wissenschaftspolitischer Argumentation und Prosa dar.

Obwohl noch einige Forschung notwendig ist, Heilfurths Text wird in der Geschichte der Umgestaltung der Volkskunde in den 1950er und 1960er Jahren einen wichtigen Platz beanspruchen dürfen, auch wenn durch den Mauerbau 1961 die deutsch-deutschen Verhältnisse sich grundlegend gewandelt hatten und der Wettbewerb zwischen der Berliner Akademie und dem neu eingerichteten Zentrum in Westdeutschland, dem *Institut für mitteleuropäische Volksforschung* in Marburg, nicht mehr in der Weise stattfinden konnte, wie ihn Heilfurth sich wohl gewünscht hätte.

Literatur

Braun, Karl (2012): Gerhard Heilfurth und das Marburger „Institut für mitteleuropäische Volksforschung". Dichte Beschreibung der Neugründung eines volkskundlichen Instituts im Jahr 1960. In: ders./Dieterich, Claus-Marco/Schönholz, Christin (Hg.): Umbruchszeiten. Epistemologie & Methodologie in Selbstreflexion. Dokumentation der dgv-Hochschultagung 2010 in Marburg. Marburg, S. 19–43.

— (2015): Versteckte, aber innovative Selbstkritik. Ingeborg Weber-Kellermanns Kritik an der Sprachinselvolkskunde und der Entwurf der Interethnik. In: Johler, Reinhard/Kalinke, Heinke/Marchetti, Christian (Hg.): Volkskundlich-ethnologische Perspektiven auf das östliche Europa. Rückblicke – Programme – Vorausblicke. München (im Erscheinen).

Mohrmann, Ute (2006): „Volkskunst" – die Basiskultur von damals? In: Steinitz, Klaus/Kaschuba, Wolfgang (Hg.): Wolfgang Steinitz. Ich hatte unwahrscheinliches Glück. Ein Leben zwischen Wissenschaft und Politik. Berlin, S. 154–171.

Müns, Heike (1999): „Das Problem der inneren Wiedervereinigung wird immer größer ..." Briefe, Dokumente und Referate zur volkskundlichen „Ostforschung" 1951–1962. Bd. 1. Marburg.

Schmoll, Friedemann (2009): Die Vermessung der Kultur. Der „Atlas der deutschen Volkskunde" und die Deutsche Forschungsgemeinschaft 1928–1980. Stuttgart.

Steinitz, Klaus/Kaschuba, Wolfgang (Hg.) (2006): Wolfgang Steinitz. Ich hatte unwahrscheinliches Glück. Ein Leben zwischen Wissenschaft und Politik. Berlin.

Weckel, Petra (2001): Wilhelm Fraenger (1890–1964). Ein subversiver Kulturwissenschaftler zwischen den Systemen. Potsdam.

Die Etablierung der Vertriebenenvolkskunde: Kontinuitäten – Kontroversen – Konzepte

Elisabeth Fendl

Nicht schon wieder die Vertriebenenvolkskunde – wird der eine/die andere denken. Was diesen Forschungszweig betrifft, haben „Rückschau und Selbstvergewisserung […]", wie Heinke Kalinke (2015) kürzlich gezeigt hat, „Tradition in einem Umfang, der im Vergleich mit anderen Teildisziplinen der Volkskunde/Europäischen Ethnologie/Empirischen Kulturwissenschaft überrascht". Das liege zum einen, so Kalinke, an dem Wunsch, sich von bestimmten Forschungstraditionen, von Forscherpersönlichkeiten auch, zu distanzieren, zum anderen daran, dass die Erforschung historischer und kultureller Phänomene durch die Nachkriegsentwicklung erheblich erschwert gewesen sei und so nach wie vor Forschungsdesiderate bestünden, betrachte man etwa das Thema der deutschen Minderheiten in Ostmittel- und Südosteuropa, das Phänomen der Umsiedlerbauern oder den Bereich der Erinnerungskultur in der DDR (ebd.).

Nicht nur aus „anlassbezogener Pflichtschuldigkeit" (ebd.) jedoch soll hier über die „Etablierung der Vertriebenenvolkskunde", über „Kontinuitäten – Kontroversen – Konzepte" gehandelt werden, sondern weil bei aller geschehener Bilanzierung dennoch einige Fragen ungeklärt sind, die hier nicht vollständig beantwortet, aber zumindest gestellt werden sollen.

Im September 1949 hat Josef Hanika auf der ersten Nachkriegstagung des Verbandes der Vereine für Volkskunde in Freiburg in seinem Beitrag „Volkskunde und Heimatverwiesene" eines der zentralen Forschungsgebiete der deutschen Nachkriegsvolkskunde vorgestellt (Hanika 1949). Er war nicht der Erste, der vonseiten des Verbandes die Bedeutung dieses Themas anmahnte. Kurz zuvor etwa hatte sich John Meier dazu folgendermaßen geäußert: „Das beinahe wichtigste und vordringlichste Thema ist aber die Rolle der ‚Volkskunde bei den Ostflüchtlingen'. Es gilt den Flüchtlingen die geistige Verbindung mit der einstigen Heimat zu erhalten und für die Weiterübermittlung an die nächste Generation zu sorgen: Geht die Verbindung mit dem früheren Volkstum verloren, so werden

Abbildung 1: Johannes Künzig inmitten einer „Fahrtengruppe", Limbach/Hliník, Kleine Karpaten, 1930er Jahre. Quelle: Institut für Volkskunde der Deutschen des östlichen Europa, Freiburg (IVDE), Bildarchiv, Fk00967

die Flüchtlinge unweigerlich zum Proletariat und gehen vor die Hunde" (Meier 1949, zitiert nach Schmoll 2010: 324).[1]

Das von Josef Hanika auf der Freiburger Tagung vorgetragene „Konzept" der Heimatvertriebenenvolkskunde zeigte ganz deutlich und ohne jede Distanzierung die Nähe zur Sprachinsel- und Grenzlandvolkskunde. Auf diese thematischen und theoretischen Kontinuitäten, nicht nur bei Hanika, wurde bereits verschiedentlich hingewiesen. Zuletzt konstatierte Friedemann Schmoll eine „lediglich terminologische Kosmetik und ein[en] semantischen Umbau der Begrifflichkeiten" (2010: 324). Volkskundler wie Josef Hanika und Bruno Schier hätten daran mitgearbeitet, durch „erneute Nützlichkeits- und Anwendungsversprechen", durch die „Einpassung an neue gesellschaftliche Bedarfslagen" (Schmoll 2007: 191) dem Fach wieder zu einer Konjunktur zu verhelfen. Dabei handelte

---

1   John Meier an Friedrich Schmidt-Ott, 2.8.1949, Abschrift, Deutsches Volksliedarchiv (DVA) Freiburg, Ordner 102: allg. Korrespondenz, 1948–49, Sch–Z.

es sich eben häufig nur um eine begriffliche Anpassung der Grenzlandvolkskunde und der der Auslandsdeutschen (ebd.), in die viele der Protagonisten der Vertriebenenvolkskunde eingebunden waren.

Will man die Geschichte der Vertriebenenvolkskunde schreiben, scheint es geboten, zunächst noch intensiver der „Vorgeschichte" ihrer Gründerväter, ihren in die Zwischenkriegszeit zurückreichenden Ansätzen, Methoden und Theorien nachzugehen. Für den Bereich der Sprachinselvolkskunde forderte Martin Zückert zudem zu Recht „sowohl eine Betrachtung im Gesamtzusammenhang der interdisziplinären Volksforschung als auch eine zeitlich und regional bzw. national differenziertere Auseinandersetzung als die bisher erfolgte" (2004: 6).

Das Beispiel Josef Hanika

Der im Jahr 1900 im westböhmischen Mies geborene Josef Hanika hatte sich 1937 mit einer Arbeit über *Sudetendeutsche Volkstrachten* habilitiert. Dank der Forschungen von Tobias Weger (2006) und Martin Zückert (2001) liegen detaillierte Kenntnisse zu seiner Tätigkeit in den 1930er Jahren vor.[2] Bereits seit Ende der 1920er Jahre hatte Hanika sich intensiv mit Trachten beschäftigt, ab Mitte der 1930er Jahre wurden sie – immer mehr auch als Teil der „praktischen Volkstumsarbeit" und politisch immer stärker aufgeladen – zu seinem Forschungsschwerpunkt (Weger 2006: 181–188; Zückert 2001: v. a. 207 f.). Als wissenschaftlicher Beamter in der „Sudetendeutschen Anstalt für Landes- und Volksforschung" in Reichenberg baute Hanika als Außenstelle eine volkskundliche Forschungsstelle in Eger auf. Tobias Weger hat auf die propagandistische Dimension der Trachtenpflege und Trachtenerneuerung hingewiesen, die man zum Beispiel anhand der (von Hanika begleiteten) Auftritte von Trachten- und Volkstanzgruppen auf Veranstaltungen der nationalsozialistischen Gemeinschaft KdF nachvollziehen könne (2006: 187).

Hanikas Habilitation über die Grundlagen der weiblichen Tracht, erschienen in Reichenberg im Jahr 1937, war ursprünglich geplant als Band 1 einer groß angelegten Dokumentation sudetendeutscher Trachten. Als Herausgeber des Projektes fungierte die Akademie der Wissenschaften in Prag. Deren Präsident Otto Grosser machte 1943 die Dringlichkeit dieser Forschungen deutlich. Sie seien,

---

2   Tobias Weger analysierte 2006 anhand der umfangreichen NSDAP-Personenakte Hanikas im Berlin Document Center dessen Tätigkeit während des „Dritten Reiches"; Martin Zückert analysierte für seine Arbeit 2001 eine große Zahl von Quellen aus Prager Archiven (Archiv der Akademie der Wissenschaften, Archiv des Innenministeriums, Staatliches Zentralarchiv, Archiv der Karls-Universität u. a.).

Abbildung 2: Bestickter Hemd-
ärmelbesatz („Gnawrik" oder
„Muadl") einer erneuerten Ege-
rer Frauentracht, auf dessen
Innenseite das Herstellungsda-
tum 1938 vermerkt ist. Quelle:
Egerland-Museum Marktred-
witz

so schreibt er, „mit Rücksicht auf die besonderen Verhältnisse des Sudetenrau-
mes nicht nur wissenschaftlich, sondern auch volkspolitisch von Wichtigkeit".[3]

Um historische und erneuerte Trachten in den verschiedenen Teilen des Su-
detenlandes zu dokumentieren, warb Hanika 1942 die Fotografin Steffi Breidler
aus Kapfenberg in der Steiermark als Mitarbeiterin an. Die bisher nicht bearbeiteten Unterlagen zu dieser planmäßigen, von Prag und Eger aus koordinierten
Trachtenerfassung finden sich heute im Státní okresní archiv Cheb (Kreisarchiv
Eger) und im Muzeum Cheb (Museum Eger).

Josef Hanika selbst beschreibt 1944 in einem Lebenslauf seine damalige Tätigkeit folgendermaßen:

> „Die politische Lage erforderte im Jahre 1938 einen erhöhten Einsatz aller Kräfte im Volks-
> tumskampf. Ich wurde von der Volksgruppenführung beauftragt, im Rahmen der sudeten-
> deutschen Schutzverbände die Leitung der Trachtenerneuerung zu übernehmen. Es ging dabei
> nicht um romantische Schwärmerei oder Altertümelei, die Tracht wurde als Mittel im Volks-
> tumskampf eingesetzt, das Tragen der Tracht wurde zu einer Demonstration des völkischen

---

3   Brief von Prof. Dr. Otto Grosser an die Firma Gebr. Böhler, Edelstahlwerke, Kapfenberg/Steier-
     mark, Prag 12. 4. 1943 (Privatbesitz).

Abwehr- und Behauptungswillens und vertrat für die Frauenschaft die politischen Uniformen auch bei politischen Kundgebungen. [...] Ihren Höhepunkt und ihre Erfüllung fand diese Rolle der Tracht beim Einzug des Führers in Eger; bei dieser Massenkundgebung auf dem Marktplatz erschienen die Frauen durchwegs in Egerländer Tracht."[4]

Tobias Weger hat diesen Text, in dem Josef Hanika 1944 ausführlich über seine Rolle bei der Trachtenerneuerung berichtet, erstmals publiziert und analysiert (Weger 2006: 185 f.; vgl. dazu ders. 2002). Der Text stellt nicht nur ein interessantes Beispiel für die Vereinnahmung beziehungsweise das Sich-vereinnehmen-Lassen der Volkskunde dar und macht deutlich, wie politisch der scheinbar unpolitische Bereich Kleidung/Tracht gedacht werden muss, er verdeutlicht auch, dass eine Betrachtung des Nachkriegsengagements der Vertreter der Vertriebenenvolkskunde ohne eine genaue Analyse von deren „Vorgeschichte" unvollständig ist.

Die Volkskunde und die Heimatvertriebenen

Die während der Freiburger Tagung 1949 vorgelegten „Konzepte" zeigen, dass man die damalige Chance, die Erforschung von Kultur und Geschichte der deutschen Vertriebenen im Zusammenhang einer „umfassenden politischen Neuordnung Europas" zu betreiben, kaum genutzt hat (Schmoll 2010: 324), obwohl aus eigenen Reihen schon früh vor nicht thematisierten Kontinuitäten gewarnt wurde (Dow 2004: 12). Auf dem 1951 in Jugenheim stattfindenden Allgemeinen volkskundlichen Kongress gab es zum Beispiel solche kritischen Stimmen. So plädierte Walter Wiora in seinem Vortrag „Die Stellung der Volkskunde im Kreise der Geisteswissenschaften" dafür, dass sich die Wissenschaft der Gegenwart stellen solle: „Will sie [die Volkskunde, Anm. EF] zu einem Überbleibsel aus dem 19. Jahrhundert erstarren, während sich in dieser Zeitenwende Volk, Gesellschaft, Kultur von Grund aus wandeln und diese Völkerwanderungen und -wandlungen so ungeheuren Stoff zur Beobachtung und so ungeheure Aufgaben zur Erkenntnis bieten, wie wohl noch niemals eine Gegenwart?" (1952: 9 f.). Nur zwei Wochen später, das sei am Rande bemerkt, trat Walter Wiora – enttäuscht? – überraschend für alle Beteiligten von der Verbandsarbeit zurück.

In Freiburg blieb es nicht nur bei Statements, sondern man fasste auf dieser Tagung auch den Beschluss, eine wissenschaftliche Kommission zur Erforschung der Volkskunde der Heimatvertriebenen zu gründen, die ebenso wie die 1951 in Jugenheim geforderte „Zentralstelle für Volkskunde der Heimatvertriebenen" mit Mitteln des Bundesministeriums für die Angelegenheiten der Vertriebenen (ab 1954 Bundesvertriebenenministerium) betrieben werden sollte

---

4   Bundesarchiv Berlin-Lichterfelde, BDC, PK Josef Hanika, Lebenslauf (1944).

(Schmidt-Ebhausen 1955: 201). Ein im Auftrag des Verbandes dafür eingesetz-
ter „Aktionsausschuss" nahm die Verhandlungen auf und bereits auf dem Allgemeinen volkskundlichen Kongress in Passau 1952 konnte der Ausschuss die
erfolgte Errichtung der Zentralstelle unter Leitung von Johannes Künzig vermelden. Die Materialgrundlage stellte das von Künzig in seiner bis dahin privaten
Forschungsstelle Gesammelte dar.

In einer eigenen – damals viel beachteten – Sektion „Volkskunde der Heimatvertriebenen" hatte man in Jugenheim stärksten Nachdruck „auf die dringliche,
unaufschiebbare Aufgabe" gelegt, „durch gemeinsame Anstrengungen das gefähr-
dete Gut [der Vertriebenen, Anm. EF] dem Leben oder, soweit dies nicht möglich sein sollte, der Erinnerung und Wissenschaft zu erhalten" (Künzig 1951: 1).
Immer wurde also zur damaligen Zeit in unserem Fach neben der wissenschaftlichen die angewandte Volkskunde mitgedacht. Das drückt sich auch darin aus,
dass die Sektion den Titelzusatz „Wissenschaft und Praxis" trug (Bericht 1952:
75). Der Sektionsleiter, Josef Hanika, formulierte: „Für die Volkskunde ergibt
sich die Aufgabe, das volkstümliche Überlieferungsgut der Heimatverwiesenen
in einem verstärkten Einsatz zu sammeln [...]. Es ist weiter unsere Aufgabe, das
gesammelte Material so aufzubereiten, daß es der praktischen Kulturarbeit [...]
unmittelbar zu Gute kommt" (1952: 76).

Bei der Sammel- und Dokumentationstätigkeit des ersten Jahrzehnts der Heimatvertriebenenvolkskunde waren die Übergänge „in Richtung auf weniger
streng wissenschaftliche, eher dilettierende Bemühungen von Heimatforschern
verschiedener Provenienz in den Reihen der Heimatvertriebenen selbst" (Bausinger 1987: 182) fließend. Festgemacht an den Vorträgen von Johannes Künzig
und Eugen Lemberg, hat James R. Dow 2004 die unterschiedlichen Positionen innerhalb der frühen Vertriebenenvolkskunde dargestellt, die sich zwischen
„Sammeln und Pflege des Herkömmlichen" und Erforschung von „neuen Kul-
turerscheinungen" und sozialem Wandel bewegten (Dow 2004: 15), ihren ein-
deutigen Schwerpunkt allerdings auf Erstem, eben auf dem Sammeln hatten.

„[D]ie zum ersten Mal in der volkskundlichen Öffentlichkeit auftretenden
Vertreter der ‚Heimatvertriebenen-Volkskunde' konnten sich so recht im traditionellen Kanon tummeln, ein vermeintlich neues, legitimes Feld volkskundlicher Tätigkeit beschreiten bzw. sich mit nationalistischen Thesen hervortun"
(Jacobeit 2000: 79) – so liest sich die „Abrechnung" Wolfgang Jacobeits mit Jugenheim in seiner im Jahr 2000 erschienenen Autobiografie. James R. Dow hat
Jacobeits hier nicht vollständig zitierte Kritik in einigen Punkten widerlegt, dennoch wird hier ganz richtig auf das Problem der Kontinuitäten hingewiesen, die
unübersehbar waren und sind. Diese Kontinuitäten lassen sich unter anderem
an der in Jugenheim beschlossenen Gründung der „Zentralstelle für Volkskunde
der Heimatvertriebenen", dem späteren Johannes-Künzig-Institut und heutigen

Institut für Volkskunde der Deutschen des östlichen Europa (IVDE), Freiburg, aufzeigen.

Jugenheim und die Folgen

„In der Einsicht, daß die Volksüberlieferungen der Heimatvertriebenen von raschem Verfall bedroht sind, hält der Deutsche Volkskunde-Kongreß in Jugenheim eine umfassende Bestandsaufnahme für unaufschiebbar und beschließt, dafür einen Aktionsausschuß zu bilden und die bereits bestehende Forschungs- und Beratungsstelle auszubauen, die aufs engste mit den regionalen Sammelstellen, Instituten, Landsmannschaften und den bisherigen Einrichtungen des Verbandes zusammenarbeiten wird. Die Ergebnisse sollen sowohl der Forschung wie der Betreuung dienen."[5]

So lautete eine in Jugenheim verfasste Resolution. Während Johannes Künzig dabei die Aufgabe zugedacht wurde, systematisch Aufnahmen in den einzelnen Vertriebenenlagern und Vertriebenensiedlungen zu machen, sollte sich Alfred Karasek den „ständige[n] Beobachtungen der volkskundlichen Neuformungserscheinungen" widmen.[6]

Johannes Künzig, der als Leiter der „Zentralstelle" die Fachaufsicht über die Landesstellen in Berlin (Volkskundliche Forschungsstelle unter Barbara Pischel), Bremen (Forschungsstelle für ostdeutsche Volkskunde unter Alfred Cammann), München (Institut für Kultur- und Sozialforschung unter Josef Hanika), Freiburg (Badische Landesstelle für Volkskunde, ostdeutsche Abteilung unter Johannes Künzig), Stuttgart (Landesstelle für Volkskunde der Heimatvertriebenen unter Friedrich Heinz Schmidt-Ebhausen), Dortmund (Ostdeutsche Forschungsstelle im Land Nordrhein-Westfalen unter Alfons Perlick) und Hannover (Forschungsstelle für ostdeutsche Landes- und Volkskunde unter Oskar Karpa) innehatte, beschäftigte sich fast ausschließlich mit der Rekonstruktion der Lebens- und Überlieferungswelt der Heimatvertriebenen vor 1945. Dabei hinterfragte er diese Konzentration auf die Materialsammlung methodisch kaum, so Martin Zückert, und betrieb sie, um es vereinfachend zu sagen, als eine „Kompensation" der früheren Arbeit in der Ostforschung (2007: 20).

Die „volkskundliche Geländearbeit" Künzigs, etwa im Sinne eines Karl Haiding, seine Mitarbeit in der 1937 gegründeten Rosenberg'schen „Arbeitsgemeinschaft für Deutsche Volkskunde" oder seine Arbeiten für das „Zentralarchiv der Erzählforschung" (Marburg) sind auf jeden Fall genauer zu untersuchen.

---

5   Rundschreiben im Karasek-Archiv (fortan KA), IVDE Freiburg.

6   Brief von Josef Hanika an den Verband der Vereine für Volkskunde, 25.4.1951, KA.

Abbildung 3: Johannes Künzig als Teilnehmer einer Fahrtengruppe in die Slowakei, Floßfahrt
auf dem Dunajec. Quelle: IVDE Freiburg Fk01090

Wie Johannes Künzig 1955 ohne Zurückhaltung darlegt, konnte er

„[…] auf zehn größeren Studienfahrten fast alle Kolonisationsräume bis Wolhynien und zur
Krim kennenlernen und in mehreren Gebieten, besonders des Südostdeutschtums, forschend
und sammelnd arbeiten. Von einer zur anderen Fahrt wurde mir deutlicher, wieviel unsere
binnendeutsche Volkskunde draußen bei den Neustämmen an Erkenntnissen auch für unsere
Heimatgebiete gewinnen konnte. Diese Erlebnisse waren entscheidend für meinen Entschluß,
angesichts der Zerschlagung des Ostdeutschtums, nachdem ich einige Jahre in der Sozialbe-
treuung der Vertriebenen gestanden hatte, zur Sammlung der volkskundlichen Überlieferung
der Heimatvertriebenen aufzurufen und mich seitdem ganz in den Dienst dieser Aufgabe zu
stellen" (1955: 204).

Die in den 1950er und 1960er Jahren mit damals modernster technischer Ausstattung unternommenen „Rettungsfeldzüge" hatten es zur Aufgabe, den „Reich-
tum und die Mannigfaltigkeit der volkskundlichen Überlieferungen in den Ost-
gebieten" zu belegen und Teile dieses „geistig-seelischen Besitz[es]" zu retten und

Abbildung 4: Bus der Teilnehmer der Künzig'schen Slowakei-Fahrt 1939 in einem slowakischen Dorf. Quelle: IVDE Freiburg Fk01126

zurückzugeben.[7] Johannes Künzig betonte immer wieder die gesellschaftliche Relevanz der Arbeit der Zentralstelle und ähnlicher Einrichtungen, die einer Proletarisierung der Vertriebenen entgegenwirken würden. Bei dem, was – „gewissermaßen in letzter Stunde" (ebd.: 204) – gesammelt und archiviert wurde, wurde der Maßstab des „Reinen" und „Authentischen" angelegt. Die Unmittelbarkeit der Tonaufnahme sei, so Künzig, „allen schriftlichen Darstellungen überlegen" (1960: 273). Die mithilfe des Tonbands aufgenommenen „Selbstaussagen" wurden als „zuverlässigste" Quellen (Künzig 1955: 206) betrachtet und kaum einer Quellenkritik unterzogen.

Auf dem im August 1952 in Passau stattfindenden Allgemeinen volkskundlichen Kongress berichtete Johannes Künzig erstmals vor einem größeren Kreis über „seine" Zentralstelle. Er tat das auf der Sondertagung „Methodische Fragen zur Volkskunde der Vertriebenen", auf der Alfons Perlick über die „Arbeit einer

---

7   Künzig, Johannes (um 1955): Zentralstelle für Volkskunde der Heimatvertriebenen, ihre Aufgabe und ihre Zielsetzung. Hauptstaatsarchiv München. MArb, vorl. Nr. 5052.

Abbildung 5: Sammelaufruf Johannes Künzigs (1951)

Landesstelle" und Alfred Karasek über die von ihm durchgeführten „Volkskundlichen Reihenuntersuchungen im Flüchtlings-Grenzauffanglager Piding/Oberbayern" sprachen. Wie Friedemann Schmoll gezeigt hat, ist die Abhaltung dieser Sondertagung Ergebnis einer Auseinandersetzung des Verbandes mit Wolfgang Steinitz, von 1954 bis 1963 Vizepräsident der Deutschen Akademie der Wissenschaften der DDR, die sich bereits vor dem Kongress an der „Vertriebenenvolkskunde" und deren „politisierter Terminologie" entzündet hatte. Steinitz drängte darauf, die Vertreter der Vertriebenenvolkskunde und ihre Beiträge nicht ins offizielle Tagungsprogramm aufzunehmen,[8] im Gegenzug versprach er – so Schmoll – „sich auf dem Kongress jeglicher politischer Positionierung zu enthalten" (2009: 256). Die Tatsache, dass er dieses „Versprechen" nicht eingehalten hat und während des Kongresses massive Kritik an der Vertriebenenvolkskunde übte, führte zu einem Briefwechsel zwischen dem Verband und den zustän-

---

8 Aber: In der Sektion „volkskundlich-soziographische Gegenwartsfragen" unter Leitung von Josef Hanika waren bereits Referate von Alfred Karasek-Langer („Volkskundliche Wandlungen unter dem Vertriebenenzustrom") und Heinz Schmidt-Ebhausen („Volkskundliche Gegenwartsfragen in einem Umsiedlerdorf") angekündigt.

digen Ministerien (dem Bundesministerium für Gesamtdeutsche Fragen sowie dem Ministerium für die Angelegenheiten der Vertriebenen).[9] Dabei musste Helmut Dölker, Vorsitzender des Verbandes der Vereine für Volkskunde, vor allem dazu Stellung nehmen, dass Steinitz in seiner Kritik gegen die Vertriebenenvolkskunde und generell gegen den Begriff „Vertriebene" einige Mitglieder mit einbezogen hatte, indem er bemerkte, „Mitglieder des Verbandes seien auch seiner Ansicht".[10]

Die Tatsache, dass während des Kongresses auf der Feste Oberhaus drei Sonderausstellungen gezeigt wurden, von denen eine Trachtenbilder von Herta Karasek-Strzygowski und der bekennenden Nationalsozialistin und festen Mitarbeiterin des SS-Ahnenerbes, Erna Piffl-Moser, zeigte (Programm 1952), taucht in diesen Diskussionen nicht auf. Die Bilder Piffl-Mosers gelten heute als „Ausdruck eines politisch ambitionierten Kulturkampfes" (Wallnöfer 2008: 44).

Die Förderung der Heimatvertriebenenvolkskunde

Dieser Passauer Konflikt, der den Beginn eines Auseinanderdriftens der beiden deutschen Volkskunden, der „Entschwisterung" wie Friedemann Schmoll (2009: 256) es nennt, markiert, macht eines deutlich, was in der Beschäftigung mit der Vertriebenenvolkskunde bisher zu wenig beachtet wurde: Die Geschichte der Heimatvertriebenenvolkskunde ist auch die Geschichte ihrer permanenten finanziellen Förderung durch die Bundesregierung. In seinem Aufsatz „Osteuropa, die deutschen Vertriebenen und die Volkskunde. Kulturwissenschaftliche Perspektiven auf ein schwieriges Forschungsfeld" ging Martin Zückert (2004) kurz auf die Beweggründe für die Initiierung der Kommission für Volkskunde der Heimatvertriebenen ein und beschrieb sie als weitaus vielschichtiger als bisher dargestellt. Er machte deutlich, dass unter anderem auch ganz praktische und taktische Gründe wie etwa die Sicherung des eigenen Forschungsfeldes und damit zusammenhängend bisweilen des eigenen Arbeitsplatzes eine Rolle bei der Propagierung und beim Ausbau der Heimatvertriebenenvolkskunde gespielt hätten (ebd.: 1 f.).

Fördergrundlage sowohl der Kommission wie auch der Zentralstelle waren und sind der § 96 des 1953 erlassenen Bundesvertriebenen- und Flüchtlingsgesetzes. Aufgrund dieser intern auch „Kulturparagraf" genannten Bestimmung verpflichten sich der Bund und die Länder, dafür Sorge zu tragen, das Kulturgut der früher von Deutschen (mit-)bewohnten Gebiete in Ostmittel-, Ost- und Südosteuropa im „Bewußtsein der Vertriebenen und Flüchtlinge, des gesamten deutschen Volkes und des Auslandes" zu erhalten, „Archive, Museen und Bi-

---

bliotheken zu sichern, zu ergänzen und auszuwerten sowie Einrichtungen des Kunstschaffens und der Ausbildung sicherzustellen und zu fördern". Auch diesbezügliche Wissenschaft und Forschung seien zu fördern. Der dieser Förderung zugrunde liegende Kulturbegriff war nach Kurt Dröge lange geprägt von der „undefinierten, hohlen Floskel des nationalen ‚kulturellen Erbes der Ostgebiete‘", den er ähnlich schwer zu fassen fand, wie die Formel von der „Brückenfunktion" des „gemeinsamen kulturellen Erbes" und den Begriff „Kulturgut" selbst (2000: 3). Alle diese Bezeichnungen implizierten „etwas Gegebenes, Statisches, Greifbares, Wertvolles", das zu erhalten sei, und blende den „ständigen Wandel von Kultur, vor allem der Alltagskultur und deren Dynamik" aus (ebd.).

Dem ist prinzipiell zuzustimmen, was jedoch die Kommission betrifft, war es das Ministerium, das immer wieder „zeitgemäßere" Arbeitsschwerpunkte einforderte. So heißt es in der Niederschrift der Sitzung des Verwaltungsausschusses der Kommission für Volkskunde der Heimatvertriebenen im März 1954 im Punkt „Wünsche und Stellungnahme des Bundesministeriums für Vertriebene":

„Wenn anfänglich die Aufzeichnung und Rettung des überlieferten Guts der Heimatvertriebenen vom Bundesministerium aus als die vordringlichste Aufgabe der Kommission angesehen wurde, so ist es jetzt der Meinung, daß auf Grund des zeitlichen Fortschritts und der damit geänderten Verhältnisse nunmehr die ‚Eingliederungsforschung‘ mehr in den Vordergrund der Beachtung zu treten habe. Und zwar müsse zu der Sammlung von Material über den Wandlungsprozeß und die Neubildung von Volksgut auch die dokumentarische Festlegung für die Öffentlichkeit kommen."

Diese sei am besten durch ein von der Kommission herausgegebenes, seit 1955 vom Bund finanziertes Jahrbuch zu erreichen.[11] Aus diesem Wunsch des Zuwendungsgebers ergab sich folgende Neuformulierung der Arbeitsaufgaben der Kommission: „Erhaltung und wissenschaftliche Erforschung des Volksguts der Heimatvertriebenen und seiner Neubildung und Wandlungen im Gefolge der Austreibung und Neueinwurzelung".[12]

Neue Konzepte?

Zum raschen „Erfolg" der Heimatvertriebenenvolkskunde haben neben der starken finanziellen Unterstützung von staatlicher Seite auch personelle Kontinuitäten aufseiten der Forscher beigetragen. Die rasche Konsolidierung dieses Fachzweiges begründet Wolfgang Kaschuba unter anderem damit, dass sie im

---

11   Protokoll über die Sitzung des Verwaltungsausschusses der Kommission für Volkskunde der Heimatvertriebenen in Freiburg, 11.–13. März 1954, DGV-Archiv im IVDE Freiburg.

12   Ebd.

unmittelbaren Anschluss an Nationalsozialismus und Krieg „das Gewesene [...] zu relativieren scheint" (1999: 81.) Auch Utz Jeggle deutet die schnell institutionalisierte Beschäftigung mit den kulturellen Überlieferungen der Heimatvertriebenen als eine „Form der Abwehr von Schuldgefühlen angesichts der ermordeten Juden, Polen, Russen, Roma, Kommunisten, Zeugen Jehovas" (2000: 395; vgl. auch ders. 1983: 329).

Bei einigen der beteiligten Fachkollegen kam es auf jeden Fall zu deutlichen, kaum hinterfragten Brüchen und Wandlungen der Forschungsinteressen. Josef Hanika etwa, der noch 1944 die „volkskundliche Erforschung völkischer Lebensart" gefordert und eine von völkischer Weltanschauung getragene Wissenschaft betrieben hatte, wurde in den frühen 1950er Jahren zu einem der wichtigsten Vertreter der „Volkskunde der Heimatvertriebenen". Seine 1957 erschienene Arbeit *Volkskundliche Wandlungen durch Heimatverlust und Zwangswanderung*, eine *methodische Forschungsanleitung am Beispiel der deutschen Gegenwart*, wurde nicht nur der Bandzahl nach – das Buch erschien als Band 1 der Schriftenreihe der Kommission für Volkskunde der Heimatvertriebenen – ein (jedoch umstrittenes) Standardwerk dieses volkskundlichen Forschungszweiges. Hanikas Drei-Phasen-Modell (Entheimatung und Zerstreuung, Eingliederung und Neubeheimatung, Werden eines neuen Volkes) ließ vollkommen unbeachtet, dass auch die Kultur der Einheimischen sich in einem rasanten Wandel befand: Die Faktoren Urbanisierung, Mobilität und Kulturindustrie wurden in keiner Weise berücksichtigt.

Die Heimatvertriebenenvolkskunde der 1950er und frühen 1960er Jahre glaubte, so Ulrich Tolksdorf (1990: 109), weniger an die Integration der Flüchtlinge und Heimatvertriebenen in die tradierte Kulturwelt, sondern an die – um einen Buchtitel von 1950 zu zitieren – *Entstehung eines neuen Volkes aus Binnendeutschen und Ostvertriebenen* (Lemberg/Krecker 1950). Bei aller vermeintlichen Modernität blieb die Analyse dieses Prozesses vielfach stark hinter dem Deskriptiven und Spekulativen zurück.

In der volkskundlichen Fachdiskussion hatten die „ostdeutsche Volkskunde" und deren Kommission – nimmt man das Auftreten ihrer Vertreter auf Kongressen der DGV als Maßstab – ab Mitte der 1950er Jahre keine große Bedeutung mehr. Während auf dem im April 1954 in Celle stattfindenden Allgemeinen volkskundlichen Kongress in einer von Alfons Perlick geleiteten Sektion Johannes Künzig über „Neu entstandene Gemeinschaftsformen ostdeutschen Bauerntums", Wilhelm Gaerte (ehemals Niedersächsisches Heimatmuseum Hannover) über „Volkskundliche Beziehungen zwischen Niedersachsen und dem Deutsch-Ordenslande" und Barbara Pischel über „Verwurzelung und Brauchtumswandel in der Großstadt" sprachen (Programm 1954) tauchen in der Folge entsprechende Themen nur in den jeweiligen Sondertagungen oder in den Arbeitsberichten

der Kommission für Volkskunde der Heimatvertriebenen bzw. der Kommission
für ostdeutsche Volkskunde auf.

Erst für den vom 26. bis 30. 4. 1965 in Marburg stattfindenden 15. Volkskunde-Kongress war wieder eine Arbeitsgruppe „Ostdeutsche Volkskunde (Flücht-
lings- und Ausgewiesenenforschung)" geplant. Vom Vorstand der DGV waren
folgende Themen vorgeschlagen worden: „Die Arbeit als Integrationsfaktor bei
der Wiederbeheimatung, Flüchtlingsbetriebe, Der Einfluß der Arbeit auf die
Lebensform" und als Referenten „Bausinger, Pfeil, Mackensen (Sohn von Lutz
Mackensen)".[13] Realisiert wurden schließlich die Referate „Arbeit und soziale
Integration" von Herbert Schwedt und „Die ostdeutsche Einwanderung in das
Ruhrgebiet vor 1945. Anpassung und Bewahrung in einer neuen Arbeitswelt"
von Franz Krins (Programm 1965). Auf dem Würzburger Kongress 1967 zum
Thema „Formen, Äußerungen und Wandlungen des Volksglaubens" sprach aus
den Reihen der Kommission Ulrich Tolksdorf zum „Religiösen Leben im Sied-
lungsgebiet der Ermländer in der Hohen Eifel" (Programm 1967).

Vom 22. bis 27. 9. 1969 fand in Detmold der 17. Volkskundekongress zum
Thema „Probleme und Techniken volkskundlicher Dokumentation" statt. Die
Kommission für ostdeutsche Volkskunde initiierte keine „eigene" Sektion. Johannes Künzig und Alfred Cammann sprachen allerdings bei den Erzählfor-
schern, Ersterer zu „Die Schallplatte als Dokumentationsmittel", Cammann zu
„Zur Aufnahme von Volkserzählungen mit dem Tonband. Erfahrungen und Methode" (Programm 1969). Die am Freitag und Samstag stattfindenden „Film-
veranstaltungen", auf denen auch Filme von Johannes Künzig gezeigt wurden,
dienten als Steilvorlage für die Kongresskritik des „Tübinger Kollektivs", das in
seinem per Flugblatt verbreiteten „durchgesehene[n] und erweiterte[n] Führer
durch das Programm" vorschlug, man solle eine Straffung der Tagung vornehmen und nur einen einzigen Film zeigen, dessen Titel dann lauten müsse: „Wie
der Sänger Markus Schäffer das Märchen vom Gildefest in Krempe der Bau-
ernfamilie des Fürchtenicht Grünhösler beim Schnitzen einer Teufelsmaske zum
Abendessen erzählt!"[14].

Neue Konzepte!

Bleiben wir bei Tübingen: Beispielhaft für die kulturwissenschaftlichen Bemühungen, sich *nicht* mit Reliktforschung zu begnügen, sondern gegenwärtige Prozesse zu analysieren, ist die Volkskunde der Neusiedlungen. Innerhalb der Ge-

---

13 Briefe von H/L unterzeichnet mit D. O. an Perlick (24. 1. 1964) und Schmidt (22. 1. 1964), DGV-
    Archiv im IVDE Freiburg.

14 Flugblatt des „Tübinger Kollektivs" (1969). In: Ordner „Kongreß Detmold", DGV-Archiv im
    IVDE Freiburg.

genwartsvolkskunde entwickelte sie sich in den späten 1950er und 1960er Jahren
im Umkreis des Tübinger Universitätsinstituts. Seit 1947 waren dort unter Hugo
Moser monografische Erhebungen über einzelne deutsche Dörfer im östlichen
Europa entstanden, für die man auch einstige Bewohner unter den Heimatvertriebenen befragt hatte. Auf der Basis dieser Arbeiten entwickelte man jetzt neue
Fragen zum Thema „Einleben in der neuen Heimat", „Akkulturation" und „kulturelle Mischung". Diesem Forschungsbereich, bei dem Theorien und Methoden der Soziologie starken Widerhall fanden, kam für die übrige volkskundliche Forschung eine Vorbildfunktion zu. Mehr als zehn Jahre vor Falkenstein, das
als Tagungsort einer 1971 abgehaltenen mehrtägigen Grundsatzdiskussion der
Volkskunde zum Synonym für die Neuorientierung des Faches wurde, hat man
in Tübingen sozialwissenschaftlich orientierte empirische Untersuchungen gegenwärtiger Prozesse unternommen und sich dabei nicht mehr nur auf das Ge-
päck der Heimatvertriebenen beschränkt. Hermann Bausingers 1957 beschrie-
benes Modell der „Typik des Einlebens" war eine der ersten Arbeiten in diesem
Bereich. Bausinger (1957) unterschied damals, den Konstruktionscharakter des
Modells wohl bedenkend, vier Formen des Einlebens von Heimatvertriebenen:
die naive Beharrung (Leben wie daheim), die sentimentalische Beharrung (bewusstes Beharren auf alten Formen), die naive Einfügung (selbstverständliche
Einfügung in neue Verhältnisse) und die sentimentalische Einfügung (bewusstes
Einfügen, um Altes zu vergessen).

Hauptprojekt der Neusiedlungen-Volkskunde war eine groß angelegte Feldforschung, deren Ergebnisse 1959 unter dem Titel *Neue Siedlungen* (Bausinger/
Schwedt/Braun 1959) veröffentlicht wurden und in deren Rahmen man an die
30 Neusiedlungen untersucht hatte. Auf einen Nenner gebracht, war die Haupt-
frage jetzt nicht mehr: „Was habt ihr mitgebracht?", sondern „Wie lebt ihr hier?".
Überlieferungen von Heimatvertriebenen sammelte man jetzt nicht mehr um ihrer selbst willen, sondern befragte sie nach ihrer Funktion für die Menschen und
die jeweilige Gemeinschaft. *Untersuchungen zur Gruppenbildung in Stuttgarter
Wohngebieten* lautet etwa der Untertitel einer Studie von Herbert Schwedt, in der
dieser 1962 Heimatvertriebene in Großstadtsiedlungen untersuchte (Schwedt
1962).

Durch Ingeborg Weber-Kellermann (und später andere) kam es zur selben
Zeit zu der „längst fälligen Auseinandersetzung mit der Sprachinselvolkskunde"
(Schenk 1988: 279). Dabei wurde vor allem das von dieser Forschungsrichtung
geschaffene Bild nach außen abgeschlossener ethnischer Gruppen revidiert, die
in keinerlei Interaktionssysteme mit anderen sozialen und ethnischen Gruppen
eingebunden seien. Es wurde nun als Aufgabe des Forschers formuliert, „die kulturellen Wechselwirkungen, die sich in den sich begegnenden ethnischen Einheiten abspielen", die „interethnischen Beziehungen", wie man sie genannt hat, zu

analysieren (ebd.: 280). Die von der Sprachinselvolkskunde „ignorierten" ständigen Anpassungsvorgänge, die „Akkulturationen", im Spannungsfeld der interethnischen Kontaktzonen wurden jetzt in die Überlegungen mit einbezogen, das heißt, es wurden „Prozesse und Phänomene […] untersucht, die bei einem durch (direkten oder indirekten) Kulturkontakt bedingten Kulturwandel auftreten" (ebd.: 282).

Umso schwerer ist deshalb der ab Mitte der 1960er Jahre zu konstatierende Rückzug von analytischen Ansätzen etwa der Akkulturationsforschung erneut hin zum Deskriptiven zu verstehen. Dieser wurde von Hermann Bausinger und Albrecht Lehmann als „Verdrängung einer unbequemen Realität" gewertet (Bausinger 1987: 191; Lehmann 1995: 17). Man hätte die Integration als abgeschlossen betrachtet, um sich nicht mit politischen Fragen auseinandersetzen zu müssen (Lehmann 1995: 17). Die wissenschaftliche Volkskunde sei „nach volkskundlich bewährtem Muster ins Traditionelle geflohen" (ebd.: 16).

Literatur

Bausinger, Hermann (1957): Beharrung und Einfügung. Zur Typik des Einlebens der Flüchtlinge. In: Jahrbuch für Volkskunde der Heimatvertriebenen 2 (1956), S. 9–16.

— (1987): Das Problem der Flüchtlinge und Vertriebenen in den Forschungen zur Kultur der unteren Schichten. In: Schulze, Rainer/Brelie-Lewien, Doris von der/Grebing, Helga (Hg.): Flüchtlinge und Vertriebene in der westdeutschen Nachkriegsgeschichte. Bilanzierung der Forschung und Perspektiven für die künftige Forschungsarbeit. Hildesheim, S. 180–195.

Bausinger, Hermann/Schwedt, Herbert/Braun, Markus (1959): Neue Siedlungen. Stuttgart.

Bericht (1952) über den Allgemeinen volkskundlichen Kongreß (7. Deutscher Volkskundetag) des Verbandes deutscher Vereine für Volkskunde in Jugenheim, 28.–31. 5. 1951. Stuttgart.

Dow, James R.: „Jugenheim 1951" und der Nationalsozialismus. Zur Aktualität damaliger Perspektiven einer neuen Volkskunde. In: Jahrbuch für Volkskunde 27, S. 7–22.

Dröge, Kurt (2000): Das „ostdeutsche" Museum und Ostmitteleuropa. In: Jahrbuch für deutsche und osteuropäische Volkskunde 43, S. 1–27.

Hanika, Josef (1949): Volkskunde und Heimatverwiesene. In: Mitteilungen des Verbandes der Vereine für Volkskunde 57, S. 11–30.

— (1952): Das Volksgut als Brücke in der Kulturarbeit. In: Bericht über den Allgemeinen volkskundlichen Kongreß (7. Deutscher Volkskundetag) des Verbandes deutscher Vereine für Volkskunde in Jugenheim, 28.–31. 5. 1951. Stuttgart, S. 75 f.

Jacobeit, Wolfgang (2000): Von West nach Ost – und zurück. Autobiographisches eines Grenzgängers zwischen Tradition und Novation. Münster.

Jeggle, Utz (1983): „Flüchtlingsschicksale." Bericht von einem Projektseminar. In: Jahrbuch für ostdeutsche Volkskunde 26, S. 325–334.

— (2000): Kaldaunen und Elche. Kulturelle Sicherungssysteme bei Heimatvertriebenen. In: Hoffmann, Dierk/Krauss, Marita/Schwartz, Michael (Hg.): Vertriebene in Deutschland. Interdisziplinäre Ergebnisse und Forschungsperspektiven. (Schriftenreihe der Vierteljahreshefte für Zeitgeschichte, Sondernummer). München, S. 395–407.

Kalinke, Heinke (2015): Einmal mehr: Bilanz und Perspektiven. Ein Rückblick auf 50 Jahre Kritik der volkskundlichen Osteuropaforschung. In: Johler, Reinhard/Kalinke, Heinke M./ Marchetti, Christian (Hg.): Volkskundlich-ethnologische Perspektiven auf das östliche Europa. Rückblicke – Programme – Ausblicke. (Schriften des BKGE, 53). München (in Vorbereitung).

Kaschuba, Wolfgang (1999): Einführung in die Europäische Ethnologie. München.

Künzig, Johannes (1951): Aufruf zur Sammlung volkskundlicher Überlieferungen. Freiburg.

— (1955): Zentralstelle für Volkskunde der Heimatvertriebenen. Entwicklung und Arbeitsweise. In: Jahrbuch für Volkskunde der Heimatvertriebenen 1, S. 203–209.

— (1960): Institut für ostdeutsche Volkskunde (Freiburg). In: Jahrbuch für Volkskunde der Heimatvertriebenen 5, S. 273–275.

Lehmann, Albrecht (1995): Erinnern und Vergleichen. Flüchtlingsforschung im Kontext heutiger Migrationsbewegungen. In: Dröge, Kurt (Hg.): Alltagskulturen zwischen Erinnerung und Geschichte. Beiträge zur Volkskunde der Deutschen in und aus dem östlichen Europa. (Schriften des Bundesinstituts für ostdeutsche Kultur und Geschichte, 6). München, S. 15–30.

Lemberg, Eugen/Krecker, Lothar (Hg.) (1950): Die Entstehung eines neuen Volkes aus Binnendeutschen und Ostvertriebenen. Untersuchungen zum Strukturwandel von Land und Leuten unter dem Einfluß des Vertriebenen-Zustroms. (Schriften des Instituts für Kultur- und Sozialforschung, 1). Marburg.

Müns, Heike (1999): „Das Problem der inneren Wiedervereinigung wird immer größer ...". Briefe, Dokumente und Referate zur volkskundlichen „Ostforschung" 1951–1962. Bd. 1. (Schriftenreihe der Kommission für deutsche und osteuropäische Volkskunde, 80). Marburg.

Programm (1952): Allgemeiner volkskundlicher Kongreß (8. Deutscher Volkskundetag) veranstaltet vom Verband deutscher Vereine für Volkskunde e. V. in Passau 26. bis 31. August 1952.

Programm (1954): Allgemeiner volkskundlicher Kongreß (9. Deutscher Volkskundetag) veranstaltet vom Verband der Vereine für Volkskunde e. V. in Celle 20. bis 24. April 1954.

Programm (1965): Vorläufiges Programm Deutscher Volkskunde-Kongreß „Die Bedeutung der Arbeit für den Menschen", veranstaltet von der Deutschen Gesellschaft für Volkskunde e. V., 26. bis 30. April 1965 in Marburg.

Programm (1967): Deutscher Volkskunde-Kongreß „Formen, Äußerungen und Wandlungen des Volksglaubens", veranstaltet von der Deutschen Gesellschaft für Volkskunde e. V., 1. bis 10. Oktober 1967 in Würzburg.

Programm (1969): Wissenschaftliche Arbeitstagung „Probleme und Techniken volkskundlicher Dokumentation", veranstaltet von der Deutschen Gesellschaft für Volkskunde e. V., 22. bis 27. September 1969 in Detmold.

Schenk, Annemie (1988): Interethnische Forschung. In: Brednich, Rolf (Hg.): Grundriß der Volkskunde. Berlin, S. 273–289.

Schmidt-Ebhausen, Friedrich Heinz (1955): Die Kommission für Volkskunde der Heimatvertriebenen im Verband der Vereine für Volkskunde. In: Jahrbuch für Volkskunde der Heimatvertriebenen 1, S. 201–203.

Schmoll, Friedemann (2007): Unentschiedene Disziplinarität. Geschichte und Gegenwart – Überlegungen zur Logik eines wissenschaftstheoretischen Dauerthemas in der Volkskunde. In: Hartmann, Andreas/Meyer, Silke/Mohrmann, Ruth-E. (Hg.): Historizität. Vom Umgang mit Geschichte. Münster et al., S. 183–197.

— (2009): Die Vermessung der Kultur. Der „Atlas der deutschen Volkskunde" und die Deutsche Forschungsgemeinschaft 1928–1980. (Studien zur Geschichte der Deutschen Forschungsgemeinschaft, 5). Stuttgart.

— (2010): Die Vergegenwärtigung des Verlorenen. Heimatbücher im Schnittfeld von Geschichte und Erinnerung. In: Beer, Mathias (Hg.): Das Heimatbuch. Geschichte, Methodik, Wirkung. Göttingen, S. 309–327.

Schwedt, Herbert (1962): Heimatvertriebene in Großstadtsiedlungen. Untersuchungen zur Gruppenbildung in Stuttgarter Wohngebieten. In: Jahrbuch für ostdeutsche Volkskunde 7 (1962/63), S. 11–65.

Tolksdorf, Ulrich (1990): Phasen der kulturellen Integration bei Flüchtlingen und Aussiedlern. In: Bade, Klaus J. (Hg.): Neue Heimat im Westen. Vertriebene, Flüchtlinge, Aussiedler. Münster, S. 106–126.

Wallnöfer, Elsbeth (2008): Trachtenforschung als rassische Delimitation: Gertrud Pesendorfer (1895–1982), Gretl Karasek (1910–1992), Erna Piffl (1904–1987). In: dies. (Hg.): Maß nehmen. Maß halten. Frauen im Fach Volkskunde. Wien/Köln/Weimar, S. 24–52.

Weber-Kellermann, Ingeborg (1959): Zur Frage der interethnischen Beziehungen in der „Sprachinselvolkskunde". In: Österreichische Zeitschrift für Volkskunde 62, S. 19–47.

Weger, Tobias (2002): „Tracht" und „Uniform", Fahne und Wappen. Konstruktion und Tradition sudetendeutscher Symbolik nach 1945. In: Fendl, Elisabeth (Hg.): Zur Ikonographie des Heimwehs. Erinnerungskultur von Heimatvertriebenen. Referate der Tagung des Johannes-Künzig-Instituts für ostdeutsche Volkskunde, 4. bis 6. Juli 2001. (Schriftenreihe des Johannes-Künzig-Instituts, 6). Freiburg, S. 101–125.

— (2006): „Völkische" Wissenschaft zwischen Prag, Eger und München. Das Beispiel Josef Hanika. In: Brenner, Christiane et al. (Hg.): Geschichtsschreibung zu den böhmischen Ländern im 20. Jahrhundert. Wissenschaftstraditionen – Institutionen – Diskurse. (Bad Wiesseer Tagungen des Collegium Carolinum, 28). München, S. 177–208.

Wiora, Walter (1952): Die Stellung der Volkskunde im Kreise der Geisteswissenschaften. In: Bericht über den Allgemeinen volkskundlichen Kongreß (7. Deutscher Volkskundetag) des Verbandes deutscher Vereine für Volkskunde in Jugenheim an der Bergstraße, 28. bis 31. März 1951. Stuttgart, S. 8–21.

Zückert, Martin (2001): Josef Hanika (1900–1963). Volkskundler. Zwischen wissenschaftlicher Forschung und „Volkstumskampf". In: Glettler, Monika/Míšková, Alena (Hg.): Prager Professoren 1938–1948. Zwischen Wissenschaft und Politik. Essen, S. 205–220.

— (2004): Osteuropa, die deutschen Vertriebenen und die Volkskunde. Kulturwissenschaftliche Perspektiven auf ein schwieriges Forschungsfeld. In: Jahrbuch für deutsche und osteuropäische Volkskunde 46, S. 1–22.

— (2007): Der lange Abschied von der Vertriebenenvolkskunde. Chancen und Grenzen eines traditionsreichen kulturwissenschaftlichen Themas. In: Jahrbuch für deutsche und osteuropäische Volkskunde 49, S. 19–35.

„Beschauliches Tun" oder europäische Perspektive?

Positionen und Dynamiken einer volkskundlichen Kulturwissenschaft in der Schweiz zwischen 1945 und 1970

Konrad J. Kuhn

Ein Blick in die bisher nur spärlich existierenden Beiträge zur Geschichte unseres Faches in der Schweiz ergibt ein ebenso einheitliches wie einfaches Bild:[1] Die fachliche Entwicklung von Fragestellungen, Methoden und Themen habe sich in der Schweiz bis in die 1930er Jahre sehr eng an den Tendenzen im deutschen Sprachraum orientiert, bis die Verstrickungen mit dem Nationalsozialismus zu einem „schweizerischen Sondergang" (Hugger 1992: 17) geführt hätten, der die völkische Ausrichtung ablehnte. So wird richtigerweise betont, dass sich die Vertreter der Volkskunde in der Schweiz nicht durch ideologische Zugriffe vereinnahmen ließen, sondern auf Distanz gingen, ja ihre wissenschaftlichen Interessen gar ganz gezielt darauf ausrichteten, die Eigenständigkeit der Schweiz jenseits von großdeutschen Fantasien oder irredentistischen Tendenzen zu bewahren. Insofern wies zwar auch die Volkskunde in der Schweiz seit den 1930er Jahren nationalistische Tendenzen auf, diese waren aber primär als Abwehr gedacht (vgl. dazu Frei 2010). Entsprechend ließ sich der staatstragende Mehrwert, den eine nationale Vereinnahmung des Faches versprach, geschickt für die anstehenden Institutionalisierungsschritte nutzen – am deutlichsten bei der 1945 erfolgten Schaffung des ersten selbstständigen volkskundlichen Lehrstuhls in der Schweiz an der Universität Zürich. Thematisch rückte die alpine Hirtenkultur – ganz im Einklang mit der weitverbreiteten und staatlich geförderten Sicht auf die Schweiz als Hirten- und Bauernland – ins Zentrum des Forschungsinteresses, auch wenn trotz staatlicher Finanzierungen keine eigentliche politische Vereinnahmung der Disziplin stattfand. Diese thematische Verengung auf die bäuerlich-alpine Schweiz sollte das Fach bis in die beginnenden 1970er Jahre prägen und zeitigt gar bis heute ganz konkrete Auswirkungen in Form von wissenschaftlichen Großprojekten wie der „Aktion Bauernhausforschung" der Schweizerischen Gesellschaft für Volkskunde, die seit 1944 den bäuerlichen Baubestand

---

1   Für Austausch, Hinweise und Kommentare danke ich Walter Leimgruber, Ueli Gyr, Thomas Antonietti und Hermann Bausinger.

untersucht. Dass der schweizerische Fachbetrieb nach dem Krieg eine Rolle für
die fachliche Entwicklung der diskreditierten Volkskunde in Deutschland spielte, wird in den fachhistorischen Erzählungen durchwegs mit dem Hinweis auf
die Wichtigkeit der „Symbolgestalt" Richard Weiss belegt (etwa Hugger 1994:
99–100 oder Kaschuba 2006: 82). Dieser hat sich beispielsweise konkret für
die Wiederaufnahme des *Atlas der deutschen Volkskunde* eingesetzt (vgl. Schmoll
2009a: 23 f.), vor allem aber kommt seinem 1946 vorgelegten Werk *Volkskunde
der Schweiz* (Weiss 1946) große Bedeutung bis weit in die 1950er Jahre zu, weil
es dem Fach in den Worten von Utz Jeggle einen „Unbedenklichkeitsbescheid"
(Jeggle 2001: 67) ausgestellt habe (vgl. auch Gyr 2009: 72–75). Mit Weiss und
seinen Arbeiten habe sich jene „moderne Schweizer Richtung" (Weber-Keller-
mann/Bimmer/Becker 2003: 139) Gehör verschafft, die für die „lange isolierte
deutsche Forschung" (ebd.) insofern Bedeutung erlangte, als sie mit dem konsequent funktionalistischen Zugriff auch als eine „Art Rehabilitierung" (ebd.)
wirksam wurde. Aus einer solchen durch Fremdzuschreibungen gesicherten Position seien die 1950er und 1960er Jahre für das Fach zu einer „Zeit des unange-
fochtenen Schaffens" (Hugger 1992: 25) geworden, in der die „Schweizer Volkskunde auch im Ausland Respekt [genoss]" (ebd.). Die Volkskunde habe in dieser
Periode mit traditionellen Erhebungsmethoden geforscht, sei in Archiven und
Feldforschung tätig gewesen und habe mit der Abteilung Film der Schweizerischen Gesellschaft für Volkskunde den Rettungsgedanken – die Reihe hieß bezeichnenderweise „Sterbendes Handwerk", bevor sie 1972 in „Altes Handwerk"
umbenannt wurde – weit in die 1980er Jahre hineingetragen (vgl. Röösli/Risi
2010: 221–225). Diese Ruhe sei auch durch die ab Herbst 1967 in Deutschland
aufbrechenden Debatten nur gering gestört worden, hätten doch die schweizerischen Fachvertreter die Theorieanstöße zwar teilweise aufgenommen, seien dabei
aber zugleich traditionellen Arbeiten treu geblieben.

In der Fachgeschichte präsentiert sich also ein einleuchtendes Bild, das zudem
mit Richard Weiss über eine eigentliche „Symbolfigur" (Gyr 2009) verfügt, die
der deutschen Volkskunde den hell leuchtenden Weg aus dunklen Bereichen gewiesen habe. Zwar war und ist Weiss wichtig, er verstellt in seiner biografisch-
wissenschaftlichen Monumentalität aber auch den Blick für weniger prominente
und bezüglich ihrer Wirkung widersprüchlichere Kontakte und Verbindungen
zwischen der schweizerischen und den beiden deutschen Volkskunden. Zugleich
formuliert diese einfache fachgeschichtliche Erzählung die implizite These, die
schweizerische Volkskunde habe keinerlei krisenhafte Erscheinungen gekannt,
sondern ihr Feld vielmehr ohne äußere Kritik oder nennenswerte innere Spannungen bearbeiten können, bis sich Ende der 1960er Jahre aus Deutschland Probleme angemeldet hätten. Vorher habe jenes unangefochtene „beschauliche Tun"

(Hugger 1992: 25, 1994: 102) vorgeherrscht, das Paul Hugger auf einen so treffenden Nenner gebracht hat.

Dieser Beitrag will diese harmonische Erzählung kritisch befragen und sie durch den Blick in bisher unausgewertes Quellenmaterial mit Komplexität anreichern. Dazu werden Austauschprozesse zwischen den volkskundlichen Fachbetrieben in der Schweiz und in Deutschland in der Nachkriegszeit bis in die 1970er Jahre untersucht. Diese waren oft ambivalent geprägt durch einerseits Interesse und Offenheit, aber andererseits auch durch Zurückhaltung und Distanz. Es geht dabei um Motivlagen und Funktionen, um Personen und Institutionen des grenzüberschreitenden Kontaktes. Häufig muss weniger – so viel sei bereits gesagt – von eigentlicher wissenschaftlicher Kooperation und wechselseitiger Befruchtung gesprochen werden als von persönlichen Beziehungen und Netzwerken, von gemeinsamen Fragestellungen und der Transmission von theoretischen Bezügen. Deutlich sichtbar wird eine in der Schweiz personell wie institutionell mit wenig Ressourcen ausgestattete Disziplin, deren Kräfte bis weit in die zweite Hälfte des 20. Jahrhunderts stark auf die Etablierung des eigenen Faches in den Universitäten und in der Öffentlichkeit zentriert blieben. Ein Fach zudem, das in den Jahrzehnten nach 1945 aus einer Kombination von nationaler Befangenheit, beharrenden Forschungsperspektiven und thematischer Enge geprägt war. Diese Situation führte, so meine These, ab 1960 zu einer internen wissenschaftlichen Krise bezüglich fachlicher Positionen, auf die mit einer Strategie der Europäisierung und der Ausrichtung als Gegenwartswissenschaft geantwortet wurde. Dies bedeutet nun allerdings keineswegs, dass ein zuvor national ausgerichtetes Fach gleichsam durch jene „internationale Umtriebigkeit" (Schmoll 2011: 436) ersetzt wurde, die eine transnationale Wissenschaftsgemeinschaft ausmacht. Dass also nun einfach die neue „Weltoffenheit" den bisherigen „Provinzialismus" abgelöst hätte, wenn wir der Diktion von Paul Hugger (1994) folgen möchten. Vielmehr haben die zwei auf den ersten Blick gegenläufigen Tendenzen beide ihre Stimmigkeit und schließen sich keineswegs aus: Nationale Volkskunden sind in der fraglichen Periode parallel zu denken mit einer international ausgerichteten Wissenschaft. Dieses Spannungsfeld zwischen diesen zeitgleichen Polen, die auch im Titel angesprochen sind, soll im Beitrag ausgelotet werden, indem gefragt wird: Welche Rolle spielten internationale Bezüge zwischen 1945 und 1970 in der Volkskunde in der Schweiz? Wer waren die Akteure und welche wissenschaftlichen Selbstverständnisse prägten sie? Welche Themenkonjunkturen zeichnen sich in einem fachgeschichtlichen Rückblick ab? Wie und über welche Verflechtungen zirkulierte volkskundliches Wissen zwischen der Schweiz und Deutschland?

Der folgende Versuch stützt sich dabei sowohl auf verstreutes Archivmaterial wie auf die bisher vorgelegten fachgeschichtlichen Arbeiten. Er ist jedoch – und

das sei zugleich verstanden als Aufforderung zu weiterführenden und vertiefen-
den Forschungen – nur eine erste Annäherung, die vorläufige Antworten präsentiert für ein Forschungsfeld, das mehr Aufmerksamkeit verdient.

In einem ersten Schritt soll skizziert werden, wie sich die schweizerische Volkskunde nach 1945 entwickelte. Dabei bringt es die Kleinheit mit meist nur einer
vollamtlichen Dozentenstelle mit sich, dass die Inhalte ganz wesentlich durch
die Persönlichkeit, die Interessen und Positionen der jeweiligen Forscher geprägt
werden – oder wie Christine Burckhardt-Seebass das für Basel treffend auf den
Punkt gebracht hat, was auch für Zürich und Bern gilt: „Die Geschichte des
Fachs an der Basler Universität ist zum Teil Personengeschichte" (2011: 60). In
einem zweiten Schritt frage ich nach den spezifischen Verbindungen zur deutschen Volkskunde, bevor ich dann in einem dritten Schritt die fachliche Krise, in
die Richard Weiss zu Beginn der 1960er Jahre gerät, erläutere, die der schweizerischen Volkskunde vergleichsweise früh den Weg aus der nationalen Befangenheit
hin zu einer europäischen Perspektive und einer sozialwissenschaftlichen Gegenwartsorientierung gewiesen hat.

Philologisch-historische versus funktionalistische Forschungen – Institutionen und Personen

Bei den folgenden Ausführungen muss stets die institutionelle Kleinheit mitgedacht werden, die sich erst in der fraglichen Zeit abspielende universitäre Etablierung und die föderal organisierte Hochschullandschaft, die weder zu einer Ge-
samtstrategie noch zu einem bezüglich Methode oder Theorie einheitlichen Bild
führten. Erst ab etwa 1950 – und damit deutlich später als in der Situation in
Deutschland – konnte das Fach universitär in einer Struktur studiert werden, die
auch einen akademischen Abschluss ermöglichte (vgl. Trümpy 1983; Niederer
1970a). So ist im Folgenden mehr von der Deutschschweiz die Rede, während
in der Westschweiz kaum eine entsprechende Fachtradition existierte, die sich in
Universitätsinstituten niedergeschlagen hätte (vgl. zu den wissenschaftshistorischen Gründen Leimgruber 2012: 119). Die Kleinheit zeigte sich durchaus auch
personell, so waren in den Jahren von 1945 bis 1970 nur gerade etwas mehr als
ein Dutzend Doktorarbeiten entstanden – entsprechend wenig Absolventen, und
noch weniger Absolventinnen, entließ das Fach in ein zudem wenig strukturier-
tes Berufsfeld.[2] Dies änderte sich ab Mitte der 1960er Jahre: Von den generell
steigenden Studierendenzahlen profitierte auch die Volkskunde, und der weitere

---

2   Niederer (1967) reflektiert diesen Umstand durchaus als Problem für die universitäre Volkskunde
     und plädiert dafür, im Bereich der öffentlichen Schulen und der Verwaltung (gerade zur Thema-
     tik des interkulturellen Verstehens zwischen den Arbeitsmigranten aus den Mittelmeerländern und
     der schweizerischen Bevölkerung) neue Stellen zu schaffen.

Ausbau der Universitäten ergab Chancen auf Institutionalisierung in der Form von gesicherten Lehrstühlen, oft allerdings noch mit prekärer Ausstattung. Generalisierend kann davon ausgegangen werden, dass in der Schweiz in der fraglichen Zeit grundsätzlich zwei Richtungen sich gegenüber- oder präziser: nebeneinanderstanden. Diese lassen sich zugleich geografisch zuschreiben, indem Basel für die philologisch-historische Richtung, Zürich für die funktionalistische stand; es gilt, was bereits Richard Weiss 1951 in einem kurzen Abriss über die fachliche Entwicklung lapidar formuliert hatte: „Der Standort bedeutet viel in der Schweiz" (1952: 33). Die beiden Städte stehen damit auch für die volkskundliche Balance zwischen den beiden Erkenntniszielen Historizität und Gegenwartsbezug (vgl. Schmoll 2007). In Bern war der Lehrstuhl für Sprache, Literatur und Volkskunde der Germanistik zugeordnet, was sich darin zeigte, dass die Volkskunde nicht als eigenständiges Fach studiert werden konnte und von Paul Zinsli (1906–2001) im Sinne von dialektologischen Forschungen betrieben wurde.

In Basel war die universitäre Volkskunde geprägt durch eine historische Schule, die stark mit Quellen arbeitete und in prägenden Forscherpersönlichkeiten ihren Ausdruck fand (grundlegend vgl. Burckhardt-Seebass 2011). So lehrte Karl Meuli (1891–1968) Volkskunde der Antike, richtete sich dabei kulturvergleichend aus und interessierte sich – stets der klassischen Philologie verpflichtet[3] – für mythologisierende Zugänge, die wir heute kritisch sehen (vgl. Warneken 2003). Meuli war aber maßgeblich daran beteiligt, das Fach in Basel zu institutionalisieren, er wirkte durchaus strategisch im Hintergrund und drängte auch seinen Schüler Hans Trümpy zur Habilitation. So schreibt er 1955 in einem Brief an ihn:

„Es ist auch in der schweiz. Vk. noch sehr viel zu tun, organisatorisch & sonst, & die Verhältnisse wären keineswegs ungünstig. In Basel würde mit der Zeit eine volle volkskundliche Professur zu erreichen sein, das glaube ich bestimmt; freilich brauchte es eine Zeit lang konsequenter akademischer Tätigkeit. Und schliesslich ist es keine Phrase, wenn man sagt, es sei unverantwortlich, die schweiz. Volkskunde nicht zu pflegen. […] kurzum, hier liegt einfach eine ernsthafte wissenschaftliche Verpflichtung. Es wäre traurig, wenn sich niemand dieser annähme."[4]

In der unmittelbaren Nachkriegszeit bis in die frühen 1960er Jahre wichtigste Figur neben Meuli war Hans Georg Wackernagel (1895–1967), dessen Extra-

---

3　Meuli habe sich trotz enormer Leistungen für die Institutionalisierung der Volkskunde in der Schweiz und speziell an der Universität Basel „zeitlebens als Klassischer Philologe gefühlt" (Wyss 1968: 54; vgl. auch Trümpy 1968c).

4　Karl Meuli an Hans Trümpy, 2.1.1955, Universitätsbibliothek Basel (UB) NL.308.2, 40.

ordinariat für Historische Hilfswissenschaften 1938 mit dem Zusatz „für Volkskunde des Mittelalters" ergänzt wurde (vgl. Trümpy 1968a, 1968b). Wackernagel analysierte archivalische Quellen zur „schweizerischen Hirtenkultur", blieb dabei zwar nicht frei von patriotisch-heimattümelnden Setzungen, stellte aber eine genaue Analyse ins Zentrum, die Spekulationen ebenso zurückwies, wie sie manche Idealvorstellungen von Schweizergeschichte nüchtern dekonstruierte.[5] Der 1939 habilitierte Paul Geiger hielt neben seinem Lehrerberuf am Humanistischen Gymnasium in Basel Vorlesungen zu volkskundlichen Themen, leitete das Schweizerische Institut für Volkskunde und zeichnete sich gerade auch durch seine Mitarbeit am *Atlas für schweizerische Volkskunde* durch ein Interesse für Themen des Alltags aus. Trotzdem blieb das Fach in Basel in den Jahren nach dem Krieg stark regional und national ausgerichtet, häufig auch deskriptiv, dabei aber stets archivalisch-solid in der Ausführung.[6] Nach dem Tod von Geiger übernahm Richard Weiss 1952 bis 1957 vertretungsweise die volkskundlichen Lehrveranstaltungen, dies blieb allerdings ohne nachhaltige institutionelle Wirkung.[7] Immerhin waren auch hier Wackernagel und Meuli treibende Kräfte,[8] von Letzterem ist auch überliefert, dass er dem von Richard Weiss betriebenen funktionalistischen Zugriff durchaus auch Chancen für eine fachliche Positionierung der Volkskunde zugestand:

„So unerhört neu ist ja diese Forderung nach dem ‚Funktionellen' auch gar nicht. In der Volkskunde tut man trotzdem ganz wohl daran, sich damit anzufreunden; so bringt man die wirklich sehr disparaten Objekte der VK. wie Tracht, Haus, Märchen etc. einigermassen unter einen Hut & betont zugleich einen sehr wichtigen & charakteristischen Vorzug der Volkskunde, eben die Tatsache, dass sie die Funktion unmittelbar im Leben beobachten kann."[9]

---

5   Die wichtigsten (verstreut erschienenen) Arbeiten sind gesammelt publiziert in Wackernagel (1956).

6   Dies gilt auch noch für die 1960er Jahre, wie sich exemplarisch an den frühen Arbeiten im Bereich von Ortsmonografien oder der Regionalkultur des 1959 in Basel promovierten Volkskundlers Paul Hugger zeigt (vgl. Hugger 1961, 1963; vgl. dazu auch Gyr 1995).

7   Christine Burckhardt-Seebass kommt bezüglich des Wirkens von Richard Weiss zum etwas vagen Schluss: „Was er hier bewirkte, ist schwer zu sagen. Die wenigen Studenten, die zu ihm gingen, haben aber sicher Gewinn gezogen aus der persönlichen Begegnung mit einem bescheiden, aber sicher auftretenden, nachdenklichen und äusserst liebenswürdigen Mann und aus dem gelenkten Entdecken neuer Wege, die für die Volkskunde nicht Sackgassen waren, sondern ins Lebendige führten" (2011: 66).

8   Vgl. dazu die Schreiben von Meuli und Wackernagel an Fakultät und Kuratel der Universität Basel, Staatsarchiv Basel-Stadt (StABS) ED-REG 1a 2 1954 und UA XI 3,3.181.

9   Karl Meuli an Hans Trümpy, 6. 10. 1951, UB NL.308.2, 4.

1961 wurde das Seminar errichtet, wobei sich die Universität Basel wesentlich auf das von der Schweizerischen Gesellschaft für Volkskunde eingerichtete Institut stützen konnte und so kaum Kosten entstanden.[10] So konnte die seit 1905 kontinuierlich und aus Vereinsmitteln aufgebaute Forschungsbibliothek benützt werden. Die prekäre institutionelle Ausstattung des Faches zeigt sich exemplarisch daran, dass der 1962 zum Extraordinarius ernannte Hans Trümpy (1917–1989) erst ab 1969 durch einen Hilfsassistenten etwas entlastet wurde, was neben seiner damaligen Funktion als Dekan dazu führte, dass er „im gegenwärtigen Einmannbetrieb die bibliografischen Blätter für die Vorlesungen selber auf Matrizen schreibe und vervielfältige", wie er dem Erziehungsdepartement indigniert berichtete.[11] Mit Hans Trümpy fand der Fokus auf historisch-philologische Themen eine Fortsetzung, was von der Kommission zur Besetzung des Lehrstuhls 1965 mit Genugtuung konstatiert wurde: „Von den beiden Forschungsrichtungen der Volkskunde, nämlich der philologisch-historischen und der funktionalistischen vertritt Prof. Trümpy ausgesprochen und mit Kompetenz die erste."[12] Die Universität Basel folgte dieser Argumentation, versah sie aber noch mit einem regionalspezifischen Zusatz: „Für Herrn Prof. Trümpy spricht überdies, dass er, selbst aus der Basler Schule hervorgegangen, am berufensten ist, in Basel das kostbare Erbe Hoffmann-Krayers, Meulis und H. G. Wackernagels zu wahren und zu fördern."[13] Trümpy blieb dieser Linie treu, er verortete das Fach als historische Disziplin der Geisteswissenschaften und hielt wenig davon, Gegenwartsprobleme mit sozialwissenschaftlichen Methoden anzugehen.[14] Entsprechend widmeten er und seine Schülerinnen und Schüler sich einer Binnenperspektive, die historisch-volkskundlich fragte, dabei wenig von Theorie hielt, sondern vielmehr beschreibend vorging (vgl. Gyr 1999: 47–49).

Zürich entwickelte sich deutlich different, hier wurde ein funktionalistischer Zugriff gepflegt: 1946 wurde Richard Weiss (1907–1962) auf den ersten volkskundlichen Lehrstuhl der Schweiz berufen, wobei hier durchaus staatspolitische

---

10 Errichtung eines Seminars für Volkskunde, Brief des Dekans der Phil.-Hist. Fakultät an den Rektor der Universität Basel, 6. 6. 1961, StABS ED-REG 1:274-0.

11 Zitat von Hans Trümpy aus seinem Bericht an das Erziehungsdepartement vom 27. 1. 1971, zitiert nach Erziehungsdepartement an den Regierungsrat, 3. 2. 1971, StABS FD-REG 6b 3-3-3 (1) 49.

12 Protokoll der Sachverständigenkommission für die Besetzung des Lehrstuhls für Volkskunde, Sitzung vom 9. 2. 1965, StABS ED-REG 20a 16-20.

13 Sachverständigenkommission an die Kuratel der Universität Basel, 18. 2. 1965, StABS ED-REG 20a 16-20.

14 Dies zeigt sich beispielsweise in seinen pointierten Äußerungen in Trümpy (1973). Einen Eindruck seiner Themen ergibt bereits seine Publikationsliste (vgl. Huber/Bellwald 1989). Bisher im Bezug auf die fachliche Position Trümpys wenig beachtet ist allerdings sein ausgewogener Beitrag für die Iro-Volkskunde (vgl. Trümpy 1963).

Funktionen der jungen Wissenschaft explizit gemacht wurden. Im Antrag der Fakultät auf Errichtung eines Lehrstuhls hatte es ein Jahr zuvor geheißen:

„Als eine Wissenschaft, die sich die Erforschung der in der Volksgemeinschaft wurzelnden Tradition zum Ziel setzt, wird es sich eine staatsbürgerlich verantwortungsbewusste Volkskunde auch angelegen sein lassen, die Besinnung auf die Kräfte zu fördern, die unserer schweizerischen Staatsgemeinschaft aus dem gemeinsamen Wurzelboden einer echten volkstümlichen Tradition zuströmen; tatsächlich rechnet die schweizerische volkskundliche Wissenschaft die Untermauerung unseres Heimat- und Staatsbewusstseins zu ihren vornehmsten erzieherischen Aufgaben."[15]

Obwohl Weiss durchaus empfänglich war für patriotische Setzungen (vgl. Weiss 1941), ließ er sich von diesen politischen Verwendungsversuchen nicht vereinnahmen. Weiss war maßgeblich beteiligt an der Etablierung der Volkskunde in der Schweiz, wichtigstes Projekt war hier der erst 1995 fertiggestellte *Atlas der schweizerischen Volkskunde*, den Weiss durch seine kulturräumlichen Interessen wesentlich prägte. Weiss selbst öffnete sich nur allmählich aus einer nationalen Befangenheit hin zu europäischen Themen, wie eine aufschlussreiche Liste seiner Vorlesungen[16] zeigt: Er sah die zentrale Aufgabe seines jungen Universitätsfaches in der Erforschung regionaler und schweizerischer Themen, sein Verdienst ist die Loslösung des Faches aus der Heimatkunde und die Öffnung zu einer nationalen Perspektive. Zwar las er generell zu Methoden der Volkskunde und sprach in seinen Einführungsvorlesungen auch theoretische Zugänge an, häufig richtete er sich hier aber auf Probleme des Alpenraumes (vgl. Gyr 2006; Leimgruber 2005, 2012) oder auf den Kanton Zürich aus. Ab Mitte der 1950er Jahre finden sich europäische Themen unter seinen Lehrveranstaltungen, so 1955 zu Savoyen, 1956 zur Volkskunde Italiens, 1958 zu „Slowenien als Grenzlandschaft im Rahmen der slawischen Volkskunde" und 1961 zu „Haus und Siedlung im europäischen Überblick". Hier machen sich auch Zugänge bemerkbar, die auf eine fachliche Neuausrichtung und auf ein offenes Interesse verweisen, die durch den Unfalltod 1962 nicht weiter gedeihen konnten: Weiss interessierte sich für Flüchtlinge (1957/58) und „Heimatvertriebene" (1958), für „neue Wege und Richtungen in der Volkskunde" (1958/59), für „Arbeiter" – eine Vorlesung von 1960, die mit einer Exkursion ins Ruhrgebiet und nach Hamburg verbunden

---

15   Antrag auf Errichtung je eines Extraordinariats für Volkskunde und Urgeschichte, Dekanat der Philosophischen Fakultät der Universität Zürich, 27. Januar 1945, Universitätsarchiv Zürich (UAZ) AL.7.100. Ein ähnliches Zitat aus der amtlichen Begründung bei Trümpy (1983: 70 f.).

16   Vorlesungen von Herrn Prof. Dr. Richard Weiss vom WS 1940/41 bis SS 1962, undatiert (1962), UAZ AB.1.1089. Die Liste ist vom Rektorat nach seinem Tod auf Wunsch des Schweizerischen Instituts für Volkskunde erstellt worden.

wurde – und für die „Flüchtlingsforschung in Deutschland" (1961/62). Trotz
dieser Offenheit für europäische Problemstellungen blieb Weiss in seinen Arbeiten dem räumlichen Rahmen der Schweiz verhaftet, dies einmal über die karto-
grafische-kulturräumliche Methode, die er im Atlas mustergültig anwandte und
auch in seinen Bauernhausforschungen (Weiss 1959) betrieb, aber auch über die
funktionalistischen Konzepte. Zwar pflegte Weiss durchaus internationale Kontakte, am wichtigsten vielleicht im Rahmen der internationalen Atlaskommission, der er wichtige Impulse verlieh, die aber zu seinen Lebzeiten kaum über die
Phase von Planungstreffen hinauskamen.[17] Gleichwohl galt sein Interesse, ja seine Sympathie trotz Bereitschaft für neue Fragestellungen stets der alpin-bäuerli-
chen Welt. Hier erwies er sich allerdings nicht als konservativ im Sinne der Suche
nach beharrenden Kräften, sondern als offen und bemerkenswert wertneutral im
Urteil. Exemplarisch zeigt sich dies im Aufsatz „Alpiner Mensch und alpines Leben in der Krise der Gegenwart" von 1957 (Weiss 1957). Weiss liefert hier eine
Diagnose des Strukturwandels der traditionellen Ordnungen, verfällt aber nicht
in zivilisationskritisches Klagen. Zwar besteht bei Weiss die Einsicht in die prägende Kraft des Wandels und der Innovation, sein Interesse und wohl auch seine
persönliche Vorliebe richteten sich aber doch „stärker auf die Kräfte der Tradition
und Beharrung" (Gyr 2006: 245).

1964 übernahm Arnold Niederer (1914–1998) den Zürcher Lehrstuhl für
Volkskunde, dabei wurde von den zuständigen Amtsstellen zwar explizit betont, dass sich „die schweizerische Volkskunde nicht auf die Schweiz beschränken [dürfe], sondern auf die gesamteuropäischen Zusammenhänge hinarbeiten"
müsse, trotzdem wurden aber nach wie vor auch politisch-nationale Verwendun-
gen für das Fach angesprochen:

„Neben die rein wissenschaftlichen Aufgaben jeder modernen Volkskunde treten die besonderen erzieherisch-kulturpolitischen Aufgaben, um das Kulturerbe baulicher, sprachlicher und
brauchtümlicher Art vor der Bedrohung durch Rationalisierung und Technik zu bewahren
und das Echt-Volkstümliche vor der Entwertung zu retten. Die Erforschung der in der Volksgemeinschaft wurzelnden Tradition verpflichtet die Volkskunde zur Förderung und Untermauerung des Heimat- und Staatsbewusstseins auf dem Boden einer echten Tradition."[18]

---

17 Wobei er hier oft nicht anwesend war an den Tagungen (so war er nicht in Namur 1953 und nicht
    in Paris 1954), allerdings lud Weiss die „Internationale Atlaskommission" 1960 nach Zürich ein
    (vgl. Schmoll 2009a: 27–30, 2009b: 279).

18 Berufung Arnold Niederer, Protokoll des Regierungsrats des Kantons Zürich, 4331. Universität,
    7.11.1963, UAZ AB.1.0718.

Niederer kam sowohl der Aufforderung zur gesamteuropäischen Ausrichtung wie
auch zur politischen Einflussnahme nach, wenn auch wohl anders, als dies die
politischen Gremien gemeint hatten: Niederer hatte Französische Sprache und
Literatur, Volkskunde und Soziologie an der Universität Zürich studiert, war danach als Lehrer an der Gewerbeschule der Stadt Zürich tätig gewesen und hatte
hier nicht nur Kontakt zu fremdsprachigen Schülern gefunden, sondern führte
mit diesen auch eigentlich ethnografisch zu nennende Exkursionen nach Süd-
europa durch.[19] Er interessierte sich, auch biografisch motiviert, für bäuerliche
Kollektive in den Alpen, für Volkskulturen der Mittelmeerländer und für Akkul-
turationsprobleme von Migranten. Seine wissenschaftlichen Forschungen waren
im Sinne von gesellschaftlicher Verantwortung auch konkretes Engagement gegen Fremdenfeindlichkeit, so warb er im Zuge der Überfremdungsdebatten in
den 1960er Jahren mit aufklärerischem Impetus bei Behörden, in der Öffentlichkeit und bei den Arbeitgebern für interkulturelle Verständigung.[20] Dies führte Niederer bereits früh zu einer vergleichend-europäischen Volkskunde, die er
im Dienst eines „besseren Verständnisses des Fremdkulturellen und damit der
europäischen Integration" (1967: 311) verortete. Gerade der Blick über die nationalen Grenzen lag dem sprachbegabten Niederer, er pflegte enge Freundschaften nach Portugal und Sardinien. Richard Weiss war es gewesen, der Niederer,
beeindruckt von dessen Dissertation über das „Gemeinwerk im Wallis" (Niederer 1956), 1957 geraten hatte, mit einem universitären Nachwuchskredit in
Portugal über „Communitarismus" zu forschen.[21] Hier empfing Niederer fachliche Impulse einer modernen Kulturanthropologie, wie sie beispielsweise E. V.
de Oliveira oder Jorge Dias vom Istituto de Estudos de Ethnologia Peninsular in
Porto vertraten. Über Dias vertieften sich auch die schweizerischen Kontakte zur
Commission Internationale des Arts Populaires (CIAP), aus der 1964 die Socié-
té Internationale d'Ethnologie et de Folklore (SIEF) hervorging (Rogan 2008a).
Auch mit Sigurd Erixon aus Stockholm stand Niederer im wissenschaftlichen
Austausch, er übernahm von da Einsichten in die Positionen europäischer und

---

19 Beispielsweise vom 4. bis 14. April 1961 nach Korsika, wie eine Karte der Gewerbeschüler der
     Stadt Zürich belegt, in: Dossier Wissenschaft, Fonds Arnold Niederer, Lötschentaler Museum,
     Kippel. Vgl. auch die Fotos aus den 1960er Jahren, die Aufenthalte in Griechenland, auf Sardinien
     (Cabras) und in Portugal belegen, in: Dossier Biografisches, Fonds Arnold Niederer, Lötschentaler
     Museum, Kippel.

20 Ein Beispiel dafür ist der Vortrag, den Arnold Niederer am 6. Mai 1969 vor der Handelskammer
     St. Gallen-Appenzell über das „Überfremdungsproblem aus volkskundlicher Sicht" hielt, vgl. Brief
     Arnold Niederer an Rektorat der Universität Zürich, 5. 4. 1969, UAZ AB.1.0718.

21 „[…] wie sehr Ihr Gemeinwerk ein volkskundliches Grund-Thema angepackt hat", Brief Richard
     Weiss an Arnold Niederer, 13. 11. 1957, in: Dossier Wissenschaft, Fonds Arnold Niederer, Löt-
     schentaler Museum, Kippel.

nordamerikanischer Ethnologen und Anthropologen (vgl. exemplarisch Niederer 1965). Sein wissenschaftliches Verständnis zielte darauf, eine als Regionalethnografie verstandene Volkskunde der Schweiz in einen größeren europäischen Rahmen einzugliedern, wie dies ähnlich auch von Erixon und Dias angestrebt worden war. Die engen Verbindungen von Niederer zu diesen Pionieren einer europäischen Ethnologie zeigen sich exemplarisch daran, dass Niederer als einziger Schweizer 1966/67 die Zeitschrift *Ethnologia Europaea* mitbegründet hat.[22]

Niederer interessierte sich aus einer interkulturell-vergleichenden Perspektive für die Volkskunden (der bewusst gesetzte Plural beim Namen des Faches war Niederer wichtig) Italiens, Spaniens, Portugals, Frankreichs, Österreichs und Sloweniens und er brachte diese in seine Lehre ebenso ein, wie er die wissenschaftlichen Kontakte über die regelmäßige Teilnahme an den Konferenzen der *Ethnologia Europaea* pflegte.[23] Niederer war als Vertreter des Atlas für schweizerische Volkskunde auch Mitglied in der „Ständigen Internationalen Atlaskommission", die einen paneuropäischen Atlas der Volkskultur anstrebte, der letztlich ein Desiderat bleiben sollte.[24] Niederer stand der deutschen Grundsatzdebatte[25] offen gegenüber, nahm beispielsweise an einem diesbezüglich wichtigen Kompaktseminar im Sommer 1969 in Tübingen teil (Kaschuba et al. 2006: 92) und sah darin ganz allgemein die Chance, zur „Erhöhung des theoretischen Niveaus unserer Wissenschaften beizutragen" (Niederer 1973b: 12 f.). Entsprechend gestaltete er die Öffnung für in der damaligen Diktion „Gegenwartsprobleme" genannte Fragestellungen weiter aus, indem er das Fach auch aufgrund seines persönlichen Verständnisses als Staatsbürger konsequent als erklärend-verstehende Sozialwissenschaft ausrichtete (vgl. Niederer 1969). Niederer gehörte politisch der schweizerischen sozialdemokratischen Partei an, zeigte dies gegen außen zwar nur we-

---

22 Vgl. zum Umfeld der 1960er Jahre Rogan (2008b). Niederer war ab 1965 Teil dieses Netzwerks, das auch zu lebenslangen Freundschaften führte (beispielsweise mit Günter Wiegelmann, den er 1966 im schwedischen Julita kennenlernte), vgl. dazu Lebenslauf Arnold Niederer, undatiert (ca. 1990), in: Dossier Wissenschaft, Fonds Arnold Niederer, Lötschentaler Museum, Kippel.

23 Dies belegt die regelmäßige Korrespondenz von Arnold Niederer aus den Jahren 1964–1977 mit dem Rektorat der Universität Zürich, bei dem er um Dispens von seinen Vorlesungen und um Reisekostenzuschüsse bat, UAZ AB.1.0718.

24 Dies führte zu wissenschaftlichen Kontakten nach Jugoslawien (zum Ethnologischen Atlas von Jugoslawien), aber auch zu Sigurd Erixon (Stockholm), vgl. Einladung zur Internationalen Arbeitskonferenz über die ethnologische Kartographie, Februar 1966 in Zagreb, UAZ AB.1.0718. Niederer änderte den Namen (ob bewusst oder irrtümlich ist unklar) in „ethnographische Kartographie" ab, vgl. Arnold Niederer an das Rektorat der Universität Zürich, 26.1.1966, UAZ AB.1.0718.

25 Die er auch einer interessierten Öffentlichkeit nahebrachte (vgl. dazu unter anderem Niederer 1973a).

nig, in seinem Engagement und seinen Themen spiegelt sich dies aber deutlich.[26]
Als Pionier einer Migrationsforschung in der Schweiz war er einer der wenigen
damaligen Wissenschaftler, die mit ihren Forschungsthemen auch politische Par-
teinahmen gegen die zeitgenössischen Überfremdungsdiskurse verbanden. Dafür
musste er im innenpolitisch aufgeheizten Klima der späten 1960er Jahre mit der
von James Schwarzenbach lancierten Überfremdungsinitiative und politisierten
Studenten auch Nachteile gewärtigen. So schreibt Niederer 1969 in einem privaten Brief:

„So habe ich ein arbeitsreiches Jahr vor mir. Je näher die Abstimmung über die Schwarzenbach-
Initiative kommt, umso mehr werde ich von den Zeitungen bedrängt, die Artikel eines Wissen-
schafters zur Sache haben wollen. […] Ich bin mit dem Lernerfolg zufrieden, aber er ist teuer
erkauft, weil ich seinerseits so ganz unvorbereitet dieses Amt antreten musste. Im übrigen ist es
an der Universität Zürich für einen politisch Linksstehenden gar nicht so leicht, sich durchzusetzen. Am Anfang zeigte sich dies kaum, aber seit die Studenten unruhig geworden sind, tun
sich auch unter der Professorenschaft die Gegensätze zwischen den Stockkonservativen und
den Progressiven immer mehr auf und führen oft zu unerfreulichen Auseinandersetzungen."[27]

Niederer spricht hier disziplinierende Reaktionen an, die in einer von binären
Denkweisen des Kalten Krieges geprägten schweizerischen Nachkriegsgesellschaft auf jene warteten, die gesellschaftskritische Interventionen tätigten. Wie
stark dies gerade in den 1960er Jahren auch für eine wissenschaftliche Disziplin
wie die Volkskunde zutraf, die sich in den Jahrzehnten zuvor durchaus staatspo-
litischer Förderung erfreute, ist eine offene Forschungsfrage.

Pionierhafte Forschungen als Einzelleistungen wurden oft neben einer Er-
werbstätigkeit betrieben, beispielsweise im dafür geradezu klassischen Beruf des
Gymnasiallehrers. Diesen volkskundlichen Forschern kommt in der Schweiz angesichts der personenbezogenen Kleinheit und der nur geringen institutionell-
universitären Anbindung eine wichtige Rolle zu, sie blieben aber oft einem traditionellen Fachverständnis verhaftet und beschäftigten sich akribisch mit Themen
aus dem klassischen Kanon. Allerdings gibt es auch hier Ausnahmen, so beispielsweise Max Lüthi, der dann 1968 auf den neu geschaffenen Lehrstuhl für Europäische Volksliteratur in Zürich berufen wurde: Lüthi war bereits früh international vernetzt, was sich daran zeigt, dass er als einer der wenigen Schweizer am

---

26   Dies belegen das Mitgliedbuch der Sozialdemokratischen Partei, Sektion Zürich 6 (seit 6. 11. 1948)
     und das Mitgliedbuch des gewerkschaftlichen Verbands des Personals öffentlicher Dienste (seit
     1. 1. 1958), in: Dossier Biografisches, Fonds Arnold Niederer, Lötschentaler Museum, Kippel.

27   Brief von Arnold Niederer an „Tante L.", 28. 12. 1969, in: Dossier Biografisches, Fonds Arnold
     Niederer, Lötschentaler Museum, Kippel.

berühmten „Congrès International d'Ethnologie Régional" in Arnhem 1955 teilnahm und darüber auch berichtete (Lüthi 1955, 1956; vgl. auch Schmoll 2010b:
316 und Rogan 2008b: 68–71).

Deutlich internationale Verbindungen der schweizerischen Volkskunde der
Nachkriegszeit manifestieren sich um die Person von Robert Wildhaber (1902–
1982). Dieser übernahm 1950 einerseits die Redaktion der Internationalen
Volkskundlichen Bibliographie (IVB) für die Erscheinungen der Jahre 1942 bis
1974. Der – durchaus auch selektive – Einfluss der Schweizer Volkskunde auf die
IVB ist daher kaum zu überschätzen. Wildhaber engagierte sich andererseits bis
zu seinem Tode 1982 als Redaktor des *Schweizerischen Archivs für Volkskunde*. In
dieser Funktion verfasste er über zweitausend (!) Besprechungen volkskundlicher
Forschungsarbeiten und verband so einerseits die internationalen Forschungsdis-
kussionen mit der schweizerischen Disziplin, andererseits ermöglichte er es auch,
dass nach dem Krieg die deutschsprachige Volkskunde Anschluss fand an internationale Zusammenhänge. Generell war Wildhaber einer der wenigen, die trotz
der Teilung Europas durch den Kalten Krieg wissenschaftliche Verbindungen
nach Osteuropa und nach dem Balkan pflegten. Dies hing mit seinen diesbezüglichen Sprachkenntnissen zusammen, die es ihm sowohl ermöglichten, deutschsprachige Übersichten über die volkskundlichen Forschungen zu veröffentlichen,
als auch auf der anderen Seite des „Eisernen Vorhangs" zu publizieren. Die Kontakte dazu entstanden im Rahmen der Zusammenarbeit mit verschiedenen Mitarbeitern der IVB, erfuhren aber eine Vertiefung durch die zahlreichen Studienreisen. Ein Beispiel für die Netzwerke, in denen Wildhaber ab 1956 die Schweiz
auf Einladung der slowenischen Akademie der Wissenschaften vertrat, ist der
Verein „Alpes Orientales", in dem Wissenschaftler aus Österreich, der Schweiz,
Italien und aus dem damaligen Jugoslawien in der Erforschung des Ostalpenrau-
mes kooperierten.

Die Volkskunde in der Schweiz war bis 1970 allgemein geprägt durch zahlreiche Monografien zu oft lokalen Einzelphänomenen, die auf engagierter Feldforschung oder exakten Archivstudien basierten, ohne dabei aber theoretische
Zugänge zu wählen (vgl. bereits Niederer 1968, 1970a). Nicht vergessen werden sollte das eigentliche „Laienheer" von volkskundlich Tätigen, die lokal und
regional forschten. Hier, aber auch bei universitären Arbeiten, wurde nur wenig
über Methodisches nachgedacht, sondern vielmehr praktische Forschung durchgeführt; dies gilt besonders für die Feldforschung im Sinne teilnehmender Beobachtung und fragenden Gesprächen, die in der Schweiz gerade in Einzelfor-
schungen mit einem Einschlag zur Gegenwartsvolkskunde sehr stark umgesetzt
wurde (wobei gerade die Schüler von Richard Weiss sich hier stark engagierten,
vgl. Gyr 2001). Die Volkskunde in der Schweiz verfügte also in der fraglichen
Zeit über ein zwar instabiles, aber gleichwohl unbestrittenes Profil, das sich den

verschiedenen regionalen Interessen- und Wissenskulturen anpassen konnte. Es
war allerdings gerade auch dieses fragmentierte Fachverständnis, das es letztlich
der deutschen Volkskunde ermöglichte, Impulse aus der Schweiz zu empfangen.

Nähe und Distanz – das Verhältnis zur deutschen Volkskunde

Nun soll ein spezifischer Blick den transnational wirksamen Verflechtungen der
Schweizer Volkskunde mit der deutschen Volkskunde zwischen 1945 und 1970
gelten. Dabei bieten zum einen die Tagungen und Kongresse, zum anderen die
Zeitschrift für Volkskunde Anhaltspunkte für Kooperation und Verbindungen,
aber auch für Distanz und Zurückhaltung. Diese „schweizerisch-deutschen Verbandelungen" (Schmoll 2010a) reichen selbstredend weit zurück in die Phase der
Etablierung der Disziplin (vgl. Gyr 1999; Lenzin 1996). So bestanden vielfälti-
ge, wenn auch nicht konfliktfreie, Verflechtungen, die sich nun nach 1945 darin
manifestierten, dass die Schweiz das in Deutschland schwer angeschlagene Fach
inhaltlich und theoretisch entlastete.

Die Schweizer Vertreter – die männliche Form ist ja durchaus angebracht –
führten nach dem Krieg ihre Verbindungen zum Verband der Vereine für Volkskunde fort; auch hier wird also Kontinuität sichtbar. Paul Geiger war bereits seit
1937 im geschäftsführenden Ausschuss des Verbandes tätig, ab Oktober 1949
engagierte sich hier auch Richard Weiss.[28] Beide hatten am ersten Volkskundetag
nach dem Krieg in Freiburg 1949 teilgenommen. Bereits am zweiten Volkskundetag, 1951 in Stuttgart, referierten sowohl Karl Meuli als auch Richard Weiss.
Während Meuli sich mit „alten Rechtsbräuchen" befasste, bezog Weiss Position
zur an der Tagung erhobenen Forderung nach einer historischen Forschungsrichtung in der Volkskunde.[29] Weiss befürwortete dies, war aber zugleich der
Meinung, dass „die Volkskunde als Wissenschaft vom Menschen und als verantwortliche Gegenwartswissenschaft die Ergebnisse der Tiefenpsychologie, ja der
Parapsychologie nicht übersehen sollte" (1952: 33). Deutlich wird hier ein (auch
psychologistisches) Interesse am Menschen als Individuum, das sich bei Weiss
mit einer grundsätzlichen Skepsis gegenüber kollektivem Verhalten in der Masse äußerte: „Die sozialen Probleme der Gegenwart und der Mensch als Person,
nicht als Rudel, sind auch vom Standpunkt der Volkskunde aus im Sinne einer
allgemeinen Anthropologie anzupacken" (ebd.). Hier zeigen sich jene problema-

---

28   Nach dem Tod von Paul Geiger war Richard Weiss ab 1952 bis 1960 einziges Schweizer Mitglied
     im geschäftsführenden Ausschuss des Verbandes, ab 1961 engagierte sich Robert Wildhaber im
     umbenannten Hauptausschuss (dann: Vorstand) (vgl. dazu auch Schmoll 2009: 25–27).

29   Im später veröffentlichten Band sind weitere Forschende aus der Schweiz erwähnt: Oskar Eber-
     le („Erforschung und Pflege des Volkstheaters in der Schweiz"), Margarete Pfister-Burkhalter
     („Schweizer Gebäckmodel") und der Meuli-Schüler Mohamed Rassem („Über Staatsauffassung
     und Volkskunde im alten Frankreich").

tischen Dichotomien im Weiss'schen Denken, die im Zuge der deutschen Fachdebatten zu teilweise heftiger Kritik führten (vgl. Metzen 1970; allerdings bereits
Möller 1954). Dass Richard Weiss durchaus provokativ in die innerdeutschen
volkskundlichen Spannungen intervenierte, indem er 1956 prononciert Stellung
bezog gegen die DDR-Regierung und seinen zugesagten Vortrag für die geplante
Tagung in Dresden zurückzog (Schmoll 2009a: 26 f.), berührt bisher weitgehend
offene Fragen nach seiner politischen Position – so war er überzeugter Demokrat
und dabei auch deutlich antikommunistisch eingestellt.

An den Kongressen in Passau (1952), Celle (1954), Schleswig (1955), Nürnberg (1958) und Marburg (1965) referierten keine Schweizer, waren aber wohl
unter den Teilnehmenden.[30] Zwar waren 1960 im Museumsdorf Cloppenburg
Robert Wildhaber und Walter Escher als Vertreter des Schweizerischen Instituts
für Volkskunde engagiert, aber erst in Würzburg 1967 referierten mit Arnold
Niederer, Walter Heim, Robert Wildhaber und Georg Staffelbach gleich vier
Schweizer an einem deutschen Volkskunde-Kongress – offenbar kam das Thema „Formen, Äusserungen und Wandlungen des Volksglaubens" den damaligen
schweizerischen Forschungsinteressen entgegen (Baumer 1967). In Würzburg
wurden die Schweizer auch mit den sich anbahnenden innerfachlichen Debatten
konfrontiert, wie unterschiedlich sie diese je nach geografischer Verortung und
fachlicher Position aufnahmen, wurde bereits erwähnt. Im Überblick manifestiert sich also sowohl eine frühe, selbstverständliche Mitwirkung und Vernetzung
wie auch eine bis in die Mitte der 1960er Jahre anhaltende Distanz.

Diesen Befund einer vorsichtigen Distanziertheit zur organisierten deutschen
Volkskunde stützt auch die Tatsache, dass sich zwischen 1916 und 1968 kein
einziger Beitrag in der *Zeitschrift für Volkskunde* findet, der die Schweiz thematisieren würde. Zwar publizieren bereits 1956/57 mit Max Lüthi und Robert
Wildhaber zwei Wissenschaftler aus der Schweiz, nur drei Jahre nach der Wei-
terführung der Zeitschrift nach dem Krieg (vgl. Gerndt et al. 1995: 91). Danach
hielten sich die Schweizer Forscher aber abseits, sodass beispielsweise Richard
Weiss nicht zu den Autoren der Zeitschrift zählt und zu Lebzeiten auch nur in
zwei Verweisen Erwähnung findet – immerhin erschien nach seinem frühen Tod
1962 ein Nachruf.

Es kann vermutet werden, dass dieses vorsichtige Zurückhalten auch mit
einem Unbehagen darüber zusammenhängt, dass deutsche Volkskundler sich ab
den 1950er Jahren wieder als rehabilitiert und salonfähig sahen: „Internationalisierung [ermöglichte] nach der desaströsen Korrumpierung im Nationalsozia-

---

30 So war beispielsweise Arnold Niederer in Marburg anwesend, vgl. Arnold Niederer an das Rektorat
der Universität Zürich, 3. 4. 1965, UAZ AB.1.0718. Robert Wildhaber war offenbar in Celle (vgl.
Schmoll 2009b: 252).

lismus eine höchst erfolgreiche Strategie der Selbstrehabilitation und der Rückkehr zu wissenschaftlicher ‚Normalität'" (Schmoll 2011: 434). Es darf dabei aber
nicht vergessen werden, dass daneben durchaus persönliche wissenschaftliche
Kooperationsbeziehungen mit Deutschland bestanden. So hielt Richard Weiss
gute Kontakte nach Deutschland und lud mehrfach Rudolf Kriss[31] oder Wilhelm
Brepohl zu Vorträgen nach Zürich oder Basel ein. Zahlreiche dieser Vorträge fanden im Rahmen der Sektionen der Schweizerischen Gesellschaft für Volkskunde
statt und belegen die auch unter den primär national engagierten Fachvertretern
bestehenden internationalen Verbindungen.[32] Wie gut hier die sonst so unterschiedlichen Persönlichkeiten Karl Meuli und Richard Weiss zusammenwirkten,
zeigt das Beispiel des lettischen Forschers Ziedonis Ligers, der von den beiden
Schweizern im Dezember 1946 zu einer Gastvorlesung eingeladen wurde. Ligers
hatte in Deutschland studiert, war nach Frankreich geflohen und hatte sein wissenschaftliches Material zur lettischen Sachkultur „in sein Exil retten und auch
während des Krieges daran weiterarbeiten" können, wie Richard Weiss schreibt.[33]
    Erst 1969 veröffentlichte der Basler Hans Trümpy (1969) im Rahmen einer
internationalen Umfrage zu Folklorismus einen Beitrag in der *Zeitschrift für
Volkskunde* und im Jahr darauf kommentierten die beiden Schweizer Lehrstuhl-
vertreter auf Einladung von Hermann Bausinger den seither vielzitierten Beitrag
„Wem nützt Volkskunde?" von Dieter Kramer (1970): Arnold Niederer (1970b)
hielt ein Plädoyer „Gegen die Ausklammerung soziologischer Fragestellung in
der Volkskunde" und Hans Trümpy (1970) verortete die Volkskunde als „eine
Geisteswissenschaft". Der ebenfalls angefragte Rudolf Braun als Schüler von Richard Weiss übrigens lehnte trotz guten Einvernehmens mit Bausinger schroff
ab, Kramers Position zum Fach zu diskutieren, wobei er Zeitprobleme vorschick-
te, zugleich aber durchaus auch inhaltliche Vorbehalte anbrachte:

„Ich muss deshalb auf einen Kommentar zu Kramers Referat verzichten; es wäre mir auch
schwergefallen, denn beim ersten flüchtigen Durchlesen schien mir doch manches – auch historische Feststellungen – mindestens in der Formulierung nicht richtig und das ganze ist eben
doch ein Paradebeispiel vorgeprägter und damit auch vorgedachter Modeformulierungen, die
einem [sic!] etwas unwillig machen."[34]

---

31   Richard Weiss an das Rektorat der Universität Zürich, 25. 2. 1956, UAZ AB.1.1089.

32   Einen Eindruck davon geben die Zusammenstellungen der Referate aus den Sektionen der SGV
     (vgl. Schürch/Eggmann/Risi 2010: 177–200; dazu auch Schürch 2010 und Kuhn 2010).

33   Richard Weiss an das Rektorat der Universität Zürich, 7. 12. 1946, UAZ AB.1.1089.

34   Brief von Rudolf Braun an Hermann Bausinger, 20. 4. 1970, StAZH W I 41.12.4.

Wissenschaftler aus der Schweiz veröffentlichten erst seit den 1970er Jahren regelmäßig in der Zeitschrift. Da war aber die Fachdebatte in Deutschland bereits in vollem Gange. Wie früh sich das Fach in der Schweiz mit denselben großen Fragen nach der gesellschaftlichen Relevanz und nach den theoretischen Zugängen befasste, lässt sich an der bisher kaum beachteten Korrespondenz von Richard Weiss zeigen.

„Dazu kommt die unselige Volkskunde" – Krise und Orientierungslosigkeit

Darin wird ab Ende der 1950er Jahre eine wissenschaftliche Krise manifest, die eng mit der Person Richard Weiss verbunden ist, aber keineswegs einfach biografisch-individualpsychologisch zu deuten ist. Zwar war das Fach durch das verstärkte, auch politisch motivierte, Interesse der Öffentlichkeit gewachsen und hatte sich in Zürich universitär auch etablieren können. Zudem sah es sich nicht von außen infrage gestellt oder gar unter Legitimationsdruck, vielmehr befand es sich gerade in Basel noch in der Phase der aufbauenden Formierung. Die Schweizer Volkskunde stand auch keinen Angriffen von ausländischen Fachbetrieben, etwa aus Deutschland oder Österreich, gegenüber. Wenn also von Krise gesprochen wird, dann ist damit gemeint, dass sich bei Richard Weiss Anzeichen der Infragestellung von Positionen und Zielen des Faches bemerkbar machen. Dies notabene früher, als diese Fragen in den öffentlichen Auseinandersetzungen in Deutschland ab 1967 sichtbar wurden.[35] Für Weiss war es vor allem die Auseinandersetzung mit seinem Schüler Rudolf Braun, mit dem ihn eine väterliche Freundschaft und viele prägende gemeinsame Erlebnisse verbanden (vgl. Weiss/Weiss/Studer-Weiss 2009), die hier katalytisch wirksam wurden. In dem Maße, in dem Braun die bisher betriebene Volkskunde kritisch zu hinterfragen begann, äußerte auch Richard Weiss grundlegende Zweifel an seinem Fach. Braun hatte 1960 den ersten Band seiner Studien zur Industrialisierung des Zürcher Oberlands veröffentlicht (Braun 1960) und arbeitete ab 1961 in den USA am zweiten Band (Braun 1965), wobei er mit Weiss im engen Briefkontakt stand. Die beiden Bücher sollten mit ihren alltagshistorischen Interessen und ihrem kulturwissenschaftlichen Vorgehen für große Aufmerksamkeit sorgen und gelten bis heute als Pionierwerke mit großem Wert. Wie eng das Verhältnis zwischen Weiss und Braun war und wie dieses nur ungenau als Lehrer-Schüler-Beziehung gefasst wird, zeigen zahlreiche Briefpassagen, für die stellvertretend der folgende Brief stehen soll:

---

35 Dass auch in Deutschland durchaus von einem „lange währenden Vor-März der allmählichen Selbstaufklärung und Modernisierung" ausgegangen werden muss, zeigt einleuchtend Schmoll (2007: 193).

„Lieber Herr Braun! Herzlichen Dank für Ihre Worte. Sie sind für mich eine nötige Ermuti-
gung und Stärkung. Dass Sie über das Testatheft hinaus mein Schüler sein wollen, heisst für
mich, dass das Gespräch weitergeht. Dabei werde ich von Ihnen, bei aller menschlichen Nähe,
immer die rückhaltlose kritische Offenheit erwarten dürfen, die ich mir von dem idealen Schüler wünsche. Ich fürchte nämlich oft (und das gerade wieder in diesem Seminar, wo ich zuletzt
darauf komme, mich selber zu resümieren), stehen zu bleiben. Sie werden in den nächsten Jahren weitergehen, in der Forschung wie in der Auseinandersetzung mit der Praxis. Vielleicht
wird Ihnen dies manches an der Volkskunde fraglich erscheinen lassen. Dass Sie mir dies nicht
vorenthalten, mich nicht verschonen, dies ist die dringende Bitte an Sie als ‚Schüler‘. Sonst hätte das Gespräch aufgehört, das mir in den letzten Jahren so viel bedeutet hat und für das ich
Ihnen meinerseits zu danken habe.“[36]

Die Reflexion von Weiss über die fachliche Zukunft fand natürlich nicht ausschließlich im Dialog mit Braun statt, vielmehr spielte hier gerade Hermann
Bausinger eine große Rolle – Bausinger hatte das Buch von Braun interessiert
aufgenommen: „Auch an der Atlastagung in Bonn […] war im Hauptvortrag
Bausingers ‚Volkskultur und industrielle Gesellschaft‘ ausführlich von Ihrem
Buch die Rede“, berichtete Weiss etwas stolz an Braun.[37] Das gegenseitige Interesse zwischen Tübingen und Zürich war also vorhanden, Richard Weiss wurde hier gerade für seine Offenheit und seinen nüchternen Blick auf Phänomene
des Wandels geschätzt (vgl. Kaschuba et al. 2006: 37–39). Bausingers Habilitationsschrift *Volkskultur in der technischen Welt* (1961) wiederum, die Weiss mit
großer Zustimmung gelesen hatte – „das beste volkskundliche Buch der letzten Jahre“[38] – und auch entsprechend würdigte, führte zu einer heftigen fachlichen Auseinandersetzung zwischen Weiss und Braun; im Kern ging es um unterschiedliche Auffassungen von „volkskundlich-historischer Forschung“, die bei
Braun letztlich dazu führten, sich ganz von der Volkskunde abzuwenden, auch
weil er sich im Fach unverstanden fühlte:

„Was – so muss ich mich fragen – hat denn mein Arbeiten noch für einen Sinn, wenn man
von den Nächsten nicht verstanden wird. Es ist irgend wie symptomatisch, dass die nichtssa-
gendsten Beurteilungen meiner Diss. von volkskundlicher Seite kamen. […] Solche Erfahrungen lassen einem [sic!] jedoch fragen, ob es sich denn überhaupt lohnt, noch hinter der Flagge

---

36   Richard Weiss an Rudolf Braun, 24. 2. 1958, StAZH W I 41.11.2.

37   Richard Weiss an Rudolf Braun, Auffahrt 1961, StAZH W I 41.11.2.

38   Richard Weiss an Rudolf Braun, 13. 12. 1961, StAZH W I 41.11.2.

der Volkskunde herzumarschieren oder ob man nicht besser sie den Trachten-, Volkstanz- und Wurmsegensektierern [sic!] überlassen soll."[39]

Aber nicht nur Braun sah sich in einer Krise, diese zeigt sich auch bei Richard Weiss: Symptomatisch ist der Prozess einer schrittweisen Abkehr von der Volkskunde daran festzumachen, dass Weiss noch 1961 von einer „Rettung der Volkskunde" gesprochen hatte, durch Braun gehofft hatte, diese sei theoretisch und methodisch weiterzuführen, dann das traditionelle Fachverständnis aber im März 1962 heftig attackierte:

„Dazu kommt die unselige Volkskunde. Sie haben in mir den Glauben daran und das Verharren dabei noch etwas prolongiert. Im jungen Bausinger sah ich einen Silberstreif, der nun auch verdunkelt ist. Ich habe Ihnen ja immer schon mehr oder weniger unverblümt gesagt: *Setzen Sie sich ab von diesem Verein!* Sie haben Ihre Dankespflicht und Reverenz erfüllt mit dem Vorwort zum 1. Bd, mit den Diskussionen in Dortmund. *Alles Weitere kompromittiert Sie unnötig.* Brauchen Sie das Wort nicht mehr. Sie sehen, dass auch Gruner von *nationaloek.-soziologischer Fragestellung* spricht. Ich bin, vorläufig im Ausland, dazu übergegangen, Minuskeln zu machen: Auf diesbezügliche Fragen antworte ich mit: Ethnologie, -graphie, Kulturanthropologie, ‚Historier' (hopla!) oder sonst etwas Anständiges (nur nicht Soziologe). Heute abend wird im Königstuhl in Anwesenheit aller Beteiligten und des Senatsausschusses die Dekanatsübergabe gefeiert; auch da werde ich immer nur mit Schrecken oder innerem Erröten dem Tischnachbarn von der anderen Fakultät mein Metier eingestehen; der Partner sagt dann gewöhnlich: Aha – sicher interessant, und spricht von etwas anderem, oder vom Trachtenfest in Basel, an dem ich sicher auch gewesen sei. – Diese ständig gefühlten Schwierigkeiten sind auch der Grund, warum ich *gern Dekan werde.* Ich werde nun zwei Jahre gar nichts anderes sein und tun als Dekan, und mir so meine akademische Daseinsberechtigung verdienen."[40]

Dass dieser radikale Positionsbezug keine situative Laune von Weiss war, zeigen andere Äußerungen, in denen deutlich wird, dass ihm gerade aus den universitären Lehrveranstaltungen, die auf eine gegenwartsorientierte und europäische Volkskunde zielten, fachliche Identitätsfragen erwuchsen: „In meinen Seminarien ‚Bergbauernprobleme', ‚Fremdarbeiter', ‚Juden' redet man immer über etwas, das mich wenigstens (und ich hoffe: auch einige der andern) bewegt; aber niemand weiss genau, was dabei Volkskunde ist."[41] Weiss fand den Ausweg aus dieser Krise nicht selbst, durch seinen Unfalltod in den Tessiner Bergen brach nicht nur die Korrespondenz mit Rudolf Braun abrupt ab, sondern erlitt auch die Volkskunde

---

39   Rudolf Braun an Richard Weiss, 10. 3. 1962, StAZH W I 41.11.2.

40   Richard Weiss an Rudolf Braun, 16. 3. 1962, StAZH W I 41.11.2. (Hervorhebungen im Original).

41   Richard Weiss an Rudolf Braun, 5. 4. 1962, StAZH W I 41.11.2.

einen schweren Verlust. Gleichwohl kann gesagt werden, dass Weiss den Anstoß zur Veränderung der Fach- und Wissenschaftsposition der Schweizer Volkskunde gab. Er hatte damit bereits die Reform der Volkskunde hin zu jener Gegenwartsvolkskunde mit eingeleitet, die ihre Fortsetzung vor allem in der „Zürcher Schule" von Arnold Niederer finden sollte. Vieles war nämlich bereits angelegt: Wie stark bereits bei Richard Weiss ein Verständnis für eine gesellschaftliche Verantwortung des Faches angelegt war, zeigt sich beispielsweise daran, dass Weiss in einer offiziellen „Kommission zur Fremdarbeiterfrage" mitwirkte.[42] Zudem hatte die „Europäische Ethnologie' als Wissenschaftsauffassung einer interkulturellvergleichenden Volkskunde in Zürich bereits vor der […] Standortdebatte im deutschsprachigen Raum existiert […]" (Gyr 1999: 50). Diese Veränderungen manifestieren sich auch in seiner universitären Lehre, wo der statische Blick des traditionellen Fachverständnisses gebrochen und ein offener Blick auf den vielgestaltigen Wandel gerichtet wurde. Dass dies Richard Weiss, auch aufgrund seiner Herkunft und seiner Wissenschaftssozialisation, keineswegs einfach fiel, zeigt die posthume Charakterisierung aus der Feder von Braun:

„Unablässig hat er um eine Erneuerung der Volkskunde gerungen. […] Wie sehr Prof. Weiss sich um eine gegenwartsbezogene und auf die grossen Probleme der Gegenwart ausgerichtete Volkskunde bemühte, dies ist allen, die ihn kannten bewusst; wenige jedoch, so glaube ich, realisierten, wie er bei diesem Ringen auch litt."[43]

Wie weit Richard Weiss die hier als schmerzhaft bezeichnete Abkehr von der Position einer kulturkritischen Zurückhaltung gegenüber der Moderne selbst hätte leisten können, muss offenbleiben. Es war jedenfalls an seinen Schülern, durch Anwendungsorientierung und Gegenwartsbezug die Disziplin zu stabilisieren. Konkret war es Arnold Niederer, der es dank einer gezielten Europäisierungsstrategie und einer Gegenwartsorientierung erreichte, die von Weiss artikulierte Krise zu überwinden und das Fach, auch im Verbund mit anderen progressiven Fachvertretern im deutschsprachigen Ausland, zu neuen Forschungsgebieten und gesellschaftlicher Akzeptanz zu führen. Wie sehr ihm dies aufgrund seiner gesamteuropäischen Ausrichtung auch gelang, hat aber durchaus auch mit Entwicklungen zu tun, die so nicht gleichsam folgelogisch angelegt waren (vgl. Gyr 1980). Retrospektiv ist allerdings der universitären Berufungskommission von 1963 beizupflichten:

---

42   Richard Weiss an Rudolf Braun, 23.3.1961, StAZH W I 41.11.2.

43   Rudolf Braun an Karl Meuli, 6.10.1962, StAZH W I 41.11.2.

„Von allen Anwärtern hat sich Dr. Niederer als einziger mit den verschiedensten Forschungsgebieten der Volkskunde vertraut machen können. Dank seiner sprachlichen Begabung bietet er, ebenfalls als einziger, Gewähr dafür, dass die Volkskunde nicht in wenigen Jahren zu
einer Volkskunde der deutschsprachigen Schweiz wird [...]. Dr. Niederer ist auch der einzige,
der eine selbstgewonnene Übersicht über die Probleme der Volkskunde in gesamteuropäischer
Sicht besitzt."[44]

Auf die kaum zu überschätzende Rolle hinzuweisen, die Braun für die Sozial-
geschichtsschreibung und für eine empirisch im Kleinen gesättigte Historische
Anthropologie nicht nur in der Schweiz spielte (Lengwiler 2012: 80 f.; Bürgi/
König 2012; Leimgruber/Kuhn 2014), erscheint hier müßig. Hingegen möchte
ich dafür plädieren, zukünftig detailliert danach zu fragen, welche Rolle Rudolf
Braun für die fachliche Neuorientierung der deutschsprachigen Volkskunden gespielt hat – gerade die DDR-Volkskunde um Wolfgang Jacobeit stand während
Jahren in engem Austausch mit Rudolf Braun (vgl. Brinkel 2012: 86–93). Diese
ist zwar nicht institutionell fassbar, weil sich Braun mit der ihm eigenen Konse-
quenz (vgl. Leimgruber/Kuhn 2012) aus dem Fach zurückzog. Dies tat er, obwohl gerade Hermann Bausinger sehr daran interessiert war, den Dialog weiterzuführen, wie ein angedachtes Tübinger Forschungsprojekt von Braun über
das „Fremdarbeiterproblem"[45] unter der Leitung von Bausinger und dessen (von
Braun dann allerdings abgewiesene) Einladung zur Tübinger Arbeitstagung vom
April 1966 zeigen.[46] Zwar engagierte sich Rudolf Braun 1967 auf Einladung von
Wolfgang Jacobeit und Paul Nedo in Bad Saarow (Braun 1969) und referierte
1971 gar am Volkskunde-Kongress in Trier (Braun 1973) – wies aber 1968 die
Berufung als persönliches Mitglied der Deutschen Gesellschaft für Volkskunde
explizit zurück.[47] Wie die Traditionslinien von der problemorientierten Volkskunde Weiss'scher Prägung zu jener „Sozialgeschichte als historischer Sozialwissenschaft" (Lengwiler 2012: 71) verliefen, wie sie von Braun und vielen anderen
dann ab den 1970er Jahren so fruchtbar betrieben wurden, verdient jedenfalls
weitere wissenschaftshistorische Aufmerksamkeit (vgl. Tanner 2010).

---

44 Berufung Arnold Niederer, Protokoll des Regierungsrats des Kantons Zürich, 4331. Universität,
    7.11.1963, UAZ AB.1.0718.

45 Rudolf Braun an Lukas Burckhardt, 9.9.1964, StAZH W I 41.11.3.

46 Rudolf Braun an Hermann Bausinger, 11.3.1966, StAZH W I 41.11.4. Vgl. zu diesem Treffen
    Kaschuba et al. (2006: 88) und TVV (1966).

47 Rudolf Braun an Gerhard Heilfurth, 30.4.1968, StAZH W I 41.12.2.

Ambivalente Wirkungsfelder – Versuch eines Fazits

Fachgeschichtlich kann für die Schweiz konstatiert werden, dass die Periode zwischen dem Ende des Krieges und dem Umbruch der späten 1960er Jahre zwar auf den ersten Blick nur wenig Konturen zeigt – also durchaus Elemente einer Phase „beschaulichen Tuns" aufweist. Erst bei einem genauen Blick – und die fachgeschichtliche Erforschung müsste über die hier präsentierte Skizze weit hinausgehen – wird deutlich, dass die Zeitspanne Merkmale einer sich verglichen mit dem deutschen Fachbetrieb früh als europäisch verstehenden Disziplin zeigt. Diese waren ausgelöst durch Krisen in der wissenschaftlichen Konzeption des Forschungsgegenstandes. Somit können „Europäisierung" und die Zuweisung von gegenwärtigen Forschungsgegenständen auch als Strategie gesehen werden, eine in der Schweiz national verengte und methodisch-theoretisch nur wenig gefestigte Disziplin zu stabilisieren.

In diesem Sinne halfen schweizerische Forscherpersönlichkeiten der deutschen Volkskunde mit neuen Perspektiven, nationalistische Engführungen zu überwinden, das Fach zu rehabilitieren und zu verwissenschaftlichen. Der schweizerische Beitrag dazu unterstützte dabei sowohl die historische Ausrichtung, wie sie in der „Münchner Schule" betrieben wurde, als auch den Tübinger Aufbruch zur Positionierung als gegenwartsbezogene Sozialwissenschaft (vgl. Kaschuba 2006: 82–85; vgl. auch Kaschuba et al. 2006: 28). Diese Unterstützung leisteten die Schweizer Fachvertreter nicht mit missionarischem Eifer – dies würde sowohl die personellen wie auch die institutionellen Gewichte falsch einschätzen. Sie taten es vielmehr mit eigenständigen Forschungsleistungen mit neuen Fragestellungen – Richard Weiss ist dabei natürlich relevant, allerdings sind es auch Personen wie Robert Wildhaber, Rudolf Braun oder Institutionen wie die IVB, die hier wissenschaftlich wirkten. Sie taten es nach dem Krieg aber auch darüber, Ansätze einer früheren internationalen Orientierung des Faches wiederzubeleben und zu stärken. Die in der Schweiz 1945 bestehenden wissenschaftlichen Forschungstraditionen waren nicht nur unbestritten, sondern erhielten sogar politisch-universitäre Förderung im Sinne einer erhofften staatspolitisch-affirmativen Verwendung. Diese Chance nutzte die schweizerische Volkskunde für die weitere Institutionalisierung und den wissenschaftlichen Ausbau, aus dem sich aber Anfang der 1960er Jahre jene fachliche Identitätskrise entwickelte, die auf die fehlende theoretische Verortung wie auf die offene Frage nach der gesellschaftlichen Legitimation zielte. Indem diese Krise zu einer Revision der fachlichen Zuständigkeiten und zu einer Stärkung methodischer Reflexionen führte, hat die schweizerische Volkskunde damit wesentlich dazu beigetragen, das Fach Volkskunde da zu bergen, wo es die – von Konrad Köstlin als „abschüssige Bahn" (2011: 324) bezeichnete – seit 1918 angelegte Entwicklung hingeführt hatte. Diese grenzüberschreitende Zusammenarbeit des schweizerischen Fachbetriebs führt in einer größeren Perspektive zu jenem heterogenen Netzwerk verschiedener nationaler Wissenschaften, das wir unter dem Namen „Europäische Ethnologie" fassen können. Der schweizerische Beitrag dazu war durch beständiges Changieren zwischen beharrlichen Kooperationsbemühungen und gleichzeitigen Abgrenzungsbestrebungen geprägt.

Literatur

Baumer, Iso (1967): Formen, Äusserungen und Wandlungen des Volksglaubens. Deutscher Volkskundekongress in Würzburg. In: Neue Zürcher Zeitung, 11. Oktober, S. 7.

Bausinger, Hermann (1961): Volkskultur in der technischen Welt. Stuttgart.

Braun, Rudolf (1960): Industrialisierung und Volksleben – die Veränderungen der Lebensformen in einem ländlichen Industriegebiet vor 1800 (Zürcher Oberland). Erlenbach-Zürich.

— (1965): Sozialer und kultureller Wandel in einem ländlichen Industriegebiet (Zürcher Oberland) unter Einwirkung des Maschinen- und Fabrikwesens im 19. und 20. Jahrhundert. Zürich.

— (1969): Zur sozio-kulturellen Determinierung der Innovationsdisposition. In: Jacobeit, Wolfgang/Nedo, Paul (Hg.): Probleme und Methoden volkskundlicher Gegenwartsforschung. Berlin, S. 51–54.

— (1973): Probleme des sozio-kulturellen Wandels im 19. Jahrhundert. In: Wiegelmann, Günter (Hg.): Kultureller Wandel im 19. Jahrhundert: Verhandlungen des 18. Deutschen Volkskunde-Kongresses in Trier 1971. Göttingen, S. 11–23.

Brinkel, Teresa (2012): Volkskundliche Wissensproduktion in der DDR. Zur Geschichte eines Faches und seiner Abwicklung. Berlin et al.

Burckhardt-Seebass, Christine (2011): Manifestes Interesse, erste Strukturen, fachlicher Auf- und Ausbau. In: Schweizerisches Archiv für Volkskunde 107, S. 58–76.

Bürgi, Markus/König, Mario (2012): Rudolf Braun, 1930–2010. Zum Tod des bedeutenden Sozialhistorikers. In: Traverse – Zeitschrift für Geschichte 3, S. 125–129.

Frei, Alban (2010): Ein „Dokument des geistigen Selbstbehauptungswillens der Schweiz". Der Atlas der schweizerischen Volkskunde und die Nationalisierung der Volkskunde in der Schweiz. In: Schürch, Franziska et al. (Hg.): Vereintes Wissen. Die Volkskunde und ihre gesellschaftliche Verankerung. Münster/Basel, S. 133–145.

Gerndt, Helge et al. (Hg.) (1995): Zeitschrift für Volkskunde, Gesamtregister Jahrgang 1–90 (1891–1994). Göttingen.

Gyr, Ueli (1980): „… mit Bezug auf …" Einblicke in die Forschungs- und Lehrtätigkeit des Volkskundlers Arnold Niederer. In: Schweizerisches Archiv für Volkskunde 76, S. 3–76.

— (1995): Paul Hugger zum 65. Geburtstag. Mit einem Verzeichnis seiner Schriften 1958–1995. In: Schweizerisches Archiv für Volkskunde 91, S. 33–52.

— (1999): Europäische Ethnologie aus der Sicht der Schweizer Volkskunde. In: Giordano, Christian/Rolshoven, Johanna (Hg.): Europäische Ethnologie – Ethnologie Europas = Ethnologie européenne – Ethnologie de l'Europe. Fribourg, S. 45–62.

— (2001): Feldforschung in der Schweizer Volkskunde. Eine forschungsgeschichtliche Skizze. In: Korkiakangas, Pirjo/Kiuru, Elina (Hg.): An Adventurer in European Ethnology. Jyväskylä, S. 110–128.

— (2006): Von Richard Weiss zu Arnold Niederer: Zwei alpine Forschungsexponenten im Vergleich. In: Schweizerisches Archiv für Volkskunde 102, S. 231–250.

— (2009): Richard Weiss – Standorte und Werk einer volkskundlichen Symbolfigur. In: Schweizerisches Archiv für Volkskunde 105, S. 65–80.

Huber, Ernst J./Bellwald, Werner (1989): Bibliographie Hans Trümpy. In: Burckhardt-Seebass, Christine (Hg.): Urbilder und Geschichte. C. G. Jungs Archetypenlehre und die Kulturwissenschaften. Akten eines Kolloquiums in memoriam Hans Trümpy. Basel, S. 103–119.

Hugger, Paul (1961): Amden. Eine volkskundliche Monographie. Basel.

— (1963): Werdenberg. Land im Umbruch. Eine volkskundliche Monographie. Basel.

— (1992): Zu Geschichte und Gegenwart der Volkskunde in der Schweiz. In: ders. (Hg.): Handbuch der schweizerischen Volkskultur: Bd. 1. Basel/Zürich, S. 15–33.

— (1994): Volkskunde in der Schweiz seit dem Zweiten Weltkrieg. Zwischen Provinzialismus und Weltoffenheit. In: Österreichische Zeitschrift für Volkskunde XLVIII/97, S. 97–112.

Jeggle, Utz (2001): Volkskunde im 20. Jahrhundert. In: Brednich, Rolf W. (Hg.): Grundriss der Volkskunde: Einführung in die Forschungsfelder der Europäischen Ethnologie. Berlin, S. 53–75.

Kaschuba, Wolfgang (2006): Einführung in die Europäische Ethnologie. 3. Auflage. München.

Kaschuba, Wolfgang/König, Gudrun M./Langewiesche, Dieter/Tschofen, Bernhard (2006): Ein Aufklärer des Alltags: Der Kulturwissenschaftler Hermann Bausinger im Gespräch. Wien/Köln/Weimar.

Köstlin, Konrad (2011): Volkskunde vor und zwischen den Weltkriegen. Anmerkungen zur Internationalität des Fachs. In: Johler, Reinhard/Matter, Max/Zinn-Thomas, Sabine (Hg.): Mobilitäten. Europa in Bewegung als Herausforderung kulturanalytischer Forschung. Münster et al., S. 317–325.

Kramer, Dieter (1970): Wem nützt Volkskunde? In: Zeitschrift für Volkskunde 66, S. 1–16.

Kuhn, Konrad J. (2010): Unterbrochene Tradition und lange Dauer. Die Zürcher Sektion der Schweizerischen Gesellschaft für Volkskunde 1918–2010. In: Schürch, Franziska/Eggmann, Sabine/Risi, Marius (Hg.): Vereintes Wissen. Die Volkskunde und ihre gesellschaftliche Verankerung. Münster/Basel, S. 69–94.

Leimgruber, Walter (2005): Alpine Kultur: Welche Kultur für welchen Raum? In: Binder, Beate/Göttsch, Silke/Kaschuba, Wolfgang (Hg.): Ort, Arbeit, Körper. Ethnografie Europäischer Modernen. Münster et al., S. 147–155.

— (2012): Volkskunde/Kulturanthropologie. In: Traverse – Zeitschrift für Geschichte 1, S. 119–147.

Leimgruber, Walter/Kuhn, Konrad J. (2012): Zum Gedenken an Rudolf Braun (18. April 1930 – 19. Mai 2012). In: Schweizer Volkskunde 102, S. 43–44.

Leimgruber, Walter/Kuhn, Konrad J. (2014): In Erinnerung an Rudolf Braun (18. April 1930 – 19. Mai 2012). In: Schweizerisches Archiv für Volkskunde 110, S. 107–110.

Lengwiler, Martin (2012): Undiszipliniert und prägend. Die Sozialgeschichte in der schweizerischen Historiographie des 20. Jahrhunderts. In: Maeder, Pascal/Lüthi, Barbara/Mergel, Thomas (Hg.): Wozu noch Sozialgeschichte? Eine Disziplin im Umbruch. Göttingen, S. 57–87.

Lenzin, Danièle (1996): „Folklore vivat, crescat, floreat!" Über die Anfänge der wissenschaftlichen Volkskunde in der Schweiz um 1900. Zürich.

Lüthi, Max (1955): Leistungen, Aufgaben und Probleme der Volkskunde. Zum internationalen Volkskundekongress in Arnhem. In: Neue Zürcher Zeitung, Morgenausgabe Nr. 2924, 1. November, S. 1d f.

— (1956): Volkskunde und Literaturwissenschaft. In: Actes du Congrès international d'Ethnologie régionale 1955. Arnhem, S. 116–120.

Metzen, Thomas (1970): Anmerkungen zur „Volkskunde der Schweiz" von Richard Weiss. In: Geiger, Klaus et al. (Red.): Abschied vom Volksleben. Tübingen, S. 173–190.

Möller, Helmut (1954): Untersuchungen zum Funktionalismus in der Volkskunde. Dissertation (unpubl.), Universität Göttingen.

Niederer, Arnold (1956): Gemeinwerk im Wallis: Bäuerliche Gemeinschaftsarbeit in Vergangenheit und Gegenwart. Basel.

— (1965): Europäische Volkskunde. Internationales Kolloquium in Stockholm. In: Neue Zürcher Zeitung, 22. September, S. 6.

— (1967): Die Stellung der europäischen Regionalethnologie an den schweizerischen Universitäten. In: Ethnologia Europaea 1 (4), S. 309–311.

— (1968): Folklore Studies in Switzerland. In: Journal of the Folklore Institute 5 (2/3), S. 236–240.

— (1969): Zur gesellschaftlichen Verantwortung der gegenwärtigen Volksforschung. In: Kontakte und Grenzen. Probleme der Volks-, Kultur- und Sozialforschung. Festschrift für Gerhard Heilfurth zum 60. Geburtstag. Göttingen, S. 1–11.

— (1970a): Zur volkskundlichen Forschung in der Schweiz 1955–1970. In: Hessische Blätter für Volkskunde 61, S. 221–235.

— (1970b): Gegen die Ausklammerung soziologischer Fragestellungen in der Volkskunde. In: Zeitschrift für Volkskunde 66, S. 52–54.

— (1973a): Volkskunde als empirische Kulturwissenschaft. Bemerkungen zur „Tübinger Schule". In: Neue Zürcher Zeitung, 14. Januar, S. 53.

— (1973b): Ethnologie und Volkskunde zwischen Geschichts- und Sozialwissenschaft. In: Bulletin der Schweizerischen Ethnologischen Gesellschaft 1, S. 8–13.

Rogan, Bjarne (2008a): From CIAP to SIEF. Visions for a Discipline or Power Struggle? In: Mairéad, Nic Craith et al. (eds.): Everyday Culture in Europe: Approaches and Methodologies. London, S. 19–64.

— (2008b): The Troubled Past of European Ethnology. SIEF and International Cooperation from Prague to Derry. In: Ethnologia Europaea 38 (1), S. 66–78.

Röösli, Lisa/Risi, Marius (2010): Lebensbilder – Bilderwandel. Zwei ethnografische Filmprojekte im Alpenraum. Münster/Basel.

Schmoll, Friedemann (2007): Unentschiedene Disziplinarität. Geschichte und Gegenwart – Überlegungen zur Logik eines wissenschaftstheoretischen Dauerthemas in der Volkskunde. In: Hartmann, Andreas/Meyer, Silke/Mohrmann, Ruth-E. (Hg.): Historizität. Vom Umgang mit Geschichte. Münster et al., S. 183–197.

— (2009a): Richard Weiss. Skizzen zum internationalen Wirken des Schweizer Volkskundlers. In: Schweizerisches Archiv für Volkskunde 105, S. 15–32.

— (2009b): Die Vermessung der Kultur. Der „Atlas der deutschen Volkskunde" und die Deutsche Forschungsgemeinschaft 1928–1980. Stuttgart.

— (2010a): Verbandelungen. Basel und die schweizerisch-deutschen Beziehungen in der Volkskunde. In: Schürch, Franziska/Eggmann, Sabine/Risi, Marius (Hg.): Vereintes Wissen. Die Volkskunde und ihre gesellschaftliche Verankerung. Münster/Basel, S. 99–110.

— (2010b): Vor Marburg. Ingeborg Weber-Kellermann und die deutsch-deutschen Volkskundebeziehungen in den 1950er Jahren. In: van Elsbergen, Antje et al. (Hg.): Ansichten, Einsichten, Absichten: Beiträge aus der Marburger Kulturwissenschaft. Marburg, S. 309–318.

— (2011): Das Europa der deutschen Volkskunde. Skizzen zu Internationalisierungsprozessen in der Europäischen Ethnologie des 20. Jahrhunderts. In: Johler, Reinhard/Matter, Max/Zinn-Thomas, Sabine (Hg.): Mobilitäten. Europa in Bewegung als Herausforderung kulturanalytischer Forschung. Münster et al., S. 425–434.

Schürch, Franziska (2010): In guter Gesellschaft. Die Sektion Basel der SGV und der Aufbruch in die akademische Disziplin Volkskunde. In: dies./Eggmann, Sabine/Risi, Marius (Hg.): Vereintes Wissen. Die Volkskunde und ihre gesellschaftliche Verankerung. Münster/Basel, S. 49–65.

Schürch, Franziska/Eggmann, Sabine/Risi, Marius (Hg.) (2010): Vereintes Wissen. Die Volkskunde und ihre gesellschaftliche Verankerung. Münster/Basel.

Tanner, Jakob (2010): Das „Grosse im Kleinen". Rudolf Braun als Innovator der Geschichtswissenschaft. In: Historische Anthropologie 18 (1), S. 140–156.

Trümpy, Hans (1963): Schweiz. In: Gebhard, Torsten et al. (Hg.): Iro-Volkskunde: Europäische Länder. Beharrung und Wandel der europäischen Volkskultur der Gegenwart. München, S. 53–71.

— (1968a): Prof. Dr. Hans Georg Wackernagel zum Gedenken. In: Schweizer Volkskunde 58, S. 17–22.

— (1968b): Hans Georg Wackernagel zum Gedenken. In: Hessische Blätter für Volkskunde 59, S. 205.

— (1968c): Karl Meuli zum Gedenken. In: Hessische Blätter für Volkskunde 59, S. 205 f.

— (1969): Folklorismus in der Schweiz. In: Zeitschrift für Volkskunde 65, S. 40–46.

— (1970): Volkskunde ist eine Geisteswissenschaft. In: Zeitschrift für Volkskunde 66, S. 36–39.

— (1973): Ethnologie und Volkskunde zwischen Geschichts- und Sozialwissenschaft. In: Bulletin der Schweizerischen Ethnologischen Gesellschaft 1, S. 3–7.

— (1983): Volkskundliche Forschung und Lehre an den deutsch-schweizerischen Universitäten und die Schweizerische Gesellschaft für Volkskunde. In: Brückner, Wolfgang/Beitl, Klaus (Hg.): Volkskunde als akademische Disziplin. Studien zur Institutionenausbildung. Wien, S. 63–76.

TVV – Tübinger Vereinigung für Volkskunde (Hg.) (1966): Populus revisus. Beiträge zur Erforschung der Gegenwart. Tübingen.

Wackernagel, Hans Georg (1956): Altes Volkstum der Schweiz. Gesammelte Schriften zur historischen Volkskunde. Basel.

Warneken, Bernd Jürgen (2003): Volkskundliche Kulturwissenschaft als postprimitivistisches Fach. In: Maase, Kaspar/ders. (Hg.): Unterwelten der Kultur: Themen und Theorien der volkskundlichen Kulturwissenschaft. Köln/Weimar/Wien, S. 119–141.

Weber-Kellermann, Ingeborg/Bimmer, Andreas C./Becker, Siegfried (Hg.) (2003): Einführung in die Volkskunde/Europäische Ethnologie: Eine Wissenschaftsgeschichte. 3., überarb. u. akt. Auflage. Stuttgart/Weimar.

Weiss, Jakob/Weiss, Hans/Studer-Weiss, Elisabeth (2009): Richard Weiss im Spiegel familiärer Erinnerungen. Drei Zugänge. In: Schweizerisches Archiv für Volkskunde 105, S. 81–108.

Weiss, Richard (1941): Die Volkskunde und ihre besonderen Aufgaben für die Schweiz. In: Schweizer Volkskunde 31, S. 48–57.

— (1946): Volkskunde der Schweiz: Grundriss. Erlenbach-Zürich.

— (1952): Die Volkskunde in der Schweiz. In: Verband deutscher Vereine für Volkskunde (Hg.): Bericht über den allgemeinen volkskundlichen Kongress (7. Deutscher Volkskundetag) 28. bis 31. März 1951. Stuttgart, S. 33 f.

— (1957): Alpiner Mensch und alpines Leben in der Krise der Gegenwart. In: Die Alpen 33, S. 209–224.

— (1959): Häuser und Landschaften in der Schweiz. Erlenbach-Zürich.

Wyss, Bernhard (1968): Karl Meuli: Gedenkworte an der Trauerfeier 1968. In: Schweizer Volkskunde 58, S. 53–57.

„… das schöne Museum endlich der Zukunft zu erschließen"[1]

Kontexte und Positionierungen im österreichischen volkskundlichen Feld nach 1945

Birgit Johler und Magdalena Puchberger

„Nach Kriegsende wurde Österreich dem westlichen Lager zugeschlagen und als ‚Hitlers erstes Opfer' anerkannt. Dieses doppelt unverdiente Glück eröffnete Wien die Chance, sich seiner Vergangenheit zu entledigen. Rasch verdrängte die Stadt ihre Hitlertreue und nahm, am Rande des sowjetischen Herrschaftsbereiches gelegen, eine neue Identität als Schaufenster und Vorposten der freien Welt an" (Judt 2012: 16).

1945 befand sich das Museum für Volkskunde (ab den frühen 1950er Jahren: Österreichisches Museum für Volkskunde) in der Wiener Laudongasse in einer bevorzugten, in gewisser Weise vertrauten Situation, da vergleichbar mit jener von vor 1938: Das universitäre „Institut für germanisch-deutsche Volkskunde" mit dem aufgrund seiner SS- beziehungsweise Ahnenerbe-Mitgliedschaft schwer belasteten Richard Wolfram als Leiter war aufgelöst, das Museum jedoch bestand ohne Unterbrechung weiter. Damit war es zu diesem Zeitpunkt die einzige aktive volkskundliche Institution in Wien und gerade die ersten Nachkriegsmonate zeugen von einer bemerkenswerten Dynamik, die in einer breiten Palette unterschiedlichster Aktivitäten – nach innen und nach außen hin wahrnehmbar – mündete. Der im Fach noch junge Leopold Schmidt (1912–1982) rückt in diesem Zusammenhang als Hauptakteur ins Zentrum unserer Aufmerksamkeit, er erweist sich als Schlüsselperson der unmittelbaren Nachkriegsfachgeschichte in Österreich.

---

1   Mit diesen Worten beschrieb Leopold Schmidt die Notwendigkeit, den „miserablen" Museumsdirektor Arthur Haberlandt abzusetzen und eine neue Ära, nämlich seine eigene, einzuläuten (1982: 101).

Das Anliegen unseres Beitrages ist eine relationale Darstellung der Jahre 1945 bis 1953 mit ihren Akteuren/Akteurinnen[2], Netzwerken und Strategien. Anhand von festmachbaren Einflussfaktoren und Betätigungsfeldern zeigen wir die vielschichtigen Prozesse dieser acht Jahre im Feld der österreichischen Volkskunde auf, in dem Positionen aufgegeben werden mussten, manche ihre Fortführung fanden, sich Möglichkeiten eröffneten, Chancen genutzt oder verspielt wurden.[3]

1953 erschien der erste Band der von Helmut Dölker und Bruno Schier herausgegebenen deutschen *Zeitschrift für Volkskunde,* dieser setzt für unseren fachgeschichtlichen Beitrag den zeitlichen Endpunkt. Der österreichische Volkskundler Viktor Geramb[4] (1884–1958) veröffentlichte im deutschen Fachjournal an prominenter Stelle einen 27 Seiten umfassenden Aufsatz zu „Der Volksbegriff in der Geistesgeschichte und in der Volkskunde" (Geramb 1953). Gerambs Beitrag deutet indirekt viele Konfliktfelder der österreichischen Nachkriegszeit wie der fachinternen Grabenkämpfe an. Bezeichnend scheint hier zunächst die ausführliche Referenz, die Geramb dem Wiener Historiker Heinrich Srbik (1878–1951) und dessen 1950 erschienenem Buch *Geist und Geschichte* (Srbik 1950; vgl. Pesditschek 2013) erweist. Der 1945 wegen NS-Belastung vom Dienst enthobene Srbik hatte bereits ab 1933 den Anschluss Österreichs an Nazideutschland befürwortet und war für ein Mitteleuropa unter großdeutscher Führung eingetreten (Pesditschek 2013: 39). Ausgerechnet ihn, der seit 1948 wieder Mitglied der österreichischen Akademie der Wissenschaften war – dieser war er auch während der NS-Zeit als Präsident vorgestanden –, nahm Geramb als Argumentationshilfe, um sich intensiv mit Leopold Schmidt und dessen Bemühungen um einen veränderten Wissenschafts- und Volksbegriff auseinanderzusetzen. Geramb sah sich – so belegt der zeitgenössische Briefwechsel mit Arthur Haberlandt[5] – zu einer letzten Ehrenrettung der von ihm in der Zwischenkriegszeit entworfenen Volkskunde genötigt, die Schmidt in seinen grundlegenden Publikationen nach 1945 immer wieder kritisiert hatte. Schmidts Definition der Volkskunde als „Wissenschaft vom Leben in überlieferten Ordnungen" (1947a:

---

2   Bei der Darstellung des volkskundlichen Feldes verwenden wir sprachlich die Beidnennung zur Sichtbarmachung von Frauen. Die in den von uns bearbeiteten Quellen nachweisbaren Personen sind jedoch mehrheitlich männlich, deswegen sind an entsprechender Stelle die männlichen Formen ausgewiesen.

3   Der Beitrag beruht auf Forschungsergebnissen aus dem Projekt *Museale Strategien in Zeiten politischer Umbrüche. Das Österreichische Museum für Volkskunde 1930–1950*, gefördert vom Austrian Science Fund/FWF (P21442).

4   In der Zeitschrift scheint Geramb als Viktor von Geramb auf, obwohl durch das Adelsaufhebungsgesetz von 1919 diese Namenszusätze untersagt waren.

5   Briefwechsel Viktor Geramb – Arthur Haberlandt. Privatarchiv Geramb, Graz. Mit herzlichem Dank an ao. Univ.-Prof. Dr. Helmut Eberhart.

119), die den auf Sprache basierenden Volksbegriff ablehnte und diesen zu „den Ungeheuern romantischer Herkunft" (ebd.: 116) zählte, verstand Geramb als Affront und Respektlosigkeit eines jungen Nachwuchsvolkskundlers. Schmidts geforderte Abkehr vom Volksleben konnte er nicht akzeptieren: „So einfach ad acta zu legen, wie das ‚die heutige Wiener Schule' möchte, geht das nicht. Und auch die Definition ‚Wissenschaft vom Leben in überlieferten Ordnungen' kann ich nur dann diskutieren, wenn vor das LEBEN eben noch das Wort VOLKS- gesetzt wird."[6] Die deutsche Zeitschrift schien Geramb der einzige noch mögliche Ort zu sein, um Leopold Schmidt sachlich und fachlich zu entgegnen, denn die *Österreichische Zeitschrift für Volkskunde* galt ihm und anderen österreichischen Volkskundler/innen längst als Zentralorgan der Schmidt'schen Fachauffassung.

Gerambs Artikel lässt unterschiedliche Interpretationen zu: Zum einen kann er als symbolische Geste der Herausgeber an den Doyen der österreichischen und deutschsprachigen Volkskunde beziehungsweise an das Idol der jugendbewegten Volkskulturforscher/innen der Zwischenkriegszeit gelesen werden, auch als intendierter Neuanfang oder als eine Entschuldung durch den von den Nationalsozialisten auf das disziplinäre Abstellgleis Verfrachteten. Gleichzeitig muss der Beitrag des Grazer Volkskundlers aber auch als Fortsetzung einer spezifisch weltanschaulich grundierten (österreichischen) Fachauffassung gesehen werden, die bereits vor dem Nationalsozialismus einsetzte. Auch die weiteren Beiträge im Heft, etwa die der im Wiener Umfeld fachsozialisierten Volkskundler Alfred Karasek-Langer (1953) und Richard Wolfram (1953) verweisen darauf. Vor allem aber markiert der Artikel einen vorläufigen Höhepunkt einer intensiven, letztlich erbitterten Auseinandersetzung zwischen Viktor Geramb und Leopold Schmidt, die für unterschiedliche Vorstellungen in der vorzunehmenden Fachausrichtung eintraten.

Österreich neu: Netzwerke, Strategien und Ressourcen

Dieser kurze Einblick – auch in O-Tönen – ist als Hintergrundgeräusch zu verstehen und deutet bereits Prozesse wie wichtige Akteure an. Elementar zum Verständnis dieser Entwicklungen erscheinen uns wissenschaftliche und gesellschaftliche (Re-)Konstituierungsprozesse sowie die Wirkmacht der postnationalsozialistischen Gesetzgebung, also innere und von außen hineingetragene Faktoren im volkskundlichen Feld. Die wissenschaftshistorischen Überlegungen Mitchell Ashs, der „Wissenschaft und Politik als Ressourcen für einander" definiert und dabei mit einem erweiterten Ressourcenbegriff operiert, der nicht allein auf Finanzielles zielt, sondern vor allem auch Ressourcen „kognitiver, apparativer, personeller, institutioneller oder rhetorischer Art" (2002: 32) meint, sind

---

6   Viktor Geramb an Arthur Haberlandt, 11. 2. 1952. Privatarchiv Geramb, Graz (Hervorhebungen im Original).

hier erkenntnisleitend. Entsprechend Ashs Ansatz der wechselseitig mobilisierba-
ren „Ressourcenensembles" begreifen wir die österreichischen Volkskundler als
Wissenschaftler, die als „bewusst, zuweilen recht selbstbewusst handelnde Subjekte" (ebd.: 33) mit persönlichen oder disziplinären Interessen und Zielsetzungen zu verstehen sind.

Dabei erweitern wir den Blick von einzelnen Vertretern der Disziplin um Akteure und Netzwerke, die entscheidend zur Positionierung von Fach und Personen beitrugen, obwohl sie außerhalb des (recht beschränkten) nationalen Fach-
kreises tätig waren. Durch den Wahlerfolg der konservativen Österreichischen
Volkspartei (ÖVP) bei den ersten freien Wahlen im November 1945 übernahmen wieder vorrangig jene Kreise die Führung in Staat und Kulturpolitik, die in
den 1930er Jahren und vor allem in der ersten österreichischen Diktatur (aus-
trofaschistischer Ständestaat) den Ton angegeben hatten. Diese hatten zwischen
1934 und 1938 maßgeblich an der kulturpolitischen, volkstumsorientierten Ös-
terreich-Propaganda mitgewirkt und waren auch als Vertreter/innen der wissenschaftlichen und/oder angewandten Volkskunde, der Heimatpflege und Volksbildung in das Geschehen im und um das Volkskundemuseum in der Wiener
Laudongasse involviert gewesen. Die damals entwickelten Ideen und Narrative, die sich im ideologischen Spektrum vorwiegend zwischen christlich-konser-
vativ und völkisch-national bewegten, wurden in erneuerter Form nach 1945
zur Grundlage des Bekenntnisses zu einem selbstständigen, unabhängigen Österreich. Die wieder beziehungsweise neu zu definierende „Österreich-Ideologie"
(vgl. Staudinger 2005) basierte unter anderem auf einer Ausblendung oder Ver-
harmlosung der österreichischen Beteiligung am Nationalsozialismus. Mit einem
dezidierten Österreich-Bekenntnis wollte man nicht nur die alliierten Stäbe gewinnen, sondern vor allem auch den noch stockenden Fremdenverkehr ankur-
beln.[7] Zur Erklärung und Verbreitung des angestrebten Österreich-Bewusstseins
waren unterschiedliche Stellen, Institutionen, Verbände aufgerufen. Dabei war
auch die Volkskunde als plausible Lobby von Volkskultur in (Groß-)Stadt und
Land von politischem Interesse und Nutzen beziehungsweise bot sich selbst als
solche den maßgeblichen Stellen an.

Volkskunde – zur Situation in Wien

1945 waren das Museum für Volkskunde in der Wiener Laudongasse und sein
Trägerverein durch die bruchlose Existenz unmittelbar wieder Ansprechpartner
für Bund und Stadt und damit auch für die politisch wichtige Volksbildung, die

---

7   Vgl. dazu etwa eine ähnlich argumentierende Aufforderung der Pressestelle des Wiener Verkehrs-
    Vereins, 11.7.1945. Österreichisches Museum für Volkskunde (ÖMV), Archiv, Direktionsakten
    (DA), Karton 32/1945, Mappe Aktivitäten/Anfragen.

zur Popularisierung des neuen Österreich beitragen sollte. Das Museum respektive seine Akteure demonstrierten ihre weltanschauliche Flexibilität und stellten
sich einmal mehr mit großem Sendungsbewusstsein und auch Selbstverständ-
lichkeit in den Dienst des neuen Systems. Arthur Haberlandt, der das Museum
seit 1924 ununterbrochen als Direktor geleitet hatte, agierte in dieser Eigenschaft
trotz seiner Mitgliedschaft bei der NSDAP unbeirrt weiter. So nahm er Tuchfüh-
lung mit den Behörden auf, schrieb Subventionsansuchen und neue Stellenplä-
ne, behielt seine Frau in verantwortungsvoller Funktion im Museum und ver-
schaffte seiner Tochter bezahlte und versicherte wissenschaftliche Tätigkeiten am
Haus. Zwar war auch Haberlandt vom im Mai 1945 erlassenen Verbotsgesetz
(Verfassungsgesetz über das Verbot der NSDAP) betroffen, wusste aber die Aus-
nahmebestimmung für sich zu nutzen: Sein offizielles Ansuchen um Änderung
der Institution in „Österreichisches Museum für Volkskunde" und sein schriftli-
ches Bekenntnis als Museumsleiter zur Zugehörigkeit zur neuen, unabhängigen
Republik[8] sind dabei wohl auch mit dem Paragrafen 21 des Verbotsgesetzes in
Beziehung zu bringen. Dieser sah eine Belassung im Dienst für jene NS-belasteten Beamten vor, die sich nun „rückhaltlos" zum neuen Österreich bekannten.
    Parallel dazu war Arthur Haberlandt bestrebt, die Zukunft des Vereins – einer
der wenigen Vereine, die 1938 vom NS-Regime nicht aufgelöst oder vom Stillhaltekommissar in eine andere Organisation eingewiesen worden waren (vgl.
dazu Pawlowsky/Leisch-Prost/Klösch 2002) – nach seinen Interessen und Möglichkeiten zu lenken. Seine vormalige Funktion als Vereinspräsident war ihm
zwar aufgrund des Vereins-Reorganisationsgesetzes vom 31.7.1945 theoretisch
untersagt, trotzdem organisierte und koordinierte Haberlandt zum eigenen Nutzen weiter.[9] So setzte er die erste Gesamtausschuss-Sitzung für den 7. September
fest, lud wie selbstverständlich dazu jene Kollegen ein, die sich zuletzt im Jänner
1945 zur Vereinssitzung getroffen hatten und auch bereits vor 1938 Vorstandsmitglieder gewesen waren,[10] und kommunizierte diesen vorab, dass er „die alte

---

8   „Im Sinne Michael Haberlandts dabei das Bekenntnis der Zugehörigkeit an Oesterreich zu beto-
     nen und unverbrüchlich zu machen erscheint mir heute eine persönliche Pflicht der Einkehr. Es
     darf aber auch gesagt werden, dass das Museum für Volkskunde in Wien als gehaltsvollste und
     vielseitigste wissenschaftliche Sammlung und Pflegestätte des Heimatwerkes und der Volkskunst
     in ganz Mitteleuropa die auszeichnende Beifügung ‚österreichisch' [sic!] in ansehnlicher Wür-
     digkeit zu tragen vermöchte." Arthur Haberlandt an das Kulturamt der Stadt Wien, 10.7.1945.
     ÖMV, Archiv, DA, Karton 32/1945, Mappe Verein.

9   So suchte er etwa auch um Änderung des Vereinsnamens auf „Verein für österreichische Volkskun-
     de" an, ebd.

10   Unter anderem der Geograf Hugo Hassinger, der während der NS-Zeit im Auftrag der Reichsmi-
     nisterien und der SS landeskundliche und siedlungsgeografische Studien durchführte. Dies waren
     Vorarbeiten zur Umsiedlungspolitik der Nationalsozialisten (vgl. Svatek 2010: 139).

Personalunion zwischen Museumsdirektor und Verein als sein Generalsekretär nach Tunlichkeit aufrecht erhalten"[11] wolle. Diese Rechnung ging nicht auf, ein provisorischer neuer Vorstand ersetzte den aufgrund des Verbots- und des Vereins-Reorganisationsgesetzes nicht mehr haltbaren Haberlandt. Trotzdem dürfte das Sitzungsergebnis für diesen zufriedenstellend gewesen sein, denn das Protokoll hielt den im Ausschuss getroffenen Konsens fest, dass das Museum als „Familienmuseum der Haberlandts" zu bezeichnen sei, das, so hoffte und wünschte man, auch „im neuen Staat diese Würdigung erfahren werde".[12]

Diese Rückenstärkung benötigte Haberlandt dringend, denn zu jenem Zeitpunkt wurde das Volkskundemuseum bereits von Robert Bleichsteiner (1891–1954) interimistisch geleitet. Bleichsteiner war der neue Direktor des Wiener Völkerkundemuseums und von der Regierung auch mit der vorläufigen Leitung des Volkskundemuseums ab August 1945 betraut (Schmidt 1954: 1 ff.). Bleichsteiner war es, der Leopold Schmidt Anfang Dezember aufforderte, die Leitung des Volkskundemuseums zu übernehmen, und ihn dem zuständigen Ministerium als geeignete Person dafür vorschlug (Schmidt 1982: 100)[13]. Nur wenige Tage später wurde Schmidt durch den Unterstaatssekretär (Staatsamt für Volksaufklärung, Unterricht und Erziehung) Karl Lugmayer per 1. Februar 1946 zum „Provisorischen Leiter der Sammlungen" und damit de facto zum wissenschaftlichen Leiter des Hauses in der Laudongasse bestellt.[14]

Hier klingen bereits jene Zusammenhänge und Netzwerke an, die Schmidt zur dominanten Position in der österreichischen Nachkriegsvolkskunde verhalfen, abseits seiner wissenschaftlichen Neupositionierung.[15] Für seinen Aufstieg zu

---

11   Arthur Haberlandt an HR Dir. H. Reuther, 26.7.1945. ÖMV, Archiv, DA, Karton 32/1945, Mappe Verein.

12   Verhandlungsschrift der Sitzung des Gesamtausschusses, 17.9.1945. ÖMV, Archiv, DA, Karton 32/1945, Mappe Verein.

13   „Als ich nach meiner Entlassung aus dem Wehrdienst, bzw. [sic!] der amerikanischen Kriegsgefangenschaft Anfang Dezember 1945 nach Wien zurückkehrte, um im Auftrag von Univ. Dozent Dr. Rudolf Kriss wieder die Leitung seiner Sammlung zur Geschichte des deutschen Volksglaubens zu übernehmen, forderte mich Herr Univ. Prof. Dr. Robert Bleichsteiner, Direktor des Museums für Völkerkunde auf, die Leitung des Museums für Volkskunde zu übernehmen." Gedächtnisprotokoll Leopold Schmidt, 30.1.1946. ÖMV, Archiv, Personalakt (PA) Leopold Schmidt.

14   Ebd. sowie Dienstvertrag für Leopold Schmidt, Juni 1946. ÖMV, Archiv, PA Leopold Schmidt. Die provisorische Leitung des Hauses hatte im Anschluss an Bleichsteiner per 8.12.1945 Heinrich Jungwirth vom Ministerium übertragen bekommen. Heinrich Jungwirth an das Bundesministerium für Unterricht, 31.1.1946. ÖMV, Archiv, PA Leopold Schmidt.

15   Von einer inhaltlichen Dominanz Schmidts in der österreichischen Volkskunde spricht auch Herbert Nikitsch: „Schmidt hat sich eine dominante Rolle in der Geschichte der österreichischen Volkskunde nicht zuletzt durch die von vielen als ‚erlösendes Wort' empfundene Definition der Volkskunde als der ‚Wissenschaft vom Leben in überlieferten Ordnungen' gesichert, die ‚in meh-

einem der mächtigsten Männer innerhalb der österreichischen Volkskunde sind mehrere entscheidende Einflussfaktoren und Ressourcen/Kapitalien festzumachen. Diese sind in den unmittelbaren Nachkriegsjahren 1945/46 aufzufinden.

Vom Nutzen persönlicher Netzwerke

Schmidt und Bleichsteiner kannten sich seit Mitte der 1930er Jahre[16] und hatten seit damals in unmittelbarer räumlicher Nähe zueinander gearbeitet. Von 1936 bis zu seiner Einrückung am 15. August 1939 war Schmidt Leiter der „Sammlung für religiöse Volkskunde" (auch als „Sammlung Rudolf Kriss"[17] bezeichnet), die wie das Völkerkundemuseum ebenfalls in der Wiener Hofburg untergebracht war (Schmidt 1982: 43). Hier konnte sich Schmidt mit dem Ethnologen, den er wegen seiner „ungeheuren geistigen Überlegenheit" und „unglaublichen menschlichen Liebenswürdigkeit" (ebd.: 47) sehr schätzte, in fachlicher und museologischer Hinsicht austauschen. Und auch Karl Lugmayer und Leopold Schmidt waren miteinander bekannt. Lugmayer war vor 1938 ein hochrangiger Funktionär des austrofaschistischen Ständestaates gewesen: Er war Wiener Volksbildungsreferent und stand als Präsident der Wiener Urania vor (Lugmayer 2007: 213). Für diese renommierte Volksbildungseinrichtung waren volkskundliche Akteure/Akteurinnen aus der Laudongasse in den 1930er Jahren immer wieder tätig gewesen. Unter anderem organisierte hier die „Arbeitsgemeinschaft für Volkskunde" an der Universität Wien, welcher etwa die Bibliothekarin des Museums Adelgard Perkmann, der Sprachinselforscher Alfred Karasek und eben auch Leopold Schmidt angehörten, einschlägige Bildungsangebote wie Tanzkurse, Vorträge oder auch Ausstellungen. Darüber hinaus verfasste Lugmayer Beiträge in der Zeitschrift *Heimatland*, für die Schmidt in den 1930ern als Schriftleiter verantwortlich zeichnete. Schließlich waren beide, Lugmayer und Schmidt, im kulturpolitischen „Arbeitskreis für Volkskultur" der Kultur- und Freizeitorganisation „Neues Leben" der austrofaschistischen Einheitspartei Vaterländische Front vertreten, die auch am Programm des Museums mitwirkte.

Diese Linien sind hier bewusst ausgeführt, sie sollen zeigen, dass nicht fachinterne Kreise Schmidt in Position brachten, sondern persönliche beziehungsweise wissenschaftliche und kulturpolitische Netzwerke. Seine volkskundlichen Arbeiten aus den 1930ern etwa zu Niederösterreich und zur sogenannten religi-

---

rerlei Hinsicht einen Neubeginn der Wiener Volkskunde' darstellen und ‚diese zumindest für die nächsten eineinhalb Jahrzehnte entscheidend prägen' sollte" (2006: 253 f.).

16 Im Jänner 1946 bestätigte Bleichsteiner, dass ihm Leopold Schmidt „seit mehr als 10 Jahren" bekannt sei. Gutachten Robert Bleichsteiner, 18. 1. 1946. ÖMV, Archiv, PA Leopold Schmidt.

17 Fragebogen Alliierte Kommission – Österreich, Aktennr. 39980, 11. 4. 1946. ÖMV, Archiv, PA Leopold Schmidt.

ösen Volkskunde waren nach 1945 für den nunmehrigen hochrangigen christ-
lich-konservativen Politiker Lugmayer wieder von Interesse. Bleichsteiner wiederum schätzte Schmidt wohl als politisch einwandfrei – er selbst war bekannt
für seine antinazistische Einstellung –, vor allem aber als Intellektuellen und als
kompetenten Museumsmenschen, mit dem ihn ein ausgesprochenes literatur-
historisches Interesse wie auch die Vorliebe für religionsgeschichtliche und auch
mythologische Themen verband (Schmidt 1954: 1).

Als sich Leopold Schmidt Anfang Dezember 1945[18] dazu entschloss, von
Berchtesgaden nach Wien zurückzukehren – seine Frau hatte ihm offenbar in
ihren Briefen von beruflichen Möglichkeiten in Wien berichtet –, war er 33 Jahre jung. Die ihm angebotene Stelle im Museum entsprach seinem Wunsch
nach einem geregelten Leben und einem sicheren Einkommen (Schmidt 1982:
98 ff.).[19] Für die neue Regierung und die Alliierten war Schmidt ein vom Nationalsozialismus „Unbelasteter". Darüber hinaus war er qualifiziert und erfüllte somit zur Gänze das Anforderungsprofil für eine staatliche Stelle, was in der unmittelbaren Nachkriegszeit zwar gewünscht, aber kaum zu finden war, führten doch
die Entnazifizierungsmaßnahmen im öffentlichen Dienst zu spürbaren Personalengpässen. Außerdem fehlte den meisten jungen Beamten durch ihre Zeit in der
Wehrmacht die notwendige wissenschaftliche Qualifikation (Kos 1986: 61 ff.).
Schmidt jedoch hatte während des Krieges und trotz Einberufung publiziert und
sich in Berlin 1942 mit der dort eingereichten *Wiener Volkskunde* beinahe habilitiert (vgl. Bockhorn/Nikitsch 2012). Schmidt war, wenn man so will, für das
neue politische System ein junger österreichischer Intellektueller im besten Sinn.

Der Verein für Volkskunde als Ressource

In engem Zusammenhang mit den Personalentwicklungen und -bestellungen
im Museum stehen auch Veränderungen im Verein für Volkskunde beziehungsweise laufen sie parallel. Kaum vom Ministerium zum Sammlungsleiter ernannt
(die offizielle Bestellung erfolgte im Nachhinein per 1. Februar 1946[20]), bildete
Schmidt im Dezember 1945 gemeinsam mit Verbündeten wie Robert Bleichstei-

---

18   Vgl. Gedächtnisprotokoll Leopold Schmidt, 30. 1. 1946. ÖMV, Archiv, PA Leopold Schmidt.

19   In seinen Memoiren deutete Leopold Schmidt an, dass er auch vom Leiter des Bayerischen Lan-
     desamtes für Denkmalpflege, Josef Maria Ritz, als provisorischer Leiter der Landesstelle für Volks-
     kunde denkbar gewesen wäre. In München wäre womöglich mit der Rückkehr von Hans Moser
     und der wechselvollen Unterstützung durch Rudolf Kriss und später Lenz Rettenbeck ein weni-
     ger konflikthaftes Umfeld gegeben gewesen. Schmidt hatte sich aber bereits anders entschieden,
     denn ihm sei „klar [geworden], dass ich bei Opferung aller anderen Möglichkeiten in Wien würde
     zugreifen müssen, und dabei auch fruchtbar am allgemeinen Aufbau würde teilnehmen können"
     (1982: 100).

20   Dienstvertrag Leopold Schmidt, Juni 1946. ÖMV, Archiv, PA Leopold Schmidt.

ner und dem Volkslied- und Tanzforscher Raimund Zoder einen neuen provisorischen Vereinsausschuss.[21] Das im Sommer 1945 erlassene Vereins-Reorganisationsgesetz kam dabei seiner antinazistischen Haltung und auch seiner gegenüber
Arthur Haberlandt offen formulierten fachlichen Kritik entgegen: Ehemaligen
Nationalsozialisten, aber auch Personen, deren aufrechte staatsbürgerliche Haltung angezweifelt wurde, war jegliche Vereinstätigkeit verboten (Seidler 1945:
21 f.). Etliche Mitglieder aus der Vereinsära Haberlandt waren dadurch im neu-
en Ausschuss nicht mehr vertreten.

Mit der Wahl zum Generalsekretär am 7. November 1946 belegte Schmidt innerhalb eines Jahres zentrale Positionen in Museum und Verein.[22] Auch war er
Mitglied im operativen Museumsausschuss, der ebenfalls Teil der Vereinsleitung
war und der Personal- und Subventionsangelegenheiten sowie andere wichtige
strukturelle Maßnahmen regelte.[23] In diesem Ausschuss waren hohe Vertreter der
Stadt und des Bundes vertreten, darunter der bereits erwähnte Kulturpolitiker
Karl Lugmayer.

Für das Ministerium wurden der Verein und sein Sekretär in weiterer Folge
zum eigentlichen Ansprech- und Verhandlungspartner.[24] Für Schmidt bedeutete die Struktur der personell und organisatorisch eng verwobenen Institutionen
Museum und Verein, „dem alle bedeutenden Volkskundler angehören"[25], eine
für seine Ziele wesentliche Unterstützung.[26] Schmidt hatte sich und seine Institutionen in Stellung gebracht, bevor andere Volkskundeinstitutionen wie etwa das

---

21   Die provisorische Leitung übernahmen Richard Donin, Franz Ottmann, Raimund Zoder; Jah-
     resversammlung des Vereins für Volkskunde, 19. 12. 1945. ÖMV, Archiv, DA, Karton 33/1946,
     Mappe Verein.

22   Verein für Volkskunde an Wiener Magistrat betreffend Wahl des Ausschusses, 19. 11. 1946. ÖMV,
     Archiv, DA, Karton 33/1946, Mappe Verein.

23   Statuten des Vereines für Volkskunde, Wien 1925. ÖMV, Archiv, Karton 33/1946. Die Statuten
     von 1925 wurden zur Neugründung des Vereins 1946 wieder herangezogen.

24   Der speziellen Konstellation des ÖMV als Vereinsmuseum ist es übrigens geschuldet, dass bis heu-
     te der Bund nicht ohne Vereinsbeschluss entscheidet beziehungsweise relevante Personalentschei-
     dungen dem Vorstand des Vereins überlässt.

25   Denkschrift über die Neuorganisation des Museums für Volkskunde in Wien, Leopold Schmidt,
     8. 12. 1945. ÖMV, Archiv, DA, Karton 1932/1945, Mappe Personal.

26   Diese Form der Machtkonzentration war allerdings nicht neu, sie stellte vielmehr eine Fortsetzung
     der bisherigen Strukturen dar und beruhte auf den Statuten von 1925. Auch Arthur Haberlandt
     war seinerzeit Direktor und gleichzeitig Generalsekretär beziehungsweise Vereinspräsident gewesen
     und hatte ja im Zuge seiner Restaurationsversuche 1945 versucht, diese Struktur, die sich für ihn
     bewährt hatte, fortzuführen (siehe oben).

Österreichische Volksliedwerk[27] ins Leben gerufen wurden. Da sich die Volkskunde, wie erwähnt, an der Wiener Universität noch nicht als eigenständiges
Fach rekonstituiert hatte, stand somit Schmidt der einzigen staatlichen volkskundlichen Institution mit nationaler Reichweite vor.

Die Sammlungen des Museums – die „Ressource Österreich"

Eine materielle, vor allem aber ideell wichtige Ressource waren für den aufstre-
benden Schmidt die beachtlichen Sammlungen des Volkskundemuseums, denn
damit beherbergte er die „Ressource Österreich".

Als Beamter des Staates hatte Schmidt auf die neue Verfassung ein Treuegelöb-
nis zu unterschreiben und seine „Kraft in den Dienst des österreichischen Volkes" zu stellen (Beamten-Überleitungsgesetz 1945, § 9). Tatsächlich war er angetreten, um, wie er immer wieder betonte, „innere Erneuerungsarbeiten"[28] für
das Museum zu leisten: Zum einen bedeutete dies die Verabschiedung einiger
von Haberlandt noch eingestellter wissenschaftlicher Mitarbeiter/innen, darunter dessen Tochter Gertrud. Zum anderen arbeitete Schmidt intensiv an der Neuausrichtung des Museums entsprechend seinen Vorstellungen zeitgemäßer, schon
früher formulierter (vgl. Schmidt 1940) wissenschaftlicher Standards. Im Zuge
der im Dezember 1945 geführten Verhandlungsgespräche mit dem Ministerium
verfasste er eine programmatische Denkschrift, die klare organisatorische und inhaltliche Abgrenzungen zur Ära Haberlandt enthielt. Für die neu zu erarbeitende
Schausammlung strich er dabei den gesamtösterreichischen Anspruch und auch
eine gesamtösterreichische Zuständigkeit heraus, schlug vor, die Sammlung Rudolf Kriss dem Museum einzugliedern und Objekte etwa aus der Ukraine oder
den Balkan-Gebieten dem Völkerkundemuseum – und somit an seinen Freund
Bleichsteiner – abzutreten.[29]

Nach außen waren für die nächsten zwölf Monate zahlreiche museale Aktivitäten wahrnehmbar, sie zeugen von einer höchst intensiven Arbeitsleistung und
aus heutiger Sicht gerade für das erste Jahr nach Kriegsende von erstaunlichen
finanziellen und auch organisatorischen Möglichkeiten. Über das Jahr verteilt

---

27 Das zwischen 1938 und 1945 lahmgelegte „Österreichische Volksliedunternehmen" wurde am
    11. November 1946 von seinem Präsidenten Karl Lugmayer als „Österreichisches Volksliedwerk"
    neu konstituiert. Dabei fällt die Parallelität der Neuorganisation des Volkskundevereins und des
    Volksliedwerkes besonders auf – zeitlich wie personell (Schmidt 1947b: 123).

28 Vgl. Heinrich Jungwirth an Sektionschef Edwin Zellwerker, 7.6.1946. ÖMV, Archiv, DA, Kar-
    ton 1933/1946, Mappe Finanzen. Angekündigt wird in diesem Schreiben ein Vortrag von Leopold
    Schmidt mit dem Titel „Stand und Planung der inneren Erneuerungsarbeiten des Museums für
    Volkskunde".

29 Leopold Schmidt, Denkschrift über die Neuorganisation des Museums für Volkskunde in Wien,
    8.12.1945. ÖMV, Archiv, DA, Karton 1932/1945, Mappe Personal.

zeigte das Museum drei Sonderausstellungen, beginnend mit der Anfang März 1946 eröffneten Schau „Volksschauspiel in Österreich", zu welcher Schmidt auch einen Objekte beschreibenden Katalog verfasste (Museum für Volkskunde 1946a). Diese Ausstellung wurde übrigens durch externe Leihgaben ergänzt, namentlich von Rudolf Kriss sowie den Volksliedforschern Karl M. Klier und Georg Kotek – allesamt Freunde und Kollegen von Leopold Schmidt –, und im Anschluss an Wien auch in Bad Ischl gezeigt.[30] Im Herbst folgte „Österreichische Trachten in der Volkskunst und im Bilde" als Teil der propagandistisch konzipierten 950-Jahr-Feier Österreichs, die zur Stärkung des nationalen Staats- und Kulturbewusstseins beitragen sollte. Die ausgewählten Objekte dieser Sonderausstellung – Zeugnisse der Volkskunst aus dem Fundus der eigenen Sammlungen und zusammengestellt nach Bundesländern, nach Motiven oder auch nach Formen und deren Veränderungen (vgl. Museum für Volkskunde 1946b) – ermöglichten, so Schmidt erklärend im Katalog, Einblicke in die wissenschaftliche Beschäftigung mit der Geschichte der Trachten. Denn weder sei eine „pseudoromantische Beibehaltung älterer Kleidungsformen" noch die „Wiederbelebung bestimmter örtlich oder zeitlich besonders beliebter Stücke" (ebd.: 4) Ziel der Ausstellung sowie des Museums. Mit Dezember wurde schließlich die Tradition der Weihnachts- beziehungsweise Krippenausstellungen der Zwischenkriegszeit wieder aufgegriffen. Im September desselben Jahres konnte Schmidt zudem die ersten Räume der neuen ständigen Schausammlung der Öffentlichkeit übergeben: Wien, Niederösterreich, Burgenland sowie ein Raum zu Volksmusik. Das Konzept für die Neuaufstellung, das er bereits bei seiner Bestellung im Dezember 1945 präsentiert hatte, rückte Österreich und „die österreichische Volkskultur" in den Mittelpunkt, „wie sie auf dem Gebiete der heutigen Republik lebt oder lebendig gewesen ist".[31]

Auch mit der ständigen Schausammlung brachte Schmidt in den ersten Nachkriegsmonaten also jene Inhalte ein, die politisch und gesellschaftlich erwünscht waren und die gleichzeitig vor den Alliierten als unverdächtig galten. Das „Österreichische" war ihm dabei in zweifacher Hinsicht wertvoll: Zum einen stellte er, überzeugt von seiner Arbeit, diese „in den Dienst der Gesundung des Österreichertums" (Dörrer 1946: 6) und kam so den kulturpolitischen beziehungsweise -ideologischen Interessen der jungen Republik entgegen. Zum anderen bekräftigte er durch die Neuaufstellung nach Bundesländern die nationale Vormachtstellung seines Hauses. Gleichzeitig waren Wien, Niederösterreich, Burgenland,

---

30   Vereinsmitteilung, Verein für Volkskunde Wien, 10.11.1946, sowie Protokoll der Hauptversammlung des Vereins für Volkskunde am 7.11.1946, 10.11.1946. ÖMV, Archiv, DA, Karton 33/1946, Mappe Verein.

31   Denkschrift, Leopold Schmidt, 8.12.1945. ÖMV, Archiv, DA, Karton 32/1945, Mappe Personal.

Volksschauspiel, -lied und -tanz jene Themen, mit denen er sich schon vor 1945 intensiv beschäftigt hatte. Eine mögliche Erklärung für das beinahe unheimliche Stakkato an realisierten Ausstellungen im ersten Jahr seiner musealen Tätigkeit.

Schmidts beinahe als manisch zu bezeichnende Phase in den Frühjahren der Zweiten Republik weitete sich in den Jahren nach 1946 auf ein gesamtösterreichisches Betätigungsfeld aus. In seinen Funktionen war er als Organisator und Kommunikator für alle Akteure/Akteurinnen unumgänglich. Dabei bediente er sich persönlicher wie institutioneller Kontinuitäten – gleichzeitig brach er aber in fast allen Bereichen inhaltlich wie organisatorisch mit den bisherigen Konventionen. Er stand, wie wir zeigen konnten, für Kontinuität (vor allem in Netzwerken, die vor 1938 geknüpft worden waren) und Bruch.

Drei weitere Betätigungsfelder Leopold Schmidts – die nationalen Fachtagungen, das von Schmidt geplante Bundesamt für Volkskunde sowie die *Österreichische Zeitschrift für Volkskunde* – verdeutlichen im Folgenden sein Vorgehen, seine Vorstellungen und die Umsetzungen innerhalb des österreichischen Feldes in groben Umrissen.

Tagungen in Österreich

Als Generalsekretär des Wiener Volkskundevereins war Leopold Schmidt neben den fachfremden ersten Präsidenten (der Ur- und Frühhistoriker Richard Pittioni und der Leiter des einflussreichen Österreichischen Bundesverlages Rudolf Dechant) der wichtigste offizielle Ansprechpartner für nationale und internationale Kontakte. Ihm oblag dabei auch die Planung, Durchführung und Finanzierung der ersten Fachtagungen in Österreich. Diese sollten dem Austausch über Fortschritte in der volkskundlichen Aufbauarbeit in Museen und an den Universitäten dienen, tatsächlich bestimmten sie die nationalen und disziplinären Ziele der näheren Zukunft. Zur ersten Tagung vom 2. bis 5. Oktober 1946 lud offiziell der im Nationalsozialismus an den Rand gedrängte Viktor Geramb nach St. Martin bei Graz, die treibende Kraft war aber Leopold Schmidt.

Nicht nur Geramb versuchte auf der Tagung die Besonderheiten der österreichischen Volkskunde hervorzustreichen und einen originär österreichischen Zugang beziehungsweise Beitrag zur Fachentwicklung zu identifizieren. Als Vorbild galt in Fach wie Republik die vom Nationalsozialismus „unbelastete" neutrale Schweiz. Diese hatte sich spätestens mit Richard Weiss' *Volkskunde der Schweiz* (1946) mit einer eigenständigen Fachgeschichte präsentiert und den österreichischen Kolleg/innen einen gangbaren Weg eröffnet. Folgerichtig war Weiss neben Rudolf Kriss, der als Vertreter Bayerns und Salzburgs sprach, einer der wenigen internationalen Gäste der frühen Tagungen der Zweiten Republik.

In St. Martin versuchte Geramb zwischen den sich bereits in Stellung gebrachten feindlichen Lagern – die sich nicht unbedingt um (ehemalige) Parteizuge-

hörigkeiten gruppierten – zu vermitteln und hoffte auf ein friedliches Miteinander, wie er es sich von vor 1938 „zurechterinnerte". Bereits im Vorfeld der
Tagung forderte Schmidt dezidiert eine Distanzierung von NS-Volkskundler/in-
nen, womit auch Änderungen in der Fachausrichtung ermöglicht werden sollten. „Nur die am Aufbau der österreichischen Volkskunde wirklich beteiligten,
maßgebenden Männer" (Greger 2002: 307), so seine Grundbedingung, sollten
nach St. Martin eingeladen werden. Für Wien befand er nur sich selbst und den
seit Jahrzehnten anerkannten Volksliedforscher Raimund Zoder als tragbar. Dies
mag verwundern, galt Zoder doch als Vertreter einer nach Anwendung streben-
den Volkskunde(forschung). Die Wahl Zoders lässt die Interpretation zu, dass
sich Schmidt in seinen Forderungen und der Bewertung seines Umfeldes jeweils
so weit wendig zeigte, um eigene Intentionen und Vorteile durchzusetzen.

Die strenge und nicht ganz uneigennützige Haltung wurde übrigens von den
anderen Teilnehmer/innen weniger strikt ausgelegt. Bereits bei der ersten Tagung
waren „Ehemalige" anwesend und ab der dritten Tagung 1948 in Oberösterreich waren die schärfsten Wiener Kontrahenten Schmidts – Haberlandt und
Wolfram – auf Betreiben des oberösterreichischen Volksbildungsreferenten und
Volkskundlers Hans Commenda mit Referaten, Berichten und neuen Aufgabenbereichen vertreten.

Auch auf den Tagungen versuchte Schmidt die inhaltliche und methodische
Neuausrichtung des Faches voranzutreiben und Linien vorzugeben. Im *ÖZV*-Be-
richt zur zweiten Tagung im September 1947 in Salzburg, die von Rudolf Kriss[32]
und dem Verleger Otto Müller[33] ausgerichtet wurde, betonte er „das mehrfache
Bemühen, die Fragen der wissenschaftlichen Forschung von denen der Volksbildung und Volkstumspflege getrennt zu halten" (Schmidt 1948b: 88). Dabei
handelte es sich eher um einen Wunsch von reformfreudigeren Minderheiten.
Dies mag auch die Tatsache zeigen, dass bei dieser Tagung immerhin drei der im
neuen Österreich wieder zu Einfluss gekommenen Volksbildungsreferenten anwesend waren, denen im volkskundlichen Gefüge wichtige Positionen – etwa als
Ländervertreter und Bindeglieder des Vereins für Volkskunde – zugedacht waren:
Hans Commenda für Oberösterreich, Franz Maria Kapfhammer für die Steiermark und Eduard Seifert für Salzburg, die alle drei übrigens seit der Zwischenkriegszeit im volkskundlichen Feld sozialisiert worden waren.

---

32   Im *ÖZV*-Bericht zur dritten Tagung ist vermerkt, dass 1948 die Sammlung Kriss als „Institut für
     Volkskunde" der Theologischen Fakultät Salzburg angeschlossen worden war. Insofern war Kriss
     wohl auch österreichischer Fachvertreter (vgl. Schmidt 1949: 60 f.).

33   Der „volkskundlich interessierte" Verleger Otto Müller aus Salzburg sollte eigentlich das (später
     nicht realisierte) Organ der angewandten Volkskunde in Österreich „Blätter für Volks- und Hei-
     matpflege" herausgeben (vgl. Schmidt 1947b: 122).

Bundesamt für Volkskunde: Nationale Organisation der Sammlungen

Als besonderes Anliegen Schmidts kann die Neuorganisation der volkskundlichen Sammlungen und Forschungen in Österreich gelten. Dabei wirkte er in zweifacher Hinsicht: Zum einen wollte er die volkskundliche Sammelmethodik neu strukturieren und systematisieren, zum anderen aber auch die bereits bestehenden Sammlungen zentralisieren und in seinen Einflussbereich überführen.

Als Generalsekretär der einzigen nationalen Fachvereinigung fühlte sich Schmidt zur Konzeption eines österreichweiten Forschungs- und Sammlungsvorhabens berufen, dessen Grundlage eine zeitgemäße Datengenerierung sein sollte. Als „Stand und Aufgaben der österreichischen Volkskunde" (Schmidt 1948a) präsentierte er auf der Jahresversammlung des Vereins für Volkskunde am 9. März die Überzeugung, Volkskunde müsse die Wissenschaft vom Leben in überlieferten Ordnungen sein. Das „Ende der romantischen Sammeltätigkeit" (ebd.: 3) wäre nun endgültig erreicht, deren letzte unrühmliche Ausläufer die Erforschungen der „Auslanddeutschen" (Sprachinselvolkskunde) und besonders der dabei getätigten Märchenforschung (ebd.) wären. Hier seien zwar große Sammelmengen, aber keine neuen Stoffe mehr erschlossen worden.[34] Besonders wichtig war ihm der nachdrückliche Hinweis darauf, „daß die Sammlung der Forschung zu subordinieren" (ebd.: 5) sei.

Bei der Verwaltung beziehungsweise Neuorganisation bereits bestehender Sammlungen/Materialien war für Schmidt die allgemeine Nutzbarkeit der von den österreichischen Fachvertreter/innen im Nationalsozialismus erhobenen und noch ungenutzten Materialien und Erkenntnisse entscheidend. Wie sich in der Fachgeschichte nachlesen lässt, befürchtete er nicht zu Unrecht, dass „Ehemalige" ihre NS-geförderten Materialsammlungen nun als Argument und Ressource zur persönlichen Vorteilnahme beziehungsweise Postenbeschaffung einsetzen würden. Beispiele wie Adolf Helboks Arbeiten und Sammlungen zum Volkskundeatlas (vgl. Johler 1994a) oder Richard Wolframs Erhebungen im Rahmen der Südtiroler Kulturkommission (Greger 2002: 316)[35] seien hier erwähnt.

---

34   Mit seiner immer wieder getätigten Kritik an Methoden und Ergebnissen der „Sprachinsel-volkskunde" forderte Schmidt den Widerspruch der Akteure/Akteurinnen heraus. So wollte etwa Walter Kuhn (1957: 265) in einem Bericht zur „Sammlung Karasek" festgehalten wissen, dass sich mit der sich etablierenden Heimatvertriebenenvolkskunde (Gründung der Arbeitsgemeinschaft für Vertriebenenvolkskunde im November 1949) in den Forschungen und Sammlungen sehr wohl neue Motive und Stoffe auftäten. Schmidt hatte sich laut eigenen Angaben bereits in den 1930ern – mit dem „wachsenden deutschen Nationalismus" – von seinen „Wiener Bekannten Kuhn und Karasek, Horak und Lendl" (1982: 42) abgewandt, mit denen er in jugendbewegten Zeiten kollegial verbunden gewesen war.

35   Wie Michael Greger in seinem edierten Briefwechsel zwischen Viktor Geramb und Richard Wolf-ram aufzeigt, stritten sich auch der Innsbrucker Volkskundler Anton Dörrer und Richard Wolfram intensiv um die erhobenen Materialien der Kulturkommission für Südtirol des SS-Ahnenerbes.

Leopold Schmidt strebte ein „Bundesamt für Volkskunde" an, das mit dem
Hauptsitz im Museum für Volkskunde in Wien und acht Landesstellen organisiert sein sollte. An diesen Stellen sollten die Materialien des 1946 von Schmidt,
Raimund Zoder und Karl Lugmayer wiederbegründeten Volksliedwerkes sowie
jene des *Atlas der deutschen Volkskunde* oder die Unterlagen der nationalsozialistischen „Bauernhausaufnahmen" vereint werden. Schmidt versuchte wohl zu diesem Zeitpunkt, das schon absehbar kurze Zeitfenster zu nutzen, in welchem der
„papierene Nachlaß der verschiedenen [...] Sammelstellen [...] in allen Ländern
gleichmäßig ungenutzt" (Schmidt 1948a: 7) lag.

1948 konnte Schmidt dem Wiener Volkskundeverein berichten, dieser wäre
vom Bundesministerium mit dem reduzierten Plan einer „Errichtung eines wissenschaftlichen Institutes für österreichische Volkskunde"[36] betraut worden. Gemeinsam mit dem steirischen Volkskundler Hanns Koren hatte er bereits Vorarbeiten geleistet, um endlich die Rechtsnachfolge des Atlas-Unternehmens in
Österreich antreten zu können. Dabei wurde festgehalten, dass der „Vorstand
des Institutes für Volkskunde [...] identisch mit dem Vorstand des Vereines für
Volkskunde"[37] zu sein habe. Damit wäre die Leitung also in Schmidts direkte
Einflusssphäre gelangt.

Letztlich setzten sich aber „die anderen" durch und Schmidt musste die ange-
strebte Führungsposition aufgeben. 1953 erfolgte die Gründung der vorbereitenden „Kommission für den *Volkskundeatlas in Österreich*", deren Präsident Adolf
Helbok wurde und in der ausschließlich frühere Nazis und erbitterte Schmidt-
Gegner wie Haberlandt und Wolfram saßen (Johler 1994b: 592 f.). Schmidt
blieben somit die Arbeiten am *Atlas der burgenländischen Volkskunde*, den er ab
1951 zumeist als von ihm optimiertes Gegenprojekt zum Österreichischen Atlas
positionierte (vgl. Schmidt 1976).

Disziplinäre Deutungshoheit: *Österreichische Zeitschrift für*
Volkskunde
Erfolgreicher war Schmidt mit der Ausrichtung und Nutzung der *Österreichi-*
schen Zeitschrift für Volkskunde. Die Vereinszeitschrift war das „Zentralorgan" der
österreichischen Volkskunde nach innen und außen, der führende kulturpolitische wie disziplinäre Vertreter nationale und identitätsstiftende Bedeutung nach
1945 zusprachen.

Eine besondere Rolle spielte in Wechselwirkung mit dem Generalsekretär Leopold Schmidt der Direktor des Österreichischen Bundesverlages Rudolf Dechant

36 Bericht Verein für Volkskunde, Wien 13.3.1948. ÖMV, Archiv, DA, Karton 35/1948, Mappe
    Verein.

37 Ebd.

(1892–1974). Er scheint, und das wurde bisher wenig beachtet, ein entscheidendes Bindeglied zwischen Wissenschaft und interessierter Öffentlichkeit gewesen zu sein, sozusagen ein auch staatlich legitimierter Lobbyist und potenter Multiplikator der Volkskunde. Ab 1947 war Dechant Präsident des Vereins für Volkskunde in Wien. Leopold Schmidt kannte ihn schon, seit er Volksbildungsreferent für das Burgenland im Austrofaschismus gewesen war. Seit dieser Zeit fühlte sich Dechant der Volkskunde besonders verbunden.[38] Im Krieg hielten Schmidt und Dechant Kontakt und mit Schmidts Rückkehr nach Wien wurde über die Wiedererrichtung des österreichischen Volksliedwerkes die Verbindung erneut gestärkt. Die Zusammenarbeit für das Volksliedwerk hatte bereits die Verbreitungspotenziale des Bundesverlages offenbart, als Dechant 1947 die von Schmidt ausgearbeiteten Sammlungsanweisungen in hoher Stückzahl herausbrachte und systematisch unter der österreichischen Lehrerschaft über Beilagen in Unterrichtsmaterialien verteilen ließ (vgl. „Österreichisches Volksliedwerk 1947" 1948: 202). Auch das österreichische volkskundliche Fachorgan realisierte angesichts dieser Erfahrungen eine Kooperation mit dem Bundesverlag. Dabei war die Position Schmidts – oder der Volkskunde allgemein – wohl so weit anerkannt, um im Namen des Vereins für Volkskunde optimale Bedingungen aushandeln zu können. Der Bundesverlag sollte sich damit einverstanden erklären, dass der Verein nicht nur weiterhin die Herausgeberschaft behielt, sondern auch die Redaktion selbst bestimmen konnte. Die Kosten für Druck, Versand und Personal sollte hingegen der Verlag übernehmen.[39] Die Zusammenarbeit wurde beschlossen und erwies sich rasch als vorteilhaft: Die Distributions- und Produktionskapazitäten des Bundesverlages waren hoch und so konnten auf der zweiten Volkskundetagung, zu der Dechant als Vereinspräsident angereist war, an die Teilnehmer/innen Freiexemplare der frisch erschienenen ersten ÖZV verteilt werden.[40]

Bereits der erste Band der „Neuen Serie" 1947 verdeutlicht die Ausrichtung der ÖZV Schmidt'scher Prägung. Auf der Fachtagung 1946 hatte man sich einvernehmlich auf den Namen *Österreichische Zeitschrift für Volkskunde* verständigt, und im Sinne eines Neubeginns und nationalen Ausgleichs wurden die „unbelasteten" Vertreter der universitären Volkskunde Österreichs mit der Redaktion be-

---

38   Rudolf Dechant an Verein für Volkskunde, 13. 10. 1947. ÖMV, Archiv, DA, Karton 35/1948, Mappe Verein.

39   Leopold Schmidt an den Österreichischen Bundesverlag, 20. 11. 1946. ÖMV, Archiv, DA, Karton 33/1946, Mappe ÖZV.

40   Vgl. Bericht über die Vereinsereignisse seit der Hauptversammlung vom 25. April 1946, o. D. ÖMV, Archiv, DA, Karton 33/1946, Mappe Verein.

traut. Bezeichnenderweise lautete die exakte Formulierung: „Unter Mitwirkung von Anton Dörrer und Viktor Geramb, geleitet von Leopold Schmidt."
    Geramb vertrat in diesem ersten Band weiterhin ein „liebevolles Betrachten" (1947: 9) der Volkskultur und in Nachfolge von Erzherzog Johann eine „Volkskunde als Wesensschau im Geiste der Romantik" (ebd.: 10). Leopold Schmidt hingegen forderte einen umfassenden Neuanfang – natürlich ohne Beiträge von nationalsozialistisch Belasteten. Richard Wolfram befürchtete zu Recht in einem Brief an Geramb im Dezember 1947, dass das Publizieren im „Hauptorgan" unter „Schmidts Patronanz" nun für „uns alle, die wir in ähnlicher Lage wie ich sind, […] höchst schwierig und unerquicklich" (Greger 2002: 337) werden würde.
    Mit Schmidt sollte die Zeitschrift ein deutliches Zeichen für die „Gesamtwandlung" der wissenschaftlichen Volkskunde im Sinne einer „sachlichen Erforschung der europäischen Volkskultur im humanistischen Sinn" sein, die „die österreichische Haltung […] jederzeit besonders in den Vordergrund" (1947c: 7) stellt. Auch teilte er im Chronikteil mit, dass es – entgegen den Beschlüssen der ersten Tagung – kein weiteres „Organ für Volkskunst und Heimatpflege" geben würde (ebd.: 122).
    Die *ÖZV* blieb also das einzige österreichische Publikations- und Kommunikationsorgan der wissenschaftlichen Volkskunde und Schmidt nutzte es als persönliches Sprachrohr intensiv. Er wählte weitgehend im Alleingang Beiträge und Beiträger/innen aus, die seinem eigenen Fachverständnis entsprachen, so waren etwa Leopold Kretzenbacher oder Rudolf Kriss gern gesehen. Sowohl die Buchbesprechungen als auch die zahllosen Berichte, etwa zu den Tagungen, lassen sich als Schmidts Kommentare zum österreichischen Volkskundegeschehen lesen und mit denen schreckte er auch vor eindeutigen Wertungen nicht zurück.
    Schmidts ausschließliche und ausschließende Linie führte zum eingangs erwähnten Eklat. Geramb wurde in der Herausgeberschaft 1953 durch Hanns Koren ersetzt beziehungsweise ließ sich ersetzen. Schmidt wehrte sich im Laufe der Jahre zusehends gegen Einflussnahmen von anderer Seite, letztlich war ihm 1955 auch die Mitsprache des Bundesverlages zu lästig geworden und die *Österreichische Zeitschrift für Volkskunde* erschien im Selbstverlag des Vereins für Volkskunde.

Resümee

Die Frage, die das Fach immer wieder beschäftigt, nämlich wem Volkskunde nützt, haben wir in unserem Beitrag versucht, auf die Situation der Volkskunde in Österreich, speziell in Wien nach 1945 anzuwenden. Wissenschaftler/innen und Wissenschaften sind „politisch multivalent" (Ash 2002: 33), nicht nur sind sie Ressource für den Staat, sie sehen den Staat auch als Ressource für sich selbst.

Stets handeln sie sich neue Arbeitsmöglichkeiten und Bedingungen aus. Der Paradigmenwechsel in der Politik, die Betonung eines eigenständigen und unabhängigen Österreich – auch unter Bezugnahme auf das „alte", also monarchische Österreich – nützte volkskundlichen Sammlungen, volkskundlichen Fachvertreter/innen beziehungsweise volkskundlichen Kernkompetenzen.

Für Leopold Schmidt eröffneten die politischen Umstände des Jahres 1945 vielschichtige Möglichkeiten: Zum einen konnte er die kurze Zeit der Entnazifizierung nutzen, um in seinem unmittelbaren Wirkungskreis personelle Veränderungen herbeizuführen. Rhetorisch setzte der parteilose Schmidt auf eine moralische Strategie – er präsentierte sich als „modern" und „wissenschaftlich", als demokratisch und antinazistisch[41] und distanzierte sich damit von den meisten anderen Personen aus dem Fach in Österreich. Zum anderen brachte er Museum und Verein politisch und fachlich geschickt in Stellung, die wiederum ihn und seine Aktivitäten stützten, ihm so zu Autonomie verhalfen und ihn zu „jener unübersehbaren Institution des Hofrats in der Laudongasse" machten, wie sie Wolfgang Brückner skizzierte (2003: 30). Schließlich kam ihm auch der inhaltliche und strukturelle Rückgriff auf allen Gebieten des öffentlichen Lebens in die Zeit vor 1938 entgegen. So konnte er persönliche, wissenschaftliche und politische Netzwerke und auch eigene wissenschaftliche Leistungen aus jenen Jahren für sich und sein Haus von Beginn an fruchtbar machen. Als grundsätzlich anders denkender und arbeitender Wissenschaftler, als Visionär und Theoretiker formulierte er neue Zukunftsvorstellungen für Museum, Verein und Fach, was ihn für andere zum unbequemen Wissenschaftler werden ließ.

Die Politik, die sich gegen Ende der 1940er Jahre wieder ehemaligen Nationalsozialist/innen gegenüber öffnete und diese rehabilitierte, machte jedoch letzten Endes eine, auch von Schmidt intendierte, völlige Entnazifizierung von Wissenschaft, also auch eine „praktische, konzeptionelle und rhetorische Entflechtung von Wissenschaft und Wissenschaftlern" (Ash 1995: 904), nicht möglich. 1953, in dem Jahr, in dem Gerambs Abrechnung mit Schmidt in der deutschen *Zeitschrift für Volkskunde* erschien, war Schmidt bereits weitgehend isoliert, fachliche und weltanschauliche Differenzen – zugleich Ausdruck eines Generationenkonflikts – trennten ihn von den meisten anderen Aktiven im österreichischen volkskundlichen Feld. Seine Feinde opponierten gegen ihn über die Grenzen hinweg. „Schmidt hat", so schrieb der mittlerweile wieder in die universitäre Laufbahn

---

41 So sorgte er für die Implementierung neuer und weitaus demokratischerer Vereinsstrukturen, die etwa den Vereinsmitgliedern mehr Mitbestimmung brachte. Auch war er verantwortlich für die Erneuerung der Ehrenmitgliedschaft John Meiers, die dieser aus Protest gegen die brüske Behandlung durch Arthur Haberlandt 1938 zurückgelegt hatte, und für die Aberkennung der korrespondierenden Mitgliedschaft F. K. Günthers, die diesem 1938 verliehen worden war.

zurückstrebende Richard Wolfram[42] 1953 an Helmut Dölker, Vorsitzender des Verbandes der Vereine für Volkskunde in Deutschland, „durch die Gunst der Lage 1945 und durch rücksichtslose Taktik in unserem Fache in Österreich eine Diktatorenstellung errungen, die er reichlich gebrauchte …" (Wolfram, zitiert nach Brückner 2003: 30).

„Für Universität und Museum war ich nach Wien zurückgeholt worden" (Schmidt 1982: 100), schrieb Schmidt retrospektiv in seinen Lebenserinnerungen. Letztlich war ihm von diesem beruflichen Ziel nur das Museum in der Laudongasse geblieben, an der Universität zeigten sich mit der Bestellung Richard Wolframs zum außerordentlichen Universitätsprofessor bald die Folgen einer zahnlosen Entnazifizierung.[43] Die österreichische Republik, Gesellschaft und Wissenschaft haben sich der Verantwortung für eine NS-Aufarbeitung nur kurz gestellt, um sich anschließend als neutral und selbstständig im sich neu konzipierenden Europa zu positionieren.

Literatur

Ash, Mitchell G. (1995): Verordnete Umbrüche – Konstruierte Kontinuitäten: Zur Entnazifizierung von Wissenschaftlern und Wissenschaften nach 1945. In: Zeitschrift für Geschichtswissenschaft 43 (10), S. 903–923.

— (2002): Wissenschaft und Politik als Ressourcen für einander. In: Bruch, Rüdiger vom (Hg.): Wissenschaften und Wissenschaftspolitik – Bestandsaufnahmen zu Formationen, Brüchen und Kontinuitäten im Deutschland des 20. Jahrhunderts. Stuttgart, S. 32–51.

Bockhorn, Olaf/Nikitsch, Herbert (2012): „… die venia legendi für Volkskunde erteilt …" Die beiden Habilitationen von Leopold Schmidt – eine kommentierte Dokumentation. In: Österreichische Zeitschrift für Volkskunde LXVI/115, S. 101–128.

Brückner, Wolfgang (2003): Leopold Schmidt und das deutschsprachige Mitteleuropa. In: Österreichische Zeitschrift für Volkskunde LVII/106, S. 23–36.

Dörrer, Anton (1946): Volkskundearbeit in Österreich. In: Die Furche, 26. Oktober 1946, Nr. 43, S. 6 f.

Geramb, Viktor (1947): Zu unseren Aufgaben. In: Österreichische Zeitschrift für Volkskunde I/50, S. 8–14.

— (1953): Der Volksbegriff in der Geistesgeschichte und in der Volkskunde. In: Zeitschrift für Volkskunde 50, S. 7–34.

Greger, Michael (2002): „Verehrter Freund!" – „Sehr verehrter Herr Professor!": Viktor Geramb in Korrespondenz mit Richard Wolfram und Leopold Schmidt 1945–1948; ein Bei-

---

42   Wolfram erhielt die Venia legendi wieder 1954, 1959 wurde er zum außerordentlichen Professor ernannt, 1963 zum ordentlichen Professor (Köstlin 1998: 481).

43   1948 kam es zur sogenannten Minderbelastetenamnestie, die etwa 90 Prozent aller registrierten ehemaligen Nationalsozialisten betraf (Stiefel 1986: 33).

trag zur Geschichte der österreichischen Nachkriegsvolkskunde. Diplomarbeit, Universität Graz.

Johler, Reinhard (1994a): Innsbruck: Zur Entstehung von Volkskunde an der Sprachgrenze. In: Jacobeit, Wolfgang/Lixfeld, Hannjost/Bockhorn, Olaf (Hg.): Völkische Wissenschaft. Gestalten und Tendenzen der deutschen und österreichischen Volkskunde in der ersten Hälfte des 20. Jahrhunderts. Wien/Köln/Weimar, S. 407–415.

— (1994b): „Tradition und Gemeinschaft": Der Innsbrucker Weg. In: Jacobeit, Wolfgang/ Lixfeld, Hannjost/Bockhorn, Olaf (Hg.): Völkische Wissenschaft. Gestalten und Tendenzen der deutschen und österreichischen Volkskunde in der ersten Hälfte des 20. Jahrhunderts. Wien/Köln/Weimar, S. 589–602.

Judt, Tony (2012): Geschichte Europas. Von 1945 bis zur Gegenwart. Frankfurt am Main.

Karasek-Langer, Alfred (1953): Volkskundliche Wandlungen in Deutschland. In: Zeitschrift für Volkskunde 50, S. 35–43.

Kos, Wolfgang (1986): Entnazifizierung der Bürokratie. In: Meisel, Sebastian/Mulley, Klaus-Dieter/Rathkolb, Oliver (Hg.): Verdrängte Schuld, verfehlte Sühne. Entnazifizierung in Österreich 1945–1955. Symposion des Instituts für Wissenschaft und Kunst, Wien 1985. Wien, S. 52–72.

Köstlin, Konrad (1998): Richard Wolfram 1901–1995. In: Österreichische Zeitschrift für Volkskunde XLIX/98, S. 480–483.

Kuhn, Walter (1957): Sprachinselforschung und Volkskunde der Heimatvertriebenen. Bericht über die „Sammlung Karasek". In: Jahrbuch für Volkskunde der Heimatvertriebenen 3, S. 260–269.

Lugmayer, Franz (2007): Dr. Karl Lugmayer (1892–1972). In: Bader, Erwin (Hg.): Karl Lugmayer und sein Werk. Seine politisch-soziale Bedeutung und Aktualität. (Austria: Forschung und Wissenschaft. Philosophie, 4). Münster, S. 207–247.

Museum für Volkskunde (1946a) (Hg.): Ausstellung Volksschauspiel in Österreich. Katalog. Wien.

— (1946b) (Hg.): Ausstellung Österreichische Trachten in der Volkskunst und im Bilde. Katalog. Wien.

Nikitsch, Herbert (2006): Auf der Bühne früher Wissenschaft. Aus der Geschichte des Vereins für Volkskunde (1894–1945). (Buchreihe der Österreichischen Zeitschrift für Volkskunde, 20). Wien.

Österreichisches Volksliedwerk 1947 (1948). In: Österreichische Zeitschrift für Volkskunde II/51, S. 202.

Pawlowsky, Verena/Leisch-Prost, Edith/Klösch, Christian (2002): Vereine im Nationalsozialismus. Vermögensentzug durch den Stillhaltekommissar für Vereine, Organisationen und Verbände und Aspekte der Restitution in Österreich nach 1945. (Veröffentlichungen der Österreichischen Historikerkommission, 21/2). Wien.

Pesditschek, Martina (2013): Heinrich (von) Srbik (1878–1951) und die Akademie der Wissenschaften. In: Feichtinger, Johannes et al. (Hg.): Die Akademie der Wissenschaften in Wien 1938 bis 1945. Katalog zur Ausstellung. Wien, S. 37–46.

Schmidt, Leopold (1940): Forschungsaufgaben der volkskundlichen Sammlungen. (Sonderabdruck aus Hessische Blätter für Volkskunde, 38). Gießen.

— (1947a): Die Volkskunde als Geisteswissenschaft. In: Mitteilungen der Österreichischen Gesellschaft für Anthropologie, Ethnologie und Prähistorie LXXIII–LXXVII, S. 115–137.

— (1947b): Erste österreichische Volkskundetagung. In: Österreichische Zeitschrift für Volkskunde I/50, S. 121 f.

— (1947c): Zum ersten Band der Neuen Serie. In: Österreichische Zeitschrift für Volkskunde I/50, S. 5–7.

— (1948a): Stand und Aufgaben der österreichischen Volkskunde. In: Österreichische Zeitschrift für Volkskunde II/51, S. 1–12.

— (1948b): Zweite österreichische Volkskundetagung. In: Österreichische Zeitschrift für Volkskunde II/51, S. 87 f.

— (1949): Dritte österreichische Volkskundetagung. In: Österreichische Zeitschrift für Volkskunde III/52, S. 60 f.

— (1954): Robert Bleichsteiner †. In: Archiv für Völkerkunde 9, S. 1–7 (Sonderdruck).

— (1976): Aus der Arbeit am Atlas der burgenländischen Volkskunde. In: Rheinisches Jahrbuch für Volkskunde 17/18, S. 185–208.

— (1982): Curriculum vitae. Mein Leben mit der Volkskunde. Wien.

Seidler, Kurt (1945): Das neue österreichische Vereinsrecht. Erläuterungen und Bemerkungen zu dem Vereins-Reorganisationsgesetz vom 31. Juli 1945. Ein Ratgeber für Vereine mit praktischen Beispielen. Wien.

Srbik, Heinrich (von) (1950): Geist und Geschichte vom deutschen Humanismus bis zur Gegenwart. Bd. 1. Salzburg.

Staudinger, Anton (2005): Austrofaschistische „Österreich-Ideologie". In: Tálos, Emmerich/Neugebauer, Wolfgang (Hg.): Austrofaschismus. Politik – Ökonomie – Kultur 1933–1938. Wien, S. 28–53.

Stiefel, Dieter (1986): Nazifizierung plus Entnazifizierung = Null? In: Meissl, Sebastian/Mulley, Klaus-Dieter/Rathkolb, Oliver (Hg.): Verdrängte Schuld, verfehlte Sühne. Entnazifizierung in Österreich 1945–1955. Symposion des Instituts für Wissenschaft und Kunst, Wien 1985. Wien, S. 28–37.

Svatek, Petra (2010): „Wien als Tor nach dem Südosten" – Der Beitrag Wiener Geisteswissenschaftler zur Erforschung Südosteuropas. In: Ash, Mitchell G./Nieß, Wolfram/Pils, Ramon (Hg.): Geisteswissenschaften im Nationalsozialismus. Das Beispiel der Universität Wien. Wien, S. 111–139.

Weiss, Richard (1946): Volkskunde der Schweiz. Grundriss. Erlenbach-Zürich.

Wolfram, Richard (1953): Neue Funde zu den Morisken und den Morristänzen. In: Zeitschrift für Volkskunde 50, S. 107–113.

Online-Quellen

Gesetz zur Wiederherstellung österreichischen Beamtentums (Beamten-Überleitungsgesetz) vom 22.8.1945. Verfügbar unter: http://www.ris.bka.gv.at/Dokumente/BgblPdf/1945_134_0/1945_134_0.pdf (28.9.2013).

Wiener Volkskunde 1945–1970: Umbrüche – Rückbrüche – Aufbrüche

Herbert Nikitsch

Gleich eingangs sei gesagt: Dieser Beitrag wird nicht bieten, was sein Titel signalisiert. Also keinen der Chronologie folgenden Gang durch 25 Jahre österreichischer Fachgeschichte – vor allem aber auch keinen Zugang, der in Betrachtung wie immer gearteter Um-, Rück- oder Aufbrüche letztlich der Idee einer teleologischen Entwicklung folgt, also eine Art „Erfolgsstory" intendiert und damit einen Blick auf Fachgeschichte, der all deren Zufälligkeiten und Ungereimtheiten den Anstrich von Zielgerichtetheit, von rational einsichtiger Sinnhaftigkeit geben will. Von der „Geschichte als Sinngebung des Sinnlosen" hat Theodor Lessing (1921), vielleicht überpointiert, gesprochen. So weit will ich nicht gehen. Doch wenn wir oft (und zu Recht) das zuweilen sehr bewusste, das sehr strategisch-geplante Vorgehen so mancher Akteure dieser Fachgeschichte vorgeführt bekommen[1], so möchte ich zumindest nicht vergessen, was Leopold Schmidt in der ihm eigenen, wenngleich oft nur in gewissermaßen traumwandlerischen Nebensätzen formulierten Klar- und Weitsicht schon anno 1951 zu Beginn seiner *Geschichte der österreichischen Volkskunde* zu bedenken gegeben hat: „Das Gebiet des reflektierenden Lebens ist als äußerst schmal anzusehen; und sogar sein eigenstes Bereich, die Wissenschaft, ist keineswegs ganz ohne Bindungen nach der unreflektierenden Seite" (1951a: 11). Mit dieser „unreflektierenden Seite" ist jenes „willkürliche Moment" im Wissenschaftsbetrieb angedeutet, von dem Thomas Kuhn gesprochen hat, jenes „willkürliche Moment, das sich aus zufälligen persönlichen und historischen Umständen zusammensetzt" und das „immer ein formgebender Bestandteil der Überzeugungen [ist], die von einer bestimmten wissenschaftlichen Gemeinschaft in einer bestimmten Zeit angenommen werden" (1976: 19). Unter diesen Prämissen also werde ich hier einige Schlaglichter auf die Geschichte der Wiener Volkskunde in der Zeit von 1945 bis 1970 werfen.

Am 17. Juli 1946 schreibt der gerade vor einem Monat habilitierte Leopold Schmidt an den Grazer Ordinarius Viktor Geramb einen Brief (abgedruckt bei Greger 2002: 303–305), in dem er die Selbsteinschätzung seiner Stellung und

---

1   Siehe etwa den Beitrag von Birgit Johler und Magdalena Puchberger in diesem Band.

seiner Person bereits recht deutlich macht. Das Schreiben beginnt respektvoll, Schmidt dankt dem immerhin 28 Jahre älteren „sehr verehrten Herrn Professor" für die freundliche Aufnahme seines *Muckennetz* (bei dem es sich um die Edition einer Liedersammlung aus dem 17. Jahrhundert handelt, die Schmidt noch 1944 der Österreichischen Akademie der Wissenschaften vorgelegt hat und die im gleichen Jahr in deren Verlag gedruckt worden war) und sendet ihm mit gleicher Post sein „soeben erschienenes nichtwissenschaftliches Büchlein über die Wiener Vorstädte" zu – nicht ohne in diesem Zusammenhang dezent auf seine Rolle als „Wiener Großstadtvolkskundler" hinzuweisen (ebd.). Wie ja Schmidt vor allem daran liegt, Geramb „ein gewisses Bild von mir zu geben, zumal ich den Eindruck habe, daß durch allerlei Herumgerede und Herumgeschreibe in den letzten Monaten [...] ein reichlich falsches Bild von mir bei Ihnen entstanden sein könnte"; und zur Korrektur dieses Bildes wolle er eben zeigen, „was, wie, vielleicht auch noch wie viel ich arbeite" (ebd.). Im Übrigen spricht Schmidt auch die Wiederherausgabe der *Österreichischen Zeitschrift für Volkskunde* an und, last not least, die Notwendigkeit zur Klärung „Ihres [also Gerambs] Erstaunens über meine Meinung über Prof. Wolfram" (ebd.). Wie die Meinung Schmidts über Wolfram – und vice versa – war, darüber wissen wir mittlerweile ebenso Bescheid wie über die Rolle, die Geramb, der mit Wolfram ja auf durchaus freundschaftlichem Fuß beziehungsweise in freundschaftlichem Schriftverkehr stand, bei dessen Nachkriegskarriere gespielt hat. Und wenn der Brief Schmidts mit der Beteuerung schließt, „in allen wesentlichen Fragen [...] mit Ihnen übereinzustimmen" (ebd.), so kann kein Zweifel daran bestehen, wie weit diese Übereinstimmung letztlich gegangen ist.

Öffentlich und deklariert gekappt wurde sie jedenfalls anno 1952, als im 55. Jahrgang der seit ihrem Wiedererscheinen (neben Anton Dörrer) von Geramb und Schmidt herausgegebenen *Österreichischen Zeitschrift für Volkskunde* ein kurzer, aber recht heftiger schriftlicher Schlagabtausch der beiden abgedruckt wurde, und zwar im Anschluss an eine in einer Rezension gemachten Bemerkung Schmidts, dass die „steirische Volkskunde [...] viele Jahre lang beim Biedermeier-Bauern aufgehört" habe (1951b: 183). Das führte zum Ende der Zusammenarbeit bei der Herausgabe der Zeitschrift – ein Ende, das wohl schon längst fällig gewesen war, die Empörung Gerambs über derartige „Entgleisungen" (Geramb 1952: 95) war da wohl mehr Anlass als Ursache gewesen.

Damals, im Jahr 1952, war Geramb schon seit einigen Jahren als Museumsmann in Pension und sollte auch bald als Universitätslehrer emeritieren. Schmidt hingegen stand am Anfang seiner Karriere – einer Karriere, die er sich ursprünglich allerdings durchaus anders vorgestellt hatte, wollte er sich doch „so rasch als möglich der Laufbahn eines akademischen Lehrers der Volkskunde zuwenden", wie er an den Dekan der Philosophischen Fakultät der Universität Wien schon im Herbst 1945 schreibt (Bockhorn/Nikitsch 2012: 118). Das gelang, wie man weiß, nicht – trotz erfolgter rascher Habilitation (1947) und trotz der außerordentlichen Titularprofessur, die er 1951 verliehen bekommen hatte, und zwar auf Antrag Robert Bleichsteiners[2] und Richard Pittionis[3], Orientalist der eine, Prähistoriker der andere und beide nicht nur in politisch-weltanschaulicher Hinsicht, sondern auch kollegial mit Schmidt verbunden. Denn dieser hatte eben nicht nur Freunde. Gegen jene Titularprofessur etwa hatte sich der Völkerkundler Wilhelm Koppers „gesträubt", wie Schmidt in seinem Curriculum etwas undeutlich schreibt (1982: 110), und bei seiner Habilitation war Schmidt seitens einiger Mitglieder der Habilitationskommission wenn nicht mit direktem Widerstand, so doch mit deutlicher Zurückhaltung konfrontiert.

Über die Umstände der Habilitation Schmidts wurde bereits ausführlich gehandelt (vgl. Bockhorn/Nikitsch 2012), und hier sei nur so viel dazu gesagt, dass es für Schmidt, als einen der wenigen, die sich der NS-Ideologie nicht angebiedert hatten, wohl tatsächlich, wie er im Rückblick schreibt, „merkwürdige Herren" (Schmidt 1982: 243) waren, die da in seiner Habilitationskommission saßen; darunter etwa Erich Schenk, der ab 1940 als Ordinarius „zur Elite der deutschen Musikwissenschaft" zählte und 1945 ohne Unterbrechung weiterlehren konnte (Staudinger 2005: 160), oder die Germanisten Dietrich Kralik und Hans Rupprich, die beide trotz Parteimitgliedschaft unbehelligt auf ihren Lehrkanzeln blieben (Ranzmaier 2005: 167–171).

Schmidt musste sich jedenfalls im Weiteren nolens volens auf sein Museum konzentrieren, und seine Versuche, hier ein „Österreichisches Bundesamt für Volkskunde" zu etablieren und so die österreichische Volkskunde in der Wiener Laudongasse zu zentralisieren (Nikitsch 2003: 9–11), scheinen angesichts seiner letztlich gescheiterten Hochschullaufbahn ebenso kompensatorischen Charakters gewesen zu sein wie seine Auftritte auf internationalem Parkett, etwa auf dem Kongress in Arnhem 1955, wo bereits frühe Überlegungen zu einer „Europäischen Ethnologie" angestellt wurden. In solchen Diskussionen zeigte sich der österreichische Protagonist einer volkskundlichen „Neuen Sachlichkeit" (Liesenfeld/Nikitsch 1994) allerdings zurückhaltend: Schmidt, dem einzigen österreichischen Teilnehmer am genannten Kongress, war es dabei mehr um die „Stellung der Volkskunde im Gefüge der Geisteswissenschaften" denn um „eine auf europäische Blickweite bedachte Forschung" zu tun (1956: 24) – und so gilt

---

2   Robert Bleichsteiner (1891–1954), ab 1926 Kustos, von 1945 bis 1953 Direktor des Wiener Museums für Völkerkunde (Schmidt 1954).

3   Richard Pittioni (1906–1985), 1938 aus politischen Gründen von den Nationalsozialisten entlassen, wurde 1946 außerordentlicher Professor und 1951 ordentlicher Professor und war bis zu seiner Emeritierung 1976 Vorstand des Instituts für Ur- und Frühgeschichte, 1960/61 Dekan (Urban 2010: 388–395).

auch für ihn (beziehungsweise österreichischerseits) die Bemerkung von Gerhard Lutz, dass damals „von deutscher Seite [...] am Entwurf einer europäischen Ethnologie und der Einfügung der Volkskunde in diesen Rahmen nicht teilgenommen wurde" (1971: 27). Das gilt übrigens auch für Richard Wolfram – bei all den Beziehungen, die dieser gelernte Skandinavist zeitlebens etwa zur schwedischen und norwegischen Fachkollegenschaft hatte.[4]

Über Wolfram, um auf diesen näher einzugehen, ist sehr viel geschrieben worden, wir sind hinlänglich sowohl über seine wissenschaftliche als auch über seine politische Karriere informiert (vgl. z. B. Bockhorn 2010), und wir wissen, dass diese seine politische Laufbahn seine wissenschaftliche teils stark gefördert, teils jedenfalls nur unwesentlich behindert hat. Stark gefördert: Denn Wolfram – der vorerst Angehöriger des sogenannten Spann-Kreises, einer Gruppe von Anhängern um Othmar Spann (vgl. Schneller 1970: bes. 177–191), und Mitglied der „Vaterländischen Front" war (vgl. Müller 2012) – wurde später als Mitglied der NSDAP 1938 Leiter der „Lehr- und Forschungsstätte für germanisch-deutsche Volkskunde" der SS-Forschungsgemeinschaft „Ahnenerbe" in Salzburg und Wien und zudem 1939 außerordentlicher Universitätsprofessor für Germanischdeutsche Volkskunde an der Universität Wien und Leiter des gleichnamigen ersten Wiener Instituts. Nur unwesentlich behindert: Denn seine nach 1945 erzwungene Absenz vom universitären Lehr- und Forschungsbetrieb währte nur recht kurz.

Dazu gleich mehr, doch vorher möchte ich Richard Wolfram mit eigenen Worten eine knappe Selbstcharakterisierung vornehmen lassen und einen kurzen Ausschnitt aus einer 1990 publizierten Autobiografie zitieren:

„Meine Lehrkanzel führt den Titel ‚für österreichische und europäische Volkskunde'. Das ergab sich daraus, daß ich jahrzehntelang in ständigen Studienreisen Europa mit Ausnahme Russlands durchwanderte und kennenlernte. Ich habe mit den Hirten in der Parnaßgegend getanzt und mit den Morris men in Oxfordshire. Und der Tanz ist ein guter Mittler. In meiner besten Zeit beherrschte ich rund 200 europäische Volkstänze" (1990: 332).

Diese Morristänze ziehen sich durch das Werk Wolframs seit seiner 1936 eingereichten Habilitation zum Thema „Schwerttanz und Männerbund"; und auf diese Habilitationsschrift greift er auch in einem einschlägigen Beitrag anno 1953 über „Neue Funde zu den Morisken und Morristänzen" zurück, in dem er die-

---

4   Im Archiv des „Salzburger Landesinstituts für Volkskunde" sind diese Beziehungen durch eine beachtliche Fülle von (noch aufzuarbeitender) Korrespondenz etwa mit Sigurd Erixon, Albert Eskeröd, Harald Hvarfner, Bertil Lundberg oder Lily Weiser-Aall dokumentiert; freundliche Mitteilung von Ulrike Kammerhofer-Aggermann und Alfred Höck.

se Tänze „in den großen Kreis der jahreszeitlichen Kultkämpfe" einordnet und „mitten in der Welt der alten Volksreligion" verortet (1953: 109). Hier interessiert aber weniger der inhaltliche Aspekt – der übrigens praktisch eins zu eins im *Wörterbuch der deutschen Volkskunde* anno 1974 kommentarlos wiedergegeben wird (Beitl/Beitl 1974: 571) –, auch nicht, wie sich Wolfram in biografischem Rückblick als einen leutseligen und umgänglichen Sammler stilisiert, der „natürlich versuchte", „das Brauchtum so weit als möglich auch direkt mitzuerleben" (1990: 339), und der sich ja auch vor seinen Hörern gern als aktiver Volkstänzer produziert hat. Hier ist vor allem die Tatsache bemerkenswert, dass dieser Aufsatz über die Morisken im ersten Nachkriegsheft der *Zeitschrift für Volkskunde* erschienen ist und erscheinen konnte. Mit anderen Worten, dass Wolfram recht schnell wieder seine wissenschaftliche und persönliche Reputation erlangte, und zwar in wie auch außerhalb Österreichs.

In Österreich hatte das Wolfram natürlich der bereits ab 1948 einsetzenden Amnestie ehemaliger Nationalsozialisten zu verdanken,[5] aber auch und nicht zuletzt der Kooperation mit Gesinnungsgenossen auf wissenschaftlichem und vor allem weltanschaulichem Gebiet, etwa bei der Gründung des – von Leopold Schmidt in verächtlicher Ohnmacht als „‚Ehemaligen'-Unternehmen" (1982: 112) bezeichneten – *Österreichischen Volkskundeatlas*. Dabei konnten sich etwa NS-nahe Volkskundler wie Ernst Burgstaller, Adolf Helbok oder Arthur Haberlandt zumindest außeruniversitär wieder profilieren – und Wolfram 1954 seine Venia zurückerhalten[6], 1959 eine außerordentliche und bald darauf (1963) eine ordentliche Professur erlangen. Neben dieser Seilschaft rund um den *Österreichischen Volkskundeatlas* war aber vor allem der Einfluss Otto Höflers für die Nachkriegskarriere Richard Wolframs maßgeblich gewesen. Höfler wurde ja nach seiner Relegierung von der Münchner Universität, wo er seit 1938 Professor für „Germanische Philologie und Volkskunde" gewesen war, bereits 1951 wieder rehabilitiert und war dann in Wien ab 1957 Ordinarius für „Ältere deutsche Sprache und Literatur" (vgl. Zimmermann 2003) – und nicht umsonst erinnert sich Wolfram noch 1978[7] an seinen „engsten und besten Freund", seinen „Jahrgangskameraden", mit dem „ich mich 1920 an der Universität beim Studium der Germanistik bei Much und der Skandinavistik gefunden" habe und dessen

---

5 Die Zahlen sprechen für sich: Im Wintersemester 1945/46 waren rund 70 Prozent der Professoren an der geisteswissenschaftlichen Fakultät in Wien ihrer Ämter enthoben – doch bereits im Semester 1949/50 waren weit mehr als die Hälfte dieser Relegierten wieder in ihren Positionen.

6 Wolfram hat erstmals wieder im Wintersemester 1954/55 Vorlesungen abgehalten; die erste nach 1945 unter seiner Betreuung abgefasste Dissertation wurde 1960 approbiert (Klecker 1960).

7 Auf einer seiner „Neujahrskassetten", also jener Tonbänder mit persönlichen Erinnerungen, wie Wolfram sie gern an Freunde und Bekannte verschickt hat; eine Kopie des Tonbandes, aus dem hier zitiert wird, befindet sich im Besitz des Verfassers.

Freundschaft „in den 58 Jahren seither mich auch sehr wesentlich mit durch das
Leben und die Wissenschaft getragen" hat.

In Deutschland wiederum war ein weiterer guter und nützlicher Freund Bruno Schier[8], der nicht nur als Mitherausgeber der wiedererscheinenden *Zeitschrift
für Volkskunde* den Abdruck des vorhin genannten Morisken-Beitrags, sondern
als eben neu installierter Professor für Volkskunde an der Universität Münster
wohl auch Wolframs Teilnahme an der Volkskundetagung in Jugenheim 1951,
der ersten Nachkriegstagung des Volkskunde-Verbandes, befürwortete. Wolfram sprach hier über seine „Sammlung von Brauchtum und Volksglaube, die ich
durch etwa 2 Jahre in Südtirol durchführte", wobei er das reiche Material, das
dabei angefallen war, hervorhob, darunter „Schallaufnahmen, Schmalfilme und
rund 4 000 Photos" (Bericht 1952: 25).[9] Kein Wort freilich verliert er darüber, in
welchem organisatorischen und politischen Zusammenhang diese Aufzeichnungen gemacht wurden, nämlich im Rahmen der „Kulturkommission zur Bergung
der Kulturgüter für Südtirol", die von Heinrich Himmler 1940 zur „Aufnahme
und Bearbeitung des gesamten dinglichen und geistigen Kulturgutes aller umzu-
siedelnden Volksdeutschen" eingerichtet war (Bockhorn 2010: 221) und in der
Wolfram die Leitung der Sondergruppe „Brauchtum und Tanz" innehatte (Bockhorn 1994: 567). Und über die Herkunft dieser Materialien, die nach 1945 als
quasi „herrenloses" Gut von Wolfram „gerettet" wurden und „eine gute Basis für
seine weitere wissenschaftliche Tätigkeit" (Bockhorn 2010: 224) bildeten, wurde auch bei ihrer späteren Auswertung und Publikation – etwa in den Karten
und Kommentaren des *Österreichischen Volkskundeatlas* – Stillschweigen bewahrt.

Dieser, vorsichtig gesagt: „neutralen", Verwertung entsprach wohl eine Haltung, wie sie Wolfram mit einer ganzen Reihe Zeitgenossen über die disziplinären Grenzen hinweg teilte; sie verdankte sich nicht nur einer „spezifischen
Epistemologie des Faches", also einer fachspezifischen Art und Weise, den Forschungsgegenstand zu sehen (Wietschorke 2012: 329), sondern auch einem bestimmten „Denkstil" (um mit Ludwik Fleck zu sprechen), also nicht nur einer
spezifischen wissenschaftlichen Haltung, sondern einer „spezifischen Perspektive
auf die gesamte Wirklichkeit" (Beck 1997: 176). Es war eine Perspektive, die –
um das fürs Erste und schlagwortartig auf den Punkt zu bringen – von der Überzeugung getragen wurde, dass Erkenntnis aus „Ergriffenheit" resultiert, und deren Artikulationsweise ein „Jargon der Eigentlichkeit [war], in dem Worte vor

---

8   Dem Wolfram etwa auch seine Abhandlung über die „gekreuzten Pferdeköpfe als Giebelzeichen"
     „als ein Zeichen des Dankes für alles, was er unserer Wissenschaft gegeben hat, und für viele Jahre
     der Kameradschaft und Freundschaft" widmet (1968: 10). Siehe zu Schier auch den Beitrag von
     Elisabeth Timm in diesem Band.

9   Eine Auflistung des Materials, basierend auf einem Schreiben Wolframs an den Reichsgeschäfts-
     führer des „Ahnenerbes" Wolfram Sievers, bei Bockhorn (1994: 571 f.).

Ergriffenheit tremolieren, während sie verschweigen, worüber sie ergriffen sind"
(Adorno 1974: 14) – eine Perspektive, bei der die Frage des politisch Verant-
wortlichen und Verantwortbaren nicht in den Blick kommt, und das schlicht
deshalb, weil „intuitive Evidenz […] immer auf apodiktischen Wesenseinsichten
[beruht]" (Glockner 1958: 1011).

Harm Peer Zimmermann hat das hier Angedeutete etwa am Beispiel Otto
Höflers sehr eindrücklich herausgearbeitet und gezeigt, wie bei diesem „die Legitimität der ‚Schaukraft' als wissenschaftliches Mittel dogmatisch als Gewiß-
heit vorausgesetzt [wurde]" (1994: 13) und aus diesem theoretischen Fundament
nicht nur eine pauschale „Schmähung von Rationalismus und Aufklärung", sondern auch die Gleichgültigkeit und Ignoranz gegenüber allen ideologischen und
politischen Implikationen resultierte, die letztlich in ihrer „Verklärung von krie-
gerischen ‚Männerbünden' und ‚Totenkulten'" den „nationalsozialistischen krie-
gerischen Mannschaften, insbesondere der SS, die vermeintlich wissenschaftlich-
historischen Argumente für ihr Selbstverständnis [lieferte]" (ebd.: 26). Analog
war auch Wolfram einer „Wesensschau" verpflichtet, wie sie schon der Kunst-
wissenschaftler Josef Strzygowski vertreten hatte, dessen Einfluss auf bestimmte
Vertreter unseres Faches bisher sicher zu wenig beachtet worden ist[10] und der –
in freilich intellektuell bescheidener Rezeption phänomenologischer Ansätze[11] –
vom Wissenschaftler gefordert hatte, „es ausschließlich mit der Sache selbst zu
tun [zu haben]", und für den „Wissen ohne Ahnen leer" war (1940: 245 f.). Für
Wolfram bedeutete solches „Ahnen" ebenfalls die notwendige „Auflehnung gegen das Verstricktsein in das Nur-Rationale" wie auch die Voraussetzung einer
„Schau von Wesenszusammenhängen" (1970: 29), mit deren Hilfe man „in der
Erkenntnis der geheimnisvollen Kräfte, welche das Leben gestalten, vordringen
kann" (1971: 202).

Das alles waren Auffassungen, die verknüpft mit der Vorstellung einer „Kontinuität zwischen germanischem Altertum und volkstümlichen Kulturäußerungen
der Gegenwart", des „Überdauern[s] altgermanischer Willens- und Sozialfor-
men" (Zimmermann 1994: 9) und dem Glauben etwa an einen Zusammenhang
von „Männerbund und Totenkult" (ebd.) das Gewebe für jene „Ideologiegespins-
te" ergaben, in die verstrickt, Menschen bereit waren, „sich einseitiger ideologischer ‚Führung' anzuvertrauen, im Dritten Reich bis hinein ins Verbrechen"
(Lutz 1983: 171).

---

10 So fügt sich Wolfram (1932) etwa mit seinem Festschriftbeitrag für Strzygowski in die Reihe von
    dessen Schülern.

11 Es wäre interessant beziehungsweise ist ein Desiderat, über die jeweilige einschlägige philosophi-
    sche Lektüre, etwa der Werke Edmund Husserls, Bescheid zu wissen.

Den verschiedenen mythologisierenden Deutungen à la Wolfram & Co. ist im
Fach auch in Österreich zwar schon früh widersprochen worden – zumindest implizit etwa durch Überlegungen wie jene, die Leopold Schmidt in seinem Beitrag
über „Brauch ohne Glaube" (1966) angestellt hat[12], in dem er etwa den „Bräuchen der Gegenwart, der Großstadt, kurz der technischen Welt [...] bei nüch-
terner Betrachtung durchwegs [bloß] ein[en] weltliche[n], ein[en] diesseitige[n]
Sinn" konzedierte und beispielsweise den Feuerbräuchen (ein beliebtes Thema
Wolframs) keinen „alten Glaubensinhalt", sondern bestenfalls die Anmutung
einer „Bildhaftigkeit des in der Sommernacht auflodernden Feuers" zubilligte
(ebd.: 310). Doch solcher Einwände ungeachtet konnte Wolfram seine Überzeugungen im Lehr- und Forschungsbetrieb doch für längere Zeit gewissermaßen institutionalisieren, und er konnte dies umso mehr, als das 1961 wiederbe-
gründete Wiener Universitätsinstitut und damit sein neuer alter Leiter durch die
Übernahme des bis dato einzigen volkskundlichen Großunternehmens im Land,
des schon erwähnten *Österreichischen Volkskundeatlas*, Reputation gewann und
damit indirekt[13] unter dem Dach und der Patronanz der Österreichischen Akademie der Wissenschaften stand (vgl. Kretschmer 1985).

Auf den Ablauf und die näheren Umstände der Institutsgründung muss ich
hier nicht näher eingehen. Die Sache scheint jedenfalls glatt und schnell über die
Bühne gegangen zu sein, dem Antrag Richard Wolframs vom 14. März 1961 auf
Errichtung eines Instituts folgte zwei Monate später der zustimmende Beschluss
der eingesetzten Kommission. Wolframs Argumentation, wonach die Errichtung
des Instituts in der Gegenwart höchst dringend sei, denn es vollziehe sich „eine
ungeheure Umbildung des gesamten überlieferten Volkslebens" und „nur noch
wenige Jahre [werde] man den Altbestand erfassen können"[14], scheint den Mitgliedern der Kommission plausibel gewesen zu sein – und davon abgesehen hatte
das Ganze ja wohl auch wieder mit Beziehungen, mit Netzwerken zu tun: Immerhin saßen in der Kommission so manche ideologische Weggefährten Wolframs aus der Zeit vor 1945, etwa die Germanisten Karl Rupprich und Eberhard

---

12   Interessanter letztlich wohl als seine berühmte Definition der Volkskunde als einer Wissenschaft
      vom „Leben in überlieferten Ordnungen", die in einschlägiger Literatur und in nationalen Lexika
      (vgl. Bamberger/Maier-Bruck 1966) popularisiert wurde.

13   Und bald auch direkt durch die Ernennung Wolframs zum wirklichen Mitglied der Akademie.

14   „Antrag auf Errichtung eines Instituts für Volkskunde" – Schreiben Richard Wolframs an das Bun-
      desministerium für Unterricht auf dem Wege über das Philosophische Dekanat der Universität
      Wien vom 14. 3. 1961, Universitätsarchiv Wien (UAW), Phil. Fak., Zl. 112 aus 1960/61.

Kranzmayer[15] oder der Theaterwissenschaftler Heinz Kindermann[16] – ganz abgesehen von dem einflussreichen Otto Höfler, der bereits bei der Verleihung der Professur ad personam an Richard Wolfram im Jahr 1959 die Fäden gezogen und seinen gemeinsam mit Josef Haekel[17] gestellten Antrag bei der damals einberufenen Kommission einstimmig durchzusetzen gewusst hatte.[18]

Jedenfalls folgte der Zustimmung seitens der Kommission bereits im Juli des gleichen Jahres der ministerielle Beschluss der Institutsgründung. Hierauf Umbauarbeiten in der Hanuschgasse, Beginn des Lehrbetriebs, Umsiedlung des Bibliotheksbestandes des alten „germanisch-deutschen" Volkskundeinstituts, der die Zeit über „in Verwahrung des Germanistischen Instituts" gewesen war, „aufgestapelt in Prof. O. Höflers Arbeitszimmer".[19] Schließlich 1966 die feierliche Eröffnung, bei der übrigens der Linzer Museumsdirektor und am Wiener Institut viele Jahre lehrende Franz Carl Lipp dem Vorstand einen Ochsenziemer, also ein Innviertler Raufwerkzeug, als Einstandsgeschenk vermachte – wie wenn er geahnt hätte, dass Wolfram recht bald einige Kämpfe bevorstanden.

Denn am 9. November 1969 schreibt Wolfram an Franz Lipp einen recht ausführlichen Brief, der folgendermaßen beginnt:

„Da Du in der kommenden Woche nicht in Wien bist, möchte ich Dir doch schriftlich kurz von einer Sturmbö berichten, die – so hoffe ich – doch noch abgefangen werden konnte. Am Mittwoch erhielt ich mit der Post ein 10 Seiten langes Opus mit dem Titel ‚Papier 1'. Unterzeichnet von den 6 [studentischen, Anm. HN] Detmold-Fahrern. [folgen Namen, Anm. HN] Das Ganze ist eine Art Referat über Detmold [also der dortigen legendären Volkskundetagung, Anm. HN]. Freilich ziemlich gärend und unreif. Wirklich arg sind die 2 letzten Seiten, überschrieben; ‚Wiener Volkskunde in der Isolation?' […] Das bekam ich mit der Post als Blitz aus heiterem Himmel. Und ich hatte das Gefühl: ‚Jetzt ist es passiert'! Die Ansteckung

---

15   Der 1938 seine Tätigkeit an die Wörterbuchkanzlei in München verlegte und dort 1940 und 1942 in Graz außerordentlicher Professor wurde. 1945 amtsenthoben, 1949 in Wien Assistent der Wörterbuchkanzlei und Dozent, 1958 Extraordinarius und 1961 Ordinarius für Deutsche Sprache und ältere deutsche Literatur (vgl. Wiesinger 1979).

16   1936 Professur in Münster, 1943 Leiter des vom Reichsstatthalter Baldur von Schierach gegründeten Instituts für Theaterwissenschaft an der Universität Wien (vgl. Nieß 2010).

17   Ordinarius des Instituts für Völkerkunde als Nachfolger von Wilhelm Koppers 1957–1973 (Bihl 2009: 172).

18   Vgl. den „Bericht über die Kommissionssitzung vom 9. Jänner 1959. Gegenstand: Antrag der Professoren Otto Höfler und Haekel auf Verleihung einer Professur ad personam an tit. a. o. Prof. Dr. Richard Wolfram", UAW, Phil. Fak., PA Wolfram 3769.

19   So Wolfram in einem Schreiben an den Vorsitzenden der Gebäudekommission Rohrbacher vom 3. Juli 1962, UAW, Phil. Fak., PA Wolfram 3769.

aus Deutschland hat unser Institut erreicht. Meine erste Reaktion war, meinen Hut zu nehmen und in Pension zu gehen."[20]

In Pension ging Wolfram erst drei Jahre später – und er erholte sich auch von den „ersten Symptomen der Kreislaufstörung" und nahm den Kampf auf: „Mit Fielhauer hatte ich ein heftiges Telephongespräch gleich nach Erhalt des Blattes. Er zeigte sich verwundert, was sei denn schon dabei? Nun ist es allerdings so, daß er diese Fahrt arrangiert hatte, und ich kann mir denken, in welcher Absicht." Auf diese Absicht geht Wolfram im Weiteren nicht ein – doch es ist verständlich, dass bei dieser Gelegenheit, wie er schreibt, „für mich eine Welt als Lehrer zusammenbrach". Schließlich hatte in dem kleinen Institut zuweilen ein fast familiäres Betriebsklima geherrscht, mit dem ersten und lange einzigen Assistenten Helmut Fielhauer war Wolfram zunächst durchaus auch privat im Einverständnis, und auch fachlich ist dieser, wenngleich interpretatorisch immer recht maßvoll und zurückhaltend, den Wolfram'schen Themen einer „klassischen Volkskunde" nachgekommen: Sammelnd und beschreibend hatte sich Fielhauer auf „Bräuche, Volkspoesie, Zeugnisse der Volksfrömmigkeit und Volksmedizin" (Fielhauer 1980) konzentriert – und erst allmählich setzte zwischen Lehrer und Schüler ein Prozess der fachinternen und dann auch persönlichen Differenzen ein.

Anlässlich des Detmolder Nachklangs in Wien konnte Wolfram jedenfalls seinem Adressaten schließlich einen Sieg vermelden:

„Gestern in der Vorlesung rollte es nun ab: Bei den Verfassern begann sich Ernüchterung zu zeigen: Sie legten sich eine Entschuldigung zurecht: es ginge nicht gegen mich, sie wollten nur die passiven Kollegen aufrütteln und zur Mitarbeit anregen. […] Ich wusch ihnen regelrecht den Kopf. Es war totenstill. […] Dann hielt ich eine Vorlesung, die – glaube ich – zu meinen bisher besten zählte. Ich war in Schwung. Am Schluß gewaltiges Klopfen. Ich hoffe, ich bin durch, die Revolte ist abgefangen."[21]

Die Revolte war abgefangen, und das recht nachhaltig – denn das Jahr, mit dem diese Tagung chronologisch einen Schlussstrich gezogen hat, stellt für die österreichische Volkskunde durchaus keine Zäsur dar. 1970, also Falkenstein, der „Abschied vom Volksleben", die verschärfte und verschiedentlich Konsequenzen nach sich ziehende Namensdebatte, die Öffnung des thematischen und theoretischen Horizonts, kurz: das „deutsche Beben im Fach" (Hugger 1994: 103) hat in Österreich nur wenig nachgehallt – da hätte sich Wolfram nicht solche

---

20   Brief Richard Wolframs an Franz Lipp vom 9. 11. 1969, Salzburger Landesinstitut für Volkskunde (SLIVK), Nachlass Richard Wolfram, Dokument 0022179 – N.

21   Ebd.

Sorgen zu machen brauchen. Nur recht zögerlich und eher sporadisch und am ehesten sicher in Wien dank Fielhauers „innere[m] Bruch mit der Romantik" (Fielhauer 1980) wurde die Volkskunde eine Disziplin, „in der es allmählich üblich wird, daß man sich über theoretische Prämissen, Positionen und Entwicklungen gründlichere Rechenschaft ablegt", wie es im Vorwort zum 1. Heft des anno 1970 ins Leben gerufenen *Tübinger Korrespondenzblattes* heißt.

Gedämpft wurde eine solche „gründlichere Rechenschaft" hierzulande zudem durch die letztlich gewissermaßen unvollständige Universitätskarriere Fielhauers, der zwar 1977 zum Universitätsprofessor ad personam ernannt wurde[22], für ein Ordinariat aber vorher nicht infrage gekommen war. Dieses erhielt nach der Emeritierung Wolframs im Jahr 1972 und nach zweijähriger Vakanz der Lehrkanzel Károly Gaál, der Vertreter einer „Sozialethnologie" (Gaál 1983) in regionaler Schwerpunktsetzung. Gaál hatte sich 1970 für „Volkskunde mit besonderer Berücksichtigung der vergleichenden Sach- und Sozialvolkskunde" habilitiert, ortsmonografische Studien angeregt und mitgetragen, detaillierte regionale ergologische Aufnahmen gemacht und dabei vor allem im westungarischen Raum „Feldforschung mit hoher Intensität" betrieben (Köstlin 2008: 456). Zuvor war er Museumsdirektor des Balaton-Museums in Keszthely gewesen und nach dem Ungarn-Aufstand 1956 nach Österreich geflüchtet – und gerade diese seine Erfahrungen mit kommunistischer Realpolitik, ebenso wie seine spätere „monarchistische k. u. k.-Sicht, in der er die Ordnung des geregelt-befriedeten Zusammenlebens in Verschiedenheit verwirklicht" sah (ebd.: 458), dürften für das weitere Betriebsklima im Institut nicht unwesentlich gewesen sein. Denn neben etwaigen beruflichen Rivalitäten konnte es unter diesen Umständen zu keiner Zusammenarbeit mit Fielhauer kommen, für den ja das *Kleine marxistisch-leninistische Wörterbuch* oft die wirksamste Waffe gegen die viel beklagte Theorielosigkeit der Volkskunde geworden war und der seine Marxismusrezeption insofern in die Praxis umsetzte, als er 1982 im Zuge einer Gastprofessur an der Berliner Humboldt-Universität eine – in realpolitischer Hinsicht wohl teils er-

---

22   „Der Bundespräsident hat Sie mit Entschließung vom 2. Mai 1977, Zahl 75515/1, zum Ausserordentlichen Universitätsprofessor für Europäische Volkskunde an der Geisteswissenschaftlichen Fakultät der Universität Wien ernannt. [...] Darüber hinaus wird zu Ihren Dienstpflichten die Betreuung des Teilgebietes Heimatmuseen, Anwendung volkskundlicher Erkenntnisse im Schulunterricht, Vortragswesen in der Erwachsenenbildung, ‚Heimatkunde' und Medienarbeit in Hörfunk, Fernsehen und Film gehören", Schreiben der Bundesministerin für Wissenschaft und Forschung Herta Firnberg an Fielhauer vom 20. Juni 1977, UAW, Phil. Fak., PA Fielhauer 4140.

nüchternde, in summa jedoch anregende – Auseinandersetzung mit der DDR-Volkskunde suchte.[23]

Das Ergebnis dieser Konstellation waren sich verhärtende Fronten und Lagerbildungen, die das Wiener Institutsleben für längere Zeit nicht immer vereinfachten – wobei es völlig uninteressant wäre, sich weiter mit diesen sich über Jahre hinziehenden Querelen zu befassen, wie sie sich in den institutsinternen Archivalien dokumentieren. Zudem: Solche Kommunikationslosigkeiten, die zuweilen weit über die Meinungsverschiedenheiten in einem (auch im Kuhn'schen Sinne) „normalen" Wissenschaftsbetrieb hinausgingen, einen solchen Differenzierungsprozess der Diskussionsgrundlage, der Mitteilungsmöglichkeiten und der Intentionen, solch eine Situation also, in der der eine keinen Sinn mehr mit dem zu verbinden vermag, was der andere meint, und die Art der Beschäftigung des einen dem anderen schlicht ein Rätsel geworden ist, einen solchen Prozess der Entfernung und zunehmenden Verständnislosigkeit zwischen den Vertretern einer (oft nur mehr euphemistisch so zu bezeichnenden) „Scientific Community" – das haben wir nicht nur in unserem Fach und auch nicht erst in den 70er Jahren vor uns. Derartiges hat immer wieder die Geschichte von Wissenschaft und damit auch die Geschichte der Volkskunde begleitet.

Bleibt nur die Frage nach all jenen „Imperativen", die Robert K. Merton (1972) als verbindliche Spielregeln des Wissenschaftsbetriebes eingemahnt hat. Merton hat ja in seinen Überlegungen zu den konstitutiven Voraussetzungen von Wissenschaft auch bestimmte Werte genannt, von denen die Aktivitäten in dieser Institution bestimmt werden beziehungsweise bestimmt werden sollen. Er hat also ins Treffen geführt, dass Wissenschaft sich auch durch ein bestimmtes Ethos auszeichnet, eine Haltung, die er mit eben jenen „institutionellen Imperativen" näher erläutert hat. Zu diesen zählt er vor allem „organisierten Skeptizismus", „Universalismus" und „Uneigennützigkeit" – erhebt also die Forderung, in ständiger Falsifikationsbereitschaft von persönlichen Vorlieben, Vorurteilen oder Werthaltungen zugunsten allgemein zugänglich-intersubjektiver Kriterien abzugehen und individuelle Motive und persönliche Vorteile der Institution Wissenschaft und ihrer Erkenntnisgenerierung unterzuordnen. Und mit dieser Forderung opponiert Merton jene „unreflektierende Seite" von Wissenschaft, von der wir am Anfang gehört haben (Schmidt 1951a: 11), jene Art subjektiv-willkürlicher Gebarung im Wissenschaftsbetrieb – und implizit auch jeden an externen Belangen, an außerwissenschaftlichen Zielen, an den „Interessen anderer institu-

---

23   Vgl. das Ansuchen Fielhauers vom 11. Jänner 1982 um Sonderurlaub „während des Sommersemesters 1982 [...] aufgrund einer Einladung des Bereiches Ethnographie (Institut für Volkskunde/Kulturgeschichte) der Sektion Geschichte der Humboldt-Universität zu Berlin/DDR", UAW, Phil. Fak., PA Fielhauer 4140.

tioneller Bereiche" (Cole 1981: 81) orientierten und damit die Autonomie eines Faches korrumpierenden Einfluss, sei er privater, sei er gesellschaftlicher, etwa (hochschul-)politischer, Natur.

Und wie, frage ich mich abschließend, soll sich der wissenschafts- und disziplingeschichtliche Betrieb gegenüber jener mit Recht inkriminierten „unreflektierenden Seite", jenem willkürlichen Moment von Wissenschaft verhalten? Wer antiquarischem Verehrungssinn folgt, wird sich Walter Benjamins Forderung anschließen, „daß nichts, was sich jemals ereignet hat, für die Geschichte verloren zu geben ist" (1991: 694). Oder aber man hält es mit Harald Weinrich, der wohl nur halb ironisch bemerkt hat, „dass jeder ‚Schub' der wissenschaftlichen Entwicklung, ob er nun Fortschritt oder Rückschritt bedeutet oder auch beides zugleich, eine beträchtliche Entlastungswirkung auf das Gedächtnis der Wissenschaft hat. Denn das überwundene Paradigma – das kann man eben vergessen" (1997: 269). So oder so, man wird jedenfalls die Konsequenzen für eine „historische Identität" unseres Faches und damit für dessen weiteres akademisches Bestehen zu tragen haben.

Literatur

Adorno, Theodor W. (1974): Der Essay als Form. In: ders.: Noten zur Literatur. Frankfurt am Main, S. 9–33.

Bamberger, Richard/Maier-Bruck, Franz (Hg.) (1966): Österreich-Lexikon in zwei Bänden. Wien/München.

Beck, Stefan (1997): Die Bedeutung der Materialität der Alltagsdinge. In: Brednich, Rolf Wilhelm/Schmitt, Heinz (Hg.): Symbole. Zur Bedeutung der Zeichen in der Kultur. 30. Deutscher Volkskundekongreß in Karlsruhe vom 25. bis 29. September 1995. Münster et al., S. 175–185.

Beitl, Richard/Beitl, Klaus (1974): Wörterbuch der deutschen Volkskunde. 3. Auflage. Stuttgart.

Benjamin, Walter (1991): Über den Begriff der Geschichte. In: ders.: Gesammelte Schriften, Bd. I, Teilbd. 2: Abhandlungen. Hg. von Rolf Tiedemann und Hermann Schweppenhäuser. Frankfurt am Main, S. 691–704.

Bericht (1952) über den Allgemeinen volkskundlichen Kongreß (7. Deutscher Volkskundetag) des Verbandes deutscher Vereine für Volkskunde in Jugenheim an der Bergstraße 28. bis 31. März 1951. Stuttgart.

Bihl, Wolfdieter (2009): Orientalistik an der Universität Wien. Forschungen zwischen Maghreb und Ost- und Südasien. Die Professoren und Dozenten. Wien et al.

Bockhorn, Olaf (1994): „Mit all seinen völkischen Kräften deutsch": Germanisch-deutsche Volkskunde in Wien. In: Jacobeit, Wolfgang/Lixfeld, Hannjost/Bockhorn, Olaf (Hg.): Völkische Wissenschaft. Gestalten und Tendenzen der deutschen und österreichischen Volkskunde in der ersten Hälfte des 20. Jahrhunderts. Wien/Köln/Weimar, S. 559–575.

Herbert Nikitsch

— (2010): „Die Angelegenheit Dr. Wolfram, Wien" – Zur Besetzung der Professur für germanisch-deutsche Volkskunde an der Universität Wien. In: Ash, Mitchell G./Nieß, Wolfram/ Pils, Ramon (Hg.): Geisteswissenschaften im Nationalsozialismus. Das Beispiel der Universität Wien. Göttingen, S. 199–224.

Bockhorn, Olaf/Nikitsch, Herbert (2012): „... die venia legendi für Volkskunde erteilt ..." Die beiden Habilitationen von Leopold Schmidt – eine kommentierte Dokumentation. In: Österreichische Zeitschrift für Volkskunde LXVI/115 (1/2), S. 101–128.

Cole, Stephen (1981): Kontinuität und Institutionalisierung in der Wissenschaft: Eine Fallstudie des Scheiterns. In: Lepenies, Wolf (Hg.): Geschichte der Soziologie. Studien zur kognitiven, sozialen und historischen Identität einer Disziplin (5 Bde.). Bd. 1. Frankfurt am Main, S. 31–110.

Fielhauer, Helmut P. (1980): Die Schwierigkeit, ein „Volkskundler" zu sein. In: Extrablatt 4 (7), S. 78 [wiederabgedruckt in: Fielhauer, Helmut P. (1987): Volkskunde als demokratische Kulturgeschichtsschreibung. Ausgewählte Aufsätze aus zwei Jahrzehnten. (Beiträge zur Volkskunde und Kulturanalyse, 1). Wien, S. 17].

Gaál, Károly (1983): Sozialethnologe. In: Christliche Demokratie 1 (3), S. 60–64.

Geramb, Viktor (1952). Entgegnung. In: Österreichische Zeitschrift für Volkskunde VI/55, S. 94 f.

Glockner, Hermann (1958): Die europäische Philosophie von den Anfängen bis zur Gegenwart. Stuttgart.

Greger, Michael Josef (2002): „Verehrter Freund!" – „Sehr verehrter Herr Professor!" Viktor Geramb in Korrespondenz mit Richard Wolfram und Leopold Schmidt 1945–1948. Ein Beitrag zur Geschichte der Österreichischen Nachkriegsvolkskunde. Diplomarbeit, Universität Graz.

Hugger, Paul (1994): Volkskunde in der Schweiz seit dem Zweiten Weltkrieg. Zwischen Provinzialismus und Weltoffenheit. In: Österreichische Zeitschrift für Volkskunde XLVIII/97, S. 97–112.

Klecker, Gertrude (1960): Die Leibesübungen im Brauchtum der Steiermark. Dissertation, Universität Wien.

Köstlin, Konrad (2008): Károly Gaál 1922–2007. In: Österreichische Zeitschrift für Volkskunde LXII/111, S. 453–458.

Kretschmer, Ingrid (1985): Der österreichische Volkskundeatlas. Zum Abschluß des Gesamtwerkes. In: Arnberger, Erik (Hg.): Kartographie der Gegenwart in Österreich. Wien, S. 193–207.

Kuhn, Thomas S. (1976): Die Struktur wissenschaftlicher Revolutionen. 2. Auflage. Frankfurt am Main.

Lessing, Theodor (1921): Geschichte als Sinngebung des Sinnlosen. München.

Liesenfeld, Gertraud/Nikitsch, Herbert (1994): Neubeginn und verfehlte Sachlichkeit. Zur Volkskunde Leopold Schmidts. In: Jacobeit, Wolfgang/Lixfeld, Hannjost/Bockhorn, Olaf (Hg.): Völkische Wissenschaft. Gestalten und Tendenzen der deutschen und österreichischen Volkskunde in der ersten Hälfte des 20. Jahrhunderts. Wien/Köln/Weimar, S. 603–616.

Lutz, Gerhard (1971): Deutsche Volkskunde und europäische Ethnologie. Zur Wissenschaftsgeschichte der 50er Jahre. In: Ethnologia Europaea IV, S. 26–32.

— (1983): Das Amt Rosenberg und die Volkskunde. In: Brückner, Wolfgang/Beitl, Klaus (Hg.): Volkskunde als akademische Disziplin. Studien zur Institutionenausbildung. (Mitteilungen des Instituts für Gegenwartsvolkskunde, 12). Wien, S. 161–171.

Merton, Robert K. (1972): Wissenschaft und demokratische Sozialstruktur. In: Weingart, Peter (Hg.): Wissenschaftssoziologie I. Wissenschaftliche Entwicklung als sozialer Prozeß. Frankfurt am Main, S. 45–59.

Müller, Reinhard (2012): Richard Wolfram. In: Archiv für Geschichte der Soziologie in Österreich: Biografien [online]. Verfügbar unter: http://agso.uni-graz.at/sozio/biografien/w/wolfram_richard.htm (1. 10. 2013).

Nieß, Wolfram (2010): Von den Chancen und Grenzen akademischer Selbstbestimmung im Nationalsozialismus: Zur Errichtung des Instituts für Theaterwissenschaft 1941–1943. In: Ash, Mitchell G./Nieß, Wolfram/Pils, Ramon (Hg.): Geisteswissenschaften im Nationalsozialismus. Das Beispiel der Universität Wien. Göttingen, S. 225–259.

Nikitsch, Herbert (2003): Leopold Schmidt und die Lösung des Gordischen Knotens. In: Österreichische Zeitschrift für Volkskunde LVII/106, S. 1–21.

Ranzmaier, Irene (2005): Germanistik an der Universität Wien zur Zeit des Nationalsozialismus. Karrieren, Konflikte und die Wissenschaft. Wien/Köln/Weimar.

Schmidt, Leopold (1951a): Geschichte der österreichischen Volkskunde. (Buchreihe der Österreichischen Zeitschrift für Volkskunde, N. S./Bd. 2). Wien.

— (1951b): Besprechung von Franz Mörth: Kapfenberg im Wandel der Zeiten. In: Österreichische Zeitschrift für Volkskunde V/54, S. 182 f.

— (1954): Robert Bleichsteiner †. In: Archiv für Völkerkunde 9, 1954, S. 1–7.

— (1956): Die Stellung der Volkskunde im Gefüge der Geisteswissenschaften. In: Actes du congrès international d'ethnologie régionale. Arnhem 1955. Arnhem, S. 21–31.

— (1966): Brauch ohne Glaube. Die öffentlichen Bildgebärden im Wandel der Interpretationen. In: ders.: Volksglaube und Volksbrauch. Gestalten – Gebilde – Gebärden. Berlin, S. 289–312.

— (1982): Curriculum vitae. Mein Leben mit der Volkskunde. Wien.

Schneller, Martin (1970): Zwischen Romantik und Faschismus. Der Beitrag Othmar Spanns zum Konservativismus in der Weimarer Republik. (Kieler Historische Studien, 12). Stuttgart.

Staudinger, Michael (2005): Musikwissenschaft an der Universität Wien 1945–1951. In: Grandner, Margarete/Heiss, Gernot/Rathkolb, Oliver (Hg.): Zukunft mit Altlasten. Die Universität Wien 1945 bis 1955. (Querschnitte, 19). Innsbruck et al., S. 156–173.

Strzygowski, Josef (1940): Deutsche Nordseele. Das Bekenntnis eines Kunstforschers. Wien/Leipzig.

Urban, Otto H. (2010): Die Urgeschichte an der Universität Wien vor, während und nach der NS-Zeit. In: Ash, Mitchell G./Nieß, Wolfram/Pils, Ramon (Hg.): Geisteswissenschaften im Nationalsozialismus. Das Beispiel der Universität Wien. Göttingen, S. 371–395.

Weinrich, Harald (1997): Lethe. Kunst und Kritik des Vergessens. München.

Wiesinger, Peter (1979): Kranzmayer, Eberhard. In: Neue Deutsche Biographie 12, S. 75 f. Verfügbar unter: http://www.deutsche-biographie.de/pnd118715488.html (13.9.2014).

Wietschorke, Jens (2012): Beziehungswissenschaft. Ein Versuch zur volkskundlich-kulturwissenschaftlichen Epistemologie. In: Österreichische Zeitschrift für Volkskunde LXVI/115, S. 325–359.

Wolfram, Richard (1932): Gesunkenes Kulturgut und gehobenes Primitivgut. In: Josef Strzygowski-Festschrift. Zum 70. Geburtstag dargebracht von seinen Schülern. Klagenfurt, S. 185–189.

— (1953): Neue Funde zu den Morisken und Morristänzen. In: Zeitschrift für Volkskunde 50, S. 107–113.

— (1968): Die gekreuzten Pferdeköpfe als Giebelzeichen. (Veröffentlichungen des Instituts für Volkskunde an der Universität Wien, 3). Wien.

— (1970): Plädoyer für gestalthaftes Sehen. In: Zeitschrift für Volkskunde 66, S. 28–32.

— (1971): Anwendungsmöglichkeiten der Morphologie in der Volkskunde und ihre experimentelle Bestätigung. In: Ethnologia Europaea IV, S. 196–202.

— (1990): [Selbstdarstellung]. In: Baltl, Hermann (Hg.): Recht und Geschichte. Ein Beitrag zur österreichischen Gesellschafts- und Geistesgeschichte unserer Zeit. Zwanzig Historiker und Juristen berichten aus ihrem Leben. Sigmaringen, S. 331–342.

Zimmermann, Harm-Peer (1994): Männerbund und Totenkult. Methodologische und ideologische Grundlinien der Volks- und Altertumskunde Otto Höflers 1933–1945. In: Kieler Blätter zur Volkskunde 26, S. 5–27.

— (2003): Otto Höfler. In: König, Christoph (Hg.): Internationales Germanistenlexikon 1800–1950. Berlin/New York, S. 763–776.

Angewandte Wissenschaft?

Die marxistische Volkskunstforschung am Leipziger Zentralhaus für Volkskunst in den 1950er Jahren

Cornelia Kühn

In der Wissenschaftspolitik der frühen DDR sollte der Marxismus-Leninismus als Erziehungs- und Bildungsideal durchgesetzt werden. Die Wissenschaften wurden damit „in den Dienst der ökonomischen und ideologischen Aufgaben"[1] gestellt. Dies bedeutete einen klaren Praxisbezug als Voraussetzung für die Etablierung der Wissenschaften an den Hochschulen und Akademien der DDR.

Die Neukonzeptualisierung[2] volkskundlicher Forschung und die damit verbundene Rehabilitierung der wissenschaftlichen Volkskunde in der DDR nach dem Zweiten Weltkrieg wurden vorrangig durch den marxistischen Sprachwissenschaftler und Volkskundler Wolfgang Steinitz durchgeführt (ausführlicher vgl. Mohrmann 1991, 2006; Jacobeit 2006; Köstlin 2006; Kühn 2007; Brinkel 2012: 52–58; zur Biografie von Steinitz vgl. Leo 2005). Dafür bezog er sich auf die Konzepte der Kulturpolitik der Sowjetischen Besatzungszone und der frühen DDR und nutzte diese, um die notwendige gesellschaftliche Anwendbarkeit der Volkskunde als Wissenschaft nachzuweisen. Er plädierte für die Anerkennung der historischen deutschen Volksdichtung und Volkskunst als „wichtigen Teil unseres nationalen Kulturerbes" (Steinitz 1951) und forderte in diesem Zusammenhang die Anerkennung der wissenschaftlichen Volkskunde als Expertenwissenschaft für die kulturpolitisch gewünschte Entwicklung einer gemeinschaftlichen „Volkskultur"[3]. Als Forschungsaufgabe der Volkskunde benannte er in erster Li-

---

[1] Verordnung über die Neuorganisation des Hochschulwesens vom 22. Februar 1951 (Dok. 23) und: Die nächsten Aufgaben in den Universitäten und Hochschulen. Entschließung des Zentralkomitees der SED vom 19. Januar 1951 (Dok. 22) (Baske/Engelbert 1966: Dok. 23, 77–81 und Dok. 22, 72–77). Genauer dazu vgl. Burrichter/Diesner (2002), Malycha (2003).

[2] Ein erster Versuch der Erneuerung volkskundlicher Forschung und der Etablierung der Volkskunde an der Deutschen Akademie der Wissenschaften zu Berlin wurde bereits von Adolf Spamer zwischen 1946 und 1951 durchgeführt (vgl. dazu Weber-Kellermann 1956; Weckel 2001: 206–217; Scholze 2001; Kühn 2007: 198 f.; Brinkel 2012: 43–52).

[3] Zur Konstruktion von „Volkskultur" als Modus moderner Vergesellschaftung in historischer und aktueller Perspektive vgl. Eggmann/Oehme-Jüngling (2013).

nie die Sammlung und wissenschaftliche Bearbeitung der traditionellen Volkskunst, die dann an die Laienkunstbewegung weitergegeben werden sollte:

„So wie wir die von den Nazis ebenso mißbrauchte Vorgeschichte jetzt in allen Ländern der
Deutschen Demokratischen Republik an den Universitäten wieder auf feste Füße gestellt haben, muß dies in nächster Zukunft auch mit der Volkskunde geschehen – in Museen, Universitäten und Hochschulen, im Kulturbund wie auch in der Laienkunstbewegung. Erst dann
werden wir alles Wertvolle unseres nationalen Erbes auf diesem Gebiet ausschöpfen und eine
neue, mit dem Volk verbundene Kultur entwickeln können" (ebd.).

Als Ergebnis dieser Neuausrichtung der volkskundlichen Forschung fand ab
1952 eine Institutionalisierung der wissenschaftlichen Volkskunde in der DDR
statt – zum Ersten als Forschungsinstitut an der Deutschen Akademie der Wissenschaften zu Berlin[4], zum Zweiten als Lehrfach an der Berliner Humboldt-
Universität (zusammen mit der Völkerkunde) und zum Dritten als Beratungsin-
stitution in den Museen und Kultureinrichtungen.[5]
    Ich werde mich in diesem Beitrag vor allem dem dritten Bereich zuwenden. Als
Beispiel dient mir das im Januar 1952 in Leipzig eröffnete Zentralhaus für Laienkunst (ab 1954 Zentralhaus für Volkskunst, ab 1962 Zentralhaus für Kulturarbeit). Am Zentralhaus wurden die Leiter der Volkskunstgruppen ausgebildet,
Repertoirematerialien entsprechend den kulturpolitischen Vorgaben publiziert,
die monatliche Zeitschrift *Volkskunst* herausgegeben und Massenveranstaltungen
wie die ab 1952 jährlich stattfindenden Volkskunstfestspiele organisiert.
    Das Zentralhaus unterstand lediglich der Staatlichen Kommission für Kunst
und Literatur beziehungsweise ab 1954 dem neu gegründeten Ministerium für
Kultur der DDR. Von hier aus sollten alle in den Bezirken und Kreisen geschaffenen Bezirkshäuser und Kreiskabinette für Volkskunst inhaltlich und methodisch
angeleitet werden. Es stellte also die wichtigste Vermittlungsinstitution für die
kulturpolitischen Bemühungen um eine zentralistisch organisierte Laienkunstbewegung in der DDR dar.[6]

---

4   Die ehemalige Preußische Akademie der Wissenschaften wurde im Sommer 1946 unter dem Na-
    men Deutsche Akademie der Wissenschaften zu Berlin wiedereröffnet und 1972 in Akademie der
    Wissenschaften der DDR umbenannt. Zu Wolfgang Steinitz und dem Volkskundeinstitut an der
    Akademie vgl. Nötzoldt (1998, 2001, 2002).

5   Ausführlicher zu den verschiedenen Forschungseinrichtungen der wissenschaftlichen Volkskunde
    in der frühen DDR vgl. Mohrmann (1994), Weckel (2001: 217–263), Kühn (2009a:135–137).

6   Ausführlicher zum Aufbau und zu den kulturpolitischen Aufgaben des Zentralhauses vgl. Kühn
    (2012: 74–79). Zum Begriff und Konzept der Volkskunst in der frühen DDR vgl. Löden (2002),
    zur politischen Instrumentalisierung der Volkskunst zu dieser Zeit vgl. Korff (1992).

Abbildungen 1a und 1b: Vom Zentralhaus ab Mai 1952 monatlich herausgegebene Zeitschrift *Volkskunst*

Das Zentralhaus war von Beginn an in verschiedene Abteilungen entsprechend den künstlerischen Genres unterteilt wie Tanz, künstlerisches Wort, bildende Kunst und Musik. Zusätzlich gab es eine Verwaltungsabteilung, eine Studienabteilung, die vor allem für Weiterbildungen zuständig war, und eine Forschungsabteilung. Die Forschungsabteilung wurde 1956 in ein an das Zentralhaus angebundenes Institut für Volkskunstforschung umgewandelt.[7] Leiter der Forschungsstelle von 1952 bis 1961 war der Volkskundler Paul Nedo (1908–1984; zur Biografie vgl. Bresan 2001, 2002).

Nedo, wie Steinitz Marxist und Mitglied der SED, bemühte sich in seiner Arbeit um eine – vom Marxismus-Leninismus ausgehende – theoretische Grundlegung der Volkskunde und der Volkskunstforschung. Er bezog sich dabei explizit auf Wolfgang Steinitz' Überlegungen, wobei er ihn als Vorreiter und Wegbegründer einer „ideologischen Auseinandersetzung" innerhalb des Faches (Nedo

---

7   Das Institut für Volkskunstforschung nahm am 1. April 1956 seine Arbeit auf. Offiziell eröffnet
     wurde das Institut allerdings erst am 28. September 1956 (vgl. dazu Fiedler 1956: 5; „Institut für
     Volkskunstforschung in Leipzig eröffnet" 1956: 8).

1952: 22) ansah, und bezeichnete seine eigene Forschungsarbeit als „marxistische Volkskunde und Volkskunstforschung" (Nedo 1958: 3). Dennoch wiesen die Volkskunstforschungen am Akademieinstitut[8] und in der Forschungsstelle am Zentralhaus vielfach Kontinuitäten in Themenfeldern und Arbeitsbereichen auf und bedeuteten damit keine reine Anpassung an die Kulturpolitik der DDR – eher im Gegenteil: Im Laufe der 1950er Jahre zeichneten sich verschiedene Konfliktfelder zwischen Paul Nedo und den Mitarbeitern der Forschungsabteilung einerseits und der Zentralhausleitung als Vertretung der DDR-Kulturpolitik andererseits ab, die sich zum Ende der 1950er Jahre hin zuspitzten und 1961 in einer offenen Konfrontation endeten. Diese Reibungspunkte zwischen der für die Anwendung in der Kulturpraxis konzipierten marxistischen Volkskunstforschung und der Kulturpolitik der frühen DDR sollen in dem Beitrag ausführlich dargelegt und in ihren Ursachen erläutert werden.

„Volkskultur" als gemeinschaftliche Massenkultur

Unter dem Motto „Die Kunst gehört dem Volke" orientierte sich die Kulturpolitik der Sowjetischen Besatzungszone und der frühen DDR vor allem auf die Arbeiterbildung und die Vermittlung eines ausgewählten klassischen Kulturerbes in der Tradition der Arbeiterkulturbewegung.[9] Das von Walter Ulbricht als 1. Sekretär der SED auf dem III. Parteitag der SED im Juli 1950 vorgestellte Ziel des neuen Fünfjahrplans war es, die „breiten Volksmassen" stärker in die Kulturarbeit einzubeziehen und dadurch eine „wahre Volkskultur" zu entwickeln. Ein auf dem Parteitag festgestelltes „Zurückbleiben auf kulturellem Gebiet" wurde im Kontext der Formalismuskampagne[10] den „bürgerlichen" Denktraditionen der Künstler und Intelligenz angelastet und ein „enges Bündnis der Kulturschaffenden" und Künstler mit den „Werktätigen" gefordert.[11] Die Kunstschaffenden sollten von nun an in ihren Werken die Welt der Arbeiter widerspiegeln: „Die Kunst [...] muß mit ihrem ganzen Wesen in den breiten werktätigen Schichten verwurzelt sein. Sie muß für die Werktätigen verständlich und von ihnen geliebt sein. Sie muß die Empfindungen, die Gedanken und den Willen der Werk-

---

8   Zu politisch relativ autonomen Forschungsarbeiten am Akademieinstitut vgl. Weber-Kellermann (1956), Weinhold (1992), Lee (2001), Schmoll (2009: 247–263).

9   Vgl. dazu die Rede von Wilhelm Pieck „Um die Erneuerung der deutschen Kultur" auf der Ersten Zentralen Kulturtagung der KPD in Berlin, 3. Februar 1946 (Dietrich 1983: Dok. 20, 101–120).

10   Zur Formalismuskampagne und Instrumentalisierung der Kunst in der frühen DDR vgl. Börner (1993), Erbe (1993), Niederhofer (1996), Steinkamp (2008).

11   Welches sind die Hauptaufgaben auf dem Gebiet der Kultur? Referat Walter Ulbricht: Der Fünfjahrplan und die Perspektiven der Volkswirtschaft, gehalten auf dem III. Parteitag der SED, 20.–24. Juli 1950 (Schubbe 1972: Dok. 38, 149–151). Ausführlicher zum Konzept der „Volkskultur" in der frühen DDR vgl. Kühn (2012: 27–43).

tätigen vereinigen und in ihnen Lebensfreude und kämpferischen Optimismus entwickeln."[12]

Parallel dazu wurde auch dem „künstlerischen Laienschaffen" ein hoher Stellenwert eingeräumt. Nach sowjetischem Muster wurden dafür Betriebsensembles gegründet und an den Betrieb angegliederte Kulturhäuser eröffnet. Die Aufführungen dieser Laienkunstensembles unterlagen aber – ähnlich wie die professionelle Kunst – den Kriterien des sozialistischen Realismus und sollten mit einer optimistischen Perspektive auf die sozialistische Gegenwart und Zukunft dem Aufbau des Sozialismus dienen.

Auch die marxistischen Volkskunstforscher in der frühen DDR teilten die Vorstellung einer gemeinsam gestalteten „Volkskultur". Unterschiede gab es allerdings in der Frage, welche Kunst als Ausgangsposition für die Weiterentwicklung zu einer „gemeinschaftlichen Volkskultur" genommen werden sollte und wie diese Weiterentwicklung stattfinden könnte. Denn bis 1951 gehörte die traditionelle Volkskunst nicht mit in das kulturpolitisch geförderte Programm der Laienkunstensembles. Entsprechend beschrieb Wolfgang Steinitz in einem Zeitungsartikel im *Neuen Deutschland*[13] die „prachtvollen Darbietungen" der sowjetischen und osteuropäischen Volkstanzgruppen bei den Weltfestspielen der Jugend und Studenten von 1951 in Ost-Berlin und rügte die SED wegen ihrer Unkenntnis und ihres „mangelnden Verständnis[ses] für die Bedeutung der deutschen Volkskunst": „Oft noch rümpft man die Nase über das ‚Gehopse', über die ‚sentimentalen Lieder'. Negative Einstellung zum Volksmärchen ist fast allgemein" (Steinitz 1951). Zur Legitimierung der Volkskunsttraditionen als zu bewahrendes „Volkskunstschaffen" argumentierte er erstens mit der Popularität und der Volksnähe traditioneller Volkskunst. Zweitens benannte er den neuen Patriotismus, der sich durch die Verbreitung der nationalen Traditionen entwickeln würde, und drittens brachte er den erzieherischen und bildenden Aspekt der Volkskunst mit ins Spiel. Wegen der einfachen Sprache würden die Menschen über das Volkslied und die Volksdichtung Zugang zur literarischen Klassik erlangen, so sein Plädoyer, sie seien daher „besonders geeignet, den Werktätigen den Zugang zu komplizierten Formen der Kunst zu erschließen" (Steinitz 1955: 47 f.).

Besonderen Wert legte Steinitz aber auf eine Inhaltsanalyse der Volkslieder und Volksmärchen. Mit Verweis auf Lenins Theorie der nationalen Kultur würde

---

12   Aus der Rede des Ministerpräsidenten Otto Grotewohl zur Eröffnung der Deutschen Festspiele der Volkskunst 1952 vom 4. Juli 1952 (Chronik 1952–1957 (1969): Dok. 1, 175–179, hier 176).

13   Die Tageszeitung *Neues Deutschland* (ND) wurde 1946 in der Sowjetischen Besatzungszone in deren Hauptstadt Ost-Berlin als Zentralorgan der Sozialistischen Einheitspartei Deutschlands (SED) gegründet. Sie entstand bei der Zwangsvereinigung der Ost-SPD und der KPD zur SED aus den beiden Parteizeitungen *Volk* (der SPD) und *Deutsche Volkszeitung* (der KPD).

die traditionelle Volkskunst als Kunst der „ausgebeutete[n] werktätige[n] Klasse [...] Elemente demokratischer und sozialistischer Kultur"[14] beinhalten und, so Steinitz, eine „klare und ausgesprochen kämpferische Parteinahme gegen soziale Unterdrückung" (1951: Teil 1) aufzeigen. Diese Argumentation war notwendig, um die „verächtliche Einstellung [der SED, Anm. CK] zu unseren Märchen, deren Ideologie man für reaktionär-romantisch hält" (ebd.), zu widerlegen und die Volkskunst als forschungs- und förderungswürdig darzustellen.[15]

Ab 1952 wurden auch in der kulturpolitischen Programmatik der DDR die Volkskunsttraditionen als Teil einer nationalen Volkskultur aufgewertet und als nationales Kulturerbe anerkannt. Die traditionelle Volkskunst schien tatsächlich für die gewünschte innenpolitische Mobilisierung in der frühen DDR populärer und massenwirksamer zu sein als die bislang von den Laienkunstgruppen aufgeführten Arbeiterkampflieder und die Theaterstücke des sozialistischen Realismus, sodass sich nun das bis dahin akzeptierte Repertoire der Laienkunstgruppen erweiterte und auch traditionelle Volkstänze und Volkslieder als das „künstlerische Volksschaffen" der Werktätigen einstudiert und aufgeführt werden konnten. In einem Referat von Walter Ulbricht auf einer SED-Parteikonferenz von 1952 hieß es entsprechend:

„Wir legen besonderen Wert auf die Pflege der Volkskunsttraditionen. In der Volkskunst sind bedeutende künstlerische Werte verborgen, die zu pflegen und den breitesten Kreisen des Volkes zugänglich zu machen sich lohnt. Diese echte Volkskunst, die in ihrem Wesen eine realistische Volkskunst ist, fördern wir auch deshalb, weil sie unseren Künstlern viele Anregungen für ihre schöpferische Arbeit gibt. Die Schaffung der Zentrale für Volkskunst und die Durchführung von Volkskunstwochen haben große nationale Bedeutung, denn dadurch wird das Heimatgefühl und die Widerstandskraft gegen das Eindringen amerikanischer Kulturbarbarei im Volke gestärkt."[16]

Wie das Zitat zeigt, hing die Förderung der traditionellen Volkskunst auch mit der Formalismus-Debatte in den Künsten seit 1951 zusammen. Die Wertschätzung der „echten Volkskunst" wurde dabei einer „künstlichen" und als minder-

---

14 Er zitiert hier aus Lenins *Kritischen Bemerkungen zur nationalen Frage* (Steinitz 1951: Teil 1).

15 Innerhalb des Akademieinstituts gab es durchaus kritische Stimmen zu dieser als einseitig wahrgenommenen Interpretation der traditionellen Volkskunst; auch Steinitz selbst relativierte diese Darstellung in seinem Vortrag bei der Volkskundetagung 1953 und rief zu einer Erforschung der materiellen und geistigen Kultur „in seinem allseitigen Zusammenhang, in der gegenseitigen Bedingtheit und in ihrer historischen Entwicklung auf" (1955: 42; vgl. dazu auch Kühn 2007: 203 f. u. 215).

16 Kampf um ein realistisches Kunstschaffen. Referat Walter Ulbrichts auf der II. Parteikonferenz der SED, 9.–12. Juli 1952 (Schubbe 1972: Dok. 70, 239 f.).

wertig bezeichneten westlichen Populärkultur gegenübergestellt, die sich durch die Unverständlichkeit und „Volksfremdheit" der formalistischen Kunstrichtungen entwickeln konnte.[17] Diese aus der Tradition der Arbeiterkulturbewegung stammende Abwertung kulturindustrieller Massenkultur wurde auch von den marxistischen Volkskunstforschern wie Wolfgang Steinitz geteilt. In einem programmatischen Vortrag bei der ersten Tagung des neu gegründeten Instituts für deutsche Volkskunde an der Deutschen Akademie der Wissenschaften im September 1953 sagte er dazu:

> „Das werktätige Volk, Arbeiter und Bauern waren bisher faktisch von den Schätzen unserer reichen nationalen Kultur ausgeschlossen und eine kapitalistische ‚Kulturindustrie' war tätig, um Schundliteratur, Verbrecherfilm, Boogie-Woogie-Musik usw. als leicht eingehende Pseudokultur zu verbreiten. Volksdichtung, Volksmusik, Volkskunst, die das werktätige Volk selbst geformt und getragen hat, repräsentieren das Verhältnis des einfachen Menschen zur Kunst besonders klar und sprechen ihn auch heute noch, wie wir dies in den vergangenen Jahren erlebt haben, aufs stärkste an" (Steinitz 1955: 47).

Diese Ablehnung von Populärkultur, aber auch von Formalismus und Dekadenz, wie sie in der Kunst- und Kulturpolitik der frühen DDR propagiert wurde, hatte er ähnlich bereits in einem Vortrag beim 8. Deutschen Volkskundetag im August 1952 in Passau formuliert: „Die volksverbundene Kunst wird das stärkste Bollwerk sein, wenn wir uns gegen dekadente Kunstrichtungen, gegen kosmopolitische Geringschätzung der nationalen Kulturwerte und Boogie-Woogie-Kultur, besonders auch unter der Jugend, auf etwas Positives stützen wollen" (Steinitz 1953: 7).

Allerdings wurde die Dichotomie „echt" versus „künstlich" von den marxistischen Volkskunstforschern in der DDR nicht nur in Bezug auf die moderne Populärkultur angewandt, sondern auch bei der Verwendung der Traditionen hervorgehoben. So kritisierte Steinitz bereits 1951 die „Pseudotrachten" der deutschen Volkstanzgruppen bei den Weltfestspielen in Berlin (Steinitz 1951: Teil 2), und Paul Nedo erläuterte in einer Darstellung der volkskundlichen Forschungsarbeit am Zentralhaus die „Kunstfeindlichkeit des Kapitalismus", bei der die Volkskunst „durch den massenweise produzierten Kitsch" ersetzt wurde (Nedo 1952: 21). Eine marxistische Volkskunstforschung sollte daher die „echten" Traditionen aus den Originalquellen freilegen, um „Dilettantismus" und die

---

17 Vgl. beispielhaft zur Formalismuskampagne in der DDR den Artikel im *Neuen Deutschland* vom 13. und 18. Februar 1951 von Wilhelm Girnus: Wo stehen die Feinde der deutschen Kunst? In: Schubbe, 1972, Dok. 45, 170–177.

„Verfälschung und Verzerrung des Volksgutes" (Steinitz 1955: 6) in den Volkskunstaufführungen zu vermeiden.

Die Vorstellung von einer „Echtheit" und „Ursprünglichkeit" der Volkskultur,
die durch die volkskundliche Forschung wieder zum Vorschein gebracht werden sollte, um sie dem Volk als „richtige", „wahre" oder „authentische" Volkskunst zurückzugeben, stellt dabei eine Kontinuität dar, die sich in verschiedenen
Kontexten und Konstellationen durch die Geschichte der Volkskunde zieht,[18]
und die auch bei der Folklorismusdebatte der 1960er Jahre in der bundesrepublikanischen Volkskunde diskutiert wurde (vgl. Moser 1962, 1964; Bausinger
1969). Die „echten Volkstraditionen" waren für Steinitz und Nedo als marxistische Volkskundler die humanistischen und fortschrittlichen Traditionen und
die demokratischen Tendenzen in der Volkskunst,[19] die sie in den Handschrif-
ten und Erstausgaben zu finden glaubten – im Gegensatz zu den verharmlosen-
den Weiterverarbeitungen der Quellen zum Beispiel in den Märchen der Brüder
Grimm oder in der Liederauswahl des Wandervogels[20]. Konservative oder religiöse Volkskunst, die von ihnen als „antihumanistische und reaktionäre Tendenzen"
(Nedo 1952: 21) klassifiziert wurden, galten demgegenüber als einer herrschenden (im 19. Jahrhundert bürgerlichen) Kultur zugehörig, die in ihren „Verflechtungen und Beziehungen" mit der Kunst der „werktätigen Klasse" herausgearbeitet (Steinitz 1955: 42) werden sollte.

Diese Argumentation beruhte auf der marxistischen Konzeption der Volkskunstforschung, die von Paul Nedo Mitte der 1950er Jahre weiter ausgearbei-
tet wurde.[21] Darin verknüpfte er – dem marxistischen Geschichtsverständnis

---

18 Vgl. dazu die Erläuterungen der Kontinuitätslinie des volkskundlichen Ethos und des fachlichen
    Habitus in Kaschuba (2012: 101–120).

19 Beispiele dafür bietet Wolfgang Steinitz in seinen verschiedenen Vorträgen und Publikationen (vgl.
    dazu 1951, 1953: 2–4, 1954, 1955: 12 f., 1962). Zum marxistischen Wissenskonzept von Wolf-
    gang Steinitz und zum Echtheitsdiskurs in der DDR-Volkskunde vgl. auch Brinkel (2012: 61–72).

20 „Wandervogel" war die Selbstbezeichnung der Gruppen einer um 1896 entstandenen antibürgerli-
    chen Wanderbewegung bürgerlicher Jugendlicher, die sich dem autoritären Druck der Gesellschaft
    durch naturnahes Erleben entziehen wollten. Nach der begeisterten Aufnahme dieser Jugendbe-
    wegung, die vor allem starke Auswirkungen auf die Reformpädagogik hatte, zerfiel sie später in
    verschiedene Gruppen und Bünde. Nach dem Ersten Weltkrieg kam es zu einer Vermischung
    von Wandervogelbewegung und Pfadfindern, wobei teilweise „Deutschtumsarbeit" und die Erwe-
    ckung des „völkischen Bewusstseins" als politische Aufgaben propagiert wurden. Im berühmten
    Liederbuch der Wandervogelbewegung, dem „Zupfgeigenhansl", wurden die von der Wanderbe-
    wegung gesungenen Volksweisen gesammelt.

21 Vgl. auch Paul Nedo: Zu den Problemen des kulturellen Erbes in der Volkskunst. Vortrag auf der
    Mitgliederversammlung der Parteiorganisation des Zentralhauses für Volkskunst, o. J. (vermut-
    lich 1958). Archiv der Akademie der Künste (AdK), Bestand: Zentralhaus für Kulturarbeit (ZfK),
    Sign. 214.

entsprechend – die Volkskunst mit der gesellschaftlichen Entwicklung und beschrieb sie als eine gesellschaftliche Erscheinung: Die Volkskunst müsse also in
ihrer Erforschung mit den konkreten wirtschaftlichen und sozialen Verhältnissen und den Klassenverhältnissen in Verbindung gebracht und die „kulturellen
Wechselbeziehungen zwischen den herrschenden und den werktätigen Gruppen" betrachtet werden (Nedo 1957: 83). Für Nedo war das Volkskunstschaffen
der Spiegel der gesellschaftlichen Situation, die Kunde gab „von dem Leiden und
Freuden, vom Denken und Fühlen und vom Entwicklungsstand des gesellschaftlichen Bewußtseins [...] der werktätigen Gruppen", wobei sich in der Volkskunst
einer bestimmten Periode eigenes Denken mit „hereingetragenen Ideen aus den
herrschenden Klassen" vermischen und entsprechend „Fortschrittliches und Re-
volutionäres neben Beharrendem und Rückständigem stehen" würde (ebd.: 84).
Für den „heutigen Gebrauch" der Volkskunstgruppen müssten, laut Nedo, die
humanistischen und demokratischen Äußerungen der Vergangenheit ausgewählt
werden. Für die wissenschaftliche Untersuchung sollte aber das „Gesamtbild
einer Periode" analysiert werden, um dadurch die „richtige Vorstellung vom Aus-
maß und von der Bedeutung" der Volkskunst „auch in ihrer Zeit" gewinnen zu
können (ebd.).

In diesem Sinne einer historisch exakten und regional eingegrenzten Erforschung der Traditionen – mit der entsprechenden Auswertung und Auswahl
für die Weitergabe an die Volkskunstgruppen – fand die Arbeit des Instituts für
Volkskunstforschung am Zentralhaus statt. Ein Beispiel dafür ist die „Erkundung
der aktuellen Lage der Volkskunst im Harz" (vgl. Nedo 1957: 81–88, 1958: 3).[22]
Aufgeteilt in kleinen Gruppen von zwei bis drei Institutsmitarbeitern auf bestimmte Regionen im Harz sollten die Wissenschaftler erste Nachforschungen
zur dortigen traditionellen Volkskunst betreiben. Dafür sollten sie zuerst in den
verschiedenen Kulturinstitutionen und -organisationen des Kreises oder der Gemeinden Informationen zum aktuellen Volkskunstschaffen erfragen. Anschließend sollten geeignete Gewährsmänner kontaktiert werden, wobei dafür in den
methodischen Richtlinien für die Forschung ein länger im Ort ansässiger Lehrer, der Leiter der Volkskunstzirkel, der Bürgermeister oder ein Kulturfunktionär
vorgeschlagen wurde.[23] Zusätzlich waren die Mitarbeiter des Forschungsinstituts
aufgerufen, sich in den Orten selbst einen genaueren Eindruck zu verschaffen,
wobei besonders die Dorfgasthöfe als Informationsquelle empfohlen wurden.

---

22 Die Harzexkursionen fanden vom 2. bis 6. und vom 9. bis 13. Oktober 1956 statt. Zu den Be-
    richten über die Harzexkursion vgl. Archiv AdK, ZfK, Sign. 231. Ausführlicher dazu vgl. Kühn
    (2009a: 147 f.).

23 Richtlinien für die Harzexkursion des Instituts in der Zeit vom 2. bis 6. und 9. bis 13. Okt. 1956.
    Archiv AdK, ZfK, Sign. 231.

Über jeden Ort sollten tagebuchartige Notizen zu der Ausübung der traditionellen Volkskunst angefertigt werden.

Die ausführlichen Abschlussberichte der verschiedenen Exkursionsgruppen gaben aus Sicht der Volkskunstforscher ein katastrophales Bild: Die Bezirkshäuser hätten keinen Überblick und wirkten ratlos – so einer der Berichte. Manche der Laienspielgruppen seien eingegangen oder hätten sich aufgelöst infolge ideologischer Überforderung[24] oder fehlender Lehrer und Dirigenten. Ein anderer Männerchor würde unter dem Ruf der Vereinsmeierei und der Trinksucht stehen.[25] Vor allem aber hätte das Jodeln „wie eine Seuche" überhandgenommen, weil alles für den Fremdenverkehr organisiert wurde – so das eindeutige Urteil des Instituts für Volkskunstforschung nach den Exkursionen. Nur die über Sechzigjährigen würden noch „echtes traditionelles Volksmusikgut" kennen, aber diese stünden nicht mehr im Rampenlicht der kulturpolitischen Aufführungen.[26]

Nach diesem ersten Einblick in die Harzer Volkskunstausübung wurden vom Forschungsinstitut Aufgaben für die weitere Arbeit festgelegt: Eine langfristig angelegte Sammlung „echter", also aus der Tradition hervorgegangener Volkslieder und „echten" Erzählgutes sollte erfolgen. Auch der „Harzjodler" sollte analysiert und ein Aufsatz dazu in der Zeitschrift *Volkskunst* veröffentlicht werden. Außerdem sollten eine Trachtenkunde und eine Harzer Volksliedsammlung „ohne Jodler, ohne sentimentale Heimatlieder und ohne Fremdenverkehrskitsch"[27] herausgegeben werden. Aus der Kenntnis der traditionellen Formen und Inhalte der Volkskunst würde dann, nach Meinung von Paul Nedo, eine gegenwartsnahe Weiterentwicklung bei den Volkskunstgruppen stattfinden.

Dieses Beispiel zeigt Nedos Konzeption von Wandel und Weiterentwicklung in der Volkskunst. In einem Aufsatz weist er explizit darauf hin, dass „Tradition" fälschlicherweise oft mit der „Vorstellung des Endgültigen und Unveränderlichen" verbunden wurde (Nedo 1957: 84). Stattdessen müsse man die Veränderungen im Laufe der Jahrhunderte bis zur Gegenwart hin betrachten – so seine Argumentation –, wobei er die „Bedeutung der Gemeinschaft und die Rolle der schöpferischen Persönlichkeiten" (ebd.: 85) als einen Wesenszug der Volks-

---

24 „Die Laienspielgruppen im Gebiet von Thale sind sehr zurückgegangen. Die Kollegen meinen, der Grund läge in der Überspannung der ideologischen Anforderung", so der Bericht von Nedo. Vgl. Paul Nedo: Bericht über die Harzexkursion des Instituts für Volkskunstforschung, I. Teil – Nordharz, Zeit: 2.–6. Oktober 1956. Archiv AdK, ZfK, Sign. 231.

25 Bericht über die Teilexkursion, 9.–13. Oktober 1956 in den Südharz, Gruppe 1: Dr. Winfried Schrammek, Klaus Krähner. Archiv AdK, ZfK, Sign. 231.

26 Bericht Gruppe 2, Südharz: Dr. Alfred Fiedler, G. Reichardt, Kurt Petermann. Archiv AdK, ZfK, Sign. 231.

27 So der Wunsch des Mitarbeiters Alfred Fiedler in seinem Bericht. Vgl. ebd.

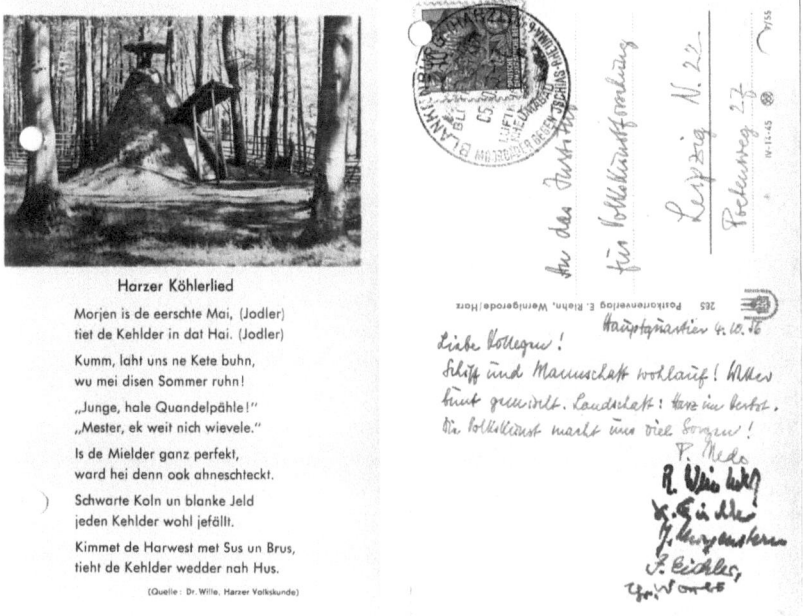

Abbildungen 2a und 2b: Postkarten von Alfred Fiedler und Paul Nedo an das Institut für Volkskunstforschung. Quelle: Archiv der Akademie der Künste Berlin, Bestand: Zentralhaus für Kulturarbeit, Sign. 231. Wortlaut: „Liebe Kollegen! Schiff und Mannschaft wohlauf! Wetter bunt gemischt. Landschaft: Harz im Herbst. Die Volkskunst macht uns viel Sorgen!"

kunst hervorhebt.[28] Im gegenwärtigen Volkskunstschaffen der frühen DDR müsse also eine „schöpferische Synthese von Überlieferung und Neuem", von „Tradition und Neubildung" stattfinden, wobei als Ausgangspunkt die „Volkskunst der Vergangenheit" stehen sollte, die Nedo als die „natürlichen Quellen" ansieht (ebd.: 81).

Bei der Gründung des Zentralhauses im Januar 1952 war diese Konzeption auch Konsens und in dem Einführungstext des Katalogbandes der Berliner Volkskunstausstellung vom Juli 1952 war vom Zentralhausleiter Werner Kühn – als der kulturpolitischen Instanz im Zentralhaus – zu lesen, dass, dem Beispiel der Sowjetunion folgend, „ein erfolgreiches Vorwärtsschreiten zu einer realisti-

---

28 Dabei bezieht sich Nedo – ebenso wie Steinitz – auf die theoretischen Überlegungen und die Debatten der Volkskunde der 1920er Jahre um das „gesunkene Kulturgut" (Naumann 1922; vgl. dazu auch Steinitz 1952, 1953 und 1955; erläuternd dazu vgl. Kühn 2007: 210 f.).

schen, dem Volke dienenden und im Volke wurzelnden Kunst nur durch das tiefe Studium der nationalen kulturellen Traditionen möglich" (Kühn 1952: 5) sei.[29]

Die Erziehung zum „sozialistischen Bewußtsein"

Ende 1952 zeigten sich im Zentralhaus allerdings bereits verschiedene Herangehensweisen bei der Vermittlung der „Kunst ans Volk". Die Unterschiede betrafen sowohl inhaltliche als auch methodische Aspekte. Im Dezember 1952 wurde daher eine Parteigruppenbesprechung einberufen, weil die Auffassung kursierte, es gäbe „zwei Strömungen der Genossen im Haus" – eine um den „Genossen Werner Kühn" und eine andere um den „Genossen Paul Nedo". Im Protokoll der Parteigruppenbesprechung wurde zwar nur vermerkt, dass sich diese Auffassung nicht bestätigte und der Vorfall beigelegt wurde,[30] dennoch lassen sich in den Arbeitsplänen der verschiedenen Abteilungen vom Dezember 1952 divergierende Konzepte der Vermittlung, der inhaltlichen Schwerpunkte und der pädagogischen Herangehensweise aufzeigen. Diese Unterschiede resultierten aus den verschiedenen Ausrichtungen der Abteilungsleiter – entweder an der von Werner Kühn vertretenen SED-Kulturpolitik beziehungsweise an den aktuellen Richtlinien der Staatlichen Kommission für Kunstangelegenheiten oder an der von Paul Nedo favorisierten wissenschaftlichen Herangehensweise der marxistischen Volkskunstforschung.

Die Staatliche Kommission für Kunstangelegenheiten hatte in einer Sitzung im Dezember 1952 ein „Kommuniqué zu den weiteren Aufgaben der Volkskunst in der DDR" verfasst und „Maßnahmen zur Überwindung der ideologischen Unterschätzung der kulturellen Erziehungsarbeit und des künstlerischen Volksschaffens in den Betrieben und auf dem Lande" beschlossen.[31] Diese Vereinbarungen beinhalteten eine stärkere Anleitung durch das Zentralhaus mit dem Ziel, durch die Volkskunst ein „sozialistisches Bewußtsein" zu entwickeln. Das Zentralhaus sollte die „Unterrichts- und Erziehungsarbeit" verstärken, eine „planmäßige zielstrebige Arbeit" einleiten und einen „umfassenden Plan" für alle „Volkskunstkollektive" erstellen, um damit ein „systematisches Studium der marxistisch-leninistischen Erkenntnisse der Kunst und Ästhetik" durchzuset-

---

29 Es gibt keinerlei verwandtschaftliche Beziehung zwischen Werner Kühn und der Verfasserin dieses Textes.

30 Parteigruppenbesprechung, Zentralhaus für Laienkunst, Dezember 1952. Archiv AdK, ZfK, Sign. 1.

31 Kommuniqué der Sitzung der Staatlichen Kommission für Kunstangelegenheiten, Berlin, Dezember 1952. Archiv AdK, ZfK, Sign. 1.

DIE VOLKSKUNST IST
EIN FESTER BESTANDTEIL
DER DEUTSCHEN NATION

Abbildung 3: Ensemble des Stahl- und Walzwerks Maxhütte bei der Aufführung des neu geschaffenen Stückes „Tanz vom glücklichen, jungen Kapitän" bei den Deutschen Festspielen der Volkskunst im Juli 1952 in Berlin. Quelle: Volkskunst 1 (3/4), Juli/August 1952, S. 23

zen.[32] Als Höhepunkte für das Jahr 1953 waren, dem Kommuniqué der Staatlichen Kommission entsprechend, Volkskunstwettbewerbe am 1. Mai als Arbeiterkampftag und am 7. Oktober als Gründungstag der DDR vorgesehen.

Zwar bemühte sich auch Paul Nedo in seiner Forschungsarbeit um die Weiterentwicklung der Volkskunst – allerdings nicht mit Seminaren zum Marxismus-Leninismus oder mit vorgegebenen Aufführungsprogrammen, sondern mit der Sammlung, Auswertung und Vermittlung ausgewählter Volkskunsttraditionen. Die Forschungsabteilung des Zentralhauses sollte dabei eine Art wissenschaftliche Koordinationsstelle bilden, von der aus die Forschungsaufträge vergeben und

---

32   Vorlage zur Leitungssitzung des Zentralhauses von der Studienabteilung am 26. November 1952.
     Archiv AdK, ZfK, Sign. 1; vgl. dazu auch der Leiter der Studienabteilung am Zentralhaus, Dieter
     Heintze (1953).

die Ergebnisse gesammelt und weiter verbreitet werden sollten.[33] Nedos Vorstellung war es, dass im Zentralhaus das gesammelte Material analysiert, lokal eingeordnet und inventarisiert, Studienreihen publiziert, Vortragsmaterial für die Popularisierungsarbeit herausgegeben und Hinweise für die spezifischen lokalen Aufgaben bezüglich der regionalen Tradition gegeben werden sollten. Durch diese Zusammenstellung der wissenschaftlichen Forschungen im Lande sollte zum einen eine bessere Kooperation zwischen den wissenschaftlichen und künstlerischen Institutionen erfolgen.[34] Zum anderen sollten die Ergebnisse, nach einer Aufbereitung in der Forschungsstelle des Zentralhauses, den Massenorganisationen zur weiteren Vermittlung an die Laienkunstgruppen zugutekommen.

Auch in den konkreten Arbeitsaufträgen der Forschungsabteilung des Zentralhauses, wie beispielsweise in einer Studie zu den Erntefesten in den Dörfern und Gemeinden, bemühte sich Nedo um die Zusammenarbeit zwischen dem Zentralhaus, den Forschungsinstitutionen und den Massenorganisationen. Dafür rief er die Volkskunstgruppen, die bestehenden Laienzirkel der Massenorganisationen und die Arbeitsgemeinschaft „Natur- und Heimatfreunde" im Kulturbund auf, sich an den umfangreichen Forschungsaufgaben zu beteiligen (vgl. Nedo 1952: 20–23). Damit diese Sammlungs- und Forschungsarbeit durch die Laienzirkel in den Landkreisen gelingen konnte, sollte, laut Nedo, die geschaffene Struktur der Volkskunstkabinette für die Anleitung der Forschungsarbeit genutzt und in Vorträgen und Studienzirkeln das „richtige" Volkskunsterbe und die „echten" nationalen Traditionen vermittelt werden. Ein ähnliches Konzept wie für die Forschungs- und Sammlungsarbeit verfolgte er auch in Bezug auf die „Kulturarbeit" der Volkskunstgruppen. Seine Bestrebungen waren es, die bestehenden traditionellen Volkskunstgruppen der Schnitzer, Spielzeugmacher und

---

33 Nedo rief in einem Aufsatz in der Zeitschrift *Volkskunst* und in mehreren „Tischgesprächen" die verschiedenen wissenschaftlichen und künstlerischen Institute auf, einen gemeinsamen „Plan der Forschungsarbeit auf dem Gebiete der Volkskunst" zu erstellen (1953: 12 f.); vgl. auch Theoretisches Tischgespräch über Volks- und Laienkunst. Vorlagen zur Leitungssitzung vom 10. Juni 1952, 15. August 1952 und 6. September 1952. Archiv AdK, ZfK, Sign. 1.

34 Beteiligt waren neben der Forschungsabteilung des Zentralhauses für Laienkunst vor allem die Institute der Deutschen Akademie der Wissenschaften (das Institut für Volkskunde in Berlin, die Wossidlo-Forschungsstelle in Rostock und das Institut für Volkskunde in Dresden), das Landesmuseum für Volkskunst in Dresden, die Deutsche Akademie der Künste, das Institut für Kunsterziehung der Universität Greifswald und einige Kunsthochschulen (z. B. die Hochschule für Musik in Weimar und die Hochschule für Graphik und Buchkunst in Leipzig). In der gemeinsamen Planung standen unter anderem die Bearbeitung von regionalen Trachtenmonografien, der Ausbau des Volksliedarchivs, ein Bilderatlas zur Geschichte des Volkstanzes, Studien zum Fastnachtsspiel und zum Arbeitertheater, die Erforschung des Ornaments und des Puppenspiels, die Weiterentwicklung der Keramik und des Blaudrucks für die industrielle Produktion, die Hilfestellung für die Teppichweber und Spielzeugmacher sowie Publikationen aus den Wossidlo-Sammlungen zu Sprichwörtern, Rätseln, Kinderreimen, Märchen und Sagen (vgl. Nedo 1953: 13).

Abbildung 4: „Ein Tanz unter dem Mai-
baum, mit dem sich altes deutsches
Brauchtum verbindet", Foto: Rössing-
Winkler. Quelle: Volkskunst 1 (3/4),
Juli/August 1952, S. 46

Klöppler, die traditionellen Volksfeste und die regionale Volkskunst wieder zu beleben und die Volkskunst- und Laienzirkel zu animieren, sich stärker der Geschichte, Kunst und Kultur ihrer Heimatregion zuzuwenden. Nedos Hoffnung war es, dass sich dadurch eine „breite, volksverbundene wissenschaftliche Sammel- und Forschungsarbeit" entwickeln würde, die es ermöglichte, „in verhältnismäßig kurzer Zeit wesentliche Teile der Volkskultur wiederum zum lebendigen Besitz unserer Werktätigen zu machen" (ebd.: 23).[35]

Damit unterschied sich sein Konzept sowohl inhaltlich als auch strukturell von den Planungs- und Erziehungsvorgaben der Staatlichen Kommission. Nedo griff zwar durchaus auf das Konzept von Erziehung und Bildung zurück und wollte die bestehende zentralistische Struktur für eine methodische und inhaltliche Anleitung der Laiengruppen nutzen. Er zielte jedoch auf einen Austausch von Wissen und auf die damit verbundene Entstehung neuer Orte der Kunst- und Kulturproduktion. Denn mit dem entsprechenden fachlichen und ideologischen „Rüstzeug" sollten die Laienzirkel ihren eigenen Forschungsinteressen

---

35 Vgl. dazu auch: Plan der Forschungsarbeit des Zentralhauses für Laienkunst für das Jahr 1953, Abt. Forschung, Paul Nedo. Archiv AdK, ZfK, Sign. 1.

folgen und Möglichkeiten für die Wahl eigener Themen und Programmgestaltungen bekommen.

In den Arbeitsplänen der verschiedenen Abteilungen des Zentralhauses für das Jahr 1953 zeigten sich die Bezüge zu diesen inhaltlich differierenden Vermittlungskonzepten. Während die Studienabteilung, die Abteilung für bildende Kunst[36] und die Abteilung für Musik[37] sich eher auf die Vermittlung des Marxismus-Leninismus, die Systematik der Anleitung und die planmäßige Weiterbildung bezogen und entsprechend detaillierte Studienpläne zur Beschäftigung mit ideologischen Texten entwarfen, Lehrmaterialien, Handbücher und Repertoirehinweise vorbereiteten oder Jahrespläne zur inhaltlichen und künstlerischen Weiterentwicklung schrieben, sah die Abteilung für Tanz ihre Aufgabe in der Erforschung des „alten Volkstanzgutes", wobei die Überlieferung von „belastetem, reaktionärem Beiwerk" befreit und in ihrer „fortschrittlichen Tendenz" und ihrer künstlerischen Form weitergegeben werden sollte. Dies sollte, laut dem Perspektivplan der Tanzabteilung, die „Freude an der Schönheit des eigenen Kulturgutes" vorführen und dadurch Anregungen für „eigene schöpferische Arbeit" geben.[38]

An den weitreichenden Arbeitsplänen der Forschungsabteilung unter Nedo lässt sich bereits 1952 ein Vorhaben ablesen, das sich bis Mitte der Fünfzigerjahre noch ausweiten und dabei zu einem Machtkonflikt im Zentralhaus führen sollte: Aus der Sicht von Nedo war die Forschungsabteilung für die Konzeption der Weiterentwicklung der Volkskunst zuständig. Die in die verschiedenen Kunstgebiete unterteilten Arbeitsbereiche innerhalb der Forschungsabteilung sollten, laut Nedo, in Kooperation mit den Fachabteilungen des Zentralhauses die einzelnen Themengebiete bearbeiten. Entsprechend schlug er im Jahresplan 1953 für die Abteilung „Tanz" die Sammlung alter Volkstänze und eine Arbeit zur Tanzgeschichte vor. Die Abteilung „Musik" sollte sich mit Handwerksliedern, Bauernliedern sowie mit landschaftlichen Volksliedern und Volksmusik beschäftigen. Für die Abteilung „Dramatischer Zirkel" waren von der Forschungsabteilung die Bearbeitungen des Krippenspiels und des Fastnachtspiels, des höfischen Laientheaters und des Arbeitertheaters um 1920 vorgesehen. Und die Abteilung „Bildende Kunst" sollte sich den handwerklichen Formen der Volkskunst (Schnitzen, Weben, Klöppeln und Töpfern) zuwenden und die „schöpferischen Kräfte in der Spielzeuggestaltung" bearbeiten. Nedos Vorstellung war es also, von der For-

---

36 Perspektivplan der Abteilung bildende Kunst für das Jahr 1953, Treffkorn, 21. Oktober 1952. Archiv AdK, ZfK, Sign. 105.

37 Arbeitsplan der Abteilung Musik für das Jahr 1953 sowie Selbststudienplan der Abteilung Musik. Archiv AdK, ZfK, Sign. 1.

38 Arbeitsplan der Abteilung Tanz für 1953. Archiv AdK, ZfK, Sign. 105.

schungsabteilung ausgehend die Massenorganisationen, Museen, wissenschaftlichen Institutionen und Hochschulen zu koordinieren und den Fachabteilungen im Zentralhaus sowie den freien Mitarbeitern Aufgaben zuzuweisen.[39]

Auch wenn die Pflege und die Weiterentwicklung der traditionellen Volkskunst seit 1952 von der kulturpolitischen Ebene befürwortet wurden, war die Diskrepanz zu den Vorgaben einer verstärkten ideologischen Arbeit und der Erziehung zum „sozialistischen Bewußtsein" offensichtlich – wie die einberufene Parteigruppenbesprechung zeigt. Während sich der Zentralhausleiter auch in den Folgejahren streng an die Vorgaben der Staatlichen Kommission für Kunstangelegenheiten beziehungsweise des 1954 gegründeten Ministeriums für Kultur der DDR hielt, bemühten sich Paul Nedo und die Mitarbeiter der Forschungsabteilung weiterhin um die Durchsetzung ihrer Forschungsarbeiten und um mehr Autonomie in der Gestaltung der Volkskunst, wie das folgende Beispiel verdeutlichen kann.

Paul Nedo und Manfred Bachmann[40] planten bereits im Sommer 1952 die Gründung eines eigenen Hauses der erzgebirgischen Volkskunst in Seiffen, das dem Zentralhaus zugeordnet werden und sowohl für die wissenschaftliche Erforschung der regionalen Volkskunst als auch für die künstlerisch-methodische Anleitung der Schnitzergemeinschaften, Spielzeugmacher und Volkskunstgruppen dienen sollte.[41] Im Juli 1953 wurde dann das gewünschte „Haus der erzgebirgischen Volkskunst" in Schneeberg eröffnet und dem Bezirkshaus für Volkskunst in Karl-Marx-Stadt unterstellt. In der Forschungsabteilung des Zentralhauses war Manfred Bachmann zuständig für den Bereich der bildenden und angewandten Kunst und für den Kontakt zum Haus der erzgebirgischen Volkskunst. In seinem rückblickenden Bericht „Zur Situation der Volkskunst im Erzgebirge",[42] den er

---

39   Außerdem beabsichtigte er, über die gesamtdeutsche Studien- und Arbeitsgemeinschaft Verbindungen zu den westdeutschen Instituten und Einzelforschern aufzunehmen und die Volkskunstkabinette für die wissenschaftliche und methodische Anleitung der Volkskunstgruppen und -zirkel zu schulen. Plan der Forschungsarbeit des Zentralhauses für Laienkunst für das Jahr 1953, Abt. Forschung, Paul Nedo. Archiv AdK, ZfK, Sign. 1.

40   Manfred Bachmann, ein volkskundlich ausgebildeter Volkskunstforscher, war von 1952 bis 1956 wissenschaftlicher Mitarbeiter in der Forschungsabteilung am Zentralhaus in Leipzig (zu seiner Biografie vgl. Martischnig 1990: 14–18).

41   Plan für ein Haus der Volkskunst im Erzgebirge. Vorlage zur Leitungssitzung am 30. Juli 1952. Archiv AdK, ZfK, Sign. 1. Die Vorlage wurde bei der Leitungssitzung allerdings erst mal „bis zur Rückkehr des Kollegen Kühn" zurückgestellt. Vgl. Protokoll Nr. 22, Leitungssitzung am 30. Juli 1952. Archiv AdK, ZfK, Sign. 1.

42   Manfred Bachmann: Zur Situation der Volkskunst im Erzgebirge. Wo stehen wir in unserer Arbeit? Bericht an das Zentralhaus für Volkskunst, z. H. Horst Nendel, vom 9. Dezember 1955. Archiv AdK, ZfK, Sign. 67. Bereits im September 1955 wurde der bisherige Leiter des Zentralhauses, Werner Kühn, abgelöst und Horst Nendel als neuer Zentralhausleiter eingesetzt.

Abbildungen 5a und 5b: „Aufbau" und „Wismut-Kumpel", Schnitzerei von 1952 als Beispiele für eine fortschrittliche Schnitzkunst bei der Volkskunstausstellung in Berlin. Quelle: Staatliche Kommission für Kunstangelegenheiten (1952)

im Dezember 1955 an den neuen Leiter des Zentralhauses, Horst Nendel, adressierte, zeigte sich die Zuspitzung des Konflikts zwischen der Forschungsabteilung und der Zentralhausleitung in den Jahren 1954 und 1955.

Manfred Bachmann übte in seinem Bericht vor allem Kritik an der einseitigen Förderung der neu gegründeten Betriebsensembles und an der fehlenden Akzeptanz für die Gruppen der traditionellen Volkskunst in der Abteilung für bildende Kunst am Zentralhaus. Denn obwohl den Schnitzern, Klöpplern und Spielzeugmachern in Vorträgen und Arbeitsgruppen die „echten" Traditionen weitergegeben wurden, um eine künstlerische Erziehung zu erreichen und gegen Kitsch zu kämpfen, gäbe es keine staatliche Finanzierung für den Nachwuchs und für die Lehrkräfte und die traditionellen Volkskunsttechniken würden dadurch aussterben – so der Bericht.

Dass trotz der „hervorragenden Erfolge" bei verschiedenen Ausstellungen, trotz vieler freiwilliger Arbeitsstunden der Schnitzer beim Umbau und der Renovierung des Museums und der Schnitzerwerkstätten keine Mittel zur Verfügung gestellt würden, liege an mangelndem Verständnis und mangelnder Bildung der zuständigen Mitarbeiter des Ministeriums und des Zentralhauses für die Fragen des traditionellen bildnerischen Volksschaffens, so Bachmanns Urteil, wobei ihn besonders die Ignoranz des früheren Leiters des Zentralhauses bezüglich der Schnitzkunst erboste:

„Genosse Kühn hat während seiner gesamten Wirksamkeit in Leipzig und Berlin nicht einmal das Haus [für erzgebirgische Volkskunst] oder eine Gemeinschaft besucht, obwohl er sich oft z. B. bei der Wismut zu Konferenzen einfand. Das ist bezeichnend! Selbst als Leiter des Zentralhauses für Volkskunst zeigte er kaum Interesse an unserer Arbeit, im Gegenteil! […] Sein Ausspruch […] ‚Meinetwegen sollen die dort oben kaputtgehen‘, geäußert in einer Besprechung über bestehende Schwierigkeiten, faßt seine schädliche Einstellung zusammen. Diese Interesselosigkeit hat uns viel Schaden zugefügt. […] Im Gegensatz dazu ist die positive Einstellung und äußerste Interessiertheit des Genossen Nendel wohltuend und erfrischend.“[43]

Trotz der kurzzeitigen politischen Tauwetterperiode um 1956, in die sowohl der Wechsel der Zentralhausleitung als auch dieses Zitat einzuordnen sind, blieben die unterschiedlichen Vermittlungskonzeptionen einer fortschrittlichen Volkskunst am Zentralhaus weiterhin bestehen.

Tradition oder Agitprop? Überlegungen zur Modernisierung der Volkskunst

Bereits im Oktober 1954 wurde eine Programmerklärung des Ministeriums für Kultur der DDR mit dem Titel „Der Aufbau einer Volkskultur in der Deutschen Demokratischen Republik" erlassen, in der eine planmäßige und systematische ideologische und künstlerische Niveauerhebung der Volkskunst gefordert wurde.[44] Dabei war eine „Steigerung des künstlerischen Leistungsniveaus aller Volkskunstgruppen" innerhalb der nächsten fünf Jahre auf die „heutigen Spitzenleistungen" vorgesehen.[45] Da diese Vorgaben nicht so einfach zu realisieren waren oder eher einen gegenteiligen Erfolg erzielten,[46] wurde ab 1956 von einer „Krise" (Meyer 1956) und „Stagnation" (Keding 1956) der Volkskunstbewegung gesprochen. Begründet wurde diese Einschätzung mit dem quantitativen Rückgang der Volkskunstgruppen und mit den Aufführungen von regionaler Heimatfolklore

---

43 Ebd. Ausführlicher dazu vgl. auch Kühn (2009b: 345 f.).

44 Programmerklärung des Ministeriums für Kultur über den Aufbau einer Volkskultur in der Deutschen Demokratischen Republik, 12. Oktober 1954 (Schubbe 1972: Dok. 107, 342–348).

45 Ebd.: 347.

46 Stattdessen wurde eher ein Rückzug der Volkskunstgruppen aus der Öffentlichkeit in private oder kirchliche Räume beobachtet. Vgl. Protokoll der Tagung der Leiter der Bezirkshäuser für Volkskunst vom 22./23. September 1955 im Zentralhaus für Volkskunst in Leipzig. Archiv AdK, ZfK, Sign. 290. Ausführlich dazu vgl. Kühn (2012: 213–223).

mancher Theater- und Gesangsgruppen, die man als „rückschrittliches Repertoire" und „Heimattümelei" ansah (vgl. z. B. Brattke 1956).

In dieser Situation wurde im Sommer 1956 im Zentralhaus über den „Motor"
der Weiterentwicklung der Volkskunst diskutiert und darüber, wie eine Massenwirksamkeit, eine Lebendigkeit und der gewünschte Gegenwartsbezug der
aufgeführten Volkskunstprogramme erreicht werden könne. Es stellte sich dabei
die konkrete Frage, ob die aktuelle Volkskunstbewegung sich eher an der traditionellen Volkskunst, an den Agitprop-Truppen der Arbeiterbewegung oder an
der gegenwärtigen Kunst des sozialistischen Realismus orientieren sollte und was
als Ausgangspunkt für die weitere Entwicklung genommen werden konnte. Paul
Nedo plädierte wiederum für die Erforschung und Weitergabe der traditionellen Volkskunsttechniken, wobei er besonders auf die Vielfalt an Formen in der
traditionellen Volkskunst hinwies, die für eine gegenwartsnahe Weiterentwicklung genutzt werden sollte. Als Beispiel nannte er die Volksdichtung, die bislang
„nur noch in Rezitationen, Dramatischen Zirkeln, Laienspielen oder im Kaba-
rett schriftlich fixiert" ihre Verwendung fände (vgl. Nedo 1956: 61–63). Demgegenüber beschrieb er, wie sie in ihrer ursprünglichen Form als mündliche Literatur ohne ein autorisiertes Original in „oft sehr bissigen gesellschaftskritischen"
Versen und Sprüchen „unter den Wismutkumpeln und unter den Arbeitern in
Bitterfeld umlaufen und eine große Wirkung ausüben" würde. Diese humoristi-
schen oder satirischen Sprüche, Witze und Gedichte der „Volkspoeten" zu Ereignissen im Dorf und im Betrieb sollten endlich in die „offizielle" Volkskunstarbeit
integriert werden – so seine Empfehlung:

„Es wird Zeit, daß sich auch bei uns die Gruppen und Kabinette dieses Zweiges der Volkskunst
annehmen und ihn in ihre Arbeit einbeziehen. Sucht die Volkspoeten in den Dörfern und in
den Betrieben, holt sie aus der Isolierung und schafft ihnen echte Bindungen an ein Kollektiv. Gebt ihnen kameradschaftliche Hinweise für lebensnahe, dorf- und betriebsgebundene
Themen, hütet Euch aber vor engstirniger Schulmeisterei und Beckmesserei in jeder Beziehung. Die Zuhörer werden echte Gefühle und volksmäßigen Stil sehr wohl zu unterscheiden
wissen von öder Reimschmiederei und unzulänglicher Nachahmung literarischer Vorbilder.
Schafft den wirklichen Volkspoeten einen Platz in der künstlerischen Agitation, im Estraden-
programm, im Betriebsfunk, gebt ihnen vor allem Raum in den Wettbewerben der ländlichen
Volkskunstgruppen! Kurzum: Helft mit, daß die *Volkspoesie wieder ein wichtiger Bestandteil der
Volkskunst*, eine laute Stimme des Volkes und der neuen Zeit wird!" (ebd.: 63, Hervorhebung
im Original).

Als Gegenvorschlag wurde vonseiten der Zentralhausleitung die Reaktivierung
der Agitprop-Truppen empfohlen. Durch die Übernahme einiger struktureller Elemente aus der alten Agitprop-Arbeit sollte der „operative Charakter" der

Volkskunstgruppen gestärkt werden, damit die Volkskunst nicht mehr nur als „Umrahmung" für Veranstaltungen dienen, sondern als „aktivierendes Moment in der Produktion" und als „vorwärts treibender Faktor durch die künstlerische Agitation" zukünftig verstanden würde.[47] Dieser Vorschlag sollte von den verschiedenen Abteilungen des Zentralhauses für Volkskunst aufgenommen und breitenwirksam umgesetzt werden.

Damit verbunden war auch eine Veränderung der Forschungsarbeit für das Volkskunstinstitut am Zentralhaus. Es sollte nun ebenfalls die Agitprop-Bewegung der 1920er Jahre erforschen und bearbeiten. Paul Nedo widersprach in der Zentralhaussitzung dieser Wende zum Agitprop, indem er argumentierte, dass das Institut für Volkskunstforschung nur auf dem Gebiet des traditionellen Volksschaffens tätig sei und nicht für die „Probleme der Gegenwart schlechthin" zuständig wäre.[48] Allerdings führte diese Einstellung zu einem Disput mit einem der Abteilungsleiter, der symptomatisch für die konfligierenden Positionen am Zentralhaus war. Der Leiter des Bereichs „Künstlerisches Wort", Herbert Keller, erwiderte:

„Nach meiner Auffassung ist Tradition alles, was hinter dieser jetzigen Minute liegt. Die Entwicklung des Dramatischen Zirkels von 1950–1953 gehört bereits zur Tradition und könnte Gegenstand der Arbeit des Institutes sein. Das heißt also, daß die Tradition einen riesigen Komplex umfaßt und in diesem Komplex gibt es zweifellos verschiedentliche Bereiche, die absolut historischen und (im guten Sinne) musealen Charakter haben. Wir müssen also aus dem großen Komplex der Traditionen das untersuchen, was der Fortführung der gegenwärtigen Arbeit nützt."[49]

Nach verschiedenen Debatten erklärte sich Nedo im Juni 1957 bereit, als *zweite* zukünftige Aufgabe neben der Erforschung der historischen Traditionen, auch die „Probleme der früheren Entwicklung" wissenschaftlich zu untersuchen. Dazu zählten die Arbeitertraditionen und die Entwicklung der Volkskunst vom 18. bis zum 20. Jahrhundert.[50] Am Institut für Volkskunstforschung wurde daraufhin eine Arbeitsgruppe „Proletarische Traditionen" eingerichtet und die „kulturellen

---

47 Eröffnungsreferat bei der Beratung des Leitungskollektivs des Zentralhauses für Volkskunst, 18.–21. Dezember 1956 in Colditz. Archiv AdK, ZfK, Sign. 108.

48 Auszüge aus dem Bericht des Instituts für Volkskunstforschung. Protokoll der Beratungssitzung des Leitungskollektivs des Zentralhauses in Colditz. Archiv AdK, ZfK, Sign. 108.

49 Auszüge aus dem Bericht des Instituts für Volkskunstforschung, Archiv AdK, ZfK, Sign. 108. Ausführlicher dazu vgl. Kühn (2012: 236–247).

50 Arbeitsrichtlinien für die Arbeitsgruppe „Proletarische Traditionen", Paul Nedo, 18. Juni 1957. Archiv AdK, ZfK, Sign. 216.

Äußerungen" und die „künstlerischen Werke" des „städtischen und ländlichen
Proletariats" der letzten 100 Jahre wurden gesammelt und archiviert.[51]
    Nedo konzipierte die Forschungsarbeit dieser neu eingerichteten Arbeitsgrup-
pe allerdings auch wieder anhand seiner eigenen Forschungskriterien, sodass sich
die Forschungsgruppe vor allem den Stilen und Formen der Agitprop-Spiel-
truppen zuwenden und deren Bezüge zur früheren Folklore untersuchen sollte. Gefragt wurde, welche neuen künstlerischen Formen innerhalb des Agitprop
entstanden waren und welche Bedeutung die Agitprop-Bewegung für das allgemeine Kunstschaffen hatte. Damit versuchte Nedo, die Volkskunstforschung, die
sich bislang eher auf die dörflich-bäuerliche Volkskultur beschränkt hatte, auf die
Arbeiterkultur der Städte auszuweiten.[52]
    Neben dieser Forschungsarbeit setzte sich Nedo bei Besprechungen im Zent-
ralhaus auch weiterhin für seine Vorstellungen der Volkskunstpraxis und der Arbeit der Volkskunstgruppen ein und bemühte sich um eine Zusammenführung
von Theorie und Praxis.[53] So äußerte er sich kritisch gegenüber den Aufführungen der nun wieder belebten Form des Agitprop. Denn Agitprop wurde, laut seinen Erläuterungen, bis Mitte der 1950er Jahre unter dem Schlagwort „Prolet-
kult" für die Entwicklung einer sozialistischen Volkskunstbewegung abgelehnt.
Ab 1956 wurde er dann als revolutionäre Tradition wieder neu entdeckt und mit
der Losung „Kunst ist Waffe", die der Schriftsteller Friedrich Wolf 1928 geprägt
hatte, als Bestandteil der kulturpolitischen Agitation verwendet:

„Aber man fiel sofort in ein neues Extrem. Es setzte die Tendenz ein, das Prinzip der Agitation
mit künstlerischen Mitteln zu überspitzen. Teilweise wurde die gesamte Tätigkeit der Volkskunstgruppen auf diese Aufgabe beschränkt. Dabei kam es zu […] einer völligen Negierung
unseres großen kulturellen Erbes auch in der Volkskunst. Vor allem aber wurde das künstlerische Niveau stark gedrückt, Qualität war nicht mehr gefragt, sondern die Quantität der so

---

51 Die Arbeitsgruppe erhielt drei Planstellen, sodass die anderen Bereiche des Instituts nur noch
    in Minimalbesetzung von einem wissenschaftlichen Mitarbeiter weiterarbeiten konnten. Ebenso
    wurden die Honorarmittel für externe Arbeitsaufträge zugunsten der Arbeitsgruppe „Proletarische
    Traditionen" verlagert. Analyse der bisherigen Arbeit des Institutes für Volkskunstforschung beim
    Zentralhaus für Volkskunst, Leipzig, 9. Januar 1958, o. Verf., Archiv AdK, ZfK, Sign. 216.

52 Arbeitsrichtlinien für die Arbeitsgruppe „Proletarische Traditionen", Archiv AdK, ZfK, Sign. 216.
    Vgl. dazu auch die Überlegungen von Wolfgang Steinitz (1955: 43 f.) zur Erforschung der Arbei-
    terkultur. Paul Nedo wandte sich zu Beginn der Sechzigerjahre intensiver den Fragen einer *wis-
    senschaftlichen* Erforschung von Gegenwartsproblemen zu und gründete 1962 einen Arbeitskreis
    für volkskundliche Gegenwartsforschung, wobei er den Begriff der „Lebensweise" einführte (vgl.
    Nedo 1964; Jacobeit/Nedo 1969; Strobach 1991: 213–219; Lee 2001: 80 f.).

53 Paul Nedo: Zu den Problemen des kulturellen Erbes in der Volkskunst. Vortrag auf der Mit-
    gliederversammlung der Parteiorganisation des Zentralhauses für Volkskunst, o.J. (vermutlich
    1957/1958). Archiv AdK, ZfK, Sign. 214.

genannten Agitationsbrigaden und ihrer mehr oder weniger schnell zusammengeschusterten Texte war entscheidend. So wurde von den Programmen oft das Gegenteil der beabsichtigten Wirkung erreicht."[54]

Als Grund für die fehlende Wirkung nannte Nedo den fehlenden Aufbau auf der Tradition der Arbeiterkultur. Denn die Qualität der Darbietungen sei der entscheidende Faktor für das Gelingen, so seine Argumentation, und die kulturpolitischen Vorgaben würden bei dieser Art der Propaganda eine wichtige Maxime der proletarisch-revolutionären Kunst ignorieren: „Je höher der künstlerische Wert, desto größer der agitatorische Effekt!" Diese falsche Haltung zu den revolutionären Traditionen der Arbeiterkultur läge aber an der ungenügenden Kenntnis der Kulturfunktionäre. Hier wäre die Arbeit der marxistischen Volkskunstforscher gefragt: Sie sollten das „volkskünstlerische Erbe in seiner unverfälschten Form" erforschen und an die Volkskunstgruppen weitergeben – so Nedos Argumentation.[55]

Bei einer zentralen Konferenz aller Volkskunstkabinettsleiter im Juni 1958 schlug er weiterhin vor, den regionalen Kontext bei den proletarischen Überlieferungen mit zu berücksichtigen: Statt sich auf die zentralen Materialien zu stützen, die oft „schrecklich abstrakt und blutleer" seien, sollten die Volkskunstgruppen sich doch lieber die proletarischen Traditionen ihrer eigenen Region erarbeiten und dadurch Anregungen bekommen, wie sie ihre Programme „wirksamer, witziger und treffender" gestalten können. Dabei sollte die Kulturarbeit nicht nur auf die zentralen Feiern fokussiert werden, sondern mehr Augenmerk auf die regionalen revolutionären Aktionen der Zwanzigerjahre gerichtet werden, wie der Mitteldeutsche und der Hamburger Aufstand und Kämpfe im Ruhrgebiet, in Thüringen und Sachsen. Eine solche „schöpferische Aneignung der proletarischen Traditionen" – nicht nur der politischen Geschichte, sondern auch des „kulturellen Teil[s] der Arbeiterbewegung" in der jeweiligen Region – wäre „organischer" und würde die Menschen besser erreichen.[56]

Ähnlich wie in seinen Forschungsplänen zur traditionellen Volkskunst aus dem Jahr 1953 wollte Nedo auch hier eine Zusammenführung von Wissenschaftlern und Praktikern der Volkskunst erreichen und empfahl, dass die Leiter der regionalen Volkskunstkabinette mit den Hochschulen, der Gesellschaft zur Verbreitung wissenschaftlicher Kenntnisse, den Heimatmuseen und den Stadtar-

---

54 Ebd.

55 Ebd.

56 Paul Nedo: Bemächtigt Euch der proletarischen-revolutionären Traditionen. Referat bei der 1. Zentralen Konferenz der Volkskunstkabinettsleiter, 26./27. Juni 1958. Archiv AdK, ZfK, Sign. 86.

Cornelia Kühn

chiven zusammenarbeiten und Arbeitsgemeinschaften zu den proletarischen Traditionen im Kreisgebiet bilden sollten. Die „Funde" sollten dann wiederum in das vom Volkskunstinstitut am Zentralhaus zusammengestellte zentrale Archiv aufgenommen werden.

Von der Erforschung der Volkskunst zur Dokumentation der sozialistischen Kulturarbeit

Trotz der Erweiterung des Forschungsprogramms auf die Arbeiterkultur und trotz der Beratung für die gegenwärtigen Volkskunstaufführungen wurde das Volkskunstinstitut von der Leitung des Zentralhauses immer mehr unter Druck gesetzt, sich vorrangig der Gegenwartsentwicklung des künstlerischen Volksschaffens in der DDR seit 1945 zuzuwenden. Gegen diese Vereinnahmung durch die Aufgaben des Zentralhauses wehrte sich Paul Nedo, sodass sich der Konflikt bis 1961 weiter zuspitzte.

Bereits im November 1957 wurde Paul Nedo zu einer Aussprache ins Ministerium für Kultur eingeladen. Gemeinsam mit der Zentralhausleitung und der Abteilung „Volkskunst" beim Ministerium für Kultur wurde die Frage erörtert, ob das Forschungsinstitut von nun an nur noch die „Probleme der künstlerischen Traditionen der deutschen Arbeiterbewegung" untersuchen sollte.[57] Paul Nedo stimmte der Notwendigkeit der Erforschung dieser Traditionen uneingeschränkt zu, gab aber zu bedenken, dass an keinem anderen Forschungsinstitut der DDR die Probleme der traditionellen Volkskunst erforscht würden und dass das „reiche Erbe der Volkskunst [...] auch künftig eine bedeutende Rolle spielen" werde, es aber nach wie vor Probleme mit einer gegenwartsbezogenen Auswahl und Wertung gäbe. Außerdem beschrieb er in der Aussprache die internationale Situation: In den sozialistischen Ländern gäbe es – im Vergleich zur DDR – „große Institute mit riesigen Materialsammlungen" zum traditionellen Volkskunstschaffen, was Zeugnis für die dortige „große Wertschätzung der Tradition" ablegen würde. Und auch in der Bundesrepublik bestünde für die traditionellen Forschungsgebiete „eine beträchtliche Zahl kleiner Institute und Lehrstühle an den Universitäten", in denen aber, laut Nedo, „zumeist nach veralteten bürgerlichen Prinzipien gearbeitet" würde. Es sei die Aufgabe eines Instituts der DDR, diesem „bürgerlichen, zum Teil offen chauvinistischen und revanchistischen Wissenschaftsbetrieb eine neue, auf dem historischen und dialektischen Materialismus aufbauende Forschung entgegenzustellen". Seine Argumente waren zu dieser Zeit noch erfolgreich, denn als Ergebnis dieser Besprechung hieß es: „Aus all diesen Gründen

---

Aussprache im Ministerium für Kultur am 29. November 1957. Erwähnt in: Analyse der bisherigen Arbeit des Institutes für Volkskunstforschung, Archiv AdK, ZfK, Sign. 216.

erscheint es uns nicht vertretbar, die Sektoren der traditionellen Volkskunstforschung im Institut völlig aufzulösen."[58]

Nedos Argumentation folgend erwog das Ministerium für Kultur sogar, das Volkskunstinstitut vom Zentralhaus zu lösen und als wissenschaftliches Institut an die Deutsche Akademie der Wissenschaften anzugliedern. Eine weitere Überlegung des Kulturministeriums war es, das Institut mit der Fachstelle für Heimatmuseen in Halle zu vereinigen und beide dem Museum für deutsche Geschichte in Berlin anzuschließen. Allerdings wurde vom Ministerium für Kultur bis 1960 keine endgültige Entscheidung getroffen, sodass der Konflikt am Zentralhaus weiterhin nicht gelöst werden konnte.[59]

Im Januar 1958 wurde daher von der Zentralhausleitung eine „Analyse der bisherigen Arbeit des Institutes für Volkskunstforschung beim Zentralhaus für Volkskunst" in Auftrag gegeben, um zu prüfen, ob die Konzeption des Instituts bei seiner Gründung im September 1956 noch „berechtigt" wäre beziehungsweise welche Veränderungen nun – nach der Kulturkonferenz der SED „Für eine sozialistische deutsche Kultur" vom Oktober 1957, bei der besonders der „ideologische Kampf" für eine sozialistische Kultur betont wurde – erfolgen müssten. In diesem Bericht hieß es:

„Das Institut ist demnach, so kann zusammenfassend festgestellt werden, eine Einrichtung zur Erforschung der wertvollsten Traditionen aus der Volkskunst der Vergangenheit unter Einschluß der künstlerischen Traditionen der deutschen Arbeiterbewegung. Dabei war von Anfang an klar, daß diesen für die Schaffung einer sozialistischen Volkskultur besonders wichtigen proletarischen Traditionen in allen Sektoren ein bevorzugter Platz einzuräumen sei. Doch wurde diese Forderung von der Leitung [des Volkskunstinstituts: Paul Nedo, Anm. CK] bis zum Frühjahr 1957 nicht nachdrücklich genug vertreten, und die Mitarbeiter des Institutes zeigten wenig Neigung, dieses wissenschaftliche Neuland tatkräftig anzupacken."[60]

Das Ergebnis der Analyse entsprach zumindest teilweise noch Nedos Argumentationsrichtung und das Institut durfte sich weiter mit den Volkskunsttraditionen beschäftigen. Als Zugeständnis an die Forderungen der Zentralhausleitung formulierte Nedo in seinem Arbeitsplan vom Februar 1958, dass die wissenschaftlichen Studien des Instituts bevorzugt die Themen berücksichtigen würden, die „für das gegenwärtige künstlerische Volksschaffen bedeutungsvoll" seien. Außerdem wurde ein Arbeitsbereich zu „kurzfristigen Untersuchungen bezüglich

---

58   Ebd.

59   Vgl. dazu: Bericht über die Entwicklung des Instituts für Volkskunstforschung (vertraulich), Zentralhaus für Volkskunst, an: Gen. Raupach, August 1960, o. Verf. Archiv AdK, ZfK, Sign. 216.

60   Analyse der bisherigen Arbeit des Institutes für Volkskunstforschung, Archiv AdK, ZfK, Sign. 216.

der Aufgaben des Zentralhauses, wie beispielsweise Materialbeschaffung, Analyse und Untersuchungen von Sonderproblemen" eingerichtet.[61] Nedo schränkte allerdings ein, dass die künstlerischen und die pädagogisch-methodischen Fragen zum Aufgabenbereich des Zentralhauses gehörten und das Volkskunstinstitut als wissenschaftliches Forschungsinstitut vorrangig bei der „Lösung von theoretischen und kulturpolitischen Problemen" mitwirken könne: „Wir halten es auch selbst bei einer Strukturänderung nicht für möglich, dem Institut pädagogische und methodische Aufgaben zuzuweisen, weil sich solche Aufgaben mit dem Grundcharakter eines Forschungsinstituts für die überlieferte Volkskunst nicht vereinen lassen."[62]

Nur ein Jahr später wurde der Konflikt vonseiten der Zentralhausleitung wieder aufgefrischt. Grund dafür war die Verschärfung der kulturpolitischen Richtlinien, die mit dem „Sozialistischen Volkskunstaufgebot 1958" nun die ideologische Erziehung der Menschen und die „sozialistische Bewusstseinsbildung" als Hauptaufgabe der Volkskunst einforderten (Aufruf für ein sozialistisches Volkskunstaufgebot 1958). In den Aufgabenplänen des Zentralhauses für 1959 hieß es nun, dass das Forschungsinstitut vorrangig die Erforschung gegenwärtiger Bedürfnisse im künstlerischen Volksschaffen leisten sollte, wozu zum einen die „Probleme und die Beziehungen zwischen Kunst und Produktion" und zum anderen die zwischen „Berufs- und Laienkunst" gehören würden.[63] Dem konterte Paul Nedo mit der Betonung der Wissenschaftlichkeit seines Forschungsinstituts und nutzte seine Autorität als Wissenschaftler gegenüber den kulturpolitischen Anweisungen: Da seine Mitarbeiter die persönlichen Qualifikationsarbeiten mit den Forschungsarbeiten des Instituts in Einklang bringen müssten, wären kurzfristige Fragestellungen kaum wissenschaftlich zu bearbeiten. Nur durch langfristige Forschungsarbeiten seien wissenschaftlich kompetente Ergebnisse zu erreichen – so seine Argumentation – und er kritisierte den ständigen Wechsel der Aufgabenstellung durch die Veränderungen der kulturpolitischen Vorgaben.[64]

---

61   Die Hauptaufgaben des Instituts für Volkskunstforschung beim Zentralhaus für Volkskunst, Paul Nedo, 4. Februar 1958. Archiv AdK, ZfK, Sign. 216.

62   Analyse der bisherigen Arbeit des Institutes für Volkskunstforschung, Archiv AdK, ZfK, Sign. 216.

63   Schwerpunktaufgaben des Zentralhauses für Volkskunst für das Jahr 1959. Archiv AdK, ZfK, Sign. 50.

64   Arbeitsbericht des Instituts für Volkskunstforschung beim Zentralhaus für Volkskunst. Paul Nedo (Institutsleiter), Leipzig, 5. April 1960. Archiv AdK, ZfK, Sign. 216. Ausführlicher zu dem Konflikt vgl. Kühn (2012: 289–301).

Außerdem schilderte er die Erfolge seiner Arbeit: Der „bürgerlich verkitschten Harzer Heimatvolkskunst", die eine „Massenerscheinung im FDGB[65]-Ferien-dienst" war, wurde durch die Forschungsergebnisse Einhalt geboten. Auch die Erforschung der Volksfeste (vgl. Bachmann 1956; Nedo/Krähner 1957; Volks- und Heimatfeste 1958) fand gemeinsam mit dem Kulturbund statt, wobei die Broschüre mit den Forschungsergebnissen wesentlich geholfen hätte, „die Um-wandlung zu sozialistischen Festen zu fördern". Zusätzlich würde durch das For-schungsinstitut in den letzten Monaten die in der DDR weitverbreitete Mund-artdichtung untersucht und die „Überlieferung wertvoller Baukapazitäten im Dorf für sozialistische Bedürfnisse" ausgewertet.[66] Forschungsfragen, die sich nur noch mit der Volkskunstentwicklung nach 1945 beschäftigen sollten, und rein methodische oder didaktische Aufgabenstellungen lehnte Nedo für sein For-schungsinstitut weiterhin konsequent ab.

Da sich diese Kontroverse über die Aufgaben des Forschungsinstituts am Zen-tralhaus nicht lösen ließ, sollte ein „wissenschaftlicher Forschungsrat für die For-schungstätigkeit auf dem Gebiet der Volkskunst" beim Zentralhaus gebildet wer-den, der aus Wissenschaftlern, Funktionären, Volkskünstlern, Beauftragten der Massenorganisationen und den staatlichen Institutionen bestehen sollte. Es wur-de festgelegt, dass der Forschungsrat bis zum 30. November 1960 vom Ministe-rium für Kultur berufen werden sollte und dieser bis zum 20. Januar 1961 einen Forschungsplan für das Jahr 1961 und ein Perspektivprogramm für das Institut vorlegen sollte. Zusätzlich wurde ein vertraulicher Bericht über Paul Nedo und die Arbeit seines Forschungsinstituts eingefordert.[67] Darin hieß es zusammen-fassend: „Insgesamt gesehen war die Tätigkeit des Instituts nicht auf die ideo-gischen und kulturpolitischen Hauptaufgaben orientiert, sondern bewegte sich auf Randgebieten." Besondere Kritik galt in dem Bericht der fehlenden Ver-bindung von Forschung und Praxis. Die Mitarbeiter hätten „durch Inaktivität" die Durchführung gegenwartsrelevanter Arbeitsvorhaben „boykottiert" und be-wegten sich weiterhin „in den Bereichen der traditionellen Volkskultur". Damit wurde nicht „parteilich von den Bedürfnissen unseres Staates" ausgegangen – so der Bericht –, wobei sich dieser Widerspruch auch bei Paul Nedo zeigen würde: Während er in seinen Publikationen und Referaten auf einer „prinzipiell richti-

---

65 Der Freie Deutsche Gewerkschaftsbund (FDGB) war der Dachverband der Gewerkschaften in der DDR.

66 Bericht über die Entwicklung (vertraulich), August 1960. Archiv AdK, ZfK, Sign. 216.

67 Bericht über Paul Nedo und die Arbeit des Instituts für Volkskunstforschung 1956–1961, ohne Titel, unterzeichnet mit Dr. Liesel Noack, Frühjahr 1961. Archiv AdK, ZfK, Sign. 216. Liesel No-ack war marxistische Volkskundlerin und Kunsthistorikerin, die erst Ende 1959 als Mitarbeiterin an das Forschungsinstitut kam. Ausführlicher zum Bericht vgl. Kühn (2012: 347–357).

gen marxistischen Position" stünde und „parteilich und schöpferisch an die Lösung von Aufgaben" heranginge, hätte er diesen Standpunkt in seinem Institut aber nicht durchsetzen können und würde vor den Auffassungen der bürgerlichen Wissenschaftler zurückweichen. Als Beispiel hieß es:

„Die Nichterfüllung der Grundaufgaben des Instituts bei der Entwicklung der sozialistischen Volkskunstbewegung resultiert u. a. aus folgenden Standpunkten, die vom Gen. Dr. Nedo geäußert wurden: Gegenwartsprobleme sind nicht mit den Mitteln der wissenschaftlichen Forschung zu erfassen, beschränken sich nur auf Analysen, die nicht verallgemeinert werden können. Ein Wissenschaftler kann nicht kurzfristig zu aktuellen Problemen Arbeiten veröffentlichen, weil er sie unter Umständen kurze Zeit darauf wieder zurücknehmen muß."[68]

Außerdem hätte Nedo, laut Bericht, die Auffassung vertreten, dass Forschungsarbeiten über Gegenwartsprobleme nicht in den Bereich der Volkskunde, sondern in den der Gesellschaftswissenschaften fielen und daher an seinem Institut nicht geleistet werden könnten. Damit hätte er „wissenschaftliche Arbeit und Kulturarbeit als verschiedene Ressorts" aufgefasst und die „Synthese zwischen kulturpolitischem Anliegen und wissenschaftlicher Forschungsarbeit bzw. Verallgemeinerung" nicht erkannt. Trotz der „großen Geduld" der Partei und der „Bemühungen des Genossen Raupach", der im März 1960 zum neuen Direktor des Zentralhauses ernannt wurde, Nedo auf die „richtige Linie" hinzuweisen, „stieß er [Raupach] dabei auf den Widerstand des Genossen Dr. Nedo und der anderen Genossen des Instituts: Anstatt die vom Genossen Raupach in den Dienstbesprechungen gestellten Forderungen durchzuführen, stellte er [Nedo] sich auf den Standpunkt, daß [...] einem wissenschaftlichen Institut in der Regel ein Professor vorsteht und für ihn die Ansichten eines Kulturfunktionärs nicht kompetent seien." Nedo hätte „sogar dienstliche Weisungen durch Genossen Raupach negiert, indem er z. B. den Kollegen Klaus Fiedler weiter über die bürgerliche Jugendbewegung arbeiten ließ" – so der Bericht.[69]

Im Mai 1961 wurde in einer Sitzung mit der Kulturabteilung des ZK der SED eine grundlegende Umstellung in der Arbeitsthematik und den Methoden des Forschungsinstituts beschlossen. Damit verbunden war auch die Veränderung der „personellen Zusammensetzung des Instituts". In einem Dokument über die „Fragen zur notwendigen Veränderung im Institut für Volkskunstforschung" heißt es:

---

68 Bericht über Paul Nedo und die Arbeit des Instituts für Volkskunstforschung 1956–1961, Archiv AdK, ZfK, Sign. 216.

69 Ebd.

„Schließlich ist darauf hinzuweisen, daß das Institut auf Grund der bisherigen Aufgabenstellung seinem wissenschaftlichen Charakter nach im wesentlichen ein ethnographisch-folkloristisches Institut ist. Auf Grund der neuen Aufgabenstellung wird das Institut künftig hauptsächlich den Charakter eines gesellschaftswissenschaftlich-kulturpolitischen wissenschaftlichen Zentrums haben."[70]

Als Grundaufgaben des Instituts wurden nun zum Ersten die Dokumentation der Entwicklung des künstlerischen Volksschaffens in der Übergangsperiode vom Kapitalismus zum Sozialismus benannt,[71] zum Zweiten sollten „theoretische und kulturpolitische Grundprobleme der gegenwärtigen Entwicklung" wie zum Beispiel die „Grundprobleme des Bitterfelder Weges und seiner Umsetzung in die Praxis" gelöst werden und zum Dritten sollten „fachgebundene Spezialprobleme der gegenwärtigen Entwicklung" in den verschiedenen Kunstsektoren untersucht werden. Langfristige Forschungsaufgaben waren für das Institut nicht mehr vorgesehen. Auch die Zusammenarbeit des Instituts mit anderen Forschungseinrichtungen wurde neu geregelt. Es sollte von nun an „kontinuierliche Arbeitsbeziehungen [...] zum Lehrgang für Kulturfunktionäre des Ministeriums für Kultur in Leipzig, zur Fachschule Siebeneichen, zum Kabinett für Klubarbeit in Glienicke, zu pädagogischen Institutionen und zu den gesellschaftswissenschaftlichen Instituten der DDR" unterhalten und Vereinbarungen über die Arbeitsteilung abschließen. Eine Zusammenarbeit mit den volkskundlichen Zweigstellen des Akademieinstituts war nicht vorgesehen.[72]

Als neue Besetzung für das Institut sollten für den Bereich „Dokumentation" kulturpolitisch qualifizierte Mitarbeiter neu berufen werden, die „in der Praxis erfahren und organisatorisch befähigt" waren. Spezialisten aus den einzelnen künstlerischen Gebieten seien nicht notwendig – so das Dokument. Als Leiterstelle und für den zweiten Schwerpunkt sollten vor allem „Gesellschaftswissenschaftler mit reichen kulturpolitischen Erfahrungen" berufen werden und für den dritten Arbeitsbereich wurden nun Pädagogen wie Musik- und Kunsterzieher gesucht.[73] Als Begründung für die Neubesetzung der Leiterstelle hieß es:

---

70 Fragen zur notwendigen Veränderung im Institut für Volkskunstforschung, o. D., o. Verf. Archiv AdK, ZfK, Sign. 216.

71 Diese Dokumentation wurde in Publikationen des Instituts für Volkskunstforschung beim Zentralhaus für Kulturarbeit zwischen 1968 und 1970 zusammengefasst. Vgl. Chronik 1945–1951 (1970), 1952–1957 (1969), 1958–1962 (1968).

72 Fragen zur notwendigen Veränderung, Archiv AdK, ZfK, Sign. 216.

73 Ebd.

„Um zu gewährleisten, daß die politisch-ideologische Auseinandersetzung, Erziehungsarbeit und Wachsamkeit im Institut erhöht wird, ist es erforderlich, einen neuen Leiter einzusetzen, da der Genosse Dr. Paul Nedo dieser Aufgabe nicht im vollen Maße gewachsen ist und außerdem den Wunsch an die Leitung des Ministeriums für Kultur herangetragen hat, die Leitung des Instituts neu zu regeln."[74]

Das Arbeitsverhältnis von Paul Nedo mit dem Zentralhaus wurde zum 1. Juli 1961 aufgelöst und er wechselte an die Karl-Marx-Universität in Leipzig über, wo er bereits seit Dezember 1955 als kommissarischer Direktor des Sorbischen Instituts fungierte und seit dem 1. September 1959 eine sogenannte Wahrnehmungsprofessur für Sorbische Volkskunde und Literatur innehatte, die er bislang als „nebenamtliches Arbeitsverhältnis" ausfüllte (vgl. Bresan 2002: 253 f., 258 f.).[75] Für die Versetzung der anderen bisher am Institut arbeitenden Forscher wurden die in den vergangenen Jahren begonnenen Forschungsarbeiten evaluiert, der Abschluss der jeweiligen Arbeit und der Zeitpunkt der Publikation festgelegt und manche der Arbeitsbereiche sowie die angelegten Archive an andere Institutionen wie das Volkskundeinstitut an der Deutschen Akademie der Wissenschaften, das Institut für sorbische Volksforschung oder die Akademie der Künste abgegeben.[76]

Eine ähnliche Entwicklung vollzog sich auch innerhalb der wissenschaftlichen Volkskunde. Nach ihrer Rehabilitierung zu Beginn der 1950er Jahre fand die von Wolfgang Steinitz gewünschte und erwartete Etablierung der volkskundlichen Ausbildung an den Universitäten und den pädagogischen Hochschulen sowie die Verbreitung von volkskundlich qualifiziertem und fachkundlichem Wissen in den Volkskunstzirkeln nicht statt. Die anfänglich für den Aufschwung genutzte politische Neukonzipierung der Volkskunde als „angewandte Wissenschaft" wurde nun zu einem Ausschlusskriterium und – trotz der Anwendungsorientierung und teilweise Ideologisierung des Volkskunsterbes durch die marxistischen Volkskundler – konnte sich diese Perspektive gegenüber der dominanten Position der SED-Kulturpolitik in den 1960ern nicht mehr durchsetzen, was zu einer gesellschaftlichen Marginalisierung des Faches führte. Die folkloristischen Aufführungen hatten als „traditionelles Volkskunsterbe" zwar noch eine Legitima-

---

74 Bericht über die Entwicklung (vertraulich), August 1960, Archiv AdK, ZfK, Sign. 216.

75 Nedo habilitierte sich im Juli 1963, woraufhin ihm am 1. Februar 1964 eine Professur für Allgemeine und Sorbische Volkskunde an der Philosophischen Fakultät der Karl-Marx-Universität Leipzig erteilt wurde. Am 1. September 1964 folgte Nedo dem Ruf nach Berlin und wurde Professor für Deutsche Volkskunde an der Humboldt-Universität, am 1. Mai 1967 wurde er dort zum Institutsdirektor ernannt.

76 Ausführlicher dazu: Fragen zur notwendigen Veränderung, Archiv AdK, ZfK, Sign. 216.

tion, ihnen wurde aber zumindest bis Mitte der 1970er Jahre[77] keine belebende Wirkung für die sozialistische Massenkultur mehr zugeschrieben.

Literatur

Aufruf für ein sozialistisches Volkskunstaufgebot 1958 zu Ehren des V. Parteitages der Sozialistischen Einheitspartei Deutschlands (1958). In: Volkskunst 7 (5), S. 1 f.

Bachmann, Manfred (1956): Sitte, Brauch und Volksfest. Eine Anleitung zur Beobachtung und Sammlung. Hg. vom Institut für Volkskunstforschung beim Zentralhaus für Volkskunst. Leipzig.

Baske, Siegfried/Engelbert, Martha (Hg.) (1966): Dokumente zur Bildungspolitik in der sowjetischen Besatzungszone. Hg. vom Bundesministerium für gesamtdeutsche Fragen Bonn und Berlin. Berlin (West).

Bausinger, Hermann (1969): Kritik der Tradition. Anmerkungen zur Situation der Volkskunde. In: Zeitschrift für Volkskunde 65, S. 232–250.

Börner, Sylvia (1993): Die Kunstdebatten 1945 bis 1955 in Ostdeutschland als Faktoren ästhetischer Theoriebildungsprozesse. (Europäische Hochschulschriften: Reihe 28, Kunstgeschichte, 166). Frankfurt am Main.

Brattke, Gerhard (1956): Die Volkskunst im Jahre 1956. In: Volkskunst 5 (1), S. 1–2.

Bresan, Annett (2001): Der Volkskundler Paul Nedo – ein biographischer Abriss. In: Scholze, Thomas/Scholze-Irrlitz, Leonore (Hg.): Zehn Jahre Gesellschaft für Ethnographie – Europäische Ethnologie in Berlin. (Berliner Blätter, 23). Berlin et al., S. 105–124.

— (2002): Pawel Nedo 1908–1984. Ein biografischer Beitrag zur sorbischen Geschichte. Bautzen.

Brinkel, Teresa (2012): Volkskundliche Wissensproduktion in der DDR. Zur Geschichte eines Faches und seiner Abwicklung. (Studien zur Kulturanthropologie/Europäischen Ethnologie, 6). Wien et al.

Burrichter, Clemens/Diesner, Gerald (Hg.) (2002): Auf dem Weg zur „Produktivkraft Wissenschaft". (Beiträge zur DDR-Wissenschaftsgeschichte, Reihe B, 1). Leipzig.

Chronik des künstlerischen Volksschaffens (1968–1970). Hg. vom Institut für Volkskunstforschung beim Zentralhaus für Kulturarbeit Leipzig. 3 Bde.: Chronik 1945–1951 (1970), 1952–1957 (1969), 1958–1962 (1968). Leipzig.

Dietrich, Gerd (Hg.) (1983): Um die Erneuerung der deutschen Kultur. Dokumente zur Kulturpolitik 1945–1949. Berlin.

---

77 Eine Neubewertung der Tradition erfolgte erst nach der „Kurskorrektur" bei der Einsetzung von Erich Honecker im Mai 1971 als 1. Sekretär des ZK der SED. Von da an wurde auch den überlieferten Werten und Normen ein Einfluss auf das Verhalten und die Lebensweise der Menschen zugeschrieben. Wie bereits Mitte der Fünfzigerjahre fand nun das „volkskulturelle Erbe" wieder Eingang in die sozialistische Nationalkultur. Vgl. dazu Weinhold (1992: 61–66).

Eggmann, Sabine/Oehme-Jüngling, Karoline (Hg.) (2013): Doing Society. „Volkskultur" als gesellschaftliche Selbstverständigung. Hg. von der Schweizerischen Gesellschaft für Volkskunde. Basel.

Erbe, Günter (1993): Die verfemte Moderne. Die Auseinandersetzung mit dem „Modernismus" in Kulturpolitik, Literaturwissenschaft und Literatur der DDR. Opladen.

Fiedler, Klaus (1956): Im Dienst der deutschen Folklore. In: Volkskunst 5 (5), S. 5.

Heintze, Dieter (1953): 1953 – das Jahr des Lernens. In: Volkskunst 2 (1), S. 3 f.

Institut für Volkskunstforschung in Leipzig eröffnet (1956). In: Volkskunst 5 (11), S. 8.

Jacobeit, Wolfgang (2006): Die Neuorientierung der deutschen Volkskunde. In: Steinitz, Klaus/Kaschuba, Wolfgang (Hg.): Wolfgang Steinitz – Ich hatte unwahrscheinliches Glück. Ein Leben zwischen Wissenschaft und Politik. Berlin, S. 145–153.

Jacobeit, Wolfgang/Nedo, Paul (Hg.) (1969): Probleme und Methoden volkskundlicher Gegenwartsforschung. Berlin.

Kaschuba, Wolfgang (2012): Reflexion und Intervention. Zum Ethos volkskundlich-ethnologischer Forschung. In: Braun, Karl/Dieterich, Claus-Marco/Schönholz, Christian (Hg.): Umbruchszeiten. Epistemologie & Methodologie in Selbstreflexion. Dokumentation der dgv-Hochschultagung 2010 in Marburg. Marburg, S. 101–120.

Keding, Burkhard (1956): Warum stagniert die Volkskunstarbeit? In: Neues Deutschland, 16. November, S. 4.

Korff, Gottfried (1992): Volkskunst als ideologisches Konstrukt? Fragen und Beobachtungen zum politischen Einsatz der Volkskunst im 20. Jahrhundert. In: Jahrbuch für Volkskunde 15, S. 23–50.

Köstlin, Konrad (2006): Wolfgang Steinitz als Protagonist der DDR-Volkskunde. In: John, Eckhard (Hg.): Die Entdeckung des sozialkritischen Liedes. Münster, S. 25–38.

Kühn, Cornelia (2007): „… eine neue, mit dem Volk verbundene Kultur entwickeln" – Laienkunst als Ressource für die Etablierung der Volkskunde in der frühen DDR. In: Nikolow, Sybilla/Schirrmacher, Arne (Hg.): Wissenschaft und Öffentlichkeit als Ressourcen füreinander. Studien zur Wissenschaftsgeschichte im 20. Jahrhundert. Frankfurt am Main/New York, S. 197–216.

— (2009a): Sozialistische Wissenschaftspopularisierung. Volkskunst und Heimatgeschichte in der frühen DDR. In: Dietzsch, Ina/Kaschuba, Wolfgang/Scholze-Irrlitz, Leonore (Hg.): Horizonte ethnografischen Wissens. Eine Bestandsaufnahme. Wien et al., S. 131–154.

— (2009b): Zwischen wissenschaftlicher Neuorientierung und politischer Lenkung: Die marxistische Volkskunstforschung in der frühen DDR. In: Simon, Michael et al. (Hg.): Bilder-Bücher-Bytes. Zur Medialität des Alltags. 36. Kongress der Deutschen Gesellschaft für Volkskunde in Mainz vom 23. bis 26. September 2007. (Mainzer Beiträge zur Kulturanthropologie/Volkskunde). Münster et al., S. 340–351.

— (2012): Die Kunst gehört dem Volke? Die Volkskunst in der frühen DDR zwischen politischer Lenkung und ästhetischer Praxis. Dissertation, Humboldt-Universität zu Berlin.

Kühn, Werner (1952): Die Volkskunstausstellung. Ein Beitrag im Kampf um nationale Einheit und Frieden. In: Staatliche Kommission für Kunstangelegenheiten (Hg.): Deutsche Volkskunst. Ausstellungskatalog. Dresden, S. 5–7.

Lee, You Jae (2001): „… als ob die Volkskundler schwarze Schafe wären." Wissenschaft, Politik und Eigensinn in der DDR-Volkskunde 1945–1973. In: Scholze, Thomas/Scholze-Irrlitz, Leonore (Hg.): Zehn Jahre Gesellschaft für Ethnographie – Europäische Ethnologie in Berlin. (Berliner Blätter, 23). Berlin et al., S. 75–104.

Leo, Annette (2005): Leben als Balance-Akt. Wolfgang Steinitz. Kommunist, Jude, Wissenschaftler. Berlin.

Löden, Sönke (2002): Volkskunst in der DDR. Zu Funktion und Bedeutung eines Leitbegriffs. In: Simon, Michael/Kania-Schütz, Monika/ders. (Hg.): Zur Geschichte der Volkskunde. Personen – Programme – Positionen. (Volkskunde in Sachsen, 13/14). Thelem, S. 325–346.

Malycha, Andreas (Hg.) (2003): Geplante Wissenschaft. Eine Quellenedition zur DDR-Wissenschaftsgeschichte 1945–1961. Leipzig.

Martischnig, Michael (Hg.) (1990): Volkskundler in der Deutschen Demokratischen Republik heute. Wien.

Meyer, Ernst Hermann (1956): Kritische Gedanken zur Arbeit unserer Volkskunstgruppen. In: Volkskunst 5 (7), S. 1 f.

Mohrmann, Ute (1991): Die „Volkskunde des Neubeginns" während der fünfziger Jahre in der DDR im Kontext damaliger Kulturpolitik. In: Zeitschrift für Volkskunde 87, S. 196–205.

— (1994): Volkskunde in der DDR während der fünfziger und sechziger Jahre. In: Jacobeit, Wolfgang/Lixfeld, Hannjost/Bockhorn, Olaf (Hg.): Völkische Wissenschaft. Gestalten und Tendenzen der deutschen und österreichischen Volkskunde in der ersten Hälfte des 20. Jahrhunderts. Wien et al., S. 375–396.

— (2006): „Volkskunst" – die Basiskultur von damals? In: Steinitz, Klaus/Kaschuba, Wolfgang (Hg.): Wolfgang Steinitz – Ich hatte unwahrscheinliches Glück. Ein Leben zwischen Wissenschaft und Politik. Berlin, S. 154–171.

Moser, Hans (1962): Vom Folklorismus in unserer Zeit. In: Zeitschrift für Volkskunde 58, S. 177–209.

— (1964): Der Folklorismus als Forschungsproblem der Volkskunde. In: Hessische Blätter für Volkskunde 55, S. 9–57.

Naumann, Hans (1922): Grundzüge der deutschen Volkskunde. Leipzig.

Nedo, Paul (1952): Forschungsarbeit im Dienste der Weiterentwicklung unseres Volksschaffens. In: Volkskunst 1 (7), S. 20–23.

— (1953): Der erste Plan der Forschungsarbeit. In: Volkskunst 2 (4), S. 12 f.

— (1956): Gibt es bei uns noch eine Volksdichtung? In: Volkskunst 5 (7), S. 61–63.

— (1957): „Volkskunst" – gestern und heute. Eine begriffliche Erörterung. In: Tradition und Gegenwart. Festschrift zum 150jährigen Bestehen des Musikverlages Friedrich Hofmeister. Leipzig, S. 81–88.

— (1958): Über den Begriff und das Wesen der Volkskunst. In: Volkskunst 7 (7), S. 3.

— (1964): Fragen der volkskundlichen Gegenwartsforschung. In: Arbeitsmaterialien der Natur- und Heimatfreunde des Deutschen Kulturbundes 1, S. 1–8.

Nedo, Paul/Krähner, Klaus (1957): Kritische Anmerkungen zu unseren Volks- und Heimatfesten. In: Volkskunst 6 (7), S. 6–8.

Niederhofer, Ulrike (1996): Die Auseinandersetzung mit dem Expressionismus in der Bildenden Kunst im Wandel der politischen Realität der SBZ und der DDR 1945–1989. (Europäische Hochschulschriften, Reihe XXVIII, Kunstgeschichte, 277). Frankfurt am Main et al.

Nötzold, Peter (1998): Wolfgang Steinitz und die Deutsche Akademie der Wissenschaften zu Berlin. Zur politischen Geschichte der Institution (1945–1968). Berlin.

— (2001): Wolfgang Steinitz – Wissenschaftler und Wissenschaftsorganisator an der Deutschen Akademie der Wissenschaften zu Berlin. In: Scholze, Thomas/Scholze-Irrlitz, Leonore (Hg.): Zehn Jahre Gesellschaft für Ethnographie – Europäische Ethnologie in Berlin. (Berliner Blätter, 23). Berlin et al., S. 125–148.

— (2002): Die Deutsche Akademie der Wissenschaften zu Berlin – Innovation oder Mogelpackung? In: Burrichter, Clemens/Diesner, Gerald (Hg.): Auf dem Weg zur „Produktivkraft Wissenschaft". (Beiträge zur DDR-Wissenschaftsgeschichte, Reihe B, 1). Leipzig, S. 141–164.

Schmoll, Friedemann (2009): Die Vermessung der Kultur. Der „Atlas der deutschen Volkskunde" und die Deutsche Forschungsgemeinschaft 1928–1980. Stuttgart.

Scholze, Thomas (2001): Anmerkungen zur Frühgeschichte der Volkskunde in der sowjetischen Besatzungszone bzw. späteren DDR. In: ders./Scholze-Irrlitz, Leonore (Hg.): Zehn Jahre Gesellschaft für Ethnographie – Europäische Ethnologie in Berlin. (Berliner Blätter, 23). Berlin et al., S. 149–156.

Schubbe, Elimar (Hg.) (1972): Dokumente zur Kunst-, Literatur- und Kulturpolitik der SED, 1946–1970. Stuttgart.

Staatliche Kommission für Kunstangelegenheiten (Hg.) (1952): Deutsche Volkskunst. Ausstellungskatalog. Dresden.

Steinitz, Wolfgang (1951): Die deutsche Volksdichtung – ein wichtiger Teil des nationalen Kulturerbes [2 Teile]. In: Neues Deutschland, 16. November, S. 6, und 17. November, S. 4.

— (1952): Zur Erforschung der deutschen Volksdichtung. In: Staatliche Kommission für Kunstangelegenheiten (Hg.): Deutsche Volkskunst, Ausstellungskatalog. Dresden, S. 19–24.

— (1953): Aufgaben und Ziele der volkskundlichen Arbeit in der Deutschen Demokratischen Republik. Vortrag beim 8. Deutschen Volkskundetag in Passau vom 26. bis 31. August 1952. In: Wissenschaftliche Annalen. Zur Verbreitung neuer Forschungsergebnisse (hg. von der Deutschen Akademie der Wissenschaften) 2 (1), S. 1–7.

— (1954/1962): Deutsche Volkslieder demokratischen Charakters aus sechs Jahrhunderten. 2 Bde. Berlin.

— (1955): Die volkskundliche Arbeit in der Deutschen Demokratischen Republik. (Kleine Beiträge zur Volkskunstforschung. Hg. vom Zentralhaus für Volkskunst, 1). Leipzig.

Steinkamp, Maike (2008): Das unerwünschte Erbe. Die Rezeption „entarteter" Kunst in Kunstkritik, Ausstellungen und Museen der SBZ und frühen DDR. Berlin.

Strobach, Hermann (1991): Volkskundliche Forschung an der ehemaligen Akademie der Wissenschaften zu Berlin. In: Zeitschrift für Volkskunde 87, S. 207–224.

Volks- und Heimatfeste gestern – heute – morgen (1958). Referate und Diskussionsbeiträge einer Beratung am 25./26. Oktober 1958 in Magdeburg. Hg. vom Deutschen Kulturbund, Zentrale Kommission Natur- und Heimatfreunde. Berlin.

Weber-Kellermann, Ingeborg (1956): Zehn Jahre Institut für deutsche Volkskunde. In: Deutsche Akademie der Wissenschaften zu Berlin (Hg.): Deutsche Akademie der Wissenschaften 1946–1956. Berlin, S. 435–447.

Weckel, Petra (2001): Wilhelm Fraenger (1890–1964). Ein subversiver Kulturwissenschaftler zwischen den Systemen. Potsdam.

Weinhold, Rudolf (1992): Vierzig Jahre Volkskunstforschung im Spannungsfeld von Wissenschaft und Folklorepraxis. In: Jahrbuch für Volkskunde 15, S. 51–66.

Die sorbische Volkskunde zwischen 1945 und 1970

Auf der Suche nach neuen Methoden und Konzepten

Ines Keller

Einleitung

Nach 1945 bot sich erstmals die Möglichkeit einer Institutionalisierung der sorbischen Volkskunde. Bis dahin war die Bearbeitung volkskundlicher Themen abhängig von Neigungen und Interessen sorbischer Intellektueller – meist Pfarrer und Lehrer –, die sich damit lediglich nebenberuflich beschäftigen konnten. Ihre Ergebnisse veröffentlichten sie in der Regel in der Zeitschrift *Časopis Maćicy Serbskeje* der 1847 gegründeten sorbischen populärwissenschaftlichen Gesellschaft Maćica Serbska, die sprachwissenschaftliche, historische, literaturgeschichtliche, volkskundliche und demografische Forschungen pflegte und förderte.

Die Maćica Serbska sowie andere sorbische Vereine, Zeitungen und Zeitschriften wurden 1937 von den Nationalsozialisten verboten. 1936 erschien im *Časopis Maćicy Serbskeje* als letzte sorbische volkskundliche Schrift eine Studie über die Tracht der katholischen Sorben vom Spamer-Schüler und späteren Lehrer Maks Rječka (1936). Kulturtheoretisch orientierte sich Rječka an der damals aktuellen These des „gesunkenen Kulturgutes", deren bekanntester Vertreter Hans Naumann (1886–1951) war.

Nach dem Zweiten Weltkrieg bemühte sich die Maćica Serbska, ihre Tätigkeit wieder aufzunehmen. Das gelang ihr insoweit, als sie zwar zugelassen wurde, aber sie musste 1949 ihre Selbstständigkeit aufgeben und wurde in die Domowina[1] als deren „Wissenschaftliche Abteilung (Maćica Serbska)" eingegliedert.

Sorbische volkskundliche Forschungen in den 1950er Jahren

Im März 1950 beschloss die Hauptversammlung der Domowina, die Gründung eines wissenschaftlichen Instituts vorzubereiten, das, in der Tradition der Maćica

---

[1] Die Domowina war 1912 als Dachverband sorbischer Vereine gegründet und 1937 von den Nationalsozialisten verboten worden. Im Mai 1945 wurde sie als erste sorbische Massenorganisation zugelassen.

Abbildung 1: Paul Nedo (1908–1984).   Abbildung 2: Paul Nowotny (1912–2010).
Quelle: SKA Bautzen   Quelle: SKA Bautzen

Serbska stehend, deren Fachbereiche weiterführen sollte.[2] Das Bundessekretariat
der Domowina unterbreitete daraufhin der damaligen sächsischen Landesregie-
rung den Vorschlag, eine wissenschaftliche Institution zur Erforschung der sorbischen Geschichte, Sprache und Literatur und aller Lebensäußerungen des sorbischen Volkes zu schaffen.[3] Am 1. Mai 1951 wurde in Bautzen das Institut für
sorbische Volksforschung gegründet.

Sein erster Direktor war Paul Nowotny, der bis zu seiner Emeritierung 1977
dem Institut vorstand. Anfänglich noch dem Ministerium für Volksbildung in
Sachsen unterstellt, wurde das Institut im August 1952 der Akademie der Wissenschaften zugeordnet. Die volkskundliche Arbeit im Haus begann erst ein
Jahr nach Institutsgründung, im April 1952, mit der Ankunft des Absolventen
der Prager Karls-Universität, Błažij Nawka, der sein Studium mit der Promo-

---

2   Dies geschah im Zusammenhang mit der Durchsetzung des 1948 in Sachsen beschlossenen Ge-
    setzes zur Wahrung der Rechte der sorbischen Bevölkerung. Es schuf die Voraussetzungen für eine
    Institutionalisierung sorbischer Kultur. In den 1950er Jahren wurde erstmals in der sorbischen Ge-
    schichte eine Reihe sorbische Institutionen gegründet.

3   Paul Nowotny: Fünf Jahre Institut für sorbische Volksforschung, Sorbisches Kulturarchiv (SKA)
    Bautzen, ISL I 5-D.

tion zum Hochzeitsbrauchtum der Wittichenauer Sorben abgeschlossen hatte. Bis 1955 war er auch der einzige wissenschaftliche Mitarbeiter dieser Abteilung (Förster 1981: 46). Der sorbische Nachwuchs für Volkskunde wurde seit 1951 an der Karl-Marx-Universität in Leipzig im Rahmen des Studiums der Slawistik ausgebildet und stand daher frühestens nach 1955 zur Verfügung.[4] Die Volks-kunde-Vorlesungen in Leipzig hielt Paul Nedo[5], der seit 1952 am Zentralhaus für Laienkunst (dem späteren Zentralhaus für Volkskunst) arbeitete und an der Universität Leipzig von 1951 bis 1959 sorbische Volkskunde und Literatur sowie Allgemeine und Deutsche Volkskunde lehrte.

Nedos Kontakte zum Bautzener Institut waren eng. Im September 1952 erar-beiteten Nedo, Nowotny und Nawka eine Konzeption der volkskundlichen For-schung.[6]

Diese stellte Nedo in den Jahren 1952 und 1953 auf verschiedenen Tref-fen und Seminaren mit sorbischen und Lausitzer Volkskundlern und Heimat-forschern in Bautzen vor.[7] Seine Überlegungen erschienen als Leitartikel 1953 in sorbischer Sprache unter dem Titel „Přehlad stawiznow serbskeje ludowědy [Abriss der Geschichte der sorbischen Volkskunde]" in der ersten Nummer der volkskundlichen Reihe der neuen Jahresschrift des Instituts für sorbische Volks-forschung, im *Lětopis* (Nedo 1953). Nedo formulierte darin die wichtigsten zu-künftigen Aufgaben einer sorbischen volkskundlichen Forschung, die sich an der sowjetischen Ethnografie der Schule um Tokarew orientierten (ebd.: 7). Toka-rew hatte im Studienjahr 1951/52 an der Universität Leipzig (2.11.1951) und an der Humboldt-Universität in Berlin (26.1.1952) Gastvorträge über die eth-nografische Forschung in der Sowjetunion gehalten. Ein entsprechender Aufsatz wurde 1951 im Heft 4 der Zeitschrift *Sowjetwissenschaft* veröffentlicht (Tokarew 1951). Als wichtigste Aufgaben der sowjetischen Ethnografie der Gegenwart be-nannte Tokarew „das Studium nichtkapitalistischer Entwicklungswege rückstän-diger Völker, die Errichtung einer neuen Kultur, die ihrer Form nach national und ihrem Inhalt nach sozialistisch sein sollte, das Studium der nationalen Kon-solidierung der Völker der UdSSR, das Studium der sozialistischen Lebensform der Kolchose sowie das Studium der Lebensweise der Arbeiter" (ebd.: 650). In enger Anlehnung an diese Aufgaben nannte Nedo für die sorbische Volkskunde

---

4   Arbeitsbericht der volkskundlichen Abteilung des Instituts für sorbische Volksforschung in Baut-zen, vorgetragen am 27.2.1954 auf der Sitzung der Sektion für Völkerkunde und deutsche Volks-kunde in Berlin, SKA Bautzen, ISL IX 1-A.

5   Paul Nedo (1908–1984) hatte von 1928 bis 1932 in Leipzig Pädagogik, Germanistik und unter Fritz Karg Volkskunde studiert. Vgl. dazu auch Bresan (2002).

6   SKA Bautzen, ISL IX 1-A, S. 131.

7   Ebd., S. 132.

folgende Bereiche: 1. die Erforschung der ökonomischen, gesellschaftlichen und kulturellen Veränderungen im Dorf seit 1945; 2. die Trachtenforschung mit Inventarisierungen und monografischen Studien zur Entwicklung der einzelnen Trachtengruppen; 3. die Volkstanzforschung; 4. Studien zur Volksmusik; 5. Inventarisation der materiellen Volkskultur und Volkskunst; 6. die systematische Durchsicht von Archiven in Bezug auf die wirtschaftliche und gesellschaftliche Lage der werktätigen Bevölkerung in den verschiedenen historischen Perioden und 7. die wissenschaftliche Bearbeitung von Volksliedern, Sagen, Märchen, Sprichwörtern et cetera mit besonderer Darstellung der gesellschaftskritischen und fortschrittlich kämpferischen nationalen Traditionen (ebd.: 26 f.). Damit übernahm die wissenschaftliche sorbische Volkskunde grundlegende Konzepte der sowjetischen Ethnografie.

Inventarisierungen

Der Schwerpunkt sorbischer volkskundlicher Forschung lag in den 1950er Jahren mehrheitlich bei Inventarisationen und Sammelarbeit. Dort gab es in kurzer Zeit die ersten Ergebnisse und Monografien zu verzeichnen (vgl. dazu z. B. Deutschmann 1959). Überregionale Bedeutung erlangten die Arbeiten zur sorbischen Tracht, die in einer speziellen Reihe veröffentlicht wurden. Die Herausgabe des ersten Bandes 1954 über die Tracht in Schleife, zusammengestellt von Nedo und dem sorbischen Maler Měrćin Nowak-Njechorński [Martin Nowak-Neumann], hatte vor allem einen kulturpraktischen, volkskünstlerischen Anspruch. Ziel war die fachliche Anleitung von sorbischen Volkskunstgruppen nach sowjetischen Vorbildern. Dieses Anliegen formulierten beide im Vorwort des Buches folgendermaßen:

„Seit einiger Zeit beobachten wir überall ein wachsendes Interesse für unsere Volkstrachten. Insbesondere bemächtigen sich unsere Volkskunstgruppen, angeregt durch die Ensembles aus der Sowjetunion und den Volksdemokratien, der reichen Schätze unserer Volktrachten [...]. Dem Zentralhaus für Volkskunst erwuchsen mit dieser Bewegung weitreichende Aufgaben der wissenschaftlichen Betreuung der Gruppen. Im Rahmen dieser Arbeiten regten wir auch Studien zu den sorbischen Volkstrachten der Lausitz an" (Nedo/Nowak-Njechorński 1954: Vorwort).

Darüber hinaus unterschieden sich dieser Trachtenband und seine folgenden[8] noch in anderer Form von herkömmlichen Studien zur Tracht. Konzeptionell

---

8   Bd. 2: Jan Meschgang (1957): Die Tracht der katholischen Sorben. Bautzen; Bd. 3: Erich Schneider (1959): Die Tracht der Sorben um Hoyerswerda. Bautzen; Bd. 4: Martin Nowak-Neumann (1964): Die Tracht der Niederlausitzer Sorben. Bautzen; Bd. 5, H. 1: Albrecht Lange (1976): Die

ging es den Autoren um den Nachweis der „schöpferischen" Kräfte des werktätigen Volkes. So wurde nicht nur die Tracht in ihren Einzelteilen ausführlich beschrieben, sondern auch die sozialökonomischen Bedingungen in der Trachtenregion sowie die soziale Lage der Träger besonders berücksichtigt.

Da zu Beginn der 1950er Jahre Błažij Nawka der einzige Volkskundler am Institut war, regte Nedo an, vor allem Lehrer in die volkskundliche Sammelarbeit einzubeziehen. Er knüpfte damit an eine gängige Praxis der Gewinnung von Gewährspersonen aus der Vorkriegszeit an, um volkskundliche Informationen und Zuarbeiten zu erhalten. Auf dem ersten volkskundlichen Seminar am 28. 12. 1952 in Bautzen schlug er unter anderem vor, Volkstänze mithilfe von Lehrern und Vertrauensleuten zu dokumentieren. Für das Studium der Volkskultur in der Niederlausitz sollten Schüler der Sorbischen Oberschule in Cottbus gewonnen werden.[9]

Zudem gab das Institut[10] Broschüren für Lehrer und Studenten heraus, in denen die Methoden volkskundlichen Arbeitens ausführlich vorgestellt wurden und die als Anleitung von ihnen genutzt werden sollten (vgl. Nedo/Nawka 1954). Die sorbischsprachigen Beiträge wurden parallel dazu nochmals in der ebenfalls nach 1945 neu geschaffenen Zeitschrift für sorbische Lehrer, der *Serbska šula* [Sorbische Schule], veröffentlicht.[11]

Neuzaucher Tracht. Bautzen; Bd. 5, H. 2: Lotar Balke (1976): Die Tracht der Sorben um Lübbenau. Bautzen; Bd. 5, H. 3: Lotar Balke (1977): Die Tracht der Sorben um Senftenberg und Spremberg. Bautzen; Bd. 5, H. 4: Albrecht Lange (1978): Die Tracht der Sorben um Muskau. Bautzen; Bd. 5, H. 5: Błažij Nawka/Albrecht Lange (1979): Die Tracht der Sorben um Nochten und Klitten. Bautzen; Bd. 5, H. 6: Błažij Nawka (1979): Die Tracht der evangelischen Sorben des Bautzener Landes. Bautzen.

9   Prěni ludowědny seminar Instituta za serbski ludospyt w Budyšinje [Erstes volkskundliches Seminar des Instituts für sorbische Volksforschung in Bautzen], SKA Bautzen, ISL IX 1-A.

10   Arbeitsbericht der volkskundlichen Abteilung des Instituts für sorbische Volksforschung in Bautzen, vorgetragen am 27. 2. 1954 auf der Sitzung der Sektion für Völkerkunde und deutsche Volkskunde in Berlin, SKA Bautzen, ISL IX 1-A.

11   In einem Brief vom 25. 10. 1954 schreibt Nedo an B. Nawka: „[…] sollte der Schwerpunkt der Arbeit jetzt in der Organisierung der breiten Inventarisation liegen, unter Zugrundelegung des von Rudolf Weinhold ausgearbeiteten Planes. […] Vor allem aber wäre darauf zu achten, möglichst viele Helfer, vor allem Lehrer zu gewinnen, die auf Jahre hin helfen, ein Dorf zu bearbeiten und zwar nach allen Richtungen hin. […] In Gebieten, wo wir nur wenige Einzelhelfer finden, sollten wir versuchen, Sammelgruppen der Schulen, Lehrerbildungsinstitute usf. zu organisieren. […] Die nächste wichtige Aufgabe sehe ich darin, die gewonnenen Helfer und Mitarbeiter theoretisch und methodisch zu schulen […]. Nach den Unterredungen mit Jacob Scheibe, Franz Reisch und Paul Nowotny besteht Übereinstimmung darüber, dass die Zeitschrift ‚Sorbische Schule' sich auf den Abdruck sorbischer Texte beschränkt", SKA Bautzen, ISL IX 5-A.

Untersuchungen zu Veränderungen auf den Dörfern

Die ersten Ansätze einer Lebensweiseforschung bei den Sorben fallen in die Jahre 1953 bis 1955, vor allem auf Anregung der Deutschen Akademie der Wissenschaften in Berlin und des Zentralhauses für Volkskunst in Leipzig (vgl. Musiat 1957). Laut dem „Programm für Dorfforschungen der Deutschen Akademie der Wissenschaften 1953" war der Gegenstand der Untersuchung zu Beginn der 1950er Jahre das Leben der werktätigen Bauernschaft. Geplant waren zwei Expeditionen, die ihre Tätigkeit in Mecklenburg und in der Lausitz aufnehmen sollten. Je ein Dorf, in dem eine landwirtschaftliche Produktionsgenossenschaft bestand, sollte bearbeitet werden. Anhand der Erfahrungen sowjetischer und tschechischer Ethnografen wurde ein äußerst umfangreicher – mehr als 20 Seiten umfassender – Fragebogen mit drei Hauptteilen erarbeitet: der a) die landeskundliche Darstellung des Dorfes, b) die Analyse seiner sozialökonomischen Entwicklung seit etwa 1935 und c) die Analyse der Volkskultur beinhalten sollte.[12] Die Organisation dieser Forschung lag wiederum mit in den Händen von Paul Nedo, der für die Arbeit in der Lausitz hauptsächlich Studenten einsetzte.[13]

Anlässlich eines Treffens sorbischer Volkskundler im Institut für sorbische Volksforschung am 7.11.1953 berichteten Rudolph Weinhold und der Leipziger Student Siegmund Musiat über den Stand der Dorfforschungen in der DDR.[14] Zunächst informierte Weinhold über die Erforschung des Dorfes Dubnitz auf Rügen. Als Vorbild für seine Forschung dienten ihm die Arbeiten des russischen Ethnografen Worobjow und des tschechischen Volkskundlers Kramařik. Sieg-

---

12   Programm für Dorfforschungen der Deutschen Akademie der Wissenschaften 1953, SKA Bautzen, ISL IX 1-C.

13   In einem Brief vom 21.5.1953 schreibt Nedo unter anderem an Nowotny: „In der Anlage erhältst Du ein Exemplar des Entwurfes für das Programm, das den Forschungen in Mecklenburg zu Grunde gelegt wird. [...] Ich schlage nunmehr vor, auch in der Lausitz nur ein Beispiel zu wählen, damit wir es ordentlich besetzen können [...]. In der Teilnehmerfrage stehen wir jetzt wie folgt: Für die geschichtliche Analyse wird der Kollege Brankatschk mitgehen [...]. Für den volkskundlichen Teil sollte neben Musiat auch Dr. Nauke herangezogen werden [...]. Da es eine außerordentlich gefragte und intensive Arbeit ist, sollten wir auch unseren Teilnehmern nach Möglichkeit diese Sätze zubilligen, gleichgültig, ob es sich dabei um Studenten handelt. Die Kosten für die Erarbeitung des Programms, das sehr viel Mühe gemacht hat, trägt das Zentralhaus", SKA Bautzen, ISL IX 1-C; vgl. auch: Wuwiće ludowědneho wotrjada při Instituće za serbski ludospyt [Die Entwicklung der volkskundlichen Abteilung am Institut für sorbische Volksforschung] (1952/53), SKA Bautzen, ISL IX 1-A.

14   Rozprawa wo zeńdźenju serbskich ludowědnikow w Instituće za serbski ludospyt w Budyšinje, dnja 7.11.1953 [Bericht über das Treffen sorbischer Volkskundler am Institut für sorbische Volksforschung in Bautzen], SKA Bautzen, ISL IX 1-A.

mund Musiat hatte gemeinsam mit weiteren Studenten und Heimatforschern[15] in der Lausitz das Dorf Kreckwitz, das erste vollgenossenschaftliche Dorf der Region, zu untersuchen (vgl. Musiat 1957). Geplant war eine regionale Ausweitung dieser Forschungen. Nach Nedo sollte sich jeder sorbische Volkskunde-Student ein sorbisches Dorf aussuchen, in dem er einige Jahre lang in seinen Ferien mindestens vier Wochen leben und gemeinsam mit dem Dorflehrer die gesellschaftlichen Verhältnisse und die Volkskultur studieren sollte (ebd.). Die Ergebnisse blieben aber hinter den Erwartungen zurück (Nowotny 1971: 133). So stellte Musiat (1958) – als einer der Bearbeiter– im *Lětopis* folgerichtig fest, dass sich die Gegenwartsforschungen methodisch noch im „embryonalen Zustand" befinden würden.

Betrachtet man die Veröffentlichungen der sorbischen Volkskunde in den 1950er Jahren in ihrer Gesamtheit,[16] so zeigt sich, dass trotz solch neuer Ansätze wie der Lebensweiseforschung die sorbische Volkskunde in dieser Zeit weitgehend dem traditionellen Kanon treu blieb.

Sorbische volkskundliche Forschungen in den 1960er Jahren

Verstärkte Hinwendung zu Gegenwartsforschungen

Innerhalb der Volkskunde der DDR waren die 1960er Jahre von einem wissenschaftlichen Diskurs über Gegenstand, Methoden und Ziele der Volkskunde gekennzeichnet. Einige Vertreter, hauptsächlich im Rahmen der Akademie der Wissenschaften, favorisierten in Bezug auf den Gegenstand volkskundlicher Forschung weiterhin eine Konzentration auf die mündliche Überlieferung. Andere Fachvertreter plädierten für eine Gegenstandserweiterung und Öffnung der zeitlichen Perspektive und rückten Fragen volkskundlicher Gegenwartsforschungen in den Mittelpunkt der Diskussion (vgl. Lee 1998; Brinkel 2012).

---

15 Božidar Šěca erhielt die Aufgabe, den geografischen Teil zu bearbeiten, Jan Brankačk die Geschichte, Bjarnat Nowak den ökonomischen Teil, Richard Iselt die gesellschaftliche Struktur um das Jahr 1935 und Siegmund Musiat die aktuelle gesellschaftliche Struktur.

16 Paul Nedo (1956): Sorbische Volksmärchen. Systematische Quellenausgabe. (Schriftenreihe des Instituts für sorbische Volksforschung, 4). Bautzen; Paul Nedo (1966): Grundriß der sorbischen Volksdichtung. (Schriftenreihe des Instituts für sorbische Volksforschung, 32). Bautzen; Isolde Gardoš (1978): Kajkiž ptačik – tajke hrónčko [Wie der Vogel – so das Lied]. Sorbische Sprichwörter. Bautzen; Jerzy Slizinski (1964): Sorbische Volkserzählungen. (Veröffentlichungen des Instituts für Slawistik der AdW der DDR, 31). Berlin; Arnošt Kowar (1959/60): Přinošk k wuwiću molowanja jutrownych jejkow w Serbach [Beitrag zur Entwicklung des Eiermalens bei den Sorben]. In: Lětopis C 4, S. 125–137; Blažij Nawka (1963/64): Über Sinn und Ursprung der Lausitzer Vogelhochzeit. In: Lětopis C 6/7, S. 313–324; Blažij Nawka (1960): Zum sorbischen Museumswesen und den sorbischen ethnografischen Beständen in Lausitzer Museen. In: Ethnografica II, Brno, S. 313–324.

Zu den Verfechtern einer die Gegenwart einbeziehenden Volkskunde zählte
Paul Nedo (Strobach 1991: 213). Erstes Podium seiner Überlegungen war der
Kulturbund. In seinem Beitrag von 1964 über „Fragen volkskundlicher Gegenwartsforschung", veröffentlicht im Arbeitsmaterial der Kommission Natur und
Heimat des Präsidialrates des Deutschen Kulturbundes, brachte Nedo (1964)
grundsätzlich neue Zielsetzungen, Fragestellungen und Methoden in die Diskussion ein. Er orientierte sich auch hier wieder an den einschlägigen Erfahrungen über Komplexuntersuchungen der damaligen tschechischen, slowakischen
und polnischen Ethnografie beispielsweise in Brno oder Poznań (ebd.: 3). Die
Arbeiten westdeutscher Volkskundler und Soziologen kannte er und nahm sie
auch zur Kenntnis. Während er sich noch 1964 recht entschieden von den Arbeiten um Hermann Bausinger (1961) und Wilhelm Brepohl (1957) abgrenzte,
würdigte er 1967 auf der Tagung in Bad Saarow – auf der sich ausschließlich die
Befürworter einer neuen DDR-Volkskunde trafen – die Anregungen besonders
der Tübinger Schule. Paul Nedo führte den Begriff der Lebensweise in die Diskussion ein (Strobach 1991: 214). Auch wenn der Terminus nicht klar definiert
war, so schien er doch geeignet, die volkskundlichen Forschungsfelder entscheidend über den traditionellen Kanon hinaus zu erweitern. Nach Nedo sollte sich
die Volkskunde „mit der Lebensweise und den kulturellen Leistungen der werktätigen Klassen und Schichten des deutschen Volkes im historischen Ablauf" beschäftigen (1964: 4), was bedeutete: mit allen werktätigen Klassen und Schichten
bis zur Gegenwart.

Darüber hinaus war es auch wieder Nedo – insbesondere gemeinsam mit Wolfgang Jacobeit –, der die interdisziplinäre Zusammenarbeit und die Anwendung
soziologischer Methoden forderte. Entsprechend der damals in der DDR vorherrschenden Auffassung lehnte er zwar die Existenzberechtigung einer selbstständigen Disziplin Soziologie ab, forderte aber die Anwendung „soziologischer
Betrachtungsweisen und Methoden vor allem zur Lösung von Gegenwartspro-
blemen" (ebd.: 7) und allgemein die „komplexe und kollektive Untersuchung
durch Vertreter verschiedener wissenschaftlicher Disziplinen" (ebd.: 6).

Paul Nedo hat diese Zielsetzungen dann vor allem als Ordinarius für Volks-
kunde an der Humboldt-Universität zu Berlin (1964–1968) gemeinsam mit
Wolfgang Jacobeit und Ute Mohrmann in seiner Vorlesungstätigkeit und in der
Anregung für Examensarbeiten sowie im von ihm angeregten Fernstudium zu
verwirklichen gesucht (vgl. Jacobeit 1985, 1986, 2000). Mit der Einrichtung des
Fernstudiums verlagerte sich auch die Ausbildung sorbischer Volkskundler von

Leipzig nach Berlin.[17] Somit wurden diese bereits von den neuen Lehrinhalten geprägt.

Das Beispiel Radibor

Die Nedo'sche Konzeption spiegelte sich auch innerhalb der sorbischen Volkskunde wider. Die in Berlin stattgefundenen Auseinandersetzungen gab es in der sorbischen Volkskunde nicht. Einerseits gab es einfach zahlenmäßig nicht genügend Volkskundler, die sich gegen Nedo hätten stellen können. Andererseits war Nedo in der sorbischen Volkskunde zu präsent. Er war Mitglied im wissenschaftlichen Beirat des Instituts und im Redaktionsbeirat der Reihe C (Volkskunde) des *Lětopis*. Die meisten der volkskundlichen Institutsprojekte wurden mit seiner Hilfe, Zustimmung und Unterstützung durchgeführt. Hier hatte er ein Forum zur Umsetzung seiner Vorstellungen einer neuen Volkskunde.

In den 1960er Jahren wurden in Bautzen die Lebensweiseforschungen intensiv weitergeführt. 1964 erschien zunächst von Siegmund Musiat (1964) die Dissertation zur Lebensweise des Oberlausitzer Gesindes – dazu muss man jedoch feststellen, dass dem hier verwendeten Begriff von „Lebensweise" eine recht diffuse Bestimmung zugrunde lag.[18]

Zu Beginn der 1960er Jahre wurde eine volkskundlich-soziologische Untersuchung für die zweisprachige Gemeinde Radibor konzipiert.[19] Nedo hatte das Dorf bereits im Mai 1953 in einem Schreiben an Nowotny vorgeschlagen.[20] Hintergrund für die Wahl von Radibor war ein kulturpolitischer, denn die Ergebnisse (vgl. Nowotny 1965) sollten staatlichen und gesellschaftlichen Institutionen, insbesondere der Domowina, als wissenschaftliches Material zur kulturpolitischen

---

17 Am ersten Studiengang 1966 mit über 50 Teilnehmern nahmen auch drei sorbische Fernstudenten teil (Lotar Balke, Albrecht Lange, Ernst Schmidt), die später alle am Institut für sorbische Volksforschung arbeiteten.

18 Der Begriff Lebensweise war zum damaligen Zeitpunkt eher ein gängiges Schlagwort als ein konkret definierter wissenschaftlicher Terminus. So schreibt Musiat (1964) in seiner Einleitung: „Es wird der Begriff Lebensweise angewandt. Die Berechtigung hierzu ergibt sich aus all jenen im Kapitalismus begründeten Entwicklungs-, Wandlungs- und Schrumpfungsprozessen, deren ethnographischen Gehalt der herkömmliche Sammelbegriff Volkskunde nicht mehr ganz zu entsprechen vermag. Selbst in der älteren deutschen Literatur wird schon der Begriff Lebensweise bzw. Lebensart gelegentlich angewandt."

19 Arbeitsplan 1964, Arbeitsbereich Volkskunde: Forschungskomplex „Entwicklung der sorbischen nationalen Minderheit nach 1945": 1. Volkskundliche Dokumentation des gegenwärtigen sorbisch-deutschen Dorfes in seiner Entwicklung nach 1945, SKA Bautzen, ISL I 21-B.

20 In einem Brief vom 21. 5. 1953 schreibt Nedo unter anderem an Nowotny: „Ich schlage nunmehr vor, auch in der Lausitz nur ein Beispiel zu wählen, damit wir es ordentlich besetzen können. Es müsste allerdings ein typisches Beispiel sein. Ralbitz erscheint mir nicht sehr typisch, weil dort früher kein Junkersitz war. Wie wäre es mit Radibor?", SKA Bautzen, ISL IX 1-C.

Leitungstätigkeit zur Verfügung gestellt werden (Nowotny 1971: 133). Man hatte sich bewusst für das Begriffspaar „ethnographisch-soziologisch" entschieden. Vom Untersuchungsgegenstand und den Methoden her sollte die Volkskunde vor allem für die Erforschung der kulturellen Leistungen und der Lebensweise zuständig sein, während der Soziologie in erster Linie die Untersuchung der Alters-, Sozial- und Berufsstruktur sowie der statistischen Erfassung der ethnischen Struktur der Bevölkerung zufiel (vgl. Nowotny 1968). Ein Forschungsplan, der von der Kreisleitung der SED und dem Rat des Kreises Bautzen genehmigt werden musste, umfasste sechs Schwerpunkte: 1. die Veränderungen der sozialen Struktur in Verbindung mit der Veränderung des Inhalts und des Charakters der Arbeit; 2. die Entwicklung der sozialistischen Selbstverwaltung; 3. die Familie und ihre Funktion im gesellschaftlichen Leben; 4. das geistige Leben der Gemeinde unter besonderer Berücksichtigung der Aneignung der sozialistischen Kultur; 5. die Veränderungen in den zwischenmenschlichen Beziehungen im Zuge der sozialistischen Entwicklung sowie 6. die sprachlichen Verhältnisse in der Gemeinde unter besonderer Berücksichtigung der Zweisprachigkeit.

Dieser Plan wurde den zuständigen Stellen der Deutschen Akademie der Wissenschaften (DAW) sowie Volks- und Völkerkundlern der DDR vorgelegt. Wie Nowotny in seinem Beitrag zur Methodik der Forschung in Radibor im Deutschen Jahrbuch für Volkskunde 1968 (ebd.) feststellt, erfolgten leider keine Hinweise zur Methode und zu technischen Verfahren, weil es damals noch überall an Erfahrungen für solche Komplexforschungen fehlte. Lediglich auf den Mangel an Erfahrung und auf die Gefahr einer Überforderung der Wissenschaftler bei einem solch komplex angelegten Forschungsunternehmen verwiesen im Dezember 1963 Stellungnahmen zum Projekt seitens der Forschungsgemeinschaft „Soziologie und Gesellschaft" und des Instituts für Philosophie der DAW (ebd.). Methodische Fragen wurden eher mit Ethnografen aus Polen erörtert, die bei der Untersuchung der sozialen und kulturellen Wandlungsprozesse im Zuge der Besiedlung der polnischen Westgebiete bereits Erfahrungen in der Gegenwartsforschung gesammelt hatten (vgl. Burszta 1964). Im Mai 1963 bewilligte die DAW zwei Wissenschaftlern des Instituts die Teilnahme an ethnografisch-soziologischen Feldforschungen im Braunkohlengebiet von Konin und in der Wojewodschaft Koszalin. Im Herbst 1963 wurden ein Familienfragebogen und ein zweiter detaillierter volkskundlich-soziologischer Fragebogen erarbeitet.

Mit dem Familienfragebogen sollten vor allem die statistischen Angaben über die Alters-, Sozial- und Berufsstruktur der Wohnbevölkerung von Radibor und ihre Wohnverhältnisse sowie über ihre ethnische Zugehörigkeit ermittelt werden (vgl. Nowotny 1965).

Institut für sorbische Volksforschung in Bautzen
bei der Deutschen Akademie der Wissenschaften
zu Berlin

Nur für internen Gebrauch!

Familienfragebogen

für soziologische Erhebungen in der Gemeinde Radibor 1964

Ortsteil: ....   Nr. ....

Familienname: ....

Hofname: ....

I. Angaben zur Person des Mannes

1. Vorname(n): ....
   (Rufname unterstreichen)

2. Geburtsjahr: ....   3. Geburtsort: ....

4. Soziale Stellung der Eltern: ....

5. Falls zugezogen, in welchem Jahr: ....

   Weshalb: ....

   Frühere Wohnorte: ....

6. Militärdienst: ja/nein

7. Kriegsgefangenschaft: ja/nein: wo? ....

   Jahr der Heimkehr: ....

8. Falls nach 1945 längere Zeit ortsabwesend gewesen, wo: ....

   Weshalb: ....

   Wann: ....

   Rückkehrjahr: ....

9. Nationalität nach Angabe des Informators: ....

   Nationalität nach Angabe des Befragenden: .... DPA

10. Religion: ....

11. Abgeschlossene Schulen: ....

    Abgeschlossene Kurse: ....

    Gegenwärtige Qualifizierung: ....

    Sprachkenntnisse (a = aktiv, p = passiv): ....

    Muttersprache: ....

Abbildung 3: Familienfragebogen, Radibor 1964. Quelle: SKA Bautzen

Diese Daten bildeten die Grundlage für die volkskundliche Untersuchung. Anhand des 245 Fragen umfassenden zweiten Fragebogens sollte die gesamte Lebenswelt der Bevölkerung von Radibor untersucht werden. Interviews und teilnehmende Beobachtungen bildeten die Hauptmethoden.

Die wenigen Volkskundler des Instituts reichten für dieses umfangreiche Vorhaben nicht aus. Auch hier griff wieder die Unterstützung durch Nedo, der inzwischen an der Berliner Humboldt-Universität lehrte. Auf seine Initiative hin
wurden zwischen 1963 und 1965 insgesamt elf Studienpraktikanten des Instituts für Völkerkunde und deutsche Volkskunde der Humboldt-Universität zur
volkskundlichen Feldforschung nach Radibor geschickt. Die Palette der zu bear-
beitenden Themen war breit gefächert. Sie reichten von aktuellen Praxen im Jah-
res- und Familienbrauchtum bis zu aktuellen Wohn- und Lebensweisen.[21] Da am
Forschungsplan politische und staatliche Instanzen beteiligt waren, behandelten
zwei Diplomarbeiten aktuelle parteipolitische Themen.[22]

Aus heutiger Sicht ist die Radiborer Untersuchung äußerst bemerkenswert,
war sie doch zur damaligen Zeit in der DDR einzigartig. Aus den Akten des Sorbischen Kulturarchivs in Bautzen wissen wir, dass auch Vertreter in der Deutschen Akademie der Wissenschaften sehr an den Methoden in Radibor interessiert waren und sie für ihre Forschungen kompatibel machen wollten. Wolfgang
Jacobeit, damals an der Akademie am Magdeburger-Börde-Projekt arbeitend,
hatte sich im Februar 1965 an Paul Nowotny gewandt und ihn gebeten, die in
Radibor verwendeten Fragebogen zu schicken, „da Sie nach meinem Wissen in
der DDR die einzige Institution vertreten, die sich den Entwicklungen der Volks-

---

21 1963 untersuchten die Studenten die *Hochzeiten* im Zeitraum von 1962 bis Mitte 1963, die *Ju-*
    gendweihe 1963, die *Geburtstagsfeiern unter Schulkindern*, das *Osterreiten* nach 1945, den *Mai-*
    baumbrauch seit 1945 und die *Veränderungen im landwirtschaftlichen Maschinenpark* im Orts-
    teil Brohna nach 1945. Im Feldforschungspraktikum 1965 entstanden Arbeiten zum *Wandel der*
    Wohnverhältnisse, zu *Veränderungen in der Ernährungsweise*, zum *Eltern-Kind-Verhältnis*, zu *Jahres-*
    festen und *-bräuchen* seit 1945 und zur *Rolle und Bedeutung des Gesetzes zur Wahrung der Rechte der*
    sorbischen Bevölkerung für das Zusammenleben der deutschen und sorbischen Einwohner (vgl. No-
    wotny 1968).

22 Eine Diplomarbeit behandelte *Die sozialökonomische Struktur in der Landwirtschaft und die ökono-*
    mische Entwicklung der LPG in der Gemeinde Radibor (Gerhard Koreng, Universität Leipzig), die
    andere *Die führende Rolle der Partei bei der Durchsetzung der sozialistischen Demokratie in der zwei-*
    sprachigen Gemeinde Radibor zwischen dem V. und dem VI. Parteitag der SED (Herbert Funke, Par-
    teihochschule „Karl Marx" beim ZK der SED) (vgl. Nowotny 1968).

I. Die Veränderung der sozialen Struktur auf dem Lande in Verbin-
    dung mit der Veränderung des Inhalts und Charakters der Arbeit
    bei der Errichtung der sozialistischen Gesellschaft.

_____

A. Die durch die demokratische Bodenreform und den sozialisti-
    schen Umgestaltungsprozeß hervorgerufenen Veränderungen der
    sozialen Struktur der Bevölkerung der Gemeinde.

Einschätzung der gegenwärtigen sozialen Struktur der Bevölkerung des Ortes

a) nach Besitz und Vermögen

1. Wie werden Nachbarn und event. Bekannte im Ort zur
   Zeit des individuellen Wirtschaftens eingeschätzt
   (als Groß-, Mittel-, Kleinbauer, landwirtschaftlicher
   oder Industriearbeiter bzw. als Land Besitzender oder
   nicht Land Besitzender - jeweils ortsübliche Bezeichnung angeben)

2. Wie waren zu jener Zeit die gegenseitigen Beziehungen

3. Wie werden Nachbarn und event. Bekannte im Ort nach
   der Bodenreform eingeschätzt (wie unter 1. - falls
   andere Einschätzung, warum)

4. Wie waren die gegenseitigen Beziehungen nach der
   Bodenreform

5. Wie werden Nachbarn und Bekannte im Ort nach der vollen
   Vergenossenschaftlichung eingeschätzt (als wohlhabend -
   z.B. mit Auto, als gut situiert, z.B. Fernsehkliemand,
   als arm oder als Belastung für die Genossenschaft)

6. Wie sind die gegenseitigen Beziehungen heute

b) nach dem gesellschaftlichen Beitrag beim Aufbau des
   Sozialismus

7. Wie werden Nachbarn und event. Bekannte im Ort zur
   Zeit des individuellen Wirtschaftens eingeschätzt (z.B.

Abbildung 4: Volkskundlich-soziologischer Fragebogen, Radibor 1964. Quelle: SKA Bautzen

kultur und des Volkslebens nach 1945 widmet", und „da wir uns von diesen bei
der Abfassung eigener ähnlicher Fragebogen gern anregen lassen würden".[23]
    Die ersten Resultate veröffentlichte Nowotny 1965, zwei Jahre nach For-
schungsbeginn; dabei informierte er vor allem über die Forschungen zum Brauch-
und Festwesen (vgl. Nowotny 1965). Auch in den Folgejahren erschienen einzelne Aufsätze. Nowotnys zusammenfassender Bericht über die Entwicklungen
der sozialen Struktur und ethnischen Zusammensetzung der Gemeinde fiel der
politischen Zensur zum Opfer und blieb unveröffentlicht. Unter anderem wies
Nowotny darin auf eine fortschreitende natürliche Assimilierung der Sorben als
ein Resultat der ökonomischen und politischen Wandlungen hin. Dieses Ergebnis verhinderte für fast 20 Jahre weitere umfangreichere, die gesamte sorbische
Ober- und Niederlausitz betreffende Forschungen. Der sorbische Minderheiten-
forscher Ludwig Elle schreibt dazu:

„Eine Mitte der 60er Jahre vom Institut für sorbische Volksforschung unter Federführung
von Paul Nowotny konzipierte umfassende Erhebung im gesamten deutsch-sorbischen Gebiet
wurde durch die Abteilung Staat und Recht beim Zentralkomitee der SED abgelehnt. In der
internen Begründung für diese Ablehnung, die dem Projektleiter nicht zur Kenntnis gelangte,
hieß es: ‚Da nach Anlage des Materials […] zwei Generationen erfragt werden, wird es objek-
tiv eine Antwort auf den vor sich gehenden Prozess der natürlichen Assimilierung geben. Das
kann zu einem sprunghaften Wachsen des sorbischen nationalen Pessimismus einerseits und
sorbischem Nationalismus andererseits sowie zum Zunehmen der Selbstlaufideologie in der
Durchführung der Nationalitätenpolitik der Partei bei den deutschen Partei- und Staatsfunk-
tionären führen.' Weiter führte der zuständige Sektorenleiter in der Abteilung Staat und Recht
aus, ‚Beides halte ich in der durchaus möglichen innen- und außenpolitischen Auswirkung für
gefährlich. Es wird uns bzw. kann uns bei der Lösung der Aufgaben, die der VII. Parteitag stellen wird, politische Schwierigkeiten in diesem Gebiet bringen'" (1992: 14).

---

23 Jacobeit schrieb am 18. 2. 1965 an Nowotny: „Sehr geehrter Herr Dr. Nowotny! Ich möchte noch
    einmal – jetzt in einem offiziellen Brief – auf meinen Vorschlag zurückkommen, den ich Ihnen
    bei Ihrem höchst interessanten Bericht über die Feldforschungen in Radibor gemacht habe. Da Sie
    nach meinem Wissen in der DDR die einzige Institution vertreten, die sich den Entwicklungen
    der Volkskultur und des Volkslebens nach 1945 widmet, scheint es mir wichtig, die Kollegen in
    den befreundeten sozialistischen Ländern in dem Mitteilungsblatt DEMOS darüber zu informie-
    ren. […] Bei dieser Gelegenheit möchte ich Sie noch einmal sehr herzlich bitten, mir einen ganzen
    Satz Ihrer in Radibor verwendeten Fragebogen zu schicken, da wir uns von diesen bei der Abfas-
    sung eigener ähnlicher Fragebogen gern anregen lassen würden", SKA Bautzen, ISL I 22-J.
    Nach dem Erhalt schrieb Jacobeit am 23. 2. 1965 an Nowotny: „Ich bedanke mich für die über-
    sandten soziologischen Fragebogen, die ich für unsere Unternehmungen im Magdeburger Rü-
    benanbaugebiet sehr gut gebrauchen können werde. Wenn ich mich recht erinnere, sprachen Sie
    hier in Berlin auch von rein volkskundlichen Fragebogen, die Sie in Radibor verwenden. Wäre es
    möglich, auch von diesen ein Exemplar zu bekommen?", SKA Bautzen, ISL I 22-J.

Einzelne Gemeindeuntersuchungen wurden dennoch weiterhin zugelassen. Die zahlreichen Abbaggerungen von Dörfern im Lausitzer Braunkohlenrevier seit Mitte der 60er Jahre machten weitere Inventarisationen erforderlich. Als Auftragsforschung des Braunkohlenwerkes John Schehr Laubusch wurde die interdisziplinäre Erforschung der Gemeinde Groß Partwitz, Kreis Hoyerswerda, aufgenommen. Die Ergebnisse der Arbeit, die den sozialen Strukturwandel und die gesellschaftlichen und kulturellen Veränderungen in den verschiedenen historischen Zeitepochen bis zur Gegenwart (1960er Jahre) untersuchten, wurden 1970 in einer umfassenden Darstellung zusammengefasst und erschienen unter dem Titel *Groß Partwitz – Wandlungen eines Lausitzer Heidedorfes* (Nowotny et al. 1976). Obgleich die Untersuchungen Ende der 1960er Jahre stattfanden, konnte die Studie erst mit erheblicher zeitlicher Verzögerung erscheinen. Ein Gutachten des Ministeriums für Kultur verweigerte die Druckgenehmigung, da aus gesellschafts- und wissenschaftspolitischer Sicht der Rolle der Arbeiterklasse eine immer stärker werdende Bedeutung zugemessen werden sollte, die in der Arbeit fehlte. Es wurde eine starke Überarbeitung des Manuskripts gefordert.[24] Somit konnte der Band erst 1976 publiziert werden.

In den 1970er Jahren konzentrierte sich die sorbische Volksforschung und damit auch die sorbische Volkskunde schwerpunktmäßig weiterhin auf Gegenwartsprojekte. Der ideologische Anspruch spiegelte sich jetzt auch im Leitthema des Instituts wider, das seit 1971 „Die Sorben im Sozialismus" lautete. Darin wurde als neue Aufgabe, die „Führungsrolle der Arbeiterklasse auf dem Dorf als erstrangigen, politisch bestimmenden Faktor gebührend zu untersuchen" (Elle 1992: 15), besonders betont und als Aufgabenstellungen vor allem die Erforschung sozialistischer Verhaltensweisen, wie „das Gruppen- bzw. Brigadeleben in Industrie- und Landwirtschaftsbetrieben", „die zwischenmenschlichen Kontakte von Arbeitskollegen" (ebd.: 17 f.) und Ähnliches, herausgearbeitet.

Fazit

Um auf den Titel des Beitrags – „Auf der Suche nach neuen Methoden und Konzepten" innerhalb der sorbischen Volkskunde – zurückzukommen:

Ohne großartig spekulieren zu wollen – hätte die sorbische Volkskunde nicht solch einen Vertreter wie Paul Nedo gehabt, wäre sie innerhalb der DDR-Volkskunde sicher nur als unwesentliche Randerscheinung wahrgenommen worden. Durch Nedos Ambitionen und sein Engagement wurde sie vor allem in den 1960er Jahren zum Vorreiter einer neuen volkskundlichen Richtung in der DDR. Mit ihren gegenwartsbezogenen interdisziplinären Ansätzen war sie manch anderen volkskundlichen DDR-Forschungen der Zeit voraus. Sie steht

---

24 Vgl. SKA Bautzen, ISL 56-J.

zugleich als Beispiel dafür, dass es manchmal besonders die Minderheitenperspektive ermöglicht, Forschungen der Peripherie ins Zentrum zu rücken. Die periphere Lage der sorbischen Minderheit und ihrer Forschungen ermöglichte es, gerade solche Untersuchungen wie in Radibor relativ unkompliziert in einer Zeit durchzuführen, in der im Zentrum der volkskundlichen Forschung, in Berlin, die Methodendiskussion noch voll im Gange war.

Kontakte, offizielle Kontakte, sorbischer Volkskundler zu Vertretern der westlichen Forschung gab es recht selten. Zudem muss man festhalten, dass die Orientierung der DDR-Volkskunde an den Ethnografien der sozialistischen, meist slawischen, Länder den sorbischen Forschern entgegenkam. Hatten sie doch durch die Maćica Serbska traditionell schon recht enge Kontakte und sprachlich gab es auch keine größeren Hindernisse. Zum Teil hatten sorbische Vertreter in diesen Ländern studiert, wie zum Beispiel Błažij Nawka in Prag. Auch wurden die ersten sorbischen Volkskundler der 1950er Jahre im Rahmen des Slawistik-Studiums ausgebildet. Erst mit der Etablierung des Fernstudiums in Berlin 1966 verlagerte sich auch die Ausbildung sorbischer Volkskundler dorthin.

Somit bleibt letztlich für die sorbische Volkskunde der 1950er und 1960er Jahre festzuhalten: Sie sollte nicht nur als Marginalie der DDR-Volkskunde verstanden werden, denn sie hat durchaus einen eigenen aktiven Beitrag zur Öffnung des Faches in der DDR geleistet.

Literatur

Bausinger, Hermann (1961): Volkskultur in der technischen Welt. Stuttgart.

Brepohl, Wilhelm (1957): Industrievolk im Wandel von der agraren zur industriellen Daseinsform, dargestellt am Ruhrgebiet. (Soziale Forschung und Praxis, 18). Tübingen.

Bresan, Annett (2002): Pawoł Nedo. 1908–1984. Ein biografischer Beitrag zur sorbischen Geschichte. Bautzen.

Brinkel, Teresa (2012): Volkskundliche Wissensproduktion in der DDR. Zur Geschichte eines Faches und seiner Abwicklung. Berlin et al. [Dissertation, Universität Göttingen 2010].

Burszta, Józef (1964): Ethnographische Probleme des Umsiedlungsprozesses in den polnischen Westgebieten. In: Deutsches Jahrbuch für Volkskunde 10, S. 43–53.

Deutschmann, Eberhard (1959): Lausitzer Holzbaukunst unter besonderer Berücksichtigung des sorbischen Anteils. (Schriftenreihe des Instituts für sorbische Volksforschung, 11). Bautzen.

Elle, Ludwig (1992): Sorbische Kultur und ihre Rezipienten. Bautzen.

Förster, Frank (1981): Ethnographische Forschungen zur Vergangenheit und Gegenwart. In: Institut für sorbische Volksforschung (Hg.): 30 Jahre Institut für sorbische Volksforschung. Bautzen, S. 46–55.

Jacobeit, Wolfgang (1985): Wege und Ziele der Volkskunde in der DDR. In: Blätter für Heimatgeschichte 1, S. 38–40.

— (1986): Dreißig Jahre Ethnographie an der Humboldt-Universität zu Berlin 1952–1982. In: Ethnographisch-Archäologische Zeitschrift 27 (1), S. 20–23.

— (2000): Von West nach Ost – und zurück. Autobiographisches eines Grenzgängers zwischen Tradition und Novation. Münster.

Lee, You Jae (1998): Volkskunde in der DDR. Zwischen innovativen Methoden und politischer Einbindung 1963–1973. Magisterarbeit (Mskr.), Freie Universität Berlin.

Musiat, Siegmund (1958): Informacija wo terenowych studijach we wokolinje Čorneje Pumpy [Information über die Terrainstudien in der Umgebung von Schwarze Pumpe]. In: Lětopis C 3, S. 151.

— (1964): Zur Lebensweise des landwirtschaftlichen Gesindes der Oberlausitz. (Schriftenreihe des Instituts für sorbische Volksforschung, 22). Bautzen.

Musiat, Zygmunt (1957): Wjesne slědźenje w Krakecach [Dorfforschung in Kreckwitz]. In: Lětopis C 2, S. 191.

Nedo, Pawoł (1953): Přehlad stawiznow serbskeje ludowědy [Abriss der Geschichte der sorbischen Volkskunde]. In: Lětopis C 1, S. 3–27.

— (1964): Fragen volkskundlicher Gegenwartsforschung. In: Arbeitsmaterial der Kommission Natur und Heimat des Präsidialrates des Deutschen Kulturbundes. Berlin, S. 1–8.

Nedo, Pawoł (red.)/Nawka, Błažij (wud.) (1954): Přiručka za serbskich ludowědnikow. 1. Zawod a plan slědźerskeho dźěła [Handbuch der sorbischen Volkskundler. 1. Einführung und Plan der Forschungsarbeit]. Bautzen.

Nedo, Pawoł [Nedo, Paul]/Nowak-Njechorński, Měrćin [Nowak-Neumann, Martin] (Hg.) (1954): Die Tracht um Schleife = Drasta Slepjanskich Serbow. (Sorbische Volkstrachten = Serbske narodne drasty, 1). Bautzen.

Nowotny, Paul (1965): Einige Ergebnisse volkskundlicher Gegenwartsforschung in Radibor, Kreis Bautzen. In: Lětopis C 8, S. 116–122.

— (1968): Zur Methodik der soziologisch-ethnographischen Erforschung der Gemeinde Radibor – Kreis Bautzen. In: Deutsches Jahrbuch für Volkskunde 14, S. 329–333.

— (1971): Zur Entwicklung der Abteilung Volkskunde am Institut für sorbische Volksforschung in zwei Jahrzehnten seines Bestehens. In: Lětopis C 14, S. 132 f.

Nowotny, Paul et al. (1976): Groß Partwitz – Wandlungen eines Lausitzer Heidedorfes. (Schriftenreihe des Instituts für sorbische Volksforschung, 45). Bautzen.

Rječka, Maks (1936): Narodna drasta katolskich Serbow [Die Volkstracht der katholischen Sorben]. In: Časopis Maćicy Serbskeje, S. 73–128.

Strobach, Hermann (1991): Volkskundliche Forschung an der ehemaligen Akademie der Wissenschaften zu Berlin. In: Zeitschrift für Volkskunde 87 (II), S. 207–224.

Tokarew, S[ergei] A. (1951): Die ethnographische Forschung in der Sowjetunion, ihre neuen Aufgaben und Erfolge. In: Sowjetwissenschaft: Zeitschrift der Gesellschaft für Deutsch-Sowjetische Freundschaft; Gesellschaftswissenschaftliche Beiträge 4, S. 645–659.

„Das Gerät im Zusammenhang mit dem Menschen untersuchen"

Von komplexer Methode und Interdisziplinarität in der DDR-Volkskunde am Beispiel des Börde-Projekts

Hans Heilmann

Im Mittelpunkt des vorliegenden Beitrags steht das *opus magnum* des Instituts für deutsche Volkskunde der Deutschen Akademie der Wissenschaften zu Berlin (DAW): das sogenannte Börde-Projekt. Es handelt sich dabei um eine interdisziplinär angelegte Komplexuntersuchung einer regionalen Landschaft – der Magdeburger Börde. Die *Untersuchungen zu Lebensweise und Kultur der werktätigen Dorfbevölkerung der Magdeburger Börde* – so der sperrige offizielle Titel des Forschungsunternehmens – stellten im Hinblick auf ihre Konzeption und ihre breite Forschungsanlage Mitte der 1960er Jahre in der deutschen Volkskunde sowohl der Bundesrepublik als auch der DDR ein Novum dar. Der Initiator des Börde-Projekts, der Ergologe und Agrarethnograf Wolfgang Jacobeit, der sich von Anfang an um eine Einbindung verschiedenster disziplinärer FachvertreterInnen bemüht hatte, leistete mit dieser Arbeit einen in meinen Augen wichtigen Puzzlestein zu einem Paradigmenwechsel in der gesamtdeutschen Volkskunde.

Rückblick

Als im Jahr 1952 der Finnougrist Wolfgang Steinitz die Leitung zunächst einer Kommission, dann eines Instituts für deutsche Volkskunde an der Berliner Akademie übernahm, legte er in seiner Konzeptualisierung einer marxistisch fundierten Volkskunde zwei Schwerpunkte fest: Zum einen sollte es um die Erforschung der „fortschrittlichen, demokratisch-freiheitlichen Traditionen auf dem Gebiet des deutschen künstlerischen Volksschaffens" gehen und zum anderen als weiteres Ziel – und das ist in diesem Zusammenhang hier wichtiger – um „die Erforschung der alten Wirtschaftsformen und Wirtschaftsgeräte" (1955: 23). Steinitz setzte einen Akzent auf die bis dahin so vernachlässigte Sachkulturforschung, freilich stets unter dem Präfix der Arbeit, und hier besonders als Geräteforschung bezogen auf die bäuerliche Arbeit. Das Berliner Institut konnte diesem Anspruch zunächst nur eingeschränkt nachkommen, denn personell verfügte es

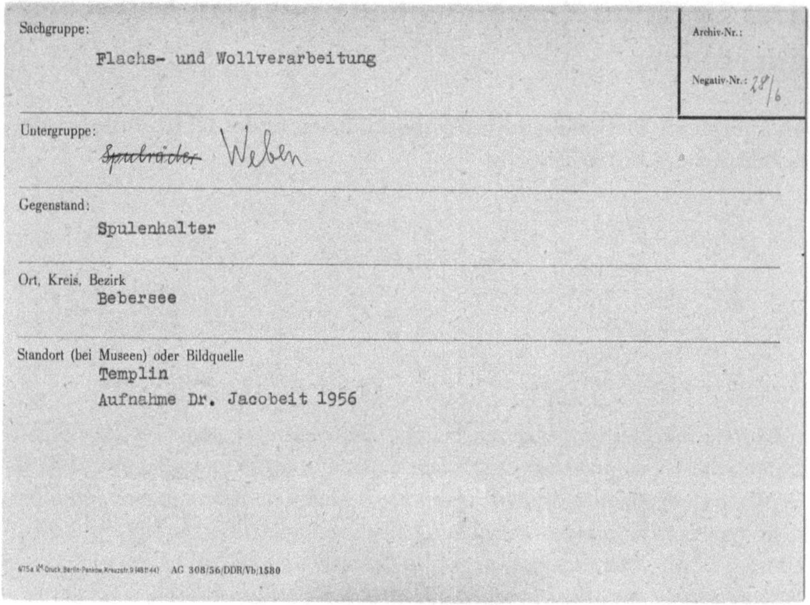
Sachgruppe:
Flachs- und Wollverarbeitung
Archiv-Nr.:
Negativ-Nr.: 28/6
Untergruppe:
~~Spulräder~~ Weben
Gegenstand:
Spulenhalter
Ort, Kreis, Bezirk
Bebersee
Standort (bei Museen) oder Bildquelle
Templin
Aufnahme Dr. Jacobeit 1956
AG 308/56/DDR/Vb/1580

Abbildung 1: Eine Klappkarteikarte aus dem zwischen 1956 und 1962 angelegten agrarethnografischen Bild- und Sacharchiv mit den Basisdaten und der Klassifizierung der inventarisierten Realie. Innenliegend befinden sich meist eine oder mehrere Fotografien des Gegenstands. Quelle: Repro aus Archiv der Landesstelle für Berlin-Brandenburgische Volkskunde (ALBBV), Berlin

bis zur Mitte der 1950er Jahre nur über einen fest angestellten Sachkulturforscher, nämlich den Ergologen Heinz Kothe. Er begann mit den Planungen eines „Atlas der materiellen Volkskultur"; zu diesem Zweck wurden die Museen der DDR mit einer Postkartenaktion um Mithilfe gebeten. Erst mit Arbeitsantritt des von Wolfgang Steinitz aus Göttingen geholten Wolfgang Jacobeit im Januar 1956 – übrigens ein Kommilitone Heinz Kothes und wie dieser Schüler von Will-Erich Peuckert – begann die republikweite Inventarisation des agrarethnografischen Gerätebestandes. Jacobeit und sein Team erarbeiteten in den folgenden sechs Jahren ein Bild- und Sacharchiv mit über 15 000 Aufnahmen an agraren Sachgütern wie Dreschflegeln, Hirtenstöcken oder Kummeten, um nur einige der Typen zu nennen.

Exkurs: Heinz Kothe

Doch noch einmal zurück zur Person Heinz Kothes, auf die in einem kleinen Exkurs an dieser Stelle eingegangen werden soll. Trotz seines überaus schillernden Werdegangs spielt er meines Erachtens eine bisher zu wenig beachtete Rolle in dieser frühen Phase der Etablierung der DDR-Volkskunde. Kothe war Geräteforscher und hatte bei Peuckert 1947 über den Pflug promoviert. Über die Umstände seines Wechsels im Jahr 1951 von Göttingen nach Berlin ist nichts Näheres bekannt. Er stand später als wissenschaftlicher Mitarbeiter des Akademie-Instituts für deutsche Volkskunde jedoch unter „Protektion durch Steinitz" (Jacobeit 2000: 80).

Zunächst führte er ab dem Studienjahr 1951/52 verschiedene Lehraufträge am Institut für Völkerkunde der Humboldt-Universität zu Berlin (HUB) aus. In dieser Zeit profilierte er sich zu einem neben Steinitz wichtigen Befürworter der Untersuchung der materiellen Kultur. Er formulierte ähnlich seinem Ziehvater eine Programmatik für die „vordringlichsten Aufgaben der Ethnographie in der DDR" (Kothe 1954). Genauso wie Steinitz sah er zunächst einmal keinen Unterschied zwischen den Fachbezeichnungen Völkerkunde und Volkskunde. Deutsche Volkskunde war für ihn die Völkerkunde eines „Ethnos" der oder des Deutschen (ebd.: 80). Ihn galt es zu untersuchen „als eine historisch entstandene und sich entwickelnde Gemeinschaft in ihrer sprachlichen, wirtschaftlich-kulturellen und psychischen Eigenart"; zu diesem Zweck müsse man „nicht so sehr die sekundären Erscheinungen, sondern vor allem jene grundlegenden Verhältnisse studieren [...], durch die die Lebensweise und die gesamte Kultur eines Volkes bestimmt wird [sic!]" (ebd.). Hier tauchen bereits die Schlüsselbegriffe von Kultur und Lebensweise auf, die sich später nicht nur im Titel des Börde-Projekts wiederfinden, sondern zu den zentralen Kategorien der DDR-Volkskunde werden sollten. Kothe verarbeitete damit vor allem die Einflüsse der sowjetischen Ethnografie, allen voran diejenigen, die von dem sowjetischen Ethnologen Sergei A. Tokarew ausgingen. Tokarew hatte zu jener Zeit eine Gastprofessur an der Humboldt-Universität inne. Beide gaben im Herbstsemester 1951/52 am gleichen Wochentag ihre Lehrveranstaltungen.[1]

Darüber hinaus plädierte Heinz Kothe im Rahmen einer geplanten „Erforschung der Ethnogenese des deutschen Volkes", die er ebenso zum Bestandteil einer „Volksforschung" zählte, für eine enge Zusammenarbeit „zwischen Eth-

---

1   Sergei A. Tokarew (1899–1985) war einer der bedeutendsten Ethnologen der Sowjetunion und Direktor des Instituts für Ethnographie der Moskauer Universität. Im Wintersemester 1951/52 war er Gastprofessor an den Universitäten in Leipzig und Ost-Berlin und hatte damit „einen entscheidenden Beitrag für die Entwicklung der Ethnographie in der DDR zu einer marxistisch-leninistischen Gesellschaftswissenschaft geleistet" (König 1970: 383). Vgl. ferner neuerdings Brinkel (2012: 77).

nographie, Archäologie, Anthropologie, vergleichender Sprachwissenschaft und Geschichte" (ebd.: 84). Zwar waren dies Disziplinen, mit denen VolkskundlerInnen in der Vergangenheit schon kooperiert hatten, doch bettete Kothe seine Forderung hier in einen umfassenderen interdisziplinären Anspruch: „Man kann sich aber keineswegs auf eine Untersuchung der Arbeitsgeräte und -methoden beschränken, sondern muß vor allem auch die Wechselbeziehungen der Menschen im Produktionsprozeß, die gesellschaftlichen Institutionen, sowie alle Erscheinungen der materiellen und geistigen Kultur erforschen" (ebd.). Es sollte das Gerät im Zusammenhang mit dem Menschen erfasst und analysiert werden. Kothe hatte damit angebahnt, was sein ehemaliger Göttinger Kommilitone Wolfgang Jacobeit später die „komplexe Methode" nennen sollte.

Dieser interdisziplinäre Anspruch Kothes bezog sich nicht nur auf den Begriff der Ethnogenese, das heißt auf die historische Entstehung einer Kultur. Er stellte auch klar, „daß das Studium des gegenwärtigen Lebens im Mittelpunkt unserer Arbeit stehen muß" (ebd.: 88), der Fokus auf einer „Erforschung der Lebensweise der Arbeiter und werktätigen Bauern", mithin der Menschen der Gegenwart liegen sollte. Festzuhalten bleibt, dass Heinz Kothe mit dieser Konzeption einer gegenwartsbezogenen und interdisziplinär angelegten Kulturanalyse wichtige Impulse für die Rehabilitierung der Volkskunde in der DDR setzte, auch wenn der Einfluss seiner Thesen sich zunächst auf seine Forschungsfelder der Agrarethnografie und der Völkerkunde beschränkte.

Rätselhaft und bis dato unerklärlich erscheint hingegen die von Diskontinuitäten geprägte akademische Karriere Kothes und dessen persönliches Verhalten. Zunächst war er zum 1. August 1953 noch vor seiner Bestallung zum Professor mit Lehrauftrag in der Nachfolge von Sigrid Hellbusch zum kommissarischen Direktor des Instituts für Völkerkunde der HUB ernannt worden. Von dieser Position bat er per 31. März 1954 wieder entbunden zu werden, ehe er im Juni 1954 gänzlich die Kündigung seines Arbeitsverhältnisses an der HUB einreichte. Dies begründete er mit der Aufnahme einer Tätigkeit am Akademie-Institut für deutsche Volkskunde. Um Kothe der Universität zu erhalten, wurde seine Kündigung in eine über zwei Jahre während Beurlaubung umgewandelt unter der Bedingung, ein Lehrangebot geringen Umfangs aufrechtzuerhalten. Dieser Bitte kam er jedoch nur im Studienjahr 1954/55 nach, in dem er in der Fachrichtung Ethnografie je eine Vorlesung und eine Übung hielt. Doch noch vor Ende dieser Beurlaubung wechselte Kothe zum 1. August 1956 an die Landwirtschaftlich-Gärtnerische Fakultät der HUB, dort an das Institut für Agrargeschichte und Agrarpolitik, ohne seinen bisherigen Dienstherrn davon in Kenntnis gesetzt zu haben. Dieses „gegen akademische Gepflogenheiten" verstoßende Verhalten sowie sein häufiges Fehlen auf Fakultätssitzungen führten schließlich zur Aberkennung seiner Professur durch die philosophische Fakultät im September 1956.[2]

Was war hier der Hintergrund? Zunächst einmal hatte Kothe im Zusammenhang mit der geplanten Habilitation seines Studienfreundes und des späteren Freiburger Ethnologen Rolf Herzog ein ungewöhnliches und überraschendes Verhalten an den Tag gelegt. So überredete er diesen vorhanden zu einem Antrag auf Habilitation an der HUB, zu der sich Herzog im Dezember 1955 schließlich meldete. Nachdem das Verfahren in Gang gekommen war, war es Kothe, von dem die Fakultät das avisierte Gutachten zu der schriftlichen Arbeit Herzogs nicht erreichen konnte.[3] Dann erhob Kothe laut den eingesehenen Akten wenige Tage vor dem für den 30. Mai 1956 geplanten Habilitationsvortrag vor dem Staatssekretariat für Hochschulwesen, dem höchsten staatlichen Leitungsorgan zur Koordinierung unter anderem der Universitäten, einer Behörde ohne ministeriellen Status, wie auch später vor dem Dekan der philosophischen Fakultät schwerste Anschuldigungen gegen Herzog. Er behauptete, Herzog sei einst Dolmetscher bei Strafeinheiten gegen sowjetische Partisanen gewesen. Ferner habe er nach 1945 an nazistischen Demonstrationen in Göttingen teilgenommen und zudem seinen Offiziersgrad verheimlicht. Diese Vorwürfe erwiesen sich den Akten nach jedoch als unwahr und Herzog konnte sich später erfolgreich habilitieren. Wie Kothe zu diesem Verhalten gekommen war, war aus den bisher zugänglichen Quellen nicht zu rekonstruieren.

Kurze Zeit danach erschien im Neuen Deutschland in der Ausgabe vom 17. August 1956 ein Artikel von Kothe, der erneut ein fragwürdiges Licht auf seine Person warf. Hier äußerte er sich in heftigen Worten und sehr kritisch zu den Zuständen der universitären Völkerkunde. Er sah den Fortbestand des Faches in Gefahr, da es zu wenig den politischen Leitlinien einer marxistischen Ethnologie folgen würde und sich zu sehr mit internen Diskussionen aufhielte:

„Man sollte daher nicht länger zögern alle schädlichen Tendenzen, die eine empfindliche Einschränkung der völkerkundlichen Lehr- und Forschungstätigkeit bewirkt haben, aufzudecken und zu beseitigen. Nur so wird es möglich sein, den jahrelangen unproduktiven Meinungsstreit, über die Arbeitsrichtung der Ethnologie – ob volkskundlich, soziologisch oder ethnohistorisch – in einer freien, kollegialen Diskussion zu beenden."[4]

---

2   Vgl. hierzu die Personalakte Heinz Kothe im Universitätsarchiv (UA) der HUB.

3   UA HUB, Bestand Philosophische Fakultät nach 1945 – Fakultätssitzungsprotokolle 1.1.1956 bis 31.12.1957 (Nr. 5). Protokoll der Fakultätssitzung vom 9.5.1956 (Blatt 16).

4   Neues Deutschland, 17.8.1956, S. 5.

Die unmittelbaren Reaktionen darauf sind nicht bekannt. Der Artikel dürfte jedoch mit zur Aberkennung seiner Professur geführt haben. Schließlich wurde
Kothe im Februar 1957 aus der Sektion für Völkerkunde und deutsche Volkskunde, dem für die Forschungsausrichtung der DDR-Ethnografie wichtigsten
Gremium, „wegen diskriminierenden Verhaltens ausgeschlossen".[5] Damit war
seine Karriere als Volks- und Völkerkundler desavouiert. Folgerichtig legte er im
März des gleichen Jahres auch die Herausgeberschaft der interdisziplinär angelegten ethnologischen Zeitschrift *Ethnographisch-Archäologische Forschungen*, die
sich kurz darauf in *Ethnologisch-Archäologische Zeitschrift* umbenannte, nieder. Er
sah durch Steinitz und den Mitherausgeber Karl-Heinz Otto „mit allen Mitteln
der Intrige und Verleumdung, durch bewußte Irreführung, Drohungen und Ar-
beitsbehinderungen eine weitgehende Isolierung meiner Tätigkeit als Ethnologe
in der DDR erreicht".[6]

An seiner neuen Arbeitsstelle, dem Institut für Agrargeschichte, trat Kothe
dann nicht weiter in Erscheinung. Seine Arbeit dort begann mit einer längeren Auslandsreise. Eine Lehrtätigkeit ist in den folgenden Jahren in den Vorlesungsverzeichnissen nicht vermerkt. Zum Ende des Jahres 1960 verliert sich quasi seine wissenschaftliche Spur. Es folgten noch einige wenige Veröffentlichungen
von Aufsätzen zu antiker Ethnografie bis in die 1980er Jahre hinein. Er verstarb
1985. Sicherlich wird der Ablauf archivalischer Schutzfristen in näherer Zukunft
präzisere Aussagen über das akademische Leben Kothes und sein eigentümliches
Verhalten ermöglichen.

Wolfgang Jacobeit und die komplexe Methode

An Kothes Stelle trat der bereits genannte Wolfgang Jacobeit. Er führte das In-
ventarisationsprojekt des vormals so geplanten und titulierten *Atlas der materiellen Kultur* fort und entwickelte dabei in der Folgezeit eine starke Reisetätigkeit,
die ihn quer durch die DDR führte. Was mir im Hinblick auf das Börde-Projekt daran wichtig zu sein scheint, ist die Tatsache, dass Jacobeit auf diesen Reisen eine Vielzahl an Kontakten mit teils hauptberuflichen WissenschaftlerInnen,
teils nebenberuflichen LaienforscherInnen knüpfte. Diese stammten nicht nur
aus den Regionen, in denen er das Material erfasste, sondern auch aus den diversen Forschungseinrichtungen, in denen er ExpertInnen unterschiedlicher Provenienz und Qualität konsultierte, um flankierende Informationen zu den acker-
bäuerlichen Geräten zusammenzutragen. Als Hinweis auf das so angebahnte und

---

5   Archiv der Berlin-Brandenburgischen Akademie der Wissenschaften (ABBAW), Zentralinstitut
     für Geschichte (ZIG) Nr. 332, Protokoll der Sektionssitzung vom 9. 2. 1957.

6   UA HUB, Personalakte Heinz Kothe, Brief vom 30. 3. 1957 von Kothe an die Verlagsleitung des
     VEB Deutscher Verlag der Wissenschaften, Berlin.

gesponnene interdisziplinäre Netzwerk, auf das ich im weiteren Verlauf noch näher eingehen werde, soll dies erst einmal genügen.

Was nun diese flankierenden Informationen angeht, die Jacobeit von verschiedenen WissenschaftlerInnen und Gewährsleuten einzuholen sich bemühte, so ist im Allgemeinen damit sein Verständnis von der Bedeutung der Sachkultur im Feld der Volkskunde und im Besonderen die aus den Erfahrungen eben dieser Inventarisationsarbeit heraus entwickelte „komplexe Methode" angesprochen. Denn die Sammlung der Realien konnte an sich kein Selbstzweck bleiben, sondern es galt vielmehr, die Bedeutungsebenen und Dimensionen der Sachgüter durch Kontextualisierung und Inbezugsetzung mit den Ergebnissen der Nachbardisziplinen zutage zu fördern, ganz so, wie dies auch Kothe intendiert hatte. Konkret bedeutete dies, dass die Entwicklung der einzelnen Geräte nicht nur aus „ethnographischer Sicht" zu betrachten und zu würdigen sei, sondern sie auch „mit der wirtschaftlichen und sozialen Geschichte der Zeit" verbunden und darüber hinaus die Realien in einen „kulturhistorisch-volkskundlich-funktionellen" Kontext gestellt werden sollten (Jacobeit/Quietzsch 1964: 76 u. 111). Jacobeit ging es mit der „komplexen Methode" um eine „nach allen Seiten hin, vor allem in die historische Tiefe" gerichtete geschichtliche Erforschung der volkskundlichen Erscheinungen. Ziel war letztlich eine Einordnung der Gegenstände in den „gesamten volkskulturellen Bereich", um von dort aus zu einer „Kulturgeschichte des werktätigen Volkes" zu gelangen (Jacobeit 1965: 17 u. 150).

Dieser Logik folgend, beschreibt der Begriff der Interdisziplinarität in dem von mir hier gebrauchten Sinne diese von Jacobeit geforderte Allseitigkeit der Perspektiven, allen voran der historischen – eine Forderung, die Jacobeit letztlich bei Karl Weinhold entlehnte, der bekanntlich eine sehr breite Konzeption des Faches hatte und möglichst alle Gebiete des Volkslebens einbezogen wissen wollte (Jacobeit 1966: 76; Weinhold 1890: 1 f.). Damit rehabilitierte Jacobeit ein Konzept von volkskundlicher Forschung, das durch die starke Fokussierung auf Geist und Seele, auf die Stoffe einer Folkloristik in den vergangenen Jahrzehnten so gut wie völlig in Vergessenheit geraten war. Die interdisziplinär ausgerichtete und letztlich auf eine Kulturgeschichte zielende Forschungsanlage des Forschungsunternehmens in der Magdeburger Börde nahm ihren Ausgang von diesen Überlegungen zu Ergologie und materieller Kultur.

Institutskolloquium vom 2. Februar 1965

Nachdem nicht zuletzt durch den Sorabisten und Ethnologen Paul Nedo immer wieder Forderungen nach einer Inventur des Faches formuliert worden waren, beraumte das Steinitz-Institut ab 1964 mehrere theoretische Kolloquien an. Im Februar 1965 sprach Nedo als Gast eines dieser Kolloquien am Institut für deutsche Volkskunde zu Problemen der Gegenwartsvolkskunde. Nedo hatte qua seiner Mitgliedschaft in der Sektion für Völkerkunde und deutsche Volkskunde der Akademie in den 1960er Jahren stetig an Einfluss gewonnen. Im März 1965 wurde er schließlich zum Sektionsvorsitzenden in der Nachfolge von Wolfgang Steinitz berufen.[7] Mit seinem Vortrag auf dem Institutskolloquium machte er erneut deutlich, wie wichtig für die Zukunft des Faches eine Kooperation mit den Nachbarwissenschaften sei, allen voran mit Soziologie und Geschichte.

Diesem Vortrag folgte im Verlauf der Veranstaltung die Vorstellung einer Ethnografie des Zuckerrübenanbaus in der Magdeburger Börde durch Wolfgang Jacobeit. Auch dieser beabsichtigte im Sinne seiner komplexen Methode eine die Fachgrenzen überschreitende Zusammenarbeit mit anderen Disziplinen. Mit Paul Nedo – und das ist der Grund, warum er hier angeführt wird – hatte Wolfgang Jacobeit also einen wichtigen Befürworter von Interdisziplinarität an seiner Seite.

An seinem Institut stand er jedoch weitgehend allein mit seinen Positionen. Denn für den überwiegenden Teil seiner KollegInnen war die Folklorisierung, also die mündlich-gedächtnismäßige Tradierung, das einzige Kriterium für den volkskundlichen Forschungsgegenstand. Eine moderne gegenwartsbezogene Arbeitervolkskunde im Nedo'schen Sinne und eine bis in die Gegenwart reichende Komplexuntersuchung mit dem Schwerpunkt auf materieller Kultur, wie Jacobeit es vorschwebte, war so nicht möglich (Lee 2001: 79). Über diese enge Auslegung der FachkollegInnen setzte sich Wolfgang Jacobeit mit seinem geplanten Forschungsvorhaben bewusst hinweg, allein um seine Gedanken um die komplexe Methode in einem größeren Rahmen exemplifizieren zu können. Was hatte es nun mit der Rübenethnografie auf sich?

Börde-Projekt

Jacobeit hatte auf seinen Exkursionen durch die DDR im Rahmen der agrarethnografischen Inventarisationsarbeit auch die Börde besucht, eine seit Jahrhunderten intensiv bewirtschaftete fruchtbare Ackerbauregion. Die Einführung der Zuckerrübe gegen Ende des 18. Jahrhunderts, aber vor allem während des 19. Jahrhunderts hatte hier viele Bauern zu wohlhabenden Leuten gemacht. Es entstanden Zuckerfabriken, und „Zuckerbarone" bauten sich „Rübenpaläste". Dieser wirtschaftliche Erfolg – die Saatzucht aus Klein Wanzleben, einem Börde-Dorf, wurde bis nach Asien und Amerika exportiert – brachte eine intensive Mechanisierung und Technisierung nicht nur der landwirtschaftlichen Kultivierung mit sich, sondern überhaupt hatte die Industrialisierung des Ackerbaus nachhaltige Auswirkungen auf Kultur und Lebensweise der Börde-Bevölkerung.

---

7   ABBAW, ZIG Nr. 331, Protokolle und Mitglieder 1952–1962, Berufungsschreiben vom 17. Februar 1965 von Leo Stern an Paul Nedo.

Abbildung 2: Herrschaftliche Auffahrt an der Villa Giesecke auf dem
Gelände der ehemaligen Zucker-
fabrik in Klein Wanzleben. Der
Pionier der Zuckerrübenindustrie
Matthias Christian Rabbethge
(1804–1902) verbrachte hier seinen Lebensabend. Foto: Hans
Heilmann (2011)

Jacobeit ging es nun darum, die kulturprägende Rolle dieser revolutionären Entwicklungen im Bereich der Arbeit und Wirtschaft über einen längeren Zeitraum
zu untersuchen. Die Magdeburger Börde schien ihm besonders geeignet, da er
davon ausging, dass hier „der integrierende Einfluß des materiellen Bereichs auf
die gesamte Volkskultur […] unter Beweis gestellt werden könne".[8]

Ausgangspunkt war die sozial- und wirtschaftsgeschichtliche Analyse der Realien. Es ging ihm darum, aus einer Betrachtung des wechselseitigen Verhältnisses
der Gesellschaft zu ihren Sachgütern heraus die Kulturgeschichte der Menschen
einer Region zu destillieren. Dies war ein Ansatz, der bestrebt war, Ergebnisse
aus dem Feld der Arbeit und Wirtschaft genauso wie aus den traditionellen Ge-
genstandsbereichen der Volkskunde miteinander zu verbinden. Das hieß, dass

---

8　Archiv der Landesstelle für Berlin-Brandenburgische Volkskunde (ALBBV), Bestand B.I.1.2.10.
　　Volkskunde 1966 – Materialien und Korrespondenz, Manuskript „Zu einer Volkskunde des Rü-
　　benbaus in der Magdeburger Börde", S. 7.

Abbildung 3: Ruinöse Überbleibsel: Schnitterkasernen in Großalsleben, Ortsteil der Kleinstadt Gröningen. In den um 1865 entstandenen Bauten waren Erntehelfer und Saisonarbeiter, die sogenannten Sachsengänger, untergebracht. Foto: Hans Heilmann (2011)

Themen aus dem Bereich der Sachkultur wie das Nahrungswesen, Haus und Hof, Wohnen, Kleidung, das Transportwesen, Arbeitsteilung, Arbeitsproduktivität, aber auch die Feierabendgestaltung, das Dorfhandwerk, das Dorfgewerbe und die Arbeit im Haus ebenso zu den Forschungsfeldern zählten wie die traditionellen volkskundlichen Stoffe wie Brauchtum, Volksglaube, Volksdichtung, Volkslied, -sprache und -kunst. Alle diese Themen sollten bis in die Gegenwart hinein verfolgt werden.

Netzwerke(n)

Wolfgang Jacobeit war von vornherein klar, dass dieses komplexe Feld weder allein durch eine Person zu bearbeiten war noch durch die Volkskunde allein. Er bemühte sich entsprechend, ExpertInnen unterschiedlichen Grades in sein Forschungsvorhaben zu integrieren. Ihm schwebte ein Kollektiv an leitenden WissenschaftlerInnen vor, das sich interdisziplinär zusammensetzen sollte. Vorgesehen waren Agrar- und WirtschaftsgeschichtlerInnen, Heimat- und LandesgeschichtlerInnen, SoziologInnen, SprachwissenschaftlerInnen, BodenkundlerInnen, AgrarökonomInnen und AgrartechnikerInnen sowie ExpertInnen aus

Pflanzenbau und Pflanzenzüchtung. Letztlich ging es darum, die bereits erwähnten „flankierenden Informationen" zu gewinnen und die Wissensbestände benachbarter Fachdisziplinen für das Projekt aufzuschließen.

Zu der Wissensgenerierung stützte sich Jacobeit nicht nur auf akademische KooperationspartnerInnen, sondern auch auf administrative Quellen sowie auf nicht professionelle Gewährsleute.[9] Der Erfolg dieser Anstrengungen ergab auch eine weitere Qualifizierung der Kooperationen in aktiv-integrierte sowie lediglich passiv-assoziierte PartnerInnen. So zeigte sich gerade bei den klassischen Gewährsleuten vor Ort, dass diese von ihrer passiven Funktion des einfachen Bezeugens ehemaliger Verhältnisse aufgrund ihrer Kenntnisse und Qualitäten beispielsweise als HeimatforscherInnen selbst in eine aktive Rolle der Wissensgenerierung und der konzeptionellen Nachjustierung, zum Beispiel der Fragekataloge, hinüberwechseln konnten.

Als Leitungsebene des Projekts fungierte die sogenannte Börde-Arbeitsgruppe. Ihr gehörten mit den Akademie-Volkskundlern Rudolf Quietzsch und Hans-Jürgen Rach zwei unmittelbare Kollegen Jacobeits an; ferner der Sprachwissenschaftler Helmut Schönfeld, mit dem Jacobeit bereits bei der Inventarisationsarbeit zusammengearbeitet hatte, sowie der aus dem Kuczynski-Institut stammende Wirtschaftshistoriker Hans-Heinrich Müller, beide ebenfalls von der Akademie. Neben diesen zählten der Leiter des Heimatmuseums des Kreises Wanzleben in Ummendorf/Börde, Heinz Nowak, sowie der Pflanzenzüchter und Agrartechniker Heinz Schneider zu dem Kreis der Projektleitung. Schneider war ein promovierter Dozent am Institut für Pflanzenzüchtung in Klein Wanzleben, einem Zweig der Deutschen Akademie der Landwirtschaftswissenschaften.

Diese Börde-Arbeitsgruppe bemühte sich in erster Linie um die Herstellung von Kontakten, um organisatorische Fragen und um die Sammlung und Sichtung von Quellen und Literatur in den verschiedenen Archiven öffentlicher und privater Natur. Des Weiteren ging sie daran, ein Netz von Gewährsleuten zu rekrutieren.

In der Korrespondenz Jacobeits ist nachweisbar, wie er einerseits ihm bekannte oder nur dem Hören und Sagen nach bekannte akademische ExpertInnen anschrieb und direkt um Auskünfte oder Beiträge bat und wie er andererseits sich die Verwaltungsstrukturen öffentlicher Einrichtungen zunutze machte. So schrieb er beispielsweise an das Erzbischöfliche Kommissariat in Magdeburg. Dadurch gelang es nicht nur, die höchste Instanz einer Institution für das Forschungsvorhaben zu sensibilisieren, sondern auf diese Weise auch die vielen ihr

---

9   Diese Unterscheidung von akademisch, administrativ und nichtprofessional bot sich mir an zur Klassifizierung und Analyse der umfangreichen Korrespondenz, die Jacobeit führte, um entsprechende ZuträgerInnen zu gewinnen.

nachgeordneten Glieder zu erreichen – in diesem Fall die lokalen Pfarren und
Gemeinden. So wurden die Kirche wie auch die im Folgenden genannten Ver-
waltungsinstanzen zu passiv-assoziierten KooperationspartnerInnen. Sie griffen
nicht aktiv in den Untersuchungsverlauf ein, sondern stellten ihre Ressourcen
dem Projekt zur Verfügung. Von der Kirche erhielt Jacobeit nicht nur Materialien aus dem Archiv des Erzbischofs, sondern auch die Erlaubnis zur Nutzung
der Kirchenbücher in den Gemeinden der Börde. Ein ähnliches Resultat zeitigte die Kontaktaufnahme zu den regionalen und lokalen Behörden. Zum Beispiel
erhielten alle Kreisbehörden im November 1965 einen standardisierten Muster-
brief, mit dem sie über das Rüben-Projekt in Kenntnis gesetzt wurden. Die Kreis-
räte wiederum verständigten ihre Kulturabteilungen, wodurch, wie mir scheint,
nicht nur hier ein einzigartiger Multiplikatoreneffekt zum Tragen kam. Auch mit
den Anschreiben an die örtlichen Heimatmuseen in der Börde war diese Wirkung von Jacobeit wohl intendiert, denn über diese Einrichtungen konnte er am
ehesten lokale Geschichts- und LaienforscherInnen erreichen.

ExploratorInnen und Gewährsleute

Der Erfolg dieser Bemühungen zeigte sich schließlich auf einem ersten großen
Treffen der gewonnenen PartnerInnen und MitarbeiterInnen des Börde-Projekts
im Februar 1967 im Heimatmuseum in Ummendorf. Auf dieser Zusammen-
kunft wurden in erster Linie die nicht professionellen LaienforscherInnen mit
dem gesamten Vorhaben vertraut gemacht. Zur Abdeckung des großen Unter-
suchungsgebietes waren sogenannte Konsultationskreise gebildet worden, denen nun diese lokalen ExpertInnen – überwiegend HeimatforscherInnen und
OrtschronistInnen – als sogenannte ExploratorInnen vorstehen sollten. Den ExploratorInnen kam dadurch in dem gesamten Projekt eine zentrale Stellung zu.
Durch ihre Arbeit des Sammelns von Quellen, der Kontaktaufnahme zu möglichen weiteren Gewährsleuten und der Durchführung von Befragungen schufen
sie erst die Grundlagen für die historische Beschreibung und Analyse der Volkskultur der Magdeburger Börde. Darüber hinaus waren sie Jacobeits Vorstellungen entsprechend die „treibende […] Kraft" des Projekts, die durch die aktive
Integration vollwertige Glieder des Forschungsteams wurden und ein kollektives
Verantwortungsbewusstsein in Bezug auf Bedeutung und Funktion des ganzen
Unterfangens entwickelten. Sie standen regelmäßig durch Rundschreiben und
laufende Treffen untereinander in Kontakt und konnten entsprechend Erfahrungen zurückgeben, die in die Verbesserung der Feldforschungen eingingen.

Diese lokalen ExploratorInnen bildeten gewissermaßen die Basis, von der aus
die Quellen – seien es Sachgüter wie beispielsweise die Ackerbaugeräte, Aktenmaterial aus den Heimatarchiven oder die orale Quelle der Gewährsleute – in
den Zusammenhang mit den untersuchten Personen gebracht werden konnten.

```
                    Dienstreise in die Börde
             Montag,d.4.8. bis Mittwoch,d.6.8.1969
             _____

        1.Tag (Montag,4.8.):

        Gutenswegen (Dr.Burde)
        Hermsdorf (Dr.Burde)
        Hohenwarsleben
        Hohendodeleben (Dr.Burde/H.P.)
        Eichenbarleben (H.P.)
        Ochtmersleben (H.P.)
        Haldensleben (H.P.)
        Hundisburg (H.P.)
        Klein Rodensleben (H.P.)
        Nordgermersleben (H.P.)

        2.Tag (Dienstag,5.8.):

        Ummendorf
        Erxleben (Dr.Burde)
        Ampfurth (H.P.)
        Bottmersdorf (H.P.)
        Domersleben (H.P.)
        Kleinalsleben (H.P.)
        Hamersleben (H.P.)

        3.Tag (Mittwoch,6.8.):

        Calbe (Dr.Burde)
        Schönebeck (Dr.Burde)
        Staßfurt (Dr.Burde)
        Bahrendorf (H.P.)
        Barby (H.P.)
        Biere (H.P.)
        Großmühlingen (H.P.)
        Kleinmühlingen (H.P.)

                                   Verteiler: Dr. Jacobeit
                                              Dr. Burde
                                              H.-J.Rach
        Berlin,d.19.6.69                      H. Plaul
```

Abbildung 4: Komplexer Fahrplan in einem komplexen Feld: Entwurf zu einer geplanten Dienstreise durch die Magdeburger Börde vom Juni 1969. Der Agrarethnograf Hainer Plaul und die Sagen- und Erzählforscherin Gisela Burde-Schneidewind teilen sich auf die verschiedenen Orte auf. Quelle: Repro aus Archiv der Landesstelle für Berlin-Brandenburgische Volkskunde (ALBBV), Berlin

In dem von mir eingesehenen Aktenmaterial befand sich ein Fragebogen, der an diese ExploratorInnen selbst adressiert war. Der „Interview-Fragebogen ‚Börde-Forschung' für jene Exploratoren, die mit der Bearbeitung der Fragelisten schon zu Ende gekommen bzw. bereits weit fortgeschritten sind", erwies sich als interessantes Zeitdokument, das einen Blick auf die Arbeitsweise dieser LaienforscherInnen, aber auch der Leitungsebene der Börde-Arbeitsgruppe ermöglichte, auf Rückkopplungen vom Feld zum/zur ForscherIn und umgekehrt sowie zum Teil auch auf persönliche Einstellungen.[10]

In der Zeit vom 4. bis 6. August 1969 reiste Jacobeits Berliner Kollege Hainer Plaul durch die Börde und suchte die ExploratorInnen persönlich auf. Die Fragebogen wurden in der Regel mit kurzen Notizen von ihm ausgefüllt. Einige wenige Exemplare wurden auch von den LaienforscherInnen selbst und dann meist recht ausführlich bearbeitet. Insgesamt liegen 19 Bogen vor. Zunächst fällt die soziale Durchmischung der ExploratorInnen auf. Zwar befanden sich über die Hälfte von ihnen im Rentenstand, doch immerhin 9 von 19 übten so verschiedene Berufe wie Friseur, Lehrer, Pfarrer, Müller, Feldbaumeister, Landwirt, LPG-Vorsitzender oder gar Tapeziermeister aus. Bei den Rentnern waren ehemalige Lehrer in der Mehrzahl. Nur eine Frau befand sich unter den ExploratorInnen. Bei der Berufsangabe war hier vermerkt: „Ehefrau (von Lehrer)".

Wenn die LaienforscherInnen sich nicht aus beruflichen Gründen mit historischen Themen auseinandersetzten wie zum Beispiel als Geschichtslehrer, so führten alle ein allgemeines Interesse oder auch ihr Hobby als Grund für ihre Mitarbeit am Börde-Unternehmen an. Einige von ihnen waren bereits als dezidierte HeimatforscherInnen in Erscheinung getreten und konnten zum Teil eine Vielzahl an Publikationen vorweisen, überwiegend Artikel in lokalen Tageszeitungen, aber auch selbstständig erschienene Chroniken. Sie erwiesen sich damit als regionale ExpertInnen, die für das Forschungteam der Börde-Arbeitsgruppe agierten und so wichtige Erkenntnisse beitrugen. Sie waren selbst Teil der Wissensgenerierung und nahmen aufgrund ihrer fehlenden akademischen Professionalisierung als AmateurforscherInnen eine Zwischenposition ein. Wie kann man diese Zwischenposition verstehen? Ist sie etwas Solitäres, das nur für das Börde-Projekt selbst steht oder vielmehr für ein sozialistisches Wissenschaftsverständnis? Oder ganz anders für eine der Zeit entsprechend gängige Praxis, um dem Anspruch des Projekts und vor allem seiner Komplexität gerecht zu werden? Dies lässt sich an dieser Stelle nur rudimentär beantworten.

In jedem Fall wäre die Umsetzung des Börde-Projekts ohne die aktive Mitarbeit der Heimat-und LokalforscherInnen gar nicht möglich gewesen. Von politi-

---

10   ALBBV, Bestand B.I.2.6.1. Magdeburger Börde 1 – Fragebogenmaterial, Quellen und Literatur, Mappe 1.

schen Motivationen waren sie in der Regel frei, keine/r schien sich als BeiträgerIn zum Aufbau einer sozialistischen Wissenschaft zu fühlen. Im Gegenteil: Die HeimatforscherInnen zogen Gewinn aus ihrer Arbeit im Dienste des Börde-Projekts, indem sie sich für ihre eigenen Forschungen Abschriften anfertigten und in den meisten Fällen auch methodisch profitierten. Einige nahmen sich vor, künftig „tiefer zu gehen" bei ihren Fragestellungen und ZeitzeugInnen aktiv einzubeziehen. Rückkopplungen zeigten sich auch in der Zusammenarbeit der lokalen ForscherInnen untereinander, die durch das Börde-Projekt wenn nicht initiiert, so doch intensiviert wurde. So ergaben sich zum Beispiel regelmäßige Treffen zwischen den BearbeiterInnen aus Osterweddingen und Bahrendorf, die sich über historische und heimatkundliche Fragen und Probleme austauschten, wie Hainer Plaul in einer Notiz auf einem der Fragebogen festhielt. Eine weitere Notiz Plauls belegt, wie fruchtbar der Kontakt mit dem Leitungsteam für die ExploratorInnen sein konnte: „Befördert, angeregt, erweitert ist das Interesse + die Aktivität in dieser Hinsicht (hist. Bewußtsein) bei einzelnen Exploratoren auch durch den *engen persönlichen Kontakt* (Gespräche, Diskussionen, geistiger Austausch) zwischen einem (oder mehreren) unserer Mitarbeiter + den Exploratoren [...]."[11] Beide Seiten zogen Nutzen und Vorteile aus der Zusammenarbeit, beide gewannen Anregungen und neue Perspektiven und Erkenntnisse für ihre eigenen Forschungen durch den direkten Kontakt miteinander.

Manch eine/r der Befragten gab als Grund für die Abschrift der mittels der Börde-Fragekataloge gewonnenen Daten an, er/sie täte dies, „um diese Ermittlungen festzuhalten. Man kann sie weiterergänzen und manch einer der Dorfbewohner aber auch meine Familie interessieren sich dafür."[12] Es zeigt sich, dass nicht nur die Produktion von Wissen im Börde-Projekt, sondern auch die Dokumentation, die Archivierung sowie die Kommunikation und die Weiterverarbeitung eine kooperative Praxis darstellten, an der weit mehr Personen als nur die WissenschaftlerInnen der Akademie und die ExploratorInnen in der Börde beteiligt waren. Gerade das Teilen der Informationen machte den Wert der Untersuchung der Realien, der sozialen, historischen und wirtschaftlichen Verhältnisse im Zusammenhang mit den Menschen überaus wichtig. Auf diese Weise kamen all die flankierenden Fakten und Geschichten zusammen, die ohne die Beteiligung der LaienforscherInnen nicht zutage gefördert worden wären.

Darüber hinaus verweist die Tatsache, dass in dem Fragebogen explizit nach dem Anfertigen von Abschriften gefragt wird, auf eine quasi natürliche Forschungspraxis, aus der wiederum auf das Verhältnis von professionellen FachwissenschaftlerInnen der Akademie und den LaienforscherInnen vor Ort geschlossen

---

11 Ebd. (Hervorhebung im Original).

12 Ebd.

werden kann. Es stellt sich die Frage, welche Hierarchien der Wissensgenerierung sich innerhalb der Zusammenarbeit etablierten und inwieweit die ExploratorInnen ihre eigene Rolle bewusst wahrnahmen und möglicherweise auch reflektierten. Welcher Art war beispielsweise das Verhältnis zwischen einer Person, die seit mehr als 40 Jahren Heimatforschung betrieb, und einer/einem wesentlich jüngeren WissenschaftlerIn, der/die das vielleicht nur die Hälfte ihrer/seiner Zeit machte? Der Explorator des Dorfes Domersleben konnte von sich sagen, dass er „schon seit 25 Jahren heimatkundliche und volkskundliche Artikel der Bezirke Magdeburg und Dresden sammle, [ich] schreibe auch selbst solche aufgrund meiner Forschungsergebnisse und besitze solche in einer Anzahl von mehreren Tausend".[13] Der verantwortliche Explorator für Haldensleben und Umgebung, ebenfalls ein professioneller Amateurforscher mit einer Vielzahl an Veröffentlichungen, hingegen ärgerte sich, dass er es „aus unüberlegter Kurzsichtigkeit" versäumt hatte, die Ergebnisse seiner im Rahmen des Börde-Projekts erhobenen Fragen für sich festzuhalten.

Die geschilderten Umstände über das Verhältnis von ExploratorInnen und WissenschaftlerInnen verweisen am Ende auf den unterschiedlichen Professionalisierungsgrad der beteiligten Akteure. Hier die vermeintlichen Amateure mit ihren je eigenen Erhebungsmethoden, die nun durch den Kontakt mit „richtigen Forschern", das heißt akademisch geschulten VolkskundlerInnen, ihr eigenes heimatgeschichtliches Handwerk qualifizieren und verbessern konnten. Dort die volkskundlichen Fachfrauen und Fachmänner aus Akademie und Universität, die zu den fachgeschichtlichen Wurzeln, nämlich zu LehrerInnen und PfarrerInnen gehen, zu LaienforscherInnen, die die Basisarbeit von Befragung und Beobachtung auf ihre Weise bereits gemacht hatten und mittels der Fragekataloge des Börde-Projekts noch einmal auf neue Art erstellten. Diese Beteiligung erscheint wie eine interdisziplinäre Zusammenarbeit. Die regionalen ExpertInnen brachten ihr eigenes spezifisches Wissen aus einem von eigenen heimat- und ortsgeschichtlichen Recherchen, von eigenen Anschauungen und Erfahrungen geprägten und zu charakterisierenden Wissensbestand mit ein und beiderseitig eröffneten sich so neue Perspektiven auf den Forschungsgegenstand. Es war dies ein Verdienst Wolfgang Jacobeits, dieses Potenzial für das Börde-Projekt zu erkennen und entsprechend zu aktivieren. Neben den anderen beteiligten FachwissenschaftlerInnen der unterschiedlichen Disziplinen standen und stehen die semiprofessionellen ExploratorInnen wenn nicht vollständig gleichberechtigt, so doch zumindest gleichwertig neben ihnen. Sie lieferten genauso wie GeografInnen, Agrar- und SprachwissenschaftlerInnen jene flankierenden Informationen, die im Sinne der von Jacobeit postulierten komplexen Methode von allen Seiten

---

13 Ebd.

her und damit interdisziplinär zu generieren waren. Letztlich zeigt sich hier, dass das Fach Volkskunde schon immer seine Wissensbestände nur durch solche forschenden Allianzen hat erzeugen können. Man denke nur an das Atlas-Projekt, das ohne seine KorrespondentInnen vor Ort, jene LehrerInnen und Geistlichen, auch seiner Datengrundlagen entbehrt hätte (Schmoll 2009: 58 ff.). Die Integration der ExploratorInnen stellte sich als eine dem Fach Volkskunde in dieser Zeit gemäße Methode dar. Die Affinität der ortsansässigen LaienforscherInnen zum Fach Volkskunde und umgekehrt die Affinität des Faches zum ländlichen Raum begünstigten die gegenseitige fruchtbringende Beziehung dieser beiden Seiten, die in meinen Augen einzigartig für das Börde-Projekt ist.

Nicht zuletzt diese Einbindung verweist noch einmal auf den in der deutschsprachigen Volkskunde der 1960er Jahre besonderen Grad an Komplexität des Forschungsvorhabens. Dieses Wagnis und die interdisziplinäre Anlage zum Zweck der Reduktion dieser komplexen Anlage des Unternehmens machten das Börde-Projekt zu einem Musterstück einer sozial- und kulturgeschichtlich arbeitenden Volkskunde, einer Konzeption, die zu dieser Zeit noch ihresgleichen suchte.

Literatur

Brinkel, Teresa (2012): Volkskundliche Wissensproduktion in der DDR. Zur Geschichte eines Faches und seiner Abwicklung. (Studien zur Kulturanthropologie/Europäischen Ethnologie, 6). Berlin et al.

Jacobeit, Wolfgang (1965): Bäuerliche Arbeit und Wirtschaft. Ein Beitrag zur Wissenschaftsgeschichte der deutschen Volkskunde. (Veröffentlichungen des Instituts für deutsche Volkskunde, 39). Berlin.

— (1966): Zur Geschichte der deutschen Volkskunde. In: Acta Ethnographica. Academiae Scientiarum Hungaricae 15, S. 75–91.

— (2000): Von West nach Ost – Autobiographisches eines Grenzgängers zwischen Tradition und Novation. Münster.

Jacobeit, Wolfgang/Quietzsch, Rudolf (1964): Bäuerliches Arbeitsgerät im Museum für Volkskunde zu Berlin. In: Staatliche Museen zu Berlin (Hg.): 75 Jahre Museum für Volkskunde zu Berlin 1889–1964. Festschrift. Berlin, S. 65–111.

König, Wolfgang (1970): Sergej Alexandrovic Tokarev zum 70. Geburtstag. In: Ethnographisch-Archäologische Zeitschrift 11, S. 383.

Kothe, Heinz (1954): Die vordringlichsten Aufgaben der Ethnographie in der DDR. In: Völkerforschung. Vorträge der Tagung für Völkerkunde an der Humboldt-Universität Berlin vom 25.–27. April 1952. (Veröffentlichungen des Instituts für deutsche Volkskunde, 5). Berlin, S. 78–91.

Lee, You Jae (2001): „… als ob die Volkskundler schwarze Schafe wären." Wissenschaft, Politik und Eigensinn in der DDR-Volkskunde 1945–1973. In: Gesellschaft für Ethnographie/

Institut für Europäische Ethnologie der Humboldt-Universität zu Berlin (Hg.): Zehn Jahre Gesellschaft für Ethnographie – Europäische Ethnologie in Berlin. Wolfgang Jacobeit zum 80. Geburtstag. (Berliner Blätter, 23). Münster, S. 75–104.

Schmoll, Friedemann (2009): Die Vermessung der Kultur. Der „Atlas der deutschen Volkskunde" und die Deutsche Forschungsgemeinschaft 1928–1980. (Studien zur Geschichte der Deutschen Forschungsgemeinschaft, 5). Stuttgart.

Steinitz, Wolfgang (1955): Die volkskundliche Arbeit in der Deutschen Demokratischen Republik. (Kleine Beiträge zur Volkskunstforschung, 1). 2. Auflage. Leipzig.

Weinhold, Karl (1890): Was soll die Volkskunde leisten? In: Zeitschrift für Völkerpsychologie und Sprachwissenschaft 20, S. 1–5.

Deutsch-schwedische Kontakte in der Volkskunde im Schatten des Kalten Krieges

Petra Garberding

Im Mai 1951 schrieb der schwedische Volkskundler Sigfrid Svensson (1901–1984) an seinen Kollegen Gösta Berg (1903–1993):

„Ich hatte, bevor ich abreiste [aus Stockholm, Anm. PG], ein Gespräch mit Mats [Rehnberg] darüber, wie wichtig es ist, dass keine peinlichen Naziforscher an unserem Kongress teilnehmen. Ich, wie auch andere, arbeiten hier für eine aktive kulturelle Zusammenarbeit mit dem neuen Deutschland, und wir wollen auf keinen Fall irgendwelche nationalsozialistischen Verbindungen. […] Nach der Eroberung der Tschechoslowakei bin ich zwar auch jetzt stark gegen Russland, aber das gibt dennoch keinen Anlass, Hitler und seine Kumpane zu vergessen."[1]

Das Nordische Museum war Organisator des „International Congress of European and Western Ethnology" 1951, eines der ersten größeren internationalen Volkskundekongresse nach Kriegsende. Svenssons Aussage ist ein Beispiel dafür, wie er und vermutlich auch einige seiner Kollegen[2] die Sorge hatten, dass der Nationalsozialismus einen Schatten auf diesen Kongress, der die internationale Zusammenarbeit nach dem Krieg neu starten sollte, werfen könnte. Es stellt sich natürlich die Frage, inwieweit es den Schweden gelang, die „peinlichen Naziforscher" vom Kongress fernzuhalten. Wer wurde aus Deutschland eingeladen, wer kam und worüber wurde gesprochen? Da dieser Kongress ein interessantes Beispiel für die deutsch-schwedischen Kontakte im Fach nach Kriegsende ist, werde

---

1 Sigfrid Svensson an Gösta Berg, 21. 5. 1951, zitiert nach Hermansson (2001: 169). Schwedisches Original: „Jag hade innan jag reste ett samtal med Mats [Rehnberg] om vikten av att inga blamerade nazistforskare kom med på kongressen. Jag liksom flera arbetar här för ett aktivt kultursamarbete med det nya Tyskland, men vi vill inte på något sätt ha nazistiskt samröre. […] Efter Tjeckoslovakiens ‚erövring' är jag visserligen också numera starkt anti-ryskt inställd, men därav ges ingen anledning att glömma Hitler och hans kumpaner." (Alle Übersetzungen vom Schwedischen ins Deutsche von der Verfasserin.)

2 In der Folge wechseln Formen mit Binnen-I und männliche Sprachformen, da das Fach Volkskunde in Schweden und Deutschland bis in die 1970er Jahre von Männern dominiert war; zwar gab es bereits seit der Entstehung des Faches viele aktive Volkskundlerinnen, diese konnten aber nur selten eine leitende Position an Museen und Universitäten einnehmen.

ich später auf diese Fragen zurückkommen. Dieser Kongress ist aber nur ein Teil
meines Beitrags, in dem es um die deutsch-schwedischen Kontakte in der Volkskunde im Schatten des Kalten Krieges geht.

In meinem Beitrag möchte ich diese Kontakte vor allem mit Fokus auf das
Verhältnis von Wissenschaft und Politik beleuchten. Mit einigen Fallbeispielen
aus archivalischen Quellen und aus Interviews mit VolkskundlerInnen werde ich
einen Einblick in die schwedisch-deutschen Kontakte in der Volkskunde geben
und zeigen, wie verschiedene Diskurse über Wissenschaft und Politik in Schweden und Deutschland die Zusammenarbeit zwischen VolkskundlerInnen in beiden Ländern beeinflussten. Mein Beitrag soll außerdem einige Antworten auf die
Frage geben, wie schwedische VolkskundlerInnen die deutsche Volkskunde nach
dem Krieg betrachteten und welches Interesse deutsche VolkskundlerInnen an
der schwedischen Nachkriegsforschung hatten.[3]

Um die Nachkriegsereignisse besser verständlich zu machen, ist es wichtig,
sich auch mit der Fachgeschichte vor Beginn des Zweiten Weltkriegs zu beschäftigen. Deshalb beginnt mein Beitrag mit einer kurzen Beschreibung des Beginns
der Volkskunde als wissenschaftliche Disziplin in Schweden und Deutschland,
gibt dann einen Einblick in die schwedisch-deutschen Kontakte während der
1930er Jahre, um danach auf den Stockholmer Kongress 1951 und die Nachkriegszeit näher einzugehen. Abschließend werden der Generationenwechsel in
den 1960er Jahren im schwedischen Fach und die Konsequenzen für die schwedisch-deutschen Kontakte diskutiert.

Wissen und Wissenschaft als diskursive Prozesse

Ein wichtiges Streben der ersten Volkskundler zu Beginn des 20. Jahrhunderts
in Europa war, volkskundliches *Wissen* in *Wissenschaft* zu transformieren. Da die
Volkskunde wie bekannt allmählich aus den Sammel- und Dokumentationstä-
tigkeiten von Heimatvereinen und Laienforschern heranwuchs, war die Transformation des Faches in eine allgemein anerkannte Wissenschaft ein wichtiges
Streben der ersten Volkskundler gegen Ende des 19. und zu Beginn des 20. Jahrhunderts (vgl. u. a. Hartmann 2001: 9–30; Sievers 2001: 31–51). Deshalb ist es
wichtig, Wissen und Wissenschaft zu unterscheiden. Hier gehe ich von Michel
Foucaults theoretischen Überlegungen zum Thema aus. Laut Foucault ist Wissen
der Wissenschaft untergeordnet. Wissen ist demnach die Summe aller Phänomene, die als „wahr" beschrieben werden, und Wissen ist auch etwas, zu dem ver-

---

3   Mein Beitrag ist Teil eines Postdoc-Projektes, das ich in der Zeit vom 1. 12. 2009 bis 30. 11. 2011
    an der Universität Uppsala durchführte, finanziert vom schwedischen Wissenschaftsrat (Veten-
    skapsrådet). Das Projekt trägt den Titel *Wissenschaft und Politik. Schwedisch-deutsche Kontakte in
    der Volkskunde in der Zeit von 1930–1960*.

schiedene Subjekte Stellung nehmen. Wissen wird zu Wissenschaft, wenn Diskurse existieren, die formellen Kriterien für Wissenschaftlichkeit entsprechen. Diese sind wiederum abhängig vom sozialen und historischen Kontext (vgl. Foucault 1981: 259). Ausgangspunkt meiner Untersuchung ist, dass Wissen und Wissenschaft in diskursiven Prozessen entstehen. Das bedeutet auch, dass ständig darüber gestritten wird, was „gute" Wissenschaft ist. Mit Diskurs ist hier „eine Menge von Aussagen" gemeint, die derselben „diskursiven Formation angehören" (ebd.: 170). Ein Diskurs gibt Ausdruck für in Zeit und Raum determinierte, meist anonyme Regeln, die innerhalb eines bestimmten Zeitraumes und innerhalb einer bestimmten sozialen, ökonomischen und geografischen Umgebung gelten (ebd.: 170 f.).

Meine Studie ist inspiriert von der historischen und der kritischen Diskursanalyse, wie sie zum Beispiel der Historiker Achim Landwehr und die Sprachwissenschaftlerin Ruth Wodak praktizieren. Der Fokus liegt hier auf Textanalysen, um die Veränderung von Diskursen in verschiedenen zeitlichen Perioden aufzuzeigen (vgl. Wodak 1996; Wodak et al. 1998). Die historische Diskursanalyse untersucht Sachverhalte, die in bestimmten zeitlichen Perioden als „normal" aufgefasst wurden und die durch gesellschaftliche Kommunikation in Form von Zeichen (wie zum Beispiel Sprache, Symbole, materielle Erscheinungen) vermittelt wurden (Landwehr 2009: 96). Da meine Untersuchung hauptsächlich auf sprachlichen Quellen aufbaut, ist hier das gesprochene und geschriebene Wort das Forschungsfeld, in dem Diskurse über Wissen und Wissenschaft analysiert werden.

Das Material in meiner Studie stammt überwiegend aus schwedischen, deutschen, schweizerischen und amerikanischen Archiven, in denen unter anderem Korrespondenzen, Manuskripte und Protokolle untersucht wurden. Darüber hinaus habe ich insgesamt 18 Interviews mit AkteurInnen in der Volkskunde in Schweden, Deutschland und Österreich durchgeführt. Diese werden in der Studie mit Namen benannt, wenn sie meine Zitate vorher gelesen und gutgeheißen haben. In einigen Fällen war das nicht möglich, daher werden diese Aussagen anonym wiedergegeben.

Der Beginn der Volkskunde als wissenschaftliche Disziplin in Schweden

In Deutschland wurden die ersten Professuren im Fach Volkskunde erst in den 1930er Jahren geschaffen, zum Beispiel 1934 in Heidelberg und 1936 in Berlin. Wichtig für die schwedisch-deutschen Kontakte im Fach war hier, dass die Etablierung der Volkskunde als akademische Disziplin an den Universitäten in Schweden früher stattfand als in Deutschland.

1919 wurde die sogenannte Hallwyl'sche Professur *(Hallwylska professuren)* am Nordischen Museum in Stockholm geschaffen. Die Professur war eine Donation

Abbildung 1: Sigurd Erixon im
Park des Instituts för folklivsforskning in Stockholm am
20.5.1950. Quelle: Nordisches
Museum

des Ehepaares Gräfin Wilhelmina von Hallwyl (1844–1930) und Graf Walther
von Hallwyl (1839–1921). Walther von Hallwyl stammte aus einer Schweizer
Adelsfamilie, dem das Schloss Hallwyl im Kanton Aargau im deutschsprachigen
Teil der Schweiz gehörte (Rehnberg 1993: 11). Die Professur wurde eingerichtet, um dem damaligen schwedischen Archäologen und Volkskundler Nils Lithberg (1883–1934) die Möglichkeit zu geben, sowohl seiner Tätigkeit am Nordischen Museum in Stockholm nachzugehen als auch das Ehepaar von Hallwyl bei
der Durchführung und Dokumentation von Ausgrabungen in ihrem Schweizer
Schloss zu unterstützen (ebd.: 16–19). Lithberg verstarb unerwartet 1934 und in
demselben Jahr erhielt Sigurd Erixon (1888–1968) die Professur, die er bis 1955
innehatte. Erixon baute das Fach *Folklivsforskning* weiter aus und schuf weit-
läufige internationale Netzwerke mit ForscherkollegInnen, unter anderem nach
Deutschland, in die Schweiz und nach Österreich.

   1955 übernahm John Granlund (1901–1982) die Professur in Stockholm.
Auch Granlund war kulturhistorisch interessiert, aber auch offen für neue Strö-

Abbildung 2: Åke Campbell, Manne Eriksson und Carin Kumlin-Hedblom vor der Universitätsbibliothek Uppsala, 1938. Zu dieser Zeit lag das Dialekt- und Sagenarchiv im Gebäude der Bibliothek. Quelle: Folke Hedbloms samling, 1938, Uppland/Uppsala, ULMA 37/38, Institutet för språk och folkminnen, Uppsala. Foto: Folke Hedblom

mungen im Fach, die mehr von sozialanthropologischen Theorien und Methoden und mehr von Gegenwartsforschung geprägt waren (Hellspong 2010: 165 f.). Erixon verlor nach seiner Pensionierung immer mehr an Einfluss, aber er unterhielt weiterhin seine internationalen Netzwerke.

Sowohl vor als auch nach dem Krieg war ein weiterer wichtiger Kontakt für deutsche VolkskundlerInnen das Dialekt- und Sagenarchiv in Uppsala (heute: *Institutet för språk och folkminnen*). Hier waren es unter anderem der Sprachwissenschaftler und Leiter der Dialektabteilung, Herman Geijer (1871–1943), und der Leiter der Sagenabteilung *(Folkminnesavdelning)*, Åke Campbell (1891–1957), die intensive Kontakte nach Deutschland unterhielten. Eine Professur im Fach „Nordische und vergleichende Volkslebenforschung" *(nordisk och jämförande folklivsforskning)* erhielt die Volkskunde in Uppsala erst 1947. Erster Inhaber war Dag Strömbäck (1900–1978) (Lilja 2000: 32 f.). Strömbäcks starkes Interesse für die Nordistik führte dazu, dass die Kontakte zu deutschen VolkskundlerInnen abnahmen; er baute stattdessen mehr Netzwerke mit nordischen, britischen und amerikanischen KollegInnen aus (vgl. Almqvist 2000).

Der schwedische Sagenforscher *(folkminnesforskare)* Carl Wilhelm von Sydow (1887–1952) ist zweifellos derjenige schwedische Volkskundler/Folklorist, der die meisten Kontakte zu deutschen KollegInnen unterhielt. Von Sydow war einer der Gründer des Volkslebenarchivs *(Folklivsarkivet)* in Lund und von 1940 bis 1944 hatte er eine persönliche Professur in *Folkminnesforskning* inne (vgl. Bringéus 2006).

Die Professur in Folkminnesforskning in Lund wurde jedoch nicht aufrechterhalten, sondern 1944 durch eine neue Professur in nordischer und vergleichender Volkslebenforschung ersetzt; erster Inhaber war Sigfrid Svensson (1901–1984). Das bedeutete zugleich, dass die Folkloristik in Schweden an Einfluss verlor und dem Fach Volkskunde untergeordnet wurde (Alsmark 1988: 186). Aber auch Svensson unterhielt zahlreiche Kontakte zu deutschen Kollegen. Svenssons Hauptinteresse galt der materiellen Kultur und dessen Einbettung in soziale und ökonomische Kontexte. 1967 wurde Nils-Arvid Bringéus Professor in Lund. Er setzte Svenssons Deutschlandkontakte fort und etablierte außerdem zahlreiche neue internationale Netzwerke. Bringéus ist bis heute neben Orvar Löfgren (Professor emeritus in Europäischer Ethnologie) aus Lund derjenige schwedische Volkskundler, der am häufigsten nach Deutschland zu Kongressen und Vorlesungen eingeladen wird.

Auch in Göteborg gibt es eine lange Tradition von volkskundlichen Sammlungen, unter anderem durch den Västsvenska folkminnesföreningen, der 1919 gegründet wurde (Skott 2008: 60). Heute lebt diese Tradition fort in Form des Instituts für Sprache und Volkserinnerungen *(Institutet för språk och folkminnen)* in Göteborg. Die Volkskunde als akademische Disziplin wurde jedoch erst 1971 an der Universität etabliert. Der erste Inhaber der Professur, Sven B. Ek, hatte das Deutschlandinteresse seines Lehrers Bringéus in Lund übernommen und unterhielt Kontakte sowohl nach Westdeutschland als auch in die DDR (siehe S. 331).

Die schwedisch-deutschen Kontakte in der Volkskunde während der NS-Zeit

Um die Entwicklungen der deutsch-schwedischen Kontakte während der Nachkriegszeit besser verstehen zu können, ist es wichtig, kurz einen Blick auf die Geschehnisse während der 1930er Jahre zu werfen. Die schwedisch-deutschen Kontakte in der Volkskunde nach 1945 wurden stark beeinflusst von dem, was während der 1930er Jahre geschah.

Mehrere der führenden schwedischen Volkskundler beobachteten mit Unruhe, wie die deutsche Disziplin immer mehr politischer Ideologie unterworfen

Abbildung 3: Carl Wilhelm
von Sydow vor seinem Haus in
Lund (Foto o. D.). Quelle: Carl
Wilhelm von Sydows samling,
Universitätsbibliothek Lund

wurde. Zu dieser Zeit waren Kontakte zwischen schwedischen und deutschen
Volkskundlern bereits etabliert und existierende Kooperationen wurden bis Ende
der 1930er Jahre fortgesetzt. Die Reaktionen schwedischer Volkskundler auf die
Ereignisse im NS-Deutschland können am besten mit dem Wort „zwiespältig"
zusammengefasst werden. Auf der einen Seite wurden die deutschen Geisteswissenschaften seit vielen Jahrzehnten als eine wichtige Inspirationsquelle und ein
Vorbild betrachtet und eine Zusammenarbeit wurde nicht nur als nützlich, sondern als notwendig für die Entwicklung der schwedischen Geisteswissenschaften
angesehen. Deutschland war ein Land, mit dem Schweden seit Jahrhunderten
eine „Wahlverwandtschaft" verband, wie es 1997 treffend in einem Katalog zu
einer gemeinsamen deutsch-skandinavischen Ausstellung Stockholm, Berlin und
Oslo beschrieben wurde (Stölzel et al. 1997: 13). Auf der anderen Seite betrachteten mehrere der in den 1930er Jahren führenden schwedischen Volkskundler

die deutschen Versuche, das Fach im Sinne der NS-Ideologie zu instrumentalisieren, mit großer Skepsis.

In den 1930er Jahren hatten schwedische Volkskundler, unter anderem von Sydow, Campbell und Erixon, enge Verbindungen zur Deutschen Forschungsgemeinschaft (DFG) und zum *Atlas der deutschen Volkskunde* etabliert. Sie hatten überwiegend Kontakte zu Volkskundlern, die für das „Amt Rosenberg" arbeiteten oder mit diesem sympathisierten.[4]

Man hatte 1936 eine gemeinsame Organisation, den Internationalen Verband für Volksforschung (IVO), gegründet und wollte eine gemeinsame internationale Zeitschrift, *Folk*, herausgeben, wofür die DFG die Finanzierung der ersten Ausgaben garantiert hatte. Es gab auch Pläne für einen Atlas über germanische Volkskultur, die aber nicht verwirklicht wurden. Hier bestanden gemeinsame Forschungsinteressen, die unter anderem auf Vorstellungen einer gemeinsamen „germanischen Kultur" aufbauten und auf dem Interesse einer Etablierung der Volkskunde als wissenschaftliche Disziplin in ganz Europa. Differenzen zwischen den schwedischen und deutschen Volkskundlern gab es zu dieser Zeit unter anderem über den Rassenbegriff, wobei die Mehrheit der schwedischen Volkskundler die deutsche antisemitische Politik ablehnte, aber selten öffentlich kritisierte. Die schwedischen Volkskundler kritisierten ferner die Politisierung der deutschen Volkskunde durch die nationalsozialistische Ideologie (vgl. Garberding 2010, 2011, 2012). Es waren aber auch unter den schwedischen Volkskundlern solche, die mit der NS-Ideologie sympathisierten und sich eine Karriere an deutschen Universitäten erhofften. Ein Beispiel dafür ist Waldemar Liungman (1883–1978), der vor allem mit konservativen Strömungen, aber auch mit antisemitischem und nationalsozialistischem Gedankengut sympathisierte (vgl. Klintberg 2010).[5]

Insgesamt ist festzustellen, dass die führenden schwedischen Volkskundler in Lund, Stockholm und Uppsala der NS-Wissenschaftspolitik zwar kritisch gegenüberstanden, aber dennoch bis zum Ausbruch des Krieges mit deutschen Kollegen zusammenarbeiteten. Da mehrere dieser deutschen Kollegen während der Machtkämpfe zwischen dem Amt Rosenberg und dem SS-Ahnenerbe an Einfluss verloren, stuften die schwedischen Forscher die meisten ihrer deutschen Kollegen anscheinend als Anti-Nazis oder zumindest als NS-Kritiker ein (vgl. Garberding

---

4   „Amt Rosenberg": hier Abkürzung für „Der Beauftragte des Führers für die Überwachung der gesamten geistigen und weltanschaulichen Schulung und Erziehung der NSDAP, Amt Rosenberg".

5   Liungman verbrachte das Wintersemester 1939 als Gastdozent in Greifswald und erhoffte sich dort unter anderem eine Karriere als Leiter eines neuen skandinavisch-deutschen Kulturforschungsinstituts, ein Plan, den jedoch der Krieg und die Kritik schwedischer Kollegen zunichtemachten. Siehe Korrespondenz zwischen Johannes Paul und REM 1938–1939, Nordische Auslandsinstitute, K 636: Das Schwedische Institut, 1933–1947, Archiv der Universität Greifswald, S. 246–289.

2012). Das kann eine Erklärung dafür sein, dass sie ihre Zusammenarbeit mit mehreren dieser Kollegen auch nach 1945 fortsetzten.

Die Nachkriegsjahre und der Stockholmer Kongress 1951

Zwei Jahre nach Kriegsende schrieb der amerikanische Folklorist Stith Thompson (1885–1976) an seinen schwedischen Kollegen Sigurd Erixon, dass er überrascht sei, dass die volkskundliche Arbeit in Schweden während der Kriegsjahre so gut und mit so wenig „Unterbrechungen" fortgesetzt werden konnte.[6] Während des Krieges hatten die schwedischen ForscherInnen ihre volkskundlichen Studien überwiegend auf das eigene Land konzentriert. Durch seine politische Neutralität während des Krieges und als eines der wenigen unzerstörten Länder bei Kriegsende fiel es den schwedischen VolkskundlerInnen auch wesentlich leichter als anderen europäischen KollegInnen, ihre Arbeit fast ohne Unterbrechung nach dem Krieg fortzusetzen. Ein wichtiger Diskurs nach Kriegsende in Schweden war die Vorstellung von Schweden als einem modernen, fortschrittlichen Land, dem es gelungen war, sich aus den Kriegshandlungen herauszuhalten. Der schwedische Ethnologe Jonas Frykman beschreibt das treffend mit den folgenden Worten:

„Schwedens Neutralität während des zweiten Weltkriegs war ein wichtiges Mittel für Identifikation. [...] Nach vorne blicken, Glauben an den Sieg der Vernunft, die Möglichkeit einer gesellschaftlich vorangebrachten Modernisierung stärkten die Gewissheit, dass hier zu Hause das Reservat war, wo das Beste, was Europa zu bieten hatte, überdauern konnte. Nach Kriegsschluss stand das Land bereit, sich international zu engagieren und anderen beizubringen, welche rationalen Lösungen es für deren Probleme gab" (1993: 145).[7]

Eine zu dieser Zeit verbreitete Vorstellung war, dass Schweden während des Krieges richtig gehandelt hatte: Als kleiner Staat habe es kaum Alternativen gesehen, als den Wünschen des NS-Regimes nachzugeben (vgl. Johansson 2006: 280; Östling 2008: 32). Das von Frykman beschriebene Gefühl, ein unzerstörtes Reservat im vom Krieg zerstörten Europa zu sein und nun Verantwortung für die vom Krieg betroffenen Nachbarn zu übernehmen, findet man auch bei den

---

6   Stith Thompson an Sigurd Erixon am 13.12.1947, Stith Thompson mss. Lilly Library, Indiana University, Box 3. Courtesy Lilly Library, Indiana University.

7   Schwedisches Original: „Sveriges neutralitet under andra världskriget blev en viktig källa för identifikationen. [...] Framåtblickandet, tilltron till förnuftets seger, möjligheten till en samhälleligt ledd modernisering ökade förvissningen om att här hemma fanns reservatet där det bästa Europa hade att erbjuda kunde övervintra. Efter fredsslutet stod landet parat att engagera sig i internationellt arbete och att tala om för andra länder vilka rationella lösningar som stod att finna på deras problem."

schwedischen VolkskundlerInnen wieder. So versuchten diese relativ früh nach Kriegsende, die internationalen Kontakte im Fach wieder aufleben zu lassen. Vor Kriegsausbruch hatten die Mitglieder in der International Association of European Ethnology and Folklore (die Nachfolgeorganisation von IVO, gegründet 1937) einen Kongress 1940 in Stockholm geplant, der jedoch wegen der Kriegshandlungen nicht zustande kam. Ende der 1940er Jahre griffen die schwedischen VolkskundlerInnen diesen Gedanken wieder auf. In Zusammenarbeit mit der CIAP, UNESCO, dem Schwedischen Institut, dem Nordischen Museum und dem Verein Schwedische Ethnologen wurde Ende der 1940er Jahre ein internationaler Kongress für VolkskundlerInnen unter Regie des Nordischen Museums in Stockholm geplant und schließlich vom 26. 8. bis 2. 9. 1951 durchgeführt (Eskeröd 1952: 114). Insgesamt nahmen 228 ForscherInnen aus 19 verschiedenen Ländern am Kongress teil. Für viele bedeutete der Kongress, dass sie zum ersten Mal ihre KollegInnen seit Kriegsende wiedersahen. Zentrale Themen des Kongresses waren unter anderem die Atlasarbeit, volkskundliche Fachterminologie und die Situation der Volkskunde in den verschiedenen europäischen Ländern (ebd.: 112). Es stand den TeilnehmerInnen jedoch frei, über diese Themen hinaus andere zu wählen. Das Programm zeigt eine große Vielfalt von Vortragsthemen.

Wie in der Einleitung erwähnt, wollten die schwedischen VeranstalterInnen nicht nur die internationale Zusammenarbeit aktivieren, sondern auch die Kooperation mit dem „neuen Deutschland" nach dem Krieg beginnen. Von daher war es für sie wichtig, sogenannte „peinliche Naziforscher" vom Kongress fernzuhalten (siehe S. 315).

In den Protokollen der Sitzungen des vorbereitenden Komitees am Nordischen Museum gibt es leider keinen Hinweis auf Diskussionen dieses Themas unter den Mitgliedern des Komitees. Aus den Protokollen geht jedoch hervor, dass es einige Diskussionen über die Einladung von osteuropäischen ForscherInnen gab. So hielt man zum Beispiel im Protokoll vom 12. 1. 1951 fest, dass „keine politischen Grenzen gelten sollten für die Einladungen zum Kongress", dass aber Sigurd Erixon hier einige Probleme mit den sowjetischen ForscherInnen sah.[8] Nachfragen beim schwedischen Außenministerium ergaben, dass ForscherInnen aus dem Ostblock über ihre jeweiligen Kulturministerien eingeladen werden sollten. Hier war das vorbereitende Komitee gespalten. Einige seiner Mitglieder waren dagegen, zu einem wissenschaftlichen Kongress Einladungen nur

---

8   Protokoll der Sitzung des vorbereitenden Komitees am Institut für Folklivsforskning am 12. 1. 1951. Nordiska museets arkiv, Etnologkongressen 1951 (im Folgenden abgekürzt mit Etno 1951).

Abbildung 4: International Congress of European and Western Ethnology in Stockholm 1951. Die TeilnehmerInnen auf der Treppe vor dem Nordischen Museum in Stockholm. Quelle: Nordisches Museum. Foto: General Foto Stockholm

mit Erlaubnis durch politische Behörden auszusprechen.[9] Vermutlich bestanden die Zweifel darin, dass man nicht mit PolitikerInnen in wissenschaftlichen Angelegenheiten verhandeln wollte und man besorgt war, die osteuropäischen KolleginInnen könnten wegen der Einladung in Schwierigkeiten geraten. Die Protokolle der Sitzungen des Komitees zeigen, dass dennoch versucht wurde, ForscherInnen aus Russland, der Tschechoslowakei, Rumänien, Ungarn und Bulgarien unter anderem mithilfe ihrer Botschaften einzuladen, aber diese Personen scheinen nicht zum Kongress gekommen zu sein.[10] Aus der DDR wurde Adolf Spamer

---

9   Protokoll der Sitzung des Arbeitsausschusses des schwedischen Organisationskomitees für den Ethnologenkongress 1951 am 22.1.1951. Mats Rehnberg an Sigurd Erixon am 13.4.1951; „Protokoll förda vid diverse sammanträden beträffande Etnologkongressen 1951", NM, Etno 1951.

10   [Albert] Eskeröd an E. Foundoukidis [CIAP's Generalsekretär] am 12.5.1951. Korrespondenz Ethnologenkongress 1951, A–F. NM, Etno 1951.

eingeladen. Wegen Krankheit wollte dieser seine Kollegin Ingeborg Weber-Kellermann schicken. Weber-Kellermann schrieb an Eskeröd, dass sie sehr gerne
teilnähme, aber ihre finanziellen Möglichkeiten leider zu begrenzt seien und sie
vermutlich keine Ausreisegenehmigung erhielte.[11]

Wolfgang Steinitz (1905–1967), zu dieser Zeit als Professor in Ostberlin tätig, kritisierte den Kongress im Nachhinein, weil man angeblich keine osteuropäischen Forscher eingeladen hätte (Schmoll 2009: 281). Wie oben erwähnt,
zeigen jedoch die schwedischen Protokolle, dass Versuche unternommen worden
waren, osteuropäische ForscherInnen einzuladen. Der Titel des Kongresses „International Congress of European and Western Ethnology" lässt hingegen darauf
schließen, dass Westeuropa fokussiert wurde, sowohl was die Themen als auch
die Auswahl der TeilnehmerInnen betraf.

Aber was wurde nun aus Sigfrid Svenssons Streben, „peinliche Naziforscher"
vom Kongress fernzuhalten? Die Teilnehmerliste zeigt, dass mehrere nationalsozialistisch belastete Forscher zum Kongress eingeladen worden waren und diese
auch Vorträge hielten (vgl. Eskeröd 1952; Erixon 1956). So wurden zum Beispiel Richard Wolfram (1901–1995), Eugen Fehrle (1880–1957), Bruno Schier
(1902–1984) und Wilhelm Peßler (1880–1962) eingeladen, die in der heutigen Forschung alle als nationalsozialistisch belastete Volkskundler gelten (siehe u. a. Elisabeth Timm und Friedemann Schmoll im vorliegenden Band; vgl.
auch Lixfeld 1993; Schmoll 2009). Wolfram, Schier und Peßler kamen, während
Fehrle seine Teilnahme absagte.[12] Aus der aktuellen Forschungslage heraus kann
nicht eindeutig entschieden werden, ob die schwedischen VeranstalterInnen damals keine oder nur unzureichende Kenntnisse über die NS-Vergangenheit dieser Kollegen hatten. Es ist wahrscheinlich, dass diese eingeladen wurden, weil
sie in der deutschen Volkskunde bekannt und bereits vor dem Krieg wichtige
Kontaktpersonen der Schweden gewesen waren. Richard Wolfram (1956: 156–
159) sprach über „Die Brauchtumsaufnahme von Südtirol und Salzburg", Schier
(1956: 136 f.) über „Die westliche Umbildung der östlichen Flurformen in Mitteleuropa" und Peßler (1956a, 1956b) über „Deutschlands Volkskundemuseen
als Pflegestätten wissenschaftlicher Volkskundeforschung" und „Der Volkstumsatlas von Niedersachsen und die Arbeitsgemeinschaft für die Volkskunde von
Niedersachsen".

Wie Friedemann Schmoll (2011: 431) bereits dargestellt hat, präsentierte
Wolfram bei diesem Kongress Material, das er von 1939 an im Auftrag des SS-

---

11   Ingeborg Weber-Kellermann an Albert Eskeröd am 6. 7. 1951. Korrespondenz Etnologenkongress
      1951, O–Ö. NM, Etno 1951.

12   Eugen Fehrle [an Albert Eskeröd] am 26. 5. 1951. Korrespondenz Ethnologenkongress 1951, A–F.
      NM, Etno 1951.

Ahnenerbes gesammelt hatte. Natürlich unterließ Wolfram es, diese Umstände in seinem Beitrag zu erwähnen, und teilte seinen ZuhörerInnen nur mit, dass er Studien über Material aus Südtirol, was in den letzten 12 Jahren gesammelt worden war, vorstellen wollte. Er erwähnte auch nicht, dass er während des Krieges vergleichende Untersuchungen zum Thema in Norwegen durchgeführt hatte.[13] Wolframs Vortrag, so wie er im Kongressband publiziert ist, zeigt zu dieser Zeit übliche sprachliche Strategien, die frühere nationalsozialistisch geprägte Forschung in eine „akzeptable" sprachliche Form transformierten. So war der Rassenbegriff natürlich ganz verschwunden und wurde in Wolframs Beitrag durch blumige Adjektive ersetzt, die die „kulturelle Vielfalt" der „Alpenstämme" beschrieben. Die verschiedenen Stämme und Orte wurden nicht mit Namen präsentiert, abgesehen von der Stadt Salzburg, wo Wolfram zu dieser Zeit noch weitere Forschungen betrieb (vgl. Wolfram 1956: 156–159). Methodendiskussionen nahmen großen Raum ein; so beschrieb Wolfram eingehend sein methodisches Vorgehen mit Fragebögen und Gesprächen mit der lokalen Bevölkerung. Insgesamt kann das Ergebnis von Wolframs Vortrag als ungenau und vage beschrieben werden, und heutige LeserInnen können seinen Beitrag hauptsächlich als einen Versuch eines wissenschaftlichen „Comebacks" deuten. Während in der Kongresspublikation bei vielen Beiträgen auch die nachfolgende Diskussion wiedergegeben wird, fehlt eine solche nach Wolframs Artikel. Entweder gab es keine Diskussion oder die RedakteurInnen sahen von einer Veröffentlichung einer solchen Diskussion ab.

Anders war es bei dem Beitrag von Bruno Schier, der in seinem Vortrag seine ZuhörerInnen davon überzeugen wollte, dass der Hakenpflug eine ältere und primitivere Pflugform sei, die früher bei den Slawen verwendet worden wäre, während der Räderpflug eine modernere Variante sei, die die westeuropäischen Völker benutzten. Allmählich hätten, laut Schier, auch die slawischen Völker den Räderpflug übernommen, was die gesamte Landschaft und Kultur verändert und weiterentwickelt hätte. Mit diesem Beispiel wollte Schier zeigen, wie „die Kulturwelt des Abendlandes" von slawischen Völkern übernommen worden war (1956: 136 f.). Hier protestierten einige Zuhörer in der nachfolgenden Diskussion (die auch im Kongressband veröffentlicht worden ist). Die Kritiker meinten, dass die Verwendung verschiedener Pflugformen weniger mit Entwicklung zu tun hätte als mit der Anpassung an landschaftliche Gegebenheiten (ebd.: 138). Sigurd Erixon versuchte schließlich, zwischen den Gegnern zu vermitteln, und meinte, dass Schiers Theorien sicherlich interessant seien, dass es aber noch mehr detail-

---

13   Vgl. zum Beispiel Wolframs Reiseberichte über seine Untersuchungen in Norwegen 1943 im Auftrag des SS-Ahnenerbes. Bundesarchiv Berlin, NS 21/945.

lierter Studien zum Thema bedürfe, um dazu eindeutig Stellung nehmen zu können (ebd.: 138 f.).

Schiers Darstellung ist ein weiteres Beispiel dafür, wie früher nationalsozialistisch beeinflusste Forschung in eine neue „akzeptable" Sprache transformiert wurde. So wurde *Rasse* zu *Kultur*, *germanisch* zu *abendländisch* und *Volkstumskampf* zu *Kulturentwicklung*.

Wie auch Schmoll festgestellt hat, wurden rassistische, antisemitische und antichristliche Formulierungen „übersetzt" in eine für die Nachkriegszeit akzeptable Sprache. Gleichzeitig spiegelten aber auch diese Formulierungen die damalige Systemkonkurrenz des beginnenden Kalten Krieges (Schmoll 2011: 433). In dessen Schatten wurde die Forschung vom NS-Vokabular befreit, aber gleichzeitig in neue Diskurse des Kalten Krieges eingebettet.

In der deutschen Volkskunde wertete man die deutsche Teilnahme am Kongress in Stockholm als Beweis dafür, dass deutsche VolkskundlerInnen nun auch wieder in internationalen Kreisen akzeptiert würden. In einem anonymen Beitrag in der *Zeitschrift für Volkskunde* 1953 hatte ein Teilnehmer genau ausgerechnet, wie hoch die prozentuellen Anteile der verschiedenen gesprochenen Sprachen beim Kongress waren, und festgestellt, dass die deutsche Sprache als internationales Kommunikationsmittel beim Kongress mit „47,12%" allen anderen überlegen war (Schmoll 2011: 430). Schier meinte in einem anderen Kongressbericht, dass sich beim Stockholmer Kongress gezeigt habe, dass die Deutschen in ihrem Willen und ihrer Fähigkeit zur internationalen Zusammenarbeit weiter seien als andere europäische Völker; dies aufgrund ihrer Kriegserfahrungen und ihrer Erfahrungen mit dem Vorstoß „der östlichen Lebensformen" in die Mitte Europas (1953: 141 f.). Das ist ein nachdrückliches Beispiel dafür, wie sogar der Krieg und die Verbrechen der Nationalsozialisten in Osteuropa in eine „nützliche" Erfahrung im Bereich der Wissenschaft umgedeutet werden konnten. Wie Schmoll (2011: 431) richtig feststellt, wurde hier die internationale Zusammenarbeit erneut benutzt, um Deutschland als Vorreiter im Bereich der Wissenschaft in Europa zu platzieren.

Die Teilnahme ehemaliger NS-Volkskundler am Stockholmer Kongress scheint kein Aufsehen in den schwedischen Medien geweckt zu haben. Ein Blick in schwedische Tageszeitungen zeigt, dass die Berichterstattung über den Kongress überwiegend Fakten wiedergab. So wurde berichtet, dass der Kongress eröffnet worden war, wer bei der Eröffnung sprach und wie viele Nationen teilnahmen.[14] Der einzige deutsche Teilnehmer, der interviewt wurde, war der Anthropologe Wilhelm Bierhenke (1905–1967) vom Museum für Völkerkunde

---

14 „Etnologernas kongress öppnad." Aftonbladet, 27.8.1951; „Svensk president vid etnologmötet." Dagens Nyheter, 28.8.1951; „Etnologmötet har öppnats." Svenska Dagbladet, 28.8.1951;

in Hamburg, der die JournalistInnen über die umfangreichen nordschwedischen Sammlungen seines Museums aus der Zeit vor dem Ersten Weltkrieg informierte.[15] Auch Bierhenke hatte seine akademische Karriere im NS-Deutschland fortgesetzt und war NSDAP-Mitglied gewesen, was man aber nicht erwähnte. Die Aussage von G. Sorvillo, Kongressteilnehmer oder auch -teilnehmerin aus Italien, spiegelt vermutlich die damalige Stimmung im Jahre 1951 wider: „Wir haben jetzt das Glück, dass wir uns nur noch mit reiner Wissenschaft beschäftigen, und uns bleibt die Beschmutzung der Wissenschaft mit Politik, wie es vor dem Krieg geschah, erspart."[16]

Die hier eingeladenen ehemaligen NS-Forscher waren respektierte Kollegen mehrerer schwedischer Volkskundler, unter anderem von Sigurd Erixon. Erixon scheint auch derjenige schwedische Volkskundler gewesen zu sein, der am intensivsten seine Kontakte mit deutschen Kollegen auch während der NS-Zeit fortsetzte. Er unterhielt zahlreiche Kontakte beispielsweise zu Haus- und Hofforschern und wurde oft nach Deutschland zu Vorträgen und Kongressen eingeladen, an denen er auch teilnahm; zum Beispiel war Erixon 1936 als Sessionsleiter beim Kongress für Haus- und Hofforscher der Nordischen Gesellschaft in Lübeck und im selben Jahr wurde er auch zum Ehrendoktor der Universität Heidelberg ernannt.[17] Erixon selbst ist politisch schwer zu positionieren. Auch der schwedische Historiker Fredrik Skott, der in seiner Dissertation politische Motive zu den umfangreichen Archivsammlungen in der ersten Hälfte des 20. Jahrhunderts untersucht hat, kann die politische Position Erixons nicht genau beschreiben (2008: 58). ZeitzeugInnen haben mir in Gesprächen berichtet, dass Erixon es vermied, politische Diskussionen in der Öffentlichkeit zu führen. Auch in seiner Korrespondenz fokussiert Erixon hauptsächlich wissenschaftliche Fragen. Vom NS-Regime wurde er als „deutschfreundlich" eingestuft, aber dafür kritisiert, dass seine Forschungen zu wenig von Deutschland und zu viel vom

---

„Folklivsforskande fransyska blir fäbodflicka i Sverige." Stockholms-Tidningen, 27.8.1951; „Varje människa borde absolut vara etnolog." Svenska Dagbladet, 27.8.1951.

15   „Folklivsforskande fransyska blir fäbodflicka i Sverige." Stockholms-Tidningen, 27.8.1951; „Varje människa borde absolut vara etnolog." Svenska Dagbladet, 27.8.1951.

16   „Varje människa borde absolut vara etnolog." Svenska Dagbladet, 27.8.1951. Schwedisches Original: „Som tur är kan vi nu syssla med ren vetenskap och slipper som före kriget få den nedsmutsad av politik."

17   Erixon nahm die Ehrung an, aber er reiste nicht nach Heidelberg, um diese überreicht zu bekommen. Stattdessen erhielt er sie durch die Deutsche Gesandtschaft in Stockholm: Generalitz-Würden, Verleihung der Ehrendoktorwürde an ausländische Gelehrte anlässlich der 550-Jahr-Feier der Universität 1936, B-1523/7a, Fasc. I, 1936, III, 1, Nr. 95. Universitätsarchiv Heidelberg; der Dekan der Philosophischen Fakultät, Güntert, an den Rektor der Universität Heidelberg am 29.10.1935. B-1523/5, X, 1, Nr. 139b: 550-Jahr-Feier, Ehrenpromotionen, Vorschläge der Fakultäten 1935–1936. Universitätsarchiv Heidelberg.

Norden handelten.[18] Erixon ist eine zentrale Gestalt in der Geschichte der schwedischen Volkskunde, deshalb sind Diskussionen über eventuelle NS-Sympathien von seiner Seite bisher immer noch schwer zu führen. Hier bedarf es mehr Untersuchungen über Erixons Kontakte zum NS-Regime.

Schwedisch-deutsche Kontakte in der Volkskunde in den 1950er und 1960er Jahren

Für die deutsche Volkskunde nach 1945 waren die schwedische Fachdisziplin wie auch die schweizerische Volkskunde wichtig für den Neuanfang. Die Volkskunden der politisch neutralen Länder galten während der Nachkriegsjahre in Deutschland als nationalsozialistisch unbelastet und dienten als Legitimierung für den Erhalt und für die Weiterentwicklung der deutschen Volkskunde, hier besonders der westdeutschen Volkskunde, da die ostdeutschen ForscherInnen sich zu dieser Zeit überwiegend als nationalsozialistisch unbelastet oder als vom NS-Regime Verfolgte einstuften (vgl. Brinkel 2012). In den ersten Jahrzehnten nach Kriegsende sprach man in der deutschen Volkskunde auch gerne von der „schwedischen Schule" als Vorbild. Hierbei ging es um die von schwedischen Volkskundlern angewandten funktionalistischen, psychologischen und sozioökonomischen Analysemodelle für Studien kultureller Phänomene in einem zeittypischen sozialen Kontext. Als Vorbilder wurden unter anderem von Sydow, Erixon, Svensson, Campbell, Eskeröd und Liungman genannt (Weber-Kellermann/Bimmer 1985: 100 f.). Man war auch interessiert an Erixons Modell der Volkslebenstudien (siehe unten).

Regen Austausch gab es in den 1950er und 1960er Jahren zwischen Wolfgang Jacobeit und Sigfrid Svensson über die Entwicklung der materiellen Kulturforschung. Beide waren der Ansicht, dass die materiellen und wirtschaftlichen Gegebenheiten in den Forschungen der 1930er und 1940er Jahre zu kurz gekommen waren, und kritisierten auch die NS-Volkskunde dafür, zu sehr die mentale Kultur fokussiert und das Fach damit für NS-Ideologie instrumentalisiert zu haben (vgl. Svensson 1935; Jacobeit 1965: 112–125). In seinem Buch *Bäuerliche Arbeit und Wirtschaft* (1965) verwendet Jacobeit unter anderem Aussagen von Sigfrid Svensson, um wiederum den von ihm eingeschlagenen Weg zu legitimieren, nämlich Untersuchungen von Arbeitsleben, Wirtschaft und materieller Kultur. Das gemeinsame Interesse für neue Theorien und Methoden zur Erforschung materieller Kultur führte diese Forscher zusammen. Jacobeits Studien passten außerdem in die vom SED-Regime proklamierte Wissenschaftspolitik,

---

18 Der Dekan der Philosophischen Fakultät, Güntert, an den Rektor der Universität Heidelberg am 29. 10. 1935. B-1523/5, X, 1, Nr. 139b: 550-Jahr-Feier, Ehrenpromotionen, Vorschläge der Fakultäten 1935–1936. Universitätsarchiv Heidelberg.

wo die Volkskunde stärker als bisher Probleme des Arbeitslebens, der Klassenge-sellschaft und historisch-materialistische Themen behandeln sollte (vgl. Brinkel 2012: 85 ff.). Aber Jacobeit gelang es dennoch gleichzeitig, seine wissenschaftli-che Integrität zu wahren und sich Freiraum in der DDR zu verschaffen. Obwohl er aus Westdeutschland kam, hatte er selten Konflikte mit dem SED-Regime (vgl. Jacobeit 2000). Jacobeit unterhielt auch Kontakte mit den Volkskundle-rInnen am Nordischen Museum in Stockholm, wohin er mehrmals eingeladen wurde.

Sigfrid Svenssons Schüler Sven B. Ek, heute Professor emeritus in Europäi-scher Ethnologie an der Universität Göteborg, führte den deutsch-schwedischen Austausch bis in die 1980er Jahre fort. Sven B. Ek wurde 1967, vermutlich auf eine Initiative von Jacobeit, zu einer internationalen Konferenz zum Thema „Volkskundliche Probleme des 19./20. Jahrhunderts" nach Bad Saarow einge-laden. Hier war man an schwedischen Studien zur Stadtkultur interessiert, und Ek hielt einen Vortrag über das Thema „Zur Erforschung der industriellen Pe-riode in Schweden". Nach der Konferenz schrieb Ek einen Artikel in der sozial-demokratischen Zeitung *Arbetaren* in Schweden, in dem er die DDR-Forschung in einem ironischen Tonfall als zunehmend politisiert darstellte und diese Politi-sierung mit der während der NS-Zeit verglich – was natürlich bei den Veranstal-terInnen Empörung hervorrief (Ek 1968). Ek erhielt daraufhin einen Brief von Paul Nedo, in dem dieser die „mangelnde Loyalität" Eks gegenüber seinen Gast-geberInnen beklagte und eine Erklärung für Eks Darstellungen verlangte.[19] Ek verteidigte sich in einem ausführlichen Schreiben damit, dass er großen Respekt vor der ostdeutschen Forschung habe und keinesfalls seine ostdeutschen Kolle-gInnen kritisieren wolle.[20] Im Gespräch mit mir meinte Ek, dass er wohl damals ein bisschen „naiv" gewesen sei und er keinesfalls daran gedacht hatte, dass sein schwedischer Artikel in Ostberlin gelesen werden würde. Danach sei er jedoch nicht wieder in die DDR eingeladen worden.[21] Die Konfrontation zwischen Ek und den ostdeutschen VeranstalterInnen ist ein Beispiel für die unterschiedli-chen Interpretationen des Verhältnisses von Wissenschaft und Politik in Schwe-den und in der DDR zu dieser Zeit.

Die schwedische Volkskunde wurde in den 1950er und 1960er Jahren von zwei hauptsächlichen Richtungen geprägt, und diese hatten auch Konsequenzen für die schwedisch-deutschen Kontakte. Die eine Richtung bestimmten die von

---

19 Paul Nedo an Sven B. Ek am 5.5.1968 (das Datum scheint falsch zu sein, weil Eks Antwort vom 10.2.1968 stammt). Sven B. Eks Privatarchiv.

20 Sven B. Ek an Paul Nedo am 10.2.1968. Sven B. Eks Privatarchiv.

21 Gespräch mit Sven B. Ek und Birgitta Skarin Frykman (Professorin emerita in Europäischer Eth-nologie an der Universität Göteborg) am 31.1.2011.

Erixon schon während der 1930er Jahre inspirierten „Folk-Life"-Studien, in denen man sich mit dem Volksleben in einem breiteren sozialen, materiellen und historischen Kontext beschäftigte (vgl. u. a. Erixon 1938; Arnstberg 2010). Die andere Richtung wurde von Albert Eskeröd (1904–1987) eingeschlagen, der wie Erixon auch am Nordischen Museum als Intendant tätig war, aber ständig in dessen Schatten stand (Löfgren 2010: 200). In seiner Dissertation über Erntebräuche verwarf Eskeröd die Thesen Mannhardts und argumentierte, dass Erntetraditionen weniger mit Fruchtbarkeitskulten zu tun hätten als mit den soziokulturellen Kontexten, in denen sie ausgeübt würden. Er war auch einer der ersten schwedischen VolkskundlerInnen, die mit sozialanthropologisch beeinflussten Theorien und Methoden arbeiteten (vgl. Eskeröd 1947; Löfgren 2010: 195–201). Eskeröd kombinierte diese in seiner Arbeit außerdem mit von Sydows psychologischen und funktionalistischen Ansätzen, was große Bedeutung für die Entwicklung der schwedischen Volkskunde in der Nachkriegszeit haben sollte.

Als Erixon 1955 in den Ruhestand ging, übernahm John Granlund die Professur in Stockholm, die er bis 1969 innehatte. Granlund fokussierte mehr die schwedische Forschung und hatte weniger Kontakte zur deutschsprachigen Volkskunde als sein Vorgänger. In den 1960er Jahren meldete sich in Schweden außerdem eine neue Generation von jungen VolkskundlerInnen zu Wort, die die ältere Forschung, wie zum Beispiel die von Erixon, als inaktuell und veraltet kritisierten, weil diese sich viel zu sehr auf die „Bauerngesellschaft" konzentriere, die es nun in dem Sinne gar nicht mehr gebe. Gleichzeitig forderten sie eine moderne und aktuelle Gegenwartsforschung. Zu diesen VolkskundlerInnen, die sich ab den 1970er Jahren EthnologInnen *(etnologer)* nannten, gehörten unter anderem Orvar Löfgren, Jonas Frykman, Tom Svensson und Åke Daun (vgl. Daun 2003; Löfgren 2008). Diese jungen EthnologInnen führten den von Eskeröd eingeschlagenen Weg weiter und ließen sich vor allem von norwegischer, britischer und amerikanischer Sozial- und Kulturanthropologie inspirieren. Zur gleichen Zeit nahm auch das Interesse für deutsche Sprache und Kultur in Schweden immer mehr ab, und immer weniger SchwedInnen beherrschten die deutsche Sprache. Einige dieser damals jungen schwedischen VolkskundlerInnen, die später ProfessorInnen im Fach wurden, haben in Gesprächen mit mir berichtet, dass ihrer Meinung nach die deutsche Volkskunde zur Erneuerung des schwedischen Faches nicht viel beitragen konnte und sie diese damals ziemlich uninteressant fanden.

Es gab aber gleichzeitig auch andere schwedische VolkskundlerInnen, die sich weiterhin aktiv für den Austausch mit deutschen KollegInnen einsetzten. Sie waren der Ansicht, dass eine Weiterentwicklung der kulturhistorischen Perspektive notwendig für den weiteren Ausbau des Faches war und hier die deutsche Volkskunde inspirierend wirken könnte. In den 1960er bis 80er Jahren waren diese

VolkskundlerInnen unter anderem an den Universitäten Lund, Göteborg und Uppsala tätig, und zu dieser Gruppe gehörten Nils-Arvid Bringéus, Professor emeritus in Lund, Anders Gustavsson, Professor in Europäischer Ethnologie an der Universität Oslo, und Sven B. Ek. Diese Professoren haben in Gesprächen mit mir berichtet, dass es viele gemeinsame Interessen mit deutschen KollegInnen unter anderem auf dem Gebiet der Nahrungsforschung, der Bildforschung, der Weiterentwicklung der historisch-geografischen Methode und der Grenzforschung gab. Wichtige deutsche Kontakte waren unter anderem Wolfgang Jacobeit, Will-Erich Peuckert, Günter Wiegelmann, Hermann Bausinger, Regina Bendix und Silke Göttsch (vgl. u. a. Gustavsson 2000, 2001). Aber auch Orvar Löfgren, der zu den „Rebellen" im Fach der 1960er Jahre gehörte, setzte die von Nils-Arvid Bringéus angeregten Kontakte mit deutschen KollegInnen weiter fort. Löfgren bewegte sich in beiden „Kreisen", dem mehr auf die Gegenwartsforschung ausgerichteten und dem mehr kulturhistorisch ausgerichteten, und er ließ sich auch gerne von der kulturhistorischen Forschung in der deutschen Volkskunde anregen.[22]

Schwedisch-deutsche Kontakte in der Volkskunde im Schatten des Kalten Krieges

Schweden nahm in der ersten Hälfte des 20. Jahrhunderts aufgrund seiner politischen Neutralität und aufgrund der relativ frühen Etablierung der schwedischen Volkskunde als Wissenschaft einen besonderen Platz in Europa ein. So galt die schwedische Volkskunde nicht nur in Deutschland, sondern auch in mehreren anderen europäischen Ländern als wichtiges Vorbild und als Quelle der Inspiration. Die deutschen Geisteswissenschaften galten ihrerseits in Schweden als ein wichtiges Vorbild. Während der NS-Zeit sahen schwedische Volkskundler die politische Ideologisierung der deutschen Volkskunde zwar kritisch, setzten aber dennoch die bereits etablierte Zusammenarbeit mit deutschen Kollegen fort. Aufgrund Schwedens politischer Neutralität brauchten die schwedischen Forscher sich im NS-Deutschland nicht eindeutig politisch zu positionieren. Das hier untersuchte Archivmaterial gibt auch Hinweise darauf, dass die schwedischen Volkskundler wenig Kenntnis über die politischen Sympathien ihrer deutschen Kollegen während der NS-Zeit hatten oder dass sie eventuell auch NS-Sympathien ignorierten, da sie die Zusammenarbeit mit deutschen Kollegen als eine rein wissenschaftliche Tätigkeit definierten.

Nach 1945 galt die schwedische Volkskunde weiterhin als ein wichtiges Vorbild für die deutsche Volkskunde, während das schwedische Interesse an der deutschen Volkskunde allmählich abnahm. In meinem Beitrag ist der Stockhol-

---

22   Gespräch mit Orvar Löfgren am 27. 5. 2010.

mer Ethnologenkongress 1951 ein Beispiel dafür, wie ehemalige NS-Forscher internationale Plattformen nutzten, um sich erneut als Wissenschaftler zu legitimieren. Gleichzeitig waren schwedische VolkskundlerInnen daran interessiert, eine neue, nicht NS-belastete Zusammenarbeit mit Deutschland aufzubauen. Von den 1960er Jahren an nahm das schwedische Interesse an deutscher Sprache und Kultur ab, was auch die deutsch-schwedischen Kontakte im Fach beeinflusste. Zur gleichen Zeit kam eine Gruppe junger schwedischer VolkskundlerInnen, die das Fach mit aktuellen sozialanthropologischen Theorien und Methoden erneuern wollten und die sich hierzu von britischer, norwegischer und amerikanischer Forschung inspirieren ließ. Gleichzeitig versuchte eine andere Gruppe schwedischer VolkskundlerInnen, die kulturhistorische Forschung weiterzuentwickeln – und diese ForscherInnen setzten die Verbindungen mit der deutschen Volkskunde fort. In der deutschen Volkskunde ist eine Kontinuität hinsichtlich der schwedischen Volkskunde/Ethnologie zu beobachten. So kann man feststellen, dass das deutsche Interesse für die schwedische Volkskunde/Ethnologie immer noch unverändert groß ist. Heute ist man in der deutschen Volkskunde/ Europäischen Ethnologie unter anderem an schwedischen Praktiken der modernen Kulturanalyse interessiert sowie an neuen, alternativen Darstellungsweisen von ethnologischer Forschung.

Es ist schwer zu beurteilen, ob die heutigen Trends der Europäisierung und Globalisierung von Kulturforschung eher zu vermehrter internationaler Zusammenarbeit führen oder ob diese Trends die Fokussierung auf die eigene Region oder Nation eher verstärken. Vermutlich ist beides der Fall.

Literatur

Almqvist, Bo (2000): Jag var med – om att studera nordisk och jämförande folklivsforskning på 1950-talet. In: Arvastson, Gösta/Meurling, Birgitta/Peterson, Per (Hg.): Etnologin inför 2000-talet. Föredrag och artiklar med anledning av Uppsalaetnologins 50-årsjubileum den 8 juni 1998. (Acta Academiae Regiae Adolphi, 74). Uppsala, S. 45–61.

Alsmark, Gunnar (1988): Att läsa etnologi. In: Bringéus, Nils-Arvid (Hg.): Folklivsarkivet i Lund 1913–1988. En festskrift till 75-årsjubileet. Folklivsarkivet i Lund, S. 180–204.

Arnstberg, Karl-Olov (2010): Sigurd Erixon (1888–1968). In: Hellspong, Mats/Skott, Fredrik (Hg.): Svenska etnologer och folklorister. (Acta Academiae Regiae Gustavi Adolphi, 109). Uppsala, S. 113–119.

Bringéus, Nils-Arvid (2006): Carl Wilhelm von Sydow som folklorist. (Academiae Regiae Gustavi Adolphi, 94). Uppsala.

Brinkel, Teresa (2012): Volkskundliche Wissensproduktion in der DDR. Zur Geschichte des Faches und seiner Abwicklung. Zürich/Münster.

Daun, Åke (2003): Med rörligt sökarljus: Den nya etnologins framväxt under 1960- och 1970-talen. En personlig tidsskildring. Stockholm.

Ek, Sven B. (1968): Rapport från ett östtyskt symposium. In: Arbetaren, 5. 1. 1968.

Erixon, Sigurd (1938): Regional European Ethnology. II. Functional Analysis – Time Studies. In: Folk-Liv 3, S. 263–294.

— (ed.) (1956): Papers of The International Congress of European and Western Ethnology Stockholm – Uppsala 1951. Stockholm.

Eskeröd, Albert (1947): Årets äring. Etnologiska studier i skördens och julens tro och sed. (Nordiska museets handlingar, 26). Stockholm.

— (1952): The International Congress of European and Western Ethnology Stockholm – Uppsala 1951. In: Laos 2, S. 111–115.

Foucault, Michel (1981): Archäologie des Wissens. Frankfurt am Main.

Frykman, Jonas (1993): Nationella handgrepp och hållningar. In: Ehn, Billy/Frykman, Jonas/Löfgren, Orvar (1993): Försvenskningen av Sverige. Det nationellas förvandlingar. Stockholm, S. 120–201.

Garberding, Petra (2010): Den nazistiska raspolitiken – „en förolämpning mot majoriteten av det tyska folket". 1930-talets föreställningar kring vetenskap, politik, kultur och ras i det svensk-tyska samarbetet inom folkminnes- och folklivsforskningen. In: RIG: Kulturhistorisk tidskrift 1 (4), S. 193–209.

— (2011): Swedish Ethnologists and Folklorist and Nazi Race Politics. In: Fredriksson, Martin (ed.): Current Issues in European Cultural Studies, Norrköping, June 15–17. Linköping, S. 293–301. Verfügbar unter: http://www.ep.liu.se/ecp_article/index.en.aspx?issue=062;article=032 (17. 12. 2013).

— (2012): „There Are Dangers to Be Faced": Cooperation within the International Association of Folklore and Ethnology in 1930s Europe. In: Journal of Folklore Research 49 (1), S. 25–71.

Gustavsson, Anders (2000): Nordiska forskningskontakter med Europa i sen tid. In: Rogan, Bjarne/Gullveig, Bente (eds.): Norden og Europa. Oslo, S. 103–115.

— (2001): Scandinavian Ethnological Research Contacts with Europe in Recent Years. In: Kieler Blätter zur Volkskunde 33, S. 5–49.

Hartmann, Andreas (2001): Die Anfänge der Volkskunde. In: Brednich, Rolf W. (Hg.): Grundriß der Volkskunde. Einführung in die Forschungsfelder der Europäischen Ethnologie. Berlin, S. 9–30.

Hellspong, Mats (2010): John Granlund (1901–1982). In: ders./Skott, Fredrik (Hg.): Svenska etnologer och folklorister. (Acta Academiae Regiae Gustavi Adolphi, 109). Uppsala, S. 161–168.

Hermansson, Nanna (2001): Sigfrid Svensson som brevskrivare – ur hans brev till Gösta Berg. In: Bringéus, Nils-Arvid (Hg.): Sigfrid Svensson som folklivsforskare. En minneskrift i anledning av hundraårsdagen av hans födelse den 1 juni 1901. (Acta Academiae Regiae Gustavi Adolphi, 78). Uppsala, S. 160–173.

Jacobeit, Wolfgang (1965): Bäuerliche Arbeit und Wirtschaft. Berlin.

— (2000): Von West nach Ost – und zurück: Autobiographisches eines Grenzgängers zwischen Tradition und Novation. Münster.

Johansson, Alf W. (2006): Den nazistiska utmaningen. Aspekter på andra världskriget. Stockholm.

Klintberg, Bengt af (2010): Waldemar Liungman (1883–1978). In: Hellspong, Mats/Skott, Fredrik (Hg.): Svenska etnologer och folklorister. (Acta Academiae Regiae Gustavi Adolphi, 109). Uppsala, S. 95–103.

Landwehr, Achim (2009): Historische Diskursanalyse. Frankfurt am Main/New York.

Lilja, Agneta (2000): Dag Strömbäck som ämnesbyggare. In: Arvastson, Gösta/Meurling, Birgitta/Peterson, Per (Hg.): Etnologin inför 2000-talet. Föredrag och artiklar med anledning av Uppsalaetnologins 50-årsjubileum den 8 juni 1998. (Acta Academiae Regiae Adolphi, 74). Uppsala, S. 31–44.

Lixfeld, Hannjost (1993): Institutionalisierung und Instrumentalisierung der deutschen Volkskunde zu Beginn des Dritten Reiches. In: Jacobeit, Wolfgang/ders./Bockhorn, Olaf (Hg.): Völkische Wissenschaft. Gestalten und Tendenzen in der deutschen und österreichischen Volkskunde in der ersten Hälfte des 20. Jahrhunderts. Wien/Köln/Weimar, S. 139–163.

Löfgren, Orvar (2008): When is Small Beautiful? The Transformation of Swedish Ethnology. In: Máiréad, Nic Craith/Kockel, Ulrich/Johler, Reinhard (eds.): Everyday Culture in Europe. Approaches and Methodologies. Ashgate, S. 119–132.

— (2010): Albert (Nilsson) Eskeröd (1904–1987). In: Hellspong, Mats/Skott, Fredrik (Hg.): Svenska etnologer och folklorister. (Acta Academiae Regiae Gustavi Adolphi, 109). Uppsala, S. 195–201.

Östling, Johan (2008): Nazismens sensmoral. Svenska erfarenheter i andra världskrigets efterdyning. Stockholm.

Peßler, Wilhelm (1956a): Deutschlands Volkskundemuseen als Pflegestätten wissenschaftlicher Volkskundeforschung. In: Erixon, Sigurd (ed.): Papers of The International Congress of European and Western Ethnology Stockholm – Uppsala 1951. Stockholm, S. 113–116.

— (1956b): Der Volkstumsatlas von Niedersachsen und die Arbeitsgemeinschaft für die Volkskunde von Niedersachsen. In: Erixon, Sigurd (ed.): Papers of The International Congress of European and Western Ethnology Stockholm – Uppsala 1951. Stockholm, S. 116–119.

Rehnberg, Mats (1993): Wilhelmina von Hallwyl och Nils Lithberg. Kring tillkomsten av professuren i Nordisk och jämförande folklivsforskning i Stockholm 1919. In: Hellspong, Mats (Hg.): Lusthusporten. En forskningsinstitution och dess framväxt 1918–1993. Festskrift till den Hallwyllska professuren i folklivsforskning i Stockholm vid dess 75-årsjubileum. Stockholm, S. 11–51.

Schier, Bruno (1956): Die westliche Umbildung der östlichen Flurformen in Mitteleuropa. In: Erixon, Sigurd (ed.): Papers of The International Congress of European and Western Ethnology Stockholm – Uppsala 1951. Stockholm, S. 136–139.

Sievers, Kai-Detlev (2001): Volkskundliche Fragestellungen im 19. Jahrhundert. In: Brednich, Rolf W. (Hg.): Grundriß der Volkskunde. Einführung in die Forschungsfelder der Europäischen Ethnologie. Berlin, S. 31–51.

Schmoll, Friedemann (2009): Die Vermessung der Kultur. Der „Atlas der deutschen Volkskunde" und die Deutsche Forschungsgemeinschaft 1928–1980. Stuttgart.

— (2011): Das Europa der deutschen Volkskunde. Skizzen zu Internationalisierungsprozessen in der Europäischen Ethnologie des 20. Jahrhunderts. In: Johler, Reinhard/Matter, Max/Zinn-Thomas, Sabine (Hg.): Mobilitäten. Europa in Bewegung als Herausforderung kulturanalytischer Forschung. Münster/New York, S. 425–434.

Skott, Fredrik (2008): Folkets minnen. Traditonsinsamling i idé och praktik 1919–1964. (Avhandlingar från Historiska institutionen i Göteborg, 53). Göteborg.

Stölzel, Christoph et al. (1997): Vorwort. Wahlverwandtschaft Skandinavien und Deutschland 1800 bis 1914. In: Henningsen, Bernd et al. (Hg.): Wahlverwandtschaft. Skandinavien und Deutschland 1800 bis 1914. Berlin.

Svensson, Sigfrid (1935): Nazism och folkkunskap. In: Stockholms-Tidningen, 31. 10. 1935.

Weber-Kellermann, Ingeborg/Bimmer, Andreas (1985): Einführung in die Volkskunde/Europäische Ethnologie. (Sammlung Metzler, 79). Stuttgart.

Wodak, Ruth (1996): Disorders of Discourse. London/New York.

Wodak, Ruth et al. (1998): Zur diskursiven Konstruktion nationaler Identität. Frankfurt am Main.

Wolfram, Richard (1956): Die Brauchtumsaufnahme von Südtirol und Salzburg. In: Erixon, Sigurd (ed.): Papers of The International Congress of European and Western Ethnology Stockholm – Uppsala 1951. Stockholm, S. 156–159.

Kurt Ranke's Scholarly Ties with Israeli Folklorists in the 1960s

Dani Schrire[1]

Heinz Maus (1946) framed the pre-war history of Volkskunde in völkisch terms. Ever since, much of the historiography of folklore and Volkskunde related to nationalist biases that underlie these disciplines.[2] However, the post-war history of the 'field of many names' cannot be easily reduced to a grand-narrative as Regina Bendix (2012) showed. Studying the internationalization of folklore studies/Volkskunde offers further challenges and conundrums that the present paper aims at highlighting.

Writing about the internationalization of scholarship leads into a heterogeneous disciplinary terrain – even the language of communication cannot be taken for granted as this paper demonstrates. Indeed, the "Fachname", which is often debated (Korff 1996), becomes a much more complex issue in international contexts as disciplines vary between continents in their scope, theoretical basis and analytic concepts.[3] Though it may be challenging, even unsettling, to negotiate open-ended professional identities, the alternative of fixed identities is much more disturbing in scholarly contexts that cherish the study of different cultural manifestations: it is unimaginable to expect cultures to appear in transformation, on the move (Clifford 1997), while at the same time constructing a

---

1   I would not have managed to write this paper without the help of Michaela Fenske. I am grateful to her for her great advice and for locating the archival material which this paper relies on in the archive of the Institut für Kulturanthropologie/Europäische Ethnologie, Göttingen. In addition I would like to thank Regina Bendix, Galit Hasan-Rokem, Anna Juraschek and Bernd Jürgen Warneken for their ideas and help at different stages of this study. Finally I would like to thank the organizers of the Institut für Volkskunde/Europäische Ethnologie at the LMU München for their generous invitation to participate in their conference: "Situation der Volkskunde 1945–1970".

2   E. g.: William A. Wilson (1976): Folklore and Nationalism in Modern Finland. Bloomington; Michael Herzfeld (1982): Ours Once More: Folklore, Ideology, and the Making of Modern Greece. Austin; James R. Dow and Hannjost Lixfeld (eds.) (1994): The Nazification of an Academic Discipline: Folklore in the Third Reich. Bloomington; Kristin Kuutma and Tiiu Jaago (eds.) (2005): Studies in Estonian Folkloristics and Ethnology: A Reader and Reflexive History. Tartu; Diarmuid Ó Giolláin (2000): Locating Irish Folklore: Tradition, Modernity, Identity. Cork.

3   One such case is the different associations of 'folk' and 'Volk' (Schrire 2013).

stable unproblematic professional identity. My interest in examining an internationalized *Fachgeschichte* stems from my own research, which has been continuously informed by international scholarly cooperation with scholars of the 'field of many names'.[4]

The international relations between Germany and Israel are inseparable from the Shoah and the politics of commemoration and remembrance since 1945. It is no coincidence that German governments reiterate the "special relations" between the countries since the formation of diplomatic relations between Israel and (West) Germany in 1965. Scholarly relations between German and Israeli scholars began a few years before, but in this context the case of Volkskunde is remarkable: in a letter sent in 1963 from the Israeli folklorist, Haim Schwarzbaum to Prof. Kurt Ranke from the Institut für Volkskunde in Göttingen, Schwarzbaum could already conclude that: "Israel[i] folklorists are mightily indebted to you."[5] Schwarzbaum did not overstate Ranke's role in Israeli folklore-studies. The focus here on Ranke does not imply that he was exceptional in post-war German Volkskunde: by the beginning of the 1960s a number of German Volkskundler were in contact with Israeli colleagues, as among them Lutz Röhrich and Ingeborg Weber-Kellerman. In fact, Weber-Kellermann lectured *in German* at the World Congress for Jewish Studies in 1961 in Jerusalem, parallel to the Eichmann trial, in what can be conceptualized as an ethnographic moment.[6]

Ranke's scholarly entrepreneurship deserves thorough study to critically examine his international institution building in folklore: he was the founder of the *Enzyklopädie des Märchens*, co-editor of the Folklore Fellows Communications, co-initiated the International Society for Folk Narrative Research (ISFNR) and the journal *Fabula*. Biographical sketches of his were offered by Fritz Harkort (1968) and Hans-Jörg Uther (2003); Ranke's NS years were discussed by Harm-Peer Zimmermann (1995: 224–231); his post-war years were referenced in Michaela Fenske's publications on encyclopedias as knowledge formats in

4   I began writing my dissertation as part of a VW funded project, "Perspectives on Cultural Studies", directed by Regina Bendix and Galit Hasan-Rokem, bringing together scholars from the Institut für Kulturanthropologie/Europäische Ethnologie at the Georg-August-Universität Göttingen and the Program for Folklore and Folk-Culture at the Hebrew University of Jerusalem. I was later affiliated to the Institut für Europäische Ethnologie at the Humboldt-Universität zu Berlin. The present paper began as a Minerva postdoctoral fellow in Göttingen and continued at the Franz Rosenzweig Minerva Research Center for German-Jewish Literature and Cultural History at the Hebrew University of Jerusalem.

5   Haim Schwarzbaum to Kurt Ranke, June 30, 1963, archive of the Institut für KAEE Göttingen, Ranke correspondences.

6   Weber-Kellermann's discussion in this forum was published a year later in German: Weber-Kellermann (1962). Her report from this event was also published in: Weber-Kellermann (1961). Her participation in the conference and the reactions are discussed in: Schrire (2015a, forthcoming).

Volkskunde (Fenske 2010) and by Bjarne Rogan who has included research on Ranke's correspondences as part of his work on European folklore and ethnology institution building (Rogan 2008, 2012).

According to Fenske, encyclopedias in post-war Volkskunde "were a way to 'restart' German folklore and to regain acceptance within the scientific community" (Fenske 2010: 64). Ranke's case had profound personal overtones, given his own involvement as a former SA member. In that sense it is doubtful if one can set apart his years in Kiel and his work carried out with Alfred Rosenberg, as they are portrayed by Zimmermann, from his deep involvement in international institutions in the 1950s–1960s which Rogan portrayed. His contacts with Israeli scholars should, at any rate, be set in a context that takes into consideration Ranke's work at different stages of his life.

In the post-war years, folklorists in Israel faced very different challenges from those faced by German Volkskundler during that same time. Israelis made concerted efforts to institutionalize their work as they struggled to continue pre-war studies of Jewish folklore. Finally in the early 1970s, a folklore program and a folklore chair were founded at the Hebrew University, a result of Dov Noy's labours from the mid 1950s on (Hasan-Rokem 1998; Schrire/Hasan-Rokem 2012). Noy was born in 1920 in Kolomea in Galizia (today in the Ukraine). He studied Talmudic literature at the Hebrew University in the late 1930s after receiving a special student visa. When World War II broke out, he stayed in Palestine, joining the British army. After the war, he met his brother Meir in a refugee camp on Cyprus, the only Holocaust survivor of their family; the rest were murdered. This experience of utmost loss redirected him to the study of folklore, which he carried out in Bloomington (USA), writing his dissertation under Stith Thompson: a motif-index of narratives of the Talmud (Noy Neuman 1954). The position that he was offered upon his return to Israel in 1955 was at the Hebrew University's department of Hebrew *literature*. Parallel to that he founded the Israel Folktale Archives in Haifa.

One of Noy's greatest challenges was to demonstrate that folklore was an academic field.[7] He had to differentiate his own work from the work carried out by Yeda Am – a folklore society formed in the summer of 1942 in Tel Aviv. The Yeda Am society did not introduce folklore into university curricula; rather, their director Yom Tov Lewinsky based folklore on avant-garde principles, focusing his activities on the general public, drawing their attention to Jewish traditions and to everyday-life in Israel.[8] However, this anti-bourgeois public appeal of Yeda

---

7   I draw on a series of oral interviews made by Hagar Salmon with Dov Noy a decade ago. I'd like to thank her for allowing me to use this material.

8   Lewinsky's work was published in Hebrew and is discussed at length in my Hebrew dissertation.

Am was problematic for Noy in his struggle for scientific recognition at the Hebrew University. It is therefore not surprising that Noy welcomed Ranke's efforts
to establish the ISFNR. Noy was one of the society's initial seven members who
convened in the conference in Kiel/Copenhagen in 1959. Bear in mind that the
Hebrew University faculty was still dominated by scholars who emigrated from
Germany before the war and they may have valued a German academic "stamp
of approval".[9] In addition, given Noy's affiliation to a department of literature it
made perfect sense to internationalize his work in a framework that focused ex-
clusively on folk-*narratives* (Erzählforschung).

Noy's first letters to Ranke were sent in 1960. In addition to sharing international networks, their collaboration proved extremely fruitful for Noy: his first
monograph, *Jefet Schwili erzählt* was published by Ranke. The study was based
on stories told by a Jewish storyteller from Yemen. The book was published after
great efforts from Heda Jason who worked then with Noy and thanks to Ranke
it was published in 1963 in the Walter de Gruyter Verlag (Noy 1963). The Noy-
Ranke collaboration evolved greatly when Jason and another of Noy's students,
Issachar Ben Ami, were granted a three-year DAAD[10] stipendium to study under
Ranke beginning in 1964. Both focused their work on folklore of Jewish communities from Kurdistan and Morocco respectively. Jason stayed for a short time
in Göttingen. In an interview with her, she noted that she was far more impressed
by ideas that she was exposed to in the department for Völkerkunde, notably
functionalist theories in anthropology, than with Ranke's theoretical directions.[11]
She described that she practically ran away from Ranke and indeed her abrupt
departure from Göttingen indicates the personal animosity she experienced, although it is hard for me to indicate how knowledgeable she was at that time regarding Ranke's past. In a letter to him from Israel she went on at length to apol-
ogize for her departure, framing it as a professional decision:

"Nach langem Nachdenken und nach Beratungen mit meinen hiesigen Lehrern scheint es mir
besser zu sein meinen Weg in der Richtung der Soziologie, Social Anthropology und materieller Kultur zu suchen, als in der philologisch orientierten europäischen Folkloristik."[12]

---

9   The German legacy of the Hebrew University and especially its relation to the university in Göt-
     tingen is perhaps nowhere more evident as in the Institute of mathematics with its peculiar history,
     which demonstrates in a nutshell the continuation of German academic norms (Katz 2004). The
     case of folklore was discussed in relation to the 1930s–1940s in: Schrire (2010).

10   DAAD: Deutscher Akademischer Austauschdienst/German Academic Exchange Service.

11   Interview with Dr. Heda Jason, March 14, 2008, Jerusalem. I would like to thank Heda Jason.

12   Heda Jason to Kurt Ranke, October 26, 1964, archive of the Institut für KAEE Göttingen, Ranke
     correspondences.

We can be sure that her apologetic letter veiled what she couldn't express explicitly. Given that Jason eventually continued studying folk-narratives in the USA with Richard Dorson and Alan Dundes, despite having the financial opportunity to study with Ranke, it is quite obvious that Jason was shielding her actual reasons for leaving Germany. Perhaps Jason learnt more about Ranke in informal talks during her time as a DAAD fellow in Ranke's institute in Göttingen. When I interviewed her, Jason was very reluctant to tell me much about herself; at the same time, she didn't mind discussing her assessment that Ranke's contacts with Israeli scholars were a result of his guilt feelings. She did not expose her own feelings, nor did she share biographical information, which I gathered in archives.[13] Jason was born in Belgrade in 1933, growing up in Slavonia as an only child. During the War her family hid in the forests of Bosnia, where her father was murdered. She completed her studies in Slavonia and immigrated with her mother to Israel in 1949. One can imagine that even a slight hint regarding Ranke's past would have made it unbearable for her to stay in his institute. Nevertheless, after leaving Ranke, Jason moved forward theoretically, eventually synthesizing functionalism and a structural-morphological analysis of folktales, building a reputation as an internationally recognized scholar in the domain of folk-narrative research.

Other than Heda Jason, Ben-Ami – who was born in 1933 in Casablanca – completed his dissertation in Göttingen in 1967 (Ben-Ami 1967). In the early 1970s, when folklore finally was acknowledged at the Hebrew University he joined the University's faculty.

Ranke's contacts with Israeli folklorists went beyond academia. His longest lasting contacts were with Haim Schwarzbaum, mentioned at the beginning of this essay. He saw in Ranke "the greatest authority in the domain of Erzählforschung".[14] Schwarzbaum was born in Warsaw in 1911 and immigrated to Palestine in 1937 where he continued his studies in Arabic and Oriental studies.[15] Working for the government during the days, and devoting his evenings to folklore, he never completed his university studies. He soon became the force behind the Yeda Am folklore society, although unlike the public appeal of Lewinsky, Yeda Am's founding director, Schwarzbaum directed his work mainly to *scholars* in Israel and worldwide. He mastered studies of Jewish and Arab folk-narratives and was one of the first folklorists in Palestine/Israel to apply the Aarne-Thompson tale type index, already in the 1940s. Schwarzbaum's warm relations with

---

13   A document containing a brief CV of Jason is found in her file in the Israel Folktale Archives.

14   Haim Schwarzbaum to Kurt Ranke, December 26, 1962, archive of the Institut für KAEE Göttingen, Ranke correspondences.

15   For Schwarzbaum's biography and contribution to folklore, see: Ben-Amos (1984), Yassif (2012).

Ranke lasted for over eight years. Ranke consulted with him occasionally and the two met at conferences. Finally, Ranke took it upon himself to publish Schwarzbaum's magnum opus: *Studies in Jewish and World Folklore* (Schwarzbaum 1968). It took much labor and efforts from Ranke's side to secure DFG[16] funding for this 600-page book, which was finally published in 1968 by Walter de Gruyter Verlag. When the DFG was finally convinced to spend the necessary thirty thousand DM on an English title, Schwarzbaum wrote to Ranke: "The DFG decision testifies to the lasting influence of your ideals of humanism and international cooperation in the domain of folk-narrative research."[17]

In the book Schwarzbaum proved his extraordinary abilities as a comparative folklorist. The major part of the book is devoted to a comparative analysis that is based on 540 Yiddish folktales and fables published in 1955 in New York by Naftoli Gross (1896–1956; a poet, folklorist and translator who like Dov Noy was born in Kolomea, immigrating to the USA in 1913). As Noy notes in the introduction to this work, Schwarzbaum modeled his book on Bolte and Polívka's *Anmerkungen zu den Kinder und Hausmärchen*, only that he related his comparison to a much less canonic work. In comparison, Noy's own *Jefet Schwili erzählt* has much shorter comparative notes and introduces somewhat more life-contextual background.

Given the völkisch past of German Volkskunde and the cataclysmic discontinuities imposed on European Jewish life in the Shoah, in the final section of my paper, I would like to frame the intensive contacts between Ranke and Israeli folklorists in a broader context. Ranke's efforts to internationalize Volkskunde were instrumental in escaping the völkisch past of the discipline without having to revisit and negotiate the burdens tied to this past. Re-orienting Volkskunde internationally was crucial in re-positioning Germany as a center of the discipline. The contacts with Israeli scholars and the great efforts Ranke made in this direction helped him prove – to others, but perhaps also to himself – that he left his NS past behind. One could also say that it helped him to hide his past, to accumulate many activities with which his name would be associated by contemporaries – so that earlier associations might appear smaller or be rendered invisible.

The motivations of Israeli scholars in this cooperation far exceeded the financial benefits they may have gained from it. Unlike German universities who can see themselves as a centre (or at least, thrive to regain this pre World War II status), Israel's small academic community has always obtained legitimacy from bigger academic communities (with the exception of Jewish Studies *per se*). Under

---

16 DFG: Deutsche Forschungsgemeinschaft/German Research Foundation.

17 Haim Schwarzbaum to Kurt Ranke, December 31, 1965, archive of the Institut für KAEE Göttingen, Ranke correspondences.

pressing local conditions, international networks could provide proof regarding the merit of certain scholarly directions. Pressed between the public folklore of the Yeda Am society and the historical-philological bias of Hebrew University scholars, Noy's contacts with Stith Thompson, the formation of the ISFNR and the contacts with Ranke served his quest to legitimize folklore in the Israeli academic sphere. It is doubtful whether Noy would have been in contact with Ranke had he known of Ranke's past. An indication that Noy did not know of his past is the invitation he innocently sent to Ranke to lecture at the 3rd World Congress for Jewish Studies that took place in Jerusalem in 1961: unlike Weber-Kellermann who had no problem participating, Ranke withdrew at the last moment due to other obligations.[18] Perhaps there were such obligations that prevented him from coming, but unlike Noy, Ranke must have realized that he would not be allowed into Israel due to problems of "clearance" (his engagements in the past in the SA). Nevertheless, an essential component of Noy's character was his tendency to avoid what he saw as unnecessary confrontations. One could speculate that the absence of an article by Noy from Ranke's Festschrift (published in 1968), may indicate that by then Noy had new information about Ranke. Their correspondence ended already in 1965; Noy survived Ranke by many years, passing away in 2013.

As opposed to Noy, Schwarzbaum was not acknowledged academically. According to Dan Ben-Amos (1984: 465): "As a comparative folklorist who worked outside of academic establishments, Schwarzbaum had an urgent need for international scholarly contacts. Consequently, he was an avid correspondent [...]." His contacts with Ranke and the publication of his first international book by a well known publisher more than fulfilled this need for recognition.

Recovering a German-Israeli dialogue in the 1960s in the field of folklore is particularly surprising, since it seems that the stain of Volkskunde's past and the wound in Jewish life cannot be bridged. How indeed was it possible? When closely examined, all the works mentioned here focused on phenomena outside Europe: Noy's work on *Jefet Schwili erzählt* was based on a storyteller from Yemen, the work of Ben-Ami on Jews from Morocco and the work of Jason on Jews from Kurdistan. Although Schwarzbaum's book was devoted to Yiddish folktales, the comprehensive comparative framework of the work disconnected these narratives from Europe. In the introduction of the book he quoted affirmatively the Polish Romantic poet Adam Mickiewicz who noted that:

---

18 Ranke sent an apologizing letter to Noy, noting that: "Ich habe es sehr bedauert, dass ich nicht dabei sein konnte, aber meine Pflichten haben mich hier zu sehr Anspruch [sic!] genommen." Kurt Ranke to Dov Noy, August 11, 1961, archive of the Institut für KAEE Göttingen, Ranke correspondences.

"The character of these Jewish folktales is quite different from our own Polish stories, although Poland constitutes their scene of action. The constitution of their plots and their narrative manner reminds us of the Arabian Nights [...] because of the Asiatic spirit pervading the Jews. Wherever that Asiatic spirit appears it testifies to a wonderful power of original creation" (Adam Mickiewicz quoted in: Schwarzbaum 1968: 2).

Indeed this quote and the adaptation of Bolte and Polívka's method to Yiddish folktales provincialized Europe from Jewish experience in a different manner than that of Noy, Jason and Ben-Ami.[19] All of these scholars from Israel who worked with Ranke repositioned Jewish (folk)culture geographically, constructing Ranke's German Erzählforschung as an unmarked universal science or in the case of Dov Noy seeing Ranke's work as a branch of "the Finnish School" (associated with the work of Kaarle Krohn and Aantti Aarne, which Noy's teacher in Bloomington, Stith Thompson, followed).

This step away from Europe on the level of folk narrative material was not followed by a similar retreat with regard to the discipline of folklore. Indeed, Ranke's fruitful cooperation with Israeli scholars in the fields of narrative-research was modeled on a diachronic Jewish-German scholarly dialogue. This was particularly evident in the way Israeli scholars explicitly modeled their cooperation with Ranke on the close relations Johannes Bolte maintained in the inter-war period with Bernhard Heller.

Heller, a professor of the Jewish rabbinical seminary of Budapest co-edited volume 4 and 5 of Bolte and Polívka's *Anmerkungen zu den Kinder- und Hausmärchen der Brüder Grimm*, contributing an extended section on Jewish and Arab folktales (Heller 1929). Simultaneously, in 1930 Heller published in Hebrew a programmatic ethnographic questionnaire which was based on a questionnaire of the *Atlas der deutschen Volkskunde*, which Heller received from Bolte; Heller acknowledged this help in a footnote in the article (Heller 1930). To be sure, Bolte and Heller's cooperation in the field of narrative-research was possible at the time, but what could it mean a generation later? Bolte was a key figure in the history of German folk narrative research, one who was highly regarded by Ranke himself who wrote his biographical entry in the *Neue Deutsche Biographie* (Ranke 1955). Bolte served as the editor of the *Zeitschrift des Vereins für Volkskunde* (1902–1908) and the chairman of the *Berliner Verein für Volkskunde* in the inter-war period. Although he began working in the generation of the – in Warnekens (1999) phrasing – "völkisch nicht beschränkte Volkskunde" that predated the Great War, and worked with Heller and others under the umbrella of

---

19   The provincialization of Europe as a perspective was offered by Chakrabarty (2000) and in the field of folklore was discussed by Bauman and Briggs (2003).

an international project afterwards, his relation to Jews when the Nazis came into power demands a closer examination of his underlying motives.[20]

By seeing Israeli-German cooperation in narrative-research in the 1960s as a continuation of Jewish-German cooperation in the 1920s–1930s, one notes a very important difference: while post World War II Israeli-German cooperation was based on a certain provincialization of Europe, for Bolte, Jewish folklore was part and parcel of European folklore. According to Bolte's taxonomy of the last volume of the *Anmerkungen* (published in the fall of 1932, some month before the so-called *Machtergreifung*), which was dedicated to folktale collections, Yiddish speaking Jews were included as a sub-chapter of the *German* folkloric sphere, titled: "Deutsche Juden in Polen und Rußland".[21] Bolte and Polívka's project was extremely Eurocentric, but it certainly did not exclude Jews, which were seen as part of Europe – part of the German folkloric "sphere";[22] the Eurocentricity of the Aarne-Thompson index which formed the basis for the Israeli-German co-operation in the 1960s was less pronounced, because its scholarly interface is much less situated: In contrast to the Grimm-based interface of Bolte and Polívka's work, the idea of a tale *type* promotes a concept of universality which is not marked by clear geographic and cultural markings, other than the identification of this scholarly school with Finland; Nevertheless, in actuality the AT index is certainly Eurocentric.

Indeed, one important element that contributed to this post World War II collaboration was that the identification of folklore-research with Germany was always pronounced ambivalently. This is nowhere more evident than in a letter Schwarzbaum sent to DFG officials who debated funding his 600-page English

---

20   Thus in a letter Bolte wrote to Miss Priestman (England) dated December 16, 1936 Bolte quotes affirmatively "unser Führer", according to which „Deutschland sei keine Insel wie England […] unsere Gegner Russland, Tschechoslovakei und Frankreich könnten *18 Millionen* ausgebildeter Truppen ins Feld senden. Man übersieht ferner im Ausland vielfach die große Gefahr, die dem gesamten *Christentum* wie der europäischen Kultur von der Sowjetregierung droht, obwohl die Berichte über die Gottlosenbewegung in Russland und jetzt die Vorgänge in Mexiko und Spanien sie deutlich zeigen. Und das Judentum hat daran so viel Anteil, daß bei uns harte Maßregeln nötig wurden, die leider auch gutgesinnte Juden trafen." Such a statement calls into question his previous longstanding work with a colleague from Czechoslovakia and of course, with Heller. This letter is stored in the Nachlass of Bolte in the Handschriftenabteilung der Staatsbibliothek zu Berlin (original underlines). I would like to thank Bernd Jürgen Warneken who kindly sent me a scan of this letter along with other important notes of his.

21   This episode and the Heller-Bolte cooperation is discussed at length in my forthcoming article: Schrire (2015b, forthcoming).

22   For a broader context of the relations between Jewish folkloristic activity and comparative folklore studies, see: Hasan-Rokem (2014, in print).

book on Jewish folklore. On the one hand Schwarzbaum constructed a German folkloristic lineage which he was proud to follow:

"Darf ich Ihnen offen sagen, dass mich diese Anmerkung erstaunt hat, schon in meiner Eigenschaft als Märchenforscher, dem etwa entgangen wäre, dass Deutschland die Wiege dieser unserer Discziplin gewesen ist, von der [sic!] Brüdern Grimm und Theodor Benfey angefangen, über Reinhold Köhler und Johannes Bolte bis zu Prof. Ranke, – um mich auf diese Namen zu beschränken. Wer immer auf dem Gebiete der vergleichenden Märchenforschung arbeitet, wird immer wieder auf diese Namen zurückkommen, und selbstverständlich sind sie auch in meinem Werke nach gebühr [sic!] angeführt."[23]

On the other hand, he ended his letter with a comment that provincialized German from scientific communication:

"[…] im Nachkriegseuropa die Sprachgrenzen, wo es um die Internationale der Wissenschaft geht, dem jeweiligen Inhalte untergeordnet sind. Was nun mich betrifft, so ist, vom Hebräischen abgesehen, das vorläufig leider noch nicht wieder zu einer internationalen Gelehrntsprache geworden ist, die Sprach die ich beherrsche und für die wissenschaftliche Kommunikation verwende, die englische. […] Natürlich lese und verstehe ich Deutsch, kann mich aber nicht frei darin ausdrücken, und auch dieses Schreiben, dessen Ausführlichkeit Sie entschuldigen mögen, ist – aus dem Hebräischen – übersetzt."[24]

This ambivalence in Schwarzbaum's relation to German scholarship, which is expressed in these two quotations, demonstrates that perhaps the most important aspects of this Israeli-German scholarly cooperation were never explicitly addressed. They would not have appeared had the DFG not debated funding the book. In introducing an "Hebräischen abgesehen" to a post World War II international scholarly terrain, Schwarzbaum only touched on certain aspects, that in his other letters he did not approach at all.

---

23   Copy of a letter from Haim Schwarzbaum to Herr von Reutern (DFG), October 17, 1965, Ranke correspondences, archive of the Institut für KAEE Göttingen, Ranke correspondences.

24   Incidentally, in one letter Schwarzbaum wrote to Ranke three years earlier, where he related to the hospitalization of his wife, he began – perhaps inadvertently – in German, continuing in English: Haim Schwarzbaum to Kurt Ranke, September 6, 1962, archive of the Institut für KAEE Göttingen, Ranke correspondences. In a letter he wrote to Ranke, before he contacted the DFG representative, he informed Ranke about his intention of sending a "nice letter in German" (original underline) – see: Haim Schwarzbaum to Kurt Ranke, October 7, 1965, archive of the Institut für KAEE Göttingen, Ranke correspondences. These instances attest that the politics of language were acted by Schwarzbaum in a conscious manner.

The internationalization of Volkskunde in the present case served personal needs that were connected to locally articulating networks in which scholars struggled for respectability and authority. Other than the synchronous dimension, the internationalization of Volkskunde was constructed also diachronically and based on an imagined continuity of a Jewish-German scholarly dialogue that preceded World War II. Moreover, the Israeli-German dialogue in the 1960s was predicated on decentering Europe from Jewish culture and folklore, while simultaneously emphasizing a non-situated "universal" (Finnish?) school of research. Although these components played in different ways in the work of various scholars, perhaps the most important aspect of this scholarly cooperation was the presence of many significant silences.

References

Bauman, Richard/Briggs, Charles L. (2003): Voices of Modernity: Language Ideologies and the Politics of Inequality. Cambridge/New York.

Bendix, Regina (2012): From Volkskunde to the "Field of Many Names": Folklore Studies in German Speaking Europe since 1945. In: idem/Hasan-Rokem, Galit (eds.): A Companion to Folklore. Malden, MA, pp. 364–390.

Ben-Ami, Issachar (1967): Le mariage traditionnel chez les Juifs marocains. PhD Dissertation, Georg-August-Universität Göttingen.

Ben-Amos, Dan (1984): Obituary: Haim Schwarzbaum (1911–1983). In: Journal of American Folklore 97 (386), pp. 464–466.

Chakrabarty, Dipesh (2000): Provincializing Europe: Postcolonial Thought and Historical Difference. Princeton, NJ.

Clifford, James (1997): Routes: Travel and Translation in the Late Twentieth Century. Cambridge, MA.

Fenske, Michaela (2010): The Undoing of an Encyclopedia: Knowledge Practices within German Folklore Studies after World War II. In: Journal of Folklore Research 47 (1/2), pp. 51–78.

Harkot, Fritz (1968): Kurt Ranke. In: idem/Peeters, Karel Konstant/Wildhaber, Robert (Hg.): Volksüberlieferung. Festschrift für Kurt Ranke zur Vollendung des 60. Lebensjahres. Göttingen, pp. XIII–XIV.

Hasan-Rokem, Galit (1998): The Birth of Scholarship out of the Spirit of Oral Tradition: Folk Narrative Publications and National Identity in Modern Israel. In: Fabula 39 (3/4), pp. 277–290.

— (2014): Ancient Folk-Literature: The Legends of the Jews and Comparative Folklore Studies at the Beginning of the Twentieth Century. In: idem/Gruenwald, Ithamar (eds.): Ginzberg's Legends of the Jews: Ancient Jewish Folk Literature Reconsidered. Detroit, MI (in print).

Heller, Bernhard (1929): Das hebräische und arabische Märchen. In: Bolte, Johannes/Polívka, Jiři [Georg] (Hg.): Anmerkungen zu den Kinder- u. Hausmärchen der Brüder Grimm. Vol. 4. Leipzig, pp. 315–418.

— (1930): The Duties of Jewish Folklore and Ethnography in General and in the Holy Land Specifically. In: Zion: Me'asef ha-Hevra ha-erets-yisre'elit le-Historyah ve-Etnografyah 4, pp. 73–93. [Hebrew]

Katz, Shaul (2004): Berlin Roots – Zionist Incarnation: The Ethos of Pure Mathematics and the Beginnings of the Einstein Institute of Mathematics at the Hebrew University of Jerusalem. In: Science in Context 17 (1/2), pp. 199–234.

Korff, Gottfried (1996): Namenswechsel als Paradigmenwechsel? Die Umbenennung des Faches Volkskunde an deutschen Universitäten als Versuch einer "Entnationalisierung". In: Weigel, Sigrid/Erdle, Birgit (Hg.): Fünfzig Jahre danach: Zur Nachgeschichte des Nationalsozialismus. Zürich, pp. 403–434.

Maus, Heinz (1946): Zur Situation der deutschen Volkskunde. In: Die Internationale Revue Umschau 1, pp. 349–359.

Noy Neuman, Dov (1954): Motif-Index of Talmudic-Midrashic Literature. PhD Dissertation, Indiana University.

Noy, Dov (ed.) (1963): Jefet Schwili erzählt; Hundertneunundsechzig jemenitische Volkserzählungen, aufgezeichnet in Israel, 1957–1960. Berlin.

Ranke, Kurt (1955): Bolte, Johannes. In: Neue Deutsche Biographie 2. Berlin, p. 434. Available online at: http://www.deutsche-biographie.de/pnd116236892.html (16.9.2014).

Rogan, Bjarne (2008): The Troubled Past of European Ethnology: SIEF and International Cooperation from Prague to Derry. In: Ethnologia Europaea 38 (1), pp. 66–78.

— (2012): The Institutionalization of Folklore. In: Bendix, Regina/Hasan-Rokem, Galit (eds.): A Companion to Folklore. Malden, MA, pp. 598–630.

Schrire, Dani (2010): Raphael Patai, Jewish Folklore, Comparative Folkloristics, and American Anthropology. In: Journal of Folklore Research 47 (1/2), pp. 7–43.

— (2013): Anthropologie, Europäische Ethnologie, Folklore-Studien: Max Grunwald und die vielen historischen Bedeutungen der Volkskunde. In: Zeitschrift für Volkskunde 109 (1), pp. 73–98.

— (2015a): Ballads of Strangers: Constructing "Ethnographic Moments" in Jewish Folklore. In: Kilcher, Andreas/Safran, Gabriella (eds.) Knowledge and Imagination: Paradoxes of Jewish Ethnography. Bloomington, IN (forthcoming).

— (2015b): Poetic Emancipation: Wissenschaft des Judenthums, Folklore-Studies and the Discourse on (Folk) Genres. In: Wiese, Christian/Thulin, Mirjam (eds.): Wissenschaft des Judentums in Europe: Comparative and Transnational Perspectives. Berlin (forthcoming).

Schrire, Dani/Hasan-Rokem, Galit (2012): Folklore Studies in Israel. In: Bendix, Regina/Hasan-Rokem, Galit (eds.): A Companion to Folklore. Malden, MA, pp. 325–348.

Schwarzbaum, Haim (1968): Studies in Jewish and World Folklore. Berlin.

Uther, Hans-Jörg (2003): Ranke, Kurt. In: Enzyklopädie des Märchens. Vol. 11. Berlin, col. 207–213.

Warneken, Bernd Jürgen (1999): "Völkisch nicht beschränkte Volkskunde". Eine Erinnerung an die Gründungsphase des Fachs vor 100 Jahren. In: Zeitschrift für Volkskunde 95, pp. 169–196.

Weber-Kellermann, Ingeborg (1961): Der 3. Weltkongreß für jüdische Studien (Third World Congress of Jewish Studies) vom 25. Juli bis 1. August 1961 an der Hebrew University in Jerusalem. In: Hessische Blätter für Volkskunde 51/52, pp. 152–154.

— (1962): Die Volksballade von der schönen Jüdin im europäischen Zusammenhang mit dem Lied von den zwei Königskindern. In: Schweizerisches Archiv für Volkskunde 58, pp. 151–164.

Yassif, Eli (2012): Schwarzbaum, Haim. In: Enzyklopädie des Märchens. Vol. 12. Berlin, col. 352–354.

Zimmermann, Harm-Peer (1995): Vom Schlaf der Vernunft. Deutsche Volkskunde an der Kieler Universität 1933–1945. In: Prahl, Hans-Werner (Hg.): Uni-Formierung des Geistes. Universität Kiel im Nationalsozialismus. Vol. 1. Kiel, pp. 171–274.

„Gewährsleute", „Groteskmaske" und „Gruppennorm"

Latenz und Neuausrichtung in den Erhebungs- und Analysepraktiken der 1960er Jahre am Beispiel der Tübinger Fastnachtsforschung

Karin Bürkert

„Gewährsleute", „Groteskmaske" und „Gruppennorm": Diese Alliteration findet sich im Schlagwortverzeichnis der Veröffentlichung *Dörfliche Fasnacht zwischen Neckar und Bodensee* des Tübinger Arbeitskreises für Fasnachtsforschung[1] aus dem Jahr 1966 (Bausinger et al. 1966). Die Reihung gibt einen treffenden, wenngleich fragmentarischen Einblick in das Begriffsrepertoire der Forschergruppe, die 1961 auf Initiative von Kulturschaffenden und Brauchpraktikern in Kooperation mit dem Tübinger Ludwig-Uhland-Institut gegründet wurde. Hermann Bausinger und sein damaliger Assistent Herbert Schwedt waren beteiligt, Martin Scharfe als einer von mehreren studentischen Mitarbeiter/innen sowie der Neurologe Friedrich Schmieder aus Gailingen bei Singen, der Singener Kulturamtsleiter und Stadtarchivar Herbert Berner und der Stuttgarter Kulturjournalist und Brauchpfleger Wilhelm Kutter als Initiatoren des Verbundes. Die Agenda der Arbeitsgemeinschaft umfasste die historische Erforschung der südwestdeutschen Fastnacht, aber auch die gegenwartsorientierte Erfassung und Analyse des Brauchs, die Diskussion von Möglichkeiten in der wissenschaftlichen Beratung von Narrenzünften sowie den Aufbau eines Fastnachtsarchivs.[2]

In seinem Aufsatz „Karneval? Karnevaleske!" gibt Karl Braun einen Überblick zur Genese der volkskundlichen Fastnachtsforschung, die nach kontroversen Debatten um die historischen Entstehungszusammenhänge des Festes (vgl. Moser, D.-R. 1983; Moser, H. 1984) lange Zeit zum Erliegen gekommen sei, gleichwohl „die Karnevalsforschung [...] einer der Vorreiter der Umgestaltung des

---

1 Im Folgenden verwende ich die Schreibweise „Arbeitskreis für Fasnachtsforschung" (Fasnacht ohne „t"), weil es sich hier um einen Eigennamen handelt. Im restlichen Text passe ich mich an die allgemein anerkannte Schreibweise „Fastnacht" (mit „t") an.

2 Landesstelle für Volkskunde Stuttgart (LVS), Altregistratur Nachlass Helmut Dölker XXXIV: Protokoll zur ersten Sitzung des Arbeitskreises für Fasnachtsforschung vom 4. 12. 1961.

Faches Volkskunde von einer ‚Altertumswissenschaft' zu einer modernen ‚Kulturwissenschaft'" (Braun 2002: 2) gewesen sei. Er plädiert daher für eine wissenschaftsgeschichtliche Untersuchung gerade auch des Tübinger Arbeitskreises für Fasnachtsforschung: „Die Entwicklung dieses Arbeitskreises [...] nachzuzeichnen wäre eine interessante Aufgabe, denn in ihr ließe sich in nuce der Beginn der Aufarbeitung der nationalsozialistischen Verstrickung des Faches, die damit verbundene Revision des alten volkskundlichen Kanons sowie ein weitreichendes In-Frage-Stellen der Methoden im Fach aufweisen" (ebd.). Im Rahmen meiner Dissertation habe ich mir unter anderem diese Aufgabe gestellt.[3]

Die wissensanthropologische Analyse des in sich abgeschlossenen Forschungsprojekts (1961 bis 1969) bietet nicht nur einen exemplarischen Einblick in die volkskundlich-kulturwissenschaftliche Wissenschaftskultur in einer Zeit des Übergangs, sondern fragt durch die heterogene Besetzung der Forschergruppe auch nach den Bedingungen volkskundlicher Wissensproduktion und volkskundlichen Wissenstransfers zwischen Akademie und Anwendung. Im Sinne einer reflexiven Wissensanthropologie versteht sich die Untersuchung als „innovative Form des ‚Klassikers Fachgeschichte'" (Kaschuba et al. 2009: 196).[4] Im Mittelpunkt steht insofern nicht die Fastnacht, sondern die kooperative Erforschung derselben – oder genauer der Produktionsprozess volkskundlichen Wissens. Volkskunde wird hier nicht mehr nur als formale akademische Institution, sondern als ein historisches Wissensmilieu betrachtet, das sich aus sozialer Interaktion unterschiedlich angebundener Akteure, gemeinsamen Praktiken sowie räumlichen und politischen Strukturen ergibt (vgl. Dietzsch et al. 2009: 12). Das hier produzierte Wissen ist „Ergebnis von Formatierungsprozessen" (ebd.: 14), die aus methodologisch begründeten und formatgebundenen Praktiken des Sammelns, Ordnens, Interpretierens sowie aus den Praktiken und Stilmitteln der Darstellung hervorgegangen sind und von strategischen Verhandlungen um Inhalte und Kapitalien abhängen. Je nach Kontext werden wissenschaftliche Erzeugnisse zudem auf unterschiedliche Art und Weise gelesen, mit Bedeutung versehen, verwendet und erneut beforscht; sie bilden keine Entität, sondern sind ein historisch und sozial wandelbares Konglomerat verschiedener materialisierter

---

3   Vgl. Karin Bürkert (2015): Der Tübinger Arbeitskreis für Fasnachtsforschung. Produktion und Transfer volkskundlichen Wissens (1961–1969). (Untersuchungen des Ludwig-Uhland-Instituts). Tübingen (im Druck). Die Dissertation ist aus dem Tübinger DFG-Forschungsprojekt *Wissenschaft und Landeskultur. Volkskundliches Wissen im staatlichen Reorganisationsprozess (Baden-Württemberg 1952–1977)* heraus entstanden. Dieser Beitrag enthält Auszüge aus zwei Kapiteln meiner Dissertation.

4   Zur Programmatik einer reflexiven Wissensanthropologie vgl. auch Davidovic-Walther/Fenske/ Keller-Drescher (2009).

Aussagen. Wissensproduktion ist insofern eine soziale Praxis in zirkulärer Beziehung (vgl. Tschofen 2011: 39).

Der vorliegende Beitrag fokussiert diese Forschungs-, Analyse- und Formatierungsprozesse und damit auch die Entwicklung der volkskundlichen „Wissenskultur"[5] (Knorr Cetina 2002) in den 1960er Jahren am Beispiel der Erhebungen des Tübinger Arbeitskreises zur dörflichen Fastnacht in Südwestdeutschland 1962 bis 1964. Dabei werden insbesondere die Unschärfen der damaligen epistemischen Praktiken herausgestellt und es zeigt sich, wie gerade die forschende Interaktion mit Akteuren der Kulturpraxis Anstöße zur Reflexion über die Methoden des Faches gab und auch erforderte.

Die 1960er Jahre als Latenzzeit

1961 veröffentlichte Hermann Bausinger seine Habilitationsschrift zur Volkskultur in der technischen Welt, die in fachgeschichtlichen Reflexionen als Aufbruch zu einer neuen Wissenskultur gedeutet wird (vgl. beispielsweise Kaschuba 2006: 85). Am Ende der 1960er Jahre fand außerdem nicht nur ein generationeller Wechsel innerhalb der volkskundlichen Professorenschaft statt, sondern durch die Studierendenproteste und die Bildungsreform erfolgten auch ein massiver sozialer Wandel und ein mengenmäßiger Zuwachs innerhalb der Studierendenschaft. Wolfgang Kaschuba deutet diese Entwicklungen als „Vorstöße und Anstöße von innen wie von außen", von denen „ein grundsätzlicher Kurswechsel" ausgegangen sei. „Das Fach, seine Gegenstände, seine Paradigmen und Perspektiven veränder[te]n sich in zentralen Punkten nachhaltig" (ebd.: 86). 1970 diskutierten Fachvertreter/innen und Studierende in Falkenstein intensiv über die Neuausrichtung der Volkskunde, und schon kurz darauf bezeichneten sich Tübinger Absolvent/innen als Empirische Kulturwissenschaftler/innen. Die zehn Jahre, die zwischen Bausingers Publikation und dem Namenswechsel liegen, wurden jedoch in der Fachgeschichtsschreibung bisher kaum detailliert beleuchtet. Wenn Tübinger Forschungen wie die zu „Neuen Siedlungen" (Bausinger/Braun/Schwedt 1959) oder auch die Fastnachtsforschung als Anstöße für eine Neuausrichtung des Faches genannt werden, entsteht zudem der Eindruck eines deutlichen Umbruchs der Wissenskultur im Sinne einer konsequenten Ablösung alter Paradigmen zugunsten von neuen (vgl. Ratt 2011; Braun 2002). Am Beispiel des

---

5   Die Wissenschaftsforscherin Karin Knorr Cetina versteht unter Wissenskultur „die Praktiken, Mechanismen und Prinzipien, die, gebunden durch Verwandtschaft, Notwendigkeit und historische Koinzidenz in einem Wissensgebiet bestimmen, wie wir wissen, was wir wissen" (2002: 11).

Tübinger Arbeitskreises zeigen sich jedoch Ungleichzeitigkeiten[6] in der Entwicklung der Wissenskultur, die solche Fortschrittserzählungen infrage stellen. Wolfgang Kaschuba spricht in seiner Einführung über die Volkskunde von einem Fachwerkhaus, in dem durch die „Münchner Schule" ein Fenster aufgestoßen worden sei, durch das fortan frischer Wind hineinwehte (vgl. 2006 [1999]: 83). Auch Hermann Bausinger nutzt im Band *Volkskunde* die Metapher des Hausumbaus, um die neuesten Entwicklungen des Faches zu beschreiben: Eine Führung durch das volkskundliche Denkgebäude sei momentan nur schwer möglich, denn „das Haus ist in einem so radikalen Umbau begriffen, daß kaum mehr erkennbar ist, wo die tragenden Teile sind; die Räume haben keine Wände mehr, sind nicht mehr klar definiert" (1987 [1971]: 7). Diese Beschreibung passt auf den ersten Blick zu Thomas Kuhns *Struktur wissenschaftlicher Revolutionen* (1976), der zufolge die Entwicklung von Wissenschaft von radikalen Paradigmenwechseln geprägt ist, denen Krisen vorausgehen, in deren Verlauf zentrale Regelsysteme der jeweiligen Wissenschaft konflikthaft infrage gestellt werden (vgl. ebd.: 65, 25). Das Fachwerkhaus würde im Sinne des Begriffes der „Revolution" nach Beendigung einer Krise bis auf das Fundament abgerissen und in diesem Fall vielleicht in einen schlichten Bauhauskubus verwandelt. Aufgrund meiner Untersuchungen gehe ich jedoch nicht von einem Abriss, sondern von einem langsamen Umbau des Fachwerkhauses aus, in dem zunächst tragende Balken, wenn sie auch moderten, nicht ausgewechselt wurden, sondern neben neuen Stützen weiterexistierten.[7] Zumal der von Kuhn genutzte Begriff „Krise" im Zusammenhang mit der Entwicklung der Volkskunde zumindest für die erste Hälfte der 1960er Jahre unpassend erscheint. Denn, so Hermann Bausinger 1969, „dieser Befund erweckt den Eindruck, lange Zeit sei alles in Ordnung gewesen [...] und rasche Heilung sei möglich" (1969: 232). Es ist aber gerade der langsame Umbauprozess, der mich interessiert, noch bevor es Ende der 1960er Jahre zu lauten Konflikten – zur Krise – kam. Denn, so Martin Scharfe bei der Hochschultagung 2010 zum Thema „Umbruchszeiten", ein Umbruch ist „nur das äußere, das allen auffallende Symptom dafür, daß etwas im Gange war [...]. Wenn man einen Umbruch feststellt, gibt man zu erkennen, daß man eine Tendenz verschlafen hat. [...] Umbruch hat stets Vorlauf und Latenz" (2012: 14).

---

6   Mit Ernst Bloch verstehe ich „Ungleichzeitigkeit" als ein Nebeneinander verschiedener historischer Elemente in einem Menschen oder hier einer Wissenskultur: „Nicht alle sind im selben Jetzt da. Sie sind es nur äußerlich, dadurch, dass sie heute zu sehen sind. Damit aber leben sie noch nicht mit den anderen zugleich. Sie tragen vielmehr Früheres mit, das mischt sich ein" (Bloch 1962: 104).

7   Hier muss einschränkend gesagt werden, dass der Blick dieser Untersuchung stark auf die Volkskunde in Tübingen beschränkt ist. Der Revisionsprozess innerhalb des Gesamtfaches ist noch stärker durch Ungleichzeitigkeiten gekennzeichnet, was allein die weit auseinanderliegenden Zeitpunkte der Umbenennung vieler Institute zeigen (vgl. Bendix/Eggeling 2004).

Auf die Prozessualität von Veränderungen in Wissens- und Fachkulturen weist auch Ludwik Fleck hin, der bereits in den 1930er Jahren den Begriff des Denkstils entwickelte, an welchen sich Kuhns Paradigmenkonzept stark anlehnt: „Wahrscheinlich bilden sich nur sehr wenige vollkommen neue Begriffe ohne irgendeine Beziehung zu früheren Denkstilen" (Fleck 1980 [1935]: 130 f.). Weil sich Denkstile in einer sozialen Gemeinschaft entwickeln und tradieren, sich also prägend auf die Wissenspraktiken des Denkkollektivs auswirken, schreibt ihnen Fleck eine „Beharrungstendenz" (ebd.) zu. „Der Diskurs des Neuen", so stimmt der Wissensanthropologe Gert Dressel ein, „kann so ausschließlich nie sein, als dass ,das Neue' nicht doch stets eine Legitimation über Geschichte und Kontinuität bräuchte" (2003: 211). Umbrüche kommen also nicht plötzlich und geschehen auch nicht unbedingt in einer lauten Revolution, die keinen Stein des Denkgebäudes mehr auf dem anderen stehen lässt, sondern entstehen aus sozialen Verhandlungen zwischen Wissenschaftler/innengenerationen (vgl. Fleck 1980 [1935]: 130). Während Kuhns Paradigmentheorie von einer Inkommensurabilität von altem und neuem Paradigma ausgeht (1976: 98 f.; vgl. auch Felt/ Nowotny/Taschwer 1995: 126 f.), ist mit Flecks Begriff des „Denkstils" ein Nebeneinander neuer und alter Denkstile möglich, die einander in einem Prozess und unter dem Einfluss wissenschaftsexterner Erfahrungen und Kommunikationsbeziehungen ablösen. Dem Begriff „Denkstil" wird daher von mir der Vorzug vor Kuhns Paradigmenkonzept gegeben, denn am Beispiel der Fastnachtsforschung lässt sich eine Ungleichzeitigkeit verschiedener Denkstile feststellen, die zunächst nicht auf ein krisenhaftes Zerwürfnis hinweist. Hier soll ein Blick auf Wandel und Kontinuitäten versucht werden, der im Anschluss an den Vorschlag der Wissensanthropologinnen Nikola Langreiter und Margareth Lanzinger „beide Phänomene gleichermaßen im Auge behält, sie nicht als ein Entweder-Oder, sondern als ein nebeneinander und gleichzeitig existierendes Sowohl-Als-Auch auffasst" (2003: 11).

Die Erhebungen zur dörflichen Fastnacht im Überblick

Vom Arbeitskreis für Fasnachtsforschung geplant, wurden die Erhebungsarbeiten maßgeblich von mehreren studentischen Mitarbeiter/innen des Ludwig-Uhland-Instituts durchgeführt. Von 1962 bis 1964 unternahmen sie in Teams während zwei längerer Forschungsphasen mündliche und schriftliche Befragungen von Gewährspersonen in insgesamt 534 Gemeinden zwischen Neckar und Bodensee (vgl. Bausinger 1966: 8 f.). Für die mündlichen Befragungen wurde ein sogenannter Frageplan verwendet, der in sechs Themenkomplexe unterteilt war, die nach Aussagen von damaligen Mitarbeitern flexibel und ohne festgelegten Wort-

laut abgefragt wurden.[8] Die Themenkomplexe umfassten erstens den „Ablauf
der Fasnacht", also die Art und Reihenfolge der verschiedenen Veranstaltungen,
zweitens die „Träger der Fasnacht", also die Initiativpersonen und Teilnehmenden, und zwar „soziologisch eingeordnet", womit vermutlich eine Einordnung
in Bezug auf ihr Alter, ihren Beruf und ihre soziale Stellung innerhalb der Gemeinde gemeint war. Drittens wurden die Gewährspersonen zu den „Formen der
Fasnacht" befragt, also zur Ausgestaltung der materiellen und immateriellen Elemente des Festes. Viertens thematisierte der Frageplan die historische Entwicklung der Fastnacht, soweit man sie zurückverfolgen konnte. Fünftens sollten die
Befragten über die Stellung der „Fasnacht im Dorfleben" Auskunft geben – zum
Beispiel war von Interesse, wie die Bewohner/innen eines Dorfes ihre Fastnacht
im Verhältnis zu den Aktivitäten in den Nachbarorten beurteilten. Und sechstens
wurde nach „anderen wichtigen Bräuchen in der Gemeinde" gefragt.[9]

Die studentischen Mitarbeiter/innen schrieben die von ihnen notierten Befra-
gungsergebnisse ins Reine und legten sie in fünf Leitz-Ordnern im Karteikarten-
Format DIN A5 in alphabetischer Reihenfolge der Ortsnamen ab.[10] Je nach Be-
arbeiter/in mal sauberer und ausführlicher, mal fahriger und knapper lassen sich
dort die Antworten zu diesen sechs Fragekomplexen in meist indirekter Wie-
dergabe durch die Studierenden nachlesen. Zwischen den Notizen finden sich
immer wieder Sammelstücke aus dem jeweiligen Ort – oft von den Initiatoren
vervielfältigte Fastnachtsprogramme, abgetippte Narrenlieder und -sprüche oder
auch die Quittung zur Entrichtung des Vereinsbeitrags. Der damals noch stärker
als heute gültigen Konvention der Einschränkung des „wissenschaftlichen Selbst"
(Daston/Galison 2007: 39 f.) gemäß waren die Bearbeiter/innen auffällig um
einen neutralen, sachlichen Tonfall bemüht. Denn seit dem 19. Jahrhundert galt
die Entsubjektivierung im akademischen Textformat als „epistemische Tugend"
(ebd.), die wissenschaftliche Projekte von Kunstprojekten trennte.

Betrachtet man diese Inskriptionen näher, offenbaren sich Widersprüche in
Denkstil und Forschungspraktiken, die erstens auf latent differente Erwartungen an die Forschungen innerhalb des Arbeitskreises verweisen. Zweitens zeigt
das Material das Verhaftetsein in gewohnten und gekonnten Methoden und For-

---

8   Vgl. Interview mit Martin Scharfe vom 8.10.2009; Telefoninterview mit Bernhard Losch vom
      30.7.2012.

9   LVS, Zeitungsarchiv IX, Frageplan zur Erhebung dörfliche Fasnacht, o.D.

10   Privatarchiv Gottfried Korff. Korff hatte die Aufzeichnungen bei Aufräumarbeiten im Ludwig-
      Uhland-Institut vor dem Mülleimer „gerettet" und dankenswerterweise für diese Forschung zur
      Verfügung gestellt. Das heute ungewöhnliche Format der Aufzeichnungen verweist auf damals üb-
      liche Ordnungstechniken in Karteikästen, in denen die Aufzeichnungen nach einem bestimmten
      System sortiert und ergänzt hätten werden können.

schungskonventionen, mit denen, wie ich drittens ausführen möchte, die Fragestellungen eines neuen Denkstils nur schwer beantwortet werden konnten.

Latent differente Erwartungen an die Forschungen innerhalb des Arbeitskreises

Die Ziele der Forschung waren geprägt von den Erwartungen der heterogenen
Akteure innerhalb der Forschergruppe, die sich zunächst aber offenbar problem-
los verbinden ließen. Die Brauchpraktiker erhofften sich durch die Zusammenarbeit mit den jungen Wissenschaftlern neue Impulse für die Durchführung und
das kulturpolitische Management des Fastnachtsfestes, und die Tübinger Volkskundler wollten neue Denkweisen an einem klassischen Forschungsfeld auspro-
bieren. Was aber genau volkskundliches Forschen in den jeweiligen Erwartungs-
horizonten bedeutete, blieb unausgesprochen und latent. Hermann Bausinger
schreibt später einleitend zu den publizierten Forschungsergebnissen: „Im übrigen aber geben die hier zusammengefaßten Darstellungen doch wohl einen
verläßlichen und interessanten Eindruck von der schwäbisch-alemannischen
Dorffasnacht, welche freilich nicht nur um ihrer selbst willen als Objekt gewählt
wurde, sondern deshalb, weil sich am Phänomen dieser Fasnacht der soziale und
kulturelle Formenwandel der Gegenwart ablesen läßt" (1966: 13).

Aus nachträglichen Einschätzungen wie dieser aus den Protokollen und Korrespondenzen des Arbeitskreises geht hervor, dass durch die Erhebungen ein umfassender Überblick über die dörfliche Fastnacht in Südwestdeutschland geschaffen und die Brauchpraxis innerhalb Baden-Württembergs sichtbar und damit
indirekt auch kulturpolitisch relevant gemacht werden sollte. Der in den größeren Narrenstädten verbreitete Vorwurf der Nachahmung, der gegenüber den
dörflichen Fastnachtsaktivisten erhoben wurde, sollte hinterfragt und gleichzeitig
durch die geschaffene Übersicht die „Pflege" einer lokal differenzierten „originel-
len" Dorffastnacht erleichtert werden. Für eine solche setzte sich vor allem der
Singener Kulturamtsleiter Herbert Berner ein, der den Kontakt zu neuen Zünf-
ten suchte und sie bei der Kreation neuer Kostüme und Rituale beriet. Die geografisch breit angelegte Erhebung, deren Ergebnisse unter anderem in Kartenbil-
der transformiert werden sollten, versprach den dazu benötigten Überblick über
die zahlreichen neu gegründeten Fastnachtsvereine und ihre Brauchpraktiken.

Hermann Bausinger weist aber auch auf den Zeichencharakter der Fastnacht
hin, wenn er sie als Phänomen einführt, an dem sich der „soziale und kulturelle Formenwandel der Gegenwart" (ebd.) ablesen lasse. Diese Herangehensweise bezeichnet Martin Scharfe in seiner Einleitung zum Band *Brauchforschung* als
Indikator-Ansatz, dem es nicht um die Bräuche als solche gehe, sondern um den
Vorstoß zu gesellschaftlichen Problemen (1991: 19). Der Ansatz steht im Zusammenhang mit einer wachsenden Orientierung an einem sozialwissenschaft-

lich-funktionalistischen Denkstil in der Nachkriegszeit, der das Fach weg von „tümelnder" Traditionsforschung und hin zu einer Gegenwartsorientierung und „exakteren" Methoden führen sollte. In den Fastnachtsforschungen ging es also laut Bausinger auch um die Untersuchung der „Veränderung sozialer Gegebenheiten", die „Geltung und [den] Abbau von Normen" sowie um „die Verschiebung von Funktionen" (1966: 13), deren Abbildung auf Karten komplizierter ist als die der Diffusion von Formen und Praktiken.

Zunächst jedoch standen die kanonischen Fragen nach den Objektivationen der Fastnacht im Vordergrund der Befragungen, wie die Vorarbeiten Herbert Berners zeigen, der die Ausarbeitung eines ersten Leitfadenentwurfs übernommen hatte. In seinem Nachlass finden sich Befragungsdokumentationen von Voruntersuchungen in mehreren Dörfern der Kreise um Hegau und Bodensee.[11] Seine Fragen zielen auf die Erfassung des Ablaufs der Fastnachtswoche und auf die Formen der Kostümierungen. Von Zunftvorsitzenden, Lehrern oder Bürgermeistern ließ er sich auch Narrengesänge und -sprüche aufsagen und erkundigte sich nach Hinweisen auf Gebräuche aus früherer Zeit. Berners Fragen offenbaren seine Interessen wie auch die von ihm als volkskundlich antizipierte Arbeitsweise. Die Tübinger Volkskundler ergänzten den Leitfaden zwar um einige akteursbezogene Punkte zu den Initiatoren des Festes und der Integration von Heimatvertriebenen, stellten aber den Fokus auf die Objektivationen des Festes in ihrer räumlichen Diffusion nicht infrage. Beide Ziele sollten miteinander verbunden werden, Konflikte oder Krisen traten hier den Quellen zufolge nicht zutage.[12]

Verhaftetsein in gewohnten Methoden und Forschungskonventionen

Der „Fragebogen" und die „Karte" als epistemologische Formate gingen auf erprobte methodische Routinen aus der Dialekt- und Erzählforschung und der Arbeit am Atlas für deutsche Volkskunde zurück, während die Orientierung an der Soziologie zunächst auf der theoretischen und terminologischen Ebene verharrte. Mit Hermann Bausingers Antritt als Institutsleiter wurde die Tübinger Bibliothek um soziologische Grundlagenliteratur und vor allem um Werke zur Gemeinde- und Großstadtforschung erweitert. In diesem Zuge hatte Bausinger auch Methodenhandbücher zu Statistik und Interviews angeschafft, die jedoch

11   Stadtarchiv Singen (SAS), Nachlass Herbert Berner AZ 362–810: Befragung am 23. Januar 1962 in Reute über Eigeltingen; Befragung in Boll bei Meßkirch am 11. Januar 1962; Befragung in Weil bei Engen am 16. Januar 1962 anlässlich eines Vortrages.

12   Hermann Bausinger betonte in den Interviews die konstruktive und einvernehmliche Arbeitsatmosphäre während der Kooperation. Die Ergebnisprotokolle der Mitgliederversammlungen und vor allem die ausführlicheren Diskussionsprotokolle der sieben Tagungen des Arbeitskreises bestätigen diesen Eindruck.

nicht aktiv in der Lehre genutzt wurden.[13] Zudem ging man daran, Fachbegriffe, die stark mit der Ideologie des Nationalsozialismus verwoben waren, zu ersetzen, wie etwa „Volk", „Gemeinschaft", „Sitte" und „Tradition" durch „Bevölkerung", „Gruppe", „Normen" und „Güter". Eine methodologische Auseinandersetzung mit den Forschungstechniken aus der Soziologie geschah in Tübingen zunächst nur implizit im kollegialen Gespräch und in der Diskussion in Seminaren.[14]

Mathilde Hain widmet der „soziologischen Methode" neben der „historisch-philologischen", der „geographischen" und der „psychologischen Methode" einen Abschnitt in ihrem 1957 verfassten Überblick zu den Arbeitsweisen der Volkskunde (1957: 1723–1740). Hain spricht hier bereits über die „participant observation" als eine der soziologischen Methode zugehörige Forschungstechnik (ebd.: 1736 f.). Eine methodologische Diskussion oder zumindest eine Vorstellung der Vorgehensweisen bei der teilnehmenden Beobachtung bleibt allerdings auch hier aus. Im Abschnitt zur „geographischen Methode" berichtet sie hingegen ausführlich über Erhebungs- und Auswertungstechniken mit dem „Fragebogenverfahren" und der „Volkstumskarte" (ebd.: 1727–1731). Auch Gerhard Heilfurth bleibt 1962 bei der Beschreibung „verfeinerter Methoden" aus der Soziologie sehr vage. Deren Ziel sei es zunächst, „deutlicher, objektiver und kontrollierbarer" (Heilfurth 1962: 538) zu forschen. Im Vergleich zu den Anfängen volkskundlicher Forschungen sei „die Exaktheit der Faktenermittlung ständig fortgeschritten" (ebd.: 540). Die Entwicklung einer soziologisch orientierten Methodologie bringt einen Szientismus zum Ausdruck, der als Reaktion auf die von Heinz Maus geäußerten Vorwürfe der Irrationalität und Ideologisierung der Volkskunde (1946: 349–359) verstanden werden kann und das Fach zu „exakteren" und „objektiveren" Ergebnissen führen sollte. Im Anschluss an die Warnung des französischen Soziologen Marcel Maget vor dem „Ausweichen in die künstlerische Intuition" einerseits und einer „Technomanie" andererseits positioniert Heilfurth die volkskundliche Methode zwischen diesen Extremen, verweist dabei aber auf zahlreiche subjektgebundene Spezifika:

„Anders als bei analytischen Sozialenquêten erfordert die volkskundliche Erhebung ein intensives Vertrautsein mit Land und Leuten. Das Eindringen in die Subtilitäten assoziativer und religiöser Motive verlangt gute Menschenkenntnis und ein psychologisch geschultes Registriervermögen, das auch anscheinende Imponderabilien aufzufangen imstande sein muß. Das Er-

---

13   So etwa die Methodenlehre der Statistik von Gerhard Mackenroth (1949) und René Königs Handbuch zum Interview (1952); vgl. Anschaffungsverzeichnis der Institutsbibliothek des Ludwig-Uhland-Instituts. An eine konkrete Arbeit mit diesen Werken in der Lehre erinnern sich aber weder Bausinger noch frühere Studierende, die ich dazu befragte.

14   Vgl. Interviews mit Hermann Bausinger, Martin Scharfe und Bernhard Losch.

fassen milieubedingter Besonderheiten in einer Aufnahmeaktion setzt ein vertieftes Bescheid-
wissen über die geographisch-historischen Verhältnisse und die ökonomisch-soziale Situation
voraus, wenn man nicht zu falschen Verallgemeinerungen und Simplifizierungen kommen
will" (1962: 540).

Viele der hier geforderten Fähigkeiten würden heute als Soft Skills bezeichnet
werden, die mehr auf ein implizites Erfahrungswissen rekurrieren als auf explizit
erlernbares methodisches Handwerkszeug. Sie stehen den szientistischen Forderungen sozialwissenschaftlicher Objektivität, Genauigkeit und Überprüfbarkeit
entgegen. Eine praxisorientierte Beschreibung volkskundlich-soziologischer Forschung bleibt aus.

Aus dieser Vagheit in der methodologischen Diskussion soziologisch orientier-
ter volkskundlicher Forschungstechniken gegenüber einer klaren Ausführung der
historisch-geografischen Methode lässt sich schließen, dass sich die Frage nach
dem Zusammenhang von Land und Leuten nicht zuletzt auch deshalb so stark in
der Volkskunde etablierte und hielt, weil mit ihr standardisierte Forschungstechniken, Analyseverfahren und Wissensformate verbunden waren, die sich klar in
die expliziten und impliziten Wissensspeicher der Forschungsmilieus einschrie-
ben und daher eine starke Beharrungstendenz aufwiesen.

Darüber hinaus versprach das kartografische Repräsentationsformat eine für
die Geistes- und Kulturwissenschaften ungewöhnliche Genauigkeit und den
reizvollen Anschein von Objektivität. Wie Enzyklopädien und andere Sammlungen wollen Karten vervollständigt werden und wirken so aktiv auf die For-
schungskonzeption ein (vgl. Keller-Drescher 2013: 129; Fenske 2010: 53). Sie
fordern Frageweisen nach dem Wo und Was, um ihren Sinn zu erfüllen, und be-
dingen ein Verständnis von Kultur, das sich in konkreten Formen und Praktiken
ausdrücken und operationalisieren lässt. Zwar wurde laut Hermann Bausinger
in der Publikation zur dörflichen Fastnacht „auf eine systematische Einteilung
nach den Elementen der Fasnacht – von den Mahlzeiten bis [...] zur Verklei-
dung – [...] bewußt verzichtet" (1966: 13). Betrachtet man aber das gesammelte Material, wird schnell klar, dass die kanonischen Fragen den Großteil der
verzeichneten Antworten ausmachen, während Auskünfte zu Einstellungen und
sozialen Gegebenheiten weniger ausführlich verzeichnet sind. Die flexible Handhabung des Frageplans und das im Vordergrund stehende Ziel, möglichst viele
Gemeinden Südwestdeutschlands zu erfassen, hatten offenbar dazu geführt, dass
diese Fragen an den Rand gedrängt wurden. Dies wohl auch deshalb, weil nicht
nur den Forschenden, sondern auch den Befragten die objektorientierten, hei-
matkundlichen Fragen bereits vertraut waren, „während Fragen nach modernen
Verhaltensweisen eher Überraschung hervorriefen", wie schon Matthias Zender
(1964: 9) über die Antworten zum Atlas der deutschen Volkskunde reflektiert.

Die Frage nach der Beurteilung der Fastnacht im Dorfleben mutet zwar zunächst innovativ an; die verzeichneten Antworten zeigen jedoch, dass die Gewährsleute versucht hatten, eine Art Einheitsmeinung wiederzugeben. So heißt es in Homberg pauschal für alle (wahrscheinlich männlichen) Bewohner: „Das Häs wird gern getragen." Auch in Emmingen sind Subjekt und Objekt der Beobachtungen nicht eindeutig definiert: „Die Bewohner scheinen mit ihrer Fasnet zufrieden. Nur die Alten beklagen das Verschwinden der Masken und ‚Sprüch'." Es bleibt unklar, ob dies eine Interpretation der Bearbeiterin ist oder die pauschalisierende Aussage einer Gewährsperson. Zudem wurde eine stärkere Ausdifferenzierung der Dorfbevölkerung als in die Kategorien „Alt" und „Jung" nicht vorgenommen. Weiterhin gibt das Material selten Auskunft über Konfession und Herkunft der Befragten, obwohl der Frageplan nach der Beteiligung von Heimatvertriebenen oder Protestanten fragt. Die Dorfbewohner wurden auf diese Art und Weise als Gemeinschaft mit einheitlicher Einstellung essenzialisiert. Der Sinn der Aufzeichnung, so lässt sich daraus schließen, lag zunächst in ihrer Generalisierbarkeit und Vergleichbarkeit und weniger in einer Erhebung differenzierter Meinungen und Einstellungen, die ein Bild über die Wahrnehmungen der Fastnacht in verschiedenen sozialen Gruppierungen hätte bieten können. Zumal im Fach noch kein explizites Wissen zu Auswertungsmethoden verbreitet war, die über Codierung und Hermeneutik zur analytischen Verdichtung individueller oder gruppenspezifischer Haltungen hätten führen können.

Traditionell erhobenes Material versus neuer Denkstil

Im Inhaltsverzeichnis der Publikation *Dörfliche Fasnacht zwischen Neckar und Bodensee* (Bausinger et al. 1966) hingegen stechen Begriffe wie „Initiative", „Versittlichung", „Funktion und Motive" hervor. Allein der Aufbau des Bandes zielt auf die Kennzeichnung der Arbeit als volkskundlich-soziologische Analyse. In den Jahren zwischen Konzeption und Publikation hatten eine Verschiebung des inhaltlichen Schwerpunktes und eine zunehmend offener ausagierte Trennung der Zielvorstellungen zwischen den Mitgliedern des Arbeitskreises stattgefunden. In der Publikation dominiert die Stimme der Wissenschaftler, die sich mit ihren Ergebnissen nicht nur an die Brauchpraktiker, sondern vor allem an die Scientific Community richteten. Von den 14 geplanten kartografischen Abbildungen wurden letztlich nur acht abgedruckt, fünf davon im einzig klassisch kulturräumlich konzipierten Aufsatz zu „Anfangs- und Abschlussbräuchen" (Losch 1966). Dieser Aufsatz folgt direkt auf Utz Jeggles Beitrag zu den sozialen Grundlagen der fastnächtlichen Initiative. Die beiden Untersuchungen fallen in Sprache, Aufbau, Argumentationsrichtung und Umgang mit Wissensbeständen sehr unterschiedlich aus. Wie die anfangs zitierte Reihung „Gewährsleute", „Groteskmaske", „Gruppennorm" repräsentiert auch das Nebeneinander dieser disparaten

Beiträge die Ungleichzeitigkeit verschiedener Denkstile innerhalb der Volkskunde der 1960er Jahre.

Besonders Jeggles (1966) Untersuchung verdeutlicht die Schwierigkeit, das erhobene Material für neue Fragestellungen heranzuziehen. Sie bietet eine grup-
penpsychologisch und soziologisch (ebd.: 56) motivierte Gegenerzählung zur
klassisch volkskundlichen Fastnachtsforschung. Durch den Einsatz sprachlicher
Stilmittel vor allem von Metaphern und Ironie (zum Beispiel „das Hohelied des
Einzelnarren"; ebd.: 14) grenzt Jeggle seine Arbeit zu bisherigen Deutungsweisen
fastnächtlicher Initiative ab. Den närrischen Duktus nutzend, wird sein Text zu
einer Art Rüge der konventionellen Fastnachtsforschung. Sammlungen, so zeigt
dieser Text zudem, sind bis zu einem gewissen Grad multivalent und können je
nach Intention und Wissenskontext anders gelesen und interpretiert werden (vgl.
dazu Keller-Drescher 2009).

Stand anfänglich hinter der Erhebung das Ziel eines Überblicks über Formen
und Praktiken in den bisher durch die Brauchforschung unerschlossenen rura-
len Gebieten im Vordergrund, so zeigt sich in Jeggles Text der Wandel hin zu
einer problemorientierten, soziologisch motivierten Kritik bisheriger Deutungen der Festpraxis. Das Erhebungsmaterial bietet für diese Argumentationslinie
jedoch nicht immer die besten Voraussetzungen, sodass neuen Interpretations-
möglichkeiten auch Grenzen gesetzt sind. Als nützlich erweisen sich für Jeggle
insbesondere die Antworten zum zweiten Fragekomplex „Träger der Fasnacht".
Sie liefern die Belege für einen Wandel in der Festorganisation. Die wenigen als
wörtlich übernommen gekennzeichneten Zitate wie der Ausspruch aus Ratshau-
sen/Balingen, „wenn die Zwanziger[15] nichts taugen, ist nichts los" (Jeggle 1966:
20), bilden den Grundstock für seine Argumentation, die in der Folge weniger
durch den Inhalt ähnlicher Aussagen als durch die Masse an knappen Hinweisen auf passende, aber nicht wörtlich vorhandene Äußerungen zum Rückgang
der Aktivität der „Zwanziger" oder „Ledigen" getragen wird. Weil in der Erhebung eher nach dem „Wer, was und in welcher Form" und weniger nach dem
„Auf welche Weise und warum" gefragt wurde, liefert das Material keine Hinweise für die Gründe der schwindenden Beteiligung jüngerer Narren. In Erman-
gelung näherer Ausführungen ist Jeggle hier auf eigene Vermutungen angewiesen. Ohne kritische Reflexion oder tatsächliche Anhaltspunkte interpretiert er
die Haltung der Jugendlichen und behauptet diese Interpretation als Fakt: „Sie
[die Ledigen] ziehen es vor, sich auf ihr Moped zu schwingen, um in die nächst-
größere Stadt zu enteilen, denn [...] dort gibt es Musikboxen, dort ist mehr los,
dort herrscht nicht die strenge Kontrolle und die in den Augen der jungen Leute unerträgliche Muffigkeit brauchtümlicher Ordnung" (ebd.: 18). Jeggle spricht

---

15   Gemeint ist der Jahrgang der 20-jährigen Männer in der Gemeinde.

für diejenigen, die im Material nicht zu Wort kommen, erhebt sich damit aber gleichzeitig machtvoll als Forscherautorität, indem er meint, „wahrheitsgemäß für" eine Gruppe sprechen zu können (vgl. Davidovic-Walther/Welz 2010: 103). Analytisch konsequent stellt er seine Beobachtung dann gemäß dem Indikator-Ansatz in den Horizont gesamtgesellschaftlicher Ausdifferenzierung durch steigende Wahlmöglichkeiten von Beruf und Freizeitaktivitäten und rückläufigen Bindungen an dörfliche Strukturen (vgl. Jeggle 1966: 20). Die zurückweichende Verbindlichkeit hierarchischer Dorfstrukturen werde durch den Zusammenschluss von Gruppierungen unterschiedlicher Generationszugehörigkeit kompensiert. Das Erhebungsmaterial bietet hier wiederum zahlreiche Beispiele für mehr oder weniger offiziell statuierte Verbindungen, die in den einzelnen Dörfern der Gründung einer Narrenzunft vorausgegangen waren (ebd.: 24 f.).

Es wird erneut evident: Solange Jeggle positiv oder negativ das Bestehen oder den Wandel einer bestimmten Form aufzeigen will, kann er einfach auf die Notizen zum Frageplan zurückgreifen und erhält eine Masse an Belegen. Will er Form- und Strukturwandel jedoch begründen, ist er auf die wenigen ausführlicheren Zitate und Anekdoten angewiesen, die das Material hergibt. Um etwa zu argumentieren, dass Vereine nicht aus traditionalistischen oder charakterlichen Gründen entstanden, sondern aus reglementierenden, kommerziellen und stabilisierenden, kann Jeggle auf weit weniger Belege zurückgreifen. Aus den verzeichneten Antworten des Dorfes Homberg bei Stockach wird dementsprechend das einzige direkt einer Person zuweisbare Zitat in den Text übernommen, das einen Grund zur Erklärung von Vereinsgründungen liefert. Dem Vorsitzenden des Elferrates Herrn Zoller war „die Verantwortung zu groß" geworden, die Fastnacht informell unter seiner Leitung zu organisieren, sodass er die Gründung einer Zunft angestoßen hatte (ebd.: 30). Passendere Belege bieten sich für Jeggles Argumentation in den gesammelten Zeitungsberichten vor allem für die Erklärung des Traditionsverständnisses der Fastnachtsvereine. Während das Erhebungsmaterial hier kaum mehr Anhaltspunkte als seltene und schwer einem Sprecher zuordenbare Kommentare zum Stolz der Bewohner auf ihre Zunft hergibt, bieten die Presseartikel ausführliche Zitate aus den Selbstdarstellungen der Narren. Jeggle kann mithilfe dieser Quellen die Anbindung der Fastnacht an scheinbar „uralte" Traditionen auf Motive der Veredelung im Sinne einer Versittlichung und Ästhetisierung zurückführen (ebd.: 51 f.).

Im Unterkapitel zu „Positionen" geht es dem Studenten um das demografisch differenzierte „Verhältnis und die Einstellung bestimmter Gruppen" zur Fastnacht. Um Aussagen zur Beteiligung Heimatvertriebener und anderer Zugezogener an der Fastnacht machen zu können, musste Jeggle vermutlich akribisch und mit Geduld das gesamte Material durchsuchen. Zumindest konnte er feststellen, dass entgegen der landläufigen Meinung, Fastnacht „läge im Blut" und werde innerhalb der Familien an einem Ort tradiert, relativ viele „auswärtige" Initiatoren auszumachen seien. „Leider ist das Fasnachts-Material in diesem Fall zu dürftig, um daran die ganze Hypothese aufzuhängen" (ebd.: 60). Die ungenaue Kennzeichnung des gesammelten Materials zu den befragten Personen nach demografischen Kategorien und die wenigen Hinweise auf eindeutig zuweisbare Einstellungen zur Fastnacht werden hier besonders deutlich. Nur in einigen Fällen kann zum Beispiel auf eine Berufszugehörigkeit der Initiativpersonen verwiesen werden: „Nun wäre es schön, wenn wir gewisse statistische Unterlagen zur Hand hätten und damit die Möglichkeit zu einer quantifizierenden Analyse" (ebd.: 64), so Jeggle, der damit verdeutlicht, dass das an die volkskundlich-geografische Methode angelehnte erhobene Material und die theoretische Perspektive seiner Studie nicht zueinanderpassen.

Zur Untermauerung seiner Analysen zieht er neben Arbeiten von Hermann Bausinger nur Werke soziologischer bzw. psychologischer Provenienz heran. Um die Rolle von Initiatoren zu erklären, adaptiert er beispielsweise den Begriff der „Gruppendynamik" aus Peter Hofstätters *Kritik der Massenpsychologie* (1957) auf die Fastnachtsdörfer, innerhalb derer sich die Initiatoren des Festes mit der geltenden Norm im gesamten Dorf auseinandersetzen müssten, um eine positive Dynamik zu erreichen (Jeggle 1966: 60 f.). Mit René König spricht er von einer Gemeinde als „lokale Einheit durch soziale Interaktionen, gemeinsame Werte und Bindungen" (Jeggle 1966: 39; König 1958: 28). Jeggles Ziel ist es, die stabilisierenden und identitätsstiftenden Mythen einer autochthonen Fastnachtstradition durch eine funktionalistische, akteurszentrierte Betrachtungsweise zu widerlegen. Dabei bleiben aber „Dorf" und „Gemeinde" trotz der Übernahme soziologischer Konzepte als homogene Einheit ähnlich definiert wie in der klassisch volkskundlichen Literatur. Alte Denkmuster sind also auch hier latent in der Theorie und deutlich im Material erkennbar.

Durch die vielen Leerstellen in der Aufzeichnung der Erhebungen, vor allem durch den Verlust der individuellen Stimmen der Befragten, ihrer Meinungen und Einstellungen in ihrem soziodemografischen Kontext, sind für eine sozialwissenschaftliche Argumentation wichtige Referenzen verloren gegangen. Jeggles Text zeigt deutlich die Veränderung der volkskundlichen Wissenskultur im Laufe der ersten Hälfte der 1960er Jahre: Forschungsinteressen hatten sich verändert, das Material der Erhebungen war gleich geblieben. Utz Jeggle musste damit arbeiten und es sozusagen „gegen den Strich bürsten", um die Daten als Belege für seine Thesen nutzbar machen zu können.

Fazit und Ausblick

Die Rekonstruktion und die Analyse der Forschungs- und Formatierungspraktiken zu den Erhebungen der dörflichen Fastnacht zwischen Neckar und Bodensee verdeutlichen die Prozessualität und die Ungleichzeitigkeiten in der Veränderung einer volkskundlichen Wissenskultur, die geprägt war von differenten Erwartungshaltungen an volkskundliche Forschung und von der Robustheit konventioneller Forschungsprinzipien, mit denen sich Fragen neueren Denkstils nur schwer beantworten ließen.

Wenn wir heute neue Konzepte wie das der Assemblage oder neue Gegenstände wie die Emotionsforschung in unsere Fachperspektiven aufnehmen, stoßen wir mit den uns bekannten Forschungswerkzeugen ebenfalls regelmäßig an Grenzen. Widersprüche in Denk- und Forschungsweisen können erst sukzessive nach Zeiten der latenten und expliziten Auseinandersetzung damit abgebaut werden.

Die Fastnachtsforschung wurde erstmals 1969 in einem Tübinger Methodenseminar sehr kritisch reflektiert.[16] Was vorher nur latent zutage trat und weder Krise noch Konflikt hervorrief, wurde erst jetzt offen diskutiert. Forschungsalltag bedeutet also immer auch ein Austarieren von Bekanntem und Neuem – die wissensanthropologische Reflexion von Beharrungstendenzen in Denk- und Forschungsstilen kann hier nur hilfreich sein.

Literatur

Bausinger, Hermann (1966): Vorwort. In: ders. et al. (Hg.): Dörfliche Fasnacht zwischen Neckar und Bodensee. (Volksleben, 12). Tübingen, S. 7–13.

— (1969): Kritik der Tradition. Anmerkungen zur Situation der Volkskunde. In: Zeitschrift für Volkskunde 65, S. 232–250.

— (1987): Volkskunde. Von der Altertumsforschung zur Kulturanalyse. Darmstadt [Originalausgabe 1971].

Bausinger, Hermann/Braun, Markus/Schwedt, Herbert (1959): Neue Siedlungen. Volkskundlich-soziologische Untersuchungen des Ludwig-Uhland-Instituts. Stuttgart.

Bausinger, Hermann et al. (Hg.) (1966): Dörfliche Fasnacht zwischen Neckar und Bodensee. (Volksleben, 12). Tübingen.

Bendix, Regina/Eggeling, Tatjana (Hg.) (2004): Namen und was sie bedeuten. Zur Namensdebatte im Fach Volkskunde. (Beiträge zur Volkskunde in Niedersachsen, 19). Göttingen.

Bloch, Ernst (1962): Erbschaft dieser Zeit. Erweiterte Neuausgabe. Frankfurt am Main.

Braun, Karl (2002): Karneval? Karnevaleske! Zur volkskundlich-ethnologischen Erforschung karnevalesker Ereignisse. In: Zeitschrift für Volkskunde 98 (1), S. 1–15.

Bürkert, Karin (2015): Der Tübinger Arbeitskreis für Fasnachtsforschung. Produktion und Transfer volkskundlichen Wissens (1961–1969). (Untersuchungen des Ludwig-Uhland-Instituts). Tübingen (im Druck).

---

16 Das Kompaktseminar „Dokumentation und Feldforschung" fand vom 8. bis 13. April 1969 am Ludwig-Uhland-Institut in Tübingen statt (vgl. Jeggle 1969: 250–253).

Daston, Lorraine/Galison, Peter (2007): Objektivität. Frankfurt am Main.

Davidovic-Walther, Antonia/Fenske, Michaela/Keller-Drescher, Lioba (2009): Akteure und Praktiken. Explorationen volkskundlicher Wissensproduktion. In: Berliner Blätter 50, S. 6–14.

Davidovic-Walther, Antonia/Welz, Gisela (2010): Community Studies as an Ethnographic Knowledge Format. In: Journal of Folklore Research 47 (1–2), S. 89–112.

Dietzsch, Ina et al. (2009): Horizonte ethnografischen Wissens. In: dies./Kaschuba, Wolfgang/ Scholze-Irrlitz, Leonore (Hg.): Horizonte ethnografischen Wissens. Eine Bestandsaufnahme. Köln et al., S. 7–15.

Dressel, Gert (2003): Wissenschaftlicher Wandel durch biografische Erfahrungen? Zum Beispiel: Kulturwissenschaften und KulturwissenschaftlerInnen. In: Langreiter, Nikola/Lanzinger, Margareth (Hg.): Kontinuität: Wandel. Kulturwissenschaftliche Versuche über ein schwieriges Verhältnis. Wien, S. 209–234.

Felt, Ulrike/Nowotny, Helga/Taschwer, Klaus (1995): Wissenschaftsforschung. Eine Einführung. Frankfurt am Main/New York.

Fenske, Michaela (2010): The Undoing of an Encyclopedia: Knowledge Practices within German Folklore Studies after World War II. In: Journal of Folklore Research 47 (1–2), S. 51–78.

Fleck Ludwik (1980): Die Entstehung wissenschaftlicher Tatsachen. Einführung in die Lehre vom Denkstil und Denkkollektiv. Frankfurt am Main [Originalausgabe 1935].

Hain, Mathilde (1957): Die Volkskunde und ihre Methoden. In: Stammler, Wolfgang (Hg.): Deutsche Philologie im Aufriß. Bd. III. Berlin, S. 1723–1740.

Heilfurth, Gerhard (1962): Volkskunde. In: König, René (Hg.): Handbuch der empirischen Sozialforschung. Bd. 1. Stuttgart, S. 537–550.

Hofstätter, Peter R. (1957): Gruppendynamik. Kritik der Massenpsychologie. Berlin.

Jeggle, Utz (1966): Soziale Grundlagen. In: Bausinger, Hermann et al. (Hg.): Dörfliche Fasnacht zwischen Neckar und Bodensee. (Volksleben, 12). Tübingen, S. 14–81.

— (1969): Dokumentation und Feldforschung. In: Hessische Blätter für Volkskunde 60, S. 250–253.

Kaschuba, Wolfgang (2006): Einführung in die Europäische Ethnologie. 3. Auflage. München [Originalausgabe 1999].

Kaschuba, Wolfgang et al. (2009): Volkskundliches Wissen und gesellschaftlicher Wissenstransfer: zur Produktion kultureller Wissensformate im 20. Jahrhundert (DFG-Forschungsverbund). In: Simon, Michael et al. (Hg.): Bilder. Bücher. Bytes. Zur Medialität des Alltags. 36. Kongress der Deutschen Gesellschaft für Volkskunde in Mainz vom 23. bis 26. September 2007. Münster et al., S. 183–199.

Keller-Drescher, Lioba (2009): Kurzer Rede langer Sinn – Rekonstruierende Interviewanalyse. In: dies./Tschofen, Bernhard (Hg.): Dialekt und regionale Kulturforschung. Traditionen und Perspektiven einer Alltagssprachforschung in Südwestdeutschland. (Studien und Materialien, 35). Tübingen, S. 197–206.

— (2013): Sammeln, Horten, Verhandeln. Der Wissensschatz als Ressource. In: Johler, Reinhard/Marchetti, Christian/Weith, Carmen (Hg.): Kultur_Kultur. Denken. Forschen. Darstellen. 38. Kongress der Deutschen Gesellschaft für Volkskunde in Tübingen vom 21. bis 24. September 2011. Münster et al., S. 122–130.

Knorr Cetina, Karin (2002): Wissenskulturen. Ein Vergleich naturwissenschaftlicher Wissensformen. Frankfurt am Main.

König, René (Hg.) (1952): Das Interview. Formen, Technik, Auswertung. Köln.

— (1958): Grundformen der Gesellschaft. Die Gemeinde. (Rowohlts Deutsche Enzyklopädie, 79). Berlin.

Kuhn, Thomas S. (1976): Die Struktur wissenschaftlicher Revolutionen. Frankfurt am Main.

Langreiter, Nikola/Lanzinger, Margareth (2003): Kontinuität im Wandel – Wandel in der Kontinuität. In: dies. (Hg.): Kontinuität: Wandel. Kulturwissenschaftliche Versuche über ein schwieriges Verhältnis. Wien, S. 11–26.

Losch, Bernhard (1966): Anfangs- und Abschlussbräuche. In: Bausinger, Hermann et al. (Hg.): Dörfliche Fasnacht zwischen Neckar und Bodensee. (Volksleben, 12). Tübingen, S. 82–155.

Mackenroth, Gerhard (1949): Methodenlehre der Statistik. (Grundriss der Sozialwissenschaft, 24). Göttingen.

Maus, Heinz (1946): Zur Situation der deutschen Volkskunde. In: Die Umschau 1, S. 349–359.

Moser, Dietz-Rüdiger (1983): Perikopenforschung und Volkskunde / Elf Thesen zur Fastnacht. In: Jahrbuch für Volkskunde 6, S. 7–52.

Moser, Hans (1984): Zur Problematik und Methodik neuester Fastnachtsforschung. In: Zeitschrift für Volkskunde 80, S. 2–22.

Ratt, Sandro (2011): Revisionen. Das „Neue-Siedlungen-Projekt" als Auftakt eines disziplinären Paradigmenwechsels. In: Welz, Gisela/Davidovic-Walther, Antonia/Weber, Anke S. (Hg.): Epistemische Orte. Gemeinde und Region als Forschungsformate. (Kulturanthropologie Notizen, 80). Frankfurt am Main, S. 181–196.

Scharfe, Martin (1991): Einleitung. In: ders. (Hg.): Brauchforschung. (Wege der Forschung, 627). Darmstadt, S. 1–26.

— (2012): Garen, gehen, gären – Zur Metaphorik des Umbruchs. In: Braun, Karl/Dieterich, Claus-Marco/Schönholz, Christian (Hg.): Umbruchzeiten. Epistemologie & Methodologie in Selbstreflexion. Marburg, S. 10–17.

Tschofen, Bernhard (2011): Volks-Kunde? Wissenszirkulationen zwischen Kulturforschung und Selbstauslegung. In: Nach Feierabend. Zürcher Jahrbuch für Wissensgeschichte 7, S. 37–52.

Zender, Matthias (Hg.) (1964): Atlas der Deutschen Volkskunde. Neue Folge. Erläuterungen I. Marburg, S. 3–16.

Das Potenzial des Diskurses

Fachgeschichte als Möglichkeitshorizont der Forschung[1]

Arthur Depner

Die Retrospektive ist ein Schlüssel zu wissenschaftlicher Entwicklung. Allerdings nicht in dem Sinne, dass der Blick in die Vergangenheit es ermöglicht, sich dort selbst wiederzufinden und so die eigene Identität gewissermaßen im Spiegel der Ahnen zu schauen, sondern vielmehr im gegenteiligen Sinne, indem man die Frage stellt, wieso dort eben kein Spiegel vorzufinden ist und man sich deshalb in der Vergangenheit nicht wiederfinden kann.

Diese Absenz des eigenen (wissenschaftlichen) Selbstverständnisses in der Geschichte entbindet allerdings nicht von der Aufgabe, sich als Wissenschaftler hierzu zu positionieren. Das eigene Verständnis muss irgendwie zum Ausdruck kommen. Und in diesem Ausdruck des eigenen Verständnisses liegt meines Erachtens ein wesentliches Element wissenschaftlicher Arbeit. Damit meine ich nicht, dass dieser Ausdruck ein unbedingt zu erstrebendes Moment ist, das gewissermaßen einen normativen Arbeitsauftrag für Wissenschaftler bedeutet. Wenn ich diesen Ausdruck des Verstehens als wesentliches Element wissenschaftlichen Arbeitens bezeichne, meine ich damit, dass dieser als strukturelles Moment zum wissenschaftlichen Arbeiten wesentlich dazugehört. In der Wissenschaft ist das Produzieren und Rezipieren von Informationssammlungen – die dann im jeweiligen Literaturverzeichnis gleichsam selbst wieder als solche transparent gemacht werden müssen – eine geforderte Handlungsnorm. Diese Sammlung selbst ist aber noch keine wissenschaftliche Aussage, sondern nur ihre Möglichkeitsbedingung.

In vorliegendem Beitrag werde ich mich mit der Neuauswertung der Mannhardt-Befragung von 1865 durch Ingeborg Weber-Kellermann, rund hundert Jahre später, beschäftigen. Im Zentrum dieser Betrachtung stehen die diskursiven Verschiebungen, die es Ingeborg Weber-Kellermann ermöglichten, das von Wilhelm Mannhardt gesammelte Material zu Erntebräuchen „vom Kopf auf die Füße zu stellen", wie Gottfried Korff (1978: 22) es ausdrückte. Anstatt wie Mannhardt zu versuchen, die ursprüngliche mythische Denkform zu rekonstru-

---

1 Der Text basiert auf meiner 2011 veröffentlichten Magisterarbeit (Depner 2011) und enthält zum Teil wortwörtliche Auszüge aus dieser.

ieren, die gewissermaßen wie eine Ablagerung in den kulturellen Äußerungen der Landbevölkerung erhalten geblieben sei, rückte sie die Bedingungen und Verhältnisse der ländlichen Arbeitswelt des 19. Jahrhunderts in den Vordergrund. Dabei verstand sie die dort geschilderten Bräuche als funktionsgebundene und zeiträumlich verortete Kommunikationsformen, deren Trägerschaft ihnen aufgrund ihrer je spezifischen Lebensumstände einen konkreten Sinn verlieh.

Unterschiedliche Perspektiven

Es mag verwundern, dass Wilhelm Mannhardt angesichts des so umfangreichen Materials, das er im Zuge seiner Fragebogenaktion zusammentrug, nicht zu erkennen vermochte, was nach ihm aus dieser Fülle von Informationen heraus erarbeitet werden konnte. So dienten die „alten vergilbten Fragebogen" (Beitl 1932: 81) beispielsweise dem fragwürdigen Volkskundler Richard Beitl als Grundlage für eine kartografische Darstellung der von Mannhardt gesammelten Informationen zu den gängigen Erntebräuchen.

Dieser – wenn man so will – „Fortschritt" war mitbedingt durch Mannhardts Vorarbeit. Allerdings darf nicht davon ausgegangen werden, dass dieser eine solche Entwicklung hätte absehen können oder mutwillig in Gang gesetzt hätte. Mit Luhmann gesprochen, ist der Verlauf der (Wissenschafts-)Geschichte abhängig von vielen unvorhersehbaren Zufällen, oder besser gesagt von kontingenten Konstellationen, die je spezifische Möglichkeitshorizonte eröffnen. Ein solcher Möglichkeitshorizont bot sich Beitl, als er in den 1930er Jahren im Auftrag der Zentralstelle des *Atlas der deutschen Volkskunde* (ADV) die an Mannhardt zurückgesandten beantworteten Fragebogen auf deren Verwertbarkeit überprüfte. Ein ganz anderer Horizont konnte sich Ingeborg Weber-Kellermann eröffnen. Sie beschreibt ihre Forschungssituation selbst folgendermaßen:

„Unbeabsichtigt von seinem Initiator, gewissermaßen als Nebenprodukt, eröffnet uns nun das Mannhardt-Material dank der gründlichen dort angewandten Befragungsmethode einen so deutlichen Überblick auf die in Überlieferung und Gemeinschaft, in die regionalen, sozialen und wirtschaftlichen Bedingtheiten ihrer Epoche eingebundenen Arbeitsabläufe der Ernteperiode, wie er aus anderen zeitgenössischen volkskundlichen Schilderungen kaum in dieser Fülle zu gewinnen ist [...]. Die Formenwelt dieser Bräuche und Arbeitsabläufe, aus der sich Mannhardt die Bausteine für seine ‚germanische Sittenkunde' herauszubrechen bemühte, erhält für uns neue Bedeutung als Wesensausdruck ihrer speziellen Trägerschaft an ihrem speziellen Ort zu ihrer speziellen Zeit" (Weber-Kellermann 1965: 35).

Der Forschungsgegenstand ist also abhängig von den je möglichen und aus dem Pool der Möglichkeiten verwirklichten Erkenntnisinteressen und Methoden. Er ist, um mit Foucault zu sprechen, ein diskursiver Gegenstand und somit in erster

Linie immer ein *gebildeter* und kein *ontisch gegebener*. Bei Mannhardt, Beitl und Weber-Kellermann hat ein und dasselbe Material zu ganz unterschiedlichen Ergebnissen geführt, weil es aus verschiedenen Perspektiven beleuchtet und unter je divergierenden Prämissen zum Sprechen gebracht wurde.

Der diskursive Kontext, in dem sich Weber-Kellermann zur Zeit der Entstehung ihrer Habilitationsschrift bewegte – 1963 habilitierte sie sich und 1965 erschien ihr Werk –, war geprägt von einer Aufbruchsstimmung innerhalb des Faches. Die Zeit des Nationalsozialismus hatte eine tiefe Schneise in alle sozialen und kulturellen Lebensbereiche geschlagen. Auch die Wissenschaftslandschaft war davon betroffen. Im Zuge der Reorganisation, Neustrukturierung und -orientierung des Faches grenzte man sich von der „Sinnhuberei vieler Dilettanten [ab], die in Bräuchen noch immer die Anfänge wesen hörten und sahen" (Jeggle 2001: 68). An dieser Stelle sei die von Hans Moser und Karl S. Kramer begründete „Münchner Schule" genannt, die die Volkskunde „in eine quellenorientierte und kritische Sozialforschung" (ebd.: 71) überleitete. Durch ihre Einsicht in die prinzipielle Historizität jeglicher Kulturgüter ermöglichte beziehungsweise forderte sie die konsequente Berücksichtigung der politischen, sozialen und wirtschaftlichen Bedingungen, denen das jeweilige Forschungsobjekt in dem jeweilig betrachteten Zeitraum unterlag.

Eine solche Perspektive lag Mannhardt fern. Ihm galt allein das Forschungsobjekt selbst als relevant. Er gehörte einer Forschungsrichtung an, die „mit philologischer Akribie und Altertumsbegeisterung die Überlieferungs*stoffe* untersuchte", dies aber „fernab von ihrem menschlichen Bezug und ihrer sozialen Funktion" (Weber-Kellermann 1969: 28, Hervorhebung im Original) tat. Das fehlende Interesse an den realen Menschen der eigenen Zeit ist nicht allein Ausdruck einer ignoranten Haltung ihnen gegenüber. Mannhardt unterlag einer diskursiven Ordnung, die es weder vorsah noch erforderte noch anbot, den realen Lebensverhältnissen der Erntearbeiter nachzugehen und von dort aus zu versuchen, die von ihm erhobenen und untersuchten Bräuche zu verstehen.

Wege der Geschichte – die Rezeptionsgeschichte des Mannhardt'schen Werkes

Die Rezeptionsgeschichte des Mannhardt'schen Werkes ist eine weitverzweigte, sowohl zeitlich als auch räumlich. Zeitlich reicht sie bis in die jüngste Vergangenheit hinein. Dabei ist die Rolle Mannhardts nicht etwa die eines Vorbildes, dessen Inhalte man sich aneignen müsste. Sein Werk gilt als überkommen und paradigmatisch für eine Forschung, die mitverantwortlich war für die Krise, in der sich die Volkskunde nach 1945 befand.

Die räumliche Ausdehnung seines Wirkungskreises reichte bis nach England, wo nicht zuletzt der Ethnologe James G. Frazer (1928 [1890]) und seine

Schüler Mannhardts zweibändige *Wald- und Feldkulte* aus den Jahren 1875 und 1877 zu ihrer programmatischen und wegweisenden Schrift erklärten (vgl. Weber-Kellermann 1965: 20). Die Übernahme beziehungsweise Abwandlung der Mannhardt'schen Methode, die nach „Zusammenhängen zwischen der lebendigen Volkstradition einerseits und vor- und frühgeschichtlichen Götterlehren andererseits" suchte und „die Brauchbelege [...] lediglich als Beweisstoffe für das angenommene Denkgebäude einer großen mythischen Gesamtschau wertete" (ebd.), bot den sogenannten Mannhardtianern in und außerhalb Deutschlands die Möglichkeit, eine funktionierende Forschungstradition zu legitimieren und zu etablieren, die allein schon quantitativ ein enormes Verwertungspotenzial versprach.

Auf positive Resonanz stieß Mannhardts Werk auch in Skandinavien. In Schweden war es der Volkskundler Nils Edvard Hammerstedt, der Mannhardts Theorien in die skandinavische Forschung einbrachte (vgl. Svensson 1973: 191–193). In den 1920er Jahren hatte sich aber bereits auch eine Bewegung in Schweden gebildet, die eine eher kritische Haltung gegenüber Mannhardt vertrat. Der Ethnologe Carl Wilhelm von Sydow beispielsweise betonte im Gegensatz zu Mannhardt und Frazer die Bedeutung der akuten Situation und Umgebung, also des „im unmittelbaren Erleben aktuellen Gefühlszustandes" (ebd.: 196), für die Deutung bestimmter mythischer Gestalten. Diese eher psychologisch ausgerichtete Herangehensweise an den Themenkomplex *Brauch* wurde auch von Sigfrid Svensson vertreten. Er schreibt:

„In seinem Suchen nach Überbleibseln von Vorstellungen über Vegetationsgeister und Korndämonen hat Wilhelm Mannhardt die Bedeutung der Erntebräuche als Reste vorgeschichtlichen Glaubens und Kults überschätzt. So entstehen erotisch gefärbte Streiche und Redensarten in einer aus beiden Geschlechtern zusammengesetzten Arbeitsgruppe, ohne einen anderen Ursprung zu haben als eine gewisse Unterhaltung in den Arbeitspausen" (Svensson 1973: 37).

Und im Hinblick auf den Brauch des „Lösens und Bindens" heißt es an derselben Stelle:

„Wenn das Hofgesinde oder Besucher zum Spaß auf dem Arbeitsplatz gefangengenommen werden, ist die Bewirtung, die ihnen als Lösegeld abverlangt wird, kein Rest eines vorgeschichtlichen Opfers an den Erntegeist, sondern eine sozial akzeptierte Erpressung zur Erfrischung und Labung der Arbeitenden" (ebd.).

Dieser Perspektive fügte der schwedische Ethnologe Sigurd Erixon noch eine soziologische Komponente hinzu, indem er die drei grundlegenden Kategorien Raum, Zeit und soziale Schichtung einführte (Weber-Kellermann 1965: 21).

Selbige dienten auch seinem Schüler Albert Eskeröd als Ausgangspunkt für seine 1947 publizierte Arbeit *Årets äring* (was so viel bedeutet wie „des Jahres Ernte"), in der er sich eingangs unter anderem mit der Bedeutung des Funktionalismus für die Ethnologie auseinandersetzte (vgl. Svensson 1973: 38). Eskeröds Anlehnung an die funktionalistischen Sozialanthropologen Bronisław Malinowski und Alfred Radcliffe-Brown führt ihn dazu, die „Survival"-Theorie zu verabschieden (Weber-Kellermann 1965: 21). Der britische Anthropologe Edward B. Tylor hatte in seinem 1871 erschienenen Werk *Primitive Culture* jene kulturellen Phänomene als Survivals bezeichnet, die aus einer vergangenen Zeit stammten und über die Generationen hinweg tradiert wurden, die aber letztlich keinen sozialen Sinn mehr erfüllten beziehungsweise die ohne echte Verbindung zu einem angenommenen ursprünglichen Sinn existierten.

Neben diesen Überlegungen zur Historizität dienen Weber-Kellermann auch Eskeröds theoretische Überlegungen zu den Kategorien „Raum" und „gesellschaftliche Schicht" als Orientierungs- und Anknüpfungspunkte (ebd.):

> „Mit seiner leidenschaftlichen Verfechtung der funktionellen Methode in der Brauchforschung, die alle auftretenden Erscheinungen, also auch recente Brauchformen, ihrer Lebensintensität entsprechend betrachtet und nicht nur nach ihrem ‚Wert' als Kultursurvival, hat Eskeröd zweifellos eine Fessel zerrissen, die seit Generationen die volkskundliche Forschung beengte und zum Teil noch beengt" (ebd.: 23).

Als „gründlicher Kenner der ländlichen Arbeit" habe er dazu beigetragen, dass nun „viele Erscheinungen wohltuend aus dem mythischen Nebel der Fruchtbarkeitskulte in das klare Licht des höchst alltäglichen nüchternen Lebens" (ebd.) rückten.

Die Geschichte der Rezeption des Mannhardt'schen Werkes ist wie gesagt weitverzweigt und es ließen sich noch weitere Details anführen. Die Wirkungsweise Mannhardts ist sowohl positiv – im Sinne einer Akzeptanz und Übernahme seiner Theorien, Methode und Ergebnisse – als auch negativ – im Sinne einer Ablehnung bzw. der Bildung einer Gegenposition. Auch in der Theoriebildung von Claude Lévi-Strauss setzt sich die Abfolge von Möglichkeitseröffnung und -ausschöpfung fort. Dieser knüpfte zwar an den funktionalistischen Ansatz etwa eines Malinowski an, distanzierte sich jedoch gleichsam davon, da dieser allzu schnell von empirischen Beobachtungen auf allgemeine Gesetzmäßigkeiten zurückschließe (vgl. Lévi-Strauss 1967 [1958]: 23–30).

Die im Rahmen des Atlas-Projekts benutzte Methode der Kulturkartografie, der funktionalistische Ansatz Malinowskis, Radcliffe-Browns und Erixons, dessen Erweiterung bei Eskeröd und dessen Relativierung durch Lévi-Strauss sind Beispiele für Forschungstraditionen, denen Weber-Kellermann bereits mit einem relativierenden und filternden Blick begegnen kann. Ihre Sicht ist einerseits geprägt durch die in Deutschland geführten Diskurse über Methoden und Theorien der Volkskunde, wie etwa das Forschungskonzept der *Münchner Schule*. Andererseits greift sie Impulse aus Skandinavien auf, die den funktionalistischen Ansatz erweiterten, und bezieht den Strukturalismus und dessen Kritik am Funktionalismus mit ein. Dies alles waren Elemente des wissenschaftlichen Diskurses, der als Möglichkeitsbedingung für Weber-Kellermanns Buch über die Erntebräuche gegeben war. Als solcher war jener Diskurs aber eben auch eine Bedingung der Verunmöglichung eines Zurücktretens hinter diese Ordnung. Den Forschungstraditionen des 19. Jahrhunderts nachzugehen hätte für Weber-Kellermann bedeutet, dass sie sich damit gleichsam aus dem wissenschaftlichen Diskurs verabschiedet hätte. Diskursive Unmöglichkeiten können sich dementsprechend sowohl auf unvorhersehbare Entwicklungen in der Zukunft beziehen als auch auf überkommene Vorstellungen der Vergangenheit.

Zusammenfassend lässt sich sagen, dass die Gründe für die Unmöglichkeit einer bereits von Mannhardt selbst im Sinne der sich in den 1960er Jahren neu orientierenden Volkskunde durchgeführten Auswertung seines Materials in den je unterschiedlichen diskursiven Möglichkeitsbedingungen liegen. Diese wirken sich sowohl auf den Forschungsgegenstand aus als auch auf prinzipielle Vorstellungen über den Menschen und dessen Stellung im Geflecht der Dimensionen von Kultur, Gesellschaft und Historie.

Schlussbemerkungen

Wie zu sehen war, zeichnet sich die Fach- beziehungsweise Wissenschaftsgeschichte nicht dadurch aus, dass sie sich nach Maßgabe eines teleoklinen Logos selbst immer weiter entfaltet und dabei langsam, aber kontinuierlich alle Bereiche des Wissbaren erobert und erhellt, sondern dass sie eher ihr eigenes funktionales Fortbestehen als System gegen immer neu auftretende Irritationen sichern muss (vgl. Luhmann 1992). Solche Irritationen bedeuten eine Infragestellung etablierter Forschungsperspektiven, also ein Angebot neuen Wissens. Der Sinn des Aneignens neuen Wissens ist es, das Gewohnte durch eine Gegenirritation und durch andere Routinisierungen zu ändern.

Auch die disziplinäre Identität der Volkskunde unterlag und unterliegt der von Michel Foucault angesprochenen permanenten „Reaktualisierung der Regeln" (1991 [1972]: 25). Disziplinen sind, allgemein gesprochen, Diskursgemeinschaften, die nach bestimmten Regeln jene Gegenstände erst bilden, auf die sie sich in ihrer Forschung beziehen. Die Rede von erst gebildeten Forschungsgegenständen meint aber nur, dass die diskursiven Bedingungen einer fachlichen Identitätsbildung auch die Möglichkeiten bestimmen, als was ein bestimmtes Phänomen aufgefasst werden kann, damit ein als adäquat angesehener Umgang mit diesem möglich wird. Entscheidend ist das Verhältnis, in das ein wissenschaftliches Werk zu den jeweils einschlägigen Bereichen des Speichergedächtnisses und des Funktionsgedächtnisses (vgl. Assmann 2000) eintreten bzw. eingeordnet werden kann.

Die Vorstellung, dass durch die Masse des in der Wissenschaft beziehungsweise innerhalb einer Disziplin produzierten und angehäuften Wissens ein Aufbau bestimmter Traditionen stattfände, geht insofern fehl, als der eigentlich beobachtbare Prozess einem stetigen Abbau von Traditionen durch Versuche, neue zu etablieren, entspricht. Förderlich ist dieser Entwicklung jede Form der Geschichtsschreibung – auch die Fachgeschichtsschreibung.

Der Begründer der Philosophischen Anthropologie, Max Scheler, versteht den Begriff Tradition als Ausdruck dessen, dass uns in dieser „die Vergangenheit [mehr] suggeriert […], als daß wir um sie ‚wissen‘" (1976 [1928]: 26). Er führt weiter aus:

„Die Abtragung der Traditionsgewalt schreitet in der menschlichen Geschichte zunehmend fort; sie ist eine Leistung der Ratio, die stets in ein und demselben Akte einen tradierten Inhalt objektiviert und in die Vergangenheit, in die er gehört, gleichsam zurückwirft – damit den Boden freimachend für je neue Entdeckungen und Erfindungen. Die sehr langsame Abtragung der Wirksamkeit all dieser Mächte, welche die ‚Gewohnheit zur Amme des Menschen machen‘, ist ein wesentlicher Teil aller Geschichte. Der Druck, den die Tradition auf unser Verhalten vorbewußt ausübt, nimmt in der Geschichte durch die fortschreitende Geschichtswissenschaft zunehmend ab" (ebd.).

Will man diesem Gedankengang folgen und ihn auf die hier verhandelte Thematik übertragen, so ließe sich zweierlei daraus schließen: Erstens dient jede historisch orientierte Selbstreflexion der Wissenschaft beziehungsweise einer Disziplin nicht der Etablierung von Forschungstraditionen, sondern der Eröffnung neuer Möglichkeitshorizonte für zukünftige Forschungen. Das in der Wissenschaft dogmatische Prinzip der Selbstpositionierung innerhalb eines theoretischen und methodischen Diskursangebotes, etwa durch die Aufarbeitung der Forschungsgeschichte oder der Erläuterung des eigenen theoretischen Rahmens und der methodischen Vorgehensweise, verweist zweitens auf die Entmachtung traditionalistischer Mechanismen im Sinne Schelers durch die abverlangte rationale Konstruktion eines geschichtlichen Rahmens, in den sich ein wissenschaftliches Werk selbst stellt und stellen muss.

Durch die Auswahl des Themas und der theoretischen sowie methodischen Hintergründe, die ihre Argumentation stützen sollten und ihrer Arbeit den Eingang in das Wissenschaftssystem ermöglichen sollten, positionierte sich Ingeborg Weber-Kellermann innerhalb eines wissenschaftshistorischen Rahmens, den sie

selbst setzte. Das so entstehende Identifikationspotenzial einer disziplinspezifi-
schen wissenschaftlichen Arbeit entspricht immer auch der Selbstbeschreibung
eines Systems beziehungsweise eines Subsystems (vgl. Luhmann 1992).

Der eben dargelegte Positionierungszwang ist charakteristisch für ein autopoi-
etisches System, dessen Kommunikation ihre spezifische Qualität allein in „re-
kursivem Anschluß an frühere und in Aussicht stehende weitere Kommunikati-
onen desselben Systems" (ebd.: 283) gewinnen kann. Dabei ist die Autopoiesis
der Wissenschaft nach Luhmann unabgeschlossen beziehungsweise unabschließ-
bar: „Jedes Element wird nur als Ausgangspunkt für die Produktion weiterer Elemente produziert, jedes Ende ist ein Anfang. Alle Ereignisse, die als zugehörig
erkannt werden können, dienen der Produktion von Information durch Information im System. [...] Oder mit Heinz von Foerster: die Wissenschaft ist eine
historische Maschine, die mit jeder ihrer Zustandsänderungen eine andere Maschine wird" (ebd.: 283 f.). Die Grenze der Wissenschaft ist demnach nicht etwa
die von ihr zu erschließende Wirklichkeit, sondern die von ihr selbst gebildete
Kommunikationsstruktur, die sie von anderen Kommunikationssystemen unterscheidet.

So kann etwa die volkskundliche Brauchforschung eine große Anzahl wahrer
Aussagen über Brauchinhalte, -formen, -träger, -funktion et cetera treffen, ohne
dadurch selbst die von ihr beobachteten Elemente als das, was sie in einem übergeordneten Kontext sind, zu erfassen beziehungsweise wiederzugeben. Dies wäre
auch gar nicht möglich, denn das würde eine Verdopplung der Realität erfordern.
Wissenschaftliches Beschreiben setzt sich zwar genau dieses Ziel, kann aber letztlich nicht mehr leisten, als ein Verständnis-Angebot zu liefern, das es ermöglicht,
den Forschungsgegenstand (auf eine neuartige Weise) wissenschaftlich zu kon-
textualisieren und ihn dadurch in den aktuellen Diskurs zu integrieren.

Die Kontingenz der Wissenschaft ist dadurch bestimmt, dass sich diese als per-
manent ablaufende Kommunikation stets um die prinzipiell unwahrscheinliche
Verständigung bemüht, indem sie sich auf ihre eigenen Äußerungen bezieht, um
diese Verständigung gewährleisten zu können. Die Potenzierung der Text- und
damit auch der Kommunikationsangebote verunmöglicht es, diesen Kommuni-
kationsprozess tatsächlich abzuschließen. Jede neue wissenschaftliche Publikation greift einen bestimmten Kommunikationsstrang auf bzw. knüpft diesen erst,
bringt dabei jedoch die Kommunikation nicht zu ihrem Ende, sondern ermöglicht Anschlüsse, Verwerfungen, Missverständnisse, neue Ideen, Perspektiven,
Identifikationsmöglichkeiten et cetera. Die Volkskunde ist somit ein Element des
von Luhmann so bezeichneten „funktionsspezifische[n] Totalraum[s] des Möglichen" (2008: 246), wissenschaftliche Erkenntnisse über die Wirklichkeit zu produzieren. Ihre Identität ist jedoch das Ergebnis eines immer neu zu vollziehenden
Aktes der Selbstpositionierung.

Hinter die diskursive Ordnung, die sich unter anderem durch Weber-Kellermann in den 1960er Jahren etablierte, kann die Volkskunde allerdings nicht mehr zurück. Und das ist – nach meinem Verständnis – gut so.

Literatur

Assmann, Aleida (2000): Erinnerungsräume. Formen und Wandlungen des kulturellen Gedächtnisses. München.

Beitl, Richard (1932): Wilhelm Mannhardt und der Atlas der deutschen Volkskunde. In: Zeitschrift für Volkskunde 42, S. 70–84.

Depner, Arthur (2011): Das Potential des Diskurses. Ein systemtheoretischer und diskursanalytischer Zugang zur Wissenschaftsgeschichte der Volkskunde am Beispiel der Mannhardt-Befragung und deren Neuauswertung durch Ingeborg Weber-Kellermann. Magisterarbeit, Universität Bamberg.

Foucault, Michel (1991): Die Ordnung des Diskurses. 7., erw. Auflage. Frankfurt am Main [frz. Originalausgabe 1972].

Frazer, James G. (1928): Der Goldene Zweig [The Golden Bough]. Das Geheimnis von Glauben und Sitten der Völker. Abgekürzte Ausgabe. Leipzig [engl. Originalausgabe 1890].

Jeggle, Utz (2001): Volkskunde im 20. Jahrhundert. In: Brednich, Rolf-Wilhelm (Hg.): Grundriss der Volkskunde. Einführung in die Forschungsfelder der europäischen Ethnologie. 3. Auflage. Berlin, S. 53–75.

Korff, Gottfried (1978): Kultur. In: Bausinger, Hermann/Jeggle, Utz/ders./Scharfe, Martin: Grundzüge der Volkskunde. (Grundzüge, 34). Darmstadt, S. 17–80.

Lévi-Strauss, Claude (1967): Strukturale Anthropologie. Frankfurt am Main [frz. Originalausgabe 1958].

Luhmann, Niklas (1992): Die Wissenschaft der Gesellschaft. Frankfurt am Main.

— (2008): Ideengeschichte in soziologischer Perspektive [Erstpublikation 1981]. In: ders.: Ideenevolution. Beiträge zur Wissenssoziologie. Hg. von André Kieserling. Frankfurt am Main, S. 234–252.

Scheler, Max (1976): Die Stellung des Menschen im Kosmos. In: ders.: Späte Schriften. Hg. von Manfred S. Frings. (Max Scheler. Gesammelte Werke, 9). Bern, S. 1–71. [Originalausgabe 1928].

Svensson, Sigfrid (1973): Einführung in die Europäische Ethnologie. (Textbücher zur Europäischen Ethnologie, 1). Meisenheim am Glan.

Weber-Kellermann, Ingeborg (1965): Erntebrauch in der ländlichen Arbeitswelt des 19. Jahrhunderts auf Grund der Mannhardtbefragung in Deutschland von 1865. Marburg.

— (1969): Deutsche Volkskunde zwischen Germanistik und Sozialwissenschaften. Stuttgart.

Rechtliche Volkskunde revisited

Zur fachgeschichtlichen Entwicklung 1945–1970 und zu nachfolgenden Konfliktfeldern

Daniel Habit

Zusammen mit Themenbereichen wie Volksfrömmigkeit, Volksschauspiel oder der Geräteforschung teilt die Rechtliche Volkskunde ein gemeinsames Schicksal. Im Brednich'schen *Grundriß der Volkskunde* noch selbstverständlich im Kanon des Faches mit einem Aufsatz vertreten, finden sich im Seminarangebot der deutschsprachigen Universitäten seit 2006 und in den auf der Website der DGV verzeichneten Abschlussarbeiten seit 1992 nur noch sehr selten Titel aus diesen Forschungsfeldern. Während die mangelnde Berücksichtigung der anderen Bereiche vor allem auch der wissenschaftlichen Neuausrichtung und Umorientierung des Vielnamenfaches geschuldet sind, erscheint diese rückläufige Entwicklung im Hinblick auf das Themenfeld Recht zumindest verwunderlich. Sie steht einerseits im krassen Gegensatz zu der stetigen Zunahme an Gesetzen und Verordnungen, die nicht zuletzt von Brüssel ausgehend (trans-)national den Alltag der Menschen in Europa bestimmen, und andererseits im vermeintlichen Widerspruch zu der Zunahme an Lehrstühlen und Forschungsinstitutionen im Bereich der Rechtssoziologie und interdisziplinären Rechtsforschung.[1] Bis auf einige wenige Ausnahmen, hier sind etwa die Beiträge von Ruth-E. Mohrmann und Barbara Krug-Richter zu nennen, findet sich derzeit wenn dann vor allem in historisch angelegten Arbeiten eine explizite Auseinandersetzung mit den Ansätzen der Rechtlichen Volkskunde im Fach. Trotzdem spielen rechtliche Aspekte bei vielen Forschungsprojekten auch außerhalb der historischen Anthropologie implizit eine entscheidende Rolle, etwa im Bereich der Biopolitik, der Europäisierungs-, Migrations- und Arbeitsforschung oder im Bereich der Gender Studies, wenn das Forschungsinteresse dem „Prozess der Verrechtlichung aller Lebensbereiche" (Köstlin 1976: 109) gilt. In diesen Feldern werden Ansätze der Rechtssoziologie und -ethnologie und aus den verschiedenen, eher soziologisch

---

1   Ein Überblick über die vielfältigen Aktivitäten in diesem Bereich findet sich auf der Website der ehemaligen Vereinigung für Rechtssoziologie, seit 2010 Vereinigung für Recht und Gesellschaft: http://www.rechtssoziologie.info (24. 6. 2014).

orientierten US-amerikanischen Forschungsrichtungen rezipiert, die sich in sehr
unterschiedlicher Art und Weise dem Themengebiet Recht nähern. Hierzu zäh-
len die Ansätze der „popular legal cultures" (vgl. Nelken 1997, 2009; Pottage/
Mundy 2004; Cotterell 2006) und des „legal pluralism" (vgl. Griffiths 1996;
Harris 1996; Freeman/Napier 2008; Zips/Weilenmann 2010), der „Law and
Society"- (vgl. Ward 2008; Gutmann 2011; Calavita 2012; Clark 2012) und
der „Law and Literature"-Forschung (vgl. White 1973; Freemann/Lewis 1999;
Posner 2009) oder der „socio-legal studies" (vgl. Sarat/Simon 2003; Clement
2010) mit ihren jeweils spezifischen Zugängen zu dem auch in der Rechtlichen
Volkskunde zentralen Spannungsfeld zwischen staatlichen beziehungsweise obrigkeitlichen Konzeptionen von Recht und den konkreten gesellschaftlichen
Umsetzungs- und Aushandlungsstrategien. Eine anthropologisch-kulturwissen-
schaftliche Auseinandersetzung findet sich darüber hinaus in Arbeiten der „political anthropology", die in ihren grundlegenden Texten immer wieder die Einbeziehung rechtlicher Aspekte und vor allem auch das Wechselspiel zwischen
unterschiedlichen Rechtsauffassungen und -auslegungen im Sinne eines „Politik-
Machens" betont und das „Zusammenfließen heterogener Elemente zu komplexen Formationen des Politischen" in den Blick nimmt (Adam/Vonderau 2014:
10).[2] In einer institutionalisierten Form findet sich eine Auseinandersetzung
mit „Recht als Kultur" am im Jahr 2010 ins Leben gerufenen Käte Hamburger
Kolleg in Bonn, an dem unter der Leitung von Werner Gephart an einem kulturwissenschaftlichen Konzept von Recht gearbeitet wird, „das sich der rechts-
kulturellen Differenzen von Beginn an bewusst sein muss und gezielt auf die Auseinandersetzung mit anderen Rechtskulturen orientiert ist" (Gephart 2012: 26).

Im Folgenden werden sowohl die fachhistorischen als auch die fachtheore-
tischen Entwicklungen der Rechtlichen Volkskunde nachgezeichnet. Besonderer Schwerpunkt liegt dem Credo des Tagungsbandes zufolge auf der Zeit nach
1945, allerdings kann der Zeitschnitt 1970 nicht strikt berücksichtigt werden,
denn gerade die 1970er Jahre stellen für die Kontroversen um dieses Forschungsgebiet einen zentralen Zeitraum dar – und eine Nichtberücksichtigung würde
als künstlicher Einschnitt dem Themenfeld nicht gerecht werden. Ebenso müssen die vor 1945 vor allem aus der Rechtsgeschichte stammenden Ansätze für
das Verständnis der Fachgeschichte mit einbezogen werden, spielen sie doch für
die Entwicklung von Fragestellungen, Methodologie und Themenfeldern eine
zentrale Rolle. Grundsätzlich stellt sich bei einer fachhistorischen Betrachtung
die Frage der Fokussierung entlang einer Personen-, Institutionen-, Paradigmen-

---

2   Die in diesem Zusammenhang entwickelte Perspektive des „studying through" fragt nach „ways in
     which power creates webs and relations between actors, institutions and discourses cross time and
     space" (Shore/Wright 1997: 14; vgl. Wedel/Shore/Feldman 2005).

oder Zeitgeschichte. Im Falle der volkskundlichen Fachgeschichtsschreibung steht darüber hinaus die Außenwirkung des Faches als „öffentliche Wissenschaft" zur Diskussion, um so die Rolle des Faches „in gesellschaftlichen Prozessen der Wissensproduktion und in Transferprozessen" (Dietsch et al. 2009: 9) untersuchen zu können – eine Forderung, auf die hier lediglich verwiesen werden kann und die für die Rechtliche Volkskunde im Untersuchungszeitraum keinen großen Stellenwert hat, da sich die Diskussionen weitestgehend auf das universitäre Milieu beschränkten (vgl. ebd.). Vor 1945 stehen vor allem die Debatte um Begrifflichkeiten und die konzeptuelle Ausrichtung an sich im Mittelpunkt der nachfolgenden Ausführungen, da es vor allem Juristen und Rechtshistoriker waren, die sich mit dem Themengebiet der Rechtlichen Volkskunde auseinandersetzten, grundlegende Einführungstexte abfassten und dabei vor allem Fragen der thematischen Abgrenzung diskutierten. Mit Blick auf die Ausgestaltung der Rechtlichen Volkskunde nach 1945 bietet sich hingegen vor allem der Fokus auf die beteiligten Akteure im Fach selbst an, um anhand ihrer Publikationen das Selbstverständnis dieser Fachrichtung, die zugrunde liegenden Denkkategorien, Methoden und Fragestellungen sowie die sich aus einer Retrospektive ergebenden Problemfelder zu beleuchten. Dabei soll keine positivistische Perspektive auf diesen Teil der Fachgeschichte gelegt werden, sondern vielmehr sollen die jeweils gültigen Prämissen und Parameter des analytischen Zugangs zu rechtlichen Phänomenen aus dem sich wandelnden Verständnis von Rechtlicher Volkskunde herausgearbeitet werden.

Die Entwicklung vor 1945 – RECHTLICHE Volkskunde

Sowohl in dezidiert fachhistorischen Rückblicken als auch in Beiträgen aus dem 20. Jahrhundert wird neben dem Verweis auf barocke Dissertationen und Reiseberichte der 1816 von Jacob Grimm unter dem Einfluss Friedrich Karl von Savignys mit dem Titel „Von der Poesie im Recht" veröffentlichte sprachwissenschaftliche Beitrag angeführt. Zusammen mit den von Grimm 1828 veröffentlichten *Deutschen Rechtsaltertümern* werden hier die Anfänge einer konsequenten Auseinandersetzung mit tradierten Rechtsauffassungen aus historischen Quellen, Dichtung und Überlieferung verortet, wenn auch beeinflusst durch die romantisierende Vorstellung eines bestimmenden Volksgeistes und unter dem Diktum des unsystematischen Sammelns (vgl. Schempf 2001: 425). Die insgesamt sechsteilige Ausgabe umfasst dabei die rechtliche und gesellschaftliche Ordnung des Mittelalters, das Haus als soziale Grundeinheit der alteuropäischen Gesellschaft, Eigentum und Besitz, das Vertragsrecht, Verbrechen und Strafen sowie das Gericht als Institution. Die Grimm'schen Anregungen hatten aufgrund der fehlenden methodologischen und terminologischen Auseinandersetzung zunächst sowohl innerhalb der Rechtsgeschichte als auch in der Volkskunde keinen großen Einfluss, die Beschäftigung in der zweiten Hälfte des 19. Jahrhunderts konzentrierte sich vornehmlich auf Rechtsaltertümer, unter die sowohl Gegenstände als auch Handlungen subsumiert wurden, „alle einigermaßen sinnlich wahrnehmbaren Erscheinungen des älteren Rechts" (Baltl 1952: 67).[3] Um die Jahrhundertwende spielte die generelle Berücksichtigung rechtlicher Aspekte vielfach eine grundlegende Rolle in volkskundlichen Arbeiten.[4] Während der Begriff Rechtliche Volkskunde als „folklore juridique", „folklore giuridico" oder „juridieke folklore" bereits seit den 1880er Jahren in anderen europäischen Ländern Eingang in die Wissenschaftslandschaft gefunden hatte, wurde der Begriff mit Eberhard Freiherr von Künßbergs programmatischem Aufsatz „Rechtsgeschichte und Volkskunde" 1925 im deutschsprachigen Raum etabliert. Zuvor hatte der in München lehrende Staatsrechtler Karl von Amira den Begriff der Rechtsarchäologie ebenfalls nicht nur auf Rechtsgegenstände bezogen, sondern in einem erweiterten Verständnis auch auf Symbole und symbolische Handlungen ausgeweitet. Insbesondere aus dem Kreis der Rechtshistoriker, allen voran von Künßberg, entstammen in den 1920er Jahren die meisten Abhandlungen im Bereich der Rechtlichen Volkskunde, die mit einer zunehmenden Etablierung der Volkskunde als eigenständiges Fach einhergehen.[5] Besonderes Interesse galt dabei zunächst dem Feld der Rechtsbräuche, in dem sich die Interessen beider Seiten überschnitten. Von Künßbergs anfangs sehr heterogene Ausführungen mündeten 1936 in seiner *Rechtlichen Volkskunde*, in der er die Bereiche Zeichen, Strafwerkzeuge, Gerichtsstätten, Rolande, Hausmarken, Grenzrecht, Aberrecht und Aberglaube eher unsystematisch als Aufgabenbereich skizziert und Rechtsgeschichte und Volkskunde als sich gegenseitig unterstützende Hilfswissenschaften entwirft. Wie viele Rechtshistoriker der Staatsautorität verpflichtet, verortet von Künßberg die angeführten Beispiele zwischen den Polen „gebundene Sitte" und „sinnlose Unsitte" (1936: 37) und klassifiziert das staatliche Recht als unfehlbare Instanz – hingegen habe die „Volksjustiz immer die Neigung zu theatralischem Überschwang, die Volksgerichte neigen immer zu dramatischen Übertreibungen,

---

3   Und weiter: „Unter diesen Umständen und bei der gewaltigen Fülle des sich immer mehr weitenden Materials ist es nicht verwunderlich, dass es zu keiner einheitlichen Abgrenzung des zu untersuchenden Stoffes, zu keiner festen Terminologie und zu keiner Fixierung seiner Position im wissenschaftlichen Gebäude kam, sondern dass im Gegenteil immer mehr Verwirrung in diesen Fragen eintrat" (Baltl 1952: 67).

4   Vgl. Karl Weinholds Einführungsartikel in der Zeitschrift des Vereins für Volkskunde 1891, in dem er mit Bezug auf Jacob Grimm der Erforschung des „Rechts" eine bedeutende Rolle in der Erkenntnis des Denkens und der Moral eines Volkes" beimisst (1891: 5).

5   Frölich (1950) verweist auf die Aufnahme einer Vorlesung zur Volkskunde in die deutsche juristische Studienordnung 1935, die sicherlich auch vor dem Hintergrund der zunehmenden Nationalisierung und Hinwendung zum Volkstum zu sehen ist.

zur Zügellosigkeit. Es ist psychologisch auch verständlich, dass da wo ein Volks-brauch Gelegenheit gibt zu Spott und Kritik, diese unversehens auch an Recht und Obrigkeit geübt wird" (ebd.: 44).

Dem gegenüber stehen die Ausführungen Claudius Freiherr von Schwerins (1937), der für den Begriff der „Volksrechtskunde" plädiert und für eine klare in-haltliche Abgrenzung des Untersuchungsgegenstands der Rechtlichen Volkskun-de argumentiert.[6] Mehrere vor dem Zweiten Weltkrieg erschienene Arbeiten sind dem Feld der Rechtlichen Volkskunde eindeutig zuzuordnen, zu nennen wären etwa noch Karl Frölichs „Begriff und Aufgabenkreis der rechtlichen Volkskunde" sowie seine ebenfalls ab 1938 erscheinende Schriftenreihe *Arbeiten zur rechtlichen Volkskunde*, Wilhelm Funks Arbeit über *Alte deutsche Rechtsmale* ebenso 1940 wie Eugen Wohlhaupters *Beiträge zur rechtlichen Volkskunde Schleswig-Holsteins* und John Meiers Abhandlung zu *Ahnengrab und Brautstein* 1944. Bis 1945 finden sich demnach ausschließlich historisch angelegte, in der Tradition der Rechtsge-schichte stehende Arbeiten, die unter dem Signum der Rechtlichen Volkskunde erscheinen und damit nach Karl-Sigismund Kramer belegen, „daß in der tatsäch-lichen Entwicklung der Rechtlichen Volkskunde die Rolle der Hilfswissenschaft der Volkskunde zugefallen ist. Denn die Vertreter der Volkskunde haben es ver-säumt, die unabschätzbar große Bedeutung der rechtlichen Überlieferung für die Klärung ihrer ureigensten Fragen zu erkennen und zu verwerten" (1962a: 51). Die nahezu ausschließlich von Juristen aus der Perspektive der Rechtshistorie ge-führte Diskussion in den Jahren vor 1945 war einerseits gekennzeichnet durch die unhinterfragte Akzeptanz der staatlichen Autorität, andererseits durch die Frage nach der inhaltlichen Abgrenzung zwischen Rechtsarchäologie, Rechtli-cher Volkskunde, der Rechtssprachgeografie und der Rechtsgeschichte. Vor allem hinsichtlich der Berücksichtigung von obrigkeitlichen beziehungsweise staatli-chen Formen der Rechtsausübung, insbesondere der Einbeziehung von Gegen-ständen staatlichen Rechts, gab es unterschiedliche Auffassungen.

Nach 1945 – Rechtliche VOLKSKUNDE

Die Rechtshistoriker Claudius von Schwerin, Karl Frölich, Eugen Wohlhaup-ter und nach 1945 auch Hermann Baltl und Karl Siegfried Bader forderten eine strikte Trennung zur gegenständlich orientierten Rechtsarchäologie und rekla-mierten für die Rechtliche Volkskunde als juristische Teildisziplin das „nicht Ge-genständliche, insbesondere das rechtliche oder rechtlich beeinflusste Brauch-tum sowie das rechtlich beeinflusste Glaubens- und Sprachgut im weiteren Sinn" (Baltl 1952: 75 f.). Dass diese Grenzziehungen nicht unbedingt dogmatisch ver-

---

6   Zur durch seine Begeisterung für den Nationalsozialismus historisch schwierigen Einordnung von Schwerins vgl. Schröder (1993).

folgt wurden, zeigen die Ausführungen Frölichs aus dem Jahr 1950. Er führt fünf Hauptforschungsgebiete der Rechtlichen Volkskunde an, darunter die Beziehungen zwischen Recht und Sachgut, Handlungsgut, Brauchgut, volkstümlichem Glaubensgut und Sprachgut, wendet sich gegen eine rein historische Ausrichtung und plädiert für die Berücksichtigung von Erscheinungen, „die in die Jetztzeit hineinragen und das noch heute lebendige volkskundliche Gut erfassen, die also als Grundlage einer Gegenwartsvolkskunde von Belang sind" (Frölich 1950: 184).[7]

Nach dieser fast ausschließlich von Rechtshistorikern geprägten Anfangsphase der rechtlichen Volkskunde beginnt mit Karl-Sigismund Kramers 1962 erschienenem Aufsatz „Zur Problematik der rechtlichen Volkskunde" endgültig die Auseinandersetzung mit diesem Forschungsgebiet aus dezidiert volkskundlicher Perspektive (vgl. Kramer 1962a). Kramer würdigt die Vorarbeiten der Rechtshistoriker und setzt sich intensiv mit den von Karl Frölich vorgeschlagenen Kategorien auseinander. Recht spielt für Kramer dabei

„[...] die Rolle des ordnenden und Ordnung erhaltenden Prinzips, ohne das ein Zusammenleben unter Menschen verschiedener Interessenrichtungen nicht möglich ist. [...] Durch die Art der Handhabung wird auch der Grad der Autorität bestimmt, mit der es regulierend in den Geschehensablauf einzugreifen vermag. Im Bereich der Volkskultur genießt eine volksnahe, auf ungeschriebenem Gewohnheitsrecht beruhende Instanz häufig eine größere und eindrucksvollere Autorität als das anonym wirkende, in zahlreiche Einzelvorschriften verklausulierte Juristenrecht" (ebd.: 59).

Hier wird nun zum ersten Mal die Unterscheidung zwischen codiertem Obrigkeitsrecht und ungeschriebenem Gewohnheitsrecht deutlich, die Kramer später noch pointierter herausarbeiten sollte. Inhaltlich folgt er seinem vor allem für Franken erhobenen historischen Material, stellt diesem aber noch die Frage nach der Funktion verschiedener Rechtsphänomene sowohl für den Einzelnen als auch für die Gemeinschaft zur Seite – eine Unterscheidung, die sich in seinem *Grundriß einer rechtlichen Volkskunde* (1974) wiederfindet. Kramer verwehrt sich ausdrücklich gegen eine gerade in den rechtshistorischen Arbeiten zu findende Bedeutungsüberhöhung des Rechtlichen und verortet Recht als nur einen ein-

---

7   Neben diesem fortschrittlich erscheinenden Ansatz vertrat Frölich auch dezidiert interdisziplinäre Positionen zwischen Juristen, Historikern und Volkskundlern innerhalb der Universitäten, die „eine besonders fruchtbare Art des akademischen Unterrichts herausstellen würde[n]" (1950: 187). Rechtsdenkmäler aller Art verwies er in den Bereich der Rechtsarchäologie und fertigte selbst zwischen 1930 und 1950 eine Reihe von Fotografien an, die derzeit am Max-Planck-Institut für europäische Rechtsgeschichte erschlossen und digitalisiert werden (vgl. Dölemeyer 2004 und das Forschungsprofil „Rechtsarchäologie und Rechtsikonographie – Dinge als Zeichen des Rechts" auf der Website des Max-Planck-Instituts für Europäische Rechtsgeschichte unter: http://www. rg.mpg.de/rechtsarchaeologie_und_rechtsikonographie, 3. 2. 2015).

zelnen Strang innerhalb eines je nach Untersuchungsgegenstand zu erörternden Bedeutungsbündels (1962a: 55). Seine Überlegungen beziehen sich auch ganz konkret auf eine Gegenwartsvolkskunde, wenn er beispielsweise die Diskussion um die Todesstrafe aufgreift, auf die große Anteilnahme an Gerichtsprozessen eingeht oder Kavaliersdelikte in den Blick nimmt – und nach den dahinterstehenden Kategorien von Rechts- und Unrechtsvorstellungen und ihrer historischen Genese fragt.

Einen weiteren wichtigen Beitrag für die Entwicklung dieses Forschungsfeldes liefert 1970 Martin Scharfe (1970a) mit seinen handlungsorientierten Überlegungen zu Rügebräuchen. Darin betont er vor allem das Moment der sozialen Kontrolle und des sozialen Zwangs und arbeitet die enge Verbindung zwischen Brauch und Recht heraus. Bezugnehmend auf Emile Durkheim zeigt Scharfe, dass die mit den Rügebräuchen verbundenen Sanktionen nicht nur als Bestrafung funktionieren, sondern darüber hinaus vor dem Hintergrund des sozialen Wandels und der gemilderten Sanktionsbereitschaft für die Gesellschaft wichtige Funktionen der Selbstverständigung und des Bewusstmachens von sozialen Normen beinhalten, „die Rügebräuche erweisen sich als Bumerang, wenn man ihre latente Funktion analysiert: die Kontrollierenden werden die Kontrollierten" (ebd.: 56).[8] Neben Durkheim stützt sich Scharfe auf eine Reihe weiterer Kulturtheoretiker (wie Arnold Gehlen, Theodor Geiger, Helen Everett, Alfred Radcliffe-Brown, Talcott Parson) und unterstellt der Volkskunde ein gewisses Maß an Theoriefeindlichkeit, da gerade Arbeiten im Bereich der Brauchforschung von soziologischen Ansätzen zum Begriff der sozialen Kontrolle profitieren und die Qualität der Diskussion steigern könnten. Darüber hinaus kritisiert er den Zugriff der Volkskunde auf den Brauchbegriff und plädiert für eine Ersetzung des „stark wertbesetzten, ideologisierten und zwischen Erwartung und Handlung nicht differenzierenden" (ebd.: 49) Begriffs der Sitte durch den der Norm, die er in Bräuche (konkrete, durch Sanktionen geschützte Handlungsmuster) und kollektive Gewohnheiten unterteilt, die nicht sanktioniert werden. Scharfes vorgebrachte Anmerkungen weisen in die Richtung seiner im selben Jahr veröffentlichten „Kritik des Kanons" im *Abschied vom Volksleben*, in der er den „Kategorien des Volkstümlichen, Grundschichtigen, Grundständigen" (1970b: 77) keinerlei analytischen Mehrwert zuspricht und Fachvertreter als von einer „heillosen Verifizierungskrankheit" (ebd.: 78) befallen charakterisiert. Die Abhandlungen Scharfes zum Rügebrauch markieren eine Wende in der Rechtlichen

---

8   Insbesondere Scharfes Frage nach „Sanktionsform und -intensität, nach Sanktionschancen und Sanktionseffizienz, nach Richtung und Funktion, nach Kontinuität und Deszendenz" (1970a: 50) und die damit verbundene Ambivalenz von Rügebräuchen als aktiv-dienendes und passiv-unterliegendes Element von sozialer Kontrolle scheint nach wie Form in vielen Forschungsbereichen anschlussfähig.

Volkskunde, die im Sinne des zu schaffenden „Neubaus" den Prämissen des „Abschieds" folgt und sich dezidiert für eine kritische Auseinandersetzung mit der volkskundlichen Vergangenheit und der verwendeten ideologisch aufgeladenen und theoretisch unspezifischen Terminologie, für die Rezeption sozialwissenschaftlicher Ansätze und die Entwicklung eines konkreten Problembewusstseins im Gegensatz zu einer holistisch-deskriptiven Materialsammlung einsetzt (vgl. Geiger/Jeggle/Korff 1970).

Kramers „Grundriß einer rechtlichen Volkskunde" 1974

Neben verschiedenen anderen Arbeiten wie John Meiers (1950) *Ahnengrab und Rechtsstein*, Heinrich Siuts' (1959) *Bann und Acht und ihre Grundlagen im Totenglauben* oder Gerhard Lutz' (1960) Auseinandersetzung mit dem Themenkomplex Verruf war es dann 1974 Karl-Sigismund Kramers programmatischer Entwurf *Grundriß einer rechtlichen Volkskunde*, der aus fachspezifischer Perspektive einen entscheidenden Beitrag zur Entwicklung dieses Forschungsgebiets leistete. Kramer versteht darin Recht als soziokulturelles Ordnungsgefüge und weist dem Recht eine ähnlich der Religion das Volksleben bestimmende Größe zu. Kramers Ansatz zufolge hat das zentrale Augenmerk der Rechtlichen Volkskunde zwei „dreieckigen Spannungsfeldern" zu gelten, einerseits dem Dreieck mit den Polen „Einzelner – Gruppe – Obrigkeit" und andererseits den Abhängigkeiten zwischen „Norm – Kontrolle – Sanktion". Ausgehend von einer fiktiven Gemeinde in der Zeit zwischen 1500 und 1800 entwickelt er ein Ordnungsmodell, anhand dessen er Disparitäten, mögliche Konfliktpunkte und Wechselwirkungen zwischen der Rechtsanschauung des Einzelnen, der Dorfgemeinschaft und der Obrigkeit aufzeigt. Das von ihm entwickelte Grundmodell will er mit Abstrichen sowohl im Kleinen, sprich innerhalb einer Hausgemeinschaft, als auch im Großen im Hinblick auf Dorfgemeinschaften und ständische Gruppierungen verstanden wissen. In seiner Einleitung bezieht er sich auf die erwähnten Einlassungen Eberhard von Künßbergs und Eugen Wohlhaupters zur Rechtlichen Volkskunde, deren Einteilung ihm ähnlich wie die von Karl Frölich nicht spezifisch genug ist. Kramer bezieht sich explizit auf die Fragestellungen des Rechtssoziologen Paul Trappe (1970) nach der Ermittlung von sozialen Ordnungsgefügen, der Wechselwirkung zwischen dem Ordnungsgefüge Recht und der sozialen Wirklichkeit und dem Verhältnis des kodifizierten Rechts zum sozialen Wandel. Daneben findet der Ansatz des ungarischen Ethnologen Ernö Tárkány-Szücs (1967)[9],

---

9   Dort heißt es: „We can say briefly: legal ethnology embraces all those who marry, inherit, make wills, transact business, or those who work in agricultural co-operatives, etc., and do but keep the state legal regulations in so far as it is compulsory, in other respects, living according to the customs of their smaller communities (micro-societies)" (Tárkány-Szücs 1967: 213).

der nach der Entstehung des persönlichen Rechtsempfindens und -bewusstseins fragt, Eingang in Kramers Überlegungen. Die nach Tárkány-Szücs relevanten fünf Faktoren – ererbte Tradition, Einfluss höherer Klassen oder Nachbarn, religiöser Glaube, staatliche Gesetzgebung und persönliche Erfahrung – werden von Kramer in volkskundliche Denkweisen übersetzt und ausgebaut, ihm geht es um die „volkstümliche Anschauung von Recht" (1974: 139). Darüber hinaus stößt er sich an dem Begriff der „Rechtlichen Volkskunde", hält ihn aber für eingeführt und etabliert und behält ihn zum besseren Verständnis bei.[10]

Als zentrales Gestaltungsprinzip der vormodernen Gesellschaft kennzeichnet er die Kategorie der Ordnung, welche die Grundlage für ein annähernd friedliches Zusammenleben erst ermögliche und eine gewisse Struktur biete. Diese Ordnung gehe dabei einerseits von staatlicher Ebene aus, lokale und territoriale Obrigkeiten würden durch den Erlass von Gesetzen einen obrigkeitlich definierten Ordnungsrahmen schaffen. Kramer zufolge ist andererseits die Bedeutung informeller Ordnungsvorstellungen für das Funktionieren ländlicher Gesellschaften nicht zu unterschätzen, und diese beiden Rechtsauffassungen waren nicht immer deckungsgleich. Gerade das 17. und 18. Jahrhundert waren durch einen zunehmenden obrigkeitlichen Einfluss auf nahezu alle Bereiche des alltäglichen Lebens gekennzeichnet, der sich durch eine Vielzahl an Verordnungen und Gesetzen verstärkte und durch die Etablierung von Kontrollinstanzen zunehmend durchsetzte. Durch diese Durchdringung des Alltags mit gesetztem Recht ergibt sich nach Kramer ein Spannungsverhältnis gegenüber informellen, an Sitte und Brauch orientierten Normen und Verhaltenslogiken. Dabei gleichen sich obrigkeitliches und informelles Recht in vielerlei Hinsicht, denn beide verfügen über verbindliche Instanzen der Kontrolle und Sanktionierung mit rituellem Charakter. Die Betonung einer neben dem gesetzten Recht stehenden soziokulturellen Ordnung in Kramers Werk verweist denn auch eher in Richtung Rechtsethnologie als in Richtung Rechtsgeschichte, die sich vorrangig mit dem staatlich gesetzten Recht beschäftigt.

Neben der Ordnung erscheint der Raum als zentrale Kategorie, verstanden als von zentraler Bedeutung für das menschliche Bedürfnis nach Abgrenzung und sowohl in der häuslichen Binnengliederung als auch in territorialen Grenzziehungen wiederzufinden. Die Zeit als Untergliederung des Alltags und des Jahreslaufs, als ordnungsstiftendes und Recht festigendes Element sowie ihre Manifestation in das eigene Leben überdauernden Denkmälern wie Steinkreuzen und

---

10 „Der Buchtitel müßte etwa lauten: ‚Das rechtliche Element in der Volkskultur'. Das aber scheint mir – vielleicht täusche ich mich – für den Nichteingeweihten mißverständlicher zu sein als die alte, unter den Juristen wie unter den Volkskundlern eingebürgerte Bezeichnung" (Kramer 1974: 4).

Flurnamen kennzeichnet Kramer auch im Hinblick auf das Verhältnis von Beharrung und Wandel als relevant. Besonders deutlich skizziert er das Ordnungssystem und seine strenge Reglementierung anhand des Begriffs der Ehre, den er als für das Leben und Überleben in der Dorfgemeinschaft essenziell ansieht – und dessen Stellenwert unter Bezugnahme auf Kramer aktuell in Arbeiten zur Frühneuzeitforschung Eingang findet (vgl. Krug-Richter 2010). Aus der Ehre entwickelten sich demnach Rang- und Standesordnungen, die sich durch alle Bereiche des ländlichen Lebens hindurchzogen und deren eminente Wichtigkeit für die Aufrechterhaltung des innergemeindlichen Kräftegleichgewichts beispielsweise an der Häufigkeit der vor Gericht zu verhandelnden Fälle von Ehrverletzung abgelesen werden kann. Demnach ist der Verlust der Ehre gleichzusetzen mit Rechtlosigkeit, ganze Bevölkerungs- und Berufsgruppen galten als „unehrlich", auch wenn sich die einzelnen Mitglieder in ihrer persönlichen Lebensführung nicht von den „Ehrlichen" unterschieden. Kramer identifiziert Ehre nicht als moralische, sondern als soziale Kategorie und sieht darin auch den Wandel in der Ehrauffassung und ihrer Wichtigkeit für das soziale Ordnungsgefüge begründet: „Die starke Ausprägung von ‚Ere und Frumigkeit' bildete im ausgehenden Mittelalter und im Jahrhundert der Reformation, vielleicht bis hin zum Dreißigjährigen Krieg, das Rückgrat einer sich an überindividuellen Größen ausrichtenden Volkskultur. Der sich anschließende Wandel in der Ehrauffassung verläuft parallel mit der sich immer stärker auswirkenden Konfliktträchtigkeit des sozialen Lebens" (1974: 60).

Mit dem nachfolgenden Begriff der Exklusivität führt Kramer die Rolle des Ehrbegriffs innerhalb des Ordnungssystems weiter, indem er nach der Offenheit beziehungsweise Abgeschlossenheit der lokalen Systeme fragt. Anhand bestimmter sozialer Gruppen zeigt er eine innerdörfliche Abstufung der ehrlosen Berufsgruppen (Abdecker, Henker), die Folgen aus diesem Außenseiterdasein (Dynastienbildung und Monopole), aber genauso deren Durchlässigkeit und Novationsspielraum sowie den Sanktionsmechanismus für den Fall eines Verstoßes (Stadtverweisung, Verruf). Das erwähnte menschliche Grundbedürfnis nach Abgrenzung findet auch hier wieder Erwähnung, denn es ließ im persönlichen Umfeld den Kontakt nur mit Gleichgestellten, nur mit Angehörigen des gleichen Ordnungssystems stattfinden.

Ähnlich wie Martin Scharfe (1970a) weist Kramer der Dimension der Rüge beziehungsweise dem Moment der Kontrolle und Sanktion einen wichtigen Stellenwert im System menschlichen Zusammenlebens zu. Seiner Handlungslogik zufolge fällt die Maßregelung entweder in den Zuständigkeitsbereich der obrigkeitlichen Rechtssprechung oder der „Volksjustiz" in Form von Rügebräuchen. Im Gegensatz zur offiziellen Rechtsausübung, die mit klar definierten Sanktionen auf Verstöße reagiert und ein Maß an Rechtssicherheit bietet, „reicht in der

Volksrüge die Skala von ausgesprochener Brutalität bis hin zur scherzhaften Anwendung" (Kramer 1974: 71). Anhand verschiedener Beispiele geht er weiter auf den Bereich der Volksrüge ein und gliedert ihn zunächst nach der Art und dem Anlass der Anwendung (Rügebräuche, Spontanrügen, Willkür- oder Terrorrügen) und weiter nach der Funktion innerhalb des Ordnungssystems (integrierend – desintegrierend, „Lustgewinn" an bestimmten Brauchterminen, Terrorisierung Andersdenkender, obrigkeitliche Zwangsmaßnahme). Scharfes Ausführungen aufgreifend verweist Kramer auf das Verhältnis zwischen der öffentlichen Rechtssprechung und den Rügebräuchen und kennzeichnet dieses Aufeinandertreffen von unterschiedlichen Rechtsauffassungen im Spannungsfeld von Kontrolle und Sanktion als zentrales Untersuchungsfeld der Rechtlichen Volkskunde.

Die nächste Kategorie bilden die Ausführungen über den Einzelnen, für den die Zugehörigkeit zu einer sozialen Gruppe bei konformem Verhalten das Überleben sicherte, Selbstbewusstsein verlieh und so erst die Ausbildung einer Eigenpersönlichkeit ermöglichte. Hierbei konnten sich die Gruppenmitglieder der gegenseitigen, gewollten oder ungewollten Unterstützung versichern; die Förderung und Erhaltung der Persönlichkeitsrechte regelte den Stand der Gruppe und ermöglichte durch Rechte- und Pflichtenkataloge die Entwicklung sozialer Hierarchien sowohl innerhalb der verschiedenen Gruppierungen als auch zwischen ihnen. Hier verweist Kramer auf die Entstehung von Außenseitertum, das er nicht in Vorurteilen, sondern durch die „jahrhundertelange gültige soziale Struktur der Gesamtgesellschaft" und die Gliederung in Integrierte und Nichtintegrierte begründet sieht (ebd.: 94).[11] Die Verbindung zwischen dem Einzelnen und der Gruppe spiegelt sich auch im Bereich der (kollektiven) Arbeit wider, die anhand verschiedener struktureller Merkmale (Gemeinschaft, Nachbarschaft, Ackerbau, öffentliche Infrastruktur, Spezialisten) als zentrales Element in der Dorfgemeinschaft beschrieben wird. Die maßgebliche Ordnungsmacht Obrigkeit greift

---

11 Gerade diese Formulierungen – „jahrhunderte lange gültige soziale Struktur", „allzu oft konnten nützliche Neuerungen die Widerstände des Bestehenden nicht überwinden" (Kramer 1974: 153) – handelten Kramers Modell seines Ordnungsgefüges immer wieder den Vorwurf ein, von zu statischen Vorstellungen auszugehen und die Dynamik innerhalb der Gesellschaften der frühen Neuzeit zu vernachlässigen. Zur Kritik siehe vor allem die verschiedenen Beiträge in Köstlin/Sievers (1976). Kramer tritt dieser Kritik und dem Vorwurf der rein historischen Arbeitsweise bereits an einigen Stellen in seinem „Grundriß" zumindest in Andeutungen entgegen: „Wer das Buch bis jetzt noch nicht enttäuscht aus der Hand gelegt hat, wird sich doch fragen müssen, wozu dies alles nutze sei. Eine derartige Frage enthält ihre Frage dadurch, daß sich die Erörterungen bislang größtenteils, ja fast ausschließlich mit der Vergangenheit befaßt haben, und es ist sogar möglich, daß der Eindruck entstehen konnte, Vergangenheit sei hier Zustand und nicht abgelaufener Prozeß. Der Verfasser mag beteuern, daß eine solche Vergangenheitsschau nicht seine Absicht gewesen ist, man wird es ihm nicht ohne weiteres abnehmen" (1974: 151 f.).

einerseits durch die Rechtsgebung und die damit verbundene Setzung von Normen, andererseits durch die Rechtsaufsicht und Kontrolle über die Konformität des Handelns in den Alltag der Menschen ein, darüber hinaus verfügt sie über Sanktionsinstrumente der Rechtssprechung und Strafausübung, „man könnte abwertend ein viertes hinzufügen: im Rechtsbruch" (ebd.: 108). Kramer richtet sein Augenmerk zum einen auf die von der Obrigkeit und beeinflusst durch die christliche Sittenlehre erlassenen Ordnungen, die Konrad Köstlin (1976)[12] mit dem Begriff der „Verrechtlichung der Volkskultur" umschrieben hat. Demzufolge blieb trotz aller als Ungerechtigkeiten empfundenen Maximen der Obrigkeit das Bedürfnis nach einer übergeordneten, dominierenden Instanz, sowohl weltlich als auch geistig – wenn auch verbunden mit einem latenten Misstrauen. Die Kirche als letzte Kategorie und die ihr zugehörigen Institutionen bildeten nicht ausschließlich in religiöser, sondern auch in wirtschaftlich-politischer Hinsicht eine zentrale Instanz im öffentlichen Leben und strukturierten durch ihre baulichen Manifestationen die örtlichen Raumkonstellationen. Weitere wichtige und grundsätzliche Kriterien bei der Analyse sozialer Ordnungen sieht Kramer in der Gruppensolidarität gegenüber der Obrigkeit, der Ritualisierung (auch wenn dieser Aspekt nicht weiter theoretisch ausgeführt wird), dem Motiv der Veranschaulichung und der Dingbedeutsamkeit sowie dem prägenden Einfluss der Religion auf die Rechtsanschauung. Das Moment des Wandels betont Kramer in einem Ausblick, in dem er seine Kategorien auf die Gegenwart bezieht, für eine „Verständlichmachung bestimmter Verhaltensweisen in der Begegnung moderner Menschen mit dem Recht" plädiert und aktuelle Diskussionen der Gegenwart, „vor allem jene bezüglich des Strafvollzuges, der Todesstrafe, der Abtreibung, der Eigentumsbildung" (1974: 162), zumindest erwähnt, allerdings ohne diesen Strang weiter auszuführen. In einem abschließenden Kapitel resümiert Kramer das Modell seines Ordnungsgefüges und unterzieht seine modellhaften Verallgemeinerungen auch im Hinblick auf die Vorarbeiten der Rechtshistoriker einem kritischen Blick, der allerdings hinter den von Scharfe oder auch im *Abschied vom Volksleben* skizzierten Erwartungen zurückbleibt.

Zur Kritik an der „Münchner Schule"

So fehlen im „Grundriß" Bezugnahmen auf rechtssoziologische Ausführungen und eine dezidierte Auseinandersetzung mit bestehenden Ansätzen, etwa den von Max Weber konstatierten Widersprüchen zwischen Recht, Sitte, Konvention

---

12   „Die zunehmend rechtlich-satzungsmäßige Durchdringung der Lebensbereiche, die bisher als außerrechtlich, als durch Sitte und Brauch eher informell geregelt galten. Es handelt sich also um den Prozeß, der solche Regeln in die Sphäre des Rechts hebt. Dieser Prozeß der Verrechtlichung aller Lebensbereiche erweitert sich ständig nach unten. Bevölkerungskreise, die bisher nicht rechtsfähig waren, bringen sich – mit Hilfe von Recht – zu Stand" (Köstlin 1976: 109).

und Moral (vgl. Weber 1972: 181 ff.). Der Band führt die von Kramer und Moser in den 1950er und 1960er Jahren skizzierten Ansätze ihrer historisch-archivalischen Forschung fort, die gegenüber der spekulativ ausgerichteten, mythisierenden Volksseelenforschung eine „exakte Geschichtsschreibung" auf Grundlage einer strengen Quellenkritik und -analyse propagierten, „die stofflich unbegrenzt das Große und das Kleine zu erfassen hat" (Moser 1954: 218). Die Vorgehensweise der „Münchner Schule" hatte Kramer in seinen Ausführungen „Zur Erforschung der Historischen Volkskultur. Prinzipielles und Methodisches" (1968) dargelegt. In einem Dreischritt soll demnach Material gesammelt, anhand Kriterien der Echtheit, der Zeitigkeit und des Richtigen quellenkritisch aufbereitet und hinsichtlich pragmatischer, kontextueller, psychologischer und sozioökonomischer Entstehungszusammenhänge interpretiert werden. Auch für eine Gegenwartsvolkskunde möchte Kramer dieses quellenkritische Vorgehen verstanden wissen; hinsichtlich der sachlichen Zusammenhänge und der kontextuellen Bedingungen einer Quelle sieht er für die historischen Arbeiten durchaus empirische Probleme, „wohingegen in der Vergangenheit das zeitgeschichtliche Kräftespiel klarer faßbar ist", wie Kramer (1966: 9) in der in Tübingen erscheinenden Zeitschrift *Populus revisus* darlegt. Deutlich wendet er sich dabei auch gegen eine statische Perspektivierung und fordert ein dynamisches Grundverständnis von „Volkskultur als eine ständig in Raum und Zeit sich wandelnde Größe" (Kramer 1968: 33). Nicht nur gegen den Gedanken eines dauerhaften „Volksgeistes" und einer historischen Kontinuitätsprämisse wendeten sich Moser und Kramer, sie distanzierten sich mit ihrer Vorstellung eines Grundgerüsts des Volkslebens auch von jeder Art eines volkskundlichen Sachkanons, wie er von Riehl oder Wohlhaupter eingefordert worden war. Für ihre Arbeiten reklamierten sie eine inhaltliche Voraussetzungslosigkeit und vertraten die Auffassung, dass sich die thematische Fokussierung erst aus den Quellen heraus quasi von selbst ergeben würde.

Gerade diese Positionen wurden unter anderem zu den Hauptangriffspunkten an ihrem Vorgehen, „der Historiker kann ja doch nicht einfach wiederholen und verdoppeln, was einmal war; er muß erklären, ob er will oder nicht, und das heißt zugleich: er muß wählen" (Bausinger 1970: 160). Der von Kramer und Moser aus dem positivistisch ausgerichteten Erkenntnis- und Beschreibungsprozess ausgegliederte Moment der Bewertung des Materials beziehungsweise der „Fakten" wird von Hermann Bausinger im *Abschied vom Volksleben* anhand Kramers Beitrag über „Das Haus als geistiges Kraftfeld im Gefüge der alten Volkskultur" (1964) diskutiert und, für diesen speziellen Fall, Kramers Verwendung eines essenzialistischen Gemeinschaftsbegriffs kritisiert. Dieser verhindere eher einen sozialgeschichtlichen Blick auf Herrschaftsstrukturen und Ordnungsmechanismen und fördere so eine harmonisierende, generalisierende und idealisierende Perspektivierung der sich aus dem Quellenmaterial ergebenden Lebenszusam-

menhänge.[13] In der Dialektik von Gegenwart und Geschichte und der damit verbundenen Gegenwartsgebundenheit sowohl von historischer Forschung als auch
von konzeptuellen Wertmaßstäben sieht Bausinger gerade für das ideologisch
instrumentalisierte Fach Volkskunde beziehungsweise dessen Konzepte und Begrifflichkeiten Bedarf an reflektierenden Analysen, die durch den wertfrei-enthis-
torisierenden Blick auf die Vergangenheit ihr kritisches Potenzial nicht ausschöpfen würden. Dabei geht es nicht um eine grundsätzliche Abschaffung historisch
angelegter Studien, vielmehr um deren Neuorientierung, eine andere Schwerpunktsetzung und vor allem eine andere zeitliche Perspektivierung, die sich im
Sinne einer „vernünftigen Konzentration" (Bausinger 1970: 170) eher mit den
letzten 50 bis 200 Jahren als 500 Jahren beschäftigen sollte.

   Die im *Abschied vom Volksleben* skizzierten Kritikpunkte fanden einerseits sowohl Eingang in Kramers konkrete Arbeiten, andererseits mündeten sie auch in
einer direkten Replik, die 1971 in der Zeitschrift für Volkskunde erschien (Kramer 1971). Darin verweist er auf seine rein sachliche Verwendung des Gemeinschaftsbegriffs als Vergesellschaftungsformat und verwehrt sich gegen eine idealisierende Überhöhung historischer Lebensverhältnisse, „daß der Begriff späterhin
in spekulative kultur- und sozialkritische Hypothesen eingebunden wurde und
schließlich in der Populärvolkskunde zu einem unreflektiert verwendeten Wert-
wort wurde, ist eine Spätstufe der Entwicklung, die erst dann wirksam werden
konnte, als es reale Gemeinschaften kaum mehr gab" (ebd.: 55). Dem Vorwurf
der fehlenden Thematisierung des Forschungsgegenstands begegnet Kramer mit
dem Verweis auf das Selbstverständnis der „Münchner Schule", wonach durch
ihre sehr breit angelegten Forschungen falschen Verallgemeinerungen und dem
Bild des statischen Volkslebens entgegengetreten werden sollte. Mit seiner im
„Grundriß" entworfenen Modellsiedlung scheint Kramer in Teilen Bausingers
Anmerkungen aufzugreifen und sich mit dem Vorwurf der Annahme von „on-
tologischen Grundstrukturen" (Bausinger 1970: 164) insofern auseinanderzusetzen, als er sich entschieden gegen Idealisierungen und Verallgemeinerungen
ausspricht und seine Arbeit als vorläufigen Versuch bezeichnet, gekennzeichnet
durch die „Relativität des Begreifens und Verstehens" (Kramer 1974: 154).

---

13   In seinem Nachruf auf Karl-Sigismund Kramer weist Wolfgang Brückner im Kontext der bei Kra-
     mer anklingenden Gemeinschaftsideologie auf die in dieser Kontroverse indirekt verhandelten
     Vorwürfe der Partizipation Kramers an den studentischen Arbeitsgemeinschaften in München vor
     1940 unter Otto Höfler, dem Kramer zu dessen 60. Geburtstag im Schweizerischen Archiv 1962
     einen Aufsatz widmete (Kramer 1962b): „Insofern ist Kramer der einzige Hochschullehrer seiner
     Generation geblieben, der mit einer Vergangenheit öffentlich konfrontiert wurde, der sich alle üb-
     rigen entziehen durften, zumal wenn sie sich gar nicht oder am allein erwünschten öffentlichen
     Diskurs in der Deutschen Gesellschaft für Volkskunde beteiligten" (Brückner 1998: 173).

Zur fachgeschichtlichen Einordnung

Die hier in Grundzügen nachgezeichnete Kontroverse um unterschiedliche Wissenschaftskonzeptionen geht weit über das eigentliche Thema der Rechtlichen Volkskunde hinaus und betrifft eine der grundlegenden Debatten des Faches, ohne diese hier in aller Ausführlichkeit darstellen zu können. Fachhistorisch gesehen kann sie aber als „eine der fruchtbarsten frühen Diskussionen um den methodischen und theoretischen Standort der Volkskunde" (Göttsch 2001: 17) verstanden werden, lässt sich doch in der wechselseitigen Bezugnahme vor allem auch das grundsätzliche Interesse an der akademischen Auseinandersetzung ablesen. Für die Rechtliche Volkskunde entstand in der Folgezeit eine Reihe von Beiträgen, die sich dezidiert mit historischen Themen auseinandersetzten, methodologische und theoretische Konzeptionen erarbeiteten und sich gegenwartsbezogenen Themen widmeten; hervorzuheben sind hier vor allem die Beiträge der von Konrad Köstlin und Kai Detlev Sievers herausgegebenen Festschrift zu Kramers 60. Geburtstag (1976).[14] Der Großteil der in diesem Band versammelten Beiträge stammt aus dem Fach und setzt sich demgemäß vor allem in historischer Perspektive wohlwollend mit Kramers Entwurf zur Rechtlichen Volkskunde auseinander beziehungsweise führt diesen entsprechend einer stärkeren konzeptionellen Auseinandersetzung und Vertiefung weiter (vgl. Köstlin 1976; Gerndt 1976). Lediglich aus der Sicht der Rechtshistoriker kam, vertreten durch den Beitrag von Karl Siegfried Bader, massive inhaltliche Kritik an Kramers Ausführungen, insbesondere seine zu antiautoritäre Auffassung des Begriffs der Norm störte in der juristischen Denkwelt – und dementsprechend wird der Rechtlichen Volkskunde ein Platz „nicht im Parkett oder in der Loge, aber auch kein [...] Platz, von dem aus man die Szene aus der Rechtswelt nicht mehr oder nur undeutlich sieht – im Rahmen der historischen Rechtswissenschaften" eingeräumt (Bader 1976: 37). Hinrich Siuts (1976) hingegen greift Kramers Ansatz auf und fragt nach der Kontextgebundenheit und den gesellschaftlichen Parametern von gewohnheitsrechtlichen Entwicklungen und deren Auswirkungen auf Formen des Zusammenlebens – Fragestellungen, die beispielsweise in den eingangs aufgeführten „legal-pluralism studies" aufgegriffen werden.

Die in diesem Beitrag skizzierten Entwicklungen können als Beispiel für eine nachhaltig andauernde fachgeschichtliche Diskussion dienen, die sich einerseits innerhalb des Faches in der Debatte um die Arbeitsweise der „Münchner Schule" und ihre Begrifflichkeiten, andererseits um Kramers „Grundriß" abzeichnet und bis in die 1990er Jahre andauert. Kurz vor seinem Tod sah sich Kramer noch

---

14 In einer in der *Frankfurter Allgemeinen Zeitung* veröffentlichten Rezension zur Festschrift konstatiert der Autor Ekkehard Klausa angesichts der Fülle der verschiedenen Zugänge dann auch: „Im Hause der Volkskunde gibt es offensichtlich viele Wohnungen" (1976: 25).

einmal bemüßigt, die anhaltenden Vorwürfe „soziologisch-volkskundlicher Ge-
dankenspiele, die dem Dilettantismus zuneigen" (1997: 235), aufzugreifen und
sich insbesondere gegenüber der Aneignung der Rechtlichen Volkskunde durch
die Rechtshistoriker zu positionieren – ein Konflikt, der in seinen Grundzügen
an die von Norbert Elias und John L. Scotson (2002) beschriebene Etablierte-
Außenseiter-Formation mit ihren ungleichen Machtbalancen und Normenkon-
zepten erinnert.

Dem Titel des vorliegenden Tagungsbandes folgend bleiben die Ausführungen für die Entwicklungen seit den 1980er Jahren nur kursorisch und müssen an
anderer Stelle aufgearbeitet werden. Anknüpfend an die zu Beginn erwähnten,
vor allem aus der angloamerikanischen Wissenschaftslandschaft und der Rechtsethnologie stammenden Ansätze sei an dieser Stelle noch auf den Bereich der
Historischen Kriminalitätsforschung innerhalb der Historischen Anthropologie
verwiesen, in dem in den letzten Jahren immer wieder mit Konzepten der Rechtlichen Volkskunde und vor allem auch mit Kramers „Grundriß" gearbeitet wird.
Barbara Krug-Richter skizziert in diesem Zusammenhang Ansätze einer Kon-
flikt- oder Streitkulturforschung, die sich im Spannungsfeld zwischen gesetztem,
juristischem Recht und einer gefühlten, gruppengebundenen Rechtsauffassung
verortet, denn „Praktiken zur Austragung und Regulierung von Konflikten bilden und bildeten ein zentrales Medium menschlicher Kommunikation" (2005:
38) – was beispielhaft auch an der fachgeschichtlichen Entwicklung der Rechtlichen Volkskunde nachvollzogen werden kann.

Literatur

Adam, Jens/Vonderau, Asta (2014): Formationen des Politischen. Überlegungen zu einer Anthropologie politischer Felder. In: dies. (Hg.): Formationen des Politischen. Anthropologie
politischer Felder. Bielefeld, S. 7–34.

Bader, Karl Siegfried (1976): Rechtliche Volkskunde in der Sicht des Juristen und Rechtshis-
torikers. In: Köstlin, Konrad/Sievers, Kai Detlev (Hg.): Das Recht der kleinen Leute. Beiträge zur rechtlichen Volkskunde. Festschrift für Karl-Sigismund Kramer zum 60. Geburtstag. Berlin, S. 1–11.

Baltl, Hermann (1952): Rechtliche Volkskunde und Rechtsarchäologie als wissenschaftliche
Begriffe und Aufgaben. In: Schweizerisches Archiv für Volkskunde 48 (4), S. 65–82.

Bausinger, Hermann (1970): Zur Problematik historischer Volkskunde. In: Geiger, Klaus et al.
(Red.): Abschied vom Volksleben. Tübingen, S. 155–172.

Brückner, Wolfgang (1998): Karl-Sigismund Kramer 1916–1998. In: Bayerische Blätter für
Volkskunde 25, S. 171–175.

Calavita, Kitty (2012): Invitation to Law and Society: An Introduction to the Study of Real
Law. Chicago, IL.

Clark, David Scott (ed.) (2012): Comparative Law and Society. London.

Clement, Ute (Hg.) (2010): Public Governance und schwache Interessen. Wiesbaden.

Cotterell, Roger (2006): Law, Culture and Society: Legal Ideas in the Mirror of Social Theory. Aldershot.

Dietsch, Ina et al. (2009): Einleitung. In: dies./Kaschuba, Wolfgang/Scholze-Irrlitz, Eleonore (Hg.): Horizonte ethnografischen Wissens. Eine Bestandsaufnahme. Köln, S. 7–15.

Dölemeyer, Barbara (2004): Dinge als Zeichen alten Rechts. Die Sammlung Frölich. In: Rechtsgeschichte 4, S. 264–269.

Elias, Norbert/Scotson, John L. (2002): Etablierte und Außenseiter. Frankfurt am Main.

Freeman, Michael/Lewis, Andrew (ed.) (1999): Law and Literature. (Current Legal Issues, 2). Oxford.

Freeman, Michael/Napier, David (ed.) (2008): Law and Anthropology. (Current Legal Issues, 12). London.

Frölich, Karl (1938): Begriff und Aufgabenkreis der rechtlichen Volkskunde. In: Götze, Alfred/Koch, Gerd (Hg.): Volkskundliche Ernte. Festschrift für Hugo Hepding. (Gießener Beiträge zur deutschen Philologie, 60). Gießen, S. 49–59.

— (1938–1946): Arbeiten zur rechtlichen Volkskunde. 5 Hefte. Tübingen/Gießen.

— (1950): Die rechtliche Volkskunde als Aufgabenbereich der deutschen Universitäten. Sachstandsbericht und Ausblicke. In: Hessische Blätter für Volkskunde 41, S. 182–192.

Funk, Wilhelm (1941): Alte deutsche Rechtsmale. Sinnbilder und Zeugen deutscher Geschichte. Bremen/Berlin.

Geiger, Klaus/Jeggle, Utz/Korff, Gottfried (1970): Vorwort. In: Geiger, Klaus et al. (Red.): Abschied vom Volksleben. Tübingen, S. 7–10.

Gephart, Werner (2012): Für eine geisteswissenschaftliche Erforschung von Recht im Globalisierungsprozess. In: ders. (Hg.): Rechtsanalyse als Kulturforschung. (Schriftenreihe des Käte Hamburger Kollegs „Recht als Kultur", 1). Frankfurt am Main, S. 19–54.

Gerndt, Helge (1976): Vorüberlegungen zu einer Funktion des Rechts. Ein Betrachtungsmodell. In: Köstlin, Konrad/Sievers, Kai Detlev (Hg.): Das Recht der kleinen Leute. Beiträge zur rechtlichen Volkskunde. Festschrift für Karl-Sigismund Kramer zum 60. Geburtstag. Berlin, S. 34–49.

Göttsch, Silke (2001): Archivalische Quellen und die Möglichkeiten ihrer Auswertung. In: dies./Lehmann, Albrecht (Hg.): Methoden der Volkskunde. Positionen, Quellen, Arbeitsweisen der Europäischen Ethnologie. Berlin, S. 15–32.

Griffiths, John (1986): What Is Legal Pluralism? In: Journal of Legal Pluralism 24, S. 1–55.

Grimm, Jacob (1816): Von der Poesie im Recht. In: Zeitschrift für geschichtliche Rechtswissenschaft 2 (1), S. 25–99.

— (1828): Deutsche Rechtsalterthümer. Kassel.

Gutmann, Thomas (2011): Rechtswissenschaften und Anthropologie. In: Meyer, Silke/Owzar, Armin (Hg.): Disziplinen der Anthropologie. Göttingen, S. 179–202.

Harris, Olivia (ed.) (1996): Inside and Outside the Law: Anthropological Studies of Authority and Ambiguity. London.

Klausa, Ekkehard (1976): Rezension zu: Köstlin, Konrad: Das Recht der kleinen Leute. In: Frankfurter Allgemeine Zeitung, 20. Oktober, S. 25.

Köstlin, Konrad (1976): Die Verrechtlichung der Volkskultur. In: ders./Sievers, Kai Detlev (Hg.): Das Recht der kleinen Leute. Beiträge zur rechtlichen Volkskunde. Festschrift für Karl-Sigismund Kramer zum 60. Geburtstag. Berlin, S. 109–124.

Köstlin, Konrad/Sievers, Kai Detlev (Hg.) (1976): Das Recht der kleinen Leute. Beiträge zur rechtlichen Volkskunde. Festschrift für Karl-Sigismund Kramer zum 60. Geburtstag. Berlin.

Kramer, Karl-Sigismund (1962a): Problematik der Rechtlichen Volkskunde. In: Bayerisches Jahrbuch für Volkskunde, S. 50–66.

— (1962b): Zum Verhältnis zwischen Mensch und Ding. Probleme der volkskundlichen Terminologie. Otto Höfler zum 60. Geburtstag. In: Schweizerisches Archiv für Volkskunde 58, S. 91–101.

— (1964): Das Haus als geistiges Kraftfeld im Gefüge der alten Volkskultur. In: Rheinisch-Westfälische Zeitschrift für Volkskunde 11, S. 30–43.

— (1966): Historische Methode und Gegenwartsforschung in der Volkskunde. In: Populus revisus. Beiträge zur Erforschung der Gegenwart. (Volksleben. Untersuchungen des Ludwig-Uhland-Instituts der Universität Tübingen im Auftrag der Tübinger Vereinigung für Volkskunde, 14). Tübingen, S. 7–16.

— (1968): Zur Erforschung der Historischen Volkskultur. Prinzipielles und Methodisches. In: Rheinisches Jahrbuch für Volkskunde 19, S. 7–41.

— (1971): Zur Problematik historischer Volkskunde – Einige Bemerkungen zu Hermann Bausingers gleichnamigen Aufsatz im „Abschied vom Volksleben". In: Zeitschrift für Volkskunde 67, S. 51–62.

— (1974): Grundriß einer rechtlichen Volkskunde. Göttingen.

— (1997): Warum dürfen Volkskundler nicht vom Recht reden? Zur Problematik der Rezeption meines Buches „Grundriß einer rechtlichen Volkskunde" (1974). In: Mohrmann, Ruth-E./Rodekamp, Volker/Sauermann, Dietmar (Hg.): Volkskunde im Spannungsfeld zwischen Universität und Museum. Festschrift zum 65. Geburtstag von Hinrich Siuts. (Beiträge zur Volkskultur in Nordwestdeutschland, 95). Münster, S. 229–237.

Krug-Richter, Barbara (2005): Vom Rügebrauch zur Konfliktkultur. Rechtsethnologische Perspektiven in der Europäischen Ethnologie. In: Jahrbuch für Volkskunde 28, S. 27–40.

— (2010): Streitkulturen. Perspektiven der Volkskunde/Europäischen Ethnologie. In: Laureys, Marc/Simons, Roswitha (Hg.): Die Kunst des Streitens: Inszenierung, Formen und Funktionen öffentlichen Streits in historischer Perspektive. Göttingen, S. 331–352.

Künßberg, Eberhard Freiherr von (1925): Rechtsgeschichte und Volkskunde. In: Die Volkskunde und ihre Grenzgebiete. (Jahrbuch für Historische Volkskunde, 1). Berlin, S. 69.

— (1936): Rechtliche Volkskunde. (Volk, Grundriß der deutschen Volkskunde in Einzeldarstellungen, 3). Halle.

Lutz, Gerhard (1960): Sitte, Recht und Brauch. Zur Eselshochzeit von Hütten in der Eifel. In: Zeitschrift für Volkskunde 56, S. 74–88.

Max-Planck-Gesellschaft (o. J.): Rechtsarchäologie und Rechtsikonographie – Dinge als Zeichen des Rechts. Verfügbar unter: http://www.rg.mpg.de/rechtsarchaeologie_und_rechtsikonographie (3. 2. 2015).

Meier, John (1944): Ahnengrab und Brautstein. Untersuchungen zur deutschen Volkskunde und Rechtsgeschichte. Berlin.

— (1950): Ahnengrab und Rechtsstein. Berlin.

Moser, Hans (1954): Gedanken zur heutigen Volkskunde. Ihre Situation, ihre Problematik, ihre Aufgaben. In: Bayerisches Jahrbuch für Volkskunde 1954, S. 208–234.

Nelken, David (1997): Comparing Legal Cultures. Dartmouth.

— (2009): Beyond Law in Context: Developing a Sociological Understanding of Law. Aldershot.

Posner, Richard A. (2009): Law and Literature. Cambridge, MA.

Pottage, Alain/Mundy, Martha (eds.) (2004): Law, Anthropology, and the Constitution of the Social: Making Persons and Things. Cambridge.

Sarat, Austin/Simon, Jonathan (eds.) (2003): Cultural Analysis, Cultural Studies, and the Law: Moving beyond Legal Realism. Durham.

Scharfe, Martin (1970a): Zum Rügebrauch. In: Hessische Blätter für Volkskunde 61, S. 45–68.

— (1970b): Kritik des Kanons. In: Geiger, Klaus et al. (Red.): Abschied vom Volksleben. Tübingen, S. 74–84.

Schempf, Herbert (2001): Rechtliche Volkskunde. In: Brednich, Rolf-Wilhelm (Hg.): Grundriß der Volkskunde. Einführung in die Forschungsfelder der europäischen Ethnologie. Berlin, S. 423–444.

Schröder, Rainer (1993): Belastetes Gedenken. Neuerscheinungen zu Heinrich Mitteis und Claudius von Schwerin. In: Ius Commune (Hg. Max-Planck-Institut für Europäische Rechtsgeschichte) 20, S. 265–272.

Schwerin, Claudius Freiherr von (1937): Volksrechtskunde (Folklore juridique). In: Deutsche Landesreferate zum 2. Internationalen Kongreß für Rechtsvergleichung im Haag 1937. Berlin, S. 141–150.

Shore, Cris/Wright, Susan (1997): Policy. A New Field of Anthropology. In: dies. (eds.): Anthropology of Policy. Critical Perspectives on Governance and Power. London, S. 3–39.

Siuts, Heinrich (1959): Bann und Acht und ihre Grundlagen im Totenglauben. (Schriften zur Volksforschung, 1). Berlin.

— (1976): Gedanken zu K.-S. Kramers „Grundriß einer rechtlichen Volkskunde" und der Bedeutung des rechtlichen Aspekts für die Volkskunde. In: Rheinisch-westfälische Zeitschrift für Volkskunde 22, S. 7–15.

Tárkány-Szücs, Ernö (1967): Results and Task of Legal Ethnology in Europe. In: Ethnologia Europea 1, S. 195–217.

Trappe, Paul (1970): Die legitimen Forschungsbereiche der Rechtssoziologie. Einleitung zu
Theodor Geiger: Vorstudien zu einer Soziologie des Rechts. (Soziologische Texte, 20). Berlin, S. 13–36.

Ward, David (ed.) (2008): The European Union and the Culture Industries. Regulation and
the Public Interest. Aldershot.

Weber, Max (1972): Wirtschaft und Gesellschaft. Grundriß der verstehenden Soziologie.
5., rev. Auflage, Studienausgabe. Tübingen.

Wedel, Janine R./Shore, Cris/Feldman, Gregory (2005): Toward an Anthropology of Public
Policy. In: The ANNALS of the American Academy of Political and Social Science 600
(1), S. 30–51.

Weinhold, Karl (1891): Einleitung. In: Zeitschrift des Vereins für Volkskunde 1, S. 1–9.

White, James (1973): The Legal Imagination. Chicago, IL.

Wohlhaupter, Eugen (1940): Beiträge zur rechtlichen Volkskunde Schleswig-Holsteins. In:
Nordelbingen 16/17, S. 74–198.

Zips, Werner/Weilenmann, Markus (eds.) (2010): The Governance of Legal Pluralism: Empi-
rical Studies from Africa and Beyond. Wien.

Autorinnen und Autoren

Karl Braun

Studium der Empirischen Kulturwissenschaft, Germanistik, Völkerkunde, Vergleichenden Religionswissenschaft in Tübingen und Barcelona 1974–1980 (Mag. phil. 1980). 1992 Promotion zum Dr. rer. soc. am Ludwig-Uhland-Institut für Empirische Kulturwissenschaft an der Eberhard-Karls-Universität Tübingen. 1997 Habilitation mit der Venia Europäische Ethnologie/Kulturwissenschaft an der Philipps-Universität Marburg. *Berufliche Stationen:* DAAD-Lektor an der Universidad de Extremadura in Cáceres 1985–1990 und der Karls-Universität Prag 1992–1997. 1997–2001 am Institut für Europäische Ethnologie der Humboldt-Universität zu Berlin, unterbrochen von Vertretungsprofessuren in Frankfurt am Main, Göttingen, Marburg. Seit 2002 Professur für Europäische Ethnologie/Kulturwissenschaft in Marburg.

Forschungsschwerpunkte: Historische Anthropologie und Kulturtheorie 18. bis 20. Jahrhundert; spanische Kulturanthropologie; deutsch-tschechische Beziehungen; Genozid am europäischen Judentum: Ghetto Theresienstadt; Schnittstelle von Kultur- und Naturwissenschaft, von Biologie und Technik, z. B. Sexualität, Medizin; Festtheorie; Fachgeschichte Volkskunde.

Karin Bürkert

Studium der Empirischen Kulturwissenschaft, Neueren deutschen Literatur und Politikwissenschaft an der Eberhard-Karls-Universität Tübingen (M. A. 2008). Promotion im Bereich der Wissensanthropologie (2014). *Berufliche Stationen:* 2009–2013 Wissenschaftliche Mitarbeiterin am Institut für Kulturanthropologie/Europäische Ethnologie der Georg-August-Universität Göttingen. Derzeit Wissenschaftliche Mitarbeiterin am Ludwig-Uhland-Institut für Empirische Kulturwissenschaft der Universität Tübingen.

Forschungsschwerpunkte: Wissensanthropologie und Fachgeschichte; Kulturpolitik; regionale Alltagskultur.

Arthur Depner

Studium der Europäischen Ethnologie, Philosophie und Evangelischen Theologie an der Otto-Friedrich-Universität Bamberg (Mag. phil. 2010). Seit 2012 Promotionsstudent im Fach Philosophie an der Universität Augsburg. *Berufliche Stationen:* Seit 2012 Mitarbeiter am Zentrum für Weiterbildung und Wissenstransfer der Universität Augsburg. Seit 2013 Bereichsleiter Trainings für SchülerInnen und Jugendliche am Weiterbildungsinstitut careertraining e. V.

Forschungsschwerpunkte: Diskurstheorie; Systemtheorie; Kulturtheorie; Philosophische Anthropologie; Phänomenologie; Lebensphilosophie.

Elisabeth Fendl
Studium der Volkskunde und Kunstgeschichte an den Universitäten Regensburg und Marburg (Mag. phil. Regensburg 1986; Dr. phil. Wien 2005). *Berufliche Stationen:* 2/1989–4/1990 Mitarbeiterin am Lehrstuhl für Volkskunde an der Universität Regensburg. 6/1990–12/1999 Leiterin des Egerland-Museums in Marktredwitz. Seit 1/2000 Wissenschaftliche Mitarbeiterin am Institut für Volkskunde der Deutschen des östlichen Europa (IVDE) in Freiburg im Breisgau, dort seit 2/2013 beurlaubt und Mitarbeiterin der Sudetendeutschen Stiftung als Gründungsbeauftragte für das Sudetendeutsche Museum in München.
Forschungsschwerpunkte: Erinnerungskultur der Heimatvertriebenen; materielle Kultur und Museum; Geschichte der „ostdeutschen" Volkskunde; Kulturgeschichte der böhmischen Länder.

Petra Garberding
Studium der Volkskunde/Europäischen Ethnologie an den Universitäten Kiel, Uppsala und Stockholm (Mag. phil. 1993; Dr. phil. 2007). 2009–2011 Postgraduiertenstudium in Uppsala zum Thema deutsch-schwedische Kontakte in der Volkskunde während des Nationalsozialismus und des Kalten Krieges. *Berufliche Stationen:* 1996–2001 Assistentin im Archiv des Musikmuseums Stockholm. 2001–2007 Doktorandin an der Hochschule Södertörn/Huddinge und an der Universität Stockholm. Seit 2007 Lektorin in Europäischer Ethnologie an der Hochschule Södertörn.
Forschungsschwerpunkte: Historische Diskursanalyse; schwedisch-deutsche Beziehungen; Musikgeschichte; Wissenschaftsgeschichte.

Helge Gerndt
Studium der Volkskunde, Germanistik, Geografie an den Universitäten Kiel und Wien (Dr. phil. 1966). Habilitation für Volkskunde an der Ludwig-Maximilians-Universität München 1973. *Berufliche Stationen:* 1979 Professor für Volkskunde an der Universität Regensburg. 1980–2004 Lehrstuhlinhaber für deutsche und vergleichende Volkskunde an der LMU München.
Forschungsschwerpunkte: Kulturwissenschaftliche Theorie und Methodik; Wissenschaftsgeschichte; Erzählforschung; Brauchforschung; Alltagskultur der Gegenwart; Bildwissenschaft.

Daniel Habit
Studium der Volkskunde/Europäische Ethnologie, Wirtschaftsgeographie und Völkerkunde/Afrikanistik an der Ludwig-Maximilians-Universität München 2000–2005, Magisterabschluss mit einer Arbeit über russlanddeutsche Spätaussiedler. 2007/08 Fellow am New Europe College in Bukarest. 2011 Promotion

mit einer Arbeit über das Kulturhauptstadtprogramm der EU. *Berufliche Statio-nen:* Seit 2008 Mitarbeiter am Institut für Volkskunde/Europäische Ethnologie der LMU München. Seit April 2015 Projektmitarbeiter in der DFG-Forscher-gruppe „Urbane Ethiken" mit einem Teilprojekt über die urbane Entwicklung Bukarests seit den 1970er Jahren.

Forschungsschwerpunkte: Europäisierungsprozesse; Stadt- und Protestkultur; Tabuforschung; Rechtliche Volkskunde.

Hans Heilmann
Studium der Europäischen Ethnologie und der Neueren und Neuesten Ge-schichte (M.A. 2012). *Berufliche Stationen:* Derzeit Tätigkeit im Archiv der Lan-desstelle für Berlin-Brandenburgische Volkskunde am Institut für Europäische Ethnologie der Humboldt-Universität zu Berlin.

Forschungsschwerpunkte: Geschichte der DDR-Volkskunde; ländlicher Raum; historische Infrastrukturen.

Birgit Johler
Studium der Volkskunde/Europäischen Ethnologie und Romanistik an der Uni-versität Wien (Mag. phil. 1998). Seit 2010 Promotionsvorhaben an der Uni-versität Wien. *Berufliche Stationen:* Seit 1998 freiberuflich in Forschungsprojek-ten und Ausstellungen tätig. 2003–2006 Kuratorische Assistenz Sigmund Freud Museum Wien; 2007/08 Kuratorin Jüdisches Museum Wien. Seit 2008 Wis-senschaftliche Mitarbeiterin im Österreichischen Museum für Volkskunde/Ver-ein für Volkskunde, Redaktion der Österreichischen Zeitschrift für Volkskunde. Seit 2010 FWF-Forschungsprojekt zur Geschichte des Museums für Volkskun-de. Lehrbeauftragte an den Universitäten Wien, Graz, Innsbruck; 2014 Fellow an der Westfälischen Wilhelms-Universität Münster, Seminar für Volkskunde/ Europäische Ethnologie. Seit 2014 Kuratorin im Team zur Neugestaltung der österreichischen Länderausstellung im Staatlichen Museum Auschwitz-Birkenau.

Forschungsschwerpunkte: Museologie; Wissenschaftsgeschichte der Volkskun-de; Visuelle Anthropologie; jüdische Lokalgeschichte; Nationalsozialismus/Ho-locaust; Erinnerungskultur.

Ines Keller
Studium der Ethnographie an der Humboldt-Universität zu Berlin (Dipl. 1988; Dr. phil. 1997). *Berufliche Stationen:* 1988–1991 Mitarbeiterin am Institut für sorbische Volksforschung der Akademie der Wissenschaften der DDR in Baut-zen; seit 1992 Mitarbeiterin am Sorbischen Institut e.V. in Bautzen.

Forschungsschwerpunkte: Kleider-, Migrations- und Brauchforschung; Fachge-schichte.

Cornelia Kühn
Studium der Europäischen Ethnologie, Französisch und Neueren deutschen Literatur an der Humboldt-Universität zu Berlin und an der Université Paris 8, Saint Denis (M. A. 2001). Zusatzstudium Deutsch als Fremdsprache an der HU Berlin (Zertifikat 2003). Promotionsstudium am Institut für Europäische Ethnologie an der HU Berlin (Dr. phil. 2013). *Berufliche Stationen:* 2003–2006 Wissenschaftliche Mitarbeiterin am Institut für Europäische Ethnologie an der HU Berlin im Rahmen eines DFG-Schwerpunktprojektes; 2006–2009 Promotionsstipendiatin des Evangelischen Studienwerks e. V. Villigst, assoziiertes Promotionsprojekt im Forschungsverbund „Volkskundliches Wissen und gesellschaftlicher Wissenstransfer". Seit 2009 Wissenschaftliche Mitarbeiterin am Institut für Europäische Ethnologie an der HU Berlin in interdisziplinären Forschungsprojekten.
Forschungsschwerpunkte: Wissens- und Wissenschaftsgeschichte der Volkskunde; DDR-Kulturpolitik; Stadt- und Festkulturforschung.

Konrad J. Kuhn
Studium der Geschichte und der Volkskunde an der Universität Zürich (lic. phil. 2005; Dr. phil. 2010). *Berufliche Stationen:* Lehrbeauftragter an der Forschungsstelle für Sozial- und Wirtschaftsgeschichte der Universität Zürich und an der Universität Basel. Seit Februar 2012 wissenschaftlicher Assistent am Seminar für Kulturwissenschaft und Europäische Ethnologie der Universität Basel.
Forschungsschwerpunkte: Wissensgeschichte der Disziplin Volkskunde/Kulturwissenschaft; Ritual- und Brauchforschung; populäre Geschichts- und Erinnerungskultur.

Johannes Moser
Studium der Volkskunde/Europäischen Ethnologie und Fächerkombination an der Universität Graz (Mag. phil. 1987; Dr. phil. 1993). 1990–1992 Postgraduiertenstudium der Soziologie am Institut für Höhere Studien in Wien. 2002 Habilitation für Kulturanthropologie und Europäische Ethnologie an der Johann Wolfgang Goethe-Universität Frankfurt am Main. *Berufliche Stationen:* 1988–1992 Mitarbeiter im Büro für Sozialforschung in Graz. 1993–1999 Hochschulassistent am Institut für Kulturanthropologie und Europäische Ethnologie der Universität Frankfurt am Main. Danach Lehrbeauftragter an den Universitäten Zürich, Basel und Frankfurt am Main. 2002–2006 Bereichsleiter Volkskunde am Institut für Sächsische Geschichte und Volkskunde in Dresden. Seit August 2006 Lehrstuhlinhaber für Volkskunde/Europäische Ethnologie an der Ludwig-Maximilians-Universität München.

Forschungsschwerpunkte: Stadtanthropologie: Transformationsprozesse in post-industriellen Gesellschaften; Kulturen der Arbeit; Jugendkulturen und Alltagskultur.

Herbert Nikitsch
Studium der Volkskunde und Germanistik an der Universität Wien (Mag. phil. 1986; Dr. phil. 2005). *Berufliche Stationen:* Ab 1996 Mitarbeiter am Institut für Europäische Ethnologie der Universität Wien; davor freiberufliche Projektarbeiten und Mitarbeiter am Institut für Gegenwartsvolkskunde der Österreichischen Akademie der Wissenschaften.
Forschungsschwerpunkte: Geschichte der österreichischen Volkskunde; populäre Religiosität.

Magdalena Puchberger
Studium der Volkskunde/Europäischen Ethnologie und Geschichte an der Universität Wien (Mag. phil. 2005). Seit 2010 Dissertationsstudium am Institut für Europäische Ethnologie in Wien. *Berufliche Stationen:* 2009/10 Assistentin in Ausbildung am Institut für Europäische Ethnologie der Universität Wien. 2010–2014 Mitarbeiterin im FWF-Forschungsprojekt zur Geschichte des Österreichischen Museums für Volkskunde in Wien. Seit 2009 Lehraufträge am Institut für Europäische Ethnologie der Universität Wien, seit 2014 Wissenschaftliche Mitarbeiterin an diesem Institut; derzeit in Karenz.
Forschungsschwerpunkte: Kulturgeschichte der Österreichischen Zwischenkriegszeit; Fachgeschichte; Populärkulturforschung.

Friedemann Schmoll
Studium der Neueren deutschen Literaturwissenschaft und Empirischen Kulturwissenschaft an der Eberhard-Karls-Universität Tübingen (Mag. 1990; Dr. rer. soc. 1994; Habilitation 2001). *Berufliche Stationen:* Professor für Volkskunde (Empirische Kulturwissenschaft) an der Friedrich-Schiller-Universität Jena.
Forschungsschwerpunkte: Wissenschaftsgeschichte der Volkskunde; Nahrungsethnologie; regionale Kultur; Feste und Feiern.

Dani Schrire
Studies at the Hebrew University of Jerusalem (MA 2006; PhD 2012). Doctoral studies at the Humboldt University Berlin 2009–2010. Postdoctoral posts at the Georg August University Göttingen (2011), the Hebrew University of Jerusalem (2012–2014) and the University of Pennsylvania (2014–2015). *Berufliche*

Stationen: Teaching at the Hebrew University (assistant 2004–2006; instructor 2006–2008 and 2012–2014).

Forschungsschwerpunkte: Jewish folkloristics; folklore theory; actor-network-theory; history of the Wissenschaft des Judentums.

Elisabeth Timm

Studium der Ethnologie und Empirischen Kulturwissenschaft an der Eberhard-Karls-Universität Tübingen (M. A. 1995; Dr. rer. soc. 2001). *Berufliche Stationen:* 1992–2004 Auftragsforschungen, Archiv- und Museumsarbeit sowie Ausstellungen zur Lokalgeschichte der NS-Zwangsarbeit als wissenschaftliche Mitarbeiterin unter anderem an den Stadtarchiven Reutlingen und Esslingen. 2004–2008 Universitätsassistentin am Institut für Europäische Ethnologie der Universität Wien; 2008–2011 Universitätsassistentin mit Tenure Track ebenda. 2009/10 Research Fellow am Internationalen Forschungszentrum Kulturwissenschaften in Wien. Seit August 2011 Professorin auf dem Lehrstuhl für Kulturanthropologie/Volkskunde am Seminar für Volkskunde/Europäische Ethnologie der Westfälischen Wilhelms-Universität Münster. Seit Oktober 2014 Vorsitzende der Volkskundlichen Kommission für Westfalen.

Forschungsschwerpunkte: Familie und Verwandtschaft; ethnografische und historische Methoden; Verhaltenslehren.

Jens Wietschorke

Studium der Empirischen Kulturwissenschaft/Europäischen Ethnologie, Philosophie und Neueren deutschen Literatur an den Universitäten Tübingen, Wien und Berlin (M. A. 2005). Promotion 2009 an der Humboldt-Universität zu Berlin. *Berufliche Stationen:* Derzeit tätig als Universitätsassistent am Institut für Europäische Ethnologie der Universität Wien.

Forschungsschwerpunkte: Stadtforschung; Historische Kulturanalyse; Raum- und Architektursoziologie; Wissenschaftsgeschichte.

Band 42
Irene Götz, Johannes Moser,
Moritz Ege, Burkhart Lauterbach
(Hrsg.)

Europäische Ethnologie in München

Ein kulturwissenschaftlicher Reader

2015, 404 Seiten, br., 34,90 €
ISBN 978-3-8309-3199-7

E-Book: 30,99 €
ISBN 978-3-8309-8199-2

Dieser Band versammelt 16 Forschungsbeiträge, die vorführen, was die Europäische Ethnologie an der Ludwig-Maximilians-Universität in München derzeit ausmacht und welche inhaltlichen sowie konzeptionellen Diskussionen hier geführt werden. Die Aufsätze weisen vom Gegenstandsbereich und von den Ansätzen her ein breites Spektrum auf. So handeln sie von den Umbrüchen in der Arbeitswelt und von aktuellen und historischen Dynamiken des Lebens in Städten. Sie setzen sich mit kulturwissenschaftlichen Methodologien und ihrer Geschichte sowie mit der Regulierung der Migration und der kulturellen Europäisierung auseinander. Die gegenwärtige Gedächtnis- und Erinnerungskultur in mittelosteuropäischen Ländern bildet einen weiteren Schwerpunkt. Wieder andere Beiträge widmen sich der Bedeutung von Medien zwischen Schallplatte und Digitalfotografie.

 WAXMANN